新时代科技创新创业论

杨雪梅 王文亮 等编著

中国财经出版传媒集团
经济科学出版社
Economic Science Press

图书在版编目（CIP）数据

新时代科技创新创业论/杨雪梅等编著. —北京：
经济科学出版社，2018.11
ISBN 978-7-5141-9981-9

Ⅰ.①新… Ⅱ.①杨… Ⅲ.①技术革新-文集
Ⅳ.①F062.4-53

中国版本图书馆 CIP 数据核字（2018）第 280705 号

责任编辑：申先菊　周建林
责任校对：刘　昕
版式设计：齐　杰
责任印制：王世伟

新时代科技创新创业论
杨雪梅　王文亮　等编著
经济科学出版社出版、发行　新华书店经销
社址：北京市海淀区阜成路甲 28 号　邮编：100142
总编部电话：010-88191217　发行部电话：010-88191522
网址：www.esp.com.cn
电子邮件：esp@esp.com.cn
天猫网店：经济科学出版社旗舰店
网址：http://jjkxcbs.tmall.com
北京季蜂印刷有限公司印装
787×1092　16 开　31.25 印张　780000 字
2018 年 12 月第 1 版　2018 年 12 月第 1 次印刷
ISBN 978-7-5141-9981-9　定价：298.00 元
(图书出现印装问题，本社负责调换。电话：010-88191510)
(版权所有　侵权必究　打击盗版　举报热线：010-88191661
　QQ：2242791300　营销中心电话：010-88191537
　　　　　　　电子邮箱：dbts@esp.com.cn）

序

制胜于新时代的创新创业

当今世界，全球企业面临激烈竞争，在新时代，日益更新的数字科技和瞬息万变的战略定位，是其显著的特征。大企业以及中小企业如何适应互联网变革？如何把战略思维、创新能力和创业精神结合在一起？

首先我们来观察一下全球面临的激烈竞争。以汽车产业为例，汽车的发明者戴姆勒公司，十分重视新技术的突破，形成众多的突破性创新，向客户提供更卓越的汽车。在汽车的安全和可持续性方面、环保方面，发挥着先锋引领作用，从而保证了产品的高品质和高安全性。戴姆勒的策略有以下几个方面：第一，加强核心业务的开发，主动对接安全方面的产品创新，提高竞争力。第二，关注整个市场的发展，在主流的欧美市场和日本市场之外，发展新兴市场，包括金砖四国。市场创新也是企业发展非常重要的动力，很多未发掘的新的创业机会来自于此。第三，绿色科技。戴姆勒公司在内燃机的优化、混合动力的发展以及零排放方面做了很多新的探索工作。第四，移动的概念。因为全球人类50%以上都住在城市里，客户需要更加个性化以适应需求导向，即随时使用移动的车辆。从以上几点来看，汽车和互联网有更多的共性意义存在。

在这个过程中，戴姆勒运用企业的经营战略，在工艺、技术、产品、组织等方面进行了创新，在市场中保持了独特的优势。汽车行业的混合动力车领域，丰田长期保持优势。混合动力车对现有汽车产业带来很大的冲击，汽车行业的新进入者特斯拉开放知识产权，开发了非常先进的车联网系统来提高汽车的信息化水平。特斯拉新的设计，把"互联网+"与汽车联系在一起，这样汽车就有更大的竞争力。

除了特斯拉之外，谷歌也进入汽车行业，谷歌有一个实验室，在公司范围内成立一个创业部门，开展了很多项目，比如说谷歌眼镜和无人驾驶技术，这将是未来谷歌很重要的创新领域。苹果现在也开始关注汽车，下一步可能就会进入智能汽车行列。再下一个就是 i-house（智能家居）。从小平台做到中型平台，做到大型平台，信息化加上传统产品的布局。2018 年苹果、亚马逊因股票增长先后成为全世界超过 1 万亿美元的高新技术企业，给我们带来了巨大的挑战。除了苹果之外，印度的企业也在崛起。塔塔集团开发的汽车只有 2000 美金/辆，这对传统汽车行业带来很大的影响。

互联智慧上的创新范式给我们提供新的机会。人类面临一个非常好的发展范式，跟全球的信息发展非常成熟有关，特别是通信技术，新一代互联网进一步发展，Web 2.0 到 Web 3.0 更加成熟，技术的成熟让人机互联非常便捷。交通技术方面，航空业、高铁的发展也非常迅速。智慧越来越聚集，产生大量新的知识和新的数据。这个过程中知识增长越来越快，为创新带来机会。在美国基于科学、技术、工程和数学的创新者越来越多。这是一个非常重要的经验，保证更多的理工类人才学生去做创新创业是一种非常重要的创新创业方式。

"互联网+"是新的发展概念，这个概念不断地演化。"互联网+"结合移动互联技术、物联网技术、能源互联网、工业互联网、大数据云计算，下一步是增加人工智能和区块链。例如，人工智能可以进行更科学的计算，包括智能硬件，然后加上基因设计，这里包括脑科学和神经科学的信息，形成一个以人为主的互联。这种开源开放众筹的互联网思维改造传统产业，形成更加富有人性、更有高附加值、更环境友好的产品或服务。这是理论上我们对"互联网+"一个更新的诠释。

中国的海尔集团对"互联网+"理念的反应最快。海尔需要的是将整个发展战略品牌国际化。2012 年海尔企业就运用网络化策略，就是利用"互联网+"，创立了按需制造、按需设计、按需配送的个性体验服务。按需的生产，并不是盲目生产，这种方式可以减轻减少企业产业发展的瓶颈。传统规模化生产会带来非常多的产能过剩，互联网就是解决这个问题。海尔很大的变革就是往互联网转型，根据这样的转型逐步收到效果。每年绩效增长 200 亿元人民币左右，利润增长 108 亿~150 亿元，网上交易从 2013 年的 22 亿元上升到 2016 年的 458 亿元，大大提高企业盈利水平，一下子把传统产业改造成一个非常领先的创新型的企业。传统企业为什么有困难，海尔的目标就是提供"互联网+"的思想，提供一个平台，让大家进行互动，企业平台化发展策略，让用户和各种社会资源进行融合、互相学习，以用户为主导，进行交互体验，实现相互的产品开发和价值最大化，实现有效产品的供给，避免社会资源的浪费。

还有大量的互联网资源，有很多互联网的端口，数据挖掘用户的信息。用户在里面进行表达甚至产品的设计，有更多的参与，这是非常活跃的用户设计。"互联网+"在设计方面也要做一些互联，这也是非常重要的。做一个互联网平台 Hope，整合全球的资源，整合全球的创新资源，让创新资源可以在这里面进行优化，把全球资源在海尔的框架中整合在一起。整合的结果包括顶尖的研究机构，包括用户，还包括开发商，结果就是海尔在全球整合了350万的社会资源帮助海尔创新。

海尔的奇迹，就是从现有6万名员工，用"互联网+"的思想，加上外部350万的用户和供应商及其他社会资源帮其进行创新，海尔的员工数量现在可以说是356万人，而不是传统的6万人，这就突破了传统人力资源的概念。海尔的思维很重要的变化是什么呢？从注册变成在线，员工不再是从属于一个企业，可以为很多企业工作，这是为人力资源的制度带来新的变革。不仅是对部门管理，也对人力资源管理的界定，带来了挑战，通过这个变革之后，使得整个的资源空间和创新空间不断延伸。在互联网时代，海尔认为，颠覆成为常态，创新成为必然，我们非常希望看到它进一步的进展。这是大公司的创客化和互联网化。中小企业怎么办呢？要异军突起。

中小企业要努力成为指数型组织，海尔就是这类。指数型组织就是公司员工非常少，只有十几名、二十几名，公司的价值可以做到几亿元，甚至几十亿元，甚至几百亿元的价值，这就是指数型企业。就是利用面向互联网社会，特别是共享经济的思想，颠覆传统的产权意识，课程式框架就是太复杂的框架体系给解构掉，以更灵活、更精简、更创业的组织形式，有效整合全球资源，对公司的发展起着很大作用。这种类型组织是对互联网精神更好地诠释。通过这样的概念，"互联网+"出现了新的内涵：第一点就是更快地利用信息，第二点就是去货币化。

小公司的优势更大，发挥中小企业优势，租赁取代拥有。公司的理念就是产学研的颠覆，用使用权去替代产权，出现了人类新的对物质拥有概念的突破，实现共享经济。信赖胜于控制，对于创业企业来说，不再是控制为主，是信赖为主，开放胜于封闭，开放的企业会获得更大的价值，封闭的企业会错失发展机遇。全部都透明化，这就是区块链思想的巨大威力。开发出良好的用户界面，适应力更强的组织的量化指标，快速实现高度自治，还有透明化的体系，最新的组织方法，将使企业获得更新的发展。

因此，人类面临非常好的机会，技术越来越多，现在企业创业不是缺技术，缺的是战略思维，缺的是对未来产品的定位，这是非常重要的。战略创新成为企业创业的重点，新出来一个名词叫"战略创业家"，因此，培养创业家不仅给予他知识，还要他知道人类未来是什么。人类的创新就不再像以前，现在互联网发展，企业同时可以实现低成本、差异化和用户友好。可以带来企业绩效的爆炸性增长，典型的案例就是谷歌、亚马逊，他们都向客户提供非常便宜的产品，他们的创新度比较高，所以他们代表一种新的产品类型。

下一个人类面临的问题是什么？我们十分幸运地抓住了信息革命的宝贵机

遇。中国信息革命带动新的工业革命发展，这是我们非常好的发展机遇。发展机遇之一，根据国际的研究表明，第一个就是城市化，我们信息化要跟城市化结合在一起，带动全球产业发展，根据联合国人类住区（人居中心）发布的报告显示，2030年左右，全世界将有60%的人居住在城市，中国可能有70%的人迁居城市，面临快速的城市化，我们怎样设计更好的创业平台，这使我们面临非常大的挑战。第二是个人口变化，根据世界卫生组织预测，2030年人类平均寿命会达到75岁，这个过程中预示着将来人类发展新的要素就是老龄化。老龄经济的发展，为我们提供了一个非常重要的创业新方向。另外全球每年净增长人口的95%都在发展中国家（王辑思，2016），我们怎么提供那些简单的产品，而不是奢侈的产品，去满足低收入国家人口的创新产品要求。第三是气候变化有很大挑战，全球化给我们带来新的挑战。这是西门子在研究全球发展过程当中提出的发展趋势。

回到中国，我们面临的首先是八大需求，工业化、信息化、城镇化和农业现代化要同步进行，用信息化改造我们的农业产业，用工业化方法提高我们农业产业的规模和效应。城镇化也是非常重要的，中国发展机会不是工业化、城镇化和农业现代化的逐步实现，是同步实现，这是非常重要的。2018年国务院又提出了环境保护，生态文明也是很重要的，加了第五化就是绿色化，下一步可能要加健康技术，然后国防建设，还有国际事务，从这方面整体来说中国的发展机会有八化的竞争。随着八化的竞争，我们怎么样把产业融合在一起有很多新的挑战，这里面讲工业4.0，还有中国制造2015都非常重要。下一个趋势就是"互联网+"、物联网+、大数据构成新的商业基础构架。传统批量生产转为大规模定制，甚至是个性化制造，用户参与创新将越来越成为主流。我们在创新创业时，怎么样为我们制造企业设计能够为用户创新的个性化定制，甚至一部分产业是模块化批量生产的这种产业特色，这是我们现在工业体系改造非常重要的问题，"互联网+"工业，强烈建议各种创业创客来高度关注这个领域的发展。

"互联网+"和互联网经济并非传统互联网营销和互联网金融，下一步要加上互联网研发、互联网工程和互联网创新。我们很多的创业企业，可能实现了艰苦奋斗的创业史，但是希望创客企业要实现科技进步的创新，在创业过程中能够实现技术的突破、产品的突破和服务的突破，更要实现战略的突破。要成为下一个阿里巴巴，或者超越阿里巴巴，阿里巴巴只是整合商业的信息和金融，为什么不能重新整合制造业的知识和企业呢？如果再把阿里巴巴和制造业互联，制造业信息整合成实体经济，把实体经济和虚拟经济再进行整合，这样一个新的创客企业一定会超过阿里巴巴，成为市值几万亿美金的企业，这是完全有可能的。

商业模式创新固然可贵，我们需要开网店，要去融合科学技术工程的进展，更要关注未来的战略，我们缺的是对未来产品的定位和概念的开发。所以，战略的创新、科技的创新、商业的创新，这样一个综合过程才更有价值，这也对我们创业企业提出更高的要求，必须具有高度的战略思维，未来发展的洞察，也必须具有非常高素质的科技素养、非常高的商业能力。我们希望改变中国的企业，以前为什么落后，就是给国外企业打工，中国是人口市场最大的国家，消费购买能力潜力巨大。在全世界，我们利用我们的资产，利用互联网整合全球的信息资源，谁能整合得好，谁就能成为下一个商业的巨头。

在未来，我们必须深入思考，美国、以色列的创新创业为什么成功，除了有很多创业的集群、创新的城市、学习的社区，他们拥有了一大批试图改变世界的创新者和战略性企业家，并密切开展以互联网科技、生物技术等为核心的创新和创业。为此，中国的教育工作者必须积极地应对，提出更前卫的创业教育模式。

陈 劲

清华大学技术创新研究中心主任，

教育部长江学者特聘教授

2018 年 9 月 13 日

前言

习近平总书记多次强调指出,创新是引领发展的第一动力。党的十八大报告提出要实施创新驱动发展战略,强调科技创新是提高社会生产力和综合国力的战略支撑,必须摆在国家发展全局的核心位置。十八届五中全会提出创新、协调、绿色、开放、共享的"五大发展理念",把创新作为"五大发展理念"之首。党的十九大报告确立了习近平新时代中国特色社会主义思想,并且提出要贯彻新发展理念,建设现代化经济体系,加快建设创新型国家,加强国家创新体系建设,强化战略科技力量。国家"十三五"规划提出要把发展基点放在创新上,以科技创新为核心,以人才发展为支撑,推动科技创新与大众创业万众创新有机结合,塑造更多依靠创新驱动、更多发挥先发优势的引领型发展。《国家创新驱动发展战略纲要》提出了我国到2050年建成世界科技创新强国"三步走"的战略目标。"十三五"国家科技创新规划进一步明确了"十三五"时期科技创新的总体思路、发展目标、主要任务和重大举措,为我国迈进创新型国家行列提供了行动指南。全球新一轮科技革命正在兴起,深刻影响世界发展格局,深刻改变人类生产生活方式,只有不断推进科技创新,不断解放和发展社会生产力,不断提高劳动生产率,才能实现经济社会持续健康发展。中国的"一带一路"倡议得到世界各国的广泛响应,并启动了"一带一路"科技创新行动计划,在战略上打开了国际创新创业合作的新局面,为我国科技创新创业指明了未来发展方向。

创新是民族之魂,是时代主题;创业是发展之基,是富民之本。在2014年9月在中国天津举办的夏季达沃斯论坛上,李克强总理提出,要在960万平方公里土地上掀起"大众创业""草根创业"的新浪潮,形成"万众创新""人人创新"的新态势。2015年3月,"大众创业、万众创新"首次正式写入《2015年国务院政府工作报告》,李克强总理提出,要打造大众创业、万众创新和增加公共产品、公共服务"双引擎"。2015年5月4日，国务院办公厅印发《关于深化高等学校创新创业教育改革的实施意见》，提出了"三步走"的总体目标。2017年8月，习近平总书记在给第三届中国"互联网+"大学生创新创业大赛"青年红色筑梦之旅"的大学生的回信中提出，希望你们扎根中国大地了解国情民情，在创新创业中增长智慧才干，在艰苦奋斗中锤炼意志品质，在亿万人民为实现中国梦而进行的伟大奋斗中实现人生价值，用青春书写无愧于时代、无愧于历史的华彩篇章。习近平总书记的回信是在新的发展阶段做好高等教育工作的重要遵循，明确指出了广大青年学生的成长方向。各大高校掀起学习回信精神的热潮，在社会各界中引起强烈反响。2018年9月，国务院印发的《关于推动创新创业高质量发展打造"双创"升级版的意见》指出，要按照高质量发展要求，深入实施创新驱动发展战略，打造"双创"升级版。2018年10月，"全国大众创业万众创新活动周"启动仪式在成都举行，李克强总理作出重要批示，韩正副总理出席并讲话，体现了国家对创新创业工作的高度重视。近几年，在各方面共同努力下，"双创"活动蓬勃发展，为激发创新潜力和市场活力、扩大就业发挥了积极作用。据国家市场监管总局数据显示，2018年上半年，全国新设市场主体998.3万户，同比增长12.5%，平均每天新设5.52万户，特别是第二季度以来，大众创业热情持续高涨，4~6月各月新设企业均超过60万户，创历史新高。其中，教育、科学研究和技术服务业等分别增长45.5%、24.3%；战略性新兴产业新设企业56.9万户，增长19.9%。创新创业正在实现高质量发展。

  深化高等学校创新创业教育改革，是国家实施创新驱动发展战略、促进经济提质增效升级的迫切需要，是推进高等教育综合改革、促进高校毕业生更高质量创业就业的重要举措。党的十八大以来，我国不断深化高等学校创新创业教育改革，改革教学育人机制、加强师资队伍建设、强化创业实践训练等，把创新创业教育融入人才培养，为建设创新型国家提供源源不断的人才智力支撑。一是高校科技创新创业的政策和机制不断完善。随着"大众创业、万众创新"上升为国家战略，科技部、教育部、人社部、团中央等积极响应，为推动创新创业发布了一系列优惠政策，各省市也相继出台了配套的实施意见。二是以人才培养模式改革为核心的创新创业教育改革全面深化。各具特色的创新创业教育体系开始形成，创新创业教育被纳入人才培养方案进行整体设计，初步形成了"课堂+实训"的创新创业课程体系，"第二张成绩单""学分认定和转换办法""弹性学习年限制度"等新制度得到普及；大学科技园、众创空间、孵化器成为大学生创新创业实践的重要平台，创新创业教育逐渐融入高校人才培养全过程；一批科技成果在大学实现转化，一批高新技术企业在高校孵化、成长，一批高校的创新创业载体被评为国家级众创空间、国家级科技企业孵化器、国家级大学科技园，一批高校入选全国创新创业典型经验高校、全国深化创新创业教育改革示范高校、全国创新创业示范基地、全国大学生创新示范园等。三是高校创新创业教育师资队伍建设稳步推进。2016年9月教育部专门印发《关于深化高校教师考核评价制度改革的指导意见》，鼓励教师改变教学与考核方式，加强专职教师技能培训，引进行业师资力量，支持教师离岗参与成果转化或创业。截至2016年年底，全国各地各高校创新创业教育专职教师数共计2.6万余名，兼职导师数共计7.6万余名。在各省级教育部门各高校推荐基础上，教育部初步建成"全国万名优秀创新创业导师人才库"，已有近5000名专家入库。引导和支持高校切实发挥入库导师作用，优化创新创业导师队伍，不断提升创新创业教育工作水平，全面提高人才培养质量，有效激发了广大学生的创新精神和创业意识。四是大学生参与科技创新创业的热情进一步高涨。以2017年第三届中国"互联网+"大学生创新创业大赛为例，参与高校达2241所，团队报名项目37万个，参与学生超过150万人。大学生投身科技创新创业的规模再创新高。据麦可思研究院联合中国社科院发布的《中国大学生就业报告》的相关数据显示，近5年来，中国大学生毕业即创业比例从2011届的1.6%上升到2017届的3.0%，接近翻了一番。以2017年795万应届毕业生的总量计算，年创业大学生的数量超过20万人。越来越多的青年大学生把激昂的青春梦融入伟大的中国梦，成为创新创业的主力军。

　　加强政府、科技界、产业界和教育界的协同创新，是让科技创新创业迸发更强劲推动力的重要途径。2016年1月，河南省高校创新创业协会成立，至2017年3月，协会已有会员单位91个，个人会员702人，其中理事191人，常务理事85人。自协会成立以来，积极融入地方经济发展，协助政府开展高层次创新创业交流活动，如协助举办、承办了"创天下赢未来"2016大学生创业服务进校园活动、2016中国创客大会暨第三届中国创客大赛、2016年"创响中国"巡回接力郑州站活动、"2017'郑创汇'国际创新创业大赛11月月赛"等，一批会员积极参与政府组织的各类创新创业载体、创新创业大赛、示范项目评审等。协会广泛整合社会资源，开展创新创业学术交流活动，在南阳、洛阳市政府的大力支持下，举办2016年、2017年创新创业协会年会暨创新创业教育改革高峰论坛；与河南中华职教社、河南省民办教育协会、人民出版社教育出版中心、中国（河南）创新发展研究院等联合主办"河南职教社纪念中华职业教育社百年社庆暨2017创新创业高峰论坛""高校创新创业教育改革与课程体系建设高峰论坛""中原创新发展论坛"和"河南高校智库建设研讨会"等学术活动。协会充分发掘会员资源，积极搭建平台，开展创新创业教师技能培训，与教育部全国高校教师网络培训中心合作举办了"创新创业教育改革教研室主任高级研修班""河南省高级创业咨询师培训班""河南省高校创新创业师资队伍培训班"等，有效提升了全省高校创新创业教育师资队伍建设水平。协会大力组织开展创新创业理论与实践研究，先后出版了《创新创业教育论》《大学生创新创业教程》《"互联网+"创新创业概论》《河南双创蓝皮书（2017）》等一批学术成果。协会会员单位积极组建成立创新创业高端智库。2018年6月，中国创新创业教育研究院在会长单位黄河科技学院成立，由我国著名创新创业教育专家李家华全职担任院长，组建专家团队，举办了首届创新创业教育黄河论坛，推动创新创业教育改革迈向纵深。

新思想领航新时代，新目标开启新征程。2018年，河南省高校创新创业协会将在习近平新时代中国特色社会主义思想和党的十九大精神指引下，服务创新型国家建设，推动河南省高校科技创新创业高质量发展。为此，我们以新时代科技创新创业为主题，面向全国发出论文征稿通知，在政府部门、科技界、产业界、高校等相关专家学者大力支持下，共收到百余篇论文，经过论文查新、专家审稿等，从中精挑细选出一批高质量论文，分为理论篇和实践篇，本书即将付梓，由经济科学出版社出版。论文来源广泛，整体质量较高，既有理论高度，又有实践案例；既有政策建议，也有改革措施；既坚持问题导向，更注重切实可行，宏观与微观相结合，具有很强的可读性、指导性和可操作性。我们相信，在各级政府和主管部门的正确领导、大力支持下，在高等院校、行业企业、科研院所及广大教育工作者和科技创新创业者的协同合作与不懈努力下，科技创新创业必将取得新成绩，实现新跨越！

杨雪梅
河南省高校创新创业协会会长
2018年9月16日

目录

理论篇

突出创业导向，提高创新有效性 …………………………… 葛宝山 / 3
数字技术时代民办高校创新人才培养研究 ………………… 杨雪梅 / 9
近十年国际主流管理学期刊创业研究重点与
　　变化趋势分析 …………………… 邱姝敏　杨德林　李佳雪 / 19
创业教育、创业环境对大学生创业意愿影响的
　　实证研究 ……………………………………… 丁奕文　鲁若愚 / 36
面向战略性新兴产业的共性技术创新
　　模式研究 ………………… 黄鲁成　苗　红　吴菲菲　王小丽 / 48
创业学习对创业成长的影响研究
　　——基于创业知识双重中介效应 … 于泽聪　梅　强　徐占东 / 53
应用新技术背景下高校创新创业教育生态系统
　　构建路径研究 …………………… 谢志远　戴　威　徐倩倩 / 65
科技创业企业股权转让所得税纳税筹划研究 ……… 王艳茹　张怡蕾 / 74
国有企业体制改革对其科技创新能力的促进作用 … 邱云飞　姚璐莹 / 81
基于文献量化分析的中国创业政策差异研究
　　——以北京、上海、重庆为例 …… 丁奕文　周　阳　鲁若愚 / 92
双创融合教育与激励机制设计研究 ………………………… 宋爱军 / 106
创业成长视角下的大学生创业动机影响
　　因素研究 ………………………… 徐占东　于泽聪　梅　强 / 113
浅析基于大学生"互联网 +"创新创业教育实践 …… 闫循华　李森科 / 127
创业网络嵌入与大学生新创企业绩效
　　——基于创业学习的中介效应 …… 顾加慧　梅　强　徐占东 / 133
"教""学"二维视角下的科技创新教育 …………………… 李　敏 / 146
临危思变，转"危"为"机"：对外部威胁的恐惧与
　　员工越轨创新行为研究 ……………………… 韩雪亮　张文静 / 151

1

企业技术创新动态能力的性质、决定因素和理论
　　渊源探析 ………………………………………… 熊胜绪　王玉峰 / 161
新时代科技创新创业与经济高质量发展深度融合
　　机制研究 ………………………………………… 张培俭　权建阜 / 170
为什么技术创业公司死亡率高 …………………………………… 罗　旭 / 174
"双创"背景下新加坡对我国创新人才培养的启示 ……………… 尹洪娣 / 180
中原经济区高层次创新创业人才培养研究机制 ………………… 何中生 / 188
新时代创新创业的群体动力浅析 ………………………………… 郝良玉 / 194
创新创业教育基本问题研究 ……………………………………… 郭国坚 / 197
我国中部地区公共就业服务存在问题研究 ……………………… 刘晓英 / 203
新形势下创新创业人才培养质量影响因素与
　　对策研究 ………………………… 孙曙光　周文洁　王凯悦 / 211
教育"双创"融入专业教育的模式与方法 ……………………… 魏　明 / 218
新时代下高校创新创业的探析 …………………………………… 万建臣 / 222
"双创"情境下的高校创新创业教育环境评价研究 …………… 李　慧 / 227

实践篇

中国船舶工业绿色创新系统开放式创新模式研究 …… 冯美琪　毕克新 / 239
黄河科技学院"教产科创"深度
　　融合模式研究 …………… 王文亮　李储学　赵致锋　李海霞 / 258
河南省区域技术创新竞争力评价及
　　提升策略研究 …………………………… 杜书云　王亚红　韩　霜 / 267
基于模糊综合的大学生科创能力实证评价 ……………………… 韩晨光 / 279
民办高校大学生创业意向影响因素研究
　　——以M学院为例 ……………… 戚耀元　岳佳坤　王心焕　雷家骕 / 288
新常态下创新创业型人才协同培养研究
　　——基于三螺旋的视角 …………………………… 庄　涛　秦世波 / 299
美国高校创新创业教育对湖北高校的启示研究 …… 陈汉林　宋青松 / 308
高校创新创业教育与促进地方经济发展的关系研究 …………… 刘　漫 / 319
依托社会实践提高高校大学生创新创业能力
　　——以洛阳师范学院为例 …………………………………… 孙欢欢 / 325
基于Odoo的双创孵化园区运营系统的研究与设计
　　——以南阳理工学院、中关村e谷（南阳）软件
　　　创业基地为例 …………………… 陈　可　李若水　刘黎明 / 331

供给侧改革理念下高校精准就业服务机制分析
　　——以H大学为研究对象 ……………………………… 贾银兰 / 341
科技创新创业教育与专业教育深度融合研究 ……………… 马素巧 / 350
新时代创新创业教育途径的探索
　　——以郑州轻工业学院计算机相关专业为例 ………… 司丽娜 / 354
创新创业教育与高校化工类专业教育融合
　　模式的研究与实践 ……………… 钱恒玉　余述燕　陈　勇　尹志刚 / 359
创新创业教育与体育专业教育深度融合的
　　应用型人才培养模式 …………………………………… 孙建鹏 / 363
面向创新实践能力培养的电气专业课程
　　设计改革 ………………………… 史敏灼　王　勇　梁云朋 / 370
产教融合背景下我国高校跨境电商人才
　　培养的目标、难点与对策研究 ………………………… 郭　萍 / 376
加强创新创业内涵建设　努力培育创新创业生力军
　　——河南理工大学创新创业教育实践 ………… 付生德　桑振平 / 385
以大学科技园为载体　促进科技创新创业 …… 潘小雨　雷海栋 / 391
大学科技园在新时代科技创新创业中存在的
　　问题及对策研究 ……………………………… 雷海栋　孟　帅 / 397
高校创新创业教育与创业现状研究 …………… 彭红霞　宗星宇 / 402
社交电商的兴起对大学生创业影响调查研究 … 韩雪亮　王豆豆 / 414
"互联网+"时代大学生创新创业教育新模式 ……………… 申　浩 / 430
"互联网+"背景下无水洗车创业案例分析 ………………… 曾　萍 / 435
思维模式与战略导向的选择：基于创业型企业的
　　多案例分析 ……………………………………………… 陈骄青 / 440
以创新推动郑州经济高质量发展的对策分析 … 郭　岭　韩　雄 / 454
企业获取创新资源的六种途径分析 ………………………… 王圆圆 / 458
科技创新创业教育与专业教育深度融合模式与机制研究 … 裴亚峰 / 467
论通过创业实训体系实现"专创深度融合"的模式与
　　机制研究 ………………………………………………… 岳　亮 / 473

致谢 / 484

理论篇

突出创业导向，提高创新有效性

葛宝山

（吉林大学创业研究中心，长春，130022）

> **摘要**：创新驱动发展战略已被确定为国家战略。但"创新驱动"必须由"创业引领"。我国的创新活动不能有效地实施国家创新驱动的战略，主要原因是相关创新主体普遍缺乏创业思维和战略而造成我国创新效率低下。创业思维能够将技术创新、制度创新和管理创新等内外部创新要素纳入统一的框架中，是突破知识过滤屏障实现创新成果市场化的重要机制，能够在多个层面系统地回答和解决如何实现创新驱动发展问题。评价创新效率的重要指标应该是创业绩效。国内必须在打造大型创业型组织、构建双创融合的创业生态系统方面下功夫，走创新驱动、创业引领的发展道路。
>
> **关键词**：创新驱动；创业引领；创业型组织；创业生态

1 引言

当前，全球新一轮科技革命、产业变革和军事变革加速演进，科学探索从微观到宏观各个尺度上纵深拓展，颠覆性技术不断涌现，群体性技术革命正在重塑世界竞争格局、改变国家力量对比，创新驱动成为许多国家谋求竞争优势的核心战略。经过多年努力，我国经济总量跃居世界第二，已经成长为世界经济大国，但同时，我国许多产业仍处于全球价值链的中低端，一些关键核心技术受制于人（如中兴事件），发达国家在科学前沿和高技术领域仍然占据明显的领先优势，创新成为制约我国经济和综合竞争力进一步提升的重要因素。在此背景下，党的十八大报告首次明确提出实施创新驱动发展战略，强调科技创新是提高社会生产力和综合国力的战略支撑，必须摆在国家发展全局的核心位置。2016年5月19日，国务院印发《国家创新驱动发展战略纲要》（以下简称《纲要》），进一步确立了创新驱动战略的指导思想、基本原则、战略部署、战略目标、战略任务，以及战略保障。党的十九大报告再次指出"创新是引领发展的第一动力，是建设现代化经济体系的战略支撑"，要坚定实施创新驱动发展战略，"突出关键共性技术、前沿引领技术、现代工程技术、颠覆性技术创新，为建设科技强国、质量强国、航天强国、网络强国、交通强国、数字中国、智慧社会提供有力支撑"。当前美国对中国的出口商品进行大规模征收关税，并限制中国企业对美投资并购，其征税领域和限制中国投资购买美国公司技术的相关政策，都是精准打击和干扰我国新一代信息技术、生物医药、新材料等新兴高科技产业，其本质是遏制我国高精尖技术创新的发展。突破这种困境的关键在于我国要坚定不移地实施创新驱动发展战略。

当前我国的科技研发投入强度居世界第二位，研发人员总数居世界第一位，成为仅次于美国的世界第二研发大国。根据2018年《政府工作报告》，近五年来，我国创新驱动发展成果丰硕。全社会研发投入年均增长11%，规模跃居世界第二位。高铁网络、电子商务、移动支付、共享经济等引领世界潮流。"互联网+"广泛融入各行各业。大众创业、万众创新蓬勃发展。快速崛起的新动能，正在重塑经济增长格局、深刻改变生产生活方式，成为中国创新发展的新标志（2018年两会报道组，2018）。然而，国家大量的资金和人员投入并没有实现创新的实质性突破，具有重大影响力的创新成果依旧偏少。创新过程中处处存在"死亡谷"现象（骆严，2017）。大学、科研院所的大量创新成果仅停留在论文和专利阶段，论文和专利数量增长迅速，但是大量的论文和专利质量不高（洪敏等，2018），并未实现向现实生产力和国际竞争力的转化（何华武，杨秀君，2017），创新活动与创业目标脱节的问题突出；由于多年来形成的僵化组织结构和内部分工体制，许多企业的多数创新成果停留在研发环节，科研产出效率低下，没有形成规模化的商品，造成创新资源的严重浪费，创新驱动没有实现预期的效果。可见，我国当前的创新活动不能有效地实施国家创新驱动的战略。造成上述问题的原因是多方面的，但创业环境不优、相关创新主体普遍缺乏创业思维和战略是造成我国创新成果商业化和产业化率低的主要因素。因此，创新驱动必须结合创业思维和创业战略才能真正解决我国普遍存在的科技创新和社会经济发展严重脱节的问题。解决我国当前创新驱动问题的实质是如何基于创业思维和战略开展有效的创新活动。没有创新的创业活动固然是低层次的创业活动，但没有创业导向的创新活动更是无效的创新活动。此外，传统技术基础上的我国传统产业产能过剩问题严重，传统经济学和管理学体系面临严峻挑战，必须借鉴熊彼特和德鲁克有关创新与创业的思想，走基于创业思维的创新驱动发展道路才能突破发展"瓶颈"。创业思维能够将技术创新、制度创新和管理创新等内外部创新要素纳入统一的框架中，是突破知识过滤屏障实现创新成果市场化的重要机制，能够在多个层面系统地回答和解决如何实现创新驱动发展问题。

2　明确创新与创业二者的关系

就概念层面而言，创新是企业家对生产要素和生产条件进行新组合，引入生产系统以获取超额利润的过程，而创业是创业者整合创业资源、开发商业机会创造新价值的过程。所以，创新与创业在本质上是一致的，都是价值创造过程，更多情况下，都是企业家的商业行为。

"创新是从根本上打开增长之锁的钥匙。"创新是历史进步的动力、时代发展的关键，位居今日中国"五大发展理念"之首（陈晓芳，2015）。

但在现实情况下，尤其是我国国内创新和创业概念都被泛用和滥用，导致大家都在谈创新和创业，特别是在创新驱动和"双创"战略背景下，更是无人不谈创新和创业。有言必称"创新""创业"之势。当创新和创业概念被泛用和滥用时，有限的创新、创业资源必定会被以创新和创业的名义无效占用与利用，甚至被侵吞。其中，由于涉及的主体范围较广，以创新的名义被无效占用和无效利用的资源所占比例较大。以笔者熟悉的大学和科研单位为例，近年来，大学教师和科研单位得到了越来越多的科研资金，很大一部分是国家财政性资金，这些科研主体以创新的名义开展了所谓的创新性研究，但其主要成果是质量不高的论文和专利。被转化的科研成果和最终能够创造经济和社会价值的成果很少。大学和科研单位的教师和科研人员，在以论文、专利、获奖及称号（院士、长江、杰青等）为导向的科研环境下，没有直接的动力开展有效的创新活动，少有能够直接创造社会价值和经济价值的创新成果。许多应用型、工程类专业的大学教师多年来没能脱贫，便是明证。许多理工类大学，少有在社会上有影响的科技企业，从另一个方面证明了我们的创新理念、创新体制存在严重的问题。即使我们引以为豪的中关村，至今也未见一个能够影响世界的高科技企业诞生于此并发展于此。一些企业，尤其是大型企业内部的、相对独立的研究与开发部门或技术中心，其所谓的创新行为类似于科研单位，许多成果没有为提高企业竞争力和经济效益做出应有的贡献。国内一家大型汽车生产企业，投入研发费用高达上百亿元，没有创造显著的市场价值，最终其上千人的研发部门被企业解散。因此，必须明确创新的目的，必须加强创新管理。主要措施就是明确创新和创业的关系，强化创业思维和意识。进一步明确，创新是手段，创业是目的。创新活动要紧密围绕创业过程展开。创新活动要服务于创业机会开发和新价值创造，不能满足于样品开发、小规模生产，更不能停留在发表论文、专利申请、获奖及个人称号等低级阶段，要使创新成果最终进入规模化和产业化高级阶段。走创业导向的创新之路，才是正确的路线。企业层面的创新活动更应该如此。总之，衡量创新效率的关键指标应该是创业绩效或者财务绩效，即销售收入和利润，也就是创新和创业活动的最终价值——社会价值与经济价值。没能创造社会价值和经济价值的创新活动终究是无效的创新活动。创新概念要回归熊彼特的定义，抓住创新服务于创业这个本质属性，才能提高创新效率，否则，不仅是创新效率低下的问题，而是社会稀缺资源的极大浪费问题，这样发展下去，最终会导致我们将最宝贵的时间也浪费掉，错过难得的战略发展机遇期。而这种机会，对于我们整个国家，是千载难逢的。故，应该在全社会大力倡导创新服务于创业的观念，促进创新型创业活动。创新型创业活动多了，我们才能真正进入现代化市场经济国家的行列，才能为人民币最终走向国际化提供强有力的背书。

3　打造"双创"融合的创业生态系统

在数字经济的时代背景下，创新驱动已经从原来封闭的、单个的、技术的、人造环境的创新，向全球配置创新资源、区域合作创新、非技术性创新、生态系统等创新模式演进。一方面，当前的技术研发呈现出多领域融合的特征，行业与行业之间的界限逐渐模糊，一个新技术的研发往往需要多领域知识的整合，因此需要通过构建创业生态系统实现不同类型企业之间知识的有机互动从而发挥企业间的协同效应，实现多主体机会开发的共赢局面；另一方面，新技术的成功商业化需要创业生态环境的支持，一个良好的创业生态环境能够降低创业者所面临的风险，同时还能为新创企业的发展提供各方面有利的外部支撑（祝侣，2012）。未来的竞争实质是各种不同类型的创新创业生态系统之间的竞争。如果我们不能在科技创业生态系统上超越美国,那么我们就无法与之竞争。

2015年3月2日,为推进大众创业、万众创新工作的开展,国务院办公厅印发《关于发展众创空间推进大众创新创业的指导意见》(以下简称《意见》)。《意见》指出"营造良好的创新创业生态环境,是加快实施创新驱动发展战略,适应和引领经济发展新常态的重要举措,对于激发亿万群众创造活力,打造经济发展新引擎意义重大"。在一系列政策号召下,我国各地区政府积极推进创业生态系统建设,打造地区良好的创业生态环境以促进区域创业活动的繁荣发展。同时,海尔、阿里巴巴、腾讯等大型企业也纷纷搭建创新创业平台,形成以大企业为核心的平台型创业生态系统。传统经济时代,企业的竞争是名牌与名牌的竞争,互联网时代进入平台和平台的竞争,而在已经到来的物联网时代,企业之间的竞争必须是生态圈之间的竞争(张瑞敏,2018)。区域创业生态系统建设对彻底解决落后地区的经济可持续发展问题极为关键;平台型创业生态系统的构建对大企业核心竞争力的提升和互补型小企业的生存与发展至关重要。因此,各地区要依托大型企业、高水平研究型大学、高水平科研单位和创业型国家级高新区打造"双创"融合的各具特色的创业生态系统。从资源整合、协同创新和机会开发的视角,创新商业模式,突破关键核心技术和共性技术,形成竞合机制,实现创业引导、创新驱动的发展态势。

从国内外典型的创业生态系统演化过程来看,依托大型创新创业型组织都可以构建双创融合的区域创业生态系统。国内,代表性的大型企业,如深圳的华为和腾讯,没有这些大型创新创业型企业,就没有深圳式的双创融合的创业生态系统,这些大型企业为深圳许多新创企业直接或者间接提供了源源不断的创业者、创新人才、创业资本和管理经验;国外,代表性的创新创业型大学,如美国斯坦福大学,依托斯坦福大学,形成了享誉世界的硅谷创新创业生态圈,可以说没有斯坦福就没有硅谷。美国创业型大学的组织变革路径由传统大学的科层组织向创业组织、市场组织、新型组织和学术性组织的混合组织发展。外部资源来源的竞争性、创业技术的复杂性以及创业活动和学术发展路径的倒序性,是美国创业型大学组织变革的主要原因(陈玲霞,2015)。因此,建设若干所世界一流的研究型、创业型大学,围绕这些创新创业型大学构建各具特色的区域创新创业生态系统,应该成为我们的主要举措。因此,从现在开始,应该在有条件的理工科院校,结合双一流建设,以建设创新创业团队为抓手,鼓励教师和学生带领团队开展创新型创业活动,逐渐形成规模,扩大校内外影响,进而形成创新创业生态圈,为区域可持续健康发展提供大的平台和优良环境。另外一种可行的办法,就是在现有的国家级高新区基础上,遴选出若干创业型高新区,进一步完善其创业环境,使之成为优良的双创融合的创业生态系统。各主要城市,尤其是直辖市、省会城市及地区经济中心城市,都可以围绕当地主导产业中的大型企业搭建创新创业生态系统,如青岛的海尔。推进区域主导产业大型企业平台化,是促进行业和企业变革、创新商业模式、采用先进技术的主要路径,更是打造区域创新创业生态系统的重要基础。总之,围绕大型创业型组织及载体(包括大型企业、大专院校、科研单位和国家级高新区)建设若干区域创新创业生态系统,提高其竞争力,应该成为各级政府和组织的工作重点。此外,在实施"一带一路"走出去的过程中,要因地制宜,建设若干中外合作的跨国界的双创融合的创业生态系统,实现多点联动的宏大格局。

4 研究结论

实施创新驱动发展战略是适应时代要求的必由之路，但要提高创新活动的有效性，必须强化创业思维和导向，实现创业引导、创新驱动的有机融合，就是紧紧围绕创业过程开展有针对性的创新活动，主动用创业标准评估创新价值及其可行性。创业是突破知识过滤屏障实现创新成果市场化和商业化的重要机制，没有创业绩效的创新活动是无效的创新活动。为此，必须从以下几个方面提高认识并加以贯彻落实。

（1）明确创新与创业二者的关系。

虽然创新驱动发展战略是我国政府重点强调的国家战略，也是国内媒体广泛宣传的主流内容，但是创新驱动发展战略的落脚点应该是创业，就是将创新活动融入创业过程中，保证主要的创新活动服务于创业过程，创新活动必须面向创业过程展开，创新效率必须用创业绩效衡量。当然，没有创新的创业是低层次的创业，但没有创业绩效的创新活动更是无效的创新。突出创业导向，是在观念上保证创新驱动发展战略真正落在实处的重要保障。

（2）打造一批"双创"融合的大型创业型组织。

大型创业型组织在构建区域创新生态系统方面具有无可替代的作用。目前，国内不乏大型企业、规模化的大学和科研院所，但真正称得上创业型组织的却很少。因此，大型企业要向青岛海尔、腾讯等大企业学习，用创业思维指导企业变革及其创新活动，变守业为创业，或者使二者均衡。国内的研究型大学，尤其是包含理工科专业的研究型大学，要向美国的斯坦福大学学习，探寻科技创新和创业活动密切融合的机制，使得我们的若干所大学成为创业型大学，为创新型创业提供源源不断的人才、创意和网络，最终养成区域性创新型创业文化。可行的方式是在创业氛围比较活跃的城市中选择一些研究型大学或者引进一些研究型大学加以改革，如在深圳和杭州可以率先实验。一些条件允许的科研单位，尤其是应用型研究为主的大型科研单位，要以创办科技创新企业为目标，开展服务于创业的创新活动。这一点应该向美国的贝尔实验室学习，借鉴其有益的经验。

（3）建设各具特色的双创融合的创业生态圈。

良好的创业生态圈是区域核心竞争力的重要组成部分。良好的创业生态圈，对吸引稀缺的人才、资本和项目具有竞争力。美国的硅谷和国内的深圳就是很好的例证。各地区、各部门和单位要努力适应时代发展的要求，积极围绕创新创业团队、创业型组织搭建组织层面的、社区层面的、城市层面的和区域层面的创业生态系统。目前的抓手是围绕大型创业企业、创业型大学和科研机构开展有针对性的工作，在不远的将来能够产生若干具有国际影响力的双创融合的创业生态圈。

参考文献

[1] 2018年两会报道组.2018政府工作报告摘要［R］.科技创新与品牌，2108（4）：10－21.

[2] 骆严.如何跨越创新的"死亡之谷"［J］.高科技与产业化，2017（12）：18－

21.

[3] 洪敏,张涛,张柯贤.中国专利增长现状及动因研究[J].现代管理科学,2018(2):24-26.

[4] 何华武,杨秀君.公共财政支出支持科技创新绩效评估的体系构建[J].经济研究参考,2017(71):20-21.

[5] 陈晓芳.新常态下中国工业企业R&D投入产出效率区域差异分析[J].商情,2015(34):130-131.

[6] 厉以宁.重新认识熊彼特的创新观念[J].企业界,2017(9):54-56.

[7] 祝侣.打造政策生态环境,促进企业技术创新[J].华东科技,2012(9):24-25

[8] 张瑞敏.海尔创业创新33年诠释高质量发展之道[J].中国经济周刊,2018(1):15-16.

[9] 陈霞玲.美国创业型大学组织变革路径研究[J].复旦教育论坛,2015(5):106-112.

作者简介

葛宝山(1962—),吉林大安人,吉林大学创业研究中心教授,博士生导师,常务副主任,管理学博士。研究方向:创业管理。

数字技术时代民办高校创新人才培养研究

杨雪梅

（黄河科技学院，郑州，450000）

摘要： 数字技术的飞速发展为民办高校创新人才培养带来新机遇，助力民办高校科学分析经济社会发展对创新人才的需求、全面系统地把控创新人才培养的全过程、精准掌握创新人才能力与社会需求的匹配度、全面提升学校教育教学及综合管理服务能力。同时也对民办高校提出了新要求，即在顶层设计上由经验决策向科学决策转变、在育人模式上由条块分割向协同育人转变、在数据分析上由单一化信息向结构化数据转变、在信息化建设上由数字校园向智慧校园转变、在管理方式上由粗放管理向精准管理转变。因此，民办高校应着力培养数据科学相关专业人才、提升创新人才培养的数据支撑能力、构建基于数字技术的教育质量保障体系、提升高校教师数据分析与应用的能力、推进高校智慧校园建设。

关键词： 数字技术；民办高校；创新人才

当今时代，新一轮科技革命已经开启，信息化与经济社会各领域加速融合，而联系信息与科技的则是数字技术的创新发展。2015 年《哈佛商业评论》就引入了"数字演化指数"概念，追踪"数字星球"变化发展趋势。数字技术（Digital Technology）与电子计算机相伴相生，并迅速改变着人们的生活，特别是随着数字技术快速发展，数字经济进入新时代，"互联网＋"已不可抗拒，大数据成为新亮点，人工智能正在进一步崛起，社交网络、移动化、云服务、信息图谱……新的数字化驱动力不断出现，不断培育出新增长点。利用数字技术特别是大数据的生产能力、服务能力将进一步渗透到生产生活和教育各领域。推动教育教学及人才培养融入数字化时代，已成为不可忽视的趋势。民办高校应抓住这一轮数字技术大发展的时代机遇，将"互联网＋"、大数据、人工智能等新的数字技术融入教育教学、管理与服务流程中，积极变革创新人才培养及创造价值的方式。

1 数字技术为民办高校创新人才培养带来新机遇

近年来，数字技术领域发生深刻变化，正迅速发展为数字革命，数字技术得到快速广泛应用和渗透，世界各国的人们都已经慢慢接受和适应了数字化生活。所有的行业和产业都将数字化，教育领域也难以置身其外，因为年轻一代对于数字化工具的习惯和对数字化服务的偏好、对数字技术的需求更加强烈，这构成了教育"数字化转型"的源动力。民办高校借势数字技术大发展，纷纷布局"大数据""互联网+"等项目，积极迎接数字技术时代的变革。数字技术更多、更广、更新的应用和渗透，将不断重塑教育的新格局，为新时代民办高校加快推进教育教学改革、培养创新人才提供了历史机遇。

1.1 助力民办高校科学分析经济社会发展对创新人才的需求

在数字技术发展的影响下，很多民办高校已经开始基于数据驱动理念，积极投入信息化建设。例如，黄河科技学院、齐齐哈尔工程学院、大连艺术学院、郑州科学学院等民办高校建设的"翻转校园"项目；西安欧亚学院实施的"智慧校园"项目，并于2017年开展云计算与大数据实验室建设项目；广东白云学院成为数据中国"百校工程"项目院校等，通过构造符合学校发展的信息化框架，形成系统全面的教育信息化建设体系，给教育教学及创新人才培养等构建良好的数字化环境，为民办高校创新人才培养注入了新活力。领先的民办高校正积极拥抱依托于"互联网+"、人工智能（Artificial Inteligence，AI）等技术的智能自动趋势，应用数字技术加强与市场的数字化接触和互动参与，采用智能化技术实现数据综合分析，更广泛地分析历史、行业、全球、地区的数据，结合政策、人口、环境等各种数据，模拟未来的社会需求、发展、演变，以及与之配套的人员结构、数量、能力要求、人才储备、发展计划，立足于长远发展，避免专业设置、教育教学与社会需求脱节，为区域经济社会发展精确培养应用型创新人才，有效解决人才培养与地方经济转型、产业升级需求脱节的问题。

1.2 助力民办高校全面系统地把控创新人才培养的全过程

数字技术已被民办高校广泛应用于教育教学实践，推动传统课堂向数字化和智能化方向发展，从早期的辅助教学手段到与教育教学的不断融合，许多学校开展的"翻转课堂""智慧教室"核心在于用最新的数字技术手段、利用"互联网+"思维来变革和改进课堂教学，打造智能高效、富有智慧的教育教学环境，促进学生个性化成长和智慧发展。黄河科技学院、广东白云学院、成都东软学院、电子科技大学成都学院等民办高校获批全国首批"数据科学与大数据技术"专业，并加快"智能科学与技术""信息管理与信息系统"等相关专业建设力度；黄河科技学院、武汉华夏理工学院、大连科技学院、重庆房地产职业学院等民办高校率先成立了"大数据与智能技术学院"等二级教学科研单位，引进科学界、教育界、产业界的专家，致力于数字技术相关领域人才培养及科研创新工作……而这仅仅是教育"数字化"的一个侧面。在"互联网+"、云计算和大数据的带动下，学校人员和校园资源等发生了较大变化，数字技术也让教育智慧起来，对传统教学结构产生"革命性"影响。一是教学理念的变革。从依赖于教师的个人教学经验，转向依赖于对海量数据及教学案例的分析，数据来源于学生测试、课堂即时反馈等学习全过程，用直观的数据全面了解学生对知识的掌握情况，准确描述每个学生的个性化特征和差异。二是课堂环境的变革。数字技术为师生构建了更开放的教学和课堂环境。教师不再是知识的垄断者，而是学习服务的提供者、帮助者，协助学生自主学习和知识构建；学生也不再是被动接受知识的容器，而真正成为学习的主人。三是教学模式的变革。从以教师"教"为中心转向以学生"学"为中心、从强调知识传授到强调能力培养，师生、生生之间的沟通交流更加立体化，教师依据动态测评分析，实现个别化教学和因材施教。四是评价体系的变革。建立在数字技术基础上的考核体系，对学生的学习全过程进行实时的诊断评价和反馈，从传统的注重结果评价转变为动态过程评价，从主观评价转向数字化客观评价。

1.3 助力民办高校精准掌握创新人才能力与社会需求的匹配度

数字化是一个创造信息洪流的过程，能够帮助民办高校更科学的应用统计技术和数据分析来观察市场需求和跟踪市场需求的变化、社会环境及商业环境的变化、新兴产业及岗位的变化。基于数字技术可以统计分析市场对毕业生的基本需求，从不同时间、不同区域、不同产业、不同行业、不同性质的用人单位等多个维度，对人才需求作出预测和评估，同时，还可以统计分析市场对毕业生职业能力的需求，形成结构化数据和信息，为民办高校培养应用型人才、完善人才能力结构提供参考，实现更为精准的预测和更为合理的应对，及时有针对性地变革原有的教育教学思路，按需学习、因材施教，更科学地匹配教育教学资源，提高教育资源利用效率。同时，能够满足"教"与"学"的需要，保证师生及时准确地获取与个人职业发展相关的信息，以及行业、产业等各种信息服务。

1.4 助力民办高校全面提升学校教育教学及综合管理服务能力

2016年发布的《埃森哲技术展望》报告指出，86%的受访者认为未来三年其所在行业的技术变革步伐将显著加快，甚至将以空前速度推进。数字技术时代，简单跟随策略已经很难让民办高校保持与领先者之间的差距，数字化趋势让民办高校重新思考管理的价值和未来存续之道。民办高校必须思考如何设计更加智能的流程，如何提供更敏捷的管理服务，重新思考响应师生诉求的速度，赢得新的比较优势。借助数字化技术可以将校园内各项资源有效整合，实现资源共享、信息共享，并促进流程优化，推动教育教学及管理机制向创新化发展，给师生提供便捷化、个性化和人性化服务，促进教育教学、科学研究、管理及服务的智慧化发展。积极拥抱数字技术的民办高校还能够帮助教育工作者和管理者们积累新技能，"以人为本"创建新的管理模式，鼓励师生接受并响应数字化变革，利用技术提升效率，并创造更丰硕的业务成果。民办高校在应用数字技术改善教育教学的同时，也给自身管理树立了新的品牌形象。

2 数字技术对民办高校创新人才培养提出新要求

逐步展开的第四次工业革命将在几十年内从根本上改变人们的工作和生活方式。人们已经在潜移默化地接受数字技术带来的改变。根据世界经济论坛发布的报告，数字时代人们平均上网时间已超过睡眠时间，尤其是"千禧一代"。可以说未来生活成也数字化，败也数字化。面对飞速的数字技术变革，很多民办高校在受到数字技术的冲击后谋求变革，却感到力不从心。数字技术对民办高校创新人才培养的新要求主要体现在以下几个方面的转变上。

2.1 在顶层设计上由经验决策向科学决策转变

"互联网+"、大数据、云计算等数字技术的飞速发展，产生海量数据，对教育改革与创新产生直接而深远的促进作用。对于学生而言，可实现学业成绩预测、职业倾向预测、社交网络构建与挖掘、精准资助认定；对于教师而言，可实现教师工作绩效自动评估、工作轨迹评估、学术圈层研究、科研热点参与。面对错综复杂的教育新生态，怎样做一个立于潮头的前行者，是摆在所有民办高校面前的任务。但从民办高校的发展现状来看，对新产业、新业态所需人才的培养存在滞后现象，主要是因为信息滞后导致决策滞后、决策失误，甚至决策失灵。民办高校在数据存储、数据管理、数据分析及数据挖掘等方面面临着巨大的挑战，必须基于数字技术建立相应的决策分析系统。

2.2　在育人模式上由条块分割向协同育人转变

根据德国学者哈肯在《协同学导论》中提出的协同论：在一个系统内若各子系统（要素）不能很好协同甚至互相拆台，必然呈现无序状态，发挥不了整体性功能而终至瓦解（薛传会，2012）。基于数字技术的创新人才协同培养体系，就是为了有效整合如"学生画像""教师画像"等多样化的校园管理应用，并不断横向扩展，形成"一平台、多应用"的服务体系。但是，目前民办高校创新创业教育体系普遍还是"点状"结构，由于缺乏系统的顶层设计，内部组织管理松散，院系之间界限分明，资源配置条块分割，各院系之间、各专业之间"单打独斗"，协同创新往往还浮于表面，不同部门看似各司其职，实际缺乏协同、步调不一，"数据烟囱""信息孤岛"和碎片化应用的现象突出。所以，打破数据烟囱、信息孤岛与碎片化应用，实现数据采集融合、推进协同育人成当务之急。

2.3　在数据分析上由单一化信息向结构化数据转变

民办高校创新创业教育起步相对较晚，一度是少数有创新创业意愿学生的"小灶"，但随着"大众创业、万众创新"大力推进，创新创业教育的"星星之火"呈现出"燎原"之势，越来越多的学生跃跃欲试投入创新创业大军，这就要求必须面向全体学生（王振洪，2016），以专业教育为主阵地，使创新创业教育从"旁支"到"主干"，贯穿全过程，探索分层次、多元化、可选择的教育教学方式，使创新创业之树在校园生根、成长。为此，需要提供更加精准、更富有个性化特征的教育辅导，而这些都必须建立在数字技术和对结构化数据掌握的基础上。但是，民办高校在数字技术平台搭建等方面存在"重建设，轻应用"的现象，很多学校都将硬件平台投入作为数字化建设核心内容，缺乏信息获取、储存及分析的专业化人才队伍，也缺乏信息的常态化分析应用机制，缺乏对数据库进行有效的管理、使用和维护，在创新人才培养方面的信息是碎片化的、零散的、随机的，距离结构化、可识别的数据平台这一目标还有很长一段路要走。

2.4　在信息化建设上由数字校园向智慧校园转变

民办数字校园建设已取得一定成效，校园软硬件设施配套已较为完备，初步实现了信息资源整合与应用集成，但由于民办高校在资金、人才、平台等方面的先天不足，虽然"数字化校园"被提出并发展了很长一段时间，但仍存在服务支撑能力弱、管理服务不便捷、应用融合不深入、即时沟通能力不强、各部门信息流通不畅等痛点问题，归根结底是没有建立统一的大数据平台，与"重建设，轻应用"具有很大联系，导致系统并不能与用户实现良好配合。随着物联网、大数据、云计算等新一代信息技术的进步,建设智慧校园已成为民办高校教育信息化建设的趋势。为了促进"智慧校园"建设,民办高校不能仅仅强调技术和队伍建设上的问题,还要切实改变思想观念,将建设核心放在数字技术的实际应用上,重视智慧校园或者说智慧学习环境的建成。

2.5 在管理方式上由粗放管理向精准管理转变

粗放式管理形成于民办高校建立及发展初期,靠领导者和广大师生的个人能力和无私奉献推动发展。但随着办学规模扩大和办学定位转型,粗放式管理越来越不能适应创新人才的培养。创新创业资源的有效供给在于是否能够适应地方经济转型、产业升级发展要求,是否能够满足广大创新创业者们多元化、个性化需求。这既要精准了解创客"需要什么",更要统筹把握学校供给上"能提供什么"。民办院校需要以创新创业教育为切入点,在人才培养的顶层设计上进行破题,对所有学生进行创新创业的通识教育,对有创业意愿的学生进行专业化的教育,对有创业项目的学生在经过专业评估后为其提供资金、场地等支持。这一过程会产生多重数据源和海量的数据,绝非应用数据统计分析那么简单,民办高校管理者不仅要建立数据驱动决策的领导力,学校内部还要形成从数据驱动运营的整体运作和关键能力,为学校开展精准化、智能化师生服务提供总体解决方案。而这意味着民办高校及管理者需要经历艰难的学习和转变过程。

3 基于数字技术的民办高校创新人才培养路径分析

当今社会的各类职业都需要具有一定的数据分析能力,加快大学生数据分析能力的培养、加强学科教学中数据分析思想与方法的渗透,是新时期高校教学改革中的重点,是满足学生职业发展需求的重要工作。(王芳,2014)相比公办高校,民办高校具有机制体制灵活的办学优势,应充分利用自身优势,坚持"五个着力",最大限度地释放技术红利,培养出更多创新型人才。

3.1 着力培养数据科学相关专业人才

近年来,随着大数据技术的迅猛发展和行业应用需求的快速增长,使得全球数据人才极度紧缺。据预测,到2020年,企业基于大数据计算分析平台的支出将突破5000亿美元,而目前我国大数据人才只有46万,未来3~5年人才缺口达150万之多(新华网,2016)。相比越来越大的人才缺口,高校对大数据人才的培养显得相对滞后。数据科学与大数据技术本科专业作为国家新增专业,目前开设此专业的高校还很少。截至2017年3月,全国分两批共有35家高校获批开办"数据科学与大数据技术"本科专业。因此,高校亟须与产业界协同建立大数据人才教育和培训体系,着力建设数据科学和大数据技术等相关专业,加快推动交叉学科数据分析技术的发展和新型数据人才的培养,为数字强国建设和区域经济社会发展培养输送创新型人才。

3.2 着力提升创新人才培养的数据支撑能力

首先,高校应以市场需求为导向,以学生发展为本位,以事实和数据为依据,制定符合社会需求和学生未来职业发展的人才培养方案，明确人才培养定位，突出数据分析特色，深入推进基于学生个体差异数据分析的分类培养标准建设，以及基于用人单位和学生满意度数据分析的教学评价标准建设等。其次，高校教务管理部门应明确人才培养方案中数据分析能力构成，针对性地开展教学与培养。再次，教学单位应注重将数据采集、数据整理、数据分析三部分按照系统的思维方式及应用方法开展工作。最后，教师以渗透式教学培养为重点，以多方位的教学实践，仿真式的数据处理职业环境等多管齐下，促进学生数据分析能力的培养。

3.3 着力构建基于数字技术的教育质量保障体系

基于数据分析的高校教学质量保障体系能够有效促进高校教学质量管理的信息化、科学化、系统化，准确诊断教育教学问题。利用教育大数据来分析学生的学习情况，其目的是利用大数据挖掘和采集到的教育数据完整地描述出学生的动态学习路径（Antonenko et al., 2012），并通过数据发现学生的学习困境、聚类同质学生、监控学习进展、探测异常学习行为、分析学习社区中的社会关系、评判学习成果、预测未来表现等，从而提高学生的学习成绩（Yadaw, Pal, 2012）。为此，高校应建立基于信息技术和大数据分析的课堂教学质量分析模型，将数据挖掘、统计、分析能力纳入人才培养质量考核体系，构建基于数字技术的人才培养多维度质量标准，构建并完善教学质量保障多主体参与机制、教学质量监控与保障一体化数据平台等。

3.4 着力提升高校教师数据分析与应用的能力

教师的专业技能是其有效开展教学实践的能力核心，数据素养是大数据时代信息素养的新内容，是当前教师需要掌握的新技能（李青，任一姝，2016）。教师数据素养主要包括数据意识、数据的获取能力、分析解读数据的能力、运用数据进行教学决策的能力及数据伦理道德五个方面（金艳红，2016）。对于民办高校而言，首先是管理层面要明确树立起学数据、重数据、用数据的治校理念，从师资建设上要组建具有大数据分析能力的教育管理团队；教师要从思想层面上重视数据的收集、分析和应用，从能力层面上要掌握在大数据平台上进行数据分析的方法和工具，从而切实提升教学绩效、决策精准度，支撑和优化教学与管理。

3.5 着力推进高校智慧校园建设

智慧校园是对数字校园的进一步扩展与提升，它综合运用云计算、物联网、移动互联、大数据、智能感知、商业智能、知识管理、社交网络等新兴信息技术，全面感知校园物理环境，智能识别师生群体的学习、工作情景和个体的特征，将学校物理空间和数字空间有机衔接起来，为师生建立智能开放的教育教学环境和便利舒适的生活环境，改变师生与学校资源、环境的交互方式，实现以人为本的个性化创新服务（蒋东兴等，2015）。可以说，智慧校园是数字技术在教育领域应用的集大成者，是未来教育的基本形态。因此，民办高校智慧校园建设应包括教学环境建设、教育资源建设、搭建教育管理数据平台、教育应用与管理以及教育服务，最终实现随时随地的在线学习、科研创新协同融合、管理服务透明高效、校园文化丰富多彩、校园生活方便周到的建设目标。

4 数字技术时代黄河科技学院创新人才培养的探索与实践

在数字化变革的时代背景下，以黄河科技学院为代表的中国民办高校主动适应新形势、快速调整，通过以教育大数据为核心的智慧校园和翻转校园建设为抓手，实现了人才培养理念更新、学科专业建设聚焦、学生管理水平提升、教师能力升级、教学管理模式优化，探索出一条符合中国民办高校办学实际的教育信息化之路。

4.1 转理念，树立创新人才培养观，促进教育理念更新

黄河科技学院树立了以社会需求为导向，以学生为中心，以数据分析为手段的创新人才培养理念，建立了促进学生学习与发展的教育教学制度。首先，学校以学生的学习需求为导向，大力建设在线课程平台，满足学生自主学习的个性化需求，引入其他知名高校的课程视频，自主建设精品课程视频，以学校网站为依托，满足学生日益多样化、个性化的学习需求。其次，学校以翻转校园 APP 推广应用为抓手，以学生发展为中心，建立了全成长周期的学生数字档案，集学业、体质、生活、社交、心理档案于一体，据此建立"以学生为中心"的目标管理体系。教师通过学生档案，了解每一位学生的身心发展状况，从而因材施教，制订出更好的教学计划。学生则可以更清楚地了解自己在学校所处的情况，更好的朝着目标方向发展。通过设立全成长周期的专属个人档案，让每位学生拥有独立的专属档案，有助于学生成长成才。

4.2 抓机遇，培养大数据专业人才，推动学科专业建设

2016 年，学校新开设数据科学与大数据技术、智能科学与技术两个本科专业。"数据科学与大数据技术专业"在河南省高校中属于首开专业。大数据与智能技术学院凝聚了一批自动化、计算机、大数据等领域的优秀教学科研团队，包括教授 3 人，副教授 9 人，讲师 18 人，其中具有博士学位 10 人，学科带头人为国家杰出青年基金获得者。学院以培养具有竞争力的高素质人才为教学的根本目标，注重多层次的国际化办学，积极推进与美国、英国、日本、澳大利亚等国家院校的学生交流活动，还定期聘请国际知名专家学者来校授课或做讲座，毕业生可继续进入国内外知名高校攻读研究生。学院坚持走产学研相结合的道路，与华为、阿里巴巴等知名科技型企业及中科院软件所等研究院所建立了长期稳定的校企合作关系，培养创新型、市场急需的大数据领域工程师。目前，学校建有通信与信息系统、机械制造及其自动化等 5 个省级重点学科，电子信息工程、计算机科学与技术等 6 个河南省特色专业；建有国家大学生校外实践教育基地、国家职业技能鉴定站、省院士工作站、省博士后研发基地、省重点实验室、省工程技术研究中心、省实验教学示范中心等高层次教学科研平台 50 余个。

4.3 引技术，加快智慧校园建设，提升学生管理服务水平

2015 年，黄河科技学院启动了智慧校园建设，迅速实现了全校各部门、各业务子系统

信息融合、互联互通,达到校园智能管理、科学决策、及时管控、服务便捷的管理目标。智慧校园一期工程包括智慧平安校园系统、智慧校园移动综合服务系统、基于 WLAN(Wireless Local Area Network,无线局域网)定位的智慧校园管理系统、智慧远程教学系统等应用系统。其中,智慧校园管理系统依托 WLAN 定位数据,采集完整的学习和生活数据,建设可视化数据中心,对学生的行为进行精准分析和预测,包括学生学习行为预警、基于大数据的学生行为轨迹画像等,实现学生综合行为管理智能化;智慧远程教学系统则利用物联网技术、下一代网络技术、图像跟踪技术等,实现远程互动教学,教室安装传感器,自动感应学生人数,配置相应的学习环境,每个桌位上配置问答器,实现师生交互式课堂教学。智慧校园建设有力推动了学校管理服务升级。学校获批河南省高等学校智慧校园建设试点单位、郑州地方高校信息化示范院校,智慧教育馆和智慧医疗馆获批郑州市科普示范基地,黄河心语网站被评为"全国高校百佳网站"。

4.4 提素质,强化教师数据应用能力,推动教师职业技能升级

第一,学校对教师明确提出了学数据、重数据、用数据的技能要求,多次下发文件,定期开展多种技术培训与观摩教学、技能竞赛等,在全校范围内营造出良好的数据文化环境,在教学与管理服务中形成了量化管理、用数据说话的氛围。第二,学校在教师聘任与培养中注重组建具有大数据分析能力的教育管理团队,为教师与管理人员搭建了数据有效应用的推广平台,加强教师与管理人员数据素养的培养、培训与交流工作,在绩效考核指标体系中突出数据应用的权重,带动广大教师及管理人员提升数据素养的主观能动性。第三,利用大数据分析教师培训需求,通过自学、国培、省培、校本培训、网络培训、专题培训会议和学术会议等方式,在不同层次的教师培训中增设教师数据素养内容,推动教师成为教育大数据的主动探究者、积极推广者,真正把数据素养逐渐上升为数据智慧,为教师数据素养提供了坚实的保障。目前,学校教师 1800 余人,其中具有高级职称的教师近50%,"双师型"教师 630 余人,中国工程院院士、享受国务院政府特殊津贴专家、教育部新世纪优秀人才、国家级教学成果奖获得者、国家和省级教学名师、省级学术技术带头人等荣誉教师 150 余人。

4.5 转方法,推广"翻转校园"App,提升创新人才培养质量

针对当前高校信息化进程中普遍存在的大量数据孤岛、过程数据积累难、数据缺乏分析、数据可视化效果差的"四大痛点",自 2016 年以来,黄河科技学院与企业联合开发"翻转校园"App,综合运用人工智能、大数据、云计算等先进技术,覆盖数据收集工具、数据分析、数据可视化三个最本质阶段,实现"硬件-软件-服务"的一站式升级,为教育改革注入新的动力。首先,数据收集阶段,涵盖了学籍系统、教务系统、毕业生派遣系统等,包含了点名、测验、评教、题库、二课、迎新、运动、资源、实践、公寓、问卷等数据收集工具。第二,数据分析阶段,包括学生数据中心、学生档案、AI 助教、智能顾问。其中,为学生配置专属 AI 助教,基于个人日常轨迹数据,提出个性化指导建议,利用 App 的定时提醒,消息推送,服务学生每一天。比如,通过学业预警功能,AI 助教会定期将当前学生画像比对历史不能毕业的学生画像,如果数值临近,将自动提醒学生,达

到预警作用；每日行程表功能让学生不会错过重要事件；经验分享功能收集以往经验，为学生解决各种难题；智能顾问为高校管理者提供教务管理、教学资源、培养过程、学生发展等领域的数据分析，形成可视化报表，帮助高校管理者全方位掌握学校信息，为决策提供数据基础。第三，数据可视化阶段，包含了数据大屏、学生画像、分析报告。其中，数据大屏将智能顾问提供的多领域数据分析进行可视化处理，可以直观地看到过程数据、实时数据等，方便高校管理者对外进行成果展示。教务教学管理系统可生成每周出勤统计报告、成绩数据分析报告、评教统计报告、实践教学统计报告、科研统计分析报告等；学工管理系统则提供了生源统计分析报告、二课活动统计分析报告、毕业生就业意向与进展阶段报告、创新创业分析报告、人才需求调研统计报告、毕业生就业与满意度调研分析报告等。

"翻转校园"App的推广应用，有力推动了学校学风建设工作，有力推动了学校创新人才培养质量提升和创新创业教育改革深化。点名系统及其提出的解决方案促进全校出勤率大幅提升，出勤率由学期初的81%，上升至期末的96%；使用评教功能人次达31万，完成率高达92%，参评率提高5%；2017—2018年第一学期累计上传课程资源6000次，下载人次达28万，使学生课外学习时间平均增长1个小时；累计创建题库12万，测验人次131万，累计预警人次超过12万，帮助学生挂科率降低25%。

近三年，学生获国家级科技竞赛奖励2090项，在三届全国"互联网+"创新创业大赛中获2银3铜的好成绩；创新班的学生第一学期就全部通过英语四级考试。毕业生李威获得河南省首届大学生创新创业标兵第一名；2014届毕业生赵杰在学校科技园区创办的公司已获得真格基金1300万元和阿里创投1亿元的融资。学校连续两年位居全省高校专利授权量第二名，获评"全省高校知识产权综合能力提升专项行动十强高校"；获评首批"全国创新创业50强"、首批"全国深化创新创业教育改革示范高校"、首批"全国大学生创业示范园"、首批教育部应用技术大学改革试点战略研究单位等，"黄河众创空间"获批全国首批众创空间，与学校的大学科技园双双被纳入国家级科技企业孵化器；在教育部创新创业50强表彰会上成为4所典型发言院校之一；曾两次被美国弗吉尼亚大学商学院写进教学案例，被中央电视台《新闻联播》和《人民日报》《华盛顿邮报》等中外著名媒体多次报道。

5 研究结论

随着数字技术创新与教育理念的日新月异，民办高校必须面向未来，主动引领创新，不断更新教育理念；加强自主在线课程资源建设，扩大优质教育资源覆盖面；提升教师的数据素养，强化学生的数据分析能力，并贯穿于人才培养全过程；全面提升教育治理能力，实现决策支持科学化、管理过程精细化、教学分析即时化、教育评价主体多元化、公共服务人性化；紧密结合国家战略需求，培养高层次大数据专业人才，在"一带一路"倡议、"互联网+"、智慧城市、精准扶贫等国家重大战略中发挥作用，抢占未来教育发展制高点，增加国际话语权，服务国家安全战略等。

参考文献

[1] 刘全，张勇，朱允宽. 基于大数据的我国人才市场对高校毕业生的需求分析[J].

中国统计，2016（8）：20-21.

[2] 薛传会. 论高等学校的协同创新及其战略重点［J］. 高校教育管理，2012（6）：24-25.

[3] 王振洪. 创新创业教育，高职亟须实现十大转变［N］. 光明日报，2016-05-24（15）.

[4] 王芳. 新时期大学生数据分析能力的培养［J］. 黑龙江教育学院学报，2014（5）：22.

[5] 新华网. 未来大数据人才缺口，将达150万人［EB/OL］. http://www.xinhuanet.com/local/2016-08/08/c_129211342.htm，2016-08-08.

[6] 李青，任一姝. 国外教师数据素养教育研究与实践现状述评［J］. 电化教育研究，2016（5）：120.

[7] 金艳红. 大数据背景下教师数据素养提升路径探析［J］. 文教资料，2016（15）：136-137.

[8] 蒋东兴，付小龙，袁芳，等. 大数据背景下的高校智慧校园建设探讨［J］. 华东师范大学学报（自然科学版），2015（1）：120.

[9] 黄河科技学院. 大数据与智能技术学院简介［EB/OL］.（2017-12-18）http://www2.hhstu.edu.cn/dsjxy/contents/5140/112812.html.

[10] Antonenko P. D, Toy S, Niederhauser D. S. *Using Cluster Analysis for Data Mining in Educational Technology Research*［J］. *Educational Technology Research and Development*，2012（3）：383-390.

[11] Yadav S. K, Pal S. *Data Mining：A Prediction for Performance Improvement of Engineering Students Using Classification*［J］. *World of Computer Science and Information Technology Journal*，2012（2）：51-56.

作者简介

杨雪梅（1970—　），河南滑县人，黄河科技学院校长，教授，博士生导师。研究方向：创新创业教育研究。

基金项目

2017年河南省高等教育教学改革研究与实践项目省级重大项目子课题（项目编号：2017SJGLX001-2）。

近十年国际主流管理学期刊创业研究重点与变化趋势分析

邱姝敏　杨德林　李佳雪

（清华大学，北京，100084）

> **摘要**：分析了 2007—2016 年国际主流管理学期刊上发表的创业研究文献，发现近十年来学者主要从经济学、社会学和心理学三大理论视角，对创业者和创业团队、创业过程及创业情境三个重要问题开展了一系列研究。进一步，基于关键词共现网络，对制度、社会网络、认知及资源—知识—能力四个重要视角下的研究进行了归纳，并在此基础上提出了每个领域有潜力的研究方向。
>
> **关键词**：创业研究；制度；社会网络；认知；资源—知识—能力

创业研究是跨学科的复杂话题，涉及管理学、经济学、心理学、社会学等学科，这使得创业的研究问题和研究边界不断扩展和动态变化，激发着各个领域学者的研究兴趣。但是正因为每个学科都有其独特的研究视角、聚焦于不同层面和维度的创业问题，一直以来，创业研究的边界、焦点、理论视角等问题较为模糊，学科间各为其政，仿佛盲人摸象，难窥全貌，难成体系。创业研究对实践有着非常重要的指导意义，近几年新的创业现象，尤其是互联网经济与创业的结合使得创业呈现新的特点，需要从新的理论视角去阐释，这也促使创业研究更加多元化并呈现出新的趋势。基于理论和实践两方面的考虑，我们认为非常有必要系统地梳理和回顾近期的创业研究，尽可能全面地勾勒当前创业研究领域的大致轮廓，总结不同的理论视角和研究焦点，帮助学者了解其他学科视角下的创业研究的关注点，不同视角之间有哪些可以结合的空间以及有哪些新的研究趋势，这将有助于学者更好地把握创业研究的相关问题。

本研究基于近十年国际主流管理学期刊上发表的 643 篇创业研究文献，进行了关键词词频统计和共现网络分析，总结了近十年来创业研究的重点及变化趋势，并对制度理论、社会网络、认知及资源—知识—能力创业研究四个重要的理论视角下的创业研究进行了更为详细深入的梳理与总结。

1　文献检索与数据处理

以 2016 年金融时报（*Financial Times*）公布的 50 本权威经管类期刊为基础，聚焦于管理学，剔除会计、经济、金融、运营与信息系统、营销学科，得到包括 *Academy of Management Journal*，*Academy of Management Review*，*Administrative Science Quarterly* 等管理学顶级期刊以及 *Journal of Business Venturing*，*Entrepreneurship Theory and Practice*，*Strategic Entrepreneurship Journal* 等专注创业研究的期刊在内的 20 本期刊[①]。在此基础上，通过主题词检索[②]并结合论文摘要，得到近 10 年（2007—2016 年）发表在 20 本期刊上的创业研究论文共 643 篇。

对上述文献提取关键词并统计词频，部分文献没有关键词则用主题词替代，剔除没有关键词和主题词的文献 42 篇后，得到 601 篇文献，共提取关键词 1810 个。由于英文关键词可能因单复数、大小写、缩写与全称、英文时态等问题而导致词频统计时，具有相同意义的关键词不能够归并，从而使关键词分布分散，影响分析结果，因而我们对提取的 1810 个关键词进行了进一步人工归并。在归并过程中，对属于同一主题或具有同样含义但表达方式不同的词组进行编码，归并在同一主题下。为了尽可能降低这一编码和归并过程的主观性，本文作者间进行了交叉验证。基于上述处理，本文开展了以下两部分的分析。

2　创业研究的重要问题和研究视角——基于关键词词频分析

图 1 总结了近十年创业研究最高频的 50 个关键词。在此基础上，我们从研究焦点（关注什么问题）和研究视角（从什么理论视角开展研究）两个维度对近十年创业研究作了归纳（见图 2）。如图 2 所示，当前创业研究中最为关注的三大话题分别是：谁创立和管理初创企业（包括创业者和创业团队、CEO、高管团队和董事会等话题）、创业过程（包括创业机会、风投以及初创企业中联盟、并购、国际化等战略问题）和创业情境（包括产业、市场等情境因素）。上述研究话题主要从三大理论视角开展：①社会学视角下的制度理论、社会网络理论和身份认同；②心理学视角下的特质、认知与决策、动机和自我效能感；③经济学视角下的资源基础观、知识基础观、能力和学习理论。

进一步，基于词频的时间分布，本文总结了近五年（2012—2016 年）创业研究中增长最快的话题，如图 3 所示。

[①] 20 本期刊名单：*Academy of Management Journal*，*Academy of Management Review*，*Administrative Science Quarterly*，*Harvard Business Review*，*Entrepreneurship Theory and Practice*，*Journal of Business Venturing*，*Journal of Management*，*Journal of Management Studies*，*MIT Sloan Management Review*，*Strategic Management Journal*，*Strategic Entrepreneurship Journal*，*Research Policy*，*Journal of International Business Studies*，*Organization Science*，*Organization Studies*，*Organizational Behavior and Human Decision Processes*，*Journal of Applied Psychology*，*Human Resource Management*，*Human Relations*，*Journal of Business Ethics*

[②] 主题词（即在文章标题、关键词或者摘要中）包含以下任一词或词组"entrepreneur*"（entrepreneur, entrepreneurial 以及 entrepreneurship），"small business""emerging business""new venture""emerging venture""business venture""start-up""founder""founding team"（最后一次检索日期为 2017 年 3 月 26 日）。

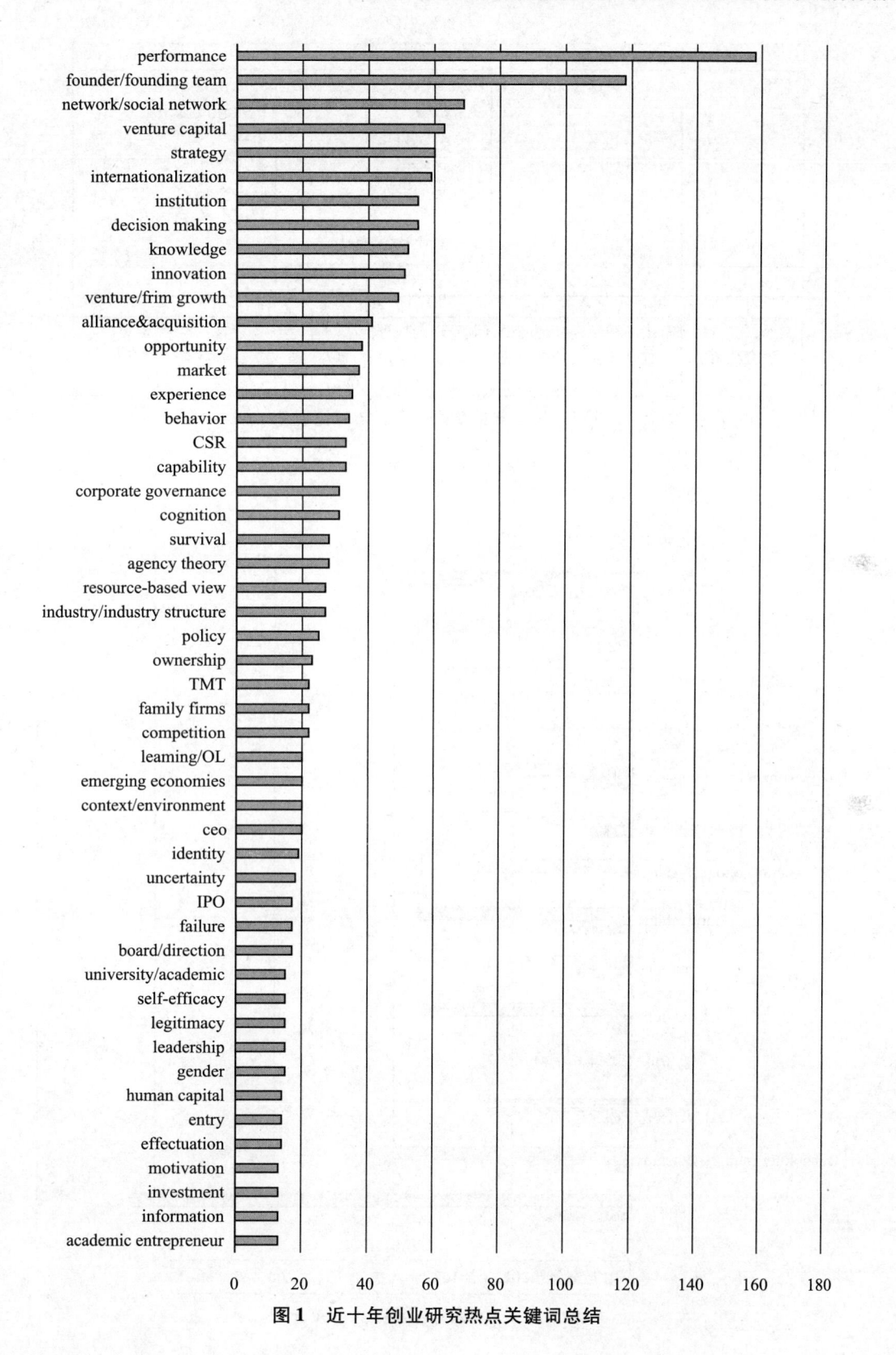

图 1 近十年创业研究热点关键词总结

	谁创立/运营创业企业	创业过程	创业情境
研究焦点	创业者及创业团队 CEO 董事会和董事 高层管理团队 ……	机会的识别、开发与利用 企业战略： 　联盟和并购 　国际化 　市场进入 　竞争 　企业社会责任 　执行 　……	环境和情境 产业与产业结构 市场 新兴经济体/新兴市场 政策环境 环境不确定性 ……
研究视角	社会学视角：社会网络、制度理论、身份认同 心理学视角：特质、认知与决策、动机、自我效能 经济学视角：资源基础观、知识基础观、能力、学习		

图 2　近十年重要研究话题与理论视角

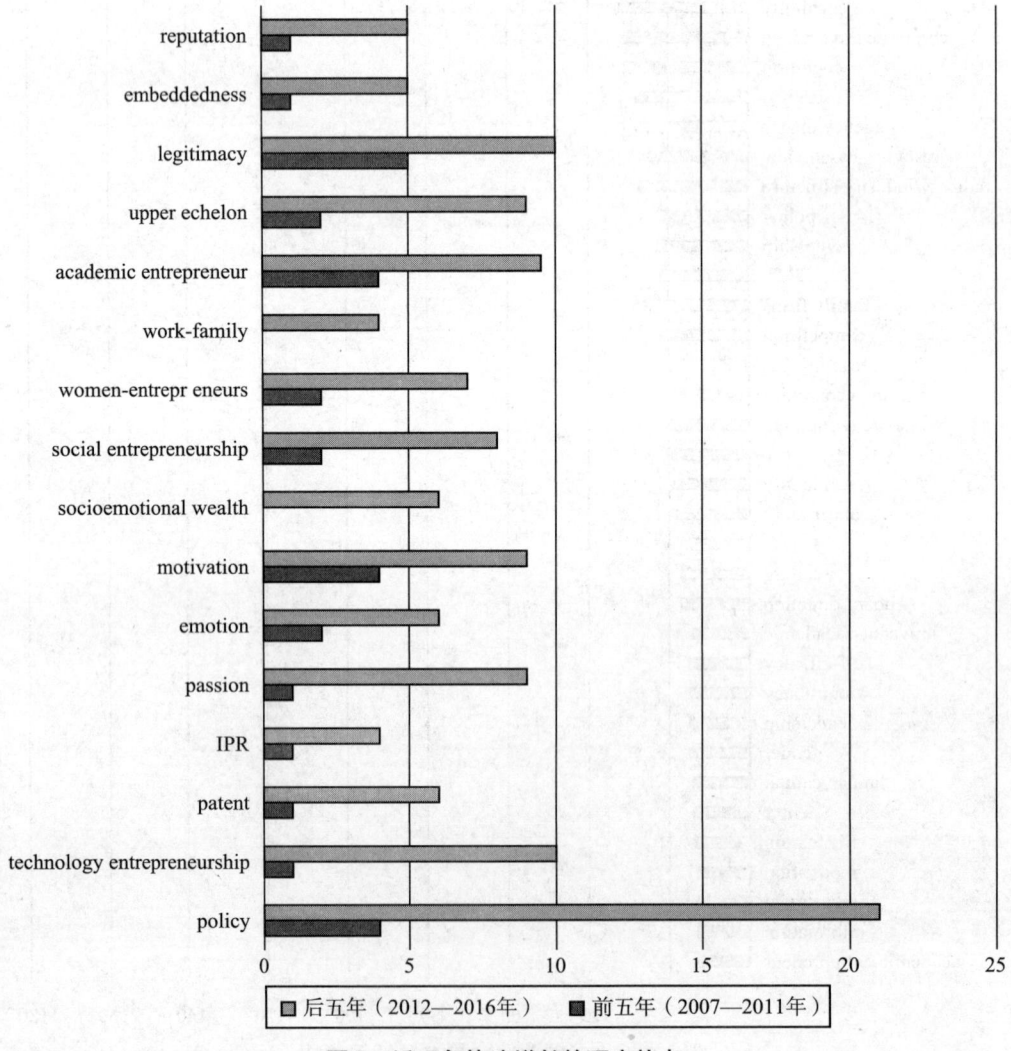

图 3　近五年快速增长的研究热点

如图3所示，本文得到以下结论。

（1）创业研究比较关注政府干预和创业政策，尤其是在2015年和2016年，分别有9篇与10篇与政策和政府干预相关的创业研究文章发表。这些研究对政策的关注包括政府对初创企业的补贴、政府对女性创业者的补贴及政府背景的风投等因素如何影响创业者的创业意愿、过程和绩效等。

（2）技术型创业及与之相关的专利和知识产权保护等话题的研究在快速增加。

（3）对新的创业现象的关注。主要涉及社会创业以及社会情绪财富、女性创业及与之相关的工作—家庭冲突与平衡等问题，以及学术创业等创业现象。

（4）理论方面，高阶梯队理论（Upper Echelon Theory）依旧是开展创业研究的重要视角；关于情绪、动机和创业热情等心理学视角的研究在快速增长；此外，社会学理论视角（例如合法性、嵌入和声誉）的研究也在快速增长。

3 关键词共现网络分析

词频分析可以呈现当前最受关注的研究话题，却难以描绘在创业研究中，上述理论视角和话题之间是如何关联的，而关键词共现网络分析可以解决此类问题。关键词共现是基于文献计量学的引文耦合与共引概念提出的研究方法，即统计关键词在同一文献中两两出现的频率。共现频率越高意味着这两个关键词所代表的主题或理论之间的联系越紧密。它对于了解一个研究主题的成熟度、知识结构及研究规模等情况具有非常重要的意义（王程韡，2015）。

接下来，本文通过关键词共现网络，分别梳理了词频分析中所显示的创业研究最为重要的四个理论视角，即制度、社会网络、认知及知识—资源—能力四个视角下的创业研究。

数据处理上，以制度视角的创业研究为例，我们抽取了所有关键词包含"制度"和"合法性"的论文进行共现网络分析，取共现次数≥2（即关键词至少两次同时出现在一篇文章中才认为有共识，关键词间共现次数小于2的连接在图中不予显示），节点大小代表度数中心数，得到关键词共现网络。

3.1 基于制度理论的创业研究

从样本中我们筛选得到2007—2016年发表的制度理论视角的创业研究共55篇，提取关键词建立关键词共现网络如图4。

结合关键词共现网络和55篇论文摘要的研读，制度视角的创业研究可以总结为以下三个主要方面。

（1）合法性与创业结果变量。合法性是制度理论中的重要概念。创业研究中，合法性多与创业结果变量紧密关联，用来解释和预测企业创立、存活、成长、绩效、IPO等创业绩效，是目前制度视角下创业研究的主流方向之一。Khaire（2010）发现企业合法性和地位可作为重要的社会资源，正向影响销售额和员工人数的增长。Nagy等（2012）将创始人形象管理（Image Management）和文凭视为合法性的象征，研究合法性对企业创立的影响。Sine 等（2007）则从行业层面探讨行业合法性对企业创立的影响，发现行业合法性低时，拥有个体合法性（例如拥有某真实认证）的创业者更倾向于将创业计划付诸实践。

在图4呈现的结果中，合法性视角多与网络或资源视角结合，拥有特定的社会关系往往被视为合法性的前因，资源作为结果，即高合法性的初创企业往往能获得更多资源。此类研究多在中国等新兴国家的情境中开展：Le 和 Nguyen（2009）结合网络与合法性视角对初创企业的银行贷款需求和使用情况进行研究，发现良好的客户关系和官员关系能提高企业合法性从而利于银行贷款的获得。Zhao 和 Lu（2016）在中国情境下的研究也显示政治联结与获得银行贷款正相关。

此外，近几年的一个趋势是研究一些新兴创业活动，如女性创业、社会创业、环境创业、文化创业等创业活动中合法性的建构问题，如女性创业者如何提高合法性，获得技术型创业者的身份（Identity）认同（Marlow, Mc Adm, 2015）；社会型企业不同组织形式（盈利和非盈利）的合法性问题（Katre, Salipante, 2012）；也有学者通过定性方法，研究文化创业和环境创业中合法性获得的过程模型（O'Neil et al., 2016）。

（2）制度情境与创业。创业者受制于制度环境，同时也作用于制度环境，制度环境与创业间的这一双向关系已被学术界广泛认可。不同形式的制度情境对创业活动的影响是制度视角创业研究的主流之一。这类研究多聚焦于国家（State）层面，尤其包括中国在内的新兴经济体的制度情境对创业活动的影响是研究热点，如图4所示。

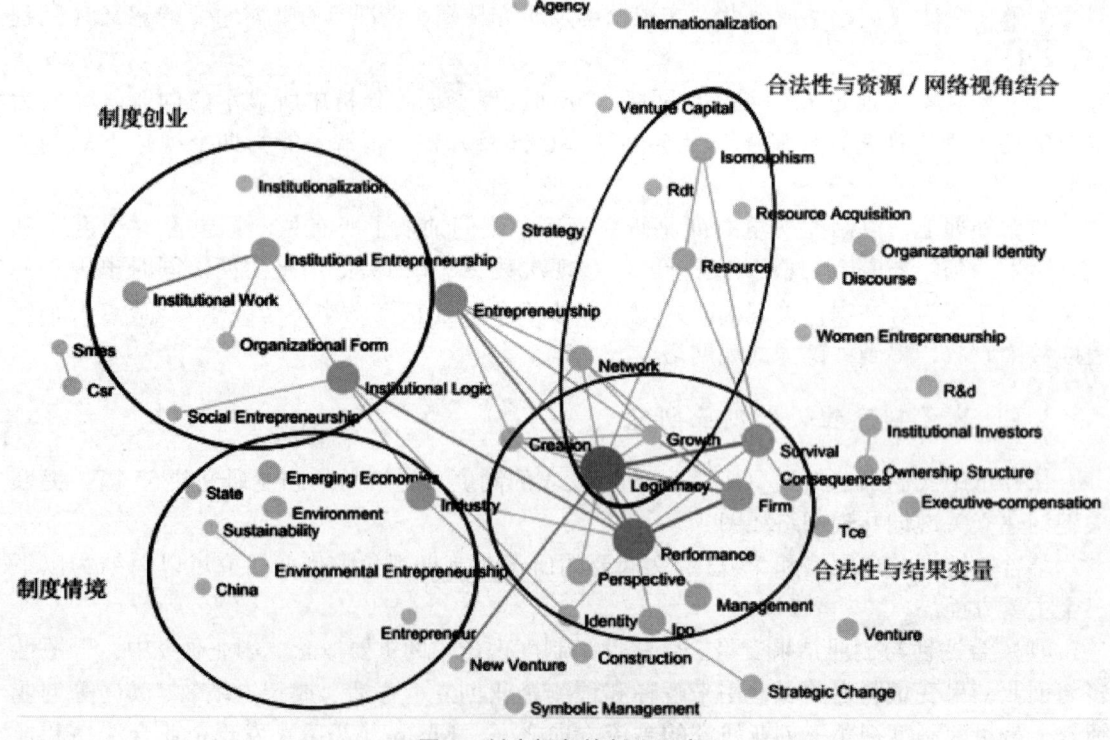

图4 制度视角的创业研究

结合文献摘要，我们发现制度情境的研究集中探讨了新兴经济体中的制度缺位（Institutional Voids）（Huang，2008）、制度变革或动态性（Jain，sh Sharma，2013）、市场化程度（Tran，Jeppesen，2016），非正式制度（例如政治关联，关系型治理模式（El Baz. et al.，2016））等独特的制度情境对新兴经济体中创业活动的影响。这些研究多通过国家间的制度比较，尤其是发达国家和新兴经济体之间制度情境比较来展开。

在梳理中，我们发现现有研究多为单制度研究，且聚焦于正式制度，鲜有研究关注不同层次和维度制度间的关联和互动，如正式制度和非正式制度的动态替代或互补关系、不同层级的制度（地方和中央制度）间的互动等将如何影响创业活动。我们认为这可能是将来制度情境与创业研究的一个潜在研究方向。

（3）制度创业。制度创业关心的是创业者对制度环境的反作用，这构成了制度视角下创业研究的第三个重要方面。创业者往往面临着尚在发展中的、甚至缺位的制度环境，这使得他们的初创企业缺少合法性。因此，创业者需要充当起制度创业者的角色，构建新的制度或者改变现有制度，使之有利于企业或者企业所在领域的发展。制度创业关注的是制度变革或者新制度如何产生的问题，制度创业被定义为"行动主体利用资源创造新的制度或改变既有制度以从中获利的活动"（DiMaggio，1988）。

我们选择的主流管理学期刊在2007—2016年一共发表了12篇关于制度创业的研究。这些研究多为定性研究，关注制度化的过程和机制研究，注重制度创业的过程理论模型构建。例如Perkmann和Spicer（2007）关注创业者如何在不同阶段，通过不同技能传播新的组织形式；Tracey等（2011）探讨了如何结合多种制度逻辑创造新组织形式的过程。Delbridge和Edwards讨论了多因素（创业主义、消费改变、监管、技术发展等）在制度化各个时期中的作用。

3.2 基于社会网络的创业研究

从样本中筛选得到2007—2016年发表的基于社会网络的创业研究共51篇，提取关键词建立共现网络如图5。从中可以看到目前网络视角的创业研究多以网络为前因变量，关注网络内容和结构对于创业过程（如机会识别、创业意向、企业创立、获得投资等）及绩效的影响。网络过程即以网络为结果变量的研究在逐步兴起。

（1）网络—结果研究：以网络内容和网络结构为前因，关注创业的结果变量。

网络内容指存在于网络联结中的资源。图5中可以看到，当前对于网络内容的研究聚焦在信息（Kuhn，Galloway，2015）、知识、信任（Morse et al.，2007）、合法性（Keating et al.，2014）等，主要逻辑是企业通过社会网络获得各种资源，进而作用于创业过程和绩效。一批实证研究表明创业者从网络中获取信息和知识更能识别创业机会（Zhang et al.，2010），具备更强的创业意愿（Stam，Elfring，2008）。Keating等认为初创企业嵌入社会活动的网络构建行为能够帮助建立合法性，提高初创企业的成活率。Wang（2016）发现初创企业通过嵌入社会网络解决了信息不对称的问题，能够更大概率地进入风投筛选名录，更可能获得投资。

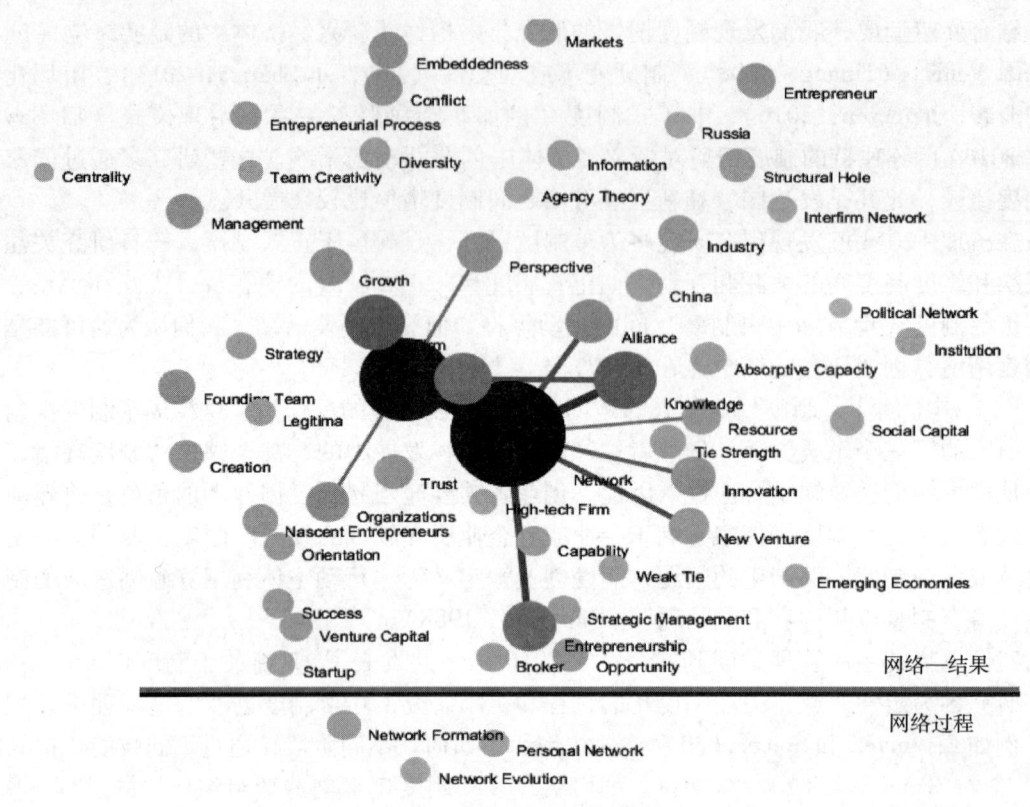

图 5 网络视角的创业研究

图 5 显示网络结构聚焦于网络位置（中心度、结构洞、Broker）、联结强弱以及网络的异质性或同质性等变量，探讨这些变量对创业活动和绩效的影响。例如，Ho 和 Pollack（2014）将社会网络与情绪视角结合，发现具有激情的创业者将获得更高的网络中心度从而获得更多的资源，提升了创业绩效。Stam 等表明网络关系强度和中心度加强了创业导向和绩效间的正向关系。另外，近几年开始有学者将网络结构与个人特质结合：个体不一定能够获得其所在网络位置的资源优势，还受个人特质的影响。例如 Stam（2010）提出个体差异（如先前经验）对于 Broker 能否有效识别和开发机会至关重要。网络异质性研究多关注网络异质性的两面性：一方面给创业企业带来差异化的知识和资源，提高创造力和创新；另一方面也引致团队冲突。

（2）网络过程研究：关注网络的形成和演变。

主流网络视角的创业研究以网络为前因，基于网络内容和网络结构预测创业行为和结果。Hoang 和 Antoncic 曾对此提出批评，并呼吁更多关于网络过程的研究，即以网络为结果，探索创业活动如何塑造和影响创业者、团队或者企业社会关系，关注创业中网络的形成、保留、剔除和动态演化。

我们发现近几年有学者已经开始关注创业中网络过程的研究，包括网络演进（Network Evolution）和网络形成（Network Formation）等（见图 5）。这类研究主要采用质性研究方法，例如 Prashantham 和 Dhanaraj（2010）通过案例研究，关注初创企业国际化过程中具有海外留学或外企工作背景的创始人的社会资本如何变化，并构建理论模型来阐述社会资本衰减和重新补给的过程。Stam 关注网络 Broker 的形成，发现参与行业内活动有利于创业者构建行业内非正式关系，参与异质性的活动或者自身具有丰富职业经验将更有利于创业者在网络中获得 Broker 地位，Boari（2014）以单案例研究构建了 Broker 地位形成的过程模型。此外，相继有学者开始关注不同的网络构建方式与创业者目标的匹配（Ozdemir et al.，2016），社会关系组合（Tie Portfolio）的构建（Phillips et al.，2013）以及网络联结强度的动态变化（Patel，Terjesen，2011）等问题。

可以看到，网络过程的研究近几年逐步兴起，但目前主要通过案例等定性研究展开，如何将网络过程实证化是未来具有潜力的研究方向。

3.3 认知视角的创业研究

从样本中筛选得到 2007—2016 年发表的认知视角的创业研究共 30 篇，提取关键词建立共现网络（见图 6）。

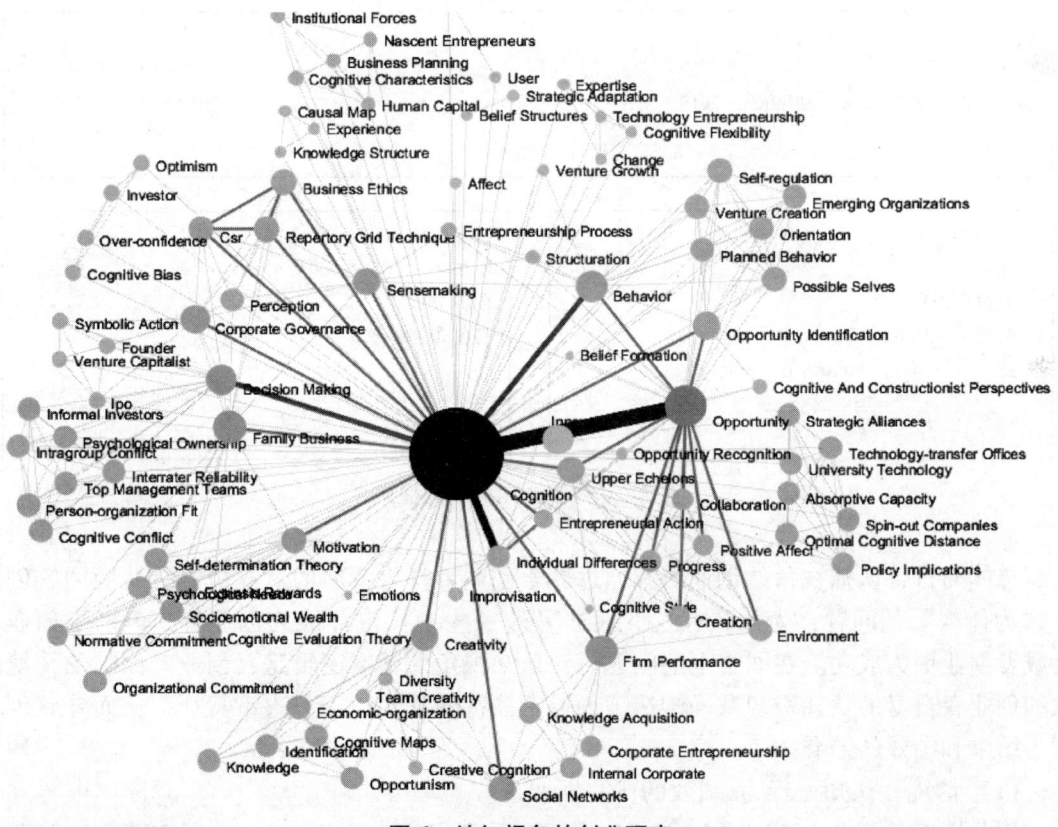

图6 认知视角的创业研究

从共现网络中可以看到认知视角的创业研究主要关注情境因素（如高频关键词"环境（Environment）"）、创业者认知资源（Cognitive Resource）（包括动机、情感、经验等）、创业行为（尤其是创业机会识别、创业意图）及绩效，这些要素组成了认知视角的研究框架，如图 7 所示。

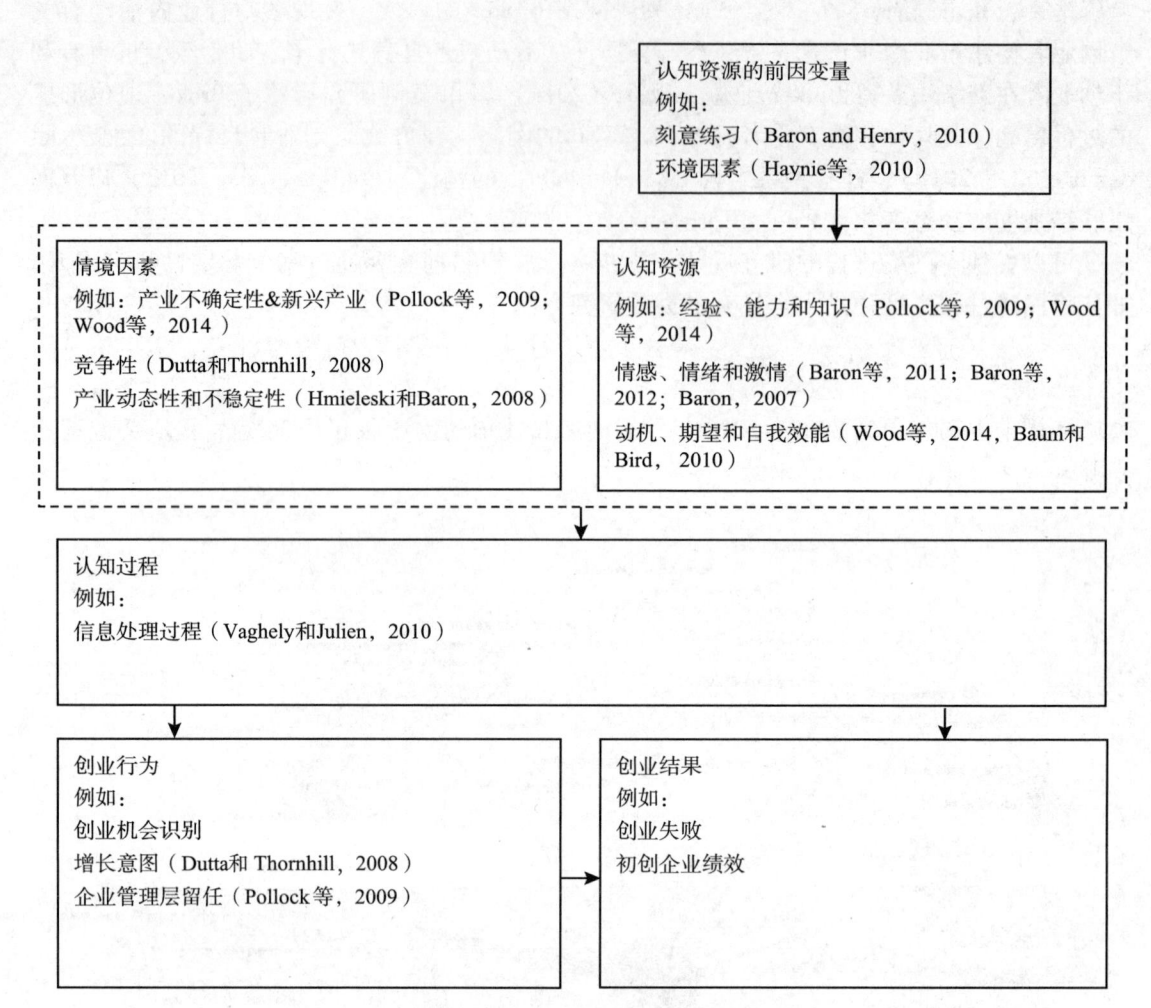

```
                                    ┌─────────────────────────────┐
                                    │ 认知资源的前因变量            │
                                    │ 例如：                      │
                                    │ 刻意练习（Baron and Henry，2010）│
                                    │ 环境因素（Haynie等，2010）    │
                                    └──────────────┬──────────────┘
┌ ─ ─ ─ ─ ─ ─ ─ ─ ─ ─ ─ ─ ─ ─ ─ ─ ─ ─ ─ ─ ─ ─ ─ ─ ─ ─ ─ ─ ┐
  ┌────────────────────────────┐   ┌──────────────────────────────┐
│ │ 情境因素                    │   │ 认知资源                      │ │
  │ 例如：产业不确定性&新兴产业   │   │ 例如：经验、能力和知识         │
│ │（Pollock等，2009；Wood等，2014）│ │（Pollock等，2009；Wood等，2014）│ │
  │ 竞争性（Dutta和Thornhill，2008）│ │ 情感、情绪和激情（Baron等，2011；│
│ │ 产业动态性和不稳定性          │   │ Baron等，2012；Baron，2007）   │ │
  │（Hmieleski和Baron，2008）    │   │ 动机、期望和自我效能          │
│ │                            │   │（Wood等，2014，Baum和Bird，2010）│ │
  └────────────────────────────┘   └──────────────┬───────────────┘
└ ─ ─ ─ ─ ─ ─ ─ ─ ─ ─ ─ ─ ─ ─ ─ ─ ─ ─ ─ ─ ─ ─ ─ ─ ─ ─ ─ ─ ┘
                                                  ▼
┌─────────────────────────────────────────────────────────────┐
│ 认知过程                                                     │
│ 例如：                                                       │
│ 信息处理过程（Vaghely和Julien，2010）                          │
└─────────────────────────────────────────────────────────────┘
      │                                              │
      ▼                                              ▼
┌──────────────────────────────┐   ┌──────────────────────────────┐
│ 创业行为                      │   │ 创业结果                      │
│ 例如：                        │   │ 例如：                        │
│ 创业机会识别                  │   │ 创业失败                      │
│ 增长意图（Dutta和Thornhill，2008）│ │ 初创企业绩效                  │
│ 企业管理层留任（Pollock等，2009）│   │                             │
└──────────────────────────────┘   └──────────────────────────────┘
```

图 7　认知视角创业研究框架

总体而言，认知视角的创业研究通过探索创业者行为背后的认知机制，从而回答创业中"为什么"的问题：为什么有人（而非另外一些人）选择成为创业者，识别了创业机会或者创业更为成功。在回答上述问题时，认知视角的基本逻辑是：创业者面临的情境因素和创业者自身的认知资源共同塑造了创业者独特的认知过程和决策特征，从而导致创业行为结果和绩效的差异。

（1）情境—认知—行为/绩效的研究框架。

创业情境多聚焦于产业层面，包括产业不确定性（Pollock et al.，2009）、动态性（Hmieleski，Baron，2008）、新兴产业等；此外，也有作者关注市场竞争程度、国家层面（如语言、民族传统）等情境因素。研究主要讨论上述情境因素如何客观地诱发创业者的独特认知以及如何与创业者的认知资源一起共同塑造创业者的认知过程和行为决策。

关于创业者认知资源的研究，客观维度多聚焦于创业者的人力资本，包括创业者的经验、教育、知识、能力等；主观维度主要涉及心理学构念，包括情绪、情感，动机、期望和自我效能等。这些要素共同组成了创业者的认知资源或认知能力，表征创业者在认知过程中处理信息和资源的能力或倾向。

根据对文献的整理和回顾，我们发现认知资源与情境很少被孤立讨论，学者往往将这些认知要素与情境要素结合在一起，探讨拥有特定认知资源的创业者在特定环境中如何形成不同的决断和行为表现，以及如何影响创业绩效，即图7中情境—认知—行为—结果研究框架。我们发现绝大多数认知视角的创业研究都遵循这一框架。例如，Pollock（2009）等研究产业环境的不确定性和新兴产业以及风投的投资经验如何共同影响风投对初创企业CEO任用问题的决策；Wood（2014）等结合产业环境和个体认知资源，讨论创业机会的吸引力问题。在这篇文章中，Wood等探讨了多种认知资源，包括创业者的相关知识、创业失败的经验、在评价创业机会时的动机等。Brinckmann和Kim（2015）的研究关注创业者自我效能和调节定向、工作经验和学历教育两类认知资源，在不同的情境下（是否是支持性的创业环境）如何影响创业者制订正式的创业计划的行为。除了个体层面，也有学者关注创业团队层面的认知对创业行为和结果的影响，但相对较少。Furr等讨论了团队的认知动态性影响团队内部信息处理过程，从而影响企业的技术变革。

图7中需要特别指出的是近十年以创业机会问题是认知视角下的创业研究最为关注的。在30篇文献中，有12篇讨论了创业机会的问题。对认知视角的创业机会研究的梳理后，我们发现这些研究基本上也是在"情境—认知—行为"的框架下展开的。目前研究集中于以下4个方面：信息处理与机会识别、认知推理过程与机会特征、情绪与激情等非理性认知因素与机会评价、决策标准与机会评价（杨俊等，2015）。

但是，在上述研究框架下，鲜有研究讨论情境因素和认知资源具体如何影响了认知过程从而导致了行为差异。在我们的样本中，Vaghely和Julin（2010）是为数不多地讨论具体认知过程的研究，他们从信息处理的角度，通过案例研究探讨了创业者具体的认知过程是如何帮助识别创业机会的。

（2）认知的前因变量。

认知前因变量的研究关心哪些因素诱发了创业者独特的认知特征以及该过程是如何产生的。Haynie等探索创业者在不确定环境下感知、决断和行动的认知能力是如何形成的；Baron和Henry发现刻意练习（Deliberate Practice）增加了创业者技能和知识，形成了创业者的认知资源；Shalley等通过案例研究从团队层面讨论团队创造性认知的形成过程。认知前因变量的研究肯定了创业者认知能力和思维虽然存在先天因素，但也可以通过后天习得。但是目前这类研究以定性的理论探索为主，尚缺乏实证研究。

3.4 资源—知识—能力视角的创业研究

资源、知识和能力视角下的创业研究是经济学视角下最重要的研究方向，由于三者在理论上密切相关，因此我们将它们结合在一起分析。从样本中我们筛选得到2007—2016年发表的资源—知识—能力视角的创业研究共100篇，提取关键词建立共现网络如图8所示。

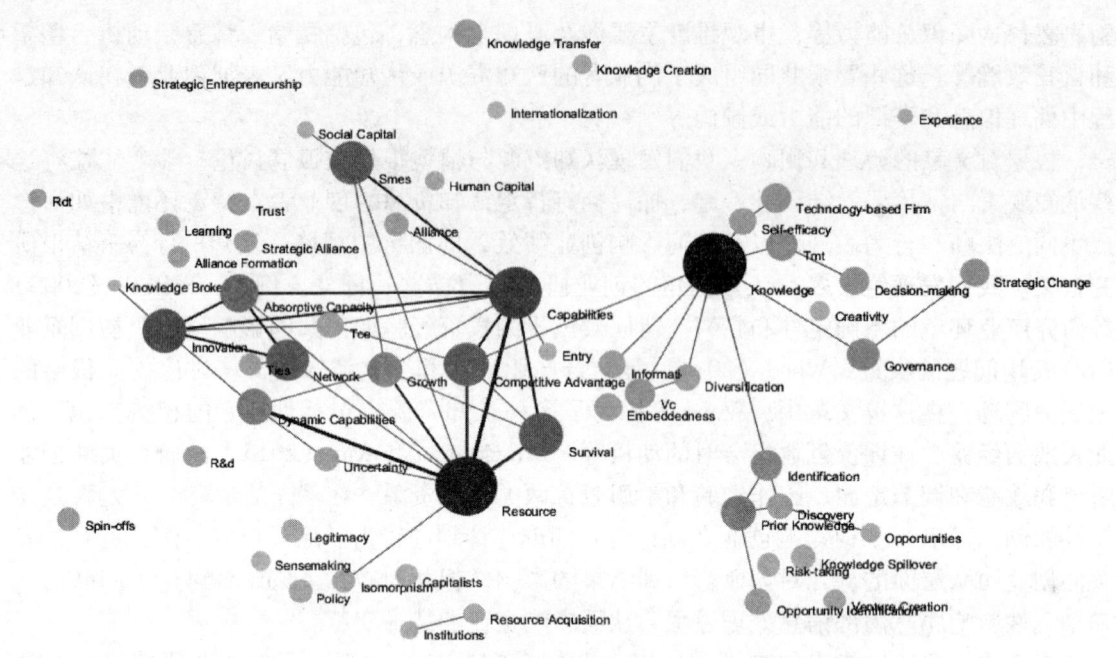

图 8 资源—知识—能力视角的创业研究

根据图 8 并结合论文摘要，对资源—知识—能力视角的创业研究有以下总结。

(1) 资源—能力视角的紧密结合。

图 8 揭示了能力和资源间的紧密联系，学者常常将两者结合以预测创业企业成长和绩效等。在梳理中，我们发现资源和能力之间互为前因和结果：一方面，创业者或者创业团队的能力帮助初创企业克服资源限制（Brinckmann，Hoegl，2011），从而影响资源是否能够顺利吸收、获取和有效利用（Dimov，2010），进而影响初创企业的增长和绩效；另一方面，资源重构、互补资源的获取等促进了企业能力（尤其是动态能力）建构和竞争力提升，最终也作用于企业增长和绩效。也有研究讨论了资源和能力在整个创业过程中的互补关系，例如 Zheng 等（2010）讨论了社会资本和创新能力在企业创立初期和增长期对于企业绩效和企业估值的作用，发现随着企业年龄增长，网络资源对于企业估值和绩效的影响弱化，创新能力的影响增强，且网络异质性和创新能力间存在互补关系。

资源视角主要关注创业者的初始资源以及创业过程中资源的获取、组合与重构等如何作用于创业的各个过程，包括机会识别、企业创立、企业成长和企业绩效等，具体的研究问题主要包括：①创业者的初始资源（创业者先前行业经验、人力资本等）如何影响创业机会识别、选择、开发和利用等；②从网络、合法性与地位、创始人身份与行为、外部环境等角度讨论创业过程中资源获取的问题；③创业过程中资源分配、组合与重构等问题。例如，Dunkelberg 等（2012）讨论了创业者金钱（Monetary）和非金钱（Non-monetary）目标如何影响资源分配；Wu 等（2008）讨论了在创业不同阶段企业内部资源和外部网络资源的组合问题。而能力视角下的研究，多关注联盟、网络，吸收能力和创新绩效之间的关系。

(2) 知识：聚焦创业机会识别和创业团队管理。

图 8 中可以看到知识视角的创业研究有两个重要分支：一是知识视角下的创业机会识

别研究。这一部分与认知视角下的创业机会研究有很大重合,即先验知识作为创业者重要的认知资源影响创业者的认知过程,在此逻辑下讨论创业机会的识别、评价和创造等问题。例如,Gruber 多样化的知识背景能够帮助创业者挖掘更多的和更为丰富的创业机会。二是聚焦于团队层面,关注团队成员的知识结构和知识异质性对团队决策、企业治理的影响。

4 研究结论

创业是多维度的复杂现象,研究视角众多,关注的问题和变量也复杂多变。本研究基于词频统计梳理了近十年创业研究领域中重要的研究问题和理论视角,概括了近年来极具增长潜力的研究话题,并且基于关键词共现网络对制度、社会网络、认知和资源—知识—能力四个重要视角下的研究进行了分析。

在此基础上,我们对每个领域有潜力的研究方向做以下预测。

(1) 制度视角下,多制度互动对创业的影响。目前学者多关注单一制度的创业研究,但是创业往往是在复杂的制度体系中开展的,我们认为制度间——多层级制度间(如中央和地方制度)和多维度制度间(例如正式制度和非正式制度)互动对于创业将有哪种影响是未来重要且有潜力的研究方向。

(2) 网络视角下,网络过程及其实证化研究。现有研究多以网络变量(结构或内容)为前因,解释创业中的行为和结果。近几年,网络过程即网络如何在创业中被构建、塑造和动态变化的研究在兴起,但以定性为主尚缺乏实证。

(3) 认知视角下,认知前因变量和认知过程的研究。近几年的研究开始认可创业者的认知独特性可后天习得,但研究多以定性研究探索认知特征形成的过程机制,少见于实证研究。此外,情境—认知—行为框架下的研究结合情境和认知直接预测行为结果,而忽略了具体的认知过程,这也是未来研究可以关注的一个方向。

(4) 资源—知识—能力的研究比较成熟,对于中国学者而言,转型经济下中国独特的创业情境(市场、政府、创业者关系等的作用)是否将带来创业活动中独特的资源开发过程,或许是未来可以努力的一个方向。

此外本研究尚存在一些不足。数据的处理上,编码过程难以避免主观性;对每个研究领域的分析旨在对全局描绘,而难以提供更为深入的分析,进一步的工作需要对上述各个重要方向做更为细致深入的分析。

5 致谢

感谢清华大学经济管理学院谢真臻老师对研究提供的宝贵建议,感谢博士生李潭的校对工作,感谢课题组同仁对本研究提供的宝贵建议。

参考文献

[1] 王程韡. "大数据"是"大趋势"吗:基于关键词共现方法的反事实分析 [J].

科学学与科学技术管理，2015（1）：3-11.

［2］杨俊，张玉利，刘依冉. 创业认知研究综述与开展中国情境化研究的建议［J］. 管理世界，2015（9）：158-169.

［3］Khaire M. *Young and no money? Never mind：The material impact of social resources on new venture growth*［J］. *Organization Science*，2010，21（1）：168-185.

［4］Nagy B G，Pollack J M，Rutherford M W，et al. *The influence of entrepreneurs' credentials and impression management behaviors on perceptions of new venture legitimacy*［J］. *Entrepreneurship Theory and Practice*，2012，36（5）：941-965.

［5］Sine W D，David R J，Mitsuhashi H. *From plan to plant：Effects of certification on operational start-up in the emergent independent power sector*［J］. *Organization Science*，2007，18（4）：578-594.

［6］Le N T B，Nguyen T V. *The impact of networking on bank financing：the case of small and medium-sized enterprises in Vietnam*［J］. *Entrepreneurship Theory and Practice*，2009，33（4）：867-887.

［7］Zhao H，Lu J. *Contingent value of political capital in bank loan acquisition：Evidence from founder-controlled private enterprises in China*［J］. *Journal of Business Venturing*，2016，31（2）：153-174.

［8］Marlow S，McAdam M. *Incubation or induction? Gendered identity work in the context of technology business incubation*［J］. *Entrepreneurship theory and practice*，2015，39（4）：791-816.

［9］Katre A，Salipante P. *Start-up social ventures：Blending fine-grained behaviors from two institutions for entrepreneurial success*［J］. *Entrepreneurship Theory and Practice*，2012，36（5）：967-994.

［10］O'Neil I，Ucbasaran D. *Balancing "what matters to me" with "what matters to them"：Exploring the legitimation process of environmental entrepreneurs*［J］. *Journal of Business Venturing*，2016，31（2）：133-152.

［11］Überbacher F，Jacobs C D，Cornelissen J P. *How entrepreneurs become skilled cultural operators*［J］. *Organization Studies*，2015，36（7）：925-951.

［12］Huang Y. *Capitalism with Chinese characteristics：Entrepreneurship and the state*［M］. Cambridge，Mass：Cambridge University Press，2008.

［13］Jain S，Sharma D. *Institutional logic migration and industry evolution in emerging economies：The case of telephony in India*［J］. *Strategic Entrepreneurship Journal*，2013，7（3）：252-271.

［14］Tran A N，Jeppesen S. *SMEs in their Own Right：The Views of Managers and Workers in Vietnamese Textiles，Garment，and Footwear Companies*［J］. *Journal of Business Ethics*，2016，137（3）：589-608.

［15］El Baz J，Laguir I，Marais M，et al. *Influence of national institutions on the corporate social responsibility practices of Small-and Medium-sized Enterprises in the food-processing industry：*

Differences between France and Morocco [J]. *Journal of Business Ethics*, 2016, 134 (1): 117 – 133.

[16] DiMaggio P. *Interest and agency in institutional theory* [J]. *Institutional Patterns and Organizations Cambridge*, 1988: 1 – 21.

[17] Perkmann M, Spicer A. *Healing the scars of history': Projects, skills and field strategies in institutional entrepreneurship* [J]. *Organization Studies*, 2007, 28 (7): 1101 – 1122.

[18] Tracey P, Phillips N, Jarvis O. *Bridging institutional entrepreneurship and the creation of new organizational forms: A multilevel model* [J]. *Organization science*, 2011, 22 (1): 60 – 80.

[19] Kuhn K M, Galloway T L. *With a little help from my competitors: Peer networking among artisan entrepreneurs* [J]. *Entrepreneurship Theory and Practice*, 2015, 39 (3): 571 – 600.

[20] Morse E A, Fowler S W, Lawrence T B. *The impact of virtual embeddedness on new venture survival: Overcoming the liabilities of newness* [J]. *Entrepreneurship theory and practice*, 2007, 31 (2): 139 – 159.

[21] Keating A, Geiger S, McLoughlin D. *Riding the practice waves: Social resourcing practices during new venture development* [J]. *Entrepreneurship Theory and Practice*, 2014, 38 (5): 1207 – 1235.

[22] Zhang J, Soh P, Wong P. *Entrepreneurial resource acquisition through indirect ties: Compensatory effects of prior knowledge* [J]. *Journal of Management*, 2010, 36 (2): 511 – 536.

[23] Stam W, Elfring T. *Entrepreneurial orientation and new venture performance: The moderating role of intra-and extraindustry social capital* [J]. *Academy of Management Journal*, 2008, 51 (1): 97 – 111.

[24] Wang Y. *Bringing the Stages Back in: Social Network Ties and Start-up firms' Access to Venture Capital in China* [J]. *Strategic Entrepreneurship Journal*, 2016, 10 (3): 300 – 317.

[25] Ho V T, Pollack J M. *Passion isn't always a good thing: Examining entrepreneurs' network centrality and financial performance with a dualistic model of passion* [J]. *Journal of Management Studies*, 2014, 51 (3): 433 – 459.

[26] Stam W. *Industry Event Participation and Network Brokerage among Entrepreneurial Ventures* [J]. *Journal of Management Studies*, 2010, 47 (4): 625 – 653.

[27] Prashantham S, Dhanaraj C. *The Dynamic Influence of Social Capital on the International Growth of New Ventures* [J]. *Journal of Management Studies*, 2010, 47 (6): 967 – 994.

[28] Boari C, Riboldazzi F. *How knowledge brokers emerge and evolve: The role of actors' behaviour* [J]. *Research Policy*, 2014, 43 (4): 683 – 695.

[29] Ozdemir S Z, Moran P, Zhong X, et al. *Reaching and Acquiring Valuable Resources: The Entrepreneur's Use of Brokerage, Cohesion, and Embeddedness* [J]. *Entrepreneurship Theory and Practice*, 2016, 40 (1).

[30] Phillips N, Tracey P, Karra N. *Building entrepreneurial tie portfolios through strategic homophily: The role of narrative identity work in venture creation and early growth* [J]. Journal of Business Venturing, 2013, 28 (28): 134 – 150.

[31] Patel P C, Terjesen S. *Complementary effects of network range and tie strength in enhancing transnational venture performance* [J]. Strategic Entrepreneurship Journal, 2011, 5 (1): 58 – 80.

[32] Pollock T G, Fund B R, Baker T. *Dance with the one that brought you? Venture capital firms and the retention of founder – CEOs* [J]. Strategic Entrepreneurship Journal, 2009, 3 (3): 199 – 217.

[33] Wood M S, Mckelvie A, Haynie J M. *Making it Personal: Opportunity Individuation and the Shaping of Opportunity Beliefs* [J]. Journal of Business Venturing, 2014, 29 (2): 252 – 272.

[34] Hmieleski K M, Baron R A. *Regulatory focus and new venture performance: A study of entrepreneurial opportunity exploitation under conditions of risk versus uncertainty* [J]. Strategic Entrepreneurship Journal, 2008, 2 (4): 285 – 299.

[35] Brinckmann J, Kim S M. *Why We Plan: The Impact of Nascent Entrepreneurs' Cognitive Characteristics and Human Capital on Business Planning* [J]. Strategic Entrepreneurship Journal, 2015, 9 (2): 153 – 166.

[36] Brinckmann J, Hoegl M. *Effects of Initial Teamwork Capability and Initial Relational Capability on the Development of New Technology – Based Firms* [J]. Strategic Entrepreneurship Journal, 2011, 5 (1): 37 – 57.

[37] Dimov D. *Nascent Entrepreneurs and Venture Emergence: Opportunity Confidence, Human Capital, and Early Planning* [J]. Journal of Management Studies, 2010, 47 (6): 1123 – 1153.

[38] Zheng Y, Liu J, George G. *The dynamic impact of innovative capability and inter-firm network on firm valuation: A longitudinal study of biotechnology start-ups* [J]. Journal of Business Venturing, 2010, 25 (6): 593 – 609.

[39] Dunkelberg W, Moore C, Scott J, et al. *Do entrepreneurial goals matter? Resource allocation in new owner-managed firms* [J]. Journal of Business Venturing, 2012, 28 (2): 225 – 240.

[40] Wu, Lei – Yu, Wang, Chun – Ju, Chen, Cheng – Ping, et al. *Internal Resources, External Network, and Competitiveness during the Growth Stage: A Study of Taiwanese High – Tech Ventures* [J]. Entrepreneurship Theory and Practice, 2008, 32 (3): 529 – 549.

作者简介

邱姝敏，女，清华大学经济管理学院博士研究生。研究方向：制度与创业，社会网络与创业。

杨德林，男，清华大学经济管理学院教授，博士生导师。研究方向：制度与创业，基于技术的创业，技术创新管理。

李佳雪，女，清华大学经济管理学院博士研究生。研究方向：创业管理。

项目支持

国家重点研发项目课题（课题编号：2017YFB1402001）。

创业教育、创业环境对大学生创业意愿影响的实证研究

丁奕文　鲁若愚

（电子科技大学，成都，611731）

> **摘要**：基于国内外大学生创业教育、意愿的相关研究基础，构建了中国高校环境下的大学生创业教育模型。利用四川省多个高校，总计539个在校大学生的数据，检验了创业教育、创业环境与大学生创业意愿之间的关系。研究发现：理论型和实践型两种创业教育均对大学生创业意愿具有显著正向影响，金融支持型环境和学校支持型环境对大学生创业意愿具有显著正向影响，创业环境在创业教育与创业意愿之间发挥了正向调节作用。
>
> **关键词**：创业教育；创业环境；大学生；创业意愿

1 研究背景

创业教育的理念和实践最早起源于美国，这一概念在提出之后就迅速受到了世界各国的欢迎，成为国际高校普适性的教育追求。随着知识经济的快速发展，高等教育发挥了至关重要的作用，创业教育更是成为新时代教育的重中之重。在这种国家环境的影响下，我国高校的创业教育也如火如荼的进行着。全国高校积极响应国家号召，以培养创新创业人才和解决就业压力为目的，纷纷将创新创业教育放在了学校教学工作的突出位置。通过更为深入、系统的创业教育，让学生了解创业基本知识并进行创业实践，提高其创业机会辨识能力及创业意愿。我国高校的创业教育虽然最近几年较为快速地发展，但其中的一些方法和理念仍需进一步探索和学习，创业教育的效果仍有待验证。

因此，本文以四川省多所高校大学生为研究样本，通过对大学生接受的创业教育进行问卷调查，研究创业教育对大学生究竟产生了哪种影响。具体而言，文中我们探究了实践型和理论型两种创业教育类型对于学生创业意愿的影响，比较了哪种创业教育的效果更为显著。此外，考虑现有研究中大多将创业教育作为一个独立的研究变量，探究其对于个体的创业意向、创业行动的影响。本章观点是：创业教育的发展和盛行离不开国家政策、社会文化等多种外部环境的支持，创业教育对于个体创业意向行动的影响，不仅要考虑个体先前经验（如实习经历，家庭背景等），更要考虑个体对于创业环境的感知情况，探究大学生感知的创业环境对于创业教育产生的影响。因此，本文将感知的创业环境这一变量也引入研究之中，探究创业教育、创业环境对于大学生创业意愿的影响以及创业环境对创业

教育效果的调节作用。本文丰富了创业教育的相关研究，验证了创业教育对于大学生的影响，并针对高校创业教育提出了一些建议，具有理论和实践意义。

2 文献综述与研究假设

2.1 创业意愿

国内外学者对创业意愿的界定有所不同，Bagozzi 与 Kimmel（2004）认为：创业意愿作为一种主观态度，是创业者进行创业的先决因素。个体因素加之社会因素通过创业意愿的中介作用近而产生创业行为"。国内学者钱永红（2007）认为：创业意愿涉及创业者的性格特质、创业态度以及创业能力，可以经此判断创业个体是否具有从事创业活动的潜在意愿。有关创业意愿的构成也是各有不同，为大多数学者所引用的是 Bird（1988）的研究成果，他认为创业意愿：一是创业者本身意愿及其他利益相关者等意愿；二是直觉与理性。国内学者对创业维度也进行了一系列的研究，将较为成熟的理论成果融入中国具体情境进行分析与研究，探究最符合我国国情的创业意愿维度。范巍、王重鸣（2006）两位学者将创业意愿维度，由两个扩展为创新导向、成就导向、个人控制、自我尊重以及责任意识五个维度，而李永强等（2008）则采用多维度分析法，将创业意愿分为责任性承担的创业意愿和无责任性承担的创业意愿。

在学术研究中，大多学者通常采用创业意愿来预测创业行为。基于创业意愿模型，创业行为和创业教育效果的相关研究取得较为丰富的成果。目前学者普遍认为创业意愿模型主要分为创业事业事件模型（Entrepreneurial Event Model，EEM）和计划行为理论模型（Theory of Planned Behavior，TPB）。两者的主要区别在于是否对后续的行为进行预测。EEM 模型主要是通过感知可行性、感知合意性等对创业意愿进行解释。TPB 模型是近些年学者运用较多的模型，认为人的行为是由人的意图和动机决定的，相比 EEM 它可以通过个体对待行为的态度，主观规范和控制力影响创业意图，促进创业行为（Shapero，Sokol，2009），在创业教育的研究中显然更能有利于培养学生的创新精神、提高创新意识和能力，鼓励学生参与创业实践。Krueger 和 Carsrud（1993）就通过 TPB 模型，研究分析商业计划准备过程和创业培训是如何影响企业家意愿的。也有很多研究工作者用"计划行为"来提高我们对学生创业意愿的理解（Audet，2004）。

2.2 创业教育

1947 年，Myles Mace 教授在哈佛商学院开设的第一堂创业教育课程标志着创业教育的兴起，从此创业教育就成为各个国家高等教育重要的组成部分之一。发展到今天，创业课程已经不仅仅只是简单地教学课程，更多的学校选择将创业教育课程多样化、系统化、规范化。面对复杂的创业教育演变，更多的学者对创业教育研究不再只局限于应传授的创业知识、有效的授课方式或方法进行探索，而是更多涉及对这些知识、方式或方法的评价，以此对创业教育的效果进行一定程度的预测和衡量。

有关创业教育内容的划分，不同学者从不同角度提出了自己的看法。Johannisson

(2006)提出了4W1H的创业知识内容,他认为创业首先要知道为何创业(Why)、如何创业(How)、用什么创业(What)、何时创业(When)、谁来创业(Who)这五个主要层级。Ramayah等(2012)则提出了创业教育的三级目录框架:①关于创业是教授学生基本的创业理论;②为了创业则是给创业者传授在创业中所需要的实践技能和知识;③创业中的教育则是为特定企业家、创业者提供特定方面的知识和技能。Linan(2004)首次以创业教育的目标作为分类标准,认为创业教育包括四类:一是我们传统所认为的通识教育,是为了让人们了解小企业、创业。二是创办企业教育,是针对某一小企业领导者或所有者通常具有决策权的人。这种教育通常集中于企业期初阶段的某一具体问题或痛点中。三是动态性创业教育,创业是一种动态行为,创业者需要跟随动态环境实时作出不同行为和决策。四是企业家教育,这种教育是为了提高企业家相关的能力。创业教育作为一种教育形式是通过传授创业知识和技能,培养学习者的创业意识、创业精神以及创业实践能力,实现其自身价值(张秀娥,张坤,2016)。刘建武等(2005)将创业教育分为理论导向型教育和实践导向性教育。①理论是主要通过学习理论,教育学生理解创业的前景及结果,同时教育课程主要关注相关创业知识的获取。②实践导向创业教育。鼓励学生通过实践及行动的方式去体验理解创业,为以后的创业行为起到促进作用,同时提高学生面对复杂的创业环境极其风险的能力。

在创业教育的教学方法和评价上,现有研究也取得了一定的成果。面对这复杂多变的外部环境和其自身的不确定性,创业是一项不可预测的活动。Neck和Greene(2011)为此提出了新的方法论从而能更能好的使学生理解和实践创业技能。Arasti(2012)等通过对高等学校的创业专业和课程讲师进行半结构化的访谈,认为"创业计划"类课程是最能有效提高学生创业认识和能力,同时小组项目研讨、案例分析、多目标问题解决方案这些具体方法更为有效。

2.3 创业环境

有关创业环境的研究,早在1994年,Gnyawali、Fogel就已经过细分提出五维度模型:包括创业和管理技能、社会经济条件、政府政策与工作程序、资金支持、对创业的非资金支持。随着时间的推进,GEM(Global Entrepreneurship Monitor,全球创业观察)又于2003年将创业环境五维度模型更加细化为九个方面。同年Scott将创业环境提炼为更易辨析的政治环境、经济环境、社会文化环境。国内对创业环境的探究也不曾停息,2002年池仁勇学者提出了构成创业环境的六个子系统。2009年苏益南从不同角度提出创业环境构成:经济环境、政策环境、教育和培训环境、社会文化环境、融资环境。钱永红提出:个体对自己拥有资源的评估、个人对创业回馈的评估、个体对未来就业形势的预期,是创业环境测量的重要因素;范巍等研究认为:创业环境可以通过创业成就感、经济回报、创业特性优点、创业环境来测量。此外,实践证明创业环境也离不开政府政策、大学教育、家庭环境、风险投资环境等系列因素的作用影响。有关创业环境的定义学术界尚未形成较为统一的定论,较多的研究成果皆因研究阶段或研究对象的不同而不尽相同。由于创业意愿在一定程度上带有主观性,本文立足于大学生自身,以其所感知到的创业环境为角度,提出创业环境的三个子维度即政府支持环境、金融支持环境、学校支持环境,使研究更贴近中国大学生情景，更具科学性。

2.4 研究假设

根据以上研究，本文认为大学生创业教育包含理论型教育和实践型教育，创业环境由政府支持环境、金融支持环境、高校支持环境三个要素组成，这些环境要素构成了创业环境的不同维度。创业教育、创业环境均会对大学生的创业意愿产生一定的影响。

2.4.1 创业教育与大学生创业意愿

创业教育的根本目的在于通过传授创业知识和提升创业技能培养、增强大学生的创业意愿。根据国外学者研究表明，在创业教育的体系中，通过课程和培训理论知识的传授会对学生的创业意向起到积极的影响（Souitaris et al., 2007）。课程外的社团活动、实践活动以及创业比赛等实际上很大程度的弥补了课程所存在的不足，是创业课程的延伸，可以帮助学生理解创业中的复杂过程并获得经验，也可以对创业有更为直观和全面的理解（孙蕾，庄娱乐，2009）。不少国内学者的研究也表明（张英成，2010）：经过学校的就业指导和协会社团实践，学生更具备自主创业的意愿；大学生创业竞赛也为创业教育提供了实践和检验的平台（唐静，朱智广，2010）。创业课程设置对创业成效具有明显的正面影响。

高等教育在学生日后的成长中起到了非同小可的作用，而结束高等教育后不再继续深造的学生们首要面临的就是就业择业等问题。这些学生经过全面而完善的创业教育，在理论知识上进行了规范化的学习，在课外延伸实践活动中进行了创业能力的培养，因而意识上，不再对创业只是粗浅的认识而是对创业内在逻辑和方式方法都有一定的了解；能力上，多样化的仿真练习减少学生对创业的陌生感并培养相对应的能力。最终，学生对创业的意愿会由于自身意识的提升加之对创业能力的积累而增强。综上所述，提出以下研究假设。

H1 创业教育与大学生创业意愿正相关。

H1a 理论类创业教育与大学生创业意愿正相关。

H1b 实践类创业教育与大学生创业意愿正相关。

2.4.2 创业环境与大学生创业意愿

不少国内学者认为创业教育对创业意愿有着正向积极的作用且能影响创业意愿，而随着时代的变化发展，不同的外部环境也会在一定程度上左右人们的创业意愿。尽管创业环境在创业意愿的形成中有重要作用，但创业环境要素对创业者创业意愿的影响却不尽相同。实证研究方面，Kirchoff（1991）认为，由于经济衰退等经济因素导致就业机会减少晋升难度加剧等会影响人们的创业意愿。Gnyawali和Fogel（1994）则认为政府政策的引导方向，市场是否具有发展空间以及竞争的激烈程度才是左右创业动机最为关键性因素。同样Gohmann（2012）在研究中指出管理制度环境要素对潜在创业者的影响也极为明显。还有研究则将关注点放在税收、融资方式、金融环境、社会网络关系等。针对我国具体情况，段利民、杜跃平通过对GEM模型的再检验提出政府项目和社会文化对大学生的创业意愿有明显的促进作用，而商业环境和专业基础设施则没有影响。周勇等（2014）通过实证研究在对江浙沪等高校进行调研后，证明融资信贷支持与政府激励的引导能有效促进自主创业。胡玲玉等（2014）则提出在市场资源丰富、制度规范宽松的社会环境下，大学生的创业意愿更为明显。外界环境对个人潜移默化的影响是毋庸置疑的，由于在校大学生所处环境主要集中在校园，接触社会较少，创业经验较为薄弱，对创业环境的感知区别于普通创业人士。所以校内的创业文化氛围以及高校对创业的支持力度，极易使学生在日常生活学习中意识到创业这一主题，与此同时在创业能力提升的过程中感受创业的乐趣。而对于政府的支持例如相关税收的减免、相关制度的完善、审批程度的便捷高效无疑会进一步提高大学生的创业意愿。政策的制定一定程度上标志着党和国家对此类现象的重视和支持，在国家的号召下，大学生作为新一代的接班人更需要理解创业在社会发展中的重要作用。金融支持无疑更好地解决学生对于创业的后顾之忧，多样的抵押方式、银行低息贷款是较多大学生初入社会最为关注的问题。良好的创业环境使学生身处其中意识到创业、了解其重要性和毫无后顾之忧可践行都在一定程度上增强创业意愿。据此，提出以下研究假设。

H2　创业环境与大学生创业意愿正相关。

H2a　创业政府支持环境与大学生创业意愿正相关。

H2b　创业金融支持环境与大学生创业意愿正相关。

H2c　创业学校支持环境与大学生创业意愿正相关。

2.4.3　创业环境的调节作用

创业环境作为一个复杂的集合体，包括了政策、金融、社会文化、学校等多种要素。一方面，创业环境作为外部因素直接影响大学生的创业意愿；另一方面，创业环境是与创业教育交织在一起的，大学生对于创业环境的感知会影响其所接受的创业教育对于创业意愿的效果。当大学生感知到外部创业环境较好时，即政策环境、融资环境以及学校都对于大学生的创业行为展现出极大的支持时，接受过创业教育而产生创业意愿萌芽的大学生会受到进一步的影响，这种感知到的良好环境会进一步刺激其创业意愿的生根发芽，最终转化为创业行动的产生（Walter，Block，2016）。而当创业环境较差时，大学生意识到在创业过程中可能遇到政策阻碍、融资困难、学校氛围不支持创业，甚至家庭朋友的质疑等情况，其创业意愿也会受到一定影响或打击，创业教育所产生的作用也会进一步削弱。据此，提出以下研究假设。

H3　创业环境正向调节了创业教育对大学生创业意愿的积极作用。

3　数据收集与变量测量

3.1　数据收集

为了研究创业教育、感知的创业环境对大学生创业意愿的影响，并检验本文的研究假设，本文设计了创业教育、感知的创业环境及大学生创业意愿的调查问卷，利用所获取的相应数据进行实证研究。对调查对象的选取，出于数据的可获取性和地域限制的考虑，本文研究聚焦于四川省内的高校进行问卷调查，选取了电子科技大学、四川大学、西南交通大学、西南财经大学、成都理工大学等7所四川省内高校的在校大学生进行了问卷调查。本次问卷调查通过专业在线问卷调查网站——问卷星网站进行在线调查，问卷由各校校团委发放至每个学院，邀请每个学院的大学生进行问卷在线填写。最终，获取了网上问卷572份，然后通过对问卷回答的完整度进行分析，剔除信息缺失严重的无效问卷33份，最终得到有效问卷539份。根据问卷调查结果，本文对基本情况作出描述性统计见表1。

表1 相关变量描述性统计表

变量	统计结果
性别	男生372人，占69.01%，女生167名，占30.99%
年龄	20岁以下57人，20~24岁368人，24岁以上114人
文化程度	本科292人；硕士173人；博士61人；博士后13人
专业分布	计算机73人；电子信息工程54人；生物技术18人；自动化34人；机械33人；材料12人；工商管理41人；政管17人……
家族创业史	家族有创业史的147人，没有创业史的392人

3.2 问卷设计

本研究所用的调查问卷的设计主要题项参考国内外成熟研究量表，并根据实际研究的需要和贴近国内高校环境对题项进行了一些修改。调查问卷主要由四部分构成：被调查者基本信息；接受的创业教育；创业环境的感知；个人创业意愿。个人基本信息部分主要是调查对象的背景资料，内容主要为性别、年龄、文化程度、专业背景、家庭背景五个方面；创业教育部分是对大学生曾接受的创业教育进行调查，参考国内外成熟研究分为理论类的创业教育和实践类的创业两种；创业环境部分的设计主要参考GEM模型之中创业环境的划分，但考虑到大学生实际对于创业环境的感知，本文从政府支持环境、社会文化环境、学校支持环境三个维度进行了设计，每个维度包括4个题项。大学生创业意愿部分的设计也是借鉴了国外成熟量表，详细内容见表2。

3.3 变量测量

本研究涉及4个主要的研究变量。其中，创业意愿（Y）为因变量，由五个题项构成；X_1，X_2为自变量，分别对应于问卷之中的创业教育和创业环境的构成维度，每维度下分设多个题项。C代表调节变量，由性别、年龄、实习经验、专业背景、家庭背景五个变量组成。所有量表均采用Likert五标度进行打分，分值1~5分别对应"非常不同意""不同意""不一定""同意""非常同意"，得分分值越高，被调查者的感知程度越高。研究变量及对应的题项见表2。

表2 研究变量及题项设计

变量标识	变量名称	预期影响	题项
Y	创业意愿	无	Y_1：我认为我将来会创办自己的事业 Y_2：如果有机会，并且可以自由做决定，我会选择创业 Y_3：如果遇到实际困难，我仍会选择自主创业 Y_4：与拥有1份稳定的工作相比，我更愿意创业 Y_5：我认为我在未来5年有创业的可能性

续表

变量标识	变量名称		预期影响	题项
X_1	创业教育	理论类	正向	X_{111}：你在大学修读了很多关于创业、管理类的课程 X_{112}：你在大学经常参加创业类的讲座或报告 X_{113}：你经常自学创新创业的相关书籍、名著 X_{114}：大学的创业课程增强了你创业所需的知识和能力
		实践类	正向	X_{121}：我在校期间参加过很多创新创业类竞赛 X_{122}：参加创新创业竞赛对我产生创业意向 X_{123}：参加创新创业竞赛对我提升创业能力非常大 X_{124}：我在校期间参加了很多创新创业类社团组织 X_{125}：我经常主动参加有关创业的活动
X_2	创业环境	政府支持	正向	X_{211}：政府对大学生创业提供优惠的税收政策 X_{212}：关于大学生新创企业的登记审批程序简化便捷 X_{213}：对于规范大学生创业行为的相关制度比较完善 X_{214}：政府为大学生创业提供咨询服务
		金融支持	正向	X_{221}：大学生创业有多种融资渠道或信贷担保 X_{222}：大学生创业可选择多种贷款担保方式 X_{223}：大学生创业容易获得政府或学校的担保 X_{224}：大学生创业容易获得银行低息贷款
		学校支持	正向	X_{231}：我所在学校的创新与创业文化氛围浓郁 X_{232}：我所在学校常会为学生提供创业的相关信息 X_{233}：我所在学校会为学生提供很多创业教育 X_{234}：我所在学校会为学生提供多种创业活动
C	控制变量		无	C_1：性别（男、女） C_2：文化程度（本科，研究生，博士） C_3：实习经验（有、无） C_4：专业背景（文、理） C_5：家庭背景（家族是否有创业史）

4 实证分析

4.1 信效度检验

本文利用SPPS 22.0软件对问卷调查量表进行了信度和效度分析，信度和效度检验结果如表3所示。首先在信度上，问卷整体的Cronbach's α系数值为0.891，其他变量的Cronbach's α系数值亦是均在0.7以上，问卷题项具有较好的一致性，研究设计量表具有较高的信度。其次，就效度而言，从表3可知，调查问卷中所有变量的KMO值均大于0.8，并且sig.值均通过了显著性检验，说明量表的各题项之间具有一定的相关程度，研究变量的效度得到证实。

表3　　　　　　　　　　　　问卷信效度检验表

测试对象		Cronbach's α	KMO	Sig.
创业意愿		0.897	0.890	0.000
创业教育	理论教育	0.918	0.907	0.837	0.000
	实践教育		0.895	0.842	0.000
创业环境	政府支持		0.812	0.872	0.002
	金融支持	0.907	0.843	0.908	0.000
	学校支持		0.895	0.846	0.005
整体问卷		0.891		

4.2 回归分析

在检验模型时，我们遵循了 Aiken 和 West 提出的调节性回归分析法，使用 SPSS 22.0 对数据进行了四步逐层回归：首先进入控制变量；其次进入创业教育及其两个子维度创业理论教育和创业实践教育，检验其对创业意愿的主效应；随后，进入创业环境及其三个子维度：政府支持环境、金融支持环境、学校支持环境，检验其对创业意愿的主效应；最后添加所有交互项，检验创业教育与创业环境的交互作用，回归结果见表4。

表4　　　　　　　创业教育、创业环境、创业意愿的回归分析表

变量名	创业意愿			
控制变量	M1	M2	M3	M4
性别	-0.128	-0.088	-0.071	-0.069
文化程度	0.104 ***	0.085 ***	0.086 ***	0.085 ***
专业	-0.019	-0.029	-0.024	-0.018
实习	0.001	-0.030	-0.023	-0.023
家庭背景	0.274 ***	0.189 ***	0.158 **	0.146 **
创业教育		0.149 ***	0.115 **	0.112 **
创业理论教育		0.199 ***	0.189 ***	0.185 ***
创业实践教育		0.094 **	0.075 **	0.073 *
创业环境			0.112 **	0.102 **	0.089 *
环境—政府支持			0.034	0.035
环境—金融支持			0.052 *	0.050 *
环境—学校支持			0.110 ***	0.105 ***
创业教育 * 创业环境				0.082 *
R^2	0.06	0.296	0.322	0.324
ΔR^2	0.05	0.281	0.302	0.302

注：***，**，*，分别代表在1%，5%，10%的显著性水平下通过检验，$N=539$。

首先，我们控制大学生的一些个体因素对于其创业意愿的影响，在控制变量的回归结果中我们发展大学生的文化程度（$\beta=0.104$，$P<0.01$）与家庭背景（$\beta=0.274$，$P<0.01$）对其创业意愿展现出了显著的正向影响，且这种显著影响在后续模型中保持了连续性。这一结果说明在校大学生会随着其年级的提升、学位程度提高及专业文化程度的加深，创业意愿逐渐增强，表现出更大的创业倾向。而大学生的家庭因素同样是影响大学生创业意愿的一大因素，从拥有家庭创业史环境中走出的学生对于创业的兴趣程度更高，也具有更强的创业意愿。

对于创业教育和创业环境而言，在模型2中，我们可以看出创业教育（$\beta=0.149$，$P<0.01$）对大学生创业意愿具有显著的正向作用，其两个子维度创业理论教育（$\beta=0.199$，$P<0.01$）和创业实践教育（$\beta=0.094$，$P<0.05$）均对大学生创业意愿具有显著的正向作用，假设H1a、H1b得到证实，且创业理论教育产生的印象更为显著，这也说明了高校创业课程教育的重要性，良好的理论教育对于引导大学生树立正确的创业导向，提高大学生的创业意愿具有重要意义。而对于创业环境而言，整体的创业环境（$\beta=0.102$，$P<0.05$）对大学生的创业意愿具有显著的正向作用，假设H2b、H2c得到证实，这说明良好的创业环境对于大学生创业意愿的产生具有较好的激励作用。创业环境的三个子维度金融支持环境（$\beta=0.052$，$P<0.1$）和学校支持环境（$\beta=0.110$，$P<0.01$）对于大学的创业意愿同样具有显著的正向作用，其中学校的支持环境对于大学生的创业意愿影响程度最高，这说明学校营造良好的创业氛围，为大学生提供良好的创业条件和支持对于促进学生创业意愿的萌发是十分重要的。而政府支持环境的作用却没有得到支持，因此认为本文研究的是大学生感知的创业环境，考虑大学生所处的环境，其对于学校创业环境的认识最为直接和清晰，而对于政府的相关政策可能缺乏了解和认识，所以政府的支持发展对其创业意愿的产生没有显著作用。

最后，讨论创业环境与创业教育对创业意愿的调节作用。在模型4中，我们加入创业教育和创业教育的交互项，回归结果显示创业环境（$\beta=0.082$，$P<0.1$）加强了创业教育对大学生创业意愿的显著正向作用，假设H3得到证实，这说明在大学生感知到创业环境良好的情况下，创业教育可以更好地发挥其对大学生创业意愿的引导作用，好的创业环境与创业教育二者相辅相成，进一步促进大学生创业意愿的产生。

5　研究结论

本文在借鉴现有国内外有关创业教育、创业环境和创业意愿的研究基础后，进行了立足于本国国情下的大学生创业意愿实证研究。我们设计了大学生创业意愿和创业教育、感知创业环境调查表对四川省内的7所高校的在校大学生进行问卷发放，以此提高了研究的科学性和准确性。在对问卷进行因子分析确认效度和信度的条件下，对数据进行回归分析。得出以下研究结论。

（1）更为完善的创业教育能够促进大学生创业意愿的萌发和生长。就创业教育中的创业理论教育和创业实践教育的而言，虽然两者均对大学生创业有积极作用，但大学生对创业理论教育印象更为深刻，也认为理论教育更能增强其创业意愿。由此可见，近些年来一味夸大创业实践,忽视理论教育的说法显然存在一定问题。高校教育中创业理论教育不仅不能缺失而且是必不可缺的一环。良好的创业理论教育在引导大学生树立正确的创业意识、明确创业意义中具有重要意义。

(2) 大学生对创业环境的感知是复杂的,整体良好的创业环境必然会对创业意愿有积极作用,但由于大学生日常生活环境大多为学校,接触社会较少,所以对政府支持的创业环境感知较弱,所以政府支持的创业环境对大学生创业意愿影响不强。丰富的校园创业和创业文化则对大学生的创业意愿有显著的促进作用。资金作为创业大学生首要考虑和迫切需要解决的需求,因此金融支持力度越大,其创业意愿越强。

(3) 针对创业环境与创业教育对于创业意愿的调节作用,回归结果说明若大学生感知到创业环境良好和周边环境对创业的认可,会对创业教育更为重视,两者相辅相成,更好的发挥创业教育对大学生创业意愿的引导作用,强化大学生的创业意愿。

综上所说,不可忽视的是,随着高校创业教育的不断发展和理论体系的逐步完善,近年来,创业潮也变得炙手可热,成为很多大学生离开院校后步入社会的选择之一。可以说,创业教育在激发大学生创业热情、提高大学生创业意愿、指导大学生创业实践方面扮演着举足轻重的作用。因此,在高校广泛开展创业教育和创业相关活动是必要的。高校应以消除大学生对创业的疑虑、丰富大学生对创业的了解为宗旨,结合近年来我国创业实践中的新特点、新规律,丰富完善课内创新理论课程,组织多种形式的课外活动,提供更多创新创业咨询和信息,积极营造良好的校园创业文化和氛围。各政府部门应携手高校创业中心,给予大学生更多创业资金支持;银行等金融机构应提供更为优惠的贷款、担保方式,使学生创业在面临融资问题时有可依、有可帮、有可行,从而提高大学生的创业意愿。

参考文献

[1] 钱永红. 创业意向影响因素研究 [J]. 浙江大学学报(人文社会科学版),2007,37 (4):144 – 152.

[2] 范巍,王重鸣. 创业意向维度结构的验证性因素分析 [J]. 人类工效学,2006,12 (1):14 – 16.

[3] 李永强,白璇,毛雨,等. 创业意愿影响因素研究综述 [J]. 经济学动态,2008 (2):81 – 83.

[4] 张秀娥,张坤. 创业教育对创业意愿作用机制研究回顾与展望 [J]. 外国经济与管理,2016,38 (4):104 – 112.

[5] 毕诚,刘建武. 高等教育与国家创新体系建设——科教兴国与教育创新研究 [M]. 郑州:大象出版社,2005.

[6] 池仁勇. 美日创业环境比较研究 [J]. 外国经济与管理,2002,24 (9):13 – 19.

[7] 苏益南. 大学生创业环境的结构维度、问题分析及对策研究 [J]. 江苏师范大学学报(哲学社会科学版),2009,35 (6):117 – 121.

[8] 孙蕾,庄娱乐. 关于高校学生自主创业意愿的实证分析 [J]. 现代教育管理,

2009（2）：114－117.

［9］张英成. 浅议大学生创业计划竞赛活动对大学生自主创业的推动作用［J］. 劳动保障世界（理论版），2010（3）：18－20.

［10］唐静，朱智广. 创业教育对大学生创业影响的实证研究——以广州大学城十所高校为例［J］. 常州大学学报（社会科学版），2010，11（3）：95－99.

［11］周勇，凤启龙，陈迪. 创业环境对大学生自主创业动机的影响研究——基于江、浙、沪高校的调研［J］. 教育发展研究，2014（17）：33－37.

［12］胡玲玉，吴剑琳，古继宝. 创业环境和创业自我效能对个体创业意向的影响［J］. 管理学报，2014，11（10）：1484－1490.

［13］Richard P. Bagozzi, David J. Moore, Luigi Leone. *Self－Control and the Self－Regulation of Dieting Decisions: The Role of Prefactual Attitudes, Subjective Norms, and Resistance to Temptation* ［J］. Basic & Applied Social Psychology，2004，26（2－3）：199－213.

［14］Bird B. Implementing Entrepreneurial Ideas: *The Case for Intention* ［J］. Academy of Management Review，1988，13（3）：442－453.

［15］Shapero A, Sokol L. *The Social Dimensions of Entrepreneurship* ［J］. Social Science Electronic Publishing，2009，25（8）：28.

［16］Jr Norris F. Krueger, Alan L Carsrud. *Entrepreneurial intentions: Applying the theory of planned behaviour* ［J］. Entrepreneurship & Regional Development，1993，5（4）：315－330.

［17］Audet J. *A longitudinal study of the entrepreneurial intentions of university students* ［J］. The Dream Catchers Group Llc，2004（10）：1－2.

［18］Bengt Johannisson. *University training for entrepreneurship: Swedish approaches* ［J］. Entrepreneurship & Regional Development，2006，3（1）：67－82.

［19］Ramayah T, Ahmad N H, Fei T H C. *Entrepreneur education: does prior experience matter?* ［J］. Journal of Entrepreneurship Education，2012（15）：65－82.

［20］Linñán F. *Intention－Based Models of Entrepreneurship Education* ［J］. Piccolla Impresa/small Business，2004，（4）：11－35.

［21］Neck H M, Greene P G. *Entrepreneurship Education: Known Worlds and New Frontiers* ［J］. Engineering Management Review IEEE，2011，40（2）：9－21.

［22］Arasti Z, Falavarjani M K, Imanipour N. *A Study of Teaching Methods in Entrepreneurship Education for Graduate Students* ［J］. Higher Education Studies，2012，2（2）.

［23］Gnyawali D R, Fogel D S. *Environments for Entrepreneurship Development: Key Dimensions and Research Implications:* ［J］. Entrepreneurship Theory & Practice，1994（18）：43－62.

［24］Hay M, Cox L W, Reynolds P D, et al. *Global Entrepreneurship Monitor（Gem）－2002 Executive Report* ［J］. Social Science Electronic Publishing，2002，3（1）：66－70.

［25］Souitaris V, Zerbinati S, Al－Laham A. *Do entrepreneurship programmes raise entrepreneurial intention of science and engineering students? The effect of learning, inspiration and resources* ［J］. Journal of Business Venturing，2007，22（4）：566－591.

[26] Mark Pruett. *Entrepreneurship Education: Workshops and Entrepreneurial Intentions* [J]. *Journal of Education for Business*, 2012, 87 (2): 94 – 101.

[27] Kirchhoff B A. *Entrepreneurship's Contribution to Economics* [J]. *Entrepreneurship Theory & Practice*, 1991, 16 (2): 93 – 112.

[28] Gnyawali D R, Fogel D S. *Environments for Entrepreneurship Development: Key Dimensions and Research Implications*: [J]. *Entrepreneurship Theory & Practice*, 1994 (18): 43 – 62.

[29] Gohmann S F. *Institutions, Latent Entrepreneurship, and Self – Employment: An International Comparison* [J]. *Entrepreneurship Theory & Practice*, 2012, 36 (2): 295 – 321.

[30] Walter S G, Block J H. *Outcomes of entrepreneurship education: An institutional perspective* [J]. *Journal of Business Venturing*, 2016, 31 (2): 216 – 233.

作者简介

丁奕文（1994— ），山东烟台人，电子科技大学经济与管理学院博士研究生。研究方向：创新与创业管理。

鲁若愚（1959— ），四川仁寿人，电子科技大学经济与管理学院教授，博士生导师。研究方向：创新管理、创业管理。

面向战略性新兴产业的共性技术创新模式研究

黄鲁成　苗　红　吴菲菲　王小丽

（北京工业大学，北京，100124）

> **摘要**：产业共性技术是战略性新兴产业的重要基础。在分析我国产业共性技术创新现状的基础上，提出促进我国产业共性技术创新，支撑战略性新兴产业发展的对策建议。
>
> **关键词**：战略性新兴产业；产业共性技术；创新模式

1　产业共性技术及发展趋势

产业共性技术是能够在多个行业领域广泛应用，并对产业发展具有支撑和关键作用的技术。产业共性技术具有基础性、关联性、外溢性、高难度、高效益、资本密集、知识密集等特性。产业共性技术创新将为战略性新兴产业发展奠定重要基础，满足产业对基础材料与标准、关键工艺、核心元部件、系统集成的需要。

由于共性技术对产业创新的巨大支撑作用，各国都十分重视产业共性技术创新（栾春娟等，2011）。美国能源部早在1998年就发布了面向采矿业的共性技术路线图，提出采矿业四项共性技术。2012年1月欧盟委员会发布了"新兴与共性技术在全球范围内面临的挑战、效应及应对策略"，提出欧盟应当加速关键共性技术开发，以便欧盟的产业更具创新性和竞争力（Horizon, 2020）。同年，欧盟可再生制冷制热技术平台发布了面向2020年的共性技术优先发展战略计划，提出了四个重要的共性技术。美国能源部于2012年2月发布了先进生物燃油共性技术（徐振伟，2014）。2012年7月美国先进制造业伙伴指导委员会提出，要研究一个评价识别系统，识别和优选制造业共性技术，并增强对这类技术的研发投入（左世全等，2012）。2012年9月欧盟委员会发布了面向2020年的关键共性技术项目招标（朱建民，金祖晨，2016）。《国务院关于加快培育和发展战略性新兴产业的决定》提出，"集中力量突破一批战略性新兴产业发展的关键共性技术"（国务院办公厅，2010）。工业和信息化部发布了《产业关键共性技术发展指南（2013年）》。

但总体上看，我国产业共性技术创新还未能满足战略性新兴产业的需要，应在产业共性技术创新的国家意识与顶层设计、产业共性技术创新模式及运行机制、产业共性技术成果扩散与产业化等方面进行深入探讨，提出应对策略。

2 强化战略性新兴产业共性技术创新的国家意识，完善顶层设计推动创新

目前产业共性技术创新的国家意识不够凸显，缺乏产业关键共性技术创新活动的顶层设计，资源使用效率有待提高（樊霞，吴进，2014）；国家相关科技与产业政策中虽有"产业共性技术"的提法及指南，但"标准"往往缺乏客观性且十分宽泛，随意性大；"指南"虽系统、全面，但缺乏建立在科学基础上的优选方法，并突出重点；相关的法规与政策及协调需要细化、完善。

（1）将发展战略性新兴产业共性技术作为国家战略的重要组成部分，中央政府建立有科技预算的政府部门共同参加的产业共性技术协调机构，统筹协调产业共性技术创新资源分配与政策制定；在我国研发经费占GDP比例不断提高的情况下，应明确政府研发经费中用于共性技术创新的比例；将产业共性技术创新列入战略性新兴产业部及协调会重要内容；国家层面的各行业协会应把促进、引导本行业共性技术创新作为重要职责，为本行业共性技术创新提供服务与决策支持。

（2）国家科技计划项目、战略性新兴产业专项中应把获得产业共性技术创新成果，作为立项、验收的主要评价指标；同时建议新增产业共性技术创新计划项目和产业共性技术创新基金，前者用于产业间共性技术创新，后者用于产业内共性技术创新补助；国家自然科学基金要注重为产业共性技术创新提供基础研究支持。

（3）随着国家研发经费投入不断增大以及对产业共性技术创新的重视，应当努力提高产业共性技术创新的资源使用效率：一是建立产业共性技术创新项目征集与招标制度；二是研究制定产业共性技术识别标准、产业共性技术创新项目优选方法与评估过程；三是制定各战略新兴产业领域共性技术路线图，按步骤进行资源投入，推进产业共性技术创新实施。

（4）产业共性技术是在现有技术拉动和基础研究推动共同作用下实现创新的，前期基础研究、早期应用研究（高风险）是产业共性技术创新的保证。创新型国家基础研究经费占研发总经费的比平均为16%左右，我国这一比例维持在5%左右；高风险研发比例美国要求不低于8%（习文静，2008）。建议将我国基础研究经费比例提高至8%，高风险研发比例明确为5%，以此保证战略性新兴产业共性技术创新的经费需求。

（5）建立对产业共性技术相关信息与数据的监测机制，同时建立专家队伍，以便更好地把握新共性技术及应对策略；实施年度共性技术发展报告制度。

（6）从供给和需求两个方面，运用财政、金融、市场调节与技术标准等工具，探索建立促进产业共性技术创新的法规与政策体系。

3 确立产业共性技术创新模式，完善机制实现高效创新

目前，我国产业共性技术创新处于创新组织（主体）缺位，运行机制不健全状态之中：产业共性技术创新风险高，其创新成果共享性高，因此科研机构转制后，主要忙于本行业工艺与产品创新，基础性、战略性共性技术创新主体出现严重缺位；国家相关"工程中心""技术中心"过于依附所在企业，企业在应对激烈的竞争市场和不断缩短的创新周

期中，缺乏进行产业共性技术创新的动力；通过多方合作实施产业共性技术创新，既缺乏模式创新，也缺乏相关的立法和政策体系支撑。

有效的产业共性技术创新模式应具有以下特征：产业共性技术创新主体目标定位准确；具有稳定充足的创新资源投入；具有兼顾风险和利益的运行机制；具有反映产业需求的立项及绩效评估过程。据此，提出以下四种产业共性技术创新模式，即实体国家队模式、虚拟国家队模式、创新伙伴模式、产业技术创新联盟模式。

(1) 实体国家队模式。实体国家队的创新主体由国家级院所、中心、国家实验室构成，或新建国家级院所构成。

实体国家队的运行模式是：①目标定位是通过基础研究、早期应用研究确立的，提供具有高度战略意义的共性技术，特别是环境、安全、能源等领域内高风险的共性技术；②创新资源全部来自中央政府；③政府组织学界、研究机构和产业界专家确立研发项目，其标准为基础性、前沿性、战略性（对经济发展与国家安全）；④创新主体独立从事研发活动，产业共性技术创新获得的知识产权属于国家和创新主体共有。

(2) 虚拟国家队模式。虚拟国家队的创新主体由多方组成，主要包括协调管理方（不出科技经费的政府管理部门）、出资方（有科技经费的政府部门）、研发方（国家"中心"与实验室、研发机构、高校）。

虚拟国家队的运行机制是：①目标定位是提供产业间基础性、前沿性共性技术（如能源技术、信息技术、纳米材料技术、先进制造技术等）和相关服务。②研发经费由出资方提供，出资方可以通过股权投资和项目经费等形式支持产业共性技术的研发和服务，股权投资可用于技术市场风险较小，有可能自负盈亏和实现盈利的研究项目；项目经费可用于技术和市场风险较大的，或者技术成果很难内部化的研究项目。③出资方与研发方共同确立研发项目。④研发方独立从事研发活动，产业共性技术创新获得的知识产权属于国家和研发方共有。⑤虚拟国家队是临时共同体，产业共性技术创新项目研发完成后，"临时共同体"解散。

(3) 创新伙伴模式。创新伙伴模式的主体是由政府、企业、研究机构（高校）等单位共同建立的伙伴。创新伙伴的运行机制是：①目标定位是提供产业内共性技术（关键工艺和产品核心技术），为产业内不同行业的发展提供共同基础和条件。②"创新伙伴"充分发挥参与者的各自优势，可以有效实现各自利益：企业可以获得新技术和使用具有技术技能的员工；研究部门可以获得经费支持，增强获得知识产权的能力；政府获得持续的经济增长。③创新伙伴可以是依据国家科技活动要求而产生，也可以是针对某个产业共性技术创新而组成；创新伙伴实施"政府引导，市场化运作"——政府少量资源投入，引导企业和研究机构投入主要创新资源。④伙伴各方共同确立产业共性技术创新项目时，按照各方提供创新资源的多少，决定其在创新立项中作用的大小。⑤产业共性技术创新获得的知识产权属于伙伴各方共有。与"产学研"相比，伙伴各方在责任和利益方面受到更明确、更具体、更严格的约束。

(4) 产业技术创新联盟模式。产业技术创新联盟模式的主体是以企业为主体，吸收大学、科研机构等参加的组织。从目前我国的情况看，产业技术创新联盟作为研发的组织形式还比较少见，绝大多数产业技术创新联盟主要侧重于产业技术标准、知识产权共享、科技成果推广应用等活动。

产业技术创新联盟模式的运行机制是：①要明确提供产业共性技术是目标定位是联盟的主要任务之一，其目标定位是提供行业内基础技术、产品关键与核心技术。②共性技术创新经费主要由联盟各方提供，项目由"联盟"独立确定，或者申请国家科技计划项目；政府对联盟的作用仅限于政策引导、倡导，以及有限的资源支持（贴息贷款或后补助）。③产业共性技术创新获得的知识产权属于联盟所有。

"联盟"在产业共性技术创新中要发挥作用，还要探索解决联盟目前存在的问题，诸如信任问题、经费投入与利益分享、风险共担问题。

4 确立产业共性技术扩散原则，有效推进产业共性技术扩散

4.1 基本原则与要点

（1）共性技术扩散原则。发挥政府在共性技术扩散中最大风险承担者的作用。加大对共性技术成果扩散和转移的投入，通过各种技术创新基金和产业化基金的投入，为各种社会投资培育出更多的可选"项目"，这是共性技术扩散和转移过程中的关键启动点。

（2）共性技术扩散要点。

①基础性共性技术的扩散应考虑接受方的广泛性和传播活动的公益性等特点。基础性共性技术在本质上是一种公益性的技术服务，它可以通过免费的方式提供，也可以通过适当收费的方式提供，收费水平的高低应是象征性的和低水平的。

②前沿性共性技术成果本身在技术上的不成熟和市场价值的潜在性而存在相当大的风险，因此应注意培育接受方对扩散技术价值的评价能力和风险承受能力。

③核心性共性技术的扩散应对扩散对象的价值进行保护和控制。核心技术的提供方的利益一方面应该得到保护，另一方面又要限制它作为核心技术的垄断地位获得垄断利润。

④关键共性技术的扩散应注意在接受方和提供方之间形成合理的产业合作关系。一方面，战略性产业的发展（接受方）离不开关键共性技术；另一方面，如果战略性产业得不到发展，关键共性技术的市场价值也会大大降低。因此，在战略性产业的发展过程中，关键共性技术的提供方和需求方之间形成一种合理的产业合作关系，才有利于关键共性技术的使用和扩散。

4.2 扩散模式选择及选择

产业共性技术的扩散模式及选择，要考虑产业共性技术的"通用性"、政府参与程度和创新主体积极性三要素。

由于"实体国家队"提供的产业共性技术属于公共产品，且政府在经费投入与立项方面发挥主导作用，因此，产业共性技术的扩散模式为免费推广应用。

"虚拟国家队"提供的是产业间共性技术，且研发方参与了立项决策，因此，一定时期内，研发方可优先无偿使用；超过一定时期后，免费推广使用。

"科技专项"提供的是产业内共性技术，在一定时期内，项目承担单位可优先无偿使

用；由于承担单位为完成项目也提供了经费，因此，一定时期后，非承担单位可以通过协商低价采用。

"创新伙伴"提供的产业共性技术，伙伴各方可免费使用；一定时期后，可向创新伙伴外进行转让；伙伴成员中的科技人员也可成立子公司，优先购买共性技术成果，并进行成果转化。

"联盟"提供的产业共性技术，由联盟共同协商技术扩散方式。

参考文献

[1] 栾春娟，王贤文，侯海燕. 国内外共性技术及其测度研究综述 [J]. 科学学与科学技术管理，2011 (2)：56-62.

[2] 徐振伟. 美国生物能源政策的实施及对中国的启示 [J]. 南开学报（哲学社会科学版），2014 (2)：18-27.

[3] 左世全，王影，金伟，等. 美国也要振兴制造业——美国先进制造业国家战略计划编译 [J]. 装备制造，2012 (5)：76-81.

[4] 朱建民，金祖晨. 国外关键共性技术供给体系发展的做法及启示 [J]. 经济纵横，2016 (7)：113-117.

[5] 国务院办公厅，国务院关于加快培育和发展战略性新兴产业的决定 [EB/OL]. (2010-10-18). [2018-09-13]. http：//www. gov. cn/zwgk/2010-10/18/content_1724848. htm.

[6] 中华人民共和国工业和信息化部科技司，工业和信息化部关于印发《产业关键共性技术发展指南（2013年）》的通知 [EB/OL]. (2013-09-16). [2018-09-13]. http：//www. miit. gov. cn/n1146295/n1652858/n1652930/n3757016/c3762038/content. html.

[7] 樊霞，吴进. 基于文本分析的我国共性技术创新政策研究 [J]. 科学学与科学技术管理，2014 (8)：69-76.

[8] 习文静. 建设创新型国家的方略之一——以国防科研项目带动我国基础研究的发展 [J]. 中国军转民，2008 (4)：19-21.

[9] Horizon 2020. *The EU Framework Programme for Research and Innovation* [EB/OL]. (2018-09-13). [2018-09-13]. http：//ec. europa. eu/programmes/horizon2020/en.

作者简介

黄鲁成（1956— ），河北徐水人，北京工业大学经济与管理学院教授、博士生导师。研究方向：科技产业创新管理，技术未来分析。

苗红（1977— ），吉林白城人，北京工业大学经济与管理学院博士后、副教授。研究方向：科技管理。

吴菲菲（1962— ），北京人，北京工业大学经济与管理学院教授。研究方向：技术创新管理、项目管理。

王小丽（1990— ），河南周口人，北京工业大学经济与管理学院博士研究生。研究方向：科技创新政策。

创业学习对创业成长的影响研究
——基于创业知识双重中介效应

于泽聪　梅　强　徐占东

（江苏大学，镇江，212013）

> **摘要**：通过构建创业学习、创业知识和创业成长之间的理论关系模型，基于288份全国大学生创业实践样本数据，使用结构方程模型验证了创业学习、创业知识以及创业成长之间的关系。实证结果表明：相比创业实践学习，创业认知学习对创业显性知识和隐性知识的影响更大，且对创业成长的直接影响作用更强；创业显性知识较创业隐性知识对创业成长的影响更大；创业显性知识在创业认知学习影响创业成长过程中发挥完全中介效应，创业隐性知识在创业实践学习影响创业成长过程中发挥完全中介效应。本研究进一步丰富了创业学习理论，为大学生创业学习对创业成长的影响研究提供了一定的理论参考。
>
> **关键词**：创业认知学习；创业实践学习；创业显性知识；创业隐性知识；创业成长

1 引言

创业是经济转型增长与发展的重要引擎（Karimi et al., 2013）。当前，中国积极推动"双创"国策，催生出大批知识创新型新创企业，较好地实现了知识成果的创新与产业形态的升级（孙春玲等，2015）。创业学习是获取创业知识的重要途径（刘玉国等，2016），知识资源通过创业学习转化为新创企业竞争优势，进而提高新创企业成长绩效。新创企业能否通过选择合适的创业学习方式来推动其快速成长，创业知识在该过程中发挥的作用日益突出。现阶段中国大学生创业率和创业成功率呈现双低态势（徐占东，陈文娟，2017）。大学生新创企业具有"新生弱"的缺陷，面临知识资源短缺和约束的困境，为此创业团队更需要通过创业学习获取创业知识资源（Serdar, 2004）。现阶段虽然很多学者都强调创业学习、创业异质性知识对于解决新创企业"新创缺陷"，提高成长绩效的重要性，但是鲜见对其三者的复杂机制进行探索研究，尤其对创业学习方式与创业异质性知识匹配的研究，还鲜有学者涉及。张玲（2014）指出，不同方式的创业学习与不同类型的创业知识之间存在一定的匹配性，大学生创业者如何选择恰当的创业学习方式来更高效的获取和创造知识，提升创业能力，是理论研究与创业实践必须面对的现实问题。因此，探究创业学习方式与创业异质性知识的匹配，进而探索影响创业成长的路径是现阶段亟须深入探讨的理论问题。

本文从创业者个人视角出发，研究两类创业学习方式（创业认知学习和创业实践学习）通过创业知识影响创业成长复杂传导关系，并重点探析创业知识的双重中介作用，从而完善创业学习理论，推动创业成长。

2 理论回顾与研究假设

2.1 变量界定

2.1.1 创业学习

在创业活动中创业者需要通过创业学习获取、积蓄和创造对创建和管理新创企业所必需的知识。创业认知学习是创业者通过观察他人的创业行为来获取经验，再根据自己的认知转化为对自己有价值的知识。创业实践学习是创业者在特定情境下通过具体实践而获得知识（单标安等，2014）创业实践学习能够提高创业者的自我效能，激发创造力和冒险精神（Voldsund et al.，2016）。认知学习强调通过知识的学习来达到提升自身动态能力的需求（吴绍玉等，2016）。陈文沛（2016）指出认知学习和实践学习是创业者获取和积蓄创业知识的主要途径。本文将借鉴 Voldsund 和陈文沛等学者的研究，并结合典型案例访谈的结果，聚焦创业者个体层面的创业学习，将其划分为实践学习和认知学习两种学习方式。

2.1.2 创业成长

创业成长作为衡量新创企业绩效的关键因素，近年来受到了国内外学者的广泛关注。在管理学视角中新创企业成长是创业者通过技术创新、商业模式变革和强化管理等手段整合资源、积蓄资本并促使资源增值进而保证企业保持竞争优势持续发展。郑山水（2017）在研究返乡农民工的强弱关系和创业学习影响其创业绩效的机理中，将创业绩效分为成长绩效和财务绩效两个维度。Lumpkin 等学者（2009）提出创新是指企业支持并且参与新的产品、技术以及服务的开发过程。大学生是知识密集型群体，其创业具有高度创新的特点。根据 Lumpkin 和郑山水等学者的研究，本文将创业成长划分为成长绩效和创新绩效两个维度。

2.1.3 创业知识

创业知识是新创企业构建竞争优势的核心要素，对新创企业的创建和成长起关键作用（Davies，2015）。根据知识的语言表述难易程度和外显程度的不同，人们通常把知识分为显性知识和隐性知识两种类型。显性知识是创业者可以通过口头陈述来明确的知识；隐性知识则是依附于创业者个体，在创业实践活动中基于自身的心智模式所感受到的但未能清晰表述出来的知识（丁桂凤，卫文杰，2013）。显性知识和隐性知识因其自身的独特性在企业新思想、新技术和新发明转化为经济和社会价值的过程中发挥着越来越大的作用。吴岩（2014）将创业异质性知识分为显性知识和隐性知识。基于此，本文将创业知识划分为显性知识和隐性知识两个维度。

2.2 假设提出

2.2.1 创业学习与创业知识

创业学习是创业知识获取和转化的过程，大学生创业者可选择合适的学习方式使其更好地掌握创业领域相关的知识,并且内化、整合到已有的能力之中,实现创业认知或创业行为的改变(谢雅萍,黄美娇,2016)。新创企业的创建和成长依赖创业者所带入的知识资源。以往的研究表明,创业学习是创业者获取创业异质性知识的主要途径。张玲指出经验学习和网络学习对机会识别知识和克服新进入缺陷知识获取有正向影响。Pihie 等学者认为大学生创业者懂得在合适的时机运用多元的策略、有效的学习方式来增加自身陈述性、程序性和条件性创业知识。创业学习通过提升创业者的认知水平和认知能力,从而优化创业者知识结构,使其提升评估和抓住创业机会的能力(贾虎,崔毅,2015)。基于此,提出以下研究假设。

H1 创业学习正向影响创业知识。

H1a 创业认知学习和创业实践学习正向影响创业显性知识。

H1b 创业认知学习和创业实践学习正向影响创业隐性知识。

2.2.2 创业学习与创业成长

创业学习是获取机会识别和克服新进入缺陷等创业知识的重要途径,也是促进新创企业保持活力的关键(David,2006)。研究普遍认为,创业学习有利于新创企业内部能力构建,为企业创造和提供新的增长机会。创业者是特殊的学习者,需要从参与创业活动的客户、供应商、竞争对手中学习经验,通过自身认知内化为创业能力。创业者通过学习可以快速识别不确定环境中蕴含的机会、整合创业资源以及构建新创企业可持续性竞争优势,并且使企业能够参与到战略更新的进程中(Kenworthy,Mcmullan,2013)。Pirzada 等学者的研究结果表明创业学习显著影响新创企业成长绩效。陈彪(2014)等学者指出在企业的成长期认知学习和实践学习是促进企业成长的主要学习方式。基于此,提出以下研究假设。

H2 创业学习正向影响创业成长。

H2a 创业认知学习正向影响创业成长。

H2b 创业实践学习正向影响创业成长。

2.2.3 创业知识与创业成长

近年来研究表明,创业知识的持续发展对企业成功至关重要,在创业过程中,创业者只有持续不断更新与创业活动相关的知识,才能更好地应对该过程中创业环境的不确定性和动态性。知识是促使大学生创办创业公司最重要的因素(Mário,2008)。他们特别强调创业知识对促进大学生创业成长的重要性。创业知识和技术可以在塑造创业活动中起关键作用。相关研究表明具有较高知识、技能和能力的个体或群体的创业成功率更高(Ployhart,Moliterno,2011)。单标安等学者(2015)指出在知识经济背景下,创业知识在新企业创建及成长过程中不可或缺。隐性知识是嵌入在人类大脑中独特的个人知识,是新创企业构建竞争优势的关键因素(Perez et al.,2016)。吴岩研究表明:显性知识异质性正向影响财务绩效,隐性知识异质性对非财务绩效有正向促进作用。基于此,提出以下研究假设。

H3 创业知识正向影响创业成长。

H3a 创业显性知识正向影响创业成长。

H3b 创业隐性知识正向影响创业成长。

2.2.4 创业学习、创业知识与新创企业成长

有效匹配创业学习方式与创业知识类型是促进新创企业创建和成长的关键所在。在大

学生创业活动中，创业学习对创业成长的影响和促进过程中存在传导机制，创业学习无法百分之百直接作用于创业成长，创业学习对于创业成长的影响必须通过一定的媒介来实现。创业知识是新创企业构筑核心竞争力的重要源泉，在新创企业成长过程中发挥着举足轻重的作用。李海垒等学者（2015）证实了创业理论知识在主动性与创业执行意向之间起到部分中介作用。不同方式的创业学习与不同类型的创业知识之间存在一定的匹配性，创业学习方式的合适与否将决定创业者能否从创业异质性知识中进行有效的创业学习以转化为相应的创业能力，进而提升创业成长绩效。基于此和 2.1.2 节的分析，提出以下研究假设。

H4　创业知识在创业学习影响创业成长中发挥中介传导效应。

H4a　创业显性知识在创业认知学习影响创业成长中发挥中介传导效应。

H4b　创业隐性知识在创业实践学习影响创业成长中发挥中介传导效应。

综上，提出本研究的理论模型，如图 1 所示。

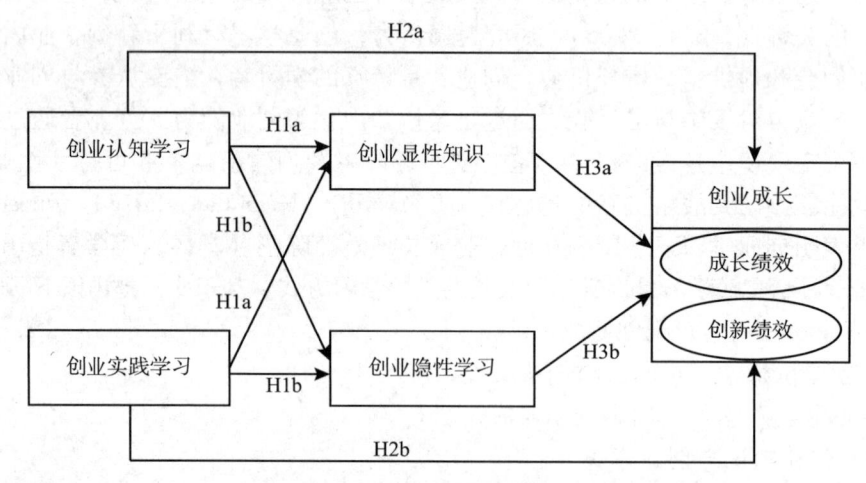

图 1　本文理论模型

3　研究设计

3.1　量表设计

本文以创业认知学习、创业实践学习、创业知识（分为显隐性）以及创业成长的维度及影响因素为基础，设计调查问卷。同时，为了保证测量工具的效度，本文的测量指标都尽量从现有国内外具有影响力的文献中选取，通过与相关专家和学者进行访谈，根据访谈意见对测量题目进行了修正和完善，形成了最终的正式测量量表。

创业知识。创业显性知识主要参考王增鹏（2014）以及 Hong – Miao Zhu（2016）等学者的观点，从运营管理、资源性知识等视角进行测量。创业隐性知识参考 Rosário（2015）的观点，从创业潜在人情交往知识和产业知识获得等方面进行测量。

创业学习。创业认知学习主要参考 Chandler（2009）、Holcomb（2009）等学者的观点，从创业课程学习、标杆行为学习等方面测量。创业实践学习主要参考 Lumpkin 和 Lichtenstein（2005）的观点，从实践经验获取和失败反思等视角进行测量。

创业成长。依据 Brown（1997）、Wiklund 和 Shepherd（2005）等学者的研究，应用创业者根据其主观感受进行评判自身企业相比竞争对手的绩效情况，从成长性、创新性等绩效指标进行测量。

3.2 数据收集与分析

本文基于以往大学生创业研究中较为成熟的调查问卷，科学设计本次问卷，并于 2017 年 6 月至 2017 年 10 月，向全国 50 所创新创业典型高校发放问卷 350 份，问卷经过回收及筛选，最终有效问卷为 288 份。本次调研男性居多（66.7%）；创业者的专业理工类居多（52.1%），其次是工科类（17.7%）、人文类（10.8%）、经管类（8.7%）、艺术类（5.6%）、农学类（3.5%）和医学类（1.7%）；创业者的创业年限集中在 6 个月以下（53.1%），6 个月~1 年（22.2%），1~2 年（18.8%）、2~4 年（5.9%）的相对较少；创办企业类型集中在网络创业（22.2%）、服务业（22.9%）和文化创意（24.7%），新能源新材料等新兴产业（3.5%）、计算机信息产业（9.7%）、批发零售业（2.4%）及其他类型（14.6%）也有分布。

3.3 信效度检验

本问卷信度检验使用 Cronbach's α 信度系数来评价，使用 SPSS 19.0 对问卷数据进行检验（见表1）。从表1中可以看出信度系数 Cronbach's α 都大于 0.70，表明本文设计的问卷信度是可以接受的。四个变量的组合信度（CR）值都大于 0.70，平均抽取方差（AVE）值都大于 0.5，且各指标的因子载荷值均高于 0.5，由此说明了四个量表具有较好的建构效度。

表1　　变量的信度效度分析

要素	题项	因子载荷	因子分析适宜性	α系数	CR	AVE
创业实践学习	不断地创业实践是应对外部环境变革的有效方式	0.861	637.617	0.849	0.896	0.689
	通过创业实践获得的宝贵经验	0.583				
	通过持续的亲身实践来弥补认识的不足	0.927				
	我从创业实践过程中获得反思或纠正已有的经验	0.902				
创业认知学习	非常关注同行业中的榜样企业的行为	0.849	704.558	0.899	0.922	0.747
	我经常学习学校开设的创业相关课程	0.858				
	自身的经验是有限的，需要借助于外部力量	0.843				
	创业过程中持续搜集有关内、外部环境的信息	0.905				

续表

要素	题项	因子载荷	因子分析适宜性	α系数	CR	AVE
创业显性知识	获得了创业需要的社会规范性知识	0.890	939.331	0.931	0.943	0.806
	获得了产品设计、人力、营销等运营管理知识	0.922				
	获得了资金、人才、技术等资源整合方面的知识	0.883				
	我获得了新企业战略发展知识	0.896				
创业隐性知识	我从实践中习得了创业经验	0.900	949.189	0.931	0.946	0.813
	我从实践中找到了文化共同感	0.906				
	我从实践中体会到了各种人情规则	0.886				
	我从实践中捕捉到了新的商业机会	0.914				
创业成长	企业有较强的获利能力	0.873	1197.756	0.937	0.945	0.729
	企业总营业收入增长比较快	0.864				
	企业员工的数量增长比较快	0.879				
	企业推出新的产品或服务项目速度较快	0.872				
	新产品销售额占总销售额比例高	0.907				

3.4 变量相关性分析

本研究运用广为使用的皮尔逊相关系数分析各潜变量的相关关系。结果见表2。

表2　　创业学习、创业知识以及创业成长绩效之间的相关系数

变量	创业实践学习	创业认知学习	创业显性知识	创业隐性知识	创业成长
创业实践学习	1				
创业认知学习	0.823**	1			
创业显性知识	0.704**	0.725**	1		
创业隐性知识	0.740**	0.764**	0.804**	1	
创业成长	0.651**	0.654**	0.745**	0.712**	1

注：** 代表双侧置信度在0.05时显著，* 代表双侧置信度在0.1时显著。

从表2可以看出，创业认知学习、创业实践学习、创业显性知识、创业隐性知识以及创业成长绩效的相关系数显著，表现出较强的正相关关系，证实了潜变量之间具有较强的相关性，可以进行变量间复杂关系的讨论。

4 实证分析

4.1 层次回归结果

本研究应用层次回归方法，检验了创业认知学习与创业实践学习对创业显性隐性知识和创业成长的影响，并将创业显性隐性知识对创业成长的影响进行了阶层回归分析，分析结果见表3。

表3　　　　　　　　　　　　　　　层次回归结果

因变量		创业显性知识	创业隐性知识	创业成长	
		模型1	模型2	模型3	模型4
自变量	创业认知学习	0.451 ***	0.481 ***	0.368 ***	
	创业实践学习	0.333 ***	0.344 ***	0.348 ***	
	创业显性知识				0.487 ***
	创业隐性知识				0.320 ***
检验结果	R^2	0.562	0.622	0.467	0.591
	F	182.704	234.433	124.793	205.76
	Sig. F	0.000	0.000	0.000	0.000

注：* 表示 $P<0.05$，** 表示 $P<0.01$，*** 表示 $P<0.001$。

表3中的模型1和模型2显示，创业学习正向影响创业知识（H1得到验证）。由模型1可以看出创业认知学习和创业实践学习均对创业显性知识产生了正向显著的作用（H1a得到支持）。大学生创业者是通过观察、学习其他创业者在创业活动中的行为、结果来转化创业知识的认知学习方式，还是通过自主创业实践而获得人际交往以及行业产业知识的实践学习方式，均有利于创业者汲取创业异质性知识。通过比较回归系数可以看出，创业认知学习更有益于创业知识的获取。创业者通过认知学习的方式适当地借助他人的间接经验将更加有助于创业知识的积淀。由模型2可以看出创业认知学习和创业实践学习均对创业隐性知识产生了正向显著的作用（H1b得到支持），且创业认知学习对创业显性知识的获取影响更大。

表3中的模型3显示，创业学习对新创企业成长有正向的影响（H2得到支持）。由模型3可知，两种方式的创业学习（创业认知学习和创业实践学习）均对新创企业成长产生了正向的作用（H2a和H2b得到支持）。通过比较回归系数可以看出，创业认知学习对新创企业成长有更深层次的影响，可见企业运营管理知识和资源性信息对新创企业生存和发展意义重大，因此新创企业的成长过程中大学生创业者有必要采用创业认知的学习方式来促进新创企业的快速成长。

表3中的模型4显示，创业知识对新创企业成长具有正向的影响（H3得到支持）。由模型4可知，两种类型创业知识（创业显性知识和创业隐性知识）均对新创企业成长产生

了正向并显著的作用（H3a 和 H3b 得到支持）。通过分析回归系数可以看出，创业显性知识能更好地应对新创企业成长过程中遇到的困难，使其保持持续的竞争优势。创业者在习得人情来往、获取创业潜在交往技巧等创业隐性知识的同时，也要注重商业运行知识和企业所需资源性显性知识的学习更能高效地促进新创企业的成长。

4.2 创业知识中介效应分析

为了分析创业学习经由创业自我效能影响创业成长的路径，本文将借助纳入创业学习、创业知识以及创业成长的路径分析模型，分析创业知识在创业学习与创业成长之间的直接影响路径和间接传导路径。有关拟合指数和假设检验结果见表4和表5。

表4　创业知识中介效应检验结构方程拟合指标

指标	χ^2/df	RMSEA	IFI	TLI	CFI
标准	<5	<0.08	>0.9	>0.8	>0.8
结果	2.799	0.079	0.944	0.935	0.9544
	是	是	是	是	是

表5　创业知识中介效应结构方程全模型检验结果

路径	假设	关系	标准化路径系数	C.R.	P	假设结果
创业认知学习→创业显性知识	H1a	+	0.848	13.517	***	支持
创业显性知识→创业成长	H3a	+	0.516	5.579	***	支持
创业认知学习→创业成长	H2a		0.214	0.796	0.426	不支持
创业实践学习→创业隐性知识	H1b	+	0.897	17.344	***	支持
创业隐性知识→创业成长	H3b	+	0.333	2.899	0.004	支持
创业实践学习→创业成长	H2b		−0.168	−0.593	0.553	不支持

注：P 为 Probabililty，* 即 $P<0.05$，** 即 $P<0.01$，*** 即 $P<0.001$。

本研究使用 Baron 和 Kenny 的结构方程中介检验法，检验创业知识中介效应。

（1）检验两种创业学习方式（创业实践学习和创业认知学习）对创业成长绩效的影响，结果表明创业实践学习、创业认知学习均对创业成长绩效没有积极显著的影响。

（2）检验创业实践学习、创业认知学习对中介变量创业知识的影响，研究结果表明创业认知学习和创业实践学习都对创业显性知识和创业隐性知识存在正向影响。

（3）检验全模型，由表5和图2可知，创业认知学习对创业成长的直接路径并不显著，证实了创业显性知识在创业认知学习影响创业成长绩效过程中发挥完全中介效应（H4a 得到支持）。同理可见，创业隐性知识在创业实践学习影响创业成长过程中仍然发挥完全中介效应（H4b 得到支持）。因此，创业认知学习更加有助于创业者获得企业经营管理、稀缺资源等显性知识，并通过显性知识直接转化为企业成长绩效。创业实践学习有利于创业者通过开展创业活动获得行业产业中的商机、创业交往潜规则等隐性知识，并通过隐性知识直接转化为企业的竞争优势和成长绩效。

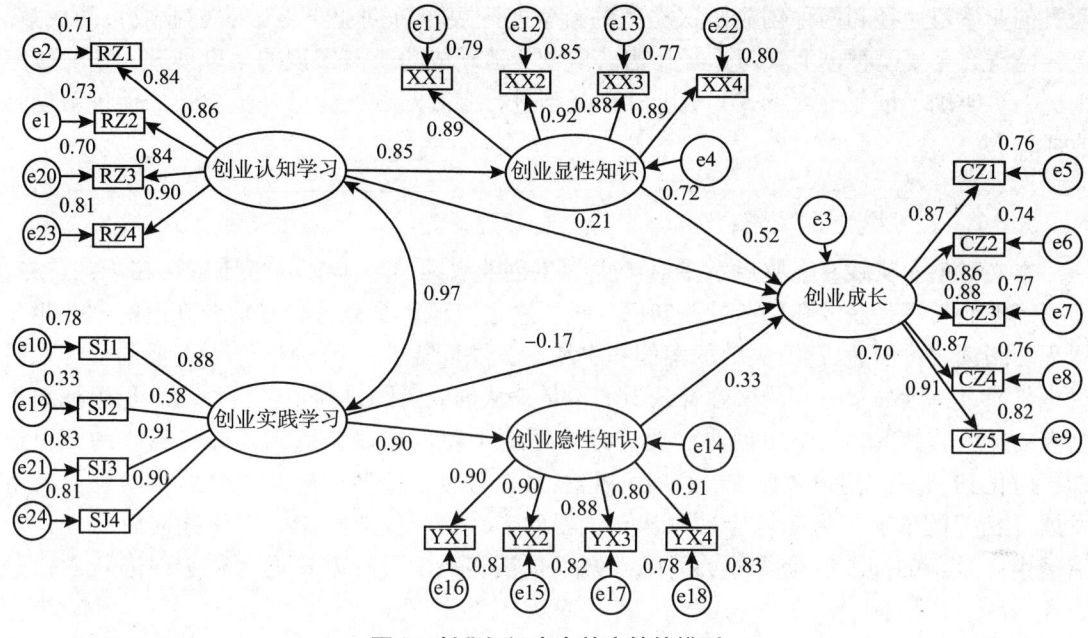

图 2　创业知识中介效应精简模型

5　研究结论、理论贡献、启示与展望

5.1　研究结论

本文研究基于以往大学生创业研究中较为成熟的研究，以全国 50 所创新创业典型高校的 288 份有效问卷为依据，对创业学习与创业知识对新创企业成长绩效的影响进行了分析与检验，着重考察了创业知识的中介作用。实证研究发现，创业认知学习和创业实践学习均正向影响创业显性知识和创业隐性知识，创业认知学习对创业显性知识和隐性知识的影响更大；创业认知学习和创业实践学习均正向影响创业成长，创业认知学习对创业成长的影响更大，这与 Pirzada（2015）和陈彪等的研究结果一致；创业显性知识和隐性知识均正向影响创业成长，创业显性知识对创业成长的影响更大；中介作用的检验结果表明：创业显性知识在创业认知学习影响创业成长绩效过程中发挥完全中介效应，创业隐性知识在创业实践学习影响创业成长绩效过程中发挥完全中介效应。

5.2　理论贡献

本文的理论贡献主要体现在以下两方面：(1) 本文检验了创业知识两个维度都对新创企业成长具有显著的正向影响。在以往的研究以及教育实践中往往只注重显性知识（丁桂冈，卫文杰，2013），创业显性知识的传授固然不可或缺，但是创业隐性知识的获取与创造对于新创企业的成长也至关重要。本文进一步拓展了之前的研究，明晰隐性知识对新创企业的成长的显著促进作用,有利于启发后续研究者进一步对创业隐性知识做进一步的探索。(2) 本文检验了创业知识作为创业学习对新创企业成长影响的中介作用机制,揭示了两类创业学习途径和两种创业知识类型的科学匹配决定着创业学习影响创业成长的成效。以往的研究主要是把创业学习途径作为获取创业活动成功所需知识的角度展开,本文研究则进一步明确了创业学习方式与创业知识类型进行有效匹配,能进一步高效的促进新创企业成长。

5.3 实践启示

本文对创业实践有一些启示。对于大学生创业者而言,本文的指导意义在于:首先,要明确创业学习是获取和创造创业知识的重要途径,不仅要努力学习学校开设的创业相关课程、阅读有关创业成功/失败的案例和书籍、关注同行业中的"标杆"企业的行为,同时也要通过持续的亲身实践来弥补认识的不足,从创业实践过程中获得经验,反思或纠正已有的经验。其次,大学生创业者要选择合适的学习方式以获取知识并将吸收的知识整合、内化到已有的知识体系中,强化创业能力。与运营管理、资源整合以及新企业战略发展等相关的创业显性知识应采用认知学习的方式。与创业经验、文化共同感、各种人情规则以及新的商业机会等相关的隐性知识采用实践学习的方式更有利于促进新创企业成长。

对于教育管理部门而言,本文的指导意义在于:首先,对大学生创业者应通过创业实践及认知学习的方式,进行富有成效的创业知识及技能的培训,切实培养锻炼大学生的创业能力。其次,对中国大学生的创业教育不应只局限于显性知识的传授,也要建立健全科学的创业隐性知识传播机制。

5.4 研究展望

本研究还存在一定的局限性和不足:①本文数据来源于横切面数据,属于横断面研究,在未来的研究中可以开展跟踪研究,通过收集不同阶段的数据来进一步研究创业学习成效通过创业知识进而影响创业成长水平的传导关系;②本文未开展调节变量研究,为使研究更加的严谨及科学,在未来的研究中还应该验证创业环境的不确定在大学生通过创业学习获取创业知识进而影响创业成长中的调节作用。

参考文献

[1] 孙春玲,张梦晓,赵占博,等. 创新能力、创新自我效能感对大学生自主创业行为的影响研究 [J]. 科学管理研究,2015 (4):87-90.

[2] 刘玉国,王晓丹,尹苗苗. 互联网嵌入对创业团队资源获取行为的影响研究——创业学习的中介作用 [J]. 科学学研究,2016,34 (6):916-922.

[3] 徐占东,陈文娟. 大学生创业特质、创业动机及新创企业成长关系研究 [J]. 科技进步与对策,2017,34 (2):51-57.

[4] 张玲. 创业学习、创业意愿与创业知识的关系——基于远程教育学生的实证研究 [J]. 福建师范大学学报(哲学社会科学版),2014 (3):157-166.

[5] 单标安,蔡莉,鲁喜凤,等. 创业学习的内涵、维度及其测量[J]. 科学学研究,2014,32(12):1867-1875.

[6] 吴绍玉,王栋,汪波,等. 创业社会网络对再创业绩效的作用路径研究[J]. 科学学研究,2016,34(11):1680-1688.

[7] 陈文沛. 关系网络与创业机会识别:创业学习的多重中介效应[J]. 科学学研究,2016,34(9):1391-1396.

[8] 郑山水. 强弱关系、创业学习与农民工返乡创业绩效[J]. 西部论坛,2017,27(3):25-33.

[9] 丁桂凤,卫文杰. 大学生创业教育中的盲区:创业隐性知识学习[J]. 全球教育展望,2013,42(9):87-93.

[10] 吴岩. 创业团队的知识异质性对创业绩效的影响研究[J]. 科研管理,2014,35(7):84-90.

[11] 谢雅萍,黄美娇. 创业学习、创业能力与创业绩效——社会网络研究视角[J]. 经济经纬,2016,33(1):101-106.

[12] 贾虎,崔毅. 创业学习对创业绩效的影响路径和机理[J]. 技术经济与管理研究,2015(9):38-42.

[13] 陈彪,蔡莉,陈琛,等. 新企业创业学习方式研究——基于中国高技术企业的多案例分析[J]. 科学学研究,2014,32(3):392-399.

[14] 单标安,陈海涛,鲁喜凤,等. 创业知识的理论来源、内涵界定及其获取模型构建[J]. 外国经济与管理,2015,37(9):17-28.

[15] 李海垒,张文新. 大学生的主动性与创业意向的关系:创业知识的中介作用[J]. 心理发展与教育,2015,31(3):264-270.

[16] Karimi S, Biemans H J A, Lans T, et al. *Understanding role Models and Gender Influences on Entrepreneurial Intentions Among College Students* [J]. Procedia - Social and Behavioral Sciences, 2013, 93(1):204-214.

[17] Serdar S Durmusoglu. Open Innovation: *The New Imperative for Creating and Profiting from Technology* [J]. Journal of Engineering and Technology Management, 2004, 21(3):241-244.

[18] Voldsund K, Harsányi M B, Hagen S T. *Important Factors in innovation and Entrepreneurship Course for Non-business Students* [C]. International Conference on Education and New Learning Technologies, 2016, 3113-3122.

[19] G. T Lumpkin, Dess G G. *Linking two dimensions of entrepreneurial orientation to firm performance: The moderating role of environment and industry life cycle* [J]. Journal of Business Venturing, 2009, 16(5):429-451.

[20] Davies M. *Knowledge - Explicit, implicit and tacit: Philosophical aspects* [J]. International encyclopedia of the social & behavioral sciences, 2015:74-90.

[21] Dr David Rae. *Entrepreneurial learning: A conceptual framework for technology-based enterprise* [J]. Technology Analysis & Strategic Management, 2006, 18(1):39-56.

[22] Kenworthy T, Mcmullan W E. *Finding Practical Knowledge in Entrepreneurship* [J]. Entrepreneurship Theory & Practice, 2013, 37 (5): 983-997.

[23] Mário Raposo, Arminda Do Paço, João J. Ferreira. *Entrepreneur's profile: a taxonomy of attributes and motivations of university students. J Small Bus Enterp Dev* [J]. Journal of Small Business & Enterprise Development, 2008, 15 (2): 405-418.

[24] Ployhart R E, Moliterno T P. *Emergence of the Human Capital Resource: A Multilevel Model* [J]. Academy of Management Review, 2011, 36 (1): 127-150.

[25] Perez Luno A, Saparito P, Gopalakrishnan S. *Small and Medium – Sized Enterprise's Entrepreneurial versus Market Orientation and the Creation of Tacit Knowledge* [J]. Journal of Small Business Management, 2016, 54 (1): 262-278.

[26] Zhu H M, Zhang S T, Jin Z. *The effects of online social networks on tacit knowledge transmission* [J]. Physica A Statistical Mechanics & Its Applications, 2015 (441): 192-198.

[27] Rosário C R D, Kipper L M, Frozza R, et al. *Modeling of tacit knowledge in industry: Simulations on the variables of industrial processes* [J]. Expert Syst Appl, 2015, 42 (3): 1613-1625.

[28] Chandler G N, Lyon D W. *Involvement in Knowledge – Acquisition Activities by Venture Team Members and Venture Performance* [J]. Entrepreneurship Theory & Practice, 2009, 33 (3): 571-592.

[29] Holcomb T R, Ireland R D, Jr R M H, et al. *Architecture of Entrepreneurial Learning: Exploring the Link Among Heuristics, Knowledge, and Action* [J]. Entrepreneurship Theory & Practice, 2009, 33 (1): 167-192.

[30] Pirzada K, Wickramasinghe D, Moens G A. *The Role of Entrepreneur in Residence towards the Students' Entrepreneurial Performance: A Study of Entrepreneurship Learning Process at Ciputra University, Indonesia* [J]. 2015 (211): 972-976.

作者简介

于泽聪（1992— ），山东临沂人，江苏大学管理学院硕士研究生。研究方向：创业管理。

梅强（1961— ），江苏镇江人，江苏大学副校长、教授、博士生导师、博士。研究方向：创新创业管理。

徐占东（1984— ），内蒙古通辽人，江苏大学管理学院博士研究生、助理研究员。研究方向：创新创业管理。

基金项目

江苏省高校哲学社会科学研究重点项目：基于网络嵌入的大学生创业实践研究（2016ZDIXM037）；江苏省社科基金项目：高校创新创业生态系统评价体系研究（17GLB001）；江苏省研究生科研与实践创新计划项目：大学生创业成长关键影响因素及引导路径研究（SJCX17_0563）。2017年江苏省高校辅导员工作研究会专项课题：高校创业教育绩效多主体综合评价研究（17FYHZD008）。

应用新技术背景下高校创新创业教育生态系统构建路径研究

谢志远[1] 戴 威[2] 徐倩倩[2]

（1 衢州学院，衢州，324000）
（2 温州大学，温州，325000）

> **摘要**：由于全球新一轮科技革命和创新创业浪潮的兴起，新技术、新经济、新业态、新产业、新主体、新模式层出不穷，激发微观主体的活力对于中国产业升级、新旧动能转换、经济转型升级意义重大。以应用新技术为背景，构建高校创新创业教育生态系统正是伴随着产业升级和技术进步对高等教育发展提出的新要求与新方向，更是利用新技术驱动高等教育改革、加大服务区域经济力度、改革人才培养模式的综合性创新实践。就构建路径而言，创新创业教育生态系统必须遵循宏观、中观、微观的构建层次和路径，不断调适自身的边界、功能与结构，形成各参与主体的合作和协同，以国家战略和区域需求为导向、以产教融合为目标、以促进应用新技术成果转化为落脚点，构造闭环演进的高校创业教育生态系统。
>
> **关键词**：应用新技术；高校；创新创业教育；生态系统

"创新是引领发展的第一动力，是建设现代化经济体系的战略支持。"面对全球新一轮科技革命和新旧动能转换的重大挑战和关键时刻，依托互联网技术兴起的新能源、新材料、新技术、新产业、新行业、新业态层出不穷。落脚到教育领域，以培养和激发创新精神、能力、行为的创业教育，正逐渐与高校教育体系进行深度融合，不同主体的参与意识逐步增强，创业主体和创业形式呈多样性、多元化的特征，为了进一步形成多主体、多渠道、多方式的协同发展，构建承载新技术创新、应用、转化功能的创新创业教育生态系统势在必行。因此，有必要梳理其发展的各核心要素和关键环节，构建符合建设创新型国家的战略需要和具有区域特色的高校创新创业教育生态系统的路径。

1 应用新技术的起始点：技术内涵、应用新技术过程与大学教育

1.1 技术的内涵

什么是技术？技术是为了实现有效目标而进行的知识的组织以及对工具的应用。[①] 这

---

① E. Mesthene. *Technological Change* [M]. New York：Mentor, 1970.

一观点抓住了技术的重要因素，形成了技术是由知识和应用共同构建而成的体系化概念，但是却把技术固化在一个理论化的点上，强调了技术的主动性，而忽略了技术主动性的赋予者。技术从来不是天生能够自行进行知识组织和工具应用的，需要由施动者将其从科学范畴进行提炼，摆脱纯粹的理论约束而形成如何去做的知识、制造事物的知识、突破创新的知识。因此，将技术赋予动态化的过程并与人的行为相结合更加贴切，"技术是人通过知识的组织以及对工具的应用在特定的社会领域所进行的工作"。

实体技术、实践技术和知识技术被称为技术的三大类型，这三者都属于技术，他们之间的相互联系、相互作用、相互协作共同构成整个技术体系。实体技术由工具、机器、设备等技术人工物组成；实践技术由制作、操作、制造等技术构成，反映了技术人工物如何被制造出来；知识技术由结构知识、功能知识、技术规则、技术规律等技术知识构成。[①] 知识技术侧重于技术的发现、探索与构建，实践技术侧重于技术的使用、生产、输出，而实体技术则偏重于技术产生的结果，对于技术应用者来说，这三种类型的技术贯穿于其生产和实践过程始终。"新技术"则赋予技术时代感的内涵，是与社会经济发展阶段所形成的技术需要紧密相连的，是相对于社会经济发展上一个阶段所迫切需要的技术而言的具有创新性、时代性的技术。"新技术"具有阶段性和承袭性的特点，一种是在原有技术上的创新和重整，甚至交叉融合，另一种是由于新需求产生的技术，具有针对性和定制化的特点。不管是哪一种类型的新技术，都需要具备转化为现实生产力的能力，也就是新技术要成为当前新行业、新产业、新业态重构的基础，成为当今经济社会发展的基石。

1.2 应用新技术的过程

新技术向现实生产力转化的过程是应用新技术的过程，也就是应用新技术的人想要通过新技术创造出什么样的客体、获得哪种结果的过程，这个过程是直接指向未来发展和对未来产生影响的过程，需要经历两个过程，即创新化过程和产业化过程。创新化过程也可以看作是新技术滋生的过程，是由实践技术形成实体技术并针对特定领域进行应用的过程，是针对"新旧动能转换"中已成规模的大企业、大产业的针对性创新，将新技术应用于改造提升、孵化出新业态的过程，推动旧的产业通过技术创新、组织创新、模式创新，向新产品、新业态、新模式升级。产业化是通过新技术叠加、重构、交互，利用已有的科学知识，借助当前新技术网络化、扁平化、"非框架式"的特点，孵化出新产品、新服务、新流程、新模式的过程，更进一步可以建立应用新技术的技术型企业，通过由量变到质变逐步助推新产业、新产品的产生，这个过程融合了创新的理念与创业的行动，是知识技术与实体技术相结合进而转向实践技术的过程，也是原生性技术后发优势转换成集成式技术先发优势的过程。就当前的形势而言，应用新技术内涵既包括第四次工业革命中以互联网产业化、工业智能化为代表，以清洁能源、无人机控制技术、量子技术、人工智能等为主的全新技术革命应用；也包括在实践中运用移动互联网、大数据、云计算、物联网等"互联网+"媒介平台进行的现实应用。应用新技术具有三个显著特征：一是市场导向，基于企业的真实需求；二是技术转化，把新技术通过实践转变为成果；三是开放共享，基于新技术或互联网技术发展应用。[②]

---

① 吴国林，程文. 技术进步的哲学审视[J]. 科学技术哲学研究，2018，35（1）：62–66.
② 谢志远. 高职院校新技术应用的创新创业人才培养的探索与实践[M]. 杭州：浙江大学出版社，2016.

1.3 新技术与大学教育

随着新技术应用周期越来越短、技术先进程度越高、创新性越来越强，其对于大学的依赖性也越强。有学者指出迄今为止发生的四次技术革命，第一次相关的三位技术发明人尚与大学没有直接关系；第二次的八位中有五位与大学直接相关；第三次技术革命的九位代表人物全部出自大学；第四次所涉及的三位不仅全部来自大学并且在大学工作。[①] 不仅高新技术的发源地，如美国的"硅谷"、中国的"中关村"以及珞珈山园区，都依大学而建，并且企业许多课题直接由大学的研究人员完成或者企业与大学合作完成，"科技园区一定要高教系统领导，美国最成功的是硅谷，因为斯坦福大学和伯克利加州大学就在旁边，生物技术中心最成功的是旧金山，因为两所最好的大学就在旁边"。[②] 随着新工业革命不断深入，经济增长从要素驱动向创新驱动转化，区域发展结构亟待持续优化升级，全面激发微观主体的创新活力，积极培育产业的新增长点，而以效率和效益双重提升为导向的社会经济发展要求对人才需求结构提出了前所未有的多样化、差异化和层次化的要求。这对高校构建教育生态系统，实现人才培养的全面要素联动提出了两个方面的要求：一是高校如何通过生态系统将校、企、政进行有效链接，通过应用新技术为导向使成果转化、技术创新、人才培养与地方、区域需求相匹配；二是高等教育如何贯彻创新引领发展理念，以应用新技术为载体，通过构建教育生态系统实现创新性成果为依托的创业活动成为推进创新驱动发展、带动区域产业创新化与产业化、促进经济内生增长的重要动力。

2 应用新技术的着力点：创新行为、创业行动在教育生态系统构建中的统一

创新除了能够从意识和认知对行动的突破性与探索有推动作用外，其本身也属于行动范畴。创新是一个过程、一种将生产要素与生产条件进行新组合并引入生产体系的生产函数，包括引进或者生产新产品实现产品创新，引进新的生产流程、生产工艺、生产方法形成工艺创新，寻找、探索、开辟新的市场实现市场创新；发明或者获取新的原材料或者原材料的新来源实现材料创新，通过组织模式和管理方法创新形成企业的新组织、构建新模式的组织创新。熊彼特所列举的创新形式无一不需要应用新技术于经济之中，这也是他强调的创新的核心要义。[③] 创新本身就与应用新技术有着密切的联系，新技术通过与生产资料相结合改变生产力基本要素实现生产力的转化；劳动者通过掌握新技术提升劳动能力。社会经济需要发展就必须依托应用新技术在具体领域实现开发和引导。

从创业行为本身具备的特点来看，其冒险性和对未知事物的探究性就已经具备了创新和开拓的特质。创业者（企业家）更多的是精神层面的体现，是以创新为基础的思考与实践的方式，通过发掘机会、整合资源不断地创新组织为社会和市场创造新的价值。[④] 而在组织内部，无论该组织处于何种规模或者发展阶段，只要创业精神一直发挥作用，那么该

---

① 刘念才，周玲. 面向创新型国家的研究性大学研究 [M]. 北京：中国人民大学出版社，2007.
② 靳希斌. 教育经济学 [M]. 北京：人民教育出版社，1997.
③ 胡哲一. 技术创新的概念与定义 [J]. 科学学与技术管理，1992（5）：47-50.
④ [美] 熊彼特. 经济发展理论 [M]. 3版. 何畏等译. 北京：商务印书馆，2017.

组织的生命力将持续旺盛。由此可见，创新意识、创新行为与创业行动是存在天然的、不可割裂的联系，创新意识通过创业行为进行延续和发展，而创新行动通过创业行为更好地发挥成果的最大效用。

回归当前以应用新技术为背景的教育本质属性，从微观层面而言，当前创新创业教育是高校明确人才培养理念、构建培养模式方面的实施途径之一，旨在通过多主体参与到教育过程中培养大学生基于创新理念的开拓新思维，强调冒险与探索精神、对新事物的发现及钻研的培养；从实践层面而言，创新创业教育是以教师、学生、企业、政府等共同参与为实现形式的教育活动，以基础培养大学生识别机会、把握机会、利用机会、整合资源、优化资源，以经济工具和手段创新性解决问题并创造社会经济价值。从宏观层面来看，高校实行创新创业教育通过系统化的安排、制度化的规定，将所有要素安排在一个系统之内，形成具有共同特征的场域，使不同参与主体形成相互作用、相互影响的动态机制。契合"高等教育的任务是培养具有社会责任感、创新精神和实践能力的高级专门人才"。

依托应用新技术背景而言，高校进行的创新创业教育以及培养的创新创业人才有别于企业家，属于所有权属性较低、知识/技术含量较高的创新创业人才；应用新技术创新创业人才掌握着新技术，并具有创新精神和创业基础，拥有将新技术成果转化为生产力并走向市场的能力；应用新技术创新创业人才利用新技术进行创业，以推动新技术商业化价值实现为基本特征，组织相关要素和资源，提供创新产品和创新服务，来实现新技术的创新化和产业化。例如[1]，浙江省统筹推进创新平台建设、创新主体培育、创新人才集聚使得杭州成为全国"互联网+"科技创新高地，阿里巴巴迈入世界一流企业，网购和移动支付走向全球。2012—2017年，高新技术企业从5008家增加到11462家，科技型中小微企业从5574家增加到40440家。浙江省也积极实施人才新政，"国千""省千"人才分别达到672人和1970人，专业技术人员总量达到530万人。[2]

3 应用新技术的关键点：多方协同、互通互联在教育生态系统构建中的融合

（1）多重主体参与：实现创新创业教育生态系统的信息共享。

将应用新技术理念和实践活动贯穿于高校创新创业教育生态系统意味着基于新技术传播速度快、应用领域广的特征能够形成各主体间的信息互通机制。广泛的参与者能够在同一个系统中参与和实施创新活动，也就产生了更多的外延性知识输入、生成，使得原生性成果以及溢出性成果能够迅速应用于生产生活领域，实现创新来源于生产活动，同时也应用于生产活动。新技术发明、原有技术改造及提升与应用过程需要多主体参与，而以应用新技术为导向的创新创业教育生态系统也需要多重主体的共同协作，共进共生。不仅需要构建多个层次（宏观——国家战略、区域落实、政府响应；中观——行业反应、产业需求、企业需要、高校构建；微观——师生共创、成果孵化、新技术具体应用、人才培养），还要考虑

---

[1] 谢志远. 高职院校培养新技术应用创业型创新人才的研究[J]. 教育研究，2016（11）：120-125.
[2] 浙江省政府工作报告[EB/OL]. (2018-02-25). http://district.ce.cn/newarea/roll/201802/05/t20180205_28057924.shtml.

多个环节的共同连接（知识构建、平台建设、协同创新、知识溢出、评价反馈）。多层次和多环节的特征使得在创新创业教育生态系统构建过程中需要多主体共同参与，包括学生、教师、高校管理层、企业、行业、政府等，与各层次和环节形成了双向、闭环性的关系。

在创新创业教育系统构建时各个主体需要打破壁垒，建立顺畅的沟通和协调机制，以确保新技术在各个环节的应用和促进成果的转化，进而形成整个教育体系。教育体系中各个主体之间由于目的、行为方式、利益导向存在差异，因此在对应用新技术产生的成果方面的预期也具有差异，此时，若由于预期需求和结果未能得到充分满足而造成主体间的冲突，创新创业生态系统的创新本质和各项活动都会受到影响，甚至造成整个系统的崩溃。因此，在生态系统运行和构建中各方主体需要形成以技术应用动态化为基础的交互关系，将各个主体的需求进行交互性融合，企业的趋利性与教育的公益性融合、教育的封闭性与社会经济需求的开放性融合、新技术的当下应用性与产业升级的发展性相融合、创新理念的引导性与创业行为的实践性相融合，为生态系统注入"生命活力"。各主体之间要探索有步骤、有层次、有目标的运行轨道，相互之间具备包容性，使得各环节之间能够形成顺畅的关联关系和交互过程。只有主体之间形成稳定的分布态势，具有互动性、竞争性、互利性以及发展的动态平衡性，才能构建集专业教学、实践实训、素质培养、技能提升、技术研发、成果孵化、技术转化、市场洞悉和社会服务于一体的创新创业教育生态系统，将高校和企业的技术创新及成果转化为现实生产力，推动企业技术进步和产业转型升级。

（2）多种要素协同：推动创新创业教育生态系统的顺畅运转。

应用新技术的过程激发了高校创新创业教育系统中知识的产生、应用、溢出及转移，使得各个主体围绕着应用新技术进行了大量的学习和实践活动，这些活动引发了主体之间紧密的以及松散的网络化关系，通过资源的利用以及互动式的导入和输出实现整个系统的功能优化和有效运转，促进应用新技术成果的产生和转化。在各构成要素中，学生、教师、行业（企业）是系统内的主体，他们支配和主导者创新创业教育的过程，是整个生态系统的核心组成部分；高校作为实现教育的载体，其管理层和相关政府部门一起为创新创业教育行为进行资源整合、行为引导、行动组织以及相互协调的作用，校内以及校外的孵化平台则为新技术成果的产生和应用提供了相应的资源支持，尤其是高校内部和外部的研究机构更是将同一研究领域的团队进行集中，实现了智力集聚效应。

在国家创新战略的导向以及战略区域化、地方化的细化引导下，通过系统内部各个主体之间的协同发展、资源共享、合作推进，创新创业教育生态必然实现良性发展，内部和外部共同的合力将应用新技术的成果在企业生产过程、产业升级过程和高校创新创业实施过程中的转化效率进行了极大的提升，这也进一步促进了高校内部进行创新创业的主体对创业教育和创业实践、创新意识培养、创新行为支持的认知和理解更加深入，并真正将创新创业行为与价值观进行密切联系。将培养新时期具有应用新技术能力、转化新技术能力的创新创业教育模式和人才培养理念与学校的定位和办学理念进行融合，将集产业新技术推广、转化、创新为一体的技术开发与成果转化的创新创业人才培养工程贯穿人才培养体系始终。通过结合高校的学科优势和专业特色开展应用新技术的创新创业教育与专业教育、通识教育进行融合，打破原有创业教育发展的单一路径和孤立地位，形成创新创业教育稳定的发展体系和支持机制。把行业、企业和市场资源整合起来，引入市场竞争机制和商业文化，实现跨学科交流、行业跨界合作。在应用新技术实践的理论指导下，探索深度的变革力量与国家发展战略、政府支持政策等外部力量相结合，明确创新的发展理念，掌握创新方法的理论，形成极具成长性和生命力的创新创业教育新体系。

4 应用新技术的落脚点：知识应用、价值输出在教育生态系统构建中的匹配

（1）宏观层面：以国家战略、区域发展、社会经济发展需求为导向，绘就"三张地图"。

当前社会主要的矛盾已经转化为人民日益增长的美好生活需要和不平衡不充分的发展之间的矛盾，表明社会经济发展需要与社会主要矛盾转变相适应，以效益优先原则推动经济发展由增量转变为提质增效优化，发展动力由要素驱动转向创新驱动；社会经济发展目标转向着力解决发展不平衡不充分问题，着力通过产业创新、技术创新、模式创新改造传统产业并培育新兴产业；以体制机制创新带动微观主体活力提升、宏观调控有度有力、市场机制有效有序。

我国高等教育面对新一轮科技革命和产业变革，需要及时作出"高质量"的回应，即在遵循高等教育内外部发展规律和立足我国国情、区域特点的基础上，确定发展方向、规划发展路径、制定发展政策、深化教育改革、创新教育模式、提升教育研究。从教育的外部发展规律来看，教育是面向未来的活动，是与社会发展各个方面密切联系的，教育的发展必然与社会的整体发展协调和呼应，不能离开社会发展方向和趋势独立存在。[①] 这就要求创新创业教育体系构建与实施必须紧跟时代发展需要、结合技术发展趋势，需要与国家战略发展方向相契合。教育体系本身所蕴含的知识量与科学研究水平需要与国家战略发展要求相融合、理论与实践构建和实施的成效及时效需要与国家战略发展相吻合。要以"绘就三张地图"为轨迹，切实将国家战略、区域发展作为构建高校创新创业教育生态系统的战略背景，将应用新技术置于国家战略之下、区域发展之中。

通过溯源产业源头、跟随产业发展轨迹，深入了解地方社会经济发展中各产业、行业和子门类的发展脉搏与轨迹，全面掌握该产业在全球、全国、全省的产业分布、发展情况，进入企业，能够明确知道这个企业具体做什么产业，产品在全球产业分布情况如何，产品针对的目标市场以及具体用途和可能挖掘的潜力。将创新创业教育与产业发展相联系，绘就产业地图，为应用新技术寻求发源地。通过创新的思维、创新的行动、创新的工具尽可能了解全球，至少深入理解和把握我国在创新型国家建设中创新资源分布、创新体系空间结构、区域创新能力等演进特征与趋势，进入行业，能够明确具体产品的创新源头在哪里，当前技术创新和服务创新的瓶颈所在。通过以创新意识引领创新行为、激发创业行动，使应用新技术的产出和成果，绘就创新地图，为应用新技术把握方向。通过将科学知识与技术知识、创业行动与技术实践相结合，要深入了解技术更迭的周期以及技术相关环节之间的逻辑关系，把握某领域的发展方向和实现目标所需的关键技术，理清产品和技术之间的关系。进入企业，能够从技术线路图上明确判断出产品处于哪个技术节点，是否需要技术改进，引入什么样的新技术才能达到改进产品的目的。通过以多种创业形式将应

---

① 张楚廷. 高等教育学导论[M]. 北京：人民教育出版社，2010.

用新技术与高校创新创业教育进行连接，绘就技术地图，为应用新技术形成体系。

（2）中观层面：以产教融合、多方合作为契机，打通应用新技术路径。

以产教融合、多方合作为契机，必须要将高校、企业、行业的各种资源进行共享，以"产教融合"为目标，助推校企合作、校企共建，树立高校以创新创业教育成果与区域经济互动、与企业行业共发展的理念。在构建创新创业教育生态系统过程中，高校要将行业的需求放在首位，着眼于企业、行业对于新技术个性引发的产业转型与发展需要，建立可持续性、可延续性的深度合作制度、将企业依托应用新技术打造的生产流程和产品与高校的创新创业教育进行深度融合、将企业行业的应用新技术需求与教师科研项目紧密对接，通过创新化和产业化的产出建立畅通的可循环的合作途径，通过政府牵头，开展合作育人、合作研究、成果共享、平台共建。

以国家战略区域化为合作导向，以地方产业特点和行业特征为构建创新创业教育生态系统的出发点，将专业知识、创新创业知识与实践相结合，整合行业、企业、高校的技术资源，发挥各自的禀赋优势以实现应用新技术与教育体系建设发展同步、应用新技术与创新创业项目对接顺利、提升和改造新技术与产业升级及新旧动能转换同步、创新新技术与变革人才培养方式一致，实现"产教融合"纵深发展。在生态系统构建过程中，要充分发挥高校内主体的主观能动性，调动师生共创的资源与活力，依托校内外的研发平台，将企业、行业的技术研发难题与教师的科研项目相结合，探索"师研生随、师导生创、师生共创"的师生共创实施路径。通过师生共创提升知识与研究成果与企业需要的贴合度，通过校内外科技园、创新平台满足企业对于发展空间、技术研发、人力资源、市场开拓等方面的个性化需求。同时，在体系支持层面，探索符合区域创新创业实践特征的渠道，与地方政府、行业企业联合建设创新型的成果孵化平台，采取"创投＋孵化"的发展模式，融合创客空间与科技园区的特征和优势，将师生共创成果与相关企业对接、合作、转化为可供实施的项目，形成创新创业人才输出与反哺的畅通渠道，进而孵化科技型小微企业，以创新创业教育实现成果转化、以应用新技术成果带动企业孵化、以孵化科技型小微企业提升产业发展。

（3）微观层面：以校内外资源对接、知识循环为根本，促进新技术成果产出和转化。

从宏观层面和中观层面向下纵向延伸的以应用新技术为背景构建创新创业教育的完整体系分析，原有知识与应用新技术实践结合的新知识的生成是整个创业教育生态系统的内生微观层面的基础，决定高校在创业教育中的地位和最终高度，通过鼓励教师和学生在与企业、行业合作的基础上，对原有技术进行改造，形成一定的原始创新，并通过实践环节进一步检验，最终实现技术在生产应用中的突破性创新，进而进一步对创新行为进行激发和扩散，利用各种平台和研究机构对已成型的应用新技术以及新技术成果进行扩散，并将这些成果继续内化成专业知识，覆盖更多的学生并提升专业和学科水平。随着创新创业教育知识体系的形成以及学科间合作机制的形成，创新创业知识和成果需要进一步转化成人才输出与成果输出，鼓励教师和学生将这些原始创新成果在孵化器中进行培育，鼓励已经具备创新和创业能力的学生独立进行项目研发，形成创新创业型人才产出、回溯、带动的良性循环机制。

在知识应用向知识溢出的演进过程，也是教师与学生通过创新行为和创业行动有效衔接的必然结果，创新创业教育为教学提供了最新的、高质量的学术内容、丰富的前沿资讯、精确的实验（实训）流程、先进的研究理念、扎实的研究成果，使教师的研究能力、成果转化能力、教学能力以及学生的知识接受能力、创新创业实践能力通过整个生态系统的良性运转得到了显著提升。这种正向循环能够保持高校教育理念和培养方式的先进性和特色，从而激发更多的教师和学生参与创新创业活动。而通过正向的激励使得高校的学科和专业建设在构建"实训—研发—创新创业"一体化新实践体系、应用新技术于全过程以及针对人才培养层次和需求构建实施"培训（继续教育）—专业—平台"一体化中发挥了至关重要的作用。

因此，高校创新创业教育的生态系统在构建过程中必须遵循创业教育的本质属性，在不同层次、不同主体、不同因素之间构成动态演进的闭环结构，遵循系统自身发展的规律，调整系统内部各角色和环节的功能与结构，依靠内生性力量的驱动和外部技术发展、进步的支持，在协同创新和合作演化的治理机制中，通过自我调节、相互适应、共同推进的过程最大限度地激发相关利益群体参与创新创业教育的意愿。遵循新技术产生、发展、进化的趋势与高等教育的规律，创新创业教育生态系统应该是具备充分生命力的系统，除了将封闭的高等教育系统打开外，打通了战略层面与新技术应用层面的有效对接，贯穿了产业发展、行业提升、企业改造的各个环节，将创新意识、创新行为、创新行动与新技术广泛联结，形成产业链、创新链、人才链的有效互动、互利、共生。高校创新创业教育的生态系统须在不同主体、支持因素、环境要素间构成动态的闭环结构，遵循各主体发展的内部和外部规律，通过不断调适自身功能、结构，实现知识生产—知识应用—知识溢出—知识应用的完整可循环体系如图1所示。

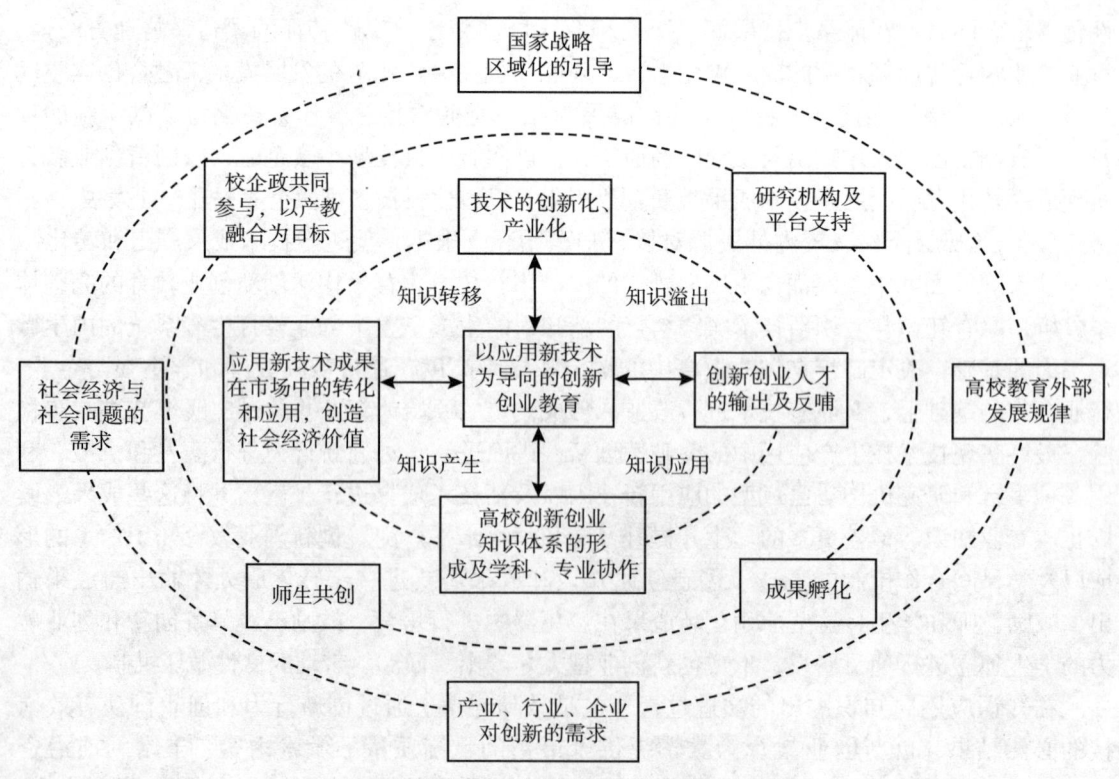

图1　高校应用新技术创新创业教育生态系统

参考文献

[1] 吴国林,程文. 技术进步的哲学审视 [J]. 科学技术哲学研究,2018,35 (1):62-66.

[2] 谢志远. 高职院校新技术应用的创新创业人才培养的探索与实践 [M]. 杭州:浙江大学出版社,2016.

[3] 刘念才,周玲. 面向创新型国家的研究性大学研究 [M]. 北京:中国人民大学出版社,2007.

[4] 靳希斌. 教育经济学 [M]. 北京:人民教育出版社,1997.

[5] 胡哲一. 技术创新的概念与定义 [J]. 科学学与技术管理,1992 (5):47-50.

[6] [美] 熊彼特. 经济发展理论 [M].3 版. 何畏等译. 北京:商务印书馆,2017.

[7] 谢志远. 高职院校培养新技术应用创业型创新人才的研究 [J]. 教育研究,2016 (11):120-125.

[8] 浙江省政府工作报告. http://district.ce.cn/newarea/roll/201802/05/t20180205_28057924.shtml [EB/OL]. 中国经济网.2018-02-25.

[9] 张楚廷. 高等教育学导论 [M]. 北京:人民教育出版社,2010.

[10] E. Mesthene. *Technological Change* [M]. New York:Mentor,1970.

作者简介

谢志远(1970—),浙江温州人,衢州学院校长、教授。研究方向:应用型本科建设与管理、创新创业教育。

戴威(1992—),吉林辽源人,温州大学马克思主义学院研究生。研究方向:创新创业教育。

徐倩倩(1992—),浙江绍兴人,温州大学马克思主义学院研究生。研究方向:创新创业教育。

基金项目

本研究为 2018 年度教育部人文社会科学研究规划基金项目"高校创新创业教育生态系统构建研究"(18YJA880049)阶段性成果。

科技创业企业股权转让所得税纳税筹划研究

王艳茹　张怡蕾

（中国社会科学院大学，北京，100089）

> **摘要：** 科技创业企业股权巨大的增值空间使得转让股权的创业者经常处于高税负的不利境况。在结合国内学者在资本结构调整、税收优惠政策、先增后转等的研究基础上，通过对科技创业企业股权转让涉及的企业所得税和个人所得税两项大税种的研究，运用税收法律法规，从减少转让所得这一根本点出发，既在技术层面提出针对性较强的纳税筹划方法，又在理论层面强调纳税筹划的宏观整体性，为创业者在进行股权转让时的纳税筹划活动提供参考和建议。
>
> **关键词：** 科技创业企业；纳税筹划；股权转让

科技创业企业想要依赖技术创新实现高速发展，初期往往需要投入大量的研发资金，这可能会影响到那些拥有技术资源但缺乏创业资金的团队的长远发展；为了实现创业初心，让科技真正服务于社会发展，科技企业在发展过程中经常会面临多轮的外部融资，通过转让一定的股权换取资源。但是，随着技术研发接近成熟、市场对技术的日益认可，企业的价值会不断增加，股权转让的增值空间也较为巨大，这样就使得转让股权的创业者经常处于高税负的不利境况。

大力拓展直接融资虽有助于企业在初创阶段改善资本结构、降低融资成本、提高资本回报，但股东后续融资和有效的退出机制也伴随着股权转让交易日益频繁，企业创始股东由于股权巨大的增值空间经常处于高税负的不利境况，于是，社会上对于如何在遵守法律法规的情况下，通过合理安排降低股权转让成本、提升企业竞争力等纳税筹划事项的需求变得日益迫切。纳税筹划最早产生于西方，多应用于跨国公司转让定价的研究。国内学者对创业企业股东股权转让纳税筹划的研究，或是解读法律条文，或是列举涉及的税种税率和简单的筹划方法，或是仅对单一税种进行筹划的技术输出（周平芳，2016）。而企业进行纳税筹划的必要性，来自政府目标的多样性和税制规定的非完备性。因此，本文拟在前人研究的基础上，主要基于境内非上市创业企业法人及自然人股东在股权转让时涉及的企业所得税和个人所得税两项大税种，运用税收法律法规，从减少转让所得这一根本点出发，论述筹划空间所在和可供参考的股东行为，在技术层面提出针对性较强的实用性纳税筹划方法，同时在理论层面强调纳税筹划的宏观整体性，为科技创业企业股东降低转让成本、进行合理纳税筹划提供参考建议。

1 股权转让所得税纳税筹划的可能路径

对于科技创业企业来说,企业规模尚小,资本迅速增值,曹灿霞(2012)通过实证研究发现中小企业的税负随企业规模的缩小而增加,在进行股权转让时创始人股东承担的高税负多源于较高的资本利得收入。因此,本文对于所得税纳税筹划的可能路径从合理有效降低转让收入这一切入点展开研究。

1.1 个人所得税

按照2014年发布的《股权转让所得个人所得税管理办法(试行)》的规定,个人转让股权,以股权转让收入减除股权原值和合理费用后的余额为应纳税所得额,按"财产转让所得"20%的税率缴纳个人所得税。所以,个人所得税筹划的基本路径可分解为降低股权转让收入、提高股权原值和合理费用。其中,合理费用为外生变量一般不可人为控制,股权原值虽有不同的确认方式但是多以实际支付价款计入。鉴于股权转让收入的复杂性和可调节性,转让双方可以签订较低转让价的股权转让协议或采用增资的方式减少转让收入,或者选择在利润分配后再转让股权,有比较大的操作空间。另外,自然人股东需要统筹显性税收和隐性税收从而实现整体税负最小化。所以,本文拟通过对转让收入不同确认路径方法的研究,使自然人股东税负最小化。

1.2 企业所得税

由于企业所得税和个人所得税征收的差异性,本文将企业所得税筹划的可能路径从基本要素的角度入手,分解为法人股东股权转让收入涉及的三个部分——股权成本价、股息红利所得和资本利得收入。第一部分股权或本价相当于是投资成本的回收,免征企业所得税;第二部分为股息红利所得,企业法人股东的股息红利所得,免征企业所得税;第三部分为资本利得收入,若为转让利得收入,则应并入应税所得计征企业所得税,若是转让损失,经过专项申报后,可在税前扣除。因为存在优惠税率和优惠政策,不同转让策略的纳税所得额不同,因此,本文将针对法人股东股权转让时如何应用税收优惠政策将转让应税所得转换为免税所得的可能路径,以及如何进行有效税收筹划的方法展开探讨。

2 个人所得税纳税筹划

在立法和征收方面,非上市企业自然人股东转让股权具有隐蔽性、多样性和转让收入真实性辨认困难等特点,转让时较多采用净资产价值核定征收,存在寻租现象,纳税时间规定范围较为宽泛(许瑾,2016)。这些问题的存在使得非上市企业自然人股东转让股权具有极强的主观性和难监测性,虽然立法征管和税收筹划在彼此促进发展,但都不曾达到完备,有较多值得研究的内容。本文认为,科技企业的自然人股东可以在进行股权转让时采用增资、利用"正当理由"减少转让收入和减少核定所得及延迟转让时间等方式开展纳税筹划活动,合理减少转让时的税款支出。

2.1 利用增资减少应纳税所得额

自然人股东增资可分为内源融资形式和外源融资形式,内源融资是增加创始人股东的注册资本,外源融资是通过新股东增加注册资本。第一种形式下,若股权转让双方目的是调整股权结构,在企业只有两个自然人股东或是其他股东同意时,可通过增资代替股权转让操作,"股权受让方"出资分别替代了"股权出让方"相应比例的注册资本和增加企业的资本公积,整个交易并无股权转让收入的确认,可以合理规避个税。自然人股东也可以先增资提升投资价值再转让股权,减少应纳税所得额,实现节税目的。第二种形式下,新股东增资会稀释原股东的持股比例,相当于原股东对新股东进行股权转让操作,表面上虽可看作是原股东向新股东转让股权的操作,但原股东注册资本并没改变,未收到任何形式的股权转让收入,双方也未签订股权转让合同,只是原股东的持股比例发生了变化,所以其本质上并不构成股权转让条件,原股东不需缴纳个人所得税。由此可见,增资可实现节税效果。

比如2017年,注册资本为2000万元的A科技公司成立,甲乙两位原始股东分别出资900万元和1100万元,按双方约定各占50%的持股权。现在股东乙欲转让其持有的公司10%的股权,转让价格300万元。乙将其10%的注册资本100万元以300万元转让给丙,若视为正常的股权转让操作,忽略相关费用,则乙应缴纳个人所得税(300 - 100)×20% = 40(万元);若视为企业进行增资扩股,则丙出资300万元认缴公司增资的100万元股权,多余200万元确认为股本溢价,公司注册资本变更为2100万元,甲乙丙的持股比例分别为50%、40%和10%。可见,增资扩股虽然改变了原始股东的持股比例,但并未发生股权转让,不确认转让收入,可以有效降低自然人股东的个人所得税,调整企业的股权结构,吸引新的外部投资。不过增资扩股操作资金受让方是公司而非股东,原股东股权会被稀释,只有在征得全体自然人股东同意的情况下才能采用。

2.2 利用"正当理由"减少转让收入

尽管股权转让时协议转让价格明显偏低时税务机关可以不予承认,科技企业的自然人股东依然可以在符合公司章程和其他股东利益的前提下,从"正当理由"[①]入手减少转让收入,降低所得税支出。

例如,家族科技企业或家庭内部转让股权时,通过内部协商或修改公司章程进行转让,可以采用"友情价",以较低的价格转让股权合情合理。"正当理由"给了纳税人很大的纳税筹划空间,纳税人可自行选择筹划路径,但是,纳税人必须时刻如履薄冰,警惕法律红线,不可披着合法的外衣暗度陈仓。同时,由于税务机关自由裁量权巨大,需要企业与税务机关进行有效沟通,避免增加税务风险成本。

2.3 减少核定所得

当自然人股东转让股权价格过低并且无法应用"正当理由"时,法律规定应采用净资

---

① 正当理由包括转让因国家政策调整生产经营规模受到重大影响企业的股权;直接继承或转让给存在法律效力身份的配偶、父母、子女、祖父母等家族关系者;符合法规和公司章程,在仅能内部持有的员工间进行转让;以及其他合理的情况。

产核定法①进行核定征收，对于科技创业企业来说，此时降低净资产份额便可成为节税出发点。首先，鉴于利润分配后股价下跌会导致企业净资产减少，自然人股东可以采取先分配利润或先撤资再进行股权转让的办法，减少股权转让导致的资本利得税支出。这样尽管会导致一笔股息红利所得税的支出，使税款总额一定，但是分散在两次不同时点的纳税仍可在货币的时间价值上为自然人股东带来成本节约的好处。其次，当被投资企业土地使用权等资产占总资产比例超过20%时，可通过符合资质的中介机构开具的对自己有利的较低资产评估报告值作为核定转让收入。倘若净资产核定法可实现税负降低，在企业净资产未发生重大变化时，原股东在6个月内再次转让股权还可以上次核定的有利收入为依据。

2.4 延迟转让时间

首次公开发行（Initial Public Offering，IPO）是创业投资退出回报中最高的，是多数科技创业企业投资者主要选择的退出方式，而高回报率也令纳税筹划变得必然（柏榆芳，陈爱华，2013）。我们知道，个人转让上市公司股票所得免征个人所得税，但持有期不同股息红利减免有所差异，因此，当科技创业企业为上市公司时，分配利润后凡持股期处在临界值②之前（一个月或是一年）的自然人股东都可选择延长转让时间，等过了临界值再转让股权。若利润分配发生在临界值之后，延长转让时间的参照点变为利润分配时，自然人股东应在比较资本利得与股息红利的总损益差异后，作出选择。

除了上述比较稳健的筹划方法，改变企业注册地、利用港股通的个人或企业投资者所得税免税等优惠政策都能带来降低税负的效果。

3 企业所得税纳税筹划

同自然人股东一样，科技企业的法人股东股权转让所得是指股权转让价减去股权成本价及相关合理费用后的差额，法人股东取得股权转让收入，应一次性确认收入缴纳企业所得税。

我国对法人股东转让股权的立法和征收相对完善，纳税筹划技术策略也更成熟。本文基于对传统转让方式和税收优惠政策的分析，认为法人股东可通过选择"免税所得"最多的转让方式，享受其他特殊性税收优惠政策，同时考虑税收筹划的整体有效性，以使纳税筹划科学合理。

3.1 选择"免税所得"最多的转让方式

在法人股东股权转让收入中，股权成本和股息红利所得是免税部分，只有股权转让资本利得为应税所得，所以，科技企业的纳税人应尽可能地将转让收入转为免税收入，以实现企业价值或股东权益最大化。根据不同的纳税筹划方案，可将法人股东股权转让分为直

---

① 《股权转让所得个人所得税管理办法（试行）》规定，净资产核定法将股权转让收入按照每股净资产或股权对应的净资产份额核定。
② 《上市公司股息红利差别化个人所得税政策有关问题明确》规定，个人从公开发行和转让市场取得的上市公司股票，持股期限不同股息红利的对应税率不同。

接转让股权、先分配利润再转让股权、先转增资本再转让股权和撤资四种方案，四种方案中股权投资成本相同，税负差异主要由股息红利所得带来的免税项目不同造成，本文将借鉴国内学者李霄羽（2015）、袁征（2015）的方法对以上四种方案的纳税筹划情况进行分析，以期对法人股东选择最有利的股权转让方案提供参考。

本部分的分析将以案例的形式展开。假定A、B两家科技企业（以下简称：A企业和B企业）2017年1月各出资1000万元投资C科技企业（以下简称：C企业），C企业的注册资本为2000万元，A企业和B企业均拥有C企业50%股权（假定企业不享受15%的优惠税率）。因为A企业投资战略调整，2017年5月，A企业决定将其持有的C企业的100%股权转让给D企业，转让时被投资企业C的资产负债表中显示，资产总计1亿元，负债总计5000万元，所有者权益总计5000万元，其中实收资本2000万元，未分配利润2200万元盈余公积800万元，为分析方便，假设被投资企业的账面价值与公允价值相同，税率为25%。以下是四种方案下的税负分析。

3.1.1　直接转让股权方案

转让股权收入扣除取得该股权时的成本为股权转让所得，股权转让所得扣除企业所得税后的余额确认税后净利润。因此该方案下股权转让所得1500万元（5000×50%－1000），应纳企业所得税375万元（1500×25%），A企业实现税后净利润为1125万元（1500－375）。

3.1.2　先分配利润再转让股权方案

转让股权收入扣除取得该股权时的成本和分配的股息、红利后，为股权转让所得，按分回的投资收益加股权转让所得扣除企业所得税后的余额确认税后净利润。假定利润分配方案为将当期的未分配利润全部进行分配，则该方案下股权转让所得400万元（5000×50%－1000－2200×50%），应纳企业所得税100万元（400×25%），A企业实现税后净利润为1400万元（2200×50%＋400－100）。

3.1.3　先转增资本再转让股权方案

转让股权收入扣除取得该股权时的成本和盈余公积及未分配利润转增资本的金额后，为股权转让所得，按转增的资本加股权转让所得扣除企业所得税后的余额确认税后净利润。假定企业将未分配利润全部转增注册资本，则该方案下，盈余公积可以转增300万元（800－2000×25%）[①]，于是，注册资本增加2500万元（300＋2200），股权转让所得250万元（5000×50%－1000－2500×50%），应纳企业所得税62.5万元（250×25%），A企业实现税后净利润为1437.5万元（2500×50%＋250－62.5）。

3.1.4　减资或撤资方案

转让股权收入扣除取得该股权时的成本和按照实收资本比例计算减少的被投资企业累计未分配利润和累计盈余公积确定的股息、红利所得后，为股权转让所得，按转让收入扣除投资成本后的余额确认税后净利润。因此该方案下，A企业撤资2500万元（5000×

[①] 《中华人民共和国公司法》规定，公司的公积金可以转为增加公司资本，但法定公积金转为资本时，所留存的该项公积金不得少于转增前公司注册资本的百分之二十五。因此，此处转增的资本可在计算股权转让所得时扣除，但要保证最低法定公积金余额。

50%），包括投资成本1000万元和股息红利所得1500万元（2200×50%+800×50%），股权转让所得0万元（2500-2500），应纳企业所得税0万元，A企业实现税后净利润为1500万元（2500-1000）。

四种方案下企业法人股东的收益见表1。

表1　　　　　　　　　　　科技企业法人股东收益比较　　　　　　　　　　单位：万元

方案	转让收入	抵税项目			转让所得	所得税	净利润
		投资成本	未分配利润	盈余公积			
直接转让	2500	1000			1500	375	1125
先分后转让			1100		400	100	1400
先转增后转让				150	250	62.5	1437.5
撤资				400	0	0	1500

由此可见，在科技企业法人股东股权转让的四种方案中，直接转让股权、先分配利润再转让股权、先转增资本再转让股权和减资或撤资四种方案股权转让收入税负依次减少，净利润依次增加。不过，利润分配方案和增资方案均要经过有关程序才能进行，企业减资还需要按照规定进行公告并办理变更登记，具体工作中，纳税人可以根据企业实际情况选择最理想的筹划途径。

3.2　享受其他特殊性税收优惠政策

通过对特殊性税收优惠政策的研究，我们发现，科技企业法人股东在进行股权转让时还可以采用以下三种技术性纳税筹划方案。

（1）通过新设企业进行转让股权。按照相关规定，在进行股权收购时，若收购企业购买的股权不低于被收购企业全部股权的50%，且收购企业在该股权收购发生时的股权支付金额不低于其交易支付总额的85%，则转让收入中收到的股权支付部分收入为免税收入，只需对非股权支付部分收入缴纳企业所得税。因此，在进行股权转让前，纳税人可先按拟转让的股份比例新设立一家企业，再将新设企业的股份全部转让，此时只要购买方的股权支付金额不低于其交易支付总额的85%，转让方的股东就可以只对非股权支付部分缴税，可有效降低税负。

（2）采用账面净值计价转让全部股权。若法人股东拟转让100%直接控制的居民企业的股权，则可选择按账面净值转让，此时可不确认收入，相应纳税所得为零。

（3）对于子公司股权，可先增资扩股再进行转让。母公司持有的子公司股权在转让前，可先加大对子公司的投资，待对子公司持股比例达到95%以上时再进行转让，此时子公司的未分配利润和盈余公积可确认为母公司的股息所得，可以免税，从而减少母公司的纳税金额。

3.3　考虑整体纳税筹划的有效性

前文中提到的纳税筹划方法主要针对转让股权的科技企业的创始人股东，并未考虑联合创始人股东和新股东入股之后企业的纳税成本情况，但是，有效纳税筹划要求在考虑资金时间价值的基础上达到收益最大化和风险最小化，这就要求科技创业企业摒弃以往的单一技术筹划策略，关注契约理论（盖地，梁虎，2011），从宏观战略层面进行全面统筹，维护好企业利益相关者的各方合法权益，签订公平的股权转让协议；在不损害原始股东、经营者及高层管理人员、企业员工、债权人等利益的基础上合理进行筹划。

4 研究结论

在一个科技创业企业股权转让数量井喷式增长的时代，对股权转让纳税筹划的研究也日渐被提上日程。纳税筹划作为事前策略，可以保证在合法的前提下，通过企业财税人员与股东对股权转让时间及方式的选择，运用税收优惠政策，尽可能降低税负、实现企业价值或股东权益的最大化。

本文从所得税角度分析了法人股东和自然人股东的纳税筹划方案，发现科技企业可通过先分配利润再转让增加免税所得等方式来减少法人股东的企业所得税支出，通过增资和核定征收降低转让收入等方式来减少自然人股东的个人所得税支出。拟进行股权转让的企业创始人可在重大交易前通过上述方法精心筹划，再与当地税务机关进行有效沟通，在保证税收筹划合法的前提下，最大可能减少所得税支出。

参考文献

[1] 周平芳. 股权转让个人所得税的纳税筹划 [J]. 税收筹划, 2016 (3): 43–45.
[2] 曹灿霞. 我国中小企业税收遵从影响因素分析 [D]. 长沙: 湖南大学, 2012.
[3] 许瑾. 我国股权转让个人所得税研究 [D]. 南昌: 江西财经大学, 2016.
[4] 柏榆芳, 陈爱华. 我国产权市场上的创业投资资本退出问题及对策 [J]. 时代金融, 2013 (4): 78–79.
[5] 李霄羽. 法人股东股权转让企业所得税的纳税筹划 [J]. 注册税务师, 2015 (10): 42–43.
[6] 袁征. 法人股东股权转让过程中所得税的纳税筹划 [J]. 北方经贸, 2015 (8): 21–123.
[7] 盖地, 梁虎. 契约理论视角下的企业税务筹划——基于企业和利益相关者之间契约关系的分析 [J]. 审计与经济研究, 2011 (3): 17–22.
[8] 王艳茹. 创业财务 [M]. 北京: 清华大学出版社, 2017.

作者简介

王艳茹（1970— ），河北邢台人，中国社会科学院大学教授、博士研究生。研究方向：创业企业财务管理、财务分析、创业型经济发展。

张怡蕾（1994— ），河南鹤壁人，中国社会科学院大学研究生。研究方向：财务管理、公司金融。

国有企业体制改革对其科技创新能力的促进作用

邵云飞　姚璐莹

（电子科技大学，成都，611731）

> **摘要**：成功的体制改革是企业快速发展的助推器，是增强国家竞争力的重要途径。通过对国有企业体制改革进行理论溯源，总结归纳了国有企业体制改革的三个阶段历程及每个改革阶段的特征。进一步从市场竞争、组织结构、文化氛围三个维度阐述了国有企业体制改革对其科技创新能力提升的作用，并归纳出三点可供国有企业体制改革借鉴的经验，提升其科技创新能力。
>
> **关键词**：体制改革；科技创新能力；国有企业

1 引言

40年的改革开放使得中国经济高速增长，国家竞争力得到空前提升。改革已进入攻坚期，新时代下迎接新挑战，中国能否在新的历史起点上全面深化改革引领创新，是未来面临的关键问题之一。国有企业当前面临更复杂的技术与市场环境变迁，更易陷入改革困境，走向"创造性毁灭"。企业能否赢得持续竞争优势很重要的一个因素是企业的自生能力（林毅夫，刘培林，2001）。因此，总结改革历史经验，把握经济发展规律，破除创新的掣肘因素及发展惯性，深化体制改革和推动价值战略调整，构建新的价值空间，对国有企业保持竞争优势具有重要意义（詹坤，邵云飞，2017）。当前中国国有企业能否成功进行体制改革，推动其科技创新能力升级从而促进经济效益提升，将直接影响着整个中国经济增长甚至社会稳定。探讨新时代深化国有企业体制改革与其科技创新能力提升的关系，有必要从总结国有企业改革40年的经验及规律的视角进行研究。

本文在对中国改革开放历程长期持续观察的基础上，以国有企业体制改革为切入点，总结了其体制改革演进的三个阶段及特征，随后阐述了国有企业体制改革与其市场竞争力、组织结构、文化氛围三个维度之间的关系，表明体制改革对企业科技创新能力的提升具有促进作用，也是新时代下体制改革的着力点。

本文的结构安排如下：第一部分是引言，提出研究的问题；第二部分是文献综述；第三部分是对国有企业改革的三个阶段的阐述以及每个阶段的改革特征；第四部分是分析国有企业体制改革对其科技创新能力的影响维度；第五部分是提炼出提升国有企业科技创新能力的经验；第六部分是结论与启示。

2 文献综述

创新给社会发展带来了全新的变化。有关创新能力的研究可以追溯到熊彼特,亚当·斯密、马克思等早期的经济学家们都注意到创新在经济发展中的重要作用,但只有熊彼特创造性地提出了创新促进经济发展的理论。1912 年他在《经济发展理论》中第一次指出创新在经济发展中的动力作用,奠定了创新在经济研究的基础地位。然而,熊彼特的研究在当时并没有受到重视,直到 20 世纪 50 年代技术的再次飞跃给经济发展带来的巨大影响才使人们再次意识到科技创新在经济增长和社会发展中的巨大作用。此后创新理论的研究朝着技术创新学派和制度创新学派两个方向发展。技术学派在技术创新的起源、内涵、效应、过程、分类、经济发展中的作用等方面进行了大量研究,制度创新学派则在制度变迁、市场竞争的影响等方面进行了丰富的研究。到了 20 世纪 70 年代,美国学者 Nelson 和 Winter 借鉴生物进化论,建立创新的演化经济理论推动了两者的融合(何郁冰,2012)。基于研究范式,西方经济学和管理学界对创新范式的研究已经历了古典经济学理论、国家创新体系理论,以及演化经济学三个阶段。第一阶段对应于新古典学派和内生增长理论的线性创新模式,认为创新的外部性是创新战略和干预的重点内容(李万等,2014)。第二阶段始于国家创新体系理论的提出,从国家创新体系到区域创新系统,再到全球化的国家创新系统,这一阶段的研究理论重点在开放式创新理论以及"政产学创新三螺旋理论"。第三阶段主流是演化经济学,一方面,"用户导向的创新"日益重要,形成"政府(公共机构)—企业(产业)—大学科研—用户(市民)"的"四螺旋"创新范式与开放式创新2.0;另一方面,则朝着创新生态系统方向发展。

国有企业的改革是中央基于实现国有企业做大做强的重大战略部署而实施的,国有企业改革是一个"摸着石头过河"的"试错"过程,传统的国有企业为顺应市场经济的发展而不断进行体制改革,增强企业活力,促进科技创新能力提升。

国有企业体制改革历程大体可以分为三个阶段:第一阶段"放权让利(20 世纪 80 年代)";第二阶段"制度创新(20 世纪 90 年代及 21 世纪初)"(萧冬连,2014);第三阶段"纵深推进(2010 年至今)"(李兆辰等,2018)。

第一阶段改革的重点是扩权让利,搞活企业经营,先后经历了放权让利、经济责任制、承包制,为后续的深化改革积累了经验。

第二阶段的改革是在第一阶段改革未达到预期目的所进行的更深入的改革,通过适当改革所有制,引入私有资金、海外并购、上市重组推动股权多样化以及建立公司法人治理结构并成立国有资产管理监督委员会,实现了国有企业较为合理的布局和有效管理。这一阶段国家通过了《中华人民共和国公司法》《关于完善社会主义市场经济体制若干问题的决定》等一系列法律、法规文件。

第三阶段进一步完善国有企业治理结构,包括民营化、公司化以及正在深化的混合所有制改革,推动国有企业变大变强,促进国有经济与市场融合。

从国有企业体制改革的任务与趋势来看,国有企业体制改革经历了三次高潮(桁林,2011)。第一次高潮在 20 世纪 80 年代中后期,特点是自由化、市场化,其重大收获是允许国有企业上市。第二次企改高潮在 20 世纪 90 年代后期,实现了从"国退民进"到"国进民退"的转折,政府对国企的支持也由后台(金融)走到了前台(财政),由间接到直接。第三次高潮是在 2008 年之后,有金融、财政、市场准入的强力保护,国有企业实力势不可挡,形成强大垄断势力。2013 年以来国有企业混合所有制稳步推进,政府发布了《关于深化国有企业改革的指导意见》等系列文件指导改革行进,国有企业体制改革由以管人为主朝着以管资本为主发展,转变势头良好。

国有企业体制改革直接影响着国有经济竞争力的强弱,引发了学术界的广泛关注与讨论。国有企业效率低的原因有很多,如产权不清晰、市场经济不完善、管理水平低(张屹山等,2018)、现代企业家机制不完善、政治体制改革落后(姚东旻,李军林,2016),国有企业体制改革的动力多出于国家财政的压力(王红领,李稻葵,2001),事实上国有企业的效率应该根据具体背景和科学的指标来判断。国有企业体制改革从政企分开到给国有企业定性,是两个具有重大意义的进步,但随着改革当中出现的一些暂时问题,使得国有企业体制改革重新误入歧途,国企垄断享有特权、经营效益不高、特殊利益集团(何伟,2011)、官商联系紧密、个人腐败减少而群体性腐败加强(黄群慧,2006)等问题凸显。无论是明确国有企业权责利、还是对国有企业进行各种补贴与扶持,国有企业体制改革依旧问题突出,增强企业自生能力是国有企业体制改革的唯一出路,不能就企业改革企业,要抓住企业深层次的体制问题。国有企业体制改革能够提高市场化程度,提升地区整体的就业和固定资产投资水平,促进技术进步和外溢,进而促进经济发展(张铭慎,刘泉红,2017)。在新常态下,要根据国有企业的不同性质对其进行定位,明确国有企业体制改革目标,辅助供给侧结构性改革,完善国有企业经济结构布局(黄群慧,王佳宁,2017)。要继续打破国有企业的垄断形势、构建更加完善的竞争性框架,实现"管企业"到"管资本"的转变,为经济增长提供新的动力。

国内学者利用创新理论,对国有企业创新能力进行了大量研究,为企业改革和提升企业创新能力提供了十分丰富的经验。各类国有企业改革、创新的研究已十分丰富,但是将国有企业体制改革与科技创新能力结合起来的相关研究却不够充足。本文在学者既有的研究基础上,对改革开放四十年来国有企业体制改革进行了系统性梳理,探析了其与企业市场竞争、组织结构、文化氛围等的关系。为当前国有企业深化体制改革对企业科技创新的正向影响进行归纳与总结,以期为优化国有企业体制改革提升其科技创新能力提供方向。

3 国有企业体制改革历程

国有企业体制改革经历三个阶段,分别是改革摸索阶段、所有制改革阶段、市场化改革阶段(见图 1)。第一阶段的改革措施主要有放权让利、实行经营责任制、利改税、承包责任制,一定程度增强了企业的自主性,但并未根本解决所有权问题。第二阶段的主要措施是实行股份制改革和中小型企业民营化改革,大部分的国有企业都完成了公司制改革,这一阶段优化了国有企业的所有权结构,增强了国有企业的自主性。第三阶段的主要措施是实行混合所有制改革和减少国有企业数量,这一阶段的任务是优化国有企业的治理结构,提升企业市场化经营的能力。

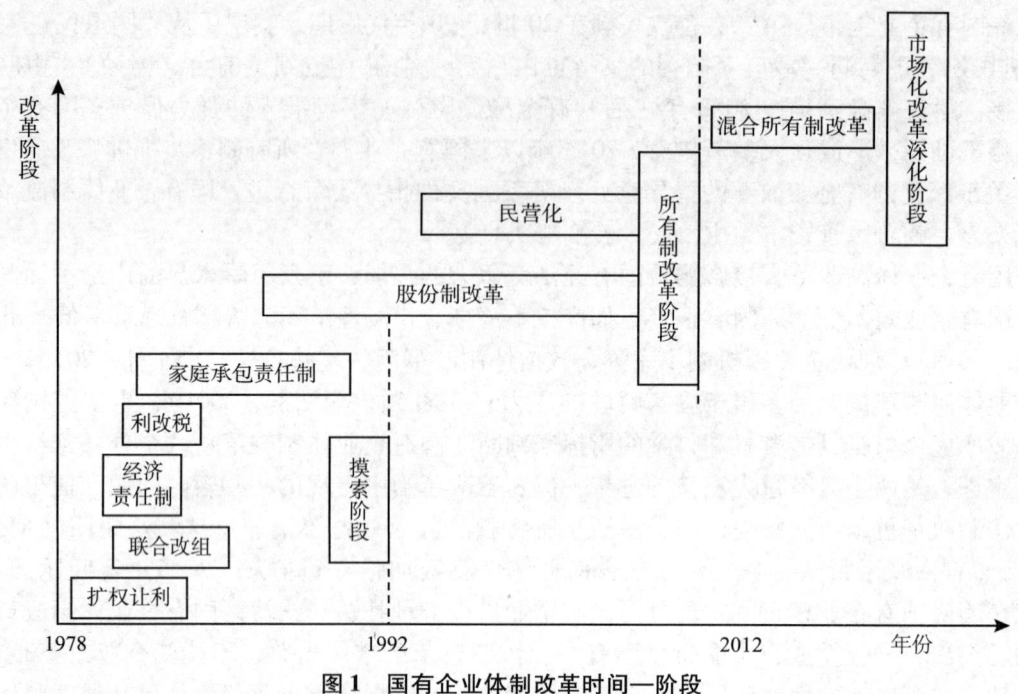

图1 国有企业体制改革时间—阶段

3.1 摸索阶段（1979—1991年）

第一阶段，1979年7月政府印发《关于扩大企业经营管理自主权的若干规定》等一系列文件开始正式进行扩权试点，以期增强国有企业经营能力，扩权试点工作在全国大面积展开，与此同时，为了解决工业企业条块分割、管理重复、互相封锁等体系混乱问题，政府对工业企业进行改组和横向联合，并挖掘中心城市作用。由于在企业扩权后期，企业对政策调整的积极性不强，为了遏制经济下滑趋势，政府大范围开展了企业经营包产到户，同时也进行了部分企业的股份制改革试点。由于国家财政力量有限（刘扭霞，1988），国家将国有企业体制改革的方向聚焦在使国有企业成为具有自生能力的市场主体，目标是搞活企业，提升国有企业效率。改革伊始，整个国家形成一股西方学热潮，重点关注西方的经济理论及机制理论。西方企业进入中国市场后，中国开始接触了发达国家先进的管理体制机制。结合自身探索与国外经验辅助，国有企业获得迅速发展。

3.2 所有制改革阶段（1992—2012年）

第二阶段，政府已经在体制改革中积累了一定经验，1995年提出对国有企业实行"抓大放小"的战略，国有企业通过行业整改、技改贴息、债转股、破产清算、民营化、重组上市等列措施基本完成了企业产权改革，并且成立了国有资产监督管理委员会，这一时期体制改革的目标是实现所有制的转变，完成国有企业市场主体化转变，国有经济与市场化融合。国有企业数量精简，结构效率提高。这一阶段国家通过了《中华人民共和国公司法》《关于完善社会主义市场经济体制若干问题的决定》等一系列法律、法规文件。

3.3 市场化改革深化阶段（2012年以后）

第三阶段，体制改革进一步推进国有企业市场化，进一步增强市场机制在资源配置方面的决定性作用，对中央企业实行分类管理，完善国有企业治理结构，实行混合所有制改革，组织国有资产经营投资公司，改善国有资本管理组织，该阶段目标是融合国有资本和市场机制，更大地发挥国有资本作用。在提高资本利用效率方面，2016年政府确定了2041户"僵尸企业"和"特困企业"，到2018年6月底中央企业已经完成1200户企业的"处僵治困"工作，在完善治理结构方面，累计减少法人单位11261户，占总计划21.58%，超额完成1.59%，同时公司制改制基本完成，2017年有53家中央企业获得了国家科技进步奖项，一共有83项，占到奖项总数的35%。处在发展的新时代，国有企业整体实力变强，据《财富》2018年世界五百强，中国已有120家企业进榜。当前，国有企业仍存在高管激励不足等体制问题。

改革开放四十年来国有企业体制改革持续进行，国有企业实力不断增强，已实现国有企业朝精细化、发挥骨干作用、保护国家安全等方面转变。回顾国有企业体制改革历程，在以下四个方面取得的突出进步（见图2）。

(1) 体制改革丰富了国有企业的所有权结构，基本完成了国有企业的公司制改造，国有企业的治理结构不断完善。非国有资本进入国有企业当中，增加了国有企业的资金来源，优化了国有企业管理组织。

(2) 提升了国有企业的市场竞争力。国有企业体制改革迫使国有企业更加注重市场因素，更加依赖于消费者对企业产品的认可度。

(3) 体制改革使国有企业文化开放化。进入市场的国有企业接触到新的市场文化，形成了与以往不同的生产、营销和创新等文化。

(4) 增强了国有企业的科技能力。国有企业实现了由小到大、由弱到强的转变，企业的技术能力不断增强，航空航天等行业已走在世界前列。

```
扩权让利           加入市场竞争
承包制             企业所有权结构
公司化      →      文化氛围
民营化             技术能力
混合所有制改革

改革措施           进步之处
```

图2 改革主要成就

4 国有企业体制改革对其科技创新能力的促进作用

国有企业体制改革已然提升了其科技创新能力，但是国有企业体制改革是怎样提升其科技创新能力的呢？大量学者对影响企业科技创新的影响因素进行了分析，已有研究表明市场竞争、组织结构、文化氛围三个方面会对企业的科技创新能力产生影响（见图3）。

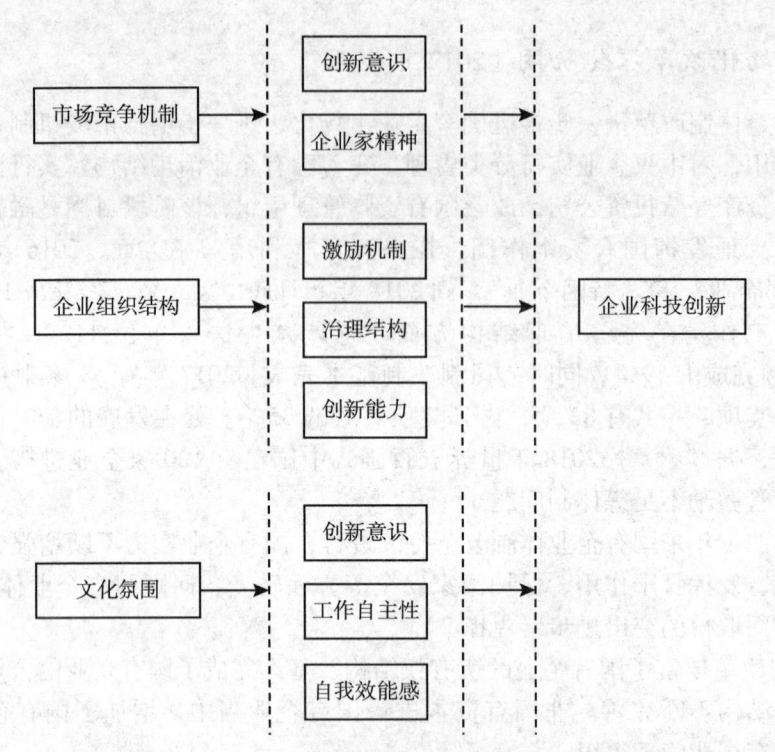

图 3　市场竞争机制、企业组织结构、文化氛围对企业科技创新能力的作用

4.1　市场竞争

国有企业体制改革促使其加入市场竞争，成为一个自负盈亏的经营主体，激烈的市场竞争增强了其生存意识，通过产品创新使自身产品占据主导地位和拥有较大市场份额是其生存的保证，欲保持优势地位的国有企业会积极地进行自主创新活动（田轩，孟清扬，2018）。学者通过对中国规模以上工业企业的研究发现，一定程度的市场竞争有利于提高企业的资产利用率，在与合作伙伴的合作中拓宽获取知识的途径，加强知识的整合与新技术的开发，当国有企业拥有更多产品成功商业化所需的专业支持资产其竞争优势也越明显，有利于进一步提升其科技创新能力（Srivastava et al.，2017）。

国有企业体制改革允许市场上存在其他所有制的企业，不同企业的创新文化通过市场的竞争得以沟通交流，国有企业的创新文化也因此得到提升。在市场的筛选过程中，有利于形成企业家精神（聂辉华等，2008）。具有企业家精神的管理者不会夸大创新的高风险，因而具有企业家精神的国有企业对进行科技创新活动的意愿更强，那些发起重大技术变革的公司比其他公司增长更快，因此有利于提升其科技创新能力（Tushman et al.，1986）。

4.2　组织结构

企业组织结构影响着企业员工的创新能力及其对于内部创新人员的创新激励水平。好的企业组织能够充分发挥和挖掘员工的创造力，有利于提升企业创新的数量和质量。恰当的企业组织能够将企业的创新能力内化到企业的组织结构中，促进企业科技创新能力提升。

国有企业体制改革打破了原有组织的固定形式，组织结构日益柔性化和灵活化。国有企业体制改革后其对管理层存在政治激励与薪酬激励两种方式。科学合理的经营绩效和创新绩效评估并实行具有吸引力的报酬奖励，是实现企业创新活动激励的基础。为了实现政治晋升，国有企业管理人员有更强的进行创新投资的意愿以提升经营业绩，但创新行为的收益具有滞后性，导致国有企业管理者缺乏进行探索性创新的动力，因而减少浪费、提高投资效率是国有企业管理人员进行科技创新的明智选择（赵兴庐等，2014）。股权激励将国有企业的创新剩余索取权适当的分配给了管理者，增强了管理者进行创新行为的动机，从而鼓励管理者走出舒适区，降低对既有成熟的解决措施的依赖，促进企业的科技创新研发投入，主动进行更多的创造性发明（周铭山，张倩倩，2016）。

企业家技术创新是企业创新活动的重要部分，管理层发挥着创新战略的实施和风险控制作用（肖利平，2016）。董事会的规模与结构影响管理人员对技术创新的态度与决策（陈劲等，2014），从而影响企业创新能力，而管理层的创新决策受其创新权力的影响（徐金法等，2002），权责分配明确的组织结构有利于管理层进行创新活动，提高企业的科技创新能力。国有企业体制改革赋予了企业管理人员更多创新权力，有利于提升其科技创新能力。

员工的高创新能力有助于提升企业的创新活动的质量和数量。复杂的市场环境意味着少数的人能够实现创新。国有企业体制改革提高了管理人员的组织水平与雇佣水平，实现创新人员与创新工作的高度匹配，企业创新活动通过这些创新人员得以实现。创新行为不是孤立的，因而创新行为可以被内化到企业的组织结构当中，进一步提升其科技创新能力。

4.3 文化氛围

国有企业体制改革使得企业文化对不确定性更加开放与包容。改革开放使国内外文化在相互竞争中不断融合。商品经济的文化对提升企业科技创新能力起到了关键性作用。特定的组织文化特征是转化所需能力的前提，组织创新的文化氛围影响企业人员的创新意识进一步指导创新行为，增加了其进行产品创新的倾向，影响企业的创新绩效（Herrmann et al.，2007）。有学者指出团队创新氛围对员工创新行为有正向影响，并且是通过影响员工的自我效能感、工作自主性促进员工的创新（王雁飞等，2005）。处在积极创新文化当中的人员会主动地进行创新性活动。世界科技发展的历史证明，企业的科技创新活动是科技发展的根本推动力量。改革开放以前缺乏商品经济的创新文化是科技创新落后的重要原因之一。改革开放四十年来，整个社会的创新文化已经得到极大的提升，政府也意识到企业的科技创新活动在科技发展当中的重要作用。我国企业创新能力得到极大提升，涌现出中国电网、中国南车集团等国有企业。随着国有企业创新文化的不断积累其科技创新能力不断提升。

通过以上研究可以发现，国有企业体制改革影响了国有企业的市场竞争、组织结构、文化氛围，从而进一步对国有企业的科技创新能力产生影响，对国有企业改革机制进行总结如图4所示。

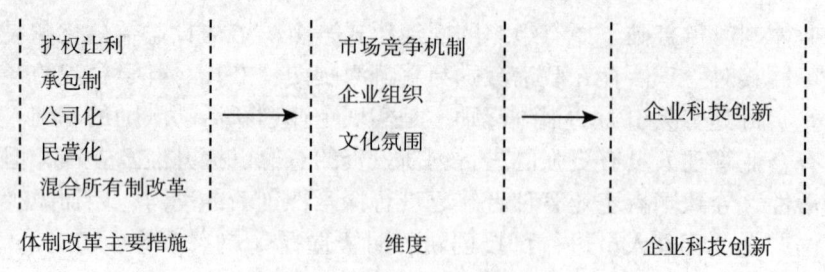

```
扩权让利              市场竞争机制
承包制      →        企业组织         →        企业科技创新
公司化              文化氛围
民营化
混合所有制改革

体制改革主要措施              维度                  企业科技创新
```

图 4　国有企业体制改革对其科技创新能力作用机制

5　国有企业体制改革的经验归纳

国有企业体制改革经历了三个阶段，每个阶段国有企业有不同的创新战略选择。国有企业体制改革影响了其市场竞争、组织结构、创新文化氛围，进而提升了其科技创新能力。可从以下这三个方面总结国有企业体制改革的经验。

（1）放开市场竞争。十八届三中全会指出发挥市场在资源配置中的决定性作用并不断深化国有企业体制改革，放宽市场准入。企业的两大职能是创新和营销，科技创新活动在科技发展中的重要作用不言而喻。激烈的市场竞争会让消费者筛选出最能够满足需求的科技创新甚至企业，引导资源高效化流动，这有助于国有企业加强资源的整合与利用，进一步提升其科技创新能力。

（2）优化组织结构。企业创新的行为依赖于企业优化创新组织结构。好的企业组织结构能够达到人尽其才物尽其用的效果，组织结构是企业创新文化的依托，是企业进行市场竞争的载体。在体制改革中精简优化组织结构，使创新人员的创新过程内化到企业的创新机制中，成为企业创新的一个组成部分。由组织结构决定的激励水平和治理结构是决定企业进行创新行为的关键因素，因此国有企业的体制改革在优化组织结构的过程中推动其科技创新能力提升具有重要作用。

（3）加速创新文化的形成。国有企业改革四十年，市场上的非公有制经济主体的创新文化不断进步，而国有企业的进步则相对较缓慢。文化的形成是长期积累并不断内化的过程，国有企业特殊的体制机制束缚了企业人员的创新行为。随着国有企业在深化体制改革的过程中定位精准化，其创新文化意识不断得到重视与培养，有利于进一步推动其科技创新能力提升。

6　结论与启示

6.1　研究结论

本文将国有企业体制改革过程分为三个阶段，即摸索阶段、所有制改革阶段和市场化改革阶段。详细概述了每个体制改革阶段的特征。进一步发现，国有企业体制改革过程会对国有企业的市场竞争环境、企业组织结构和创新文化产生正向影响，作用于国有企业的创新活动，进一步提升其科技创新能力，为国有企业体制改革积累了经验，对推动其科技创新能力提升具有借鉴意义。

国有企业体制改革要保证创新活动具有市场竞争力，体现创新资源的价值与珍贵。体制改革还有注意组织结构的优化，适当的创新激励有助于创新人员将创新过程内化到企业的组织结构中。国有企业体制改革还要注意长期的创新文化塑造，鼓励优秀的创新文化的产生。

6.2 研究启示

本文的研究只停留在理论层面，缺乏对相关因素的作用机制研究。下一阶段将可以针对国有企业体制改革对其科技创新能力提升过程进行定量和实证研究，进一步揭示国有企业体制改革与其科技创新能力的关系，指导国有企业体制改革提升其科技创新能力。

参考文献

[1] 林毅夫，刘培林. 自生能力和国企改革 [J]. 经济研究，2001（9）：60 – 70.

[2] 詹坤，邵云飞. 突破性技术创新的非线性与非连续性演化——以智能驾驶汽车为例 [J]. 技术经济，2017，36（5）：66 – 73.

[3] 何郁冰. 产学研协同创新的理论模式 [J]. 科学学研究，2012，30（2）：165 – 174.

[4] 李万，常静，王敏杰，等. 创新3.0与创新生态系统 [J]. 科学学研究，2014，32（12）：1761 – 1770.

[5] 萧冬连. 国有企业改革之路：从"放权让利"到"制度创新" [J]. 中共党史研究，2014（3）：9 – 19.

[6] 李兆辰，杨梦俊，郑世林. 国有企业改革与中国地区经济发展 [J]. 中国经济史研究，2018（2）：160 – 173.

[7] 桁林. "大国有"战略下国企改革的任务与趋势——对国企三次改革大潮的反思 [J]. 福建论坛（人文社会科学版），2011（10）：140 – 146.

[8] 张屹山，赵立文，刘玉红，等. 论国有企业改革的基本方向 [J]. 吉林大学社会科学学报，2018（2）.

[9] 姚东旻，李军林. 国有企业多元功能与运行效率：1999—2016年 [J]. 改革，2016（3）：37 – 48.

[10] 王红领，李稻葵. 政府为什么会放弃国有企业的产权 [J]. 经济研究，2001（8）：61 – 70.

[11] 何伟. 对国企改革历程的深层次思考 [J]. 理论探讨，2011（2）：165 – 167.

[12] 黄群慧. 管理腐败新特征与国有企业改革新阶段 [J]. 中国工业经济，2006（11）：52 – 59.

[13] 张铭慎，刘泉红. 国有企业改革的增长红利——释放机理与"十三五"效应预测 [J]. 经济与管理研究，2017，38（7）：26 – 34.

[14] 黄群慧,王佳宁. 国有企业改革新进展与趋势观察 [J]. 改革, 2017 (5): 5-14.

[15] 刘扭霞. 国有企业改革的回顾与展望 [J]. 山西财经大学学报, 1988 (6): 88.

[16] 田轩,孟清扬. 股权激励计划能促进企业创新吗 [J]. 南开管理评论, 2018 (3): 176-190.

[17] 徐晓萍,张顺晨,许庆. 市场竞争下国有企业与民营企业的创新性差异研究 [J]. 财贸经济, 2017, 38 (2): 141-155.

[18] 聂辉华,谭松涛,王宇锋. 创新、企业规模和市场竞争:基于中国企业层面的面板数据分析 [J]. 世界经济, 2008, 31 (7): 57-66.

[19] 赵兴庐,刘衡,张建琦. 市场化程度的感知、产权制度与企业创新精神:国有和民营企业的比较研究 [J]. 南方经济, 2014, 32 (5): 25-41.

[20] 周铭山,张倩倩. "面子工程"还是"真才实干"?——基于政治晋升激励下的国有企业创新研究 [J]. 管理世界, 2016 (12): 116-132.

[21] 肖利平. 公司治理如何影响企业研发投入?——来自中国战略性新兴产业的经验考察 [J]. 产业经济研究, 2016 (1): 60-70.

[22] 陈劲,黄淑芳. 企业技术创新体系演化研究 [J]. 管理工程学报, 2014, 28 (4): 219-227.

[23] 徐金发,刘翌. 企业治理结构与技术创新 [J]. 科研管理, 2002, 23 (3): 59-63.

[24] 杨建君,吴春鹏. 公司治理结构对企业技术创新选择的影响 [J]. 西安交通大学学报(社会科学版), 2007, 27 (1): 34-38.

[25] 王雁飞,朱瑜. 国外组织创新气氛研究概述 [J]. 外国经济与管理, 2005, 27 (8): 26-32.

[26] 张文勤,石金涛. 研发主管目标取向对创新气氛与创新行为的影响 [J]. 科学学研究, 2009, 27 (3): 459-465.

[27] 厉明. 组织创新氛围对员工创新行为的影响机制研究 [J]. 暨南学报(哲学社会科学版), 2013, 35 (5): 62-70.

[28] 顾远东,彭纪生. 组织创新氛围对员工创新行为的影响:创新自我效能感的中介作用 [J]. 南开管理评论, 2010, 13 (1): 30-41.

[29] Srivastava M K, Gnyawal D R. *When do relational resources matter? Leveraging portfolio technological resources for breakthrough innovation* [J]. *IEEE Engineering Management Review*, 2017, 45 (2): 83-96.

[30] Mitchell W. *Whether and When? Probability and Timing of Incumbents' Entry into Emerging Industrial Subfields* [J]. *Administrative Science Quarterly*, 1989, 34 (2): 208-230.

[31] Tushman M L, Anderson P. *Technological Discontinuities and Organizational Environments* [J]. *Administrative Science Quarterly*, 1986, 31 (3): 439-465.

[32] Ahuja G, Lampert C M. *Entrepreneurship in the Large Corporation: A Longitudinal Study of How Established Firms Create Breakthrough Inventions* [J]. *Strategic Management Jour-*

nal, 2001, 22 (6-7): 521-543.

[33] Herrmann A, Gassmann O, Eisert U. *An empirical study of the antecedents for radical product innovations and capabilities for transformation* [J]. *Journal of Engineering & Technology Management*, 2007, 24 (1-2): 92-120.

作者简介

邵云飞（1963— ），浙江金华人，电子科技大学经济与管理学院教授、博士生导师、博士研究生。研究方向：创新管理、人力资源管理。

姚璐莹（1995— ），江西萍乡人，电子科技大学经济与管理学院硕士研究生。研究方向：创新管理。

基于文献量化分析的中国创业政策差异研究
——以北京、上海、重庆为例

丁奕文 周 阳 鲁若愚

（电子科技大学，成都，611731）

> **摘要**：政府制定合理的创业政策对于创业活动的开展具有重要意义。搜集整理中央政府和北京、上海、重庆三市地方政府于1994—2017年颁布的创业政策，采用政策计量和内容分析方法，对政策文本内外部特征进行分析，描绘中央政府与地方政府及地方政府之间创业政策的差异，进而探讨政策差异与创业发展实践的关系。研究发现：中国创业政策发文时间的初始颁布年份和密集颁布年份存在差异；政策发文单位的层级和部门存在差异；政策工具使用的目标、重点、思路和时间存在差异；不同地区创业政策导向的差异影响了地区创业活动的开展。
>
> **关键词**：创业政策；政策差异；政策工具；地域差异；量化研究

随着经济全球化和世界一体化的发展，知识经济在国际竞争中占据越来越重要的地位。各国也都逐渐认识到发展技术型创新创业，将知识转化为生产力才是在国际竞争中占据主动位置的关键所在。近些年来，我国创业活动迅速发展，2015年李克强总理在《政府工作报告》中提出"大众创业、万众创新"，国内创业热情再次掀起高潮，创业也已经成为国家发展战略中的重要一步。为促进创业活动进行，帮助新创企业成长，创业政策如雨后春笋般大量涌现。

在创业政策大量涌现的情况下，由于政策制定的主体不同，政策往往表现出一定差异。就我国而言，中央政府和地方政府是进行政策制定的主体。中央政府的全局性政策制定为各级地方政府的政策制定提供方向性指导，更具全面性和前瞻性。而地方政府根据实际情况有针对性地进行政策制定。在政策制定推进过程中考虑到所在地区经济发展水平、地理位置不同、规划差异、推进和采纳主体出发点的不同等一系列内外部条件与限制，政策制定会呈现出不同的特点与趋势。早期，由于电子信息化发展不完善，政府政策公开透明程度不够，大多数政府对于政策的制定和实施存在暗箱心理，未能真正理解政策制定和推行的意义所在。通过研究政策差异，有助于地方政府在理解中央政策的基础上结合本地区的实际发展特点与优势，有针对性地制定合理的地方政策，同时对比各地政府在政策推行过程中的差异化策略，进一步为本地区的创业提供支持。本文正是基于该思路，收集整理了我国中央与北京、上海、重庆三地的创业政策文献，基于文献量化分析的方法，对政策文本的发文时间、发文机构、政策工具进行量化分析，探究我国中央与地方，地方与地方之间的创业政策的差异，探讨政策差异与创业发展实践的关系。

1 国内外相关研究进展

创业被认为是在不拘泥于资源约束的前提下，追逐机会并创造价值的过程。而在该过程中的高风险性、高不确定性以及创新性等一些特性导致了创业活动对于外部环境的依赖性。创业政策作为创业环境的重要组成部分，对于一个国家或者地区创业的发展影响巨大。关于创业政策的研究最早开始于国外，Anders 与 Lois（2001）最早开展了对创业政策的相关研究，并认为创业政策应该包含激发创业动机、提供创业机会、培养创业能力三个方面。Johnson（2016）认为创业政策的制定目的不仅仅应局限于促进经济的增长，更在于积极创新活动及知识价值的商业化。Acs 和 Szerb（2007）通过研究创业政策对于中小企业的影响发现创业政策的制定应该通过促进商业机会的产生，抑或保障创业活动产权，致力于创造一个良好的环境来鼓励个体创业或帮助新创企业成长。而随着我国创业活动的快速发展，国内学者关于创业政策的研究逐渐增多并可以大致分为两类。

（1）针对创业政策的受体研究：如大学生、海归人群、农民等不同群体及服务水平、孵化器等或创业载体的政策研究。肖潇与汪涛（2015）利用内容分析法构建并完善了"三位一体"的大学生创业政策评估模型，并以此模型分析了中关村与东湖高新区两地的大学生创业政策。万玺（2013）针对海归科技人员，建立了创业政策吸引度、满意度、忠诚度的结构方程模型，研究结果发现海归人员的创业政策满意度对于其创业忠诚度具有最为显著的影响。刘小春（2011）则着眼于返乡农民工这一特殊人群，研究发现农民工对于创业政策的满意度主要受到其个人特征及创业政策中创业培训机制的影响。

（2）针对政策文本内容挖掘及评价的研究。白彬与张再生（2016）利用政策工具、创业周期、政策客体三个维度搭建政策评价三维模型并将其运用于分析以创业拉动就业此类政策文本的合理性和有效性。范柳等（2017）基于内容分析法对珠三角经济圈、长三角经济圈和山东半岛蓝色经济区的创业扶持政策体系进行比较研究，分析了不同区域经济圈的政策差异及其影响。

政策差异作为一种成熟的政策研究视角，被广泛运用于政策文本的分析之中。政策差异的主要研究集中于针对某一类政策，进行时间、趋势、地区、国别的分析，具体研究涉及政策制定的原因、部门、目标及政策制定前后对于相关行业影响的差异。就国外的研究而言，Skjarseth 等（2013）收集了 2000—2013 年欧盟与美国的相关气候政策并进行阶段划分，分析每个阶段欧盟与美国在政策目标、战略及后续影响的差异。Peter 与 Wendell（2012）从政策差异的角度出发，探究美国与西欧城市发展轨迹的异同之处，研究政策差异对于这种发展轨迹的影响。Joan 等（2015）以德国与芬兰为案例，对比分析两国医疗养老政策差异对于养老院利用率的影响，并对如何降低养老院的利用率提供了一些政策建议。Jennings（2013）从政策目标和市场反应的角度分析了英国与爱尔兰政府新出台的新能源政策的差异。而关于政策差异的研究，国内学者的研究成果也相当丰富。张倩（2015）根据我国不同地区政策环境制度的差异，探究了命令控制型和市场激励型两种不同的环境规制政策对于绿色技术创新的影响。代丽华（2017）对比分析了淮河两岸不同地区的供暖政策差异，验证了贸易开放会导致环境恶化。叶选挺与李明华（2015）以中国半导体照明产业为例，采用政策计量和内容分析方法，描绘中央政府与地方政府及地方政府之间产业政策的差异，进而探讨政策差异与产业发展实践的关系。杜伟锦等（2017）对京津冀和长三角地区科技成果转化政策文本进行收集、梳理和挖掘，并基于政策文本进行量化分析，从政策目标、政策工具、政策执行三个维度对比了两区域三个阶段的演进差异。芦章平等（2012）从政策结构、政策内容、政策目标、政策工具手段及政策实施效果方面分析了国家和江苏省科技成果转化政策执行效率不同的问题。

政策工具作为一种研究政策差异的重要手段，伴随着公共管理主体的多元化、公共政策的复杂程度和执行难度的增加而兴起。Hughes（2001）将政策工具定义为政府的行为方式，以及通过某种途径用以调节政府行为的机制。顾建光（2006）认为政策工具是被决策者以及实践者所采用，或者在潜在意义上可能采用来实现一个或者更多政策目标的手段。赵筱媛和苏竣（2007）认为政策工具是组成政策体系的元素，是由政府所掌握的、可以运用的达成政策目标的手段和措施。对于政策工具的研究，国内外学者的成果也相当丰富。但由于政策工具的定义差异，学者之间就政策工具的划分也多种多样。Kirschen（1964）提出了64种一般化的政策工具，但他并未对这些政策工具进行系统的分类。Lowi（1972）将政策工具划分为规制性工具和非规制性工具，Salamon（1981）在该基础上增加了开支性工具和非开支性工具两种。McDonnell和Elmore（1987）则根据政策工具的最终目的进行分类，即命令性工具、激励性工具、能力建设工具和系统变化工具四种。Rothwell和Zegveld（1985）通过政策工具对创新创业产生影响的层面将创新政策工具分为供给面、环境面和需求面三大类，同时又将三大类细分为12种。这种降维的思想对日后的政策研究提供了新的思路，同时相较于以前有了更为规范化的指导性和针对性。

总体而言，我国创业政策仍处于发展的初级阶段，相关文献中缺乏对我国创业政策趋势及不同地区创业政策差异的研究。本文从政策差异的角度出发，通过对我国创业政策文献的外部属性特征梳理和文本内容编码进行文本量化分析，探究我国中央与地方的创业政策在发文时间、趋势、机构及政策内容中的差异，为我国创业政策体系的构建与完善提供了一些参考意见。

2 数据基础与研究设计

2.1 数据收集与整理

本文选取中央政府和地方政府发布的创业政策进行分析。基于我国的实际情况与地域发展的差异，地方政府选取北京、上海、重庆三个直辖市。以清华大学政府文献数据库、北大法宝数据库、政府部门网站为政策数据来源，收集涉及创业的相关政策文件。政策文献以中央政策和地方政策两部分组成，为了确保数据的相对完整性和针对性，按照以下原则对政策文献进行整理和遴选：一是中央政策为中央立法机关和行政机构制定的全国性政策法规，地方政策为北京、上海、重庆三个直辖市地方立法机关和行政机构制定的地方性政策法规；二是政策直接与创业密切相关；三是确定政策类型，主要选取法律法规、规划、意见、办法、细则、条例、公告、通知等，不计入领导人讲话、信函、批示、批复、获奖名单、人员名单等类型的政策。最终遴选出1994—2017年我国创业政策572件，其中中央政策282件，地方政策北京121件，上海98件，重庆71件。

2.2 研究设计

政策文献计量是一种量化分析政策文献结构属性的研究方法，不同于传统政策研究范式对政策文献内容的关注，本文研究更多地关注大样本量、结构化或半结构化政策文本的定量分析。内容分析方法是文本分析之中的一种，通过科学的分析工具对文本进行内容的深度挖掘和分析，得出文本间隐藏的联系及内部规律。

对于创业政策量化分析，本文采用政策文献计量分析与内容分析相结合的方式。政策文献计量分析是对政策外部属性的量化分析，政策发文时间与发文机构是政策文本最为显著的外部特征，其中对于发文时间的计量分析可以得出中央与地方政策在时间序列上的分布特征，对于发文机构的计量分析可以得出不同地方主导创业政策的部门。政策内容分析是对政策文本的内容进行深度挖掘，本文对每条政策文本内容进行编码，开展创业政策工具使用差异的研究。具体研究脉络如图1所示。

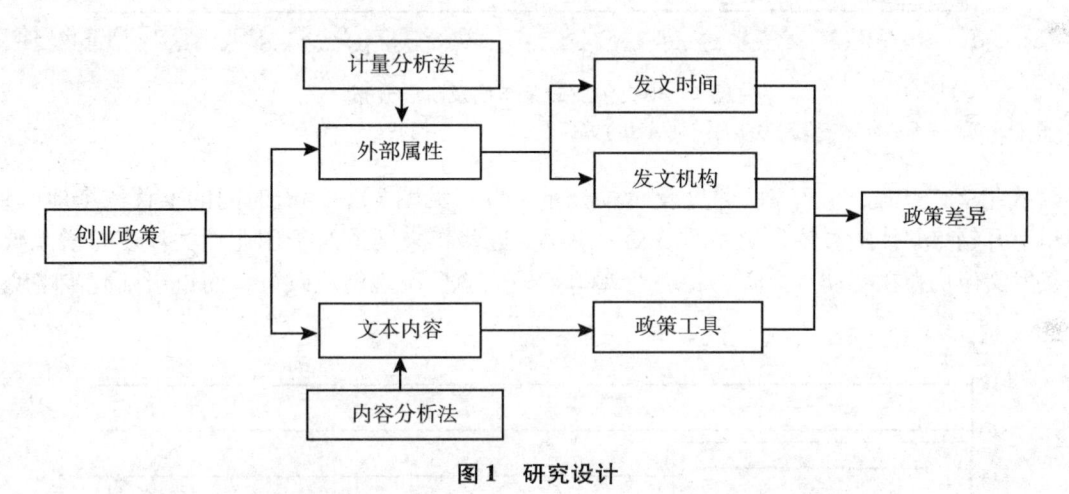

图1 研究设计

3 中国创业政策差异的实证分析

3.1 发文时间差异

就中央政策而言，我国的创业政策呈现出明显的阶段性增长情况（见图2）。本文以2008年国务院办公厅转发人力资源和社会保障部等部门《关于促进以创业带动就业工作指导意见》和2015年国务院颁布《国务院关于大力推进大众创业万众创新若干政策措施的意见》为划分节点，对我国创业政策进行阶段划分并统计各阶段政策数量。首先，我国最早的与创业相关的政策为1994年国家科学技术委员会颁布的《关于对我国高新技术创业服务中心工作的原则意见》的通知。在这一阶段，我国创业处于缓慢发展的状态，创业政策数量增加缓慢。第二阶段，我国创业政策迎来第一次增长，从第一阶段的年1.8件增长至15.8件。第三阶段，李克强总理在 2014 年夏季达沃斯论坛上首次提出"大众创业、万众创新"的号召，并在 2015 年国务院颁布《国务院关于大力推进大众创业万众创新若干政策措施的意见》之后，我国创业迎来了爆发式的增长，2015—2016 年发布了 103 项政策，年均政策 51.5 项。

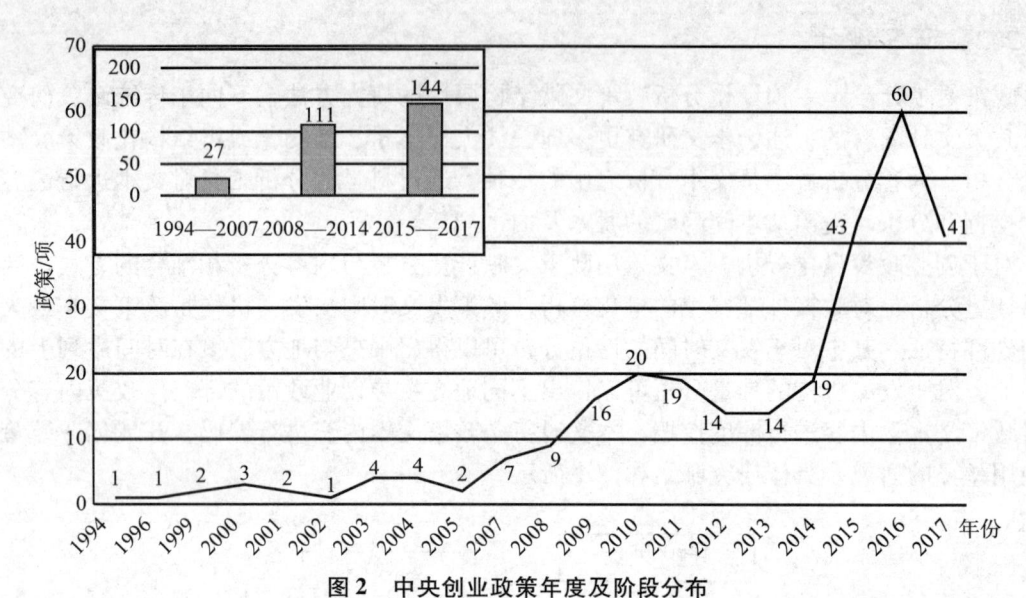

图 2　中央创业政策年度及阶段分布

资料来源：清华大学政府文献数据库、北大法宝数据库、政府部门网站。

从北京、上海、重庆发文年度及阶段分布来看（见图 3），随着时间的推移三个地区整体呈上升趋势并伴随着较为明显的波动。说明，近些年来国家对于创业的关注度有增无减，持续发文但仍存在变动。上海、北京于 2000 年左右就已出现创业政策，而重庆则起步略晚，

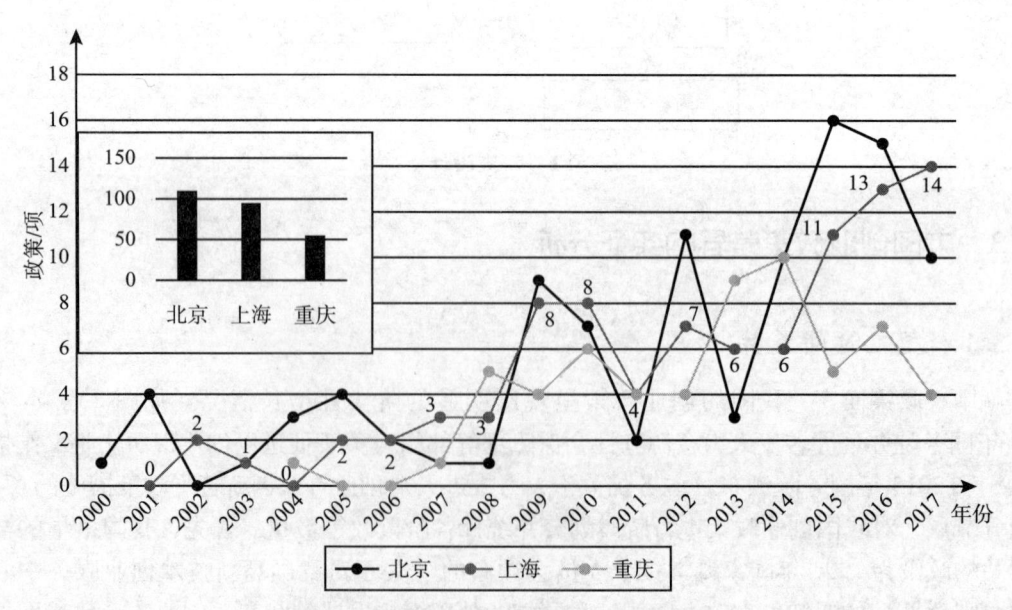

图 3　地方三市创业政策年度及阶段分布

资料来源：清华大学政府文献数据库、北大法宝数据库、政府部门网站。

于2004年才出现创业政策,但随着创业政策逐渐深入,重庆在2007年创业政策密集颁布,北京、上海则是在2008年开始。重庆的创业政策虽起步较晚,但后续较早认识到创业的重要性和趋势所在,进行了补充。相较于北京的创业政策发展趋势,重庆、上海的发展趋势则更为平缓,但与此不同的是自2014年开始,北京、重庆的创业政策呈下滑趋势,只有上海保持上升性,说明上海政府仍认为创业是关注重点。从政策发文的数量上分析,根据柱状图显示,北京在三地中发文数量最多,上海次之,重庆相对较少。

3.2 发文机构差异

图4给出了1994—2017年中央、北京、上海、重庆发文数量前三名的单位。其中,中央政府发文最多的三个机构为是教育部(61项)、人力资源和社会保障部(53项)与科技部(45项);北京是市财政局(23项)、人力资源和社会保障部(21项)与市教育委员会(17项);上海是市政府(19项)、市教育委员会(14项)和市科学技术委员会(13项);重庆是市政府(21项)、市科学技术委员会(14项)与市人力资源和社会保障部(12项)。

从政策发文单位的分布情况来看,各地主导创业政策的部门虽不尽相同,但主要以市政府、人力资源和社会保障部以及科学技术委员会为主。各地区的主管部门也大多按照中央规划实施,只有北京市财政局相较于各省区市属于相对特殊的发布部门。在政策发文前三名的单位中中央发文占据了绝对优势,比重为50.8%,明显高于北京、上海、重庆,并以教育部为主要领导部门。北京地区市财政局、市人力资源和社会保障局均占据政策发文的主体地位,市教育委员会次之;上海市政府在创业政策发文中占据主导地位,市教育委员会与市科学技术委员会在创业政策的颁布中并没有显著倾向;重庆市政府在创业政策颁布中占据主导统筹地位,发文数量也明显高于其他部门。

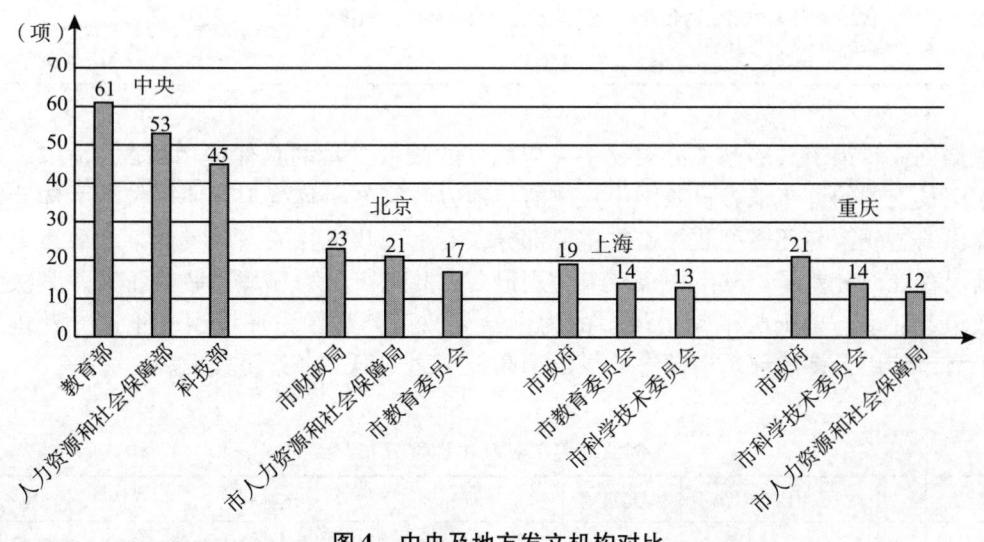

图4 中央及地方发文机构对比

资料来源:清华大学政府文献数据库、政府部门网站。

3.3 政策工具使用的差异

学者之中对于政策工具类型的研究较为丰富，分类方式也大不相同。本文参考 Rothwell 和 Zegveld 的思想，将基本政策工具分为供给、环境和需求三种类型。供给型政策指的是政府通过提供创业所需要的各种资源，如资金、技术、信息等，直接的推动创业者展开创业活动。根据创业活动所需资源的种类，我们可以将供给型政策细分为创业教育、创业培训、创业资金支持、创业技术支持及完善创业基础设施 5 种基本政策工具。需求型政策工具是指政府通过对创业企业活动的持续关注与支持，如优先采购创新创业企业产品、减少对创新创业企业的贸易管制和经营性壁垒等措施，推动创业企业发展，帮助创业企业度过企业的生长期以及为政府提供良好创业条件吸引海外技术人才或者本地人员返乡创业。具体而言，需求型政策工具可分为政府采购、服务外包、经营壁垒、贸易管制和海外交流。环境型政策工具则是通过优化创业环境从而间接地推进创业活动的开展。其具体可分为目标规划、金融支持、税收优惠、公共服务支持、策略性措施。具体定义及细分如表1所示。

表1　政策工具定义及细分

类型	含义	具体分类
供给型	政府通过提供资金、技术、信息等创业所需资源，改善创业相关要素的供给情况，推动创业活动的开展	创业教育、创业培训、资金支持、技术支持、创业基础设施建设
需求性	政府通过优先采购创新创业企业产品、减少对创新创业企业的贸易管制和经营性壁垒等措施降低创业企业的风险，帮助创业企业的良性发展	政府采购、服务外包、经营壁垒、人才引进、返乡创业
环境型	政府通过目标规划、金融支持、税收优惠、公共服务支持等政策影响创业活动的环境因素，为创业活动提供有利的政策环境，间接推动创业活动的发生与开展	目标规划、金融支持、税收优惠、公共服务支持、策略性措施

根据创业政策工具的基本分类，中央与地方的政策工具的具体使用情况见表2。从创业政策工具类型的分布来看，我国中央政府与地方政府之间政策工具使用情况大体趋势一致，即供给型政策与环境型政策占据主要部分，需求型政策稀缺。但具体某种政策工具的使用情况存在部分差异：其实中央政府使用最多的政策工具为环境型政策工具，其次为供给型政策，北京与重庆两市使用最多的为供给型政策，其次为环境型政策，二者差距不大，上海市使用最多的环境型政策，供给型政策次之，但二者差距较大。

表2　创业政策工具基本类型分布

类型	中央	比率/(%)	北京	比率/(%)	上海	比率/(%)	重庆	比率/(%)
供给型	114	40.4	54	44.6	34	34.7	34	47.9
需求型	22	7.8	17	14.0	8	8.2	9	12.7

续表

类型	中央	比率/(%)	北京	比率/(%)	上海	比率/(%)	重庆	比率/(%)
环境型	146	51.8	50	41.3	56	57.1	28	39.4
总计	282		121		98		71	

资料来源：清华大学政府文献数据库、北大法宝数据库、政府部门网站。

3.3.1 供给型政策工具使用的差距

表3给出了创业政策中供给型政策工具子类型的政策数量及比例。从政策的数量和比例来看，中央和地方的供给型政策工具的使用存在显著差异，其中中央政策采用最多的政策工具为"创业基础设施建设"，北京为"资金支持"，上海为"创业教育"，重庆为"创业培训"与"资金支持"。

表3 供给型创业政策具体分类分布

具体分类	中央	北京	上海	重庆
创业教育	21 (18.4%)	9 (16.7%)	12 (35.3%)	4 (11.8%)
创业培训	18 (15.8%)	7 (13.0%)	7 (20.6%)	9 (26.5%)
资金支持	10 (8.8%)	26 (48.1%)	4 (11.8%)	9 (26.5%)
技术支持	13 (11.4%)	1 (1.9%)	2 (5.9%)	4 (11.8%)
创业基础设施建设	52 (45.6%)	11 (20.4%)	9 (26.5%)	8 (23.6%)
合计	114	54	34	34

资料来源：清华大学政府文献数据库、北大法宝数据库、政府部门网站。

从"创业基础设施建设"工具的使用情况来看，中央政府与地方政府间存在显著差异，中央政府达到了45.6%的占比，地方政府间却较为相近，均为20%左右。中央政府于1994年颁布我国第一条创业政策《关于对我国高新技术创业服务中心工作的原则意见》就涉及创业基础设施的建设，之后于1994—2008年阶段中的留学生创业园建设的多项政策，2008—2014年阶段中关于大学生创业园、科技孵化器、小微企业创业示范基地的建设的相关政策接连不断，到2016年颁布关于大众创新万众创业示范基地的建设政策，中央政府"创业基础设施建设"工具的使用更是达到巅峰。

从其他供给型创业政策子类型的使用来看，地方政府间存在显著差异。就"资金支持"工具的使用，北京的使用频率最高，政策数量为26件，占比高达48.1%。在2001年北京市第一件资金支持类的政策文本《北京市技术创新、创业资金管理办法》中提到要"推动北京地区处于种子期和成长期的中小型高新技术企业进行技术创新活动，吸引各类科技人才在京创业，设立北京市技术创新、创业资金"，之后北京市颁布了多项资金支持政策如2008年《北京市中小企业创业投资引导基金实施暂行办法》，2014年《关于支持高等学校科技人员和学生科技创业专项资金管理办法（试行）》。北京市供给型创业政策集中创业资金的提供，政策重点在于为中小企业、新创企业、科技人员、科技基地提供良好的资金支持，并制定相关的合理引导资金实施办法，吸引科技人才，促进创业活动的进行。

从政策工具而言，上海市供给型政策工具使用最多的为"创业教育"，但上海市的供给型政策工具使用随着时间发展存在一些调整。2001—2008年，上海市的供给型创业政策主要侧重于创业培训，2003年上海市人力资源和社会保障局发布的《关于推进本市创业培训工作的若干实施意见》政策中强调营造具有上海特色的创业环境，进一步鼓励和促进本市失业、下岗协保人员自主创业。随后，上海市供给型政策工具使用发生改变，创业教育与创业基础设施建设政策工具使用逐渐增多，就创业教育而言，上海于2008—2017年，教育改革小组成立与创业教育改革试点工作进行，2016年上海市教育委员会发布《关于做好深化高等学校创新创业教育改革工作的通知》再次强调创业教育的重要性。

仅从供给型政策子类型工具的使用而言，重庆市并没有突出的使用某类政策工具，各类供给型政策工具的使用频率较为均衡。但需要指出的是，相比北京、上海两地，重庆的技术支持与创业培训两类政策工具的使用比例均为最高，就技术支持政策而言，重庆涉及科技特派员的相关创业扶持政策较多，如2013年重庆市科学技术委员会《关于公开遴选重庆市"科技特派员千村创业扶贫科技支撑示范工程"集成实施方的通知》积极号召科技人员进乡，帮助农村创业，将创业政策与扶贫政策相结合。而对于创业培训如《重庆市微型企业创业培训实施细则（试行）的通知》《关于进一步加强创业培训推进创业促就业工作的通知》等政策，重庆市偏重于创业培训的开展，为农民、大学生、小微企业员工人群提供创业培训服务，普及创业知识，提高创业能力。这一现象可能与重庆地处我国西部，相比北京、上海两地，其经济发展或科技发展较为薄弱，仍存在大量农村地区与缺乏创业知识的人群，需要以科技特派员或创业培训方式支持创业活动的开展。

3.3.2 需求型政策工具使用的差距

表4给出了需求型创业政策工具子类型的政策数量及其比例分布。整体而言，需求型政策比例较低，政策工具子类型较为单一，主要采用的政策工具包括"市场壁垒""人才引进""返乡创业"。

表4　　　　　　　　　　需求型创业政策具体分类分布

具体分类	中央	北京	上海	重庆
市场壁垒	9（40.9%）	3（17.6%）	2（25.0%）	2（22.2%）
政府采购	0（0%）	3（17.6%）	1（12.5%）	1（11.1%）
人才引进	10（45.5%）	11（64.7%）	3（37.5%）	2（22.2%）
返乡创业	3（13.6%）	0（0%）	2（25.0%）	4（44.4%）
合计	22	17	8	9

资料来源：清华大学政府文献数据库、北大法宝数据库、政府部门网站。

从"市场壁垒"工具的使用情况来看，中央与地方政府保持较高的一致性。2008年《国务院转发人力资源和社会保障部等部门关于促进以创业带动就业工作的指导意见》中首次提到对于新创企业应放低市场准入门槛，加快清理和消除阻碍创业的各种行业性、地区性、经营性壁垒。2015年国务院印发的《进一步做好新形势下就业创业工作重点任务分工方案》中的第四条与第九条提到消除中小企业享受相关优惠政策面临的条件认定、企业资质等不合理限制门槛更是将降低市场壁垒纳入创业工作的重点之中。对于地方政府而言，北京、上海、重庆三地对于"市场壁垒"工具的使用均晚于中央，且与2008—2015年的中央政策保持一致趋势。如北京市人力资源和社会保障局《关于营造创新创业环境推进创业带动就业工作指导意见的通知》，上海市工商行政管理局《关于鼓励创业促进就业的若干意见》，重庆市人民政府《关于做好当前和今后一段时期就业创业工作的实施意见》都强调降低市场准入，解决新创企业资质等问题，以此促进创业活动发展。

从"人才引进"与"返乡创业"两种工具来看，中央政府政策较为具体，起到了指导作用，但地方政府间的政策选择存在差异。就政策目标而言，两种工具的使用有助于吸引高技术人才，促进创业活动的进行。但就北京而言，其政策的偏重在于海外人才的引进，北京于2001年印发的《北京市鼓励留学人员来京创业工作的若干规定》的通知中指出为鼓励留学人员来京创业工作，加快中关村科技园区发展，促进高新技术产业发展和创新体系建设。这一规定的制定奠定了北京市吸引海外人才的政策基调，之后北京市于2007—2012年连续颁布《北京市鼓励海外高层次人才来京创业和工作暂行办法》，更是强调了吸引海外科技人才来京创业的重要性，而由于北京市的本地文化因素及经济发展原因，本地人才这一概念在北京很少被采用，因而对于返乡创业此类的政策工具，北京市政府并没有采用。而对于重庆而言，其在这两种政策工具的使用上则是更具有其本地特色，重庆市人力资源和社会保障局于2012—2014年连续开展重庆市留学人员"回渝创业启动支持计划"，2016年重庆市人民政府办公厅印发《关于促进农民工等人员返乡创业实施方案的通知》，在上述的文本之中提到具有本地特征的两类人群即重庆市留学人员与农民工，重庆作为地处我国西部的一个直辖市，相比北京与上海，经济发展速度较慢，更具有中国大部分内陆省份的特征，因而其在人才引进政策上更加倾向于吸引本土留学人员而不是所得留学人员，以返乡创业的情怀吸引高素质人才，推动科技创业的活动的进行。并且在政策上更加照顾农民、农民工等特殊人群，贯彻以创业拉动就业政策，帮助特殊人群创业，解决其生计问题。重庆将"人才引进"与"返乡创业"两种政策工具相融合的方式是一种符合其地域特色的政策制度方式，有利于本地创业活动的开展。

3.3.3 环境型政策工具使用的差距

表5给出了环境型政策工具子类型的政策数量及比例。在环境型政策工具的使用方面。中央政策以策略型政策为主，包括制订创业计划、开展创业比赛、宣传创新创业带头人、提供相关指导意见等，占全部环境型政策工具的52.1%，其次中央政府较多的政策工具为"公共服务支持"，如简政放权、做好毕业生创业就业对接服务、做好相关登记、报备、申请活动，占比27.4%。此外，目标规划、金融优惠、税收优惠三类政策工具使用较少。北京市则基本与中央政策保持一致，说明在贯彻落实中央环境型政策工具中，北京独特的地缘作用和贯彻方针在政策制定中发挥了一定作用。虽然大体趋势上中央与地方政府保持较高的一致性，均以策略型政策为主，但相比地方政府之间的环境型创业政策，其中仍存在一定差异，各有特点。就目标规划而言，上海政策以12.5%的占比明显高于北京与重庆两地，上海曾颁布《上海市鼓励创业带动就业三年行动计划（2009—2011年）

（2012—2014）（2015—2017）》等多个行动计划，明确不同时期上海地区创业带动就业工作的侧重点，制定工作目标。重庆市则较为偏重于税收优惠类政策的制定，《重庆市人民政府办公厅关于确定退役士兵、重点群体创业就业税收优惠限额标准的通知》等类型税收政策给予农民、退役士兵等多个特殊人群的创业者一定帮助。

表 5　　　　　　　　　　　环境型政策工具分类分布

具体分类	中央	北京	上海	重庆
目标规划	3（2.1%）	3（6.0%）	7（12.5%）	2（7.1%）
金融支持	11（7.5%）	7（14.0%）	8（14.3%）	2（7.1%）
税收优惠	16（11.0%）	6（12.0%）	11（19.6%）	6（21.3%）
公共服务支持	40（27.4%）	13（26.0%）	11（19.6%）	7（25.0%）
策略型政策	76（52.1%）	21（42.0%）	19（33.9%）	11（39.3%）
合计	146	50	56	28

资料来源：清华大学政府文献数据库、北大法宝数据库、政府部门网站。

4　研究结论与启示

4.1　研究结论

本文以创业政策为例，搜集整理中央政府、北京、上海和重庆颁布的相关创业政策，通过对政策文献的外部属性特征和文本内容开展量化分析，挖掘中央政府与地方政府及地方政府与地方政府间在政策发文时间、政策发文单位、政策工具使用方面的差异，探讨不同地区政策导向与创业政策制定的关系。表6对主要的分析结果进行了总结归纳。

表 6　　　　　　　　　　　创业政策差异总结

分类	中央政府	地方政府	政策差异
发文时间	2008年开始逐渐增多，2016年达到巅峰主要集中于2015—2017年	北京：2014—2016年 上海：2015—2017年 重庆：2013—2014年	初始颁布年份不同 集中颁布年份不同
发文单位	教育部 人力资源和社会保障部 科技部	北京：财政局 上海：市政府 重庆：市政府	发文部门不同 发文单位层级不同
政策工具	总体：环境型工具最多 供给型：创业基础设施建设 需求型：市场壁垒 环境型：策略型政策	总体——北京、重庆为供给型，上海为环境型。 供给型——北京：资金支持；上海：创业教育；重庆：创业培训 需求型——北京、上海：人才引进；重庆：返乡创业 环境型——策略型政策	工具使用重点不同 工具使用策略不同 工具使用时间不同

资料来源：清华大学政府文献数据库、北大法宝数据库、政府部门网站。

从政策发文时间来看，中央政府和地方政府，以及地方政府之间在政策的初始颁布年份和密集颁布年份方面存在差异。中央政府政策密集颁布的年份为2015—2017年，上海的政策颁布趋势与中央政策一致为2015—2017年，北京与重庆政策颁布密集期要早于中央政府，北京为2014—2016年，重庆为2013年和2014年。而对于创业政策发布的初始期而言，北京市的第一项创业政策为2000年，上海市为2001年，重庆的创业政策则开始最迟直到2004年才发布第一项创业政策。

（1）从政策发文单位来看，中央政府层面颁布政策最主要的单位为教育部、人力资源和社会保障部、科技部。地方政府之间的发文单位存在显著的差异。这可能与不同省份对于创业政策的理解与偏重不同有关，如北京市创业政策偏重于资金支持，因而市财政厅发文数量最多。

（2）从政策工具的使用来看，中央政府与地方政府存在一定差异，反映了两级政府在引导创业发展过程中的角色差异。①就创业政策而言，中央与地方政府使用最多的政策工具均为供给型与环境型政策工具，虽然不同省份直接使用最多的政策工具可能不一致，但是两种政策工具的使用数量差距并不大。②就供给型政策工具的使用，中央政府更多地使用了"创业基础设施建设"工具，北京为"资金支持"，上海为创业教育，重庆为创业培训。③对于需求型政策工具的使用，虽然中央与地方政府的政策数量都较少，但是相互之间的工具使用仍存在明显差异，中央政府使用最多的政策工具为"市场壁垒"，北京与上海为"人才引进"，重庆为"返乡创业"。④对于环境型政策工具的使用，中央政府与地方政府保持了相近的使用情况，使用较多的政策工具为"公共服务支持"与"策略性政策"，但地方之间对于两种工具的使用存在一定时间差异，北京地区的策略性政策适用于中央处于相差无几的状态，在2008年之间布局甚至比中央政府更快，而上海与重庆两地更多紧随中央政府，是对中央政府相关政策布局的落实。

总体而言，中央与地方的创业政策在宏观政策工具的使用上保持了相似的趋势，但在发文时间与具体的政策工具使用上存在明显差异。中央地方间创业政策的相似之处，反映了中央政策所具有的全局性与指导性及地方政府对于中央政策的贯彻落实。中央地方间创业政策的差异，反映了中央政府和地方政府在推动创业发展过程中，政策实施目标和手段的不同；而地方政府间创业政策的差异，更多的是反映了我国不同地区政府针对本地特殊的人文、地理、经济环境所指定的有利于本地创业活动开展的政策。

4.2 研究启示

本文虽然利用文献计量的方法分析了我国中央政府与地方政府间创业政策的差异，但是对于该种差异的好坏并没有过多深层的探究，例如，我国现有的以供给型与环境型政策为主，严重缺乏需求型政策的创业政策结构是否合理？大力地为新创业企业提供良好的创业环境与条件是否真的有利于企业的生存与发展？以及地方政府的创业政策是否综合考虑技术、人才、资金等因素对于创业活动的制约，这些问题仍是我们需要进一步探究的。从目前的研究来看，结合我国某些地区的实际案例并辅以科学的定量分析方法合理的分析创业政策的实际效果可能是下一步需要学者研究的重点。

参考文献

[1] 肖潇, 汪涛. 国家自主创新示范区大学生创业政策评价研究 [J]. 科学学研究, 2015, 33 (10): 1511-1519.

[2] 万玺. 海归科技人才创业政策吸引度、满意度与忠诚度 [J]. 科学学与科学技术管理, 2013, 34 (2): 165-173.

[3] 刘小春, 李婵, 朱红根. 农民工返乡创业扶持政策评价及其完善——基于江西省1145个返乡农民工调查数据 [J]. 农村经济, 2011 (6): 101-104.

[4] 白彬, 张再生. 基于政策工具视角的以创业拉动就业政策分析——基于政策文本的内容分析和定量分析 [J]. 科学学与科学技术管理, 2016, 37 (12): 92-100.

[5] 范柳, 张亚男, 刘新民. 区域经济圈创业政策比较分析及启示 [J]. 科技进步与对策, 2017, 34 (13): 47-54.

[6] 张倩. 环境规制对绿色技术创新影响的实证研究——基于政策差异化视角的省级面板数据分析 [J]. 工业技术经济, 2015 (7): 10-18.

[7] 代丽华. 贸易开放如何影响PM2.5——基于淮河两岸供暖政策差异的因果效应研究 [J]. 管理评论, 2017, 29 (5): 237-245.

[8] 叶选挺, 李明华. 中国产业政策差异的文献量化研究——以半导体照明产业为例 [J]. 公共管理学报, 2015 (2): 159-16.

[9] 杜伟锦, 宋园, 李靖, 等. 科技成果转化政策演进及区域差异分析——以京津冀和长三角为例 [J]. 科学学与科学技术管理, 2017, 38 (2): 3-11.

[10] 芦章平, 王晓晶. 国家和地方科技成果转化政策对比分析 [J]. 图书情报工作, 2012, 56 (24): 83-88.

[11] 顾建光. 公共政策工具研究的意义、基础与层面 [J]. 公共管理学报, 2006, 3 (4): 58-61.

[12] 赵筱媛, 苏竣. 基于政策工具的公共科技政策分析框架研究 [J]. 科学学研究, 2007, 25 (1): 52-56.

[13] Lundström, Anders, Stevenson, Lois. *Entrepreneurship policy for the future* [C]. Swedish Foundation for Small Business Research, Stockholm, Sweden, 2001.

[14] Figueroa-Armijos M, Johnson T G. *Entrepreneurship policy and economic growth: Solution or delusion? Evidence from a state initiative* [J]. *Small Business Economics*, 2016 (47): 1-15.

[15] Acs Z J, Szerb L. *Entrepreneurship, Economic Growth and Public Policy* [J]. *Small Business Economics*, 2007, 28 (2-3): 109-122.

[16] Skjærseth J B, Bang G, Schreurs M A. *Explaining Growing Climate Policy Differences Between the European Union and the United States* [J]. *Global Environmental Politics*, 2013, 13 (4): 61.

[17] Gordon P, Cox W. *Cities in Western Europe and the United States: do policy differences matter?* [J]. *Annals of Regional Science*, 2012, 48 (2): 565-594.

[18] Alders P, Costafont J, De K M, et al. *What is the impact of policy differences on nursing home utilization? The cases of Germany and the Netherlands*. [J]. Health Policy, 2015, 119 (6): 814 – 820.

[19] Jennings M G. *A smarter plan? A policy comparison between Great Britain and Ireland's deployment strategies for rolling out new metering technologies* [J]. Energy Policy, 2013, 57 (57): 462 – 468.

[20] Hughesoe. *Public Management and Administration: An Introduction* [M]. Beijing: China Renmin University Press, 2001.

[21] Kirschenes. *Economic Policy in Our Time* [M]. Chicag: Rand McNally, 1964.

[22] Lowi T J. *Four Systems of Policy, Politics, and Choice* [J]. Public Administration Review, 1972, 32 (4): 298 – 310.

[23] Salamon L M. *Rethinking Public Management: Third – Party Government and the Changing Forms of Government Action* [J]. Public Policy, 1981, 29 (3): 255 – 275.

[24] Mcdonnell L M, Elmorerf. *Getting the Job Done: Alternative Policy Instruments* [J]. Educational Evaluation and Policy Analysis, 1987, 9 (2): 133 – 152.

[25] Rothwell R, Zegveld W. *Reindusdalization and Technology* [M]. London: Logman, 1985.

作者简介

丁奕文（1994— ），山东烟台人，电子科技大学经济与管理学院博士研究生。研究方向：创新与创业管理。

周阳（1995— ），安徽滁州人，电子科技大学经济与管理学院博士研究生。研究方向：创新与创业管理。

鲁若愚（1959— ），四川仁寿人，电子科技大学经济与管理学院教授、博士生导师。研究方向：创新管理、创业管理。

双创融合教育与激励机制设计研究

宋爱军

（兰州财经大学，兰州，730101）

> **摘要**：基于对激励经济学的研究及应用，对双创融合教育中存在的困难和问题进行了深入思考，结合激励理论和机制设计理论；从科研工作量考核、课题结项要求等角度，提出加强物质奖励与精神奖励相结合，建立因师制宜的高校教师激励机制；从课程改革、学分改革设立奖学金等方面提出促进双创融合教育，激发学生的热情和兴趣，提高学生创新创业能力的相应措施。
>
> **关键词**：双创融合；激励理论；机制设计

创新创业教育是新时代培养大学生创新意识和创造能力的迫切需要，也是社会和经济结构调整时期人才需求变化导向。双创融合教育就是以学生在课堂上获得的专业理论知识为基础，融合创新创业教育，激发学生的热情和兴趣，开展与学生健康成长和成才密切相关的各种应用性、综合性、导向性的教育教学活动。

1 双创融合教育存在的问题

1.1 对双创融合教育理念认识不清

我国的创新创业教育起步晚，社会和高校在创新人才培养方面还处于探索阶段。一方面，人们对创新创业教育的必要性、重要性和紧迫性的理性认知尚未形成。多数高校普遍认为专业教育才是重心，而忽视了在日常的专业教育中对学生的创新思维、创业精神的培养和训练，尤其是许多专业课教师，其教育思维和教学模式还停留在传统的课堂讲授和理论灌输中，没有意识到创新创业教育是新时代高等教育不可或缺的重要环节。另一方面，由于种种原因，我国高等教育脱离实际，不少课程教学内容陈旧，教学方法死板，专业设置过于狭窄，注重知识传授，忽视能力培养，培养出的学生多数为"书生型""知识型"。高等教育的布局、层次、结构等还存在着脱离经济和社会发展需要的现象，高校人才培养与社会经济发展深度融合的理念、体制没有建立起来，协同育人的机制没有形成。

1.2 对双创融合教育资金投入不足

2018年6月21日，在四川成都召开新时代全国高等学校本科教育工作会议，期间举行的"以本为本、四个回归、一流本科建设"论坛上，由150所高校联合发出了《成都宣言》。宣言称"坚持以本为本、把回归常识、回归本分、回归初心、回归梦想作为高校改革发展的基本遵循，激励学生刻苦读书学习，引导教师潜心教书育人，努力培养德智体美全面发展的社会主义建设者和接班人，加快建设高等教育强国"。可实际上，不论985高校、211高校，还是普通高校重视科研成果、轻视教学质量的情形仍然未能得到有效改观，至于对"双创融合教育"的专项资金分配就更少了。另外，我国对教育经费特别是对在校生的教育经费投入严重不足，而产学研校企合作协同育人又是一种资金密集型的合作，在前期需要投入大量的资金。因此，资金投入的不足是制约双创融合教育、协同育人发展的重要原因。

1.3 创新创业教育与专业教育脱节

我国创新创业教育的课程设置还存在着诸多问题，一些高校的创新创业教育只浮于表面，与原有的人才培养体系的内容融合不深，所开设的课程内容与教学内容脱节。高校大多数创新创业教育只是通过"职业规划""就业指导"之类的系列讲座而进行学习，或者简单开设三至五门必修课，如创业基础、创业就业指导、职业生涯规划等课程，学分约为6~10分。在教育方式上没有形成系统的教育教学体系，有的高校根本没有此类课程设置要求，有的开设了创新创业教育课程，但由于缺乏相关教材的支撑，开展创新创业教育过程未能与课程结合、与专业知识体系结合，导致创新创业教育与人才培养方案和专业教育脱节，授课效果不理想。

1.4 缺乏双创融合教育的激励机制

目前，我国创新创业教育并不是高等教育的主要教学内容，并没有明确的专业定位。专业基础课和专业课是创新创业的知识源泉，学生只有充分掌握专业基础课内容，才能在后期专业课的学习中游刃有余，因此专业基础课程的内容的设置也要适应创新、创业人才培养的要求。如何在有限的学时内，不改变原有的授课内容和授课进度，在保证完成专业课教学任务的条件下，适时插入双创教育案例，将创新意识和创新思维融入日常授课当中，形成有益的补充，实现协同育人、双创融合教育。这就对学校、教研室、专业课教师提出了更高的挑战和要求。显然，高校目前缺少类似的激励机制，鼓励教师花费大力进行教育教学创新和改革，更好地实施双创融合教育。

2 激励机制

心理学家认为，激励是人类的一种心态，所有的动作都是被一些激励动机引起的，有使人们促进和加强的激励作用。在人力资源管理中，激励就是指管理者采取某种有计划、有目的的措施，激发、鼓励工作人员的动机以有效实现组织目标的活动过程。激励的本质就是帮助开发人的潜力，调动人的能动性，使人得到创造性的发展。

2.1 激励理论

激励理论是行为科学中用于处理需要、动机、目标和行为四者之间关系的核心理论，是关于如何满足人的各种需要、调动人的积极性的原则和方法的概括总结。现代激励理论最早是西方在激励机制的活动中总结起来的。其内容可分为：内容型激励理论、行为改造激励理论、过程激励理论和综合激励理论。

2.1.1 内容型激励理论

内容型激励理论是指针对激励的理由与起激励功能的具体要素方法进行研究的理论。这种理论主要任务是满足人们的需求，即：为了激发人的做事动机，人们需要什么就去满足什么。

2.1.2 行为改造激励理论

行为改造激励理论是指外部对人的行为有着重要的影响，激励的目的是为了改善和发展人的做事方式。环境对人的行为的影响起着关键作用，利用行为改造理论的基本原则，可以转换管理的角度，提高效率。该理论不仅会适用于对积极行动的激励维持和发扬，更适用于消极行动的减少和消除。

2.1.3 过程型激励理论

过程型激励理论关注的是动机的发生和从产生动机到去行动的内在心理过程，企图揭示解释激励行为的一个过程。因为这种类型的研究是在激发过程，而非激励的具体方法，所以可以很好地推广到不同的领域。

2.1.4 综合激励理论

综合激励理论是在前面三种激励理论基础上发展而来，是它们的综合。任何的激励理论在复杂的实际生活中不能够满足人们的需要，便需要综合使用。一是外在的奖励，包括薪金、晋升、认可等。根据马斯洛的需求层次，外在奖励往往是满足一些低层次的需要。二是内部奖励。这是工作绩效给予的回报，如他们觉得对社会有所价值，理解和能力，自我肯定等存在，对应的是高层次的需求得到满足。

2.2 激励机制

按照辞海的解释，"机制"原指机器的构造和运作原理，借指事物的内在工作方式，包括有关组成部分的相互关系以及各种变化的相互联系。"激励机制"是在组织系统中，激励主体系统运用多种激励手段并使之规范化和相对固定化，是与激励客体相互作用、相互制约的结构、方式、关系及演变规律的总和。激励机制是企业将远大理想转化为具体事实的连接手段。激励是以人为主体的，为了发挥人的主观能动性，讲究人性化的行为，而机制是遵循事情发生发展的客观规律的，是一种科学的系统。激励机制是用一系列客观理性的制度来反映激励的主体与激励事物相互发生作用的方法。激励机制一旦形成，它会作用于系统本身的内部组织，使组织在特定状态下运行，并进一步影响其发展。

激励促进作用是指一定的奖励使员工被激励的行为被反复强化，不断加强，我们称之为好的激励机制。相反，如果激励机制本身不适当，或机制不具有实际操作性，会减少人的主动性，削弱了其应有的效果，我们称之为差的激励机制。让专业课教师花大力气从事双创融合教育，必须有行之有效的激励机制，否则所提倡的双创融合教育就只能是形式主义材料大杂烩。

当然，作为一个良好的激励机制应该有惩罚措施，制止人的不符合激励目标的行为。

作出一个机制能够满足人的需求,鼓励员工的行为是成功的管理,然而,因此应该及时总结不适合的激励机制,代之以有效的机制。激励机制有自己的运行模式,也就是激励的过程。一般有以下步骤:第一,双向沟通。可以使管理者了解被激励者的个人需求,职业规划等,并说明组织的行动目标等。第二,各自行动。管理者根据个人的专长提出要求,布置任务。而被管理者开始以相应的方式开始行动。第三,评估阶段。在某个阶段,定期对被管理者进行评估。第四,奖励。对于出色的人,需要去奖励奖赏。

高校要不断提高人才培养的质量和社会适应性,加强对学生创新创业意识、精神和能力的培养教育,就必须设计有效的激励机制让学校、学生、教师都积极参与到双创融合教育当中。教学工作是高校的中心工作,教学质量使高校的生命线,教学活动在本质上是一种人与人之间发生的知识信息交流活动,教育的内在规定性决定了教学质量最终体现在育人质量上。育人的质量直接取决于教师的教学能力的高低和工作积极性的大小。因此如何激发高校教师的工作积极性,最大限度的发挥其潜能,全身心投入到双创融合教育之中就是本文探讨的核心问题。

3 双创融合教育中的激励机制设计

特殊的职业责任和特点,使高校教师更加注重自我实现的需要和成就需要。研究表明,人的需要与激励效果之间存在一种规律关系:低级需要一旦得到满足,产生的动力将越来越低;高级需要越得到满足,产生的激励动力将越来越高。针对高校教师的激励机制不能仅仅限于单纯传统的物质激励,而是要建立一个全面有效的激励机制,来充分体现他们的需要,挖掘他们的最大潜力。

3.1 对教师的激励

3.1.1 科研工作量考核要求

每一位高校教师都会面临科研工作量的考核,要鼓励教师积极投身于教学改革和课程改革中来,就要对科研成果的实效性更为重视,考核工作不能仍然停留在代表"学术水平"的论文数量考核之中,要让教师愿意思考探讨教学,愿意为双创融合教育去拼搏,就要将其纳入科研考核之中,只要行之有效,效果明显,成果突出的双创融合教育方案或经验,都可以算作科研内容,因为这都是一线教师长期思考、琢磨、尝试、研究总结的结果。"教学学术"是教师以本学科、教育学和教学法的认识论为基础,以提升学生学习效果和教育教学质量为导向,对教学实践中存在的问题进行系统性的研究和反思的实践,并将研究结果公开与同行进行交流,接受同行评价,让研究成果成为教学共同体的共同财富,可以被同行使用、建构的学术。基于心理学的激励理论,在充分尊重教师需求的基础上,吸收内容型激励、过程型激励和综合激励的内核,厘清激励发生的过程即教师投入"教学学术"的各项变量,继而构建基于教学学术的教学和科研激励机制。

3.1.2 教学改革研究项目

许多高校的高等教育教学改革项目的结项中将发表论文的数量和"级别"作为结项条件是极不科学,也不合理的。教学学术具有系统性反思、强调"教"与"学"的研究与实践、注重分享交流等显著特点，相对于传统科学研究，其行为的产生有利于人才培养质量的提高。既然是教学改革，就应该应用到日常的教学活动之中，能否结项，关键要看其改革的内容、实行的方式、实施的效果、考核的手段是否科学可行且提高了效率。双创融合教育就是要重视教育活动之中的具体教学效果和效率问题，将其纳入教学改革奖励范畴之中，使更多的教师自觉主动推行双创融合教育，这才符合经济人的理性选择。

由于我国高校教师教学激励机制仍然存在着重数量轻质量、重科研轻教学、缺乏目标导向、形式单一物化等问题。因此，教师应从"知识传授型"等向"教学学术型"转变，构建一个以"教学学术"为导向、注重满足教师成就感与自我实现等高级需要、内外部合力驱动的激励机制是高校教师教学激励机制的发展方向。

3.1.3 建立双创融合教育专项奖励制度

双创融合教育就要与传统的职业观念不同的一种新的教育理念和模式，建立创业教育的新理念。创业教育兴起比较早的是美国，以美国百森商学院蒂蒙斯教授为代表，他认为，在大学里的创新创业教育，与社会上直接创业是不同的。应该是把造就最有创新性和创造性的一代新人作为高校的主导思想。

专业基础课教师不仅要有扎实的理论知识，更应有丰富的授课经验和驾驭课堂的能力。专业基础课程教师，尤其是青年教师应积极思考将创新创业教育如何更好的融合到专业课教学当中，引导学生利用掌握的专业基础知识解决实践中遇到的各种问题，并将总结与积累的经验应用到理论教学中去，以充实和丰富自己的教学内容，提高学生的学习兴趣，稳固学生的专业思想，充分发挥专业基础课程在创新创业人才培养中的作用。建立双创融合教育专项奖励制度目的是促进高校教师激励水平的不断提升，引导教师全心全意投入到双创融合教育工作中去。

3.2 对学生的激励

高校针对大学生的激励应该建立一种新的价值取向，创建一个新的概念。单纯的理论讲授难免枯燥无味，学生往往只是被动接受，很难有创新意识；只有在实践中才能培养学生的创新兴趣，进而提高创新能力。

3.2.1 课程改革

课堂教学是高等教育最基本的教育形式，课程则是教学的主要载体，为提高学生就业创业竞争力，就要保证课程体系设置的科学性和教学内容的实用性。依据学校培养创新创业人才的培养目标和人才培养模式，结合的社会人才需求，对现有专业基础课的教学内容进行修订与合理、有效整合，避免相同或相近内容在不同课程内的重复讲授，双创融合教育就是在教学和实验（实践）内容上凸显创新能力和创业精神的培养，解决专业基础课的课程与教学内容与社会人才需求的脱节或不衔接等问题，提高学生创新创业能力。

必修课提升兴趣，培养创业意识和精神，而且要教授相关案例，并结合所学专业如何运用自己的专业知识，在自己熟悉的专业领域创新创业，成功率更大，这样更能引起他们浓厚的兴趣和提升大学生们创新创业的自信心。在选修课中会教授不同领域的创业准备、创业素质、创业过程和创业方法等，这些在校外很难学到的知识，需要高校开发一些创业类教材，包括对创业者个人性格和素质的评估、开发和训练；管理别人即策划、经营、经济、市场评估等,当然,这些课程的学分需要提高,激发大学生去学习。

3.2.2 学分改革

大多数高校属于学分制管理,让学生积极接受创新创业教育,除了对创新创业课程的必修学分要求以外,可以尝试建立学分银行,进行学分兑换,激发学生对创新创业教育和双创融合教育的参与程度与学习兴趣,用自己最有兴趣的某类课程来代替其他不愿接受和学习的选修课,同时提高双创融合课程的学分,让学生发挥自己创新创业的特长与潜能,勇于打破常规,运用创新思维。

3.2.3 发明创造

高校开设双创融合课程的目的就是让学生树立创新创业意识和培养树立创新创思维,若学生通过一系列的学习和实践获得某项创造发明或某项专利技术,既可以积累学分,又可以获得物质奖励,在双重刺激之下,双创融合教育的实效会更加明显,更加切实可行。

3.2.4 考核奖励

大学生在创新创业教育得到的成绩可以获得高校学分、奖学金和奖状的奖励,也会得到企业和社会的认可。认识到自身的潜力与价值,从而更加积极地看待自己,肯定自己,为自己今后的就业也是打下了坚实的基础,大学生就业难的顾虑也会随之减轻,为未来无障碍地参与社会生活做奠基。适应现在的就业单位,不只看大学生的学历,更注重工作经历,这些就是他们的简历,更有分量的简历,只有适者才会生存,高校应该顺应时代的发展,不能够依然停滞不前。

(1) 设立专项奖学金。

设立创新创业专项奖学金或者校企合作奖学金。例如,和慕尼黑工业大学合作校企就为学生专门设立一个名为"经营更多的课外奖学金"。在慕尼黑工业大学的不同院系中,每学期将有一名学生被挑选出来参加这个为期一个月的项目。除了他们的大学课程之外,这些获得奖学金的学生还将获得商业技能方面的任职资格,这将为他们的职业生涯奠定良好的开端,不管他们是作为企业家还是内部创业者。这个是高校自己设立的课外奖学金,我们也可以学习,再根据具体实际情况,设立"大学生创新创业"奖学金,对于大学生在大学期间创新创业的实践成果给予物质激励。大学生创新创业本来就需要大量的资金,资金不足是他们创新创业的主要障碍,但是他们自身无法一下子积累到那么多钱,当取得了一点成果时,高校的奖励资金,对他们来说就像是黑暗里的一大抹阳光,激励着他们不放弃,开创更好的创业目标。

在国外的奖学金一般都是大学生申请制度,各种奖学金都是透明的,每个大学生根据自己的情况申请不同的奖学金,数量不限,我们可以学习他们的做法,由不同院系、专业的大学生在网上申请符合自己条件的奖学金,对于创业方面的奖学金多设立几项,比如"实体经营"奖学金、"创新创业科研学术"奖学金、"创新创业计划"奖学金等不同类型的,让他们发挥自己的特长申请。申请的报告书理由要充分、真实、详细,需要符合制定的相应条件,高校应该打破传统,有创新创业的成果高校就应该鼓励,发放学生奖学金进行激励。

(2) 举办创新创业活动。

要运用赞赏和晋升等手段激发大学生参与创新创业活动的积极性。内部激励措施方面还有在大学生组织学校活动时，让他们自己做主，发挥新时代人才的聪明智慧和潜力，运用跨领域的创造性去开展创新创业活动，对于举办顺利和成功者，院系、学校老师和领导应给予充分的支持与鼓励，让他们对自我的价值认同，从而更加努力地举办创新创业活动。

多给大学生创新创业实践的机会，让他们有实际操作接触的机会。缺乏动手实践机会，很难引发大学生的兴趣，不足以渲染校园创新创业气氛。兴趣需要在实践中慢慢产生，提高大学生自身的耐挫力，人际交往能力和心理素质都须在实践中得到锻炼和提升，当大学生在参加实践中发现自己的素质得到了提高，更加肯定自己，更积极地继续参加创新创业活动，这是一个良性循环，体现了外部激励和内部激励的融合。同时让大学生参与到高校的日常事务和管理中去，激发他们的工作激情。

参考文献

[1] 仇唐彬，宋瑞刚，林立．自主性对提升大学生创新实践能力的探索[J]．轻工科技，2015（8）：152-153.

[2] 闫绪娴，李向阳．大学生创新实践能力的ISM系统分析——以山西某两所高校为例[J]．高等财经教育研究，2015（3）：19-22.

[3] 杨秋宁．试论高校如何提升大学生创新能力[J]．中国教育学刊，2014（s5）：62-63.

[4] 陈钊．激励与信息经济学[M]．3版．上海：格致出版社，2018.

[5] 柳友荣，项桂娥，王剑程．应用型本科院校产教融合模式及其影响因素研究[J]．中国高教研究，2015（5）：64-66.

[6] 王庭，陈拥军，张婷婷，金晓明．我国应用型本科高校创业教育机制存在的问题及对策[J]．南阳理工学院学报，2015（3）：87-90.

[7] 浙江金华职业技术学院王振洪．高职：校企"网状"合作新趋势[N]．光明日报，2011-05-06.

[8] 朱晓芸，梅伟惠，杨潮．高校创业教育师资队伍建设的困境与策略[J]．中国高教研究，2012（9）：82-85.

[9] 薛成龙，卢彩晨，李端淼．"十二五"期间高校创新创业教育的回顾与思考——基于《高等教育第三方评估报告》的分析[J]．中国高教研究，2016（2）：20-28.

[10] 陈海源．高校创新创业人才培养模式研究[J]．工业设计，2017（7）：118-119.

作者简介

宋爱军（1975— ），甘肃泾川人，兰州财经大学副教授。研究方向：宏观经济政策和信息经济学。

基金项目

本文系教育部2018年第一批产学合作协同育人项目"信息经济学双创融合课程教学改革方案设计"资助的阶段性成果。

创业成长视角下的大学生创业动机影响因素研究

徐占东　于泽聪　梅　强

（江苏大学，镇江，212013）

> **摘要**：大学生创业成长事关我国双创事业发展和新经济发展。当前我国大学生创业成长呈现双低状态，是什么因素影响了大学生创业成长绩效是理论界和实践人士长期关注的焦点问题。创业动机是创业成长绩效的先导变量，研究创业成长视域下的创业动机及其影响因素具有重要意义。本研究构建了创业成长、创业动机及创业动机影响因素间模型，运用结构方程模型验证了相关假设。研究认为：大学生创业动机在创业特质和创业环境及其各维度因素影响创业绩效中发挥完全中介作用，在创业能力影响创业绩效中发挥不完全中介作用。大学生创业绩效水平取决于大学生创业者的创业动机水平和创业能力水平。
>
> **关键词**：创业成长；创业动机；创业特质；创业能力；创业环境

我国高度重视大学生创业工作，实施"大众创业、万众创新"国策，近年来连续出台多项创新创业文件，重点扶持大学生创业，推动大学生创业成长。但是，当前我国大学生创业率和创业成功率不足3%，呈现"双低"状态，大学生创业普遍存在成长后劲不足的问题，急需研究创业成长的内在规律和演化成长路径。

作为创业成长的重要变量创业动机，对创业能力、创业学习、创业观念的形成和发展有着重要的影响。创业动机是重要的创新创业驱动力，创业动机的坚定性很大程度上决定了大学生创业行为的绩效。提升大学生创业成长绩效水平必须激发大学生的创业动机，也就必须深入探究大学生创业动机的影响因素。因而，以创业绩效为导向的大学生创业动机研究，从创业特质、创业能力和创业环境等多维度阐述大学生创业动机作用机理，将会极大丰富创业动机理论体系，为高校开展创新创业教育，推动大学生创业成长成功提供指导性建议。

1 理论基础与研究假设

1.1 个性特征对创业动机的影响假设

个体特征在行为心理学方面对创业动机产生影响。众多心理学专家研究创业动机时发现，创业者选择创业，很大程度上是其心理倾向在某一方面的体现，使其更具企业家特质，这也是创业成功实现的重要心理学特质。Rauch 和 Frese（2000）的研究表明，个性特征从创业动机产生到受创业生存动机和成长驱使，乃至创业活动最终成功的连贯活动过程中，都扮演至关重要的角色。史容（2016）认为创业意向受到创业效能感的影响。Harun Sesen（2013）认为创业者会在内在控制倾向和自我效能感强方面显露出较强动机倾向。

经过多年关于创业的研究，大多数学者会使用风险偏好、成就需求、控制倾向、容错度、自我效能等维度来反映创业的个体特征，其中最常用的特质是风险偏好、成就需求以及控制倾向。基于此，本文结合我国大学生创业的实际情况，选择了成就需求、控制倾向和自我效能这三个经典特质进行研究。由此提出以下研究假设。

H1　个性特征及其维度因素正向影响创业动机。

1.2　创业能力对创业动机的影响假设

Boyatzis（1982）提出了能力理论，认为创业能力蕴含在创业行为之中，并通过行为最终直接影响创业动机。Murray（1996）研究认为创业者必须具备过硬的能力，诸如应挫能力、沟通能力、市场开拓能力等，这些能力对创业动机的强化具有直接的正向影响。国内有学者基于国内大学生创业数据，用实证分析证实了大学生创业能力对创业动机具有极其显著的正向作用（陈文娟等，2015）。由此提出以下研究假设。

H2　创业能力及其各维度正向影响创业动机。

1.3　创业环境对创业动机的影响假设

大量文献证实环境对创业动机具有影响。Bird（1989）提出增强创业动机的根本途径是创建一个适宜的社会氛围并完善其政治和文化背景；Gnyawali 和 Fogel（1994）提出在众多环境影响因素中，行业成长空间、对手竞争威胁、政府政策等起关键作用；Suzuki，Kim 和 Bae（2002）认为商业文化、商业资源、管理技能、市场条件等都会对创业者的创业动机产生重要影响，创业动机是个体变量和环境变量综合作用结果。由此提出以下研究假设。

H3　创业环境及其各维度正向影响创业动机。

1.4　创业动机对创业绩效的影响假设

黄宝栋（2006）在对台湾中小企业创业家进行了一系列调查研究后发现，创业家创业动机与创业绩效成正比关系；朱红根（2013）认为在影响返乡农民工创业绩效的一系列因素中，创业动机对其影响显著；Krauss（2005）等在创业动机对绩效影响的研究实验中，以 248 位南非的成功企业家作为样本，其结论显著相关；Collins（2004）等对创业家使用元分析法进行研究，最终发现创业家的成就动机对其创业生涯、绩效起主导作用；王华锋（2014）等认为创业绩效受到创业动机的显著影响。由此提出以下研究假设。

H4　创业动机及其各维度影响创业绩效。

1.5 个性特征对创业成长的影响假设

Stajkovixc 和 Luthans（1998）总结归纳了探讨自我效能感与工作绩效关系的 114 项研究。李永周（2016）探讨了基于科技创业人才的孵化网络视角下创业效能感对创业绩效的影响关系。Ahmed（2000）认为创业绩效（主要指客户满意度绩效）与内控制源特质显著相关。刘追（2016）认为中小企业创业绩效水平受到创业者个人特质的影响。综合国内外学者的观点，创业者成就事业水平、内控制源、成就需要与新创企业绩效存在显著的相关关系。由此提出以下研究假设。

H5 创业特质越明显，创业成长越显著。

1.6 创业能力对创业成长的影响假设

创业能力对创业绩效影响显著（谢雅萍等，2016）。Grant（1991）认为创新创业绩效提升的关键是要具备创业资源整合能力，并形成特定竞争优势。Chandier 和 Hallks（1994）揭示出创业绩效与创业者发现、利用创业机会能力和整合资源能力的直接关系。Zhao 和 Aram（1995）认为创业者对社会关系网络的运用频率、幅度，即其联系次数、数量对新创企业绩效呈显著正相关关系。葛焱（2016）认为灵性领导能力与创业绩效正相关。陈旭阳（2016）认为创业绩效的优劣会因为大学生异质化能力的高低而呈现不同成果。吴挺和王重鸣（2016）认为新创企业绩效的衡量标准更大程度上体现在其在互联网时代背景下获取、处理及运用信息的能力。谢永平（2016）认为信息多样化获取能力正向影响创业团队绩效。由此提出以下研究假设。

H6 创业能力越强，创业成长越显著。

1.7 创业环境对创业成长的影响假设

Gnyawali 和 Fogel（1994）指出，创业环境受到创业融资、创业者所处社会经济条件和政府扶持政策的影响，外界环境对新创企业的生存和成长绩效的影响较为明显。Lerner（1997）等认为创新企业的创业绩效受到其所处环境的影响。张炜和邢潇（2007）揭示出创业文化、区域基础设施、扶持政策等三要素对创业绩效产生正向影响。刘庆中（2007）认为创业绩效与技术、融资、政策、服务等环境因素呈现正相关关系。曹之然（2010）认为影响创业绩效的重要因素之一是创业环境特征。Lerner（2007）等发现创业者能在一定程度上能改变创业环境，并以环境与创业的关系研究证明了其观点的正确性。Wiklund（1999）则通过对 70 多个实证研究进行回顾，发现绩效的两个一般影响：动机和环境。文亮（2010）研究认为中小企业创业绩效受到创业环境的影响。蒋勤峰（2016）研究了创新型企业的社会资本等创业环境资源对创业企业绩效的影响。由此提出以下研究假设。

H7 创业环境越好，创业成长越显著。

1.8 创业动机中介效应假设

创业者创业成长绩效的高低因其创业特质、创业能力和创业环境的不同而变化。创业动机作为主激励因素，如果创业意愿不显著，即使潜在的创业能力极高，外在的创业环境非常完善，也不会形成较好的创业绩效。因而，创业动机作为创业绩效的预测变量，在外在因素转化为创业行为和创业绩效中发挥传导作用。由此提出以下研究假设。

H8 创业动机发挥着创业特质、创业能力和创业环境影响创业成长中介传导作用。

基于以上理论分析，由此提出本文的概念模型（见图1）。

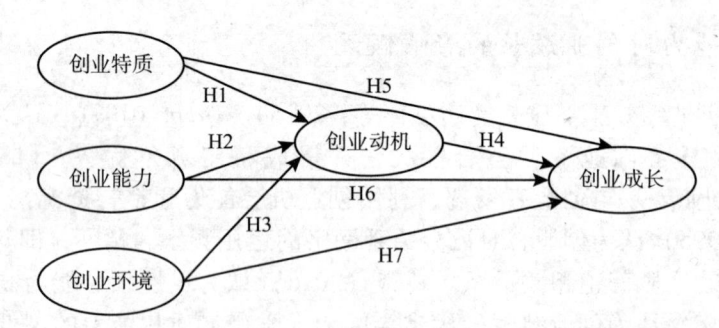

图1 创业成长视角下的大学生创业动机影响因素关系模型

以下是理论模型的三个具体解释。

（1）大学生创业者内在的特质、创业能力以及外在的创业环境因素等变量对创业动机、对创业绩效有直接影响。

（2）创业动机在创业特质、创业能力以及创业环境影响创业绩效过程中发挥中介传导效应。

（3）大学生创业绩效受到创业动机直接影响，不同类型创业动机对大学生新创企业绩效的有不同程度影响。

2 研究设计

2.1 数据来源

本次随机抽样调查对象为在校中国农村大学生创业者。样本中，男性286个，占比62.17%；从学历上看，本科生创业者占到73%；从专业上看，经管类和理工类的学生创业占主体，占比64%；从员工人数上看，有过半的企业人数在5人以内；从企业成立时间上看，有31%的企业成立时间为半年以上；从企业规模上看，小微型占80%以上；从行业上看，网络创业和文化创意型创业较多表1。

表1　　　　　　　　　　　大学生创业者及其创业企业主要特征

	性别	频数	频率/(%)		类别	频数	频率/(%)
性别	男	286	62.17		创意设计类	48	10.43
	女	174	37.83		法律类	11	2.39
	合计	460	100.00		经管类	129	28.04
	学历	频数	频率/(%)	专业	理工类	168	36.52
学历	本科	336	73.04		农医类	20	4.35
	硕士	48	10.43		人文类	53	11.52
	博士	4	0.87		其他专业	31	6.74
	大专	72	15.65		合计	460	100.00
	合计	460	100.00		员工人数	频数	频率/(%)
	公司成立时间	频数	频率/(%)		1~5人	252	54.78
	0.5年以下	227	49.35		6~15人	123	26.74
公司成立时间	0.5~1年	146	31.74	员工人数	16~25人	55	11.96
	1~2年	65	14.13		26~50人	20	4.35
	2~4年	12	2.61		50人以上	10	2.17
	4年以上	10	2.17		合计	460	100.00
	合计	460	100.00		创业企业所属类型	频数	频率/(%)
	公司经营规模	频数	频率/(%)		网络创业	181	39.35
	偏大型以上	29	6.30		服务业	70	15.22
公司经营规模	中型	58	12.61	创业企业所属类型	文化创意产业	104	22.61
	偏小型	112	24.35		新能源、新材料等新兴产业	39	8.48
	小型	261	56.74		计算机信息产业	19	4.13
	合计	460	100.00		其他	88	19.13

2.2 问卷调查

本调查对象均为江苏省大学生创业示范基地的农村在校大学生创业者,在2017年8月至2018年1月,走访江苏省13个地市20所高校,现场及委托发放纸质调查问卷780份,回收问卷632份,最终形成有效样本数据为460个。

2.3 变量测量

为确保测量量表的信度和效度,本研究主要使用国内外知名学者使用的较为成熟的测量题项,并根据大学生新创企业负责人的实际情况,对成熟测量题目进行修正。问卷的设计运用李克特5级测量积分法。潜变量测量题项见表2。

(1) 创业特质。参考 Bandura（1986）学派理论等结论，对创业自我效能感、成就动机水平和内在控制源三个潜变量进行测量。

(2) 创业能力。参考 Man（2002）等学者观点，主要应用机会识别能力、人际交往能力、领导能力、创新能力表征大学生的创业能力。

(3) 创业环境。参考孟凡臣（2007）、van Praag 和 Versloot（2007）等的结论来测量，用高校创业教育、创业者影响、扶持环境、文化环境四方面表征大学生创业环境。

(4) 大学生创业动机。参照 Macrovan Gelderen 等（2006）的多变量测量方法，参考 Robichaud（2001）和张凯竣（2012）等的观点测量。

(5) 创业成长。研究创业成长主要用成长型和满意型指标进行测量，参考 Wiklund 和 Shepherd（2005）、Slevin（1992）的结论进行测量。

3 假设检验及路径分析

3.1 信度、效度检验

(1) 量表信度分析。本研究应用 SPSS 17.0 软件，应用 Cronbach's α 对各潜变量的信度进行分析，结果显示所有潜变量的 α 值都在 0.8 以上，大于临界值 0.7，证明本研究量表的具有较高的内部一致性，即信度较高。

(2) 量表效度分析。量表的效度包括内容效度和结构效度。本量表主要参考国内外知名学者比较成熟的策略题项，确保了本研究内容效度。结构效度还包含收敛效度和区分效度。本研究应用探索性因子分析方法对各潜变量进行因素分析，表3显示所有潜变量的 Bartlett 的球形度检验近似卡方分布，显著性概率值均为 $p=0.000<0.05$。

创业特质量表 KMO 值等于 0.873，三个因素旋转后的特征值分别为 4.083、1.117、1.007，总共累计解释的变异量为 62.076%；创业能力量表 KMO 值等于 0.893，其四个维度因素旋转后的特征值分别为 5.438、1.260、1.220、0.960，总共累计解释的变异量为 67.525%；创业环境量表 KMO 值等于 0.908，其四维度因素旋转后的特征值分别为 6.051、1.337、1.089、0.965，总共累计解释的变异量为 67.435%；创业动机量表中 KMO 值等于 0.822，其三个维度因素旋转后的特征值分别为 4.154、1.225、1.128，总共累计解释的变异量为 72.296%；创业绩效量表 KMO 值等于 0.894，其两个维度因素旋转后的特征值分别为 4.370、0.842，总共累计解释的变异量为 65.154%。以上所有潜变量的变异量超过临界值 60% 的标准，因子载荷大于临界值 0.5，见证了数据具有良好的收敛效度。各潜变量区分效度检验结果见表2，所有对角线上的各潜变量 AVE 值的平方根均大于非对角线上的潜变量之间的相关系数，说明量表具有较好的区分效度。

表2 潜变量测量题项

潜变量	维度	编号	测量题项	载荷值	Cronbach's α 系数	因子分析适宜性
创业特质	自我效能	xn1	本质上是一个坚强的人	0.791	0.836	KMO = 0.873 Bartlett 球形度检验值为 1355.148，(Sig. = 0.000)
		xn2	能应对生活中典型问题	0.826		
		xn3	感觉能做好很多事情	0.802		
	成就事业水平	cj1	面对困难会尽力而为	0.675		
		cj2	为自己工作感到成就感	0.694		
		cj3	动力是让企业引以为荣	0.726		
		cj4	认为有价值的事就会尽力去做	0.656		
	内在控制源	kzy1	拥有朋友的多少取决于个人怎么样	0.674		
		kzy2	生活由行为决定	0.749		
		kzy3	一般能够保护自己的利益	0.783		
创业能力	机会识别能力	jhsb1	能发现具有较大发展潜力的行业	0.761	0.884	KMO = 0.893 Bartlett 球形度检验值为 2303.398 (Sig. = 0.000)
		jhsb2	能发现行业内具有良好经济收益的契机	0.818		
		jhsb3	能适时进入市场	0.766		
		rmnl2	与上下游企业建立良好关系	0.430		
		rmnl3	与金融部门建立良好关系	0.835		
		rmnl4	与政府部门建立良好关系	0.828		
	领导能力	ldnl1	有很强的执行力	0.567		
		ldnl2	有较强的团队协作能力	0.756		
		ldnl3	有带领团队实现创业目标	0.779		
		ldnl4	有效激励领导员工	0.784		
	创新能力	cxnl1	开发引入技术优越的新产品和服务	0.737		
		cxnl2	对市场进入等营销过程进行创新	0.772		
		cxnl3	对环境的变化不断地产生新的经营理念	0.755		
创业环境	高校创业教育	gxjy1	学校创业活动激发了创业兴趣	0.754	0.897	KMO = 0.908，Bartlett 球形度检验值为 2756.194 (Sig. = 0.000)
		gxjy2	学校创业课程对创业影响较大	0.776		
		gxjy3	学校创业大赛对创业影响较大	0.755		
		gxjy4	学校创业孵化设施帮助很大	0.716		
		gxjy5	学校有很多创业人士指导创业项目	0.635		
	创业者影响	cyzyx1	家族创业传统创业影响较大	0.806		
		cyzyx2	高校创业同学对创业影响较大	0.658		
		cyzyx3	周边地区成功创业者影响较大	0.739		

续表

潜变量	维度	编号	测量题项	载荷值	Cronbach's α 系数	因子分析适宜性
创业环境	扶持环境	fchj1	政府为项目提供了无偿资金资助	0.830	0.897	KMO = 0.908，Bartlett 球形度检验值为 2756.194（Sig. = 0.000）
		fchj2	银行贷款等创业融资渠道畅通	0.796		
		fchj3	政府为创业项目提供工商税务优惠等无偿服务	0.683		
	文化环境	whhj1	政府推行大众创业、万众创新	0.687		
		whhj2	当地文化非常鼓励个人通过努力获得成功	0.803		
		whhj3	当地文化鼓励创造和创新、鼓励承担风险	0.778		
创业动机	生存动机	scdj1	让自己生活有保障	0.844	0.854	KMO = 0.822，Bartlett 球形度检验值为 1727.015（Sig. = 0.000）
		scdj2	解决个人就业	0.851		
		scdj3	不满薪酬收入	0.658		
	成就动机	sydj1	寻求社会的认可	0.848		
		sydj2	提高社会地位	0.863		
		sydj4	积累财富	0.765		
	责任动机	zrdj1	促进国家经济发展	0.807		
		zrdj2	贡献社会	0.835		
		zrdj3	为企业和员工发展负责	0.760		
创业绩效	成长绩效	czjx1	企业有较强的获利能力	0.621	0.881	KMO = 0.894，Bartlett 球形度检验值为 1580.005（Sig. = 0.000）
		czjx2	企业总营业收入增长比较快	0.793		
		czjx3	企业员工的数量增长比较快	0.812		
		czjx4	企业的市场份额增长比较快	0.733		
	满意绩效	cgjx1	对个人创业事业满意	0.721		
		cgjx2	员工对公司发展满意度较高	0.766		
		cgjx3	顾客愿意购买公司新产品	0.796		
		cgjx4	顾客愿意对公司产品提出改进意见	0.713		

3.2 创业动机中介效应检验

本研究采用 Baron 和 Kenny 的依次检验法检验中介效应。本研究证实了自变量与中介变量和因变量的关系显著性。创业特质、创业能力、创业环境三个自变量对中介变量创业动机以及因变量创业绩效的关系见表 3 和表 4。

表3　　　　　　　　　中介变量创业动机结构方程拟合指标

变量	χ^2/df	RMSEA	IFI	TLI	CFI
标准	<5	<0.08	>0.9	>0.8	>0.8
结果	2.107	0.047	0.870	0.856	0.868
是否通过	是	是	尚可	是	是

表4　　　　　　　　自变量、中介变量、因变量结构方程假设检验结果

假设编号	潜变量关系	Std. Estimate	S.E.	C.R.	P	是否通过检验	结论
H1	创业特质→创业动机	0.416	0.066	5.772	***	通过	显著
H2	创业能力→创业动机	0.465	0.063	6.386	***	通过	显著
H3	创业环境→创业动机	0.548	0.053	7.327	***	通过	显著
H4	创业动机→创业绩效	0.555	0.210	3.109	0.002	通过	显著
H5	创业特质→创业绩效	0.041	0.098	0.453	0.651	不通过	不显著
H6	创业能力→创业绩效	0.339	0.102	3.354	***	通过	显著
H7	创业环境→创业绩效	0.158	0.092	1.438	0.150	不通过	不显著

注：P 为 Probability，* 表示 $P<0.05$，** 表示 $P<0.01$，*** 表示 $P<0.001$。

由此可知，三个自变量与因变量创业绩效的相关系数分别为 0.185、0.598、0.464，且均显著；三个自变量与中介变量创业动机的相关系数分别为 0.421、0.467、0.546，且均显著；当将自变量与中介变量同时代入结构方程模型后，中介变量创业动机与因变量创业绩效的相关系数为 0.555 并且显著（P 为 0.002，介于 0.01 和 0.001 之间，显著程度为 **），与第一步相比，创业能力与创业绩效的相关系数变小（0.339<0.598）且显著，创业特质、创业环境与创业绩效的相关系数变小（0.041<0.185，0.158<0.464）且不显著。

根据上述说明，创业动机承担着创业能力影响创业绩效的正向不完全中介作用，创业动机在创业特质和创业环境影响创业绩效中发挥正向完全中介作用。因此，假设 H1、H2、H3、H4、H6 通过了检验。

此外，本研究还发现，创业动机在创业自我效能、成就事业水平和内在控制源影响创业绩效过程中发挥完全中介作用；创业动机在创业机会识别能力、领导能力和创新能力影响创业绩效过程中发挥完全中介作用，在人脉发展能力影响创业绩效中发挥不完全中介作用；创业动机在高校创业教育、创业者影响、政策扶持及文化环境影响创业绩效过程中发挥完全中介作用。

3.3　全模型修正及验证

本研究删除了假设 H5、假设 H7 对应的路径，修正模型的拟合指数 χ^2/df 由原来的 2.107 降为 2.106，其余指标没有变化。修正后模型路径系数情况见表5，修改后的结构方程模型详如图2所示。

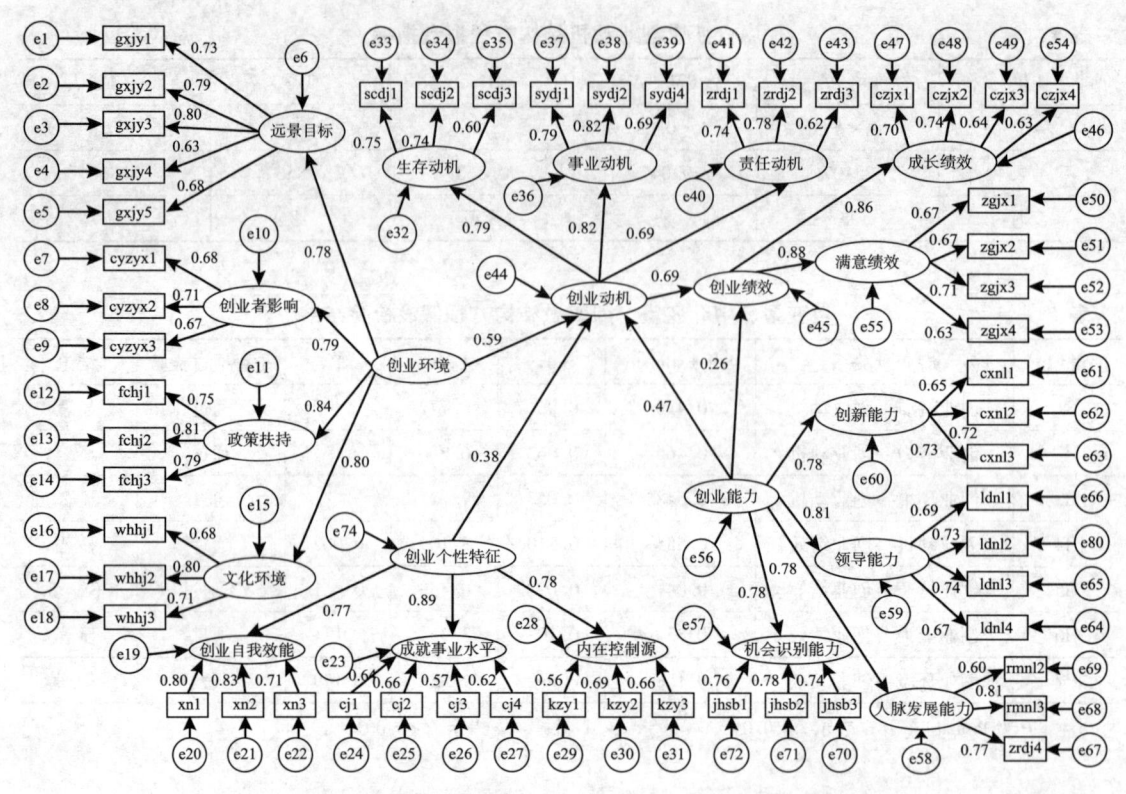

图 2 修改后的大学生创业动机影响因素结构方程模型

从表 5 可看出，假设 H1、H2、H3、H4、H6 均通过验证。影响创业动机的因素从高到低分别是创业环境、创业能力和创业特质。创业能力既通过创业动机影响创业绩效，又直接影响创业绩效。

表 5 修正后结构模型的路径系数

假设标号	潜变量关系（假设）	标准路径	S.E.	C.R.	P	是否通过检验	结论
H1	创业特质→创业动机	0.378	0.060	5.720	***	通过	显著
H2	创业能力→创业动机	0.473	0.062	6.461	***	通过	显著
H3	创业环境→创业动机	0.595	0.054	7.810	***	通过	显著
H4	创业动机→创业绩效	0.689	0.109	7.410	***	通过	显著
H6	创业能力→创业绩效	0.260	0.066	3.936	***	通过	显著

3.4 创业动机及其影响因素对创业绩效的路径分析

假设 H5 未通过而假设 H4 通过，证实创业动机发挥着创业个性特质影响创业绩效的完全中介变量，创业者内在特质强不意味着其创业企业具有良好的创业绩效，往往还需要通过创业者的创业动机潜移默化地将特质传导转化成为创业绩效，进而促进企业成长。

假设 H6 获得支持，证实了创业动机发挥着创业能力影响创业绩效的不完全中介作用。创业能力经由创业动机继而影响创业绩效，亦可直接作用创业绩效，且精简模型中间接效应为 0.32 大于直接效应 0.26。可见，高校要以培养创业能力为抓手，提升创业者的创业能力，提升在校大学生创业成长水平。

假设 H7 未获得支持，证实了创业动机发挥着创业环境影响创业绩效的完全中介作用。再次证实了创业环境存在客观性，需要通过创业动机的完全中介作用间接影响创业绩效。

4 研究结论与展望

4.1 研究结论

本研究以中国高校在校大学生为研究对象，运用结构方程模型验证了创业特质、创业能力和创业环境各维度因子通过创业动机影响创业成长的关系，得出以下研究结论。

（1）大学生创业动机中介传导效应检验得到证实。有效证实了创业动机的中介传导作用，在创业特质、创业环境及其各维度因素影响创业绩效中发挥完全中介作用；在创业能力影响创业绩效中发挥不完全中介作用。在创业机会识别能力、领导能力和创新能力影响创业绩效过程中发挥完全中介作用，在人脉发展能力影响创业绩效中发挥不完全中介作用。

（2）不同类型的大学生创业动机核心因素影响因素不同。生存动机的首要影响因素是创业环境，事业动机首要影响因素是创业特质，责任动机的第一影响因素是创业能力。

（3）大学生创业绩效关键影响因素。大学生创业成长绩效和满意绩效的直接影响因素分别是生存动机、责任动机和事业动机以及创业能力。由此，高校、政府、社会应建设大学生创业服务与实践体系，注重强化创业生存动机和事业动机，塑造大学生创业能力，提升大学生创业绩效。

4.2 研究展望

（1）扩展研究范围，开展多层面研究。未来可以通过组织层面获取创业绩效等变量的数据，开展创业效能等个体层次影响变量、创业团队特质等团队层面影响变量、创业绩效等组织层面影响变量等跨层面研究。

（2）开展纵向跟踪研究。对大学生创业者进行纵向数据跟踪，时间为 3~5 年，每年追踪一次，将几年的数据串联进行纵向对比研究，科学分析大学生创业企业不同阶段的关键作用因素和作用机理。

参考文献

[1] 史容，傅利平，殷红春，等. 创业效能感对创业意向的多重效应——不同创业动机中介作用的比较 [J]. 天津大学学报（社会科学版），2016，18（3）：231-236.

[2] 陈文娟. 大学生创业动机影响因素——以江苏省高校大学生为例 [J]. 中国科技论坛，2015（9）：138-142.

[3] 马志强，李钊，李国昊，等. 高校创业服务价值对大学生创业能力的影响——基

于大学生创业动机的调节作用 [J]. 预测, 2016, 35 (4): 42-49.

[4] 黄宝栋. 人格特质、创业动机、创业策略与创业绩效之关系研究——以台湾区中小企业创业家为例 [D]. 台南: 国立成功大学, 2006.

[5] 朱红根, 康兰媛. 农民工创业动机及对创业绩效影响的实证分析——基于江西省15个县市的438个返乡创业农民工样本 [J]. 南京农业大学学报(社会科学版), 2013 (5): 59-66.

[6] 王华锋, 谢从旋. 大学生创业动机与创业绩效关系研究 [J]. 广州大学学报 (社会科学版), 2014, 13 (3): 39-44.

[7] 李永周, 阳静宁, 田雪枫. 科技创业人才的孵化网络嵌入、创业效能感与创业绩效关系研究 [J]. 科学学与科学技术管理, 2016, 37 (9): 169-180.

[8] 刘追, 王玉, 陈艳. 中小企业创业领导力对创业绩效的影响——企业发展阶段的调节作用 [J]. 科技进步与对策, 2016 (7): 101-107.

[9] 谢雅萍, 黄美娇. 创业学习、创业能力与创业绩效——社会网络研究视角 [J]. 经济经纬, 2016, 33 (1): 101-106.

[10] 文亮, 刘炼春, 李海珍. 中小企业创业者能力与创业绩效关系的实证研究 [J]. 系统工程, 2011 (11): 78-83.

[11] 葛焱, 顾建平. 创业企业家灵性领导、战略柔性与创业绩效——环境动态性的调节作用 [J]. 管理现代化, 2016, 36 (3): 76-78.

[12] 陈旭阳, 陈松. 大学生异质化创业能力对创业绩效的影响——创业团队的中介作用 [J]. 科技管理研究, 2016 (8): 222-228.

[13] 吴挺, 王重鸣. 互联网情境下的创业行动、信息获取和新创绩效——来自苹果应用商店的证据 [J]. 科学学研究, 2016, 34 (2): 260-267.

[14] 谢永平, 郑倩林. 信息多样化与创业团队绩效关系研究——以共享领导为中介变量 [J]. 科技进步与对策, 2016, 33 (12): 8-15.

[15] 张炜, 谢吉华, 邢潇. 中小科技企业创业价值与成长绩效关系实证研究 [J]. 科学学与科学技术管理, 2007, 28 (11): 171-174.

[16] 刘庆中. 我国开发区创业环境与创业绩效的关系研究 [D]. 长春: 吉林大学, 2007.

[17] 曹之然. 创业绩效影响因素研究: 变量、模型与理论 [J]. 经济与管理评论, 2010, 26 (2): 83-88.

[18] 文亮, 李海珍. 中小企业创业环境与创业绩效关系的实证研究 [J]. 系统工程, 2010, 28 (10): 67-74.

[19] 蒋勤峰. 苏南地区创新型企业社会资本与创业绩效关系研究 [C]. 全国科技评价学术研讨会, 2015.

[20] 孟凡臣, Bouncken. 文化对创业意图影响的比较分析 [J]. 科学学与科学技术管理, 2007, 28 (5): 176-178.

[21] 张凯竣, 雷家骕. 基于成就目标理论的大学生创业动机研究 [J]. 科学学研究, 2012, 30 (8): 1221-1227.

[22] Rauch A, Frese M. *Psychological approaches to entrepreneurial success*: *A general model and an overview of findings* [C]. Psychological approaches to entrepreneurship. Psychological Press in association with the International Association of Applied Psychology, 2000: 461 – 474.

[23] Sesen H. *Personality or environment? A comprehensive study on the entrepreneurial intentions of university students* [J]. Education + Training, 2013, 55 (7): 624 – 640.

[24] Boyatzis R E. *The Competent Manager*: *A Model for Effective Performance* [J]. Competent Manager A Model for Effective Performance, 1982 (9): 80 – 82.

[25] Murray G. *A synthesis of six exploratory European case studies of successfully exited, venture capital-financed. Nona inanced, new technology-based firms* [J]. Entrepreneurship Theory and Practice, 1996, 20 (4): 41 – 60.

[26] Bird B J. *Entrepreneurial Behavior.* [M]. New York: Springer, 1989.

[27] Gnyawali D R, Dan F. *Environment for Entrepreneurship Development, Key Dimensions and Research Implications* [J]. Entrepreneurship Theory & Practice, 1994 (18): 43 – 62.

[28] Suzuki K I, Kim S H, Bae Z T. *Entrepreneurship in Japan and Silicon Valley*: *a comparative study* [J]. Technovation, 2002, 22 (10): 595 – 606.

[29] Krauss S I, Frese M, Friedrich C, et al. *Entrepreneurial orientation*: *A psychological model of success among southern African small business owners.* [J]. European Journal of Work and Organizational Psychology, 2005, 14 (3): 315 – 344.

[30] Christopher J. Collins, Paul J. Hanges, Edwin A. Locke. *The Relationship of Achievement Motivation to Entrepreneurial Behavior*: *A Meta – Analysis* [J]. Human Performance, 2004, 17 (1): 95 – 117.

[31] Luthans F, Stajkovic A, Luthans B C, et al. *Applying behavioral management in Eastern Europe* [J]. European Management Journal, 1998, 16 (4): 466 – 475.

[32] Ahmed S U, Ahmed S U. *Ach, risk-taking propensity, locus of control and entrepreneurship* [J]. Personality & Individual Differences, 1985, 6 (6): 781 – 782.

[33] Mitchelmore S, Rowley J. *Entrepreneurial competencies of women entrepreneurs pursuing business growth* [J]. Journal of Small Business and Enterprise Development, 2013, 20 (1): 125 – 142.

[34] Grant R M. *The Resource-based theory of competitive advantage*: *implications for strategy formulation* [J]. California Management Review, 1991, 33 (3): 114 – 135.

[35] Chandler G N, Hanks S H. *Market attractiveness, resource-based capabilities, venture strategies, and venture performance* [J]. Journal of business venturing, 1994, 9 (4): 331 – 349.

[36] Zhao L, Aram J D. *Networking and growth of young technology-intensive ventures in China* [J]. Journal of Business Venturing, 1995, 10 (5): 349 – 370.

[37] Gnyawali D R, Dan F. *Environment for Entrepreneurship Development, Key Dimensions and Research Implications* [J]. Entrepreneurship Theory & Practice, 1994 (18): 43 – 62.

[38] Lerner M, Brush C, Hisrich R. *Israeli women entrepreneurs: An examination of factors affecting performance* [J]. *Journal of Business Venturing*, 1997, 124 (4): 315–339.

[39] Lerner R M, et al. *Applied developmental science: scholarship for our times* [J]. *Applied Developmental Science*, 2007 (1): 2–3.

[40] Wiklund J. *The sustainability of the entrepreneurial orientation-performance relationship* [J], *Entrepreneurship: Theory and Practice*, 1999, 24 (1): 37–48.

[41] Bandura A, Cliffs N. *Social Foundations of Thought and Action: Cognitive Theory*. [M]. New Jersey: Prentice–Hall, 1986.

[42] Man T W Y, Lau T, Chan K F. *The competitiveness of small and medium enterprises: a conceptualization with focus on entrepreneurialcompetencies* [J]. *Journal of Business Venturing*, 2002, 17 (2): 123–142.

[43] Van Praag, C. M, Versloot, P. H. *What is the value of entrepreneurship? A review of recent research. Small Business Economics*, 2007 (29): 351–382.

[44] Robichaud Y., Egbert E., Roger A. *Toward the development of a measuring instrument for entrepreneurial motivation* [J]. *Journal of Developmental Entrepreneurship*, 2001, 6 (2): 189–201.

[45] Wiklund, J. Shepherd, D. *Entrepreneurial orientation and small business performance: a Configurational approach* [J]. *Journal of Business Venturing*, 2005, 20 (1): 71–79.

[46] Slevin, D. P., J. G. Covin. *Creating and Maintaining High Performance Teams* [C]. // D. Sexton, J. Kasarda, (eds.). *The State of the Art of Entrepreneurship, Coleman Foundation* [M]. Boston, MA: PWS–Kent, 1992.

作者简介

徐占东（1984— ），内蒙古通辽人，江苏大学管理学院博士研究生，助理研究员。研究方向：创新创业管理。

于泽聪（1992— ），山东临沂人，江苏大学管理学院硕士研究生。研究方向：创业管理。

梅强（1961— ），江苏镇江人，江苏大学副校长，教授，博士生导师，博士。研究方向：创新创业管理。

基金项目

江苏省高校哲学社会科学研究重点项目：基于网络嵌入的大学生创业实践研究（2016ZDIXM037）；江苏省社科基金项目：高校创新创业生态系统评价体系研究（17GLB001）；江苏省研究生科研与实践创新计划项目：大学生创业成长关键影响因素及引导路径研究（SJCX17_0563）；2018江苏省高校辅导员工作研究会重点课题：高校创业教育绩效多主体综合评价研究。

浅析基于大学生"互联网+"创新创业教育实践

闫循华　李森科

（中科教育研究院北京中科致远科技有限责任公司，北京，100000）

> **摘要**：中国"互联网+"大学生创新创业大赛作为高校深化创新创业教育改革的一个成果展示平台，吸引了越来越多的高校参加。大赛评审规则指出学生在技术、专业、社交、管理和团队等方面应具备的能力，希望通过大赛来修订人才培养方案、强化师生创新创业、以赛促进搭建信息平台、简历孵化基地等方式培养企业所需要的高素质人才。但是如何开展大学生"互联网+"创新创业工作与促进互联网经济的发展成为一个严峻的问题。
>
> **关键词**：大学生；创新创业；互联网+；创业教育

教育部周济部长曾经说过："创新是一个民族进步的灵魂，是一个国家兴旺发达的不竭动力。"高等教育需要充分反映并适应社会经济的发展。

创新是科学与社会向前发展的本质，要不断有所发现，有所发明。历史反复证明，推进科技发展，关键要敢于和善于创新。有没有创新能力，能不能进行创新，是当今世界范围内经济和科技竞争的决定性因素。历史上的科学发现和技术突破，无一不是创新的结果。现在的大学生作为中国今后出原创性成果的中坚力量和希望所在，必须从现在开始尝试着进行实际的科技创新实践。大学校园浓厚的创新创业氛围，大大有助于创新创业人才的培养。

创业有很多定义，创业是一种劳动方式，是一种无中生有的财富现象，是一种需要创业者组织、运用服务、技术、器物作业的思考、推理、判断的行为。这是香港创业学院院长张世平的最新定义。由此我们可以看出，创业是一种创新的具体化运作模式。

应该看到，创新创业在大学生求学培养过程中也有许多相似的作用和目的：都是学生素质教育的重要内容和手段。它们对培养广大大学生严谨的态度、全面的创新创业能力、团队合作与艰苦奋斗的精神、脚踏实地与锲而不舍的作风都有着重大的意义。

1 大学生"互联网+"创新创业的意义

引导大学生创新创业并不等于对大学生进行创新创业教育，社会要发展进步、国家要繁荣昌盛、人民要富裕幸福，创新势在必行、创业蓄势待发。高校作为社会人才培养的高地，对大学生进行创新创业教育显得尤其具有现实意义。

（1）树立与时俱进的大创业观，改变对大学生自主创业的认识，全面提高万众创新，大众创业的新意识。这是时代大潮对现在大学生提出的严要求、高标准，也是大学生作为将来的社会主义现代化建设者，必须承担的社会赋予的历史使命。

（2）大学生创新创业有利于促进产业结构升级和科技成果转化，是对我国走创新型国家发展道路战略选择的促进。国家要走快速持续健康的发展道路，必须有产业结构升级和科技成果转化强有力的支持。

（3）大学生创新创业能够为社会创造更多的就业机会，有利于缓解国家的就业压力，使大学生对未来的选择更加多元化。这对学生个性的完善、能力的培养、素质的锻炼都有更好的助推作用。

（4）创新创业教育有利于促进高等院校人才培养模式的改革。改变以前以"灌输式教育"为主的"学分式"受教育的方式，挖掘学生更大的潜质，提供一个发现、发展、完善自己的平台。

（5）创新创业能让大学生自我潜能最大程度的释放，更能实现人生价值的最大化。一方面创业使学生自我价值得到实现；另一方面也使学生的社会价值得到实现。从而把自己的兴趣爱好和所学结合起来，有力推动了学风的建设。

2 我国高校创新创业开展现状及面临的问题

2.1 我国高校创新创业教育的现状分析

1997 年，高校创业教育在清华大学首开先河，以"清华大学创业计划大赛"的开展正式拉开了创业教育的帷幕，从此以创业大赛带动创新创业教育的教育模式逐步形成。

2015 年李克强总理在政府工作报告又提出："大众创业，万众创新"。政府工作报告中如此表述：推动大众创业、万众创新，既可以扩大就业、增加居民收入，又有利于促进社会纵向流动和公平正义。在论及创业创新文化时，强调"让人们在创造财富的过程中，更好地实现精神追求和自身价值"。由此，我国高校创新创业教育开展纳入教学计划。由于高校创新创业教育是一个非常复杂的问题，涉及面非常广，它不是开设几门课就能解决的问题，而是要渗透到教学的各个环节，渗透到学生培养的方方面面。这样不仅需要教学系统的改革，而且还需要整个人才培养模式的转变。但目前而言，由于创新创业教育的基础——创新教育的教育体系还没有真正建成，学校的教学还是秉承着一种继承式的教学模式，还是以教师为主导，采取"灌输式"的教学方法，在教学计划和教学目标上都与创业教育相距甚远；其次，在人才培养上还是秉承着"专家型""专业对口""知行分离"的教育观，这与创新创业教育培养具有创新能力、实践能力的通才教育完全相背离。

2.2 我国高校创新创业教育存在的问题

（1）认识不到位。

主要从高校、家庭、社会三个方面分析了人们对大学生创新创业教育的认识存在不统

一、不到位乃至偏差的现象，致使大学生创新创业教育基本上停留在"实物"层面，停留在形式主义阶段。

（2）专业师资匮乏。

创新创业教育对师资要求相对较高，既要求他们具备一定的理论知识，又要拥有一定的创业经验，但兼备这两种素质的师资的高校还十分缺乏。

（3）课程体系尚未形成。

目前尚无统一、科学的创业教育课程体系，尚无权威的教材，而且创业教育课程同其他课程之间的逻辑性及其内部的逻辑性尚待理清。

（4）教育实践环节薄弱。

由于创新创业认识不到位，重视程度不够，使大学生创新创业教育实践缺少实际的支持系统，还没有形成一种科学、系统的运行机制。

（5）教育模式改革滞后。

当前，创新创业教育模式封闭，内容陈旧，方法、途径单一，缺乏创业思维和创新精神的教育。现有的人才培养模式难以满足创业教育的需要，急须改革。

（6）良好的创新创业环境尚未形成。

一是多数高校内部的文化氛围、培养目标、激励导向、评价体系都未能向创业素质培养倾斜；二是还没有形成一整套支持大学生创新创业的政策和法规。

（7）缺乏切实可行的创新创业教育评价机制。

目前我国高校创新创业教育还处在探索阶段，缺乏切实可行的运行机制，更缺少对创业教育机效的评价机制。

3　创新创业教育的推行

（1）基础——搞好课程与教材的开发。

推进创新与创业教育是一项全新的工作。现有的职教课程体系和教材系列已相对滞后，不能适应新形势的需要，必须进行新一轮开发。这种开发必须围绕培养学生的创新意识和创业能力这个核心，确保有相应的课程、课程模式和教材。抓好了课程和教材开发的基础性工作。学生就能在创新与创业教育中享有更多的学习自主权，更多的自由发展的时间和空间。

课程开发要从改革课程结构入手。可以加强综合课程，即相戈课程组合，相互渗透；强化活动课程，如组织参观、访问、讲座、讨论、实验实习等；拓宽教学渠道，开设多样的选修课、自修课，成立各种兴趣小组，开展丰富多彩的第二课堂活动，培养个人特长。

创业教育要以职业指导课形式列入公共课程，对于有特殊需要的学生可以单列相关创业系列课程，也可以分别设置基础性课程、拓展性课程、探索性课程，共同构成开放性、多样性、实践性、探索性相结合的全新的课程体系，为学生脱颖而出搭建立交桥。教材开发重在内容更新，种类要配套，教材内容不仅要贴近时代，而且要有相对前瞻性。

（2）重点——提高课堂教学质量。

现行的课堂教学强调的是以课堂为中心，以教师为中心，以教材为中心，沿用刻板的灌输式教学模式,这当然不利于创新与创业人才的培养。我们必须下大气力锐意改革课堂教学,发挥课堂教学在准进创新与创业教育中的主阵地作用。

在教学过程中要始终突出学生的主体性,教师只能起主导作用。多让学生开口说,动手做。倡导学生奇思异想,质疑发问,多维思考,创造性学习。掌握课堂教学的价值取向。根据不同的课程需要,采用不同的教学方法,如创新思维教学法,请专家举办讲座,请企业家现身说法,组织教学答疑、实例分析,变说教式为讨论式、竞赛式,变抽象式为直观式,课堂与现场相结合,理论教学和实习操作一体化,合理运用现代教学技术。

(3) 难点——开发学生的非智力因素。

由于各种原因,学生的非智力因素并没有像智力因素那样受到有计划、有目的、有针对性、循序渐进的教育培养;相反,应试教育的社会氛围和望子成龙的家长,在某种程度上还压抑限制了学生非智力因素的发挥和全方位的发展。我们要采取相应的措施,克服开发非智力因素教育的诸多难点,优化学生的非智力因素。

这里强调两点:首先,培育学生创新创业的动机和勇气,我们要百般珍惜和呵护学生的创新创业意识。其次,要充分肯定学生的个性,研究表明,性格的缺陷如缺乏自信心、故步自封、懦弱、怕失败等严重影响创新意识的形成,制约创造力的发展。虽然每个学生的个性都不尽相同,但培养学生具有顽强、坚毅、独立、自信、有明确的价值取向等优良个性的目标是一致的。

4 创新创业推行的措施

(1) 调整教育目标,转变教育观念,着力培养学生的创新思维。

教育的目标任务在于提高人的素质,而社会的发展与进步决定于个体创新能力的高低。培养创新能力已成为现代教育最明确、最重要的追求目标,成为检验教育成功与否的最高标准。应当把创新素质培养作为教育最重要、最根本的任务加以确认。

应用型本科教育决不能仅仅满足于使学生认识工程规律、获取专业知识、掌握基本理论,更主要的是培养学生获得知识并加以创造性发现和解决问题的能力。这就需要在人才培养的过程中,鼓励学生大胆探索,激发学生的创新潜能,充分挖掘他们的发现意识、想象意识和对未知的渴求。引导学生全方位、多角度地去提出问题、思考问题、解决问题。

必须尽快地把教育的重心从重视知识的传授、智力的培养向重视能力、情感的培养方向转变,从以学习知识为主的"知识目标观"向以学习方法为主的"能力目标观"转变,从"培养知识型人才观"向"培养创新、创业型人才观"转变。改变传统的以教师为中心的教学结构,创建既能发挥教师指导作用,又能充分体现学生主体作用的新型教学结构。鼓励学生"自行设计、自由探索、自己动手、自主创新",加强创新能力的培养。

(2) 建立创新教学体系,优化学生的知识与能力结构。

教学体系的创新是创新教育的关键,它是由创新的人才培养方案、教学内容设置、教学方法、教学手段和各种教学管理活动构成。应用型本科院校人才培养方案在出发点上就要紧密结合社会与行业对各类别工程师不同的素质与能力要求,按照不同的岗位、岗位群需求与人才特点而设置不同的人才培养标准,强调学生在掌握必要的基础知识与专业知识的基础上，在实践能力、创新意识、创业精神、合作态度与管理素质等方面有所强化，形成"特色+特长""专业+专长"的特色化人才培养方案。这种人才培养方案不是传统本科人才培养方案所强调的知识面的"宽"与"全"，而是强调知识的创新、应用、转化、生产实践能力等。

培育创新素质必须打破教育内容的封闭状态，避免刻意追求课程体系的严密与稳定。知识无穷尽，学习内容有取舍，不追求完整。建立教学内容的更新机制，改革人手一本教材、课程讲授从第一章开始到最后一章结束的局面。培养学生的创新能力必须通过优化课程体系与实践教学体系，构建专业技术应用能力和专业技术理论有机结合的课程体系，培养学生技术应用能力和解决实际问题的能力。当今世界，知识更新周期不断缩短，新知识、新技术层出不穷，各学科知识既高度分化，又在多学科领域交叉渗透，要想全面认识客观世界，必须具有多学科的视野。

所以实行课程综合化是优化课程体系的核心。要在此基础上提高学生的人文素养以及提出问题、分析问题和解决问题的能力。通过"专业平台+专业方向"多模块化课程设置，增加选修课比重，鼓励学生依托一个专业，跨学科、跨专业选修课程，得到综合性较强的跨学科、跨专业的综合训练，促进学生自主学习，提高他们获得信息、辨别信息的能力以及独立思考能力和创新能力。

（3）深化教学方法与教学手段改革，在理论教学与实践教学等各个环节注重培养学生的问题意识。

学生的创新意识与创新精神源自他们对于探索未知世界、探究真理的强烈兴趣和不懈努力，来源于不盲从书本和权威、约定俗成的束缚，敢于提出质疑的胆识和能力。学生是课堂教学的主体，问题是教学过程的开端，是贯穿于整个教学过程的主线，又是课程教学的归宿。创新教育首先要强化培养学生的问题意识，积极鼓励学生提出问题，以问题为切入点，充分体现创新源于实践而始于问题的理念。

因此，在教学过程中必须改变传统的老师为主体的单一灌输式的教学方法，多采用启发式、讨论式、对话、探究、争论等互动的教学形式，引导学生自主学习，强调以学生为本，开展个性教育。在教学过程中，教师由教学的指导者演变为学习过程的共同参与者，建立学生在学习过程中的主体地位，鼓励学生参与课堂互动，大胆质疑，主动学习，从而培养他们主动发现问题、提出问题并努力解决问题的能力。创建开放式校内外实验基地，改革验证性的实验内容和按部就班的实验方式，建立时间开放、空间开放和内容开放的"三维"开放机制。向学生提供各类科技创新活动、科技竞赛所需的设备、材料及场所等实验条件，鼓励学生进行创新试验研究和科技活动，通过实践发现问题、思考问题、解决问题。

（4）改进教学管理方式，创新教学评价方法与评价体系。

在大学校园里积极营造科学、严谨、宽松、活泼的人才成长氛围，构建有利于激励和发挥人的创造潜能的有效运行机制，促进创新、创业型人才培养工作的快速发展。打造浓厚的创新研究学术氛围和环境。定期举办各级跨学科、跨专业的学术论坛及学术活动。积极组织各类科技竞赛、创业活动。

全面推行选课制和完全学分制，鼓励学生用科技创新活动充抵学分，鼓励学生中途休学创业，为学生个性的自由发展提供足够的选择机会。全新的教学思想、教育目标、教学结构与教学方法必然导致对传统教学效果评价方法的变革，从重视学习结果的"终结性评价"向重视学习过程的"形成性评价"和"终结性评价"并重转变。弱化评价的选拔与甄别功能，弱化评价对学生造成的压力。强调对学生学习方法的诊断与分析功能，强调激励学生的学习热情和内在的学习动力。改变过去以一元化的知识评价标准来衡量学生知识的质量观，建立有利于促进学生创新能力发展的人才评价机制以及充分体现学生创新素质和能力的评估标准与指标体系，促进学生各种创新能力的不断发展。

作者简介

闫循华，中科教育研究院执行院长、北京中科致远科技有限责任公司董事长、中国科技咨询协会创业导师工作委员会常务秘书长，多次担任全国创业类大赛的专家和评委。

李森科，北京中科致远科技有限公司市场总监。

创业网络嵌入与大学生新创企业绩效
——基于创业学习的中介效应

顾加慧　梅　强　徐占东

（江苏大学，镇江，212013）

摘要：创业网络蕴藏着大量可提供的重要资源，创业学习是新创企业绩效的重要手段，二者对创新绩效都有着重要影响，然而目前学术界对三者的内在机制的研究较少。基于288份大学生新创企业样本数据，研究大学生创业网络、创业学习以及大学生新创企业成长的内在关系。研究表明：创业关系网络嵌入对大学生新创企业绩效的正向影响较创业结构网络嵌入更为显著；创业学习在创业结构网络嵌入与创业绩效间发挥完全中介作用，而在创业关系网络嵌入对创业绩效间发挥部分中介作用。

关键词：创业网络；结构性嵌入；关系性嵌入；认知学习；实践学习；新创企业绩效

1 引言

创业活动对社会经济水平的提升与稳定有着极其重要的影响。新创企业的存活率往往比较低，中国由于企业没有盈利进而中止创业的创业者占据了创业者的38.91%。究其原因，新创企业天生具有"弱""小"的缺点，在资金、技术、人才等方面相当匮乏，获取资源具有一定难度（尹苗苗等，2015）。研究证实，创业资源源自于创业网络，创业网络是大学生创业者获取资源提升竞争优势的重要渠道（陈熹等，2015）。

大学生创业者新创企业时往往缺乏网络资源（陶文庆，2013），如何构建有利于企业发展的创业网络，如何获取网络资源成为重要的理论和实践命题。创业学习作为创业者获取资源的重要手段，通过创业学习，大学生创业者向创业网络成员中获取创业者及创业组织成员所没有的知识、技能和经验（龙静，2016），在创业网络的演化过程中实现知识的更新以及各类资源的整合，最终带来企业绩效水平的提升。由此，本研究致力于探索大学生在企业初创阶段，如何通过有效的创业学习实现网络嵌入与企业成长的有效匹配进而实现企业成长。

2 理论模型与研究综述

2.1 变量内涵维度

（1）创业网络内涵与维度。

创业网络是由 Birley 在20世纪80年代中期将社会网络引入创业活动中，Birley

(1985) 认为，创业网络是新创企业创业者与外界环境的相互联系。Donckels 和 Lambrecht (1995) 则认为，创业网络是新创企业在初创时获取资源、信息以及社会支持等，用以认知和利用机会的一种特殊途径。本研究主要从网络的结构性嵌入和关系性嵌入对创业网络进行度量。从结构特性来看，主要考虑网络的规模、中心性、异质性，学者 Hansen (1995) 指出网络规模能够反映创业者及企业可获取外部资源的量；网络中心性则反映创业者或创业企业在其网络关系中是否占据中心地位；网络异质性也称多样性，是指创业网络的内部成员是否类别较多。从关系特性来看，主要考虑信任程度、团队友谊，承诺是促进团队同力协心进行创业的重要推动力，也应当纳入考虑。

(2) 创业学习内涵与维度。

目前创业学习主要从两个角度来分析，第一种是经验学习角度，经验学习论认为创业者通过转化已有经验来获得创业知识；如学者 Minniti 和 Bygrave、Politis 等强调创业知识源于经验，创业学习是创业者持续积累转化经验以更新其知识集合的过程；第二种是认知视角，认为创业学习是个体的过程，创业者通过观察他人行为或结果来获取和吸收知识的过程；Rae 和 Carswell (2001) 认为创业学习包括了解、行动和理解等一系列过程，关注的是个体（即创业者）如何在识别和开发机会中构建新想法，并组织和管理新企业。

本研究主要研究大学生创业学习方式，大学生作为在校学生，年龄偏低往往缺少创业经验，因此本研究将创业学习划分为创业认知学习和实践学习。创业认知学习方式主要是创业者通过观察他人的行为积累自己的知识；创业实践学习指的是创业者在自己的实际创业过程中对过去的知识的改正。

(3) 新创企业绩效维度与变量。

Sandberg 在 1986 年提出新创企业概念：新创企业是指创业者通过整合资源和利用创业机会，创建一个新的具有法人资格的实体，其主要目标是为了获取利益和实现成长。新创企业一般具有规模小、成长快以及有机的组织结构等特征。新创企业热衷于产品或服务创新，敢于承担创业活动带来的高风险，具有较强的灵活性和环境适应能力，但与成熟企业相比新创企业往往会遇到新进入的缺陷（黄胜兰，2015）。

企业绩效往往是通过多个指标来反映的，财务指标是最常用来衡量现存企业绩效的。随着研究深入，学者发现仅仅用财务指标来反映企业绩效是不全面的，Chrisman 等便认为新企业绩效需要充分考虑到其存活性和成长性；Lumpkin 和 Dess 认为，获利绩效和成长绩效是绩效不同方面的体现，将两者结合起来反映公司绩效，比独立研究的效果更好。国内学者郑山水 (2016) 认为生存能力方面主要体现企业短期的盈利性经济绩效如投资回报、销售额、利润率等；而成长性主要体现企业远期成长的经营绩效，如产品或服务创新、产品质量、市场效率等。本研究采用生存、成长、满意度、创新四个角度对新创企业绩效进行衡量。

2.2 研究假设提出

(1) 大学创业网络与大学生新创企业绩效。

学术界普遍认为创业网络对新创企业绩效有积极的影响。创业网络作为企业获取资源的重要手段，能够帮助企业利用人际网络更方便、迅捷地得到创业资源，以提升企业的绩效。Birley 通过大量调查研究指出，创业网络与提高新企业绩效成正相关。Havnes 和 Senneseth（2001）认为创业网络能够带来新企业员工人数、销售额甚至是市场份额的增长，继而促进新企业绩效的提高。国内学者洪海涛（2017）通过对189份创业企业的调查数据的实证研究，提出商业关系网络与政治关系网络均能够促进企业提升创业绩效；冯梓洋等（2014）从中国情境出发，以长春、北京及福建三地的实地调研数据进行实证检验，发现正式网络与非正式网络对新企业绩效都产生积极影响。

因此，提出以下研究假设。

H1　创业网络对大学生新创企业绩效有显著的正向影响。

H1a　创业结构网络嵌入对大学生新创企业绩效有显著的正向影响。

H1b　创业关系网络嵌入对大学生新创企业绩效有显著的正向影响。

（2）大学生创业网络与大学生创业学习。

创业网络中蕴含的大量资源与信息，能够拓展创业者的知识面，促进创业者不同方式的学习。Katila等人（2000）认为，创业网络间的信任，有助于企业之间达成共同认识，有效降低沟通中存在的冲突，并且增强企业间交流学习的意愿。国内学者唐鲁滨（2013）基于国外学者研究提出创业网络所带来的沟通和信任是促进创业学习的重要动力，而网络之中蕴含的知识和信息也是创业学习的重要来源。Parker（2008）指出创业者或是新创企业通过与合作伙伴共享其成功与失败的经验，使企业少走弯路，以提升创业者的创业能力；王静（2018）认为熟悉亲密的同学更易成为在校大学生主要的情感倾诉对象，提供情感支持促进经验学习，而大学生与社会人士的关系也掺杂着情感交流，提供大量与社会接触的机会，帮助大学生学习行业环境、识别商机等，进而积极影响实践学习。因此，提出以下研究假设。

H2　创业网络对创业学习有显著的正向影响。

H2a　创业结构网络嵌入对创业认知学习有显著的正向影响。

H2b　创业关系网络嵌入对创业认知学习有显著的正向影响。

H2c　创业结构网络嵌入对创业实践学习有显著的正向影响。

H2d　创业关系网络嵌入对创业实践学习有显著的正向影响。

（3）大学生创业学习与大学生新创企业绩效。

创业能力是促进新创企业获得成功的一系列知识、技能的集合，创业能力不是天生的，而是创业者可以通过创业者的创业学习后天获得的。蔡莉等（2010）从过程研究视角证明了组织学习对企业绩效的正向影响，且在创业网络与创业绩效间发挥中介作用。国内学者林琳等（2016）通过构建创业导向、双元创业学习与新创企业绩效关系的理论模型，证明了双元学习（即利用式学习与探索式学习）对新创企业绩效的正向作用，新创企业能够通过创业学习不断适应环境的动态变化，促进知识的更新并调整企业策略以提升新创企业绩效。谢雅萍等（2016）基于社会网络的研究视角，对409位小微企业创业者进行问卷调查，提出创业学习是促进、提高创业绩效的关键，三种创业学习（模仿学习、交流学习和指导学习）对创业能力与创业绩效都有着积极影响，创业能力在创业学习与创业绩效间发挥着部分中介作用。

可见，根据以往研究，不同的创业学习对新创企业绩效的正向作用已经得到普遍认可。因此，提出以下研究假设。

H3　创业学习对大学生新创企业绩效有显著的正向影响。

H3a 创业认知学习对大学生新创企业绩效有显著的正向影响。
H3b 创业实践学习对大学生新创企业绩效有显著的正向影响。

（4）大学生创业学习的中介效应。

创业网络是新创企业绩效成长的重要来源，但创业网络对新创企业绩效的作用也需要一定的媒介来实现，创业网络的关系可以通过知识的共享及转移来影响创业学习，继而影响新创企业绩效。Rowley（2015）基于过去研究提出了企业采取的学习方式会影响网络与学习效果的关系的论点。学者单标安提出新企业缺乏对信息的解读能力，受其自身的知识和技能的束缚，对外部环境的变化缺乏足够的应对能力；组织学习是迅速弥补劣势的有效手段，并最终为企业带来效益。蔡莉认为创业网络关系对新创企业绩效一方面可以通过获取财务、市场资源产生直接影响，也可以通过提升组织学习水平产生间接影响。还有部分学者认为有效的学习方式在一定程度上可以提高创业能力，而社会网络是创业学习的重要平台，创业学习在社会网络和创业能力之间起着部分中介作用。

可见，企业采取的学习方式会影响网络与学习效果的关系，通过创业认知学习与经验学习可以有效利用创业网络中的各种资源，进而促进新创企业绩效的增长。因此，提出以下研究假设。

H4 创业学习在创业网络对大学生新创企业绩效的关系起中介作用。
H4a 创业认知学习在结构网络嵌入对大学生新创企业绩效关系起中介作用。
H4b 创业实践学习在结构网络嵌入对大学生新创企业绩效关系起中介作用。
H4a 创业认知学习在关系网络嵌入对大学生新创企业绩效关系起中介作用。
H4b 创业实践学习在关系网络嵌入对大学生新创企业绩效关系起中介作用。

根据以上对创业网络、创业学习以及新创企业绩效的概念界定、维度划分以及文献综述，本研究构建了三者间的概念模型，如图1所示。

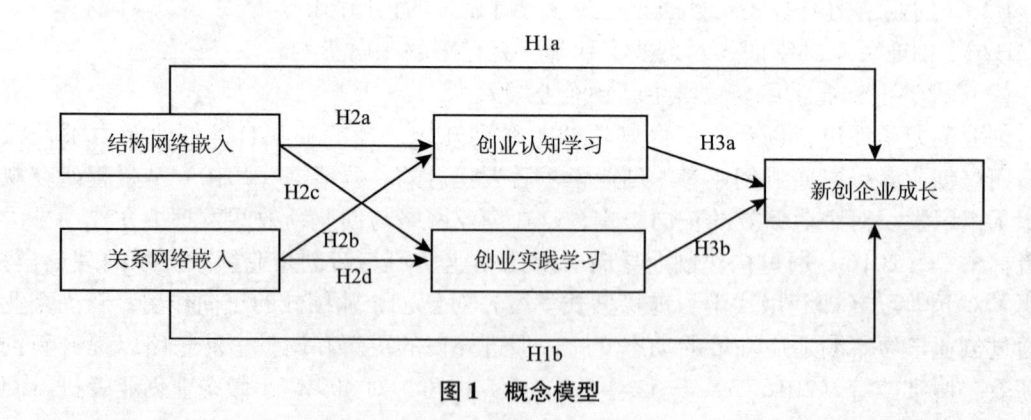

图1 概念模型

3 研究设计

3.1 问卷设计

首先，根据以往的理论基础和文献综述，构建创业网络、创业学习以及大学生新创企业绩效的理论概念模型,并借鉴成熟量表设计问卷初稿。其次,与创业相关的学者、老师进行探讨,参考其意见对测量问题进行修改;针对小批量新创企业进行问卷初稿调查,对其调查对象理解有误差的题项进行修改。最后,正式进行问卷调查,向全国 50 个创新创业孵化器创业者发放问卷 350 份,问卷经过筛选,有效问卷为 288 份。

3.2 变量测量

为确保测量量表信效度,本研究主要借鉴国内外学者使用的较为成熟的测量题项,并根据新创企业实际情况进行适当修正。

创业网络。结构网络主要参考 Hoang 和 Antoncic(2003)等学者的观点从结构视角进行测量,包括创业网络的规模、中心性和复杂性等;关系网络主要参考 G Hankinson(2004)等学者的观点,从信任、团队友谊和承诺等角度进行测量。

创业学习。认知学习主要参考 Chandler(2009)等学者的观点进行测量;经验学习主要参考 Zhao(2011)的观点,注重从创业失败中积累经验的视角进行测量。

大学生新创企业绩效。依据 Wiklund 和 Shepherd(2005)等学者的研究,主要从生存性、成长性、满意性、创新性四方面测量。

3.3 描述性统计

本次问卷调查的样本构成主要按照性别、专业、实习经历、专业相关性、创业次数等进行划分:从性别来看,男性大学生创业者占据 66.7%,女性为 33.3%;从专业来看,理工科创业大学生占据 52%,工科类、人文类、经管类、农学类、医学类人数占比依次减少;从专业相关性来看,60.4% 的创业者还是选择了与自己专业无关的领域进行创业;92% 的创业者都具有一定的实习经历;65.6% 的创业者的父母并没有创业经历。

3.4 信效度分析

(1)信度分析。

本文采用 SPSS 24.0 以及 AMOS 20.0 对创业网络、创业学习以及新创企业绩效的题项进行信度和效度检验,使用 Cronbach's α 信度系数来评价量表的信度是否能够接受。变量的组合信度(Composite Reliability,CR)值都大于 0.8,平均抽取方差(Average Variance Extract,AVE)值基本大于 0.5,且各指标的因子载荷值介于 0.57 ~ 0.92,表示量表的效度较好,具体信效度的测量情况见表 1。

表 1　　　　　　　　　　　　　　信效度分析

要素	题项	均值	标准差	因子载荷	因子分析适宜性	Cronbach's α 系数	CR	AVE
结构网络嵌入	Sn1	3.73	1.023	0.68	458.246	0.813	0.8178	0.4757
	Sn2	3.28	0.999	0.62				
	Sn3	3.51	0.998	0.60				
	Sn4	3.58	0.941	0.79				
	Sn5	3.60	0.890	0.74				

续表

要素	题项	均值	标准差	因子载荷	因子分析适宜性	Cronbach's α 系数	CR	AVE
关系网络嵌入	Rn1	3.76	0.877	0.80	1345.144	0.932	0.932	0.6959
	Rn2	3.59	0.918	0.79				
	Rn3	3.57	0.893	0.85				
	Rn4	3.60	0.897	0.89				
	Rn5	3.44	0.927	0.80				
	Rn6	3.58	0.911	0.87				
创业认知学习	Cl1	3.60	0.909	0.81	455.448	0.876	0.8791	0.7089
	Cl2	3.88	0.906	0.79				
	Cl3	3.81	0.907	0.92				
创业实践学习	Pl1	3.76	0.950	0.89	294.334	0.780	0.8012	0.5809
	Pl2	3.39	1.111	0.57				
	Pl3	3.81	0.896	0.791				
大学生新创企业绩效	Ep1	3.53	0.891	0.79	563.282	0.870	0.8718	0.6306
	Ep2	3.60	0.924	0.73				
	Ep3	3.61	0.942	0.78				
	Ep4	3.59	0.870	0.87				

（2）效度检验。

效度检验通常被用来验证测量工具能够准确测量其测量对象的程度高低，通常包括内容效度和结构效度两个方面。本研究的量表是基于前人的成熟量表所构建的，并且结合实际调研结果进行修正后所得，因此可以认为本研究的调研问卷具有较高的内容效度。

结构效度通常被用来证明量表所获得的结果是否能够与设计量表依据的理论之间相符合，本研究使用 AMOS 20.0 软件来对创业学习进行验证性因子分析，见表2。

表2 创业学习构念验证性因子分析参数估计

结果	Estimate	S.E.	C.R.	P	Label
Pl1 ← 创业实践学习	0.846				
Pl2 ← 创业实践学习	0.545	0.078	9.693	***	par_1
Pl3 ← 创业实践学习	0.853	0.054	17.49	***	par_2
Cl1 ← 创业认知学习	0.815				
Cl3 ← 创业认知学习	0.887	0.061	17.924	***	par_3
Cl2 ← 创业认知学习	0.82	0.064	15.772	***	par_4

根据表2可以看出，创业学习的题项的标准化因子载荷基本高于有关研究所建议的最

低临界水平,且在 $p<0.001$ 的水平上显著,显示了较高的聚合效度。

3.5 变量相关性分析

本研究使用 SPSS 24.0 软件对创业网络、创业学习以及新创企业绩效间的相关性进行分析,利用皮尔逊系数表明变量间的关系,并在创业网络、创业学习、新创企业绩效的指标下设置几个问题观测项的平均值代表,具体情况见表3。

表3　　　　创业网络、创业学习以及新创企业绩效之间的相关系数

变量	结构网络嵌入	关系网络嵌入	认知学习	实践学习	新创企业绩效
结构网络嵌入	1				
关系网络嵌入	0.750**	1			
认知学习	0.666**	0.751**	1		
实践学习	0.660**	0.749**	0.791**	1	
新创企业绩效	0.601**	0.728**	0.657**	0.646**	1

注:P 为 Probability,* 表示 $P<0.05$,** 表示 $P<0.01$,*** 表示 $P<0.001$。

从表3可以看出,创业网络、创业学习以及新创企业绩效间存在着正相关关系。

4 数据分析

为了分析创业网络经由创业学习影响大学生新创企业绩效的路径,本文将借助纳入创业网络、创业学习以及大学生新创企业绩效的路径分析模型,分析学习在创业网络与大学生新创企业绩效之间的直接影响路径和间接传导路径。

4.1 大学生创业网络、认知学习、新创企业绩效实证

自变量(创业网络)经由中介变量(创业认知学习)对因变量(大学生新创企业绩效)的影响的结构方程拟合指标假设检验结果见表4和表5。

表4　　创业网络—认知学习—大学生新创企业绩效结构方程拟合指标

指标 标准	χ^2/df <5	RMSEA <0.1	IFI >0.9	TLI >0.8	CFI >0.8
第一步结果	2.507 是	0.072 是	0.955 是	0.945 是	0.955 是
第二步结果	3.200 是	0.088 是	0.943 是	0.930 是	0.943 是
第三步结果	2.503 是	0.072 是	0.948 是	0.937 是	0.947 是

表5　结构网络—认知学习—大学生新创企业绩效结构方程假设检验结果

检验过程	假设编号	潜变量关系	Std. Estimate	S. E.	C. R.	P	结果	结论
第一步	H1a	结构网络→创业绩效	0.726	0.090	8.566	***	通过	影响
	H1b	关系网络→创业绩效	0.812	0.068	12.185	***	通过	影响
第二步	H2a	结构网络→认知学习	0.259	0.149	2.036	0.042	通过	影响
	H2a	关系网络→认知学习	0.623	0.130	4.778	***	通过	影响
第三步	H2a	结构网络→认知学习	0.268	0.150	2.112	0.035	通过	影响
	H2b	关系网络→认知学习	0.586	0.131	4.718	***	通过	影响
	H1a	结构网络→创业绩效	0.012	0.143	0.090	0.929	不通过	不影响
	H1b	关系网络→创业绩效	0.606	0.136	4.366	***	通过	影响
	H3a	认知学习→创业绩效	0.237	0.087	2.521	0.012	通过	影响

注：P 为 Probability，* 表示 $P<0.05$，** 表示 $P<0.01$，*** 表示 $P<0.001$。

为进一步检验认知学习在创业网络影响创业成长绩效中的中介效应，应用 Baron 和 Kenny 的三步法加以检验，检验结果见表5。

检验创业网络对创业绩效的影响，表4和表5的假设均通过检验，表明创业结构网络与创业关系网络都显著影响新创企业绩效，关系网络嵌入对创业成长绩效的影响作用较结构网络更显著。检验创业网络对中介变量认知学习的影响，假设均通过检验，表明结构网络嵌入和关系网络嵌入都对认知学习存在正向影响，且创业关系网络嵌入对认知学习的影响作用明显大于创业结构网络嵌入。在前两步假设均通过的情况下，将自变量与中介变量纳入全模型当中，检验模型如图2所示，创业结构网络与创业关系网络嵌入对创业绩效存在显著影响，认知学习在创业网络影响大学生新创企业绩效过程中发挥中介效应。创业认知学习在结构网络对创业绩效的影响间发挥完全中介作用，在关系网络对创业绩效的影响间发挥部分中介作用。

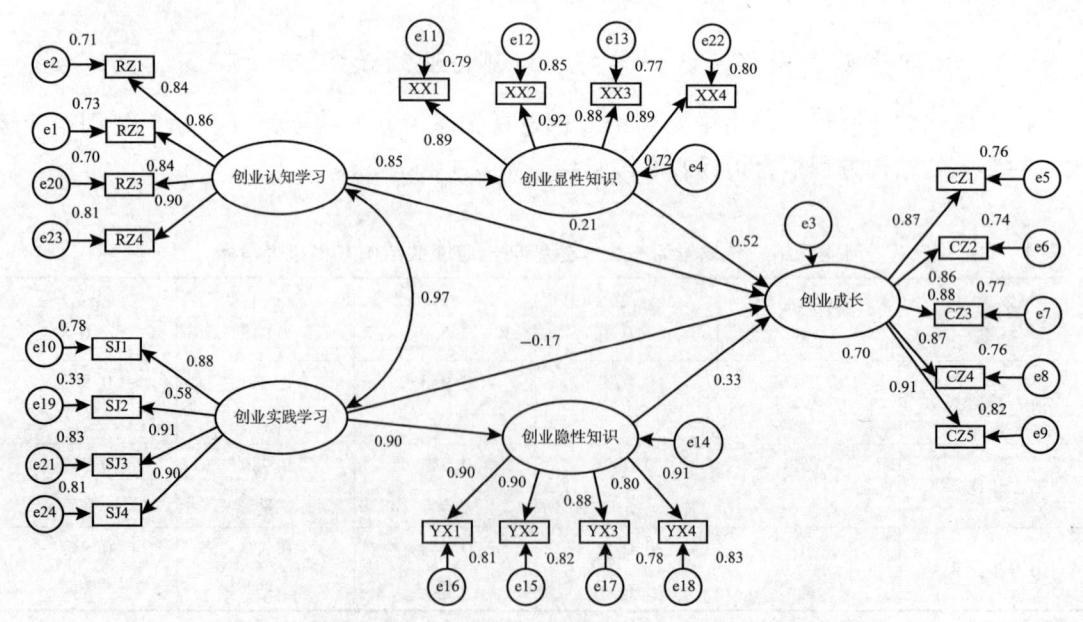

图2　创业网络—认知学习—大学生新创企业绩效路径分析

4.2 大学生创业网络、实践学习、新创企业绩效实证

为检验实践学习在创业网络影响创业绩效中的中介效应，同样应用前文所述的三步法加以检验，自变量（创业网络）经由中介变量（创业实践学习）对因变量（大学生新创企业绩效）的影响的结构方程拟合指标假设检验结果见表6和表7，所有假设基本通过检验。

表6　创业网络—实践学习—大学生新创企业绩效结构方程拟合指标

指标标准	χ^2/df <5	RMSEA <0.1	IFI >0.9	TLI >0.8	CFI >0.8
第一步结果	2.507	0.072	0.955	0.945	0.955
	是	是	是	是	是
第二步结果	2.956	0.083	0.947	0.934	0.946
	是	是	是	是	是
第三步结果	2.370	0.069	0.950	0.940	0.950
	是	是	是	是	是

表7　创业网络—实践学习—大学生新创企业绩效结构方程假设检验结果

检验过程	假设编号	潜变量关系	Std. Estimate	S.E.	C.R.	P	结果	结论
第一步	H1a	结构网络→创业绩效	0.726	0.090	8.566	***	通过	影响
	H1b	关系网络→创业绩效	0.812	0.068	12.185	***	通过	影响
第二步	H2c	结构网络→实践学习	0.274	0.154	2.203	0.028	通过	影响
	H2d	关系网络→实践学习	0.629	0.134	5.128	***	通过	影响
第三步	H2c	结构网络→实践学习	0.284	0.152	2.289	0.022	通过	影响
	H2d	关系网络→实践学习	0.620	0.134	5.065	***	通过	影响
	H1a	结构网络→创业绩效	-0.005	0.147	-0.039	0.969	不通过	不影响
	H1b	关系网络→创业绩效	0.572	0.145	3.855	***	通过	影响
	H3b	实践学习→创业绩效	0.280	0.115	2.178	0.029	通过	影响

注：P 为 Probability，* 表示 $P<0.05$，** 表示 $P<0.01$，*** 表示 $P<0.001$。

检验模型如图3所示，创业网络对创业实践学习具有正向影响，且创业关系网络对创业实践学习的影响显著大于创业结构网络对创业实践的作用。创业实践学习在创业结构网络与创业绩效的关系中发挥完全中介作用，在创业关系网络与创业绩效的关系中发挥部分中介作用；即创业结构网络必须通过创业实践学习间接影响创业绩效，而创业关系网络既可以直接影响创业绩效，也可以通过创业实践学习间接影响创业绩效。

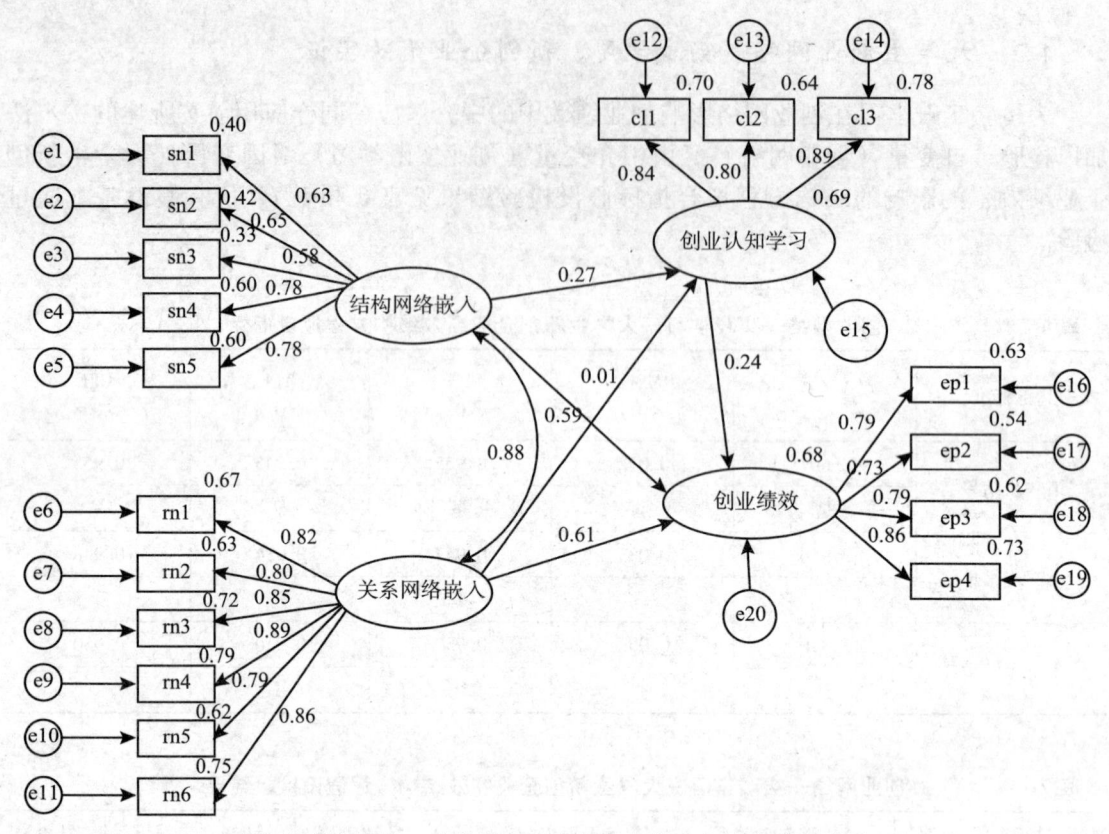

图 3　创业网络—实践学习—大学生新创企业绩效路径分析

根据图 2 和图 3，创业实践学习在创业结构网络对创业绩效的完全中介作用显著大于创业认知学习在创业结构网络对创业绩效的完全中介作用，创业实践学习在创业关系网络对创业绩效发挥的部分中介作用显著大于创业实践学习在创业关系网络对创业绩效发挥的部分中介作用。

5　研究结论、启示与展望

5.1　研究结论

创业结构网络嵌入与创业关系网络嵌入均正向影响着大学生新创企业绩效，且创业关系网络的影响作用更强大。创业结构网络与创业关系网络均对创业学习产生正向影响，且创业关系网络对创业认知学习和创业实践学习的影响比创业结构网络的影响更为显著。

中介效应反映了创业学习在创业关系网络嵌入与创业绩效间发挥部分中介作用，而在创业结构网络与创业绩效间发挥完全中介作用。创业关系网络既可以直接正向影响大学生新创企业绩效，也可以通过两种类型的创业学习来间接影响着大学生新创企业绩效；创业结构网络无法直接影响创业绩效，只能通过创业学习的中介传导作用来间接影响创业绩效。实践学习在两种类型的创业网络对创业绩效的正向影响关系间发挥的中介作用比认知学习的中介传导作用更强。

5.2 研究启示

创业结构网络与关系网络都对大学生新创企业的绩效有着正向影响。创业者必须注重创业网络的建立和维护。从结构网络的提升来看，创业者需要积极地扩展创业团队的网络规模，增加个人与组织网络中的节点以及与联系的数量；新创企业要向网络中的中心位置转移，努力拓宽新创企业与供应商、客户甚至是竞争对手的联系，以及时了解各方市场信息，提升信息获取的时效性进而更有效地把握市场需求的变动；提升其创业网络成员多样性、异质性（朱秀梅等，2011），包括创业团队内部成员、各种组织机构以及供应商与客户，多样化的网络往往能够为企业内部带来更多样化的资源、技术与信息。从关系网络提升看，通过与网络成员的日常互动交流来提升网络内的信息知识的共享，培养组织的成员内部的信任感与团队友谊，以促进工作效率提升；创业者需要与相关组织机构、顾客、供应商等联系密切并保持长久的良好合作关系。

基于创业学习对新创企业绩效的积极影响，本研究提出需要加强创业学习（陈文沛，2016），通过学习弥补组织的资源和能力的不足。组织内部可以通对员工的各种讲座或培训来提升成员能力水平。创业学习能力的提升还需要高校的不懈努力，组织创业成功者的讲座或会议，为在校大学生传授各种创业经验；在做好书本和课堂教育的基础上，加强高校与企业的合作，提供在校大学生学习管理技能、获取资源的实践活动，增加其自身实践经验（汤洁，2018）。政府对新创企业的网络建设与学习能力等的提升有着重要影响（郑山水，2016）。政府对于有潜力的创业项目应当予以一定的资金补助，减免新创企业创业初期的税收；开办创业教育基地，为新创企业提供创业与管理方面的免费培训与教育。

在提升创业网络与创业学习的基础上，还必须关注不同类型的创业网络与创业学习方式的匹配（杨隽萍等，2013），针对不同类型的创业网络辅以不同类型的学习方式，确保发挥"1+1>2"的良好效用，促进网络资源向企业实际绩效的转化。创业结构网络必须通过创业学习的传导才能转化为绩效，关系网络与创业实践学习的匹配相较于认知学习对绩效的影响系数更高。因此要加强创业结构网络与认知学习的匹配以及关系网络与实践学习的匹配，对于结构网络中的资源应当采用认知学习的方式进行吸收，而在关系网络嵌入中的信息，则需要利用实践学习方式进行吸收及转化，对不同网络的信息与学习方式进行合理的匹配才能实现大学生新创企业的持续发展。

5.3 研究展望

本研究只考虑了不同的创业学习方式在创业网络与新创企业绩效间发挥的中介作用，而忽略了不同创业学习方式之间也是存在着交替效应的。本次数据是横截面数据，未来可以考虑对调查对象进行阶段持续性的追踪式调查，来更精确地反映研究理论。

参考文献

[1] 尹苗苗，李秉泽，杨隽萍. 中国创业网络关系对新企业成长的影响研究 [J]. 管

理科学, 2015, 28 (6): 27-38.

[2] 陈熹, 范雅楠, 云乐鑫. 创业网络、环境不确定性与创业企业成长关系研究 [J]. 科学学与科学技术管理, 2015 (9): 105-116.

[3] 陶文庆. 创业网络、知识获取与新创企业绩效关系研究 [J]. 行政事业资产与财务, 2013 (4): 1-2.

[4] 龙静. 创业关系网络与新创企业绩效——基于创业发展阶段的分析 [J]. 经济管理, 2016 (5): 40-50.

[5] 张婷. 创业网络对创业能力的影响研究——学习模式的中介作用 [J]. 科技创业月刊, 2012 (5): 19-20.

[6] 刘玉芽, 陈思. 创业导向、创业学习与新创企业绩效 [J]. 广东省社会主义学院学报, 2017 (3): 107-112.

[7] 黄胜兰. 创业型领导对新创企业绩效的作用机理研究 [D]. 合肥: 中国科学技术大学, 2015.

[8] 郑山水. 商业关系网络对新创企业绩效影响的实证研究——创业学习的调节效应 [J]. 科技和产业, 2016, 16 (7): 106-113.

[9] 洪海涛. 关系网络对创业绩效的影响: 创业学习的中介效应研究 [D]. 上海: 华东师范大学, 2017.

[10] 冯梓洋, 葛宝山, 陈彪. 正式网络与新企业绩效: 基于非正式网络调节效应的实证分析 [J]. 吉林大学社会科学学报, 2014 (3).

[11] 唐鲁滨. 创业网络、创业学习对新创企业成长的影响研究 [D]. 杭州: 浙江理工大学, 2013.

[12] 王静, 樊娅. 社会网络对大学生创业学习的影响研究 [J]. 中国集体经济, 2018 (3): 156-157.

[13] 蔡莉, 单标安, 刘钊, 等. 创业网络对新企业绩效的影响研究——组织学习的中介作用 [J]. 科学学研究, 2010, 28 (10): 1592-1600.

[14] 林琳, 陈万明. 创业导向、双元创业学习与新创企业绩效关系研究 [J]. 经济问题探索, 2016 (2): 63-70.

[15] 谢雅萍, 黄美娇. 创业学习、创业能力与创业绩效——社会网络研究视角 [J]. 经济经纬, 2016, 33 (1): 101-106.

[16] 单标安, 蔡莉, 陈彪, 等. 中国情境下创业网络对创业学习的影响研究 [J]. 科学学研究, 2015, 33 (6): 899-906.

[17] 朱秀梅, 李明芳. 创业网络特征对资源获取的动态影响——基于中国转型经济的证据 [J]. 管理世界, 2011 (6): 105-115.

[18] 陈文沛. 关系网络与创业机会识别: 创业学习的多重中介效应 [J]. 科学学研究, 2016, 34 (9): 1391-1396.

[19] 汤洁. 高校创新创业教育模式探索 [J]. 中国成人教育, 2018 (1): 82-84.

[20] 郑山水. 政府型关系网络对新创企业绩效影响的实证研究——创业学习的调节效应 [J]. 广西社会科学, 2016 (7): 71-77.

[21] 杨隽萍,唐鲁滨,于晓宇. 创业网络、创业学习与新创企业成长 [J]. 管理评论, 2013, 25 (1): 24 – 33.

[22] Birley S. *The role of networks in the entrepreneurial process* [J]. *Journal of Business Venturing*, 1985, 1 (1): 107 – 117.

[23] Donckels R, Lambrecht J. *Networks and small business growth: An explanatory model* [J]. *Small Business Economics*, 1995, 7 (4): 273 – 289.

[24] Hansen E L. *Entrepreneurial networks and new organization growth* [J]. *Entrepreneurship Theory and Practice*, 1995, 19 (4): 7 – 19.

[25] Rae D, Carswell M. *Towards a conceptual understanding of entrepreneurial learning* [J]. *Journal of Small Business and Enterprise Development*, 2001, 8 (2): 150 – 158.

[26] Sandberg W R. *New venture performance: The role of strategy and industry structure* [M]. Lexington: Le – Xington Books, 1986.

[27] Havnes P A, Senneseth K. *A Panel Study of Firm Growth among SMEs in Networks* [J]. *Small Business Economics*, 2001, 16 (4): 293 – 302.

[28] Parker S C. *The economics of formal business networks* [J]. *Journal of Business Venturing*, 2008, 23 (6): 627 – 640.

[29] Rowley T, Behrens D, Krackhardt D. *Redundant governance structures: an analysis of structural and relational embeddedness in the steel and semiconductor industries* [J]. *Strategic Management Journal*, 2015, 21 (3): 369 – 386.

[30] Hoang H, Antoncic B. *Network-based research in entrepreneurship: A critical review* [J]. *Journal of Business Venturing*, 2003, 18 (2): 165 – 187.

[31] Hankinson G. *Relational network brands: Towards a conceptual model of place brands* [J]. *Journal of Vacation Marketing*, 2004, 10 (2): 109 – 121.

[32] Chandler G N, Lyon D W. *Involvement in Knowledge – Acquisition Activities by Venture Team Members and Venture Performance* [J]. *Entrepreneurship Theory & Practice*, 2009, 33 (3): 571 – 592.

[33] Zhao Y, Li Y, Lee S H, et al. *Entrepreneurial Orientation, Organizational Learning, and Performance: Evidence From China* [J]. *Entrepreneurship Theory & Practice*, 2011, 35 (2): 293 – 317.

[34] Wiklund, J. Shepherd, D. *Entrepreneurial orientation and small business performance: a Configurational approach* [J]. *Journal of Business Venturing*, 2005, 20 (1): 71 – 79.

作者简介

顾加慧(1996—),江苏盐城人,江苏大学硕士研究生。研究方向:创业学习,徐占东(1984—),内蒙古通辽人,博士研究生,助理研究员。研究方向:创新创业管理。

梅强(1961—),江苏镇江人,江苏大学副校长,博士,教授,博士生导师。研究方向:创业管理。

"教""学"二维视角下的科技创新教育

李 敏

（许昌学院，许昌，461000）

> **摘要**：区别于科技创业教育，科技创新教育在实践层面具有独立性。为保障有效性，开展科技创新教育应采用符合创新人才培养目标和规律的"教""学"逻辑，在"课程""课堂"这一场域内实现良性互动，并辅以配套的教学制度保障。
> **关键词**：科技；创新；科技创新教育；教；学

随着世界科技创新的步伐越来越快，知识创新正日益推动着民族、国家的发展。知识创新依靠的是知识的力量，依靠的是具备探求精神和具有批判创新和实践能力的人才，而人才的培养靠教育。科技创新创业教育现已成为高等教育关注的焦点和教育改革实践的重点。如同经济领域需要内生式增长，高等教育领域的创新、创业教育同样需要内涵式发展。科技创新、科技创业教育正是内涵式发展的关键。

科技创新、科技创业教育的有效性要通过师生间有效的"教""学"互动来完成。教育活动的实现取决于教的教师，也取决于学的学生。作为基层教育工作者，期望从"教"与"学"的视角分析科技创新教育，为教学工作打开更多的思路。

1 科技创新教育在教学实践层面的独立性

1.1 科技创新教育与科技创业教育是两个既有联系、又有区别的概念

首先，创新教育与创业教育是两个概念。在称谓上将"创业"与"创新"联系在一起，是"创业"与"创新"的内在逻辑与外在现实要求所决定的。创新既是创业的基础，也是创业的促动因素，而创新需要创业落地生根。但是，将"创新教育"与"创业教育"在实践中二并做一，模糊了创新教育和创业教育边界。同理，也淡化了科技创新教育在实践层面的独立性。

《中华人民共和国高等教育法》第五条规定"高等教育的任务是培养具有创新精神和实践能力的高级专门人才，发展科学技术文化，促进社会主义现代化建设。"高等教育独特的知识属性必然要求它所培养的人才站在人类知识的"已知与未知的交界处"，必然是创新性人才（高桂娟，2008）。创新教育是以培养人们创新精神和创新能力为基本价值取向的教育，培养的是以新思维、新发明和新描述来改造世界的人。"创新教育"包含科技

创新教育、人文创新教育和社会科学创新教育等，蕴含在各个学科、专业和课程中，是全部教育内容的中心旨意。

创业教育是什么？创业教育是培养学生创业精神、促使学生掌握创业的知识与技能的教育。创业教育培养的是成功创业者和创业成功者。从教学内容上看，创业教育的内容有着完全独立的领域。正如默里·洛认为要尝试建构创业领域所独有的分析框架和逻辑，界定创业研究的核心问题、研究边界与研究方法，注重自有理论知识的积累，为赢得领域合法性创造充分条件（张玉利，2010）。目前，这一"完全独立之领域"，亟待从学科建设的角度建立科学的知识体系、课程设计和教学规范。这也是创新教育与创业教育在实践层面具有不同的教育内容和训练方式的缘由，且两者联系紧密，不可分割。

科技创新教育与科技创业教育亦是如此。经由创新教育所形成的创新精神、创新理念和发展起来的各种知识能力是创业的必要支撑。技术推动的线性范式是基础研究—应用研究—开发研究—设计测试—商业化生产—市场销售（乔朋华等，2016）。因此，在科技创新教育的基础上，辅以适当的"创业教育"或"科技创业教育"，才有可能培养出一批科技创业人才。国内外很多高校开设的"高新技术创业管理""科技创业""技术创业""知识创业"等相关创业课程，就是针对这一类型的创业形式进行专门教育。从这个意义上看，科技创新教育是基，科技创业教育是辅，科技创业企业是果。

1.2 科技创新教育的目标

本文探讨的是科技创新教育，科技创新教育主要以促进原创性科学研究和技术创新为目的。从实践层面看，科技创新教育的主阵地是理工科优势高校，与科学技术创新相关的学科包括物理、化学、生物、工程、天文、数学及其相互间的运用与组合。这些专业、课程的教学尤其要坚持以培养创新精神和创新能力为价值取向。

2017年2月18日，教育部在复旦大学召开了高等工程教育发展战略研讨会，达成了基本共识："工科优势高校要对工程科技创新和产业创新发挥主体作用、综合性高校要对催生新技术和孕育新产业发挥引领作用、地方高校要对区域经济发展和产业转型升级发挥支撑作用。"科技创新教育的目标就是培养适应上述要求的各级各类科学技术创新型人才。这一培养目标也是教师开展教学、指导学生进行学习的重要依据。

2 科技创新教育的"教""学"逻辑

2.1 科技创新教育与学生的"学"

2.1.1 研究性学习顺应了培养创新型科技人才的现实需要

各级各类科学技术创新型人才培养的讨论必然引起对"教""学"方式的关注。20世纪80年代，一种新的学习方法"研究性学习"获得了普遍认同。研究性学习区别于接受性学习，让学生从问题出发，以解决问题为核心，在学习过程中促使学生建构知识体系，注重实践和体验，既有知识层面的建构，也有情感层面的建构；突出个体差别、体现开放性和互动性。从本质上讲，研究性学习是一种激发、建构学生创新思维的有效学习方式。

学生的创新意识和能力不会凭空产生，需要落实到教学实践中，需要依靠研究性教学模式。研究性学习就是按照科学研究从"发现问题、分析问题到解决问题"的一般步骤展开，其过程与创新活动有着高度的契合。引入研究性学习方式和教学模式，将有助于突破传统教学模式"传授学科知识体系"的桎梏，顺应人才培养的需要。

2.1.2 研究性学习反转了学生知识获取的路径

接受性学习和研究性学习构成大学阶段不可或缺的两种知识获取方式。任何教育都不能忽视知识的传承，但高等教育，特别是科技创新教育要避免仅仅以获得和掌握知识量来衡量学生学业成果。科技创新教育尤其要重视学习方法、研究知识的方法的传授，要让学生在主动思考中获得真正的创新思维。研究性学习反转知识的获取路径，让学生不仅面对权威证实，也要面对自己的实践检验，有利于开发学生的创造潜能。

2.2 科技创新教育与教师的"教"

2.2.1 科技创新教育需要教师观照学生未达之领域

专业课教学是培养学生科技创新能力的主阵地。因此，教师教学指导首先要落实在专业课教学中。要通过创新教学内容、教学方法，引导学生培养创新思维。在教学过程中可以开发创新思维训练课程、也可以开发强调创新精神创新意识与具体学科和专业内容的结合，要求学生通过完成某个与学科和专业相关的创新作品、创新任务。在教学指导过程中，教师的注意力指向也将发生根本的转变。科技创新教育需要教师将眼光从自身转移到学生身上，既关注个体，也关注群体；既关注学生已经发展的能力，也关注学生尚未开发的潜能（李培根，2017）；既促进学生独立的思考，也扩展学生合作、对话的空间。

2.2.2 科技创新教育要求教师用"问题"给予指导

教师是任何教育制度的基本因素（薛天祥，2001）。学生能否有好的学习效果，启发式教学的运用至关重要。首先，教师应注重对学生学习方法的教育和指导，引导学生学会学习和独立思考；其次，教师要以问题代替答案进行教学。中国传统教育思想中，视那些自己没有领悟经文义理，只记住概念，或者学生没有问就给学生讲解的教师为不合格的教育者。善于教学者，要在适当的时候提问，用问题来引导学生主动思考："要等到学生问问题之后，再根据学生的问题加以解答；学生没有能力提出问题时，一定要等到学生非常想明白，怎么想也想不通时，才加以指点；老师指点后学生仍不明白，只好暂时放弃指导，以待将来。"教师要重点思考教材对于不同学生的问题不同之处，如何在合适的地方提出问题，启发学生进行思维突破；同时，教师也必须具备良好的语言表达能力，"其言也，约而达，微而臧，罕譬而喻"。教师在讲解问题的时候，语言简明而透彻、精微而稳妥，举例不多但却具有典型性，能够充分地说明问题。这些都需要教师有意识地进行探索、实践。

3 科技创新教育的有效性通过"教""学"互动来体现

3.1 教学互动的场域：课程与课堂

3.1.1 基于科技创新人才培养的课程重构

（1）课程随着技术的变化作出相应调整。科技正飞速发生变化，课程的内容应当跟上技术的实际应用，也应当跟上研究的发展变化（Ray Kurzweil，2017）。当然，课程的变化需要依据学科的设置、专业的调整，而专业的调整则需要从科学严谨的调研、论证开始。讲授课程的教师，面临着新的挑战，即当现实中出现新的科学技术，如何将最新的技术应用带入实际教学。学校可能提供各种平台帮助教师掌握技术，譬如与企业对接，短期培训。但教师面临的是如何将这些内容以非知识传授的方式教授给学生，并使学生理解和预测技术的变革（陈昭方，2009）；与此同时，课程的讲义、辅助材料的更新、建立也是课程重构的重要组成部分，教师要关注本学科研究动态，补充本学科研究成果。有目的地为学生提供与现实和学生实际能力相匹配的研究课题，并指导学生作出实验计划，完成实验。

（2）建立由分走向合的课程观。20世纪60年代后，伴随着"知识爆炸"与信息时代的到来，课程综合化的倾向更为明显，分科教学受到前所未有的挑战。美国神经心理生物学家斯佩里博士（Roger Wolcott Sperry）提出的"左右脑分工理论"也加速了这一趋势。人的左脑主要从事逻辑思维，右脑主要从事形象思维，是创造力的源泉。逻辑思维保证思维的正确性，直觉、灵感、顿悟与形象思维保证思维的原创能力。创造性思维的培养需要训练左脑，也需要训练右脑。学生既需要严密逻辑的独立课程，也需要复杂交融的综合课程。这些综合课程包括有利于培养学生宏思维的导论类课程，也包括培养学生情感、价值的人文类课程。具有高度整合性和概括性的导论类课程帮助学生从更广阔的视角理解概念；具有价值判断性人文类课程则使学生在技术层面和人文情怀上达到高度统一，具备解决重大问题的使命感和责任感。

3.1.2 基于科技创新人才培养的课堂延展

（1）传统课堂的时间延展。课程的延展遵循藏息相辅原则。从时间概念上看，大学学习并无假期之言。"时教必有正业，退息必有居学"，教学中，正课学习有主攻方向，业余爱好广泛多样，业余爱好有助于正课的学习。暑假期间，学校作出合理的学习任务安排，可以辅助学生的正课学习，教学活动张弛有节、严肃活泼，学生才会愿学、乐学；传统课堂的延展也包括休息时间的一切非正式学习，譬如利用移动设备、仿真系统或人工智能系统等方式开展的非课堂学习。

（2）传统课堂的空间延展。从空间概念上看，教室之外的实践基地、实验室、学生科技学术社团也是培养学生科技创新能力的重要课堂，是传统课堂的有效延展。实践基地主要依托高校与地方、企业共建。学生走进企业，近距离观摩技术转化与应用，缩小学术理论与生产实践的距离；实验室重在实验设施设备、实验内容和实验时间等方面给予学生深度参与的权利，突出开放性。实验室变验证式模式为开放式模式，有利于培养学生独立思考的能力；将第二课堂中科技学术活动有计划地纳入培养体系，给予学业成果评估与认定，也有助于学生变创意为成果。

3.2 有效教学互动的保障：教学制度

3.2.1 课程设计与开发的教研组织形式变革

（1）原有教研室的组织形式向多元化、开放式转变。以教研室为单位的传统基层教学组织和管理制度很难真正适应科技创新教育的需要。研究性学习和教学模式、灵活的课程设计、延展的课堂空间、随时变化的教师协作关系，都需要一种更加开放的组织文化。前文论述的新课程的开发、讲义、辅助材料的更新就需要更加灵活的教师协作。教师的监督、评价需要多个院部或部门的协作支持。原有教研室在未来会向着更加多元化、开放化的形式发展：在某项研究或学术上有着共同的意愿的教师按照一定的组织形式和管理模式组织在一起，成员并非一成不变。多元化、开放化的教研室是为了通过教学合作带动科研，通过科研合作促进教学，最终推动创新教育。

（2）原有教学工作量的考核和评价的变革。研究性教学需要师生接触空间大、距离近、交流深。教师既在课堂教学，也在课外竞赛中教学；既集体教学，也可以对个别学生单独教学；课堂、实验室、大赛、项目、科技竞赛等开放教学空间都是师生互动的场所。教师投身其中，需要不同层面给予协调和支持，更需要配套工作量考核、监督、评估、反馈等支撑体系的构建。

3.2.2　学生科技创新的实践平台管理制度完善

（1）完善开放式实验室管理制度。实验室是科技创新教育的课堂，是将科技创新教育理论转化为科技创新实践的重要载体。与此相对，需配套完善实验室的管理制度，加强对实验室开放管理、实验室发挥资源效益、实验室开展基本训练情况、研究性实验设计等情况的监管；同时，从开放时间、实验过程管理、管理奖励等方面予以保障。

（2）课外学术科技活动管理。对于学生而言，参与第二课堂的科技学术活动，重要目的在于体验过程，参与科研方法训练，建立科学思维。因此，第二课堂的学术活动也是教学环节的一部分，如何合理将其与现有的教学体系和人才培养计划衔接，则需要在教学课程设计、学时计算、学分认定等环节作出相应安排。作为负责创新性教学任务设计、实施、监控的教学管理部门需要与作为创新性学习任务的第二课堂的组织实施者的团学部门统筹协调。

科技创新能力的培养是长期的，科技创新教育实践是在不断变化的，"教"与"学"的改革也不会出现最终的定稿。作为基层教师，要在遵循一般教育规律的基础上，主动探索新思路、尝试新方法，不断适应新的挑战与变化。

参考文献

[1] 高桂娟. 构建大学生研究性学习体系 [M]. 北京：知识产权出版社，2008.
[2] 张玉利. 创业研究经典文献述评 [M]. 天津：南开大学出版社，2010.
[3] 乔朋华，鞠晓峰. 企业家社会资本对中小企业绩效的影响机制研究——基于技术创新能力的视角 [M]. 哈尔滨：哈尔滨工业大学出版社，2016.
[4] 李培根. 工科何以而新 [J]. 高等工程教育研究，2017（4）：1-4.
[5] 薛天祥. 高等教育学 [M]. 桂林：广西师范大学出版社，2001.
[6] 李培根. 高等工程教育中的边界再设计 [J]. 高等工程教育研究，2007（4）：8-11.
[7] [美] Ray Kurzweil. 奇点临近 [M]. 李庆诚，等译. 北京：机械工业出版社，2017.
[8] 陈昭方. 实验与创新能力培养 [M]. 武汉：华中科技大学出版社，2009.

作者简介

李敏（1983—　），女，河南洛阳人，许昌学院创新创业学院教研部教师，硕士，讲师。研究方向：创业教育。

临危思变，转"危"为"机"：对外部威胁的恐惧与员工越轨创新行为研究

韩雪亮　张文静

（河南财经政法大学，郑州，450046）

> **摘要**：该研究基于207份有效数据，检验了对外部威胁的恐惧影响员工越轨创新行为的内在机制和边界条件。结果表明：对外部威胁的恐惧对员工越轨创新具有显著正向影响；创新自我效能在其中起到了部分中介作用；工作自主性越高，对外部威胁的恐惧通过创新自我效能对员工越轨创新行为的影响越大。本研究不仅丰富和拓展了现有越轨创新的理论成果，同时也给企业管理实践提供了科学指引。
>
> **关键词**：越轨创新行为；对外部威胁的恐惧；创新自我效能；工作自主性

1 引言

创新是推动经济可持续发展的主要驱动力（陈劲等，2017），是企业核心竞争力得以延续的核心保障（Sarpong et al. , 2018）和实现转型变革的关键（韩雪亮等，2015），以往研究发现：在80%以上的企业中曾出现过越轨创新行为（Augsdorfer, 2012）。所谓越轨创新（Bootlegging Innovation）指的是，在没有告知上级的情况下，由普通员工自发实施的、旨在提高组织利益的创新行为，即便是当其收到管理层的停止命令后，员工依然会在隐瞒领导和组织的情况下悄悄进行。在一些文献中，它也被称作是一种创造性偏差（Creative Deviance）（Mainemelis, 2010）。随着大数据移动互联时代的发展，员工获取信息和实施创意变得越来越方便。"在全面贯彻落实万众创新政策的新常态下"（黄玮等，2017），员工可以通过接触专业培训和社会信息共享自发开展相关创新活动（Bai et al. , 2016），并将自己的创意付诸实践。因此，随着草根创新（秦佳良等，2018）的兴起，在大数据移动互联的万众创新时代，企业内部越轨创新行为的发生概率将会逐步提高。虽然在某种程度上，越轨创新违背了组织正式的规则和流程甚至是管理者的意愿，但是其本意仍然是为了改善现状、提高组织绩效。现有研究表明：虽然越轨创新可以诱发主管阻抑（陈伍洋等，2017），但是其总体上对个体创新绩效具有正向影响；相对于与组织核心价值观保持绝对一致的企业而言，那些在一定程度上能容忍越轨行为的企业更具有创造力（江依，2018）。因此，越轨创新兼具反社会性和亲社会性。

目前，国内已有学者探讨了领导行为（刘晓琴等，2017）、组织支持感（郑赤建，胡培培，2018）对员工越轨创新行为的影响，但是却忽视了产业转型升级和企业转型变革这

些宏观大背景对员工越轨创新行为的影响。在产业转型升级和企业转型变革的过程中，与企业经营所面临的情境一样，员工自身职业发展也将面临诸多不确定性。尽管"危"与"机"在这种不确定性情境下共存，但是难免会诱发员工内心的恐惧感。对外部威胁的恐惧（Fear of External Threat）指的正是由于经济或产业的变化、竞争对手的威胁、技术变革或企业变革等事件，给员工带来的不确定感。在上述情形下，当员工不能通过传统正式途径实现目标时，一部分员工就可能试图通过非正式途径（即，越轨创新）进行革新（王弘钰等，2018），进一步研究发现具备创新自我效能的个体对其行为选择和为之努力的程度，以及个体在具体创新任务中的表现具有决定性作用（Tierney, Farmer, 2002），而工作自主性赋予个体在调度与执行工作的过程中拥有自由、独立和自由裁量权（Liu et al., 2007），可以强化员工内在工作动机。

本研究的贡献在于：首先，在以往研究基础上进一步探讨了对外部威胁的恐惧对员工越轨创新行为的影响机理，并对此进行了实证检验，是对现有越轨创新行为研究内容的丰富；其次，本研究发现工作自主性对外部威胁的恐惧和员工越轨创新行为关系存在调节作用，从而拓展了对外部威胁的恐惧和员工越轨创新行为的权变关系模型。研究结论不仅有助于组织管理者深入了解越轨创新行为的发生机理和作用条件，而且对于企业实践就如何合指引员工越轨创新行为具有一定的现实意义。

2 理论基础与研究假设

2.1 对外部威胁的恐惧与员工越轨创新行为

越轨创新的本质在于改善自我现状、提升组织绩效，它与正式的研发均属于实现企业组织创新的有效途径和方式。现有研究发现，来自个体特征（大五人格、前瞻性等）、领导行为或风格（奖惩行为、伦理型领导等）和组织结构或情境（组织制度、组织面临的任务等）不同层面的因素，对员工越轨行为均构成不同程度的影响。基于本土情境的研究发现，差序式领导通过心理特权正向影响越轨创新行为。随着大数据移动互联时代的到来，组织和个人共同迈进了"UVCA"（即 volatility、uncertainty、completely 和 ambiguity）时代，企业经营和员工职业发展都将面临诸多不确定性。无论是经济或产业的下行还是技术变革，还是企业现有的竞争者还是潜在的进入者，都将会给企业组织和员工发展带来一定的威胁。企业组织自身的转型变革，在一定程度也将会威胁到部分员工的职业规划和发展。对外部威胁的恐惧，正是对在上述情境中员工自身感知的不确定感（Ashford et al., 1989）的描述。在面临外部威胁和不确定的情况下，现有的组织架构和流程在指导员工实践方面将会面临诸多挑战。为了保障自身的利益和推动组织发展，员工不得不采取"非常手段"不拘泥于现实。由此，提出以下研究假设。

H1 员工对外部威胁的恐惧正向影响其越轨创新行为。

2.2 创新自我效能的中介作用

创造性自我效能的概念最早由 Tierney 和 Farmer（2002）在其论文中首次提出，并将其定义为：个体在特定的情境下，对自己是否能够根据组织任务要求产生新颖、原创和适宜的解决方案或办法的信念。在此基础上，刘智强等（2014）认为，创新自我效能是员工对其自身所具备的创新能力的评价结果，它不仅能够调节个体的行为选择和努力程度，同时决定着该个体在具体任务中的行为表现。最近有研究发现，创新自我效能在非伦理领导对员工越轨创新行为的负向影响中起负相的调节作用。另有研究指出，高独立型自我建构的个体，受上下级任务冲突对越轨创新行为的影响越强。根据现有学者对创新自我效能和独立型自我建构个体的界定和研究，创新自我效能高的人，其自我建构的意愿也越强。相关实证研究发现：创新自我效能感不仅在组织创新氛围对员工创新行为的影响中起中介作用（顾远东等，2010），还可以中介不确定性规避与员工创新行为之间的关系（刘追等，2016）。由此，提出以下研究假设。

H2 创新自我效能在对外部威胁的恐惧与员工越轨创新行为的影响中起中介作用。

2.3 工作自主性的调节作用

工作自主性指的是在个人调度和执行工作的过程中拥有的自由、独立和自由裁量权的程度（Sevendsen et al.，2018）。计划行为理论和自我决定理论是分析工作自主性的理论基础。根据计划行为理论，当个体感知到的工作自主性高时，会强化其行为的意图；根据自我决定理论，高工作自主性能够提高个体行为的动机。已有研究表明，工作自主性强化了变革型领导对抑制性建言行为的影响，工作自主性正向调节心理资本对变革支持行为之间的关系（王雁飞等，2016）。研究发现：高工作自主性有利于提高员工的创造力（王端旭等，2011），工作自主性在能力与成长工作价值观对员工创新行为的影响过程中起到正向调节作用（任华亮等，2015）；从现有研究对越轨创新本质内涵的解释来看，它包含有"创新"和"越轨"两个方面。另外，越轨创新中的"越轨"本身具有"变革"的意图，是一种临危思变的行为表现。提高工作自主性，可以缓解员工工作压力、增加其内部工作动机和主动性（齐昕等，2017）。Dust, Resick 和 Mawritz（2004）指出，在工作自主性较高的工作环境中，正式和符合预期的行为发生的概率明显偏低。由此，提出以下研究假设。

H3 工作自主性在创新自我效能影响员工越轨创新行为的过程中起正向调节作用。

3 研究方法

3.1 研究样本与程序

本研究在河南省某企业发放问卷250份，收回229份，剔除部分无效问卷后，共计获得有效问卷207份。其中：18~25岁共121人，超过总调查人数的一半；男性72人，女性125人；18~25岁，研究生及以上13人，本科77人，大专65人，高中/中专及以下52人；5年以上的老员工，占比为25.1%，1~2年和3~5年的员工数量分别为42人和31人。

3.2 测量工具

（1）越轨创新行为（Bootlegging Innovation Behavior）。越轨创新行为采用 Criscuolo,

Salter 和 Ter Wal（2014）所开发的越轨创新量表，该量表包含有 5 个题项，样题，如："我主动花费时间去开展一些非官方的项目来丰富未来的官方项目。"该量被黄玮等应用到了中国情境下的研究中，并得到了验证。在本研究中，内部一致性信度为 0.800。

（2）外部威胁的恐惧。外部威胁感知采用 Schaubroeck、Simon 和 Peng（2016）对外部威胁的恐惧量表，该量表包含有 6 个题项，样题如："经济衰退会对组织带来不利影响。"在本研究中，内部一致性信度为 0.820。

（3）创新自我效能（Creative Self-efficacy Scale）。创新自我效能采用刘智强、葛靓、潘欣和刘芬研究中的创新自我效能量表，该量表包含有 4 个题项，样题，如："我对自己创造性解决问题的能力有信心。"在本研究中，内部一致性信度系数为 0.842。

（4）工作自主性（Job Autonomy Survey）。工作自主性采用 Liu、Spector 和 Shi（2007）开发的量表。该量表包括 3 个题项，样题，如："在完成任务时，这份工作给我机会，使用我个人的创造性，或判断力。"在本研究中，内部一致性系数为 0.810。

4 数据分析与结果

4.1 相关分析结果

各变量的均值、标准差和相关系数见表 1。其中，对越轨创新行为与对外部威胁的恐惧（$r = 0.159$，$p < 0.001$）、创新自我效能（$r = 0.555$，$p < 0.001$）均呈显著正相关，工作自主性与越轨创新行为（$r = 0.505$，$p < 0.001$）、创新自我效能（$r = 0.3375$，$p < 0.001$）均呈显正相关关系。

表1 相关性检验

变量	均值	标准差	1	2	3	4	5	6	7	8
越轨创新行为	3.355	0.712	1							
对外部威胁的恐惧	2.851	0.881	0.159**	1						
创新自我效能	3.371	0.797	0.555***	0.337***	1					
工作自主性	3.565	0.772	0.505***	0.051	0.466***	1				
性别	0.348	0.477	0.078	0.094	0.119*	-0.014	1	1		
年龄	1.797	1.234	0.077	0.139**	0.083	0.082	0.03	-0.125	1	
受教育程度	2.246	0.904	0.011	0.107	-0.026	-0.143**	-0.053	0.643***	-0.136**	
工作年限	2.256	1.222	0.041	0.082	0.063	0.016	0.013	0.246***	0.177**	1

注：$N = 207$。* 表示 $p < 0.05$；** 表示 $p < 0.01$；*** 表示 $p < 0.001$。

4.2 区分效度检验

将对外部威胁的恐惧、越轨创新行为、创新自我效能和工作自主性之间的区分效度进行验证性因素分析。结果表明：这四因素模型拟合度是最优的。因此，本研究所选取的测量工具之间区分效度较好（见表2）。

表2　区分效度检验

测量模型	χ^2	df	χ^2/df	RMSEA	SRMR	CFI	TLI
四因素模型：越轨创新行为、对外部威胁的恐惧、创新自我效能、工作自主性	264.244	200	1.321	0.039	0.067	0.964	0.958
三因素模型：越轨创新行为、对外部威胁的恐惧、创新自我效能+工作自主性	400.856	203	1.975	0.069	0.079	0.888	0.872
二因素模型：越轨创新行为+对外部威胁的恐惧、创新自我效能+工作自主性	773.765	205	3.774	0.116	0.158	0.677	0.636
单因素模型：越轨创新行为+对外部威胁的恐惧+创新自我效能+工作自主性	770.851	206	3.742	0.115	0.108	0.68	0.641

注：$N=207$。

4.3　假设检验

本研究采用层级回归对前面的研究假设进行检验，结果见表3。模型1是仅纳入控制变量的基础模型。模型2显示对外部威胁的恐惧对越轨创新行为具有显著正向影响（$\beta=0.117$，$p<0.05$），假设H1得到了支持。模型3显示对外部威胁的恐惧对创新自我效能具有显著正向影响（$\beta=0.299$，$p<0.001$），模型4显示创新自我效能对越轨创新行为具有显著正向影响（$\beta=0.493$，$p<0.001$），根据模型3和模型4，假设H2得到了验证。模型5显示交乘项（创新自我效能×工作自主性）对越轨创新行为具有显著正向影响（$\beta=0.135$，$p<0.05$），假设H3得到了验证。

表3　假设检验

变量	模型1 越轨创新行为	模型2 越轨创新行为	模型3 创新自我效能	模型4 越轨创新行为	模型5 越轨创新行为
性别	0.115	0.094	0.141	0.020	0.066
年龄	0.049	0.036	0.011	0.027	0.021
受教育程度	0.019	0.004	-0.047	0.024	0.055
工作年限	-0.006	-0.006	0.011	-0.011	-0.019
对外部威胁的恐惧		0.117*	0.299***		
创新自我效能				0.493***	0.361***
工作自主性					0.298***
创新自我效能×工作自主性					0.135*

续表

变量	模型1 越轨创新行为	模型2 越轨创新行为	模型3 创新自我效能	模型4 越轨创新行为	模型5 越轨创新行为
R^2	0.012	0.246	0.125	0.310	0.409
CONS	3.198***	2.927***	2.529***	1.611***	0.898***
N	207	207	207	207	207

注：$N = 207$。 $*p < 0.05$； $**p < 0.01$； $***p < 0.001$。

工作自主性在创新自我效能对员工越轨创新行为影响的调节效应，如图1所示。

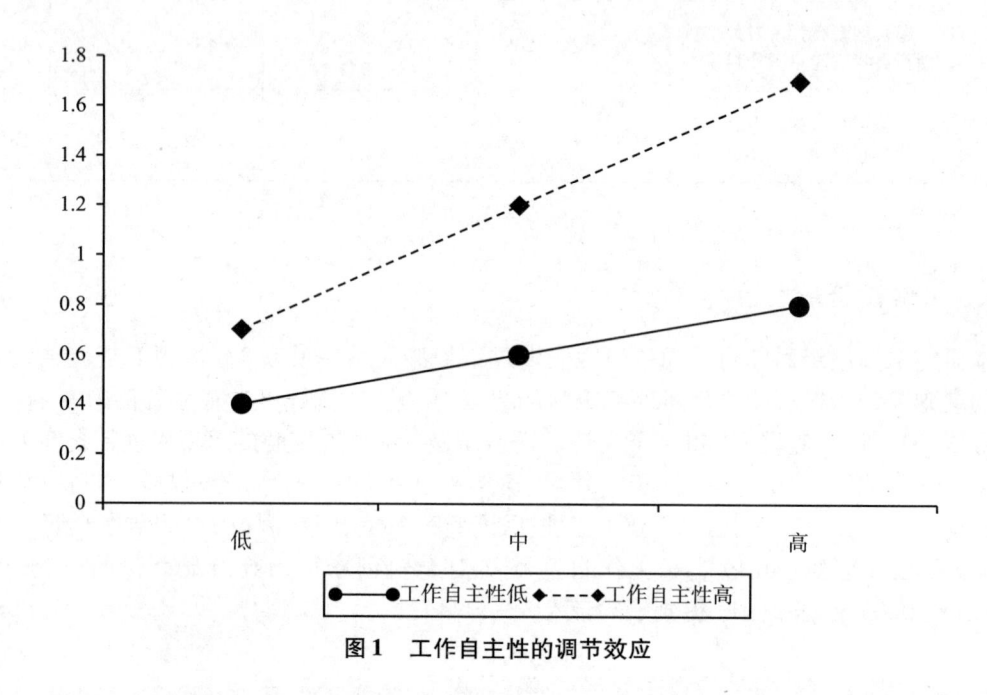

图1 工作自主性的调节效应

5 研究结论、贡献、启示、局限与展望

5.1 研究结论及贡献

5.1.1 研究结论

基于现有越轨创新文献的不足和当前所处的大数据移动互联网新时代本身所蕴含的不确定性，本研究探讨了对外部威胁的恐惧对员工越轨创新行为的影响，及其内在影响机制和边界条件。基于207份有效调研数据，对研究伊始所提出的假设进行了实证检验。研究发现：①对外部威胁的恐惧对员工越轨创新行为存在正向影响；②创新自我效能在对外部威胁的恐惧对员工越轨创新行为的影响过程中起到了中介作用；③工作自主性正向调节对外部威胁的恐惧对员工越轨创新行为影响间接模型的第二个阶段，即创新自我效能对员工越轨创新行为的影响受工作自主性的调节作用的影响。具体而言，在

"UVCA"新时代，员工对外部威胁的恐惧会促使其选择一些非常规或非正式的创新行为（即，越轨创新行为）；对外部威胁的恐惧对于员工越轨创新行为的影响部分是通过创新自我效能所传递的；当员工拥有工作自主性时，其越轨创新行为的发生概率越高，反之则可能会下降。

5.1.2 研究贡献

本研究的贡献在于：首先，在基于"UVCA"时代背景，探讨了对外部威胁的恐惧对员工越轨创新行为的影响，弥补了现有研究的不足。现有越轨创新行为研究成果集中在对员工个人特质和领导行为与越轨创新行为之间关系的讨论，而缺乏对更为宏观的组织情境与越轨创新行为关系的研究。本研究结合时代背景，将员工对外部威胁的恐惧引入到越轨创新行为的研究中，是对现有研究成果的补充和发展。其次，本研究发现创新自我效能在对外部危险的恐惧对员工越轨创新行为的影响中起中介作用，进一步探讨了"情境"（对外部威胁的恐惧）影响员工越轨创新行为的内部机制，从而打开了其内部的"黑箱"，是在前一贡献的基础上的继续深化。另外，本研究探讨了创新自我效能影响员工越轨创新的边界调节，即工作自主性在其中所起的调节作用。这不仅丰富了影响员工越轨创新行为的权变模型，同时也为拓展工作设计研究领域提供了新的研究视角。

5.2 研究启示

（1）根据本研究的结论，对外部威胁的恐惧会诱发员工越轨创新行为。从某种意义上来讲，这是员工在受到外部环境的不利影响后会对自身进行调整。需要特别指出的是，虽然越轨创新具有"亲社会"的一面，但是员工在面对威胁的自我调整可能会偏离组织既定的目标。因此，作为企业的管理者有必要对其所面临的局势和未来发展向员工作出必要的说明和解释。特别是当企业面临转型变革的时候，作为组织的管理者更不应该隐瞒企业的经验现实和战略决策。

（2）根据以往的研究，那些在一定程度上能容忍越轨行为的企业更具有创造力（江依，2018），而本研究发现，对外部威胁的恐惧对员工越轨创新行为的部分影响是通过创新自我效能所传导的。因此，提高企业创造力：一方面要容忍员工的越轨创新行为，另一方面要对那些创新自我效能较高的员工分类管理。作为组织的管理者，可以通过容忍、奖励、惩罚、忽视和操纵等多重手段重塑员工创新自我效能，进而实现员工越轨创新行为管理。

（3）根据本研究的结论，工作自主性在影响员工越轨创新行为中发挥着重要的作用。可以通过组织中的工作设计来实现自下而上的创新，进而推动组织创新。企业改变传统的组织架构和工作设计流程，适当允许员工自发的创新型行为，或可为组织应对当前乃至未来的挑战，发挥不可磨灭的贡献。

5.3 研究的局限与展望

首先，本研究的调查对象来自河南省某个企业。这样做：一方面是为了更好地获取相关数据，另一方面可以有效控制地区因素对研究结论的影响。然而，由于取样的限制所得结论的外部效度也会受到一定的制约，后续研究可以针对不同地区进行取样，以检验本研究中的发现。其次，虽然本研究发现创新自我效能可以中介对外部威胁的恐惧对员工越轨创新的影响，但是其内在机制充满复杂性，后续研究可以借助案例研究对其内在机理进行更深入的探索，也可选取其他中介变量进行检验。再次，本研究所采取的是横截面数据，这不免存在一些局限性，后续研究可以通过在不同的试点取样或追踪调查，进而修订和丰富本研究所得结论。最后，本研究仅考察了个体层面上不同变量之间的关系，未来的研究可以就不同层面变量关系展开讨论。

参考文献

[1] 陈劲，尹西明，梅亮. 整合式创新：基于东方智慧的新兴创新范式 [J]. 技术经济，2017 (12)：1-10.

[2] 韩雪亮，王霄. 自下而上推动企业组织创新的过程机制探析 [J]. 外国经济与管理，2015，37 (9)：3-16.

[3] 黄玮，项国鹏，杜运周，等. 越轨创新与个体创新绩效的关系研究——地位和创造力的联合调节作用 [J]. 南开管理评论，2017，20 (1)：143-154.

[4] 秦佳良，张玉臣，贺明华. 国外草根创新研究述评 [J]. 技术经济，2018 (37)：73-81.

[5] 陈伍洋，叶茂林，陈宇帅，等. 下属越轨创新对主管阻抑的影响——地位威胁感和权威主义取向的作用 [J]. 心理科学，2017 (3)：670-677.

[6] 江依. 员工越轨创新行为研究综述及其展望 [J]. 科技管理研究，2018 (10)：31-39.

[7] 刘晓琴. 非伦理领导对员工职场创新越轨行为的影响机制研究 [J]. 软科学，2017，31 (9)：93-96.

[8] 王弘钰，邹纯龙，崔智淞. 差序式领导对员工越轨创新行为的影响：一个有调节的中介模型 [J]. 科技进步与对策，2018，35 (9)：131-137.

[9] 郑赤建，胡培培. 互联网企业组织支持感和越轨创新的关系研究——工作满意度的中介作用 [J]. 西部经济管理论坛，2018，29 (2)：72-80.

[10] 王弘钰，崔智淞，李孟燃. 冲突视角下新生代员工越轨创新行为的影响因素研究——独立型自我建构和组织创新氛围的调节作用 [J]. 现代财经，2018，342 (7)：60-71.

[11] 刘智强，葛靓，潘欣，等. 可变薪酬支付力度、地位竞争动机与员工创新行为研究 [J]. 管理学报，2014，11 (10)：1460-1468.

[12] 顾远东，彭纪生. 组织创新氛围对员工创新行为的影响：创新自我效能感的中介作用 [J]. 南开管理评论，2010，13 (1)：30-41.

[13] 刘追，郑倩. 不确定性规避与员工创新行为：创新自我效能感的中介作用 [J]. 科技进步与对策，2016 (4)：149-155.

[14] 王雁飞，吴茜，朱瑜. 心理资本与变革支持行为的关系——变革开放性和工作自主性的作用研究 [J]. 心理科学，2016 (4)：934-941.

[15] 王端旭, 赵轶. 工作自主性、技能多样性与员工创造力：基于个性特征的调节效应模型 [J]. 商业经济与管理, 2011, 1 (10): 43-50.

[16] 任华亮, 杨东涛, 彭征安. 创新氛围和工作自主性的调节作用下能力与成长工作价值观对创新行为的影响研究 [J]. 管理学报, 2015, 12 (10): 1450-1456.

[17] 齐昕, 刘洪, 林彦梅. 远程工作许可与员工生产越轨行为的关系研究：影响机制与边界条件 [J]. 管理评论, 2017, 29 (10): 143-156.

[18] Sarpong D, Appiah G, Bi J. *In direct breach of managerial edicts: a practice approach to creative deviance in professional service firms* [J]. *R & D Management*, 2018.

[19] Augsdorfer P. *Diagnostic Personality Test to Identify Likely Corporate Bootleg Researchers* [J]. *International Journal of Innovation Management*, 2012, 16 (1): 139-129.

[20] Mainemelis C. *Stealing fire: Creative deviance in the evolution of new ideas* [J]. *Academy of Management Review*, 2010, 35 (4): 558-578.

[21] Bai Y, Lin L, Li P P. *How to enable employee creativity in a team context: A cross-level mediating process of transformational leadership* [J]. *Journal of Business Research*, 2016, 69 (9): 3240-3250.

[22] Tierney P, Farmer S M. *Creative Self-Efficacy: Its Potential Antecedents and Relationship to Creative Performance* [J]. *Academy of Management Journal*, 2002, 45 (6): 1137-1148.

[23] Liu C, Spector P E, Shi L. *Cross-national job stress: a quantitative and qualitative study* [J]. *Journal of Organizational Behavior*, 2007, 28 (2): 209-239.

[24] Ashford S J, Lee C, Bobko P. *Content, Causes, and Consequences of Job Insecurity: A Theory-Based Measure and Substantive Test* [J]. *Academy of Management Journal*, 1989, 32 (4): 803-829.

[25] Svendsen M, Unterrainer C, Jønsson T F. *The Effect of Transformational Leadership and Job Autonomy on Promotive and Prohibitive Voice: A Two-Wave Study* [J]. *Journal of Leadership & Organizational Studies*, 2018.

[26] Avolio B J, Zhu W, Koh W, et al. *Transformational leadership and organizational commitment: Mediating role of psychological empowerment and moderating role of structural distance* [J]. *Journal of Organizational Behavior*, 2004, 25 (8): 951-968.

[27] Criscuolo P, Salter A, Wal A L J T. *Going Underground: Bootlegging and Individual Innovative Performance* [J]. *Informs*, 2014, 25 (5): 1287-1305.

[28] Schaubroeck J M, Lam S S K, Peng A C. *Can peers' ethical and transformational leadership improve coworkers' service quality? A latent growth analysis* [J]. *Organizational Behavior & Human Decision Processes*, 2016 (133): 45-58.

[29] Lin B, Mainemelis C, Kark R. *Leaders' responses to creative deviance: Differential effects on subsequent creative deviance and creative performance* [J]. *Leadership Quarterly*, 2016, 27 (4): 537-556.

作者简介

韩雪亮（1986— ），男，河南安阳人，河南财经政法大学讲师、博士。研究方向：组织创新与变革。

张文静（1996— ），女，河南郑州人，河南财经政法大学学生。研究方向：创新管理。

项目基金

高等学校重点科研项目（19A630001）。

企业技术创新动态能力的性质、决定因素和理论渊源探析

熊胜绪　王玉峰

（中南财经政法大学，武汉，430073）

> **摘要**：通过梳理组织资源、组织惯例、技术创新流程、技术创新能力和技术创新动态能力的关系，提出了企业技术创新动态能力是技术经营层面的，比技术创新能力高一层次，并具有组织系统依赖性的高端组织能力的观点。结合动态能力的理论观点，揭示并分析了决定企业技术创新动态能力的组织元素，以及企业技术创新动态能力理论形成的基础。研究认为，决定企业技术创新动态能力的组织元素包括企业的组织资源、组织结构、公司治理和组织文化。企业技术创新动态能力理论建立的基础是经济学中的动态竞争理论、市场结构理论、基于资源的企业理论、基于知识的企业理论以及演化经济理论。
>
> **关键词**：组织资源；组织惯例与流程；技术创新能力；技术创新动态能力

1 引言

近年来，战略与创新管理学界提出的技术创新动态能力这个概念，将企业技术创新能力分成了静态的技术创新能力和动态的技术创新能力。静态的技术创新能力指的是企业利用现有的创新资源、创新流程与惯例，将知识与理念转变成新产品、新工艺和新系统的能力（Lawson and Samson，2001）。动态的技术创新能力又称为技术创新动态能力，指的是企业用于开发、整合与重组现有的和新的资源与运作能力的创新能力（Colin C. F. Cheng and Fa-Shen Chen，2013），具体表现为企业感知与识别技术机会、整合内外部的创新资源、变革企业的资源基础、组织结构与治理机制以及组织文化，以推动技术创新能力不断提升的能力。

动态能力理论是最近20年备受战略管理学界关注的理论，但这一理论至今还没有一个成熟的理论体系（Lars Schweizer，Shalini Rogbeer and Björn Michaelis，2015）。受动态能力理论研究的局限，企业技术创新动态能力虽然以其对解释动态环境中企业持续创新优势来源所具有的独特潜力受到理论界的关注，但这一理论也没有一个完整的理论框架。本文对企业技术创新动态能力的性质，决定因素和理论渊源的探讨，不仅是探索技术创新动态能力与企业持续创新绩效和持续竞争优势关系的基础，同时，对推动企业动态能力理论的发展也具有重要的意义。

2 企业技术创新动态能力的性质

认识企业技术创新动态能力的性质，需要我们厘清这种能力与组织资源、组织惯例、技术创新流程、技术创新能力的关系，图1展示了这些概念的相互关系。

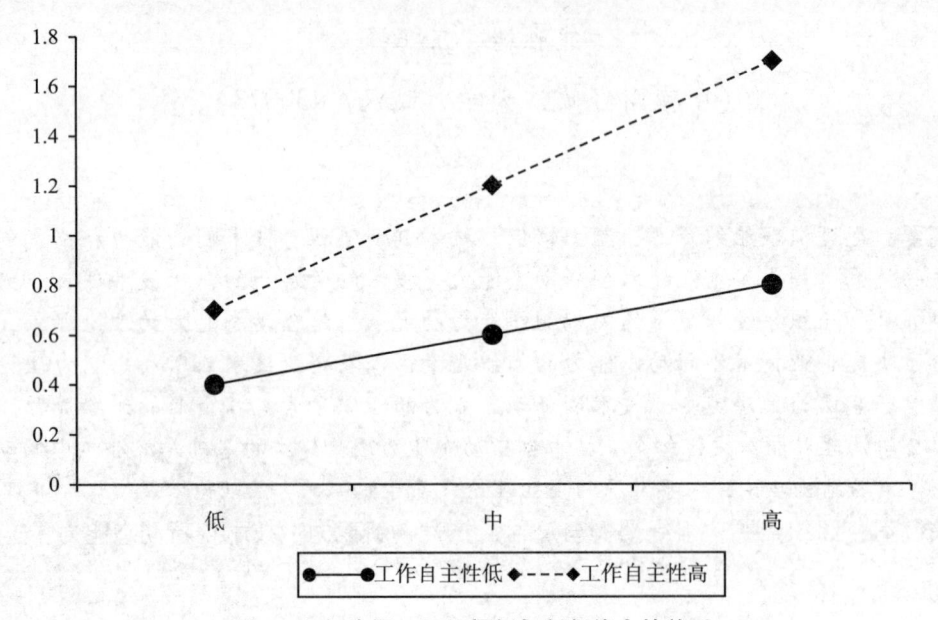

图1 组织资源、组织惯例与创新能力的关系

组织资源是企业拥有的包括个人资源在内的能够创造价值的有形资源和无形资源的总和。惯例也叫习惯，它是人们习惯的做事方式或方法，可以是成文的，也可以是不成文的。个人惯例是每个人做事的习惯，它是以个人技能或资源为基础的。组织惯例则是组织做事的习惯，它以组织资源为基础。流程也叫活动，它是完成一项工作或任务的先后次序。组织流程是以组织惯例为基础的，一旦某个流程成为习惯或常规，它也成了一种惯例。技术创新流程是由技术创新各环节的工作惯例组成的一个链条。

组织能力是基于资源的组织惯例和流程所显现出来的解决问题的方式及方法。企业技术创新能力和技术创新动态能力都属于组织能力，但是不同层面的组织能力。技术创新能力是企业遵循现有的技术创新流程和惯例，利用现有创新资源，开发出新产品或新工艺的能力。这种能力是企业内部的技术运作层面的能力，与外部环境无关。而技术创新动态能力则是技术经营层面的能力，它是企业更新创新资源的基础，改进或更新企业技术创新的惯例与流程，变革组织的结构与治理机制以及组织文化，从而推动技术创新能力不断提升的能力。这种能力与外部环境有密切的关系，它是企业从外部环境得到反馈，推动组织变革的能力，因而是一种更高端的组织能力。

作为一种高端的组织能力，技术创新动态能力决定企业创新能力的可持续性。如果一个企业拥有技术创新能力，但缺乏技术创新动态能力，则它有机会在有限的期限内创造新产品、新工艺，获得短期的熊彼特创新租金，在需求增加时，它还可能获得优于其他企业的李嘉图级差收益，但这种收益是不可持续的，市场的竞争早晚会使之化为乌有。而技术创新动态能力能使企业适应技术和需求的变迁不断更新自己的技术创新能力，适时创造出市场需要的新产品或新工艺。

企业技术创新动态能力是短期内难以被其他企业学习和模仿的，因为这种能力涉及企业的组织资源、组织结构、组织文化等多种组织元素。这些组织元素存在复杂的内在联系，这种内在联系使技术创新动态能力具有系统的依赖性，没有整个系统变革以及组织间的联系方式的变化，而只是部分地模仿或复制是没有整体效果的。

技术创新动态能力也不是一成不变的，它会因企业组织元素的变化而变化。例如，每个人对技术和市场的认知是受其惯例或过去就形成的心智模式的影响的，因此，企业领导人思想观念的固化或者领导人的更迭都可能使企业感知和识别技术机会的能力发生变化。企业组织结构或公司治理模式的调整可能改变企业的决策机制和惯例，新的价值观的引入可能改变组织的文化氛围，从而改变员工对待创新的态度与行为，这些都会引起企业技术创新动态能力的变化。

3 企业技术创新动态能力的决定因素

3.1 组织资源

资源是能力的基础（Penrose，1959），企业技术创新动态能力离不开企业的核心资产和互补资产。所谓核心资产，指的是以企业核心专业技术人员的技能为基础的企业专业技术力量，以及企业管理者和技术人员对未来技术发展方向和顾客需求的判断力和企业创新管理决策能力的总和。互补资产是在技术创新中与核心资产协同作用的其他配套资产。

核心资产对企业技术创新动态能力的作用是不言而喻的。但是，一个拥有核心资产的企业并不一定就有技术创新的动态能力。EMI（Electric and Musical Industries，百代唱片）公司是CT扫描设备的发明者，但却因缺乏整合与利用生产、营销、售后服务和人员培训方面的资源及能力而把该技术的市场主导地位让给了通用电器公司。摩托罗拉曾是模拟传输通信技术的杰出创新者，但在数字时代到来时，却因没能感知技术变革的方向而走向衰落。美国现金出纳机制造公司也因未能感知到电子收银机取代机电收银机的大趋势，而在新型的机电收银机开发上浪费了巨额的投入，使公司的价值及其在行业中的地位大幅降低。

企业技术创新动态能力的形成离不开互补资产的协同作用，就像电脑软件的作用需要硬件的支持、火车的提速需要优质的铁路、汽车的速度需要优良的公路为保障一样。早在1932年，著名经济学家熊彼特就指出，大企业比中小企业有更多的技术创新的一个重要原因，就是大企业的创新活动有更强大的生产制造设施的支撑。2000年，Petra Christmann研究发现，企业互补资产的拥有量与防污技术创新是正相关的，具有高水平互补资产的企业比低水平互补资产的企业能从防污技术创新中获得更大的成本优势，因此愿意有更多的投入推动防污技术的创新。

3.2 组织结构

动态能力理论认为，企业动态能力是探索性的组织惯例（M. Eisenhardt and Jeffery A. Martin, 2000）。按照这一理论，企业技术创新动态能力是探索性的组织惯例与组织流程，这种惯例与流程决定企业感知技术机会的能力，整合与利用创新资源的能力，以及推动组织变革能力。

动态能力理论也认为，组织学习是企业动态能力进化的根本动力（Zollo and Winter, 2002），但组织的学习能力是受组织结构的影响的。学习包括个体学习、团体学习和组织学习三个层面，个体是组织知识创造的主要推动者（Nonaka, 1994）。企业技术创新动态能力需要那些能准确地感知各种知识之间的区别和联系，并能看到这些知识领域之间存在的新的联系方式的人。团体的学习是将个体组织起来去综合各种知识，从而形成新的认知的过程。在企业里面，连接不同背景的知识或信息有助于对复杂现象的新认识，同时，团体通过共同的认知也能促进新的能力的开发（Weick and Roberts, 1993）。组织学习则是将个体和团体学到的知识嵌入企业的组织层面的过程。它是将个体和团体层面学到的新知识以惯例和流程的形式存储起来，并用它来解决新的问题（Bontis et al., 2002）。

组织的学习能力与组织的结构状况有密切的联系，因为不同的组织结构，其用新知识更新组织惯例与组织流程的能力是不同的。一种好的组织结构，能够适应环境的变化，鼓励个体及团体的学习，并以新的流程和惯例的形式记忆和存储其学习的成果。同样地，一种组织结构也可能将个体和团体的学习限制在其从前的技术环境所获得的知识范围内。因此，组织结构是否有利于企业打破过去的学习和经验形成的路径依赖性，是否有利于个体和团体广泛探索新的知识，决定着企业技术创新的动态能力。

3.3 公司治理

公司治理是企业技术创新的制度基础（O'Sullivan, 2000；Belloc, 2012）。根据冯根福和温军的研究（2008），董事会中独立董事中的比例与企业技术创新投入是存在正向关系的。2014年，鲁桐和党印以2006—2010年1344家沪深A、B股公司为样本，考察了劳动密集型、资本密集型和技术密集型公司的治理与企业技术创新的关系，结果发现，董事、监事和公司高管持股比例越高的公司，技术创新投入力度越大。这些研究表明，公司治理中的董事会构成是会影响企业技术创新投入的决策惯例与流程，从而会影响企业的技术创新动态能力的。同时，公司的董事、高管和核心技术人员的薪酬制度也会影响人们对更有效的组织惯例与流程的探索，因为激励性的薪酬制度，如股票期权，会促使公司董事、高管和核心技术人员把利益看得更加长远，更加关心企业的技术领先地位，从而探索有利于提升企业技术创新能力的新做法，并将这些行之有效的做法变成新的组织惯例和流程。

3.4 组织的文化

组织文化是组织成员共同的价值观、信念和隐藏的假设（Cameron and Quinn, 1999；Denison, 1990）。许多文献都得出了组织文化对技术创新有重要决定性作用的结论

(Ahmed, 1998; Higgins and McAllaster, 2002; Jamrog et al., 2006; Jassawalla and Sashittal, 2002; Lau and Ngo, 2004; Martin and Terblanche, 2003; Mumford, 2000)。组织文化与组织行为和组织能力直接相关（Robert M. Grant, 1996）。组织文化对企业技术创新动态能力的作用表现在组织的价值观、信念和隐藏的假设会直接影响企业在技术创新问题上的决策惯例，也会影响员工的行为惯例。通常情况下，一个具有鼓励技术创新的组织文化的企业，会在投资、人事任免和薪酬设计上形成激励员工开展技术创新的决策惯例，也能在企业内部形成尊重知识、尊重创新的行为惯例，这些惯例有利于企业内部的各部门以及每个员工对创新作出承诺，并推动企业内部的知识共享，提升企业对创新资源的整合能力。

4 企业技术创新动态能力的理论渊源

作为企业动态能力的一个组成部分，技术创新动态能力是以动态竞争理论、市场结构理论、基于资源的企业理论、基于知识的企业理论和演化经济理论为基础的。

（1）动态竞争理论。奥地利经济学家提出的动态竞争，是一种依赖创新带来新产品和新工艺，并导致价格下降的一种竞争类型。奥地利学派的理论与新古典理论的区别是，新古典经济学关注静态均衡，均衡中包含极少的外生变量，而奥地利经济学并不看重均衡的计算，因为竞争的本质是动态的。正如 Hayak（1948）提出的，竞争本身是一个动态的过程，动态竞争的基本特征的假设是不同于静态分析的假设的，消费者的愿望和期望对生产者而言不能看成是既定的信息，而应当看成是竞争过程要解决的问题。

在动态竞争中，新进入者和在位企业一样，是可以从事新产品和新工艺的开发，并根据变化作出调整的，在位企业因产品价格下降引致频繁的新产品的引入也是普遍的事情，因此，动态的竞争与动态的创新是紧密相关的。当创新是动态的时候，市场上会不断地有新产品引入，时不时有主导设计的出现，新的进入者也会爆炸性增长。在与创新密切联系的动态竞争市场上，企业家和创业管理者是重要的，持续的创新依赖于支撑创新的企业家和制度结构。

（2）市场结构理论。早期的市场结构理论认为，企业的盈利能力取决于企业所处的产业竞争结构（Poter, 1985）。这一理论解释了产业环境对企业行为和企业绩效的作用，但一个重要的问题是，它和有限理性的理论假设是不一致的，而且它不能解释产业结构随时间的变化。基于这一缺陷，1996 年，Burns 和 Stalker 提出了"环境动态性"或"环境不确定性"的思想。环境动态或不确定这个概念本身意味着未来是变化的，有限理性这个思想就是扎根在这个概念中的。这一理论提出后，理论界开始将市场结构理论与环境动态或不确定性联系起来，去解释产业结构随时间的变化。按照这一理论，技术的变革会改变产业内的五种竞争力量而改变产业结构，并引起产业的动荡。由于产业环境是变化的，因此，企业的结构、工作流程及惯例也不应是一成不变的。

（3）基于资源的企业理论。基于资源的企业理论认为，企业的基本构成单元是资源，资源是能力的基础。这一理论把企业拥有和使用的有价值的、稀缺的、别人难以替代和模仿的战略资源看成是企业经济利润的来源（Wernerfelt, 1984; Barney, 1991）。该理论认为，环境的变化会导致企业的资源和能力价值的变化，技术的变革可能使在位企业的技术变得没有价值。因此，在变化的产业环境中，企业获取、有效配置和利用战略资源的能力是至关重要的，而这种能力在每个企业是不相同的。企业的这种能力中，管理者的管理决策能力是一个重要的组织元素，投资和开发这种能力是企业的一个重要工作（Ethiraj，2005）。

（4）基于知识的企业理论。知识被看成是资源的一个特例。基于知识的企业理论认为企业的基本构成单元是知识，企业是一个知识的存储体，是一个创造和运用知识的机构，企业的边界是由企业在其边界范围内有效地分享和交流知识的能力决定的。

基于知识的企业理论认为能力的本质是知识，它将学习看成是创造知识的方法，并确定了企业投资于学习的相关流程。这一流程是以探索—利用框架为基础的，它将学习投资分为两个相关的模块，即探寻新的知识和利用或商业化新的知识（Cohen and Levinthal，1990；March，1991）。同时，这一企业理论也认识到了企业在预期知识变化及其价值中的有限理性，尤其是在快速变化的环境中，企业探寻、获取和商业化新知识，使企业能够创造价值的能力是有限的，因此，它把企业所具有的知识吸收能力看成是企业知识存量和企业动态能力的一个重要决定因素。

（5）演化经济理论。演化经济理论认为，企业的基本单元是"惯例"。惯例是学习的结果，是可以根据环境的变化而不断创新和选择的。在一个不确定的世界里，最优的惯例并非一下子就很明确，企业需要通过实验新的做事方式探索更好的惯例。演化经济学重视绩效反馈和经验性学习在选择和积累惯例中的作用（Nelson and Winter，1982），一个企业可以采用多种惯例，但不同的惯例产生的效果是不同的。能给企业带来最大利润的惯例才是最好的惯例。惯例与市场环境匹配的信号，随着时间的流逝，企业会采用那些合适的惯例，抛弃不合适的惯例，最优的组织惯例是市场选择的结果。

5 研究结论与展望

5.1 研究结论

通过分析技术创新动态能力与技术创新能力、组织流程与组织惯例、组织资源之间的关系，本文认为，技术创新动态能力是技术经营层面的，比技术创新能力高一层次的高端组织能力。它是企业更新技术创新的资源基础，改进或更新企业技术创新的惯例与流程，从而推动技术创新能力不断提升的能力。这种能力是具有系统和路径的依赖性的，因为这种能力背后的组织元素存在密切的内在联系，单独改变其中的某一部分是没有整体效果的。企业技术创新动态能力背后的组织元素是决定企业技术创新动态能力强弱的因素，本文认为这些组织元素主要包括组织的资源，组织的结构、公司治理和组织文化。企业技术创新动态能力作为企业动态能力的一个组成部分，其理论来源是动态竞争理论、市场结构理论、基于资源的企业理论、基于知识的企业理论和演化经济学理论。

5.2 研究展望

本文只是从理论上分析了企业技术创新动态能力的决定因素，针对这些因素做进一步的实证研究是未来的一项研究工作。同时，结合企业技术创新动态能力的决定因素建立技术创新动态能力的评价指标体系和评价方法，也是未来的一个研究方向。这些问题的深入研究不仅具有理论意义，而且对于客观地评价每个企业的技术创新动态能力，探索提升企业技术创新能力的有效方法，也具有重要的现实意义。

参考文献

[1] 冯根福，温军. 中国上市公司治理与企业技术创新关系的实证分析 [J]. 中国工业经济，2008（7）：91–101.

[2] 鲁桐，党印. 公司治理与技术创新：分行业比较 [J]. 经济研究，2014（6）：115–128.

[3] Lawson B., Samson, D. *Developing innovation capability in organizations：a dynamic capabilities approach* [J]. *International Journal of Innovation Management*，2001，5（3）：337–400.

[4] Colin, C. F. Cheng, Fa-Shen, Chen. *Breakthrough innovation：the roles of dynamic innovation capabilities and open innovation activities* [J]. *Journal of Business & Industrial Marketing*，2013，28（5）：444–454.

[5] Lars Schweizer, Shalini Rogbeer, Björn Michaelis. *The dynamic capabilities perspective：from fragment to meta-theory* [J]. *Management Research Review*，2015，38（7）：662–684.

[6] Penrose, E. T. *The Theory of the Growth of the Firm*, John Wiley [M]. New York，1959.

[7] Petra Christman. *Effects of "Best practices" of environment management on cost advantage：the role of complementary assets* [J]. *Academy of Management Journal*，2000，43（4）：663–680.

[8] Kathleen M., Elsenhardt, Jeffrey A. Martin. *Dynamic Capabilities：What Are They?* [J]. *Strategic Management Journal*，2000（21）：1105–1121.

[9] Maurizio Zollo, Sidney G. Winter. *Deliberate Learning and The Evolution of Dynamic Capabilities* [J]. *Organizational Science*，2002，13（3）：339–351.

[10] Nonaka. *A dynamic theory of organizational knowledge creation* [J] *Organization Science*，1994，5（1）：14–37.

[11] Weick, K. E., Roberts, K. H. *Collective minds in organizations：heedful interrelating on flight decks* [J]. *Administrative Science Quarterly*，1993（38）：357–381.

[12] Bontis N., Crossan M., Hulland J. *Managing an organizational learning system by aligning stocks and flows* [J]. *Journal of Management Studies*，2002，39（4）：437–469.

[13] Mary, O'Sullivan. *Contests for Corporate Control* [M]. London：Oxford University Press，2000.

[14] Belloc. *Corporate Governance and Innovation：A Survey* [J]. *Journal of Economic of Surveys*，2012，26（5）：835–864.

[15] Cameron, Quinn. *Diagnosing and changing organization culture：Based on the compe-

ting values framework [J]. *Addison-wesley*, 1999, 55 (3): 1178 – 1188.

[16] Denison. Corporate culture and organization effectiveness: Is there a similar patten around the world? [M]. New York: Wiley, 1990.

[17] Ahmed P. *Culture and climate for innovation* [J]. *European Journal of Innovation Management*, 1998, 1 (1): 30 – 43.

[18] Higins, McAllaster. *Want Innovation? Then use cultural artifacts that support it* [J]. *Organization Dynamics*, 2002, 31 (1): 74 – 84.

[19] Jamrog J. Vickers M., Bear D. *Building and sustaining a culture that supports innovation* [J]. *Human Resource Planning*, 2006, 29 (3): 9 – 19.

[20] Jassawalla A. R., Sashittal H. C. *Cultures that support product innovation processes* [J]. *Academy of Management Executive*, 2002 (16): 42 – 53.

[21] Lau C. M., Ngo H. Y. *The HR system, organizational culture, and product innovation* [J]. *International Business Review*, 2004, 13 (6): 685 – 703.

[22] Martin, Terblanche. *Building organizational culture that stimulates creativity and innovation* [J]. *European Journal of Innovation Management*, 2003, 6 (1): 64 – 74.

[23] Mumford, M. D. *Managing creative people: strategies and tactics for innovation* [J]. *Human Resource Management Review*, 2000, 10 (3): 313 – 351.

[24] Robert M. Grant. *Toward A Knowledge – Based Theory of the Firm* [J]. *Strategic Management Journal*, 1996 (17): 109 – 122.

[25] Hayak. *Individualism and Economic Order* [M]. Chicago: University of Chicago Press, 1948.

[26] Poter M. E. *Competitive advantage: Creating and sustaining superior performance* [M]. New York: Free Press, 1985.

[27] Burns T., Stalker G. M. *The Management of Innovation* [M]. 2nd ed. London: Tavistock Publications, 1996.

[28] Wernerfelt B. *A Resource – Based View of the Firm* [J]. *Strategic Management Journal*, 1984, 5 (2): 179 – 191.

[29] Barney J. B. *Firm resources and sustained competitive advantage* [J]. *Journal of Management*, 1991, 17 (1): 99 – 120.

[30] Ethiraj S. K., Kale P., Krishnan M. S., Singh J. V. *What do capabilities come from and how do they matter? A study in the software services industry* [J]. *Strategic Management Journal*, 2005, 26 (1): 25 – 45.

[31] Cohen, Levinthal. *Absorptive Capability: A new perspective on learning and innovation* [J]. *Administrative Science Quarterly*, 1990, 35 (1): 128 – 152.

[32] March, James G., Lee S. Sproull, Michael Tamuz. *Learning from Samples of One or Fewer* [J]. *Organisation Science*, 1991, 2 (1): 1 – 13.

[33] Nelson, Winter. *An Evolutionary Theory of Economic Change* [M]. Cambridge: Harvard University Press, 1982.

作者简介

熊胜绪（1962— ），湖北钟祥人，经济学博士。中南财经政法大学工商管理学院教授，企业管理专业博士生导师。研究方向：企业战略与创新管理。

王玉峰（1981— ），青海西宁人，中南财经政法大学企业管理专业博士研究生，青海民族大学讲师。

基金项目

国家社会科学基金项目"互补资产视角下的企业技术创新动态能力提升研究"（15BGL036）。

新时代科技创新创业与经济高质量发展深度融合机制研究

张培俭　权建卓

（郑州大学，郑州，450002）

> **摘要**：根据当前我国所处的时代，分析了科技创新创业在促进经济高质量发展中的作用，并对科技创新创业在实现经济高质量发展中的途径进行了具体的分析。结论：要做到科技创新创业与经济高质量发展的深度融合就必须先加大对高校的投入，让高校培养出高端人才，然后再利用人才对科技进行转化，将现有的科技转化为实用的科技，进而促进企业创新创业，最后完善好市场机制制度确保科技创新创业对经济高质量发展持续发力。
>
> **关键词**：科技创新；企业创业；优化结构配置；经济高质量发展

十八大以来，习近平总书记治国理政思想蕴含了丰富的科技创新思想。习近平总书记的科技创新思想内容丰富，强调坚持中国特色自主创新道路；重视人才在科技创新中的作用；重视科技和经济社会发展的深度融合。习近平总书记又在十九大报告中指出，我国的社会主要矛盾已经发生了转变，变为人民日益增长的美好生活需要和不平衡不充分的发展之间的矛盾，我们开始有了新的挑战，也遇到了新的困难，这就要求我们必须转变经济发展方式，进一步优化结构，向着新高峰与新平台攀登，来实现我们的新目标和新梦想。改革开放以来，我们的科技已经有了飞速的发展，已经从吸收、学习过渡到与国际前沿并驾齐驱的阶段（梁正，2017），要想经济持续健康的向前发展，离不开经济高质量发展，这就需要我们构建一套通盘考虑、突出重点、放眼长远、紧抓关键的完整系统工程。推进高质量经济发展，要在发展的动能、发展的重点和发展的环境上下功夫，而科技恰恰是发展经济的强大动力（王培文等，2015），科技创新是经济高质量发展强有力的重要引擎，科技创业壮大实体经济是经济高质量发展的重点和关键点，融合相关机制与体制是形成经济高质量发展环境的必要条件，因此构建新时代科技创新创业与经济高质量发展深度融合机制是实现新发展、新目标、新理想的必要途径。

1 促进高校培养高端人才，助力经济高质量发展

在建设创新型国家的时代背景下，创新文化建设是高校面临的一项重要任务。高等职业教育作为高端人才培养的重要组成部分，必须适应新形势下的发展需求。在新时期，我

国的高校被时代赋予了培养科技创新创业型人才的特殊使命，在2000—2013年省域高校对经济增长的贡献率为17.83%（王小婷，2017），因此总体来说高校通过人才培养对经济增长的贡献率还是不足，但潜力是巨大的，高校在科技进步中还是占有主导地位的，科研成果也是很足的，但是科研成果的转化与市场化显得较为单薄，因此对高校需要从它的主体功能出发，加大他们的科研生产的同时也要立足对人才的培养，将二者有机地结合起来才能发挥高校对经济高质量发展的带动作用。以地区而言，高校的发展与本地区的经济的发展情况息息相关，他们互相制约、互相影响，如地区的经济发展水平低，则该地区的高校发展动力就弱，但是高等教育的快速发展反过来又会促进经济建设的快速提高，因此他们之间需要协调好关系，只有他们的关系融洽了，我们的经济才可以获得高质量的发展。

2 优化人才配置推进经济高质量发展

随着我国的经济体制改革的不断扩大，社会主义市场经济体制和现代企业制度逐步建立，企业活动的范围日益加强，内容日益丰富，要求日益严格，相应的全面优化人才配置问题也越来越重要。目前，全面优化人才配置问题已经成为现代企业管理的重要部分，越来越频繁地被提到企业管理的日程上来。随着经济全球化进程的加快，科技与人才成为赢下国际竞争的主导力量，在企业的竞争中也同样依靠人才。我国目前正处于改革创新发展的阵痛期，需要新旧动能及时转换，进而为经济高质量发展提供强大的动能。科技创新不仅可以提高产业的质量水平，还可以提高企业的生产效能，增加企业的竞争力，有助于企业打造品牌产品。如上海张江高科技园区通过引进海外高端人才，高度重视发挥人才在科技创新创业中的作用，造就了国内领先、国际一流的"药谷"（吴林芳，2014）；裴玲玲（2016）研究发现在我国东部地区科技人才聚集的密度最高，西部地区最低，中部地区介于两者之间，而且东部与西部地区之间的经济高质量发展之间的差距越来越大；因此科技人才在经济高质量发展的作用中发挥着至关重要的作用，要想均衡发展必须先优化人才配置。

3 大力发展科技助推经济高质量发展

科技作为第一生产力，能够为经济高质量发展提供源源不断的动力，能够激发企业提高生产效率、降低成本、提高经济效益、打造属于自己的知名品牌，因此发展好科技是助推经济高质量发展的关键因素也是决定要素。科技创新是时代发展的强大驱动力，尤其是经济全球化、信息化的飞速发展使科技创新显得尤为重要，无论是企业的竞争还是国家的竞争，归根结底就是科技创新的竞争、创新人才的竞争。其中，起关键作用的是科技创新，科技创新是建立在传统科技的基础之上，继承的同时并打破传统的革新方法，基于科技创新的创新方法与实践在科技发展的作用下日益突出，创新方法的构建实质上是建立在创新思维活动与创新实践活动之上，在创新过程中寻求平衡发展的支点。山东步长神州制药有限公司的红核妇洁洗液已经名声在外，在俄罗斯已经拿下了自己的大市场，他们的成品包装车间很大，生产工序也很繁多，但是一条生产线上却只有几个工人就能完全胜任，这得益于他们通过引进先进的科技，改造生产设备提高了自动化程度，进而减少了用工，降低了成本，提高了工作效率和质量（张品，2018）。科技的进步离不开人才的支持，人才的培养少不了高校，因此科技的进步很大程度上依赖于高校。王青、张冠青（2018）研究发现高校对区域经济发展的贡献率为17.79%，高校科研人员效率是企业研发部门的3倍，因此提高高校科研效率、科技成果转化率对于经济高质量发展具有极其重要的意义。

4　让企业创新创业打出经济高质量发展的主旋律

创新创业的主要阵地在企业，市场的发展主体也在于企业，企业的发展与壮大对助推经济高质量发展具有显著的作用。大企业的创新创业探索主要集中在组织架构的颠覆式创新、内部管理机制创新、自建或利用开放式合作平台创新三方面。虽然每种创新类型中均有大企业实现了成功转型，但大企业创新创业仍然面临着体制机制、组织文化、人才和环境等方面的重要制约。建议加强创新创业政策制定与实施的顶层设计，持续营造创新创业大环境，并在相关政策中更加突出创新创业平台的重要作用。石嘴山算是西部贫困区，但是他们经过企业的创新创业，大胆探索和扎实开展建设小微企业创业创新基地，杀出了一条致富之路，被国家发改委等五部委列入全国首批12个老工业城市和资源型城市产业转型升级示范区之一（魏宏斌，2018）；企业的创新离不开创新人才的加入，所以要想实现企业的真正创业与创新，就必须实现国际化创新企业创业人才的"全链条"培养，以确保企业具有创新精神、创业意识、创新能力来完成创新创业带动经济高质量发展的使命（王桂莲，2017）；因此我们要进一步加快培植具有创新创业的企业主体，并鼓励他们增强科学研发意识，加大研发投入，进而引导企业再度拓展创新资源的使用范围，拓宽创新创业领域范围，促进多个领域达成共创新互帮助的共识，真正地呈现出大众创业、万众创业的局面。

5　完善相关制度全面为经济高质量发展保驾护航

当前的市场环境是不利于经济向高质量发展的，需要全面地优化供给结构，包括完善的供给制度、优质的服务供给、全面的要素供给和健全的市场体系。创造一个优越的营商环境对于凝聚优质资源和改善资源利用效能是十分重要的。产业政策是政府为了实现经济增长、结构优化、竞争力的提升、资源配置效率的改进以及可持续发展等目的，而对产业、企业、要素等实施的干预。这种干预包括引导、鼓励、支持、协调、促进或限制等行为。因为在市场经济体制下，各种资源都是倾向于效益最优的方向流动，同时资源的优越性越好对营商环境的要求就越高。营商环境的开放性和规范性决定了创新元素向我们的产业领域聚集，所以急切需要深化营商环境改革，但是不能盲从更不能急于求成，要放眼未来、四面考虑、凝聚多方力量，进一步搭建实行企业之间公平竞争的平台，完善好这个平台维护制度，用好、用活市场这个万能经济调控工具对优胜的进行保留对劣质的进行淘汰。要制定和完善促进经济高质量发展的法律法规、标准和政策。我们要把提高供给体系质量作为主攻方向，为此要始终重视高质量的标准体系建设；要围绕促进经济高质量发展出台一系列政策文件；要加强知识产权保护和管理，遏制以降低质量为代价的恶性竞争；引导企业突出主业、降低成本、提高质量和效率，形成自己独有的竞争优势。努力建设与国际先进营商环境相通的桥梁，将法治化与国际化融入我们的营商环境中，进一步清除因制度引起的交易成本，吸收更多的国际资源到我们的行业中，进而实现科技创新创业与经济高质量发展的深度融合。

6 研究结论

要做到科技创新创业与经济高质量发展的深度融合就必须先加大对高校的投入，促进高校培养高端人才，同时协调好高等教育的快速发展与经济建设的关系，然后再利用人才对科技进行转化，优化人才配置，将现有的科技技术转化为实用的科技，进而促进企业创新创业，同时鼓励企业加大研发投入，促进多个领域达成共创新互帮助的共识。最后完善好市场机制制度，进而实现科技创新创业与经济高质量发展的深度融合。

参考文献

[1] 梁正. 从科技政策到科技与创新政策——创新驱动发展战略下的政策范式转型与思考 [J]. 科学学研究, 2017, 35 (2): 170-176.

[2] 王培文等. 毛泽东思想和中国特色社会主义理论体系概论 [M]. 北京: 高等教育出版社, 2015.

[3] 王小婷. 高校对区域经济增长综合贡献的量化研究 [D]. 苏州: 苏州大学, 2017.

[4] 王爽. 黑龙江省高等教育与区域经济协调发展研究 [D]. 哈尔滨: 哈尔滨商业大学, 2017.

[5] 吴林芳. 科技驱动新型城镇化发展研究 [D]. 上海: 华东师范大学, 2014.

[6] 裴玲玲. 区域科技人才集聚与高技术产业发展的互动关系研究 [D]. 南京: 南京航空航天大学, 2016.

[7] 张品. 科技引领未来 创新驱动发展 [N]. 菏泽日报, 2018-06-22.

[8] 王青, 张冠青. 高校科技对区域经济发展贡献率测度——基于1998—2015年辽宁省的数据 [J]. 科技管理研究, 2018, 38 (2): 80-85.

[9] 魏宏斌. 石嘴山: 全力打造小微企业创业创新乐土 [N]. 中国高新技术产业导报, 2018-03-05.

[10] 王桂莲. 实现国际化创新企业创业人才的"全链条"培养 [J]. 商场现代化, 2017 (3): 247-248.

作者简介

张培俭 (1995—)，河南叶县人，郑州大学学生。研究方向：计算机图形学。

权建卓 (1999—)，河南方城人，郑州大学学生。研究方向：数字媒体技术。

为什么技术创业公司死亡率高

罗 旭

（北京邮电大学，北京，100000）

> **摘要**：在技术创业的道路上，技术研发和市场推广都存在着很多与其他领域创业不一样的问题和挑战，科技创业公司的"死亡率"更是一直居高不下，基于科技创新的漏斗理论以及技术鸿沟理论，从本质上揭示科技创业公司的痛点与难点，以实际案例分析技术创新创业公司成功率低的直接原因，为技术创业企业提供参考。
>
> **关键词**：技术创业；创新漏斗；技术鸿沟

1 引言

在当今的经济全球化时代，科技创新能力已经成为国家实力最关键的体现，一个国家具有较强的科学技术能力，就能在世界产业分工链条中处于高端位置（樊杰，2016）。同样对于一个企业而言，能够拥有重要的自主知识产权以及活跃的科技创新能力就有可能引领社会经济的发展。毫不夸张地说，科技创新能力是当今社会活力的标志，而提高企业科技创新能力是企业能否立足于市场的胜负手（周军，2015）。但是在提高科技创新能力的过程中，失败往往远大于成功的概率，一个又一个精彩的想法与主意能够转变投入到研究中的本就少之又少，一次又一次的科技创新与研发过程中，失败的又是成千上万，最终能够成功研究出来并且成为产品的几乎是千分之一的可能，即便是形成了产品进入了市场，最终能够在市场的选择下取得成功的产品，更是寥寥可数，而正是这个大浪淘沙的过程要求着每一个进行科技创新的企业不断地进行尝试与创新，直至成功（Kathleen Allen, 2009）。

目前市场上的科技创业公司失败率居高不下，特别是随着最近 VR（Virtual Reality，虚拟现实）、AI、区块链等技术热潮，一大批科技创业蜂拥而起，但失败的项目远大于存活数量。在科技创新的发展道路上，即便是最新最热门的技术在技术创新发展过程中也不免会有问题与困难，但是根据历史经验的总结与研究，我们不难发现，每一项技术的创新与推广也都是有迹可循的，本文将针对科学创新过程中常见的创新漏斗理论以及技术鸿沟理论进行研究与分析，探究科技创新在市场上发展的过程与路径。

2 相关理论

2.1 创新漏斗理论

企业在市场激励的科技创新竞争中，会研发并生产很多科学技术的新产品，有很多成功者，但是也有很多企业盲目追求新产品，缺乏清晰的战略和成熟的项目选择和管理过程，使最终能够在市场中得到认可与推广的产品少之又少。大多数科学技术的思想都不能直接转化成为新的产品。一件产品进入市场前，已经有千千万万的产品在实验室内宣告失败，而进入市场的产品能够在市场上取得成功与反响的更是少之又少，这种高比例的投入研发与成功比就是著名的创新漏斗理论（Schilling，2015）。

综合先前科学技术研究成果和基于专利、投资及调研书的数据显示，3000个初始的科技创新思想中，最终只有一个能够形成产品，并取得成功（Stevens，1997）。在制药产业也有类似的实例，5000种化合物中只有一种可能成为新的药物，并且不到1/3的新药物可以收回研发成本（Pharmaceutical Industry，2008）。因此，科技创新的过程常常被人们比作是一个漏斗，开始是有许多有发展潜力的新想法，但最后能在市场上成功的寥寥无几，如图1所示。

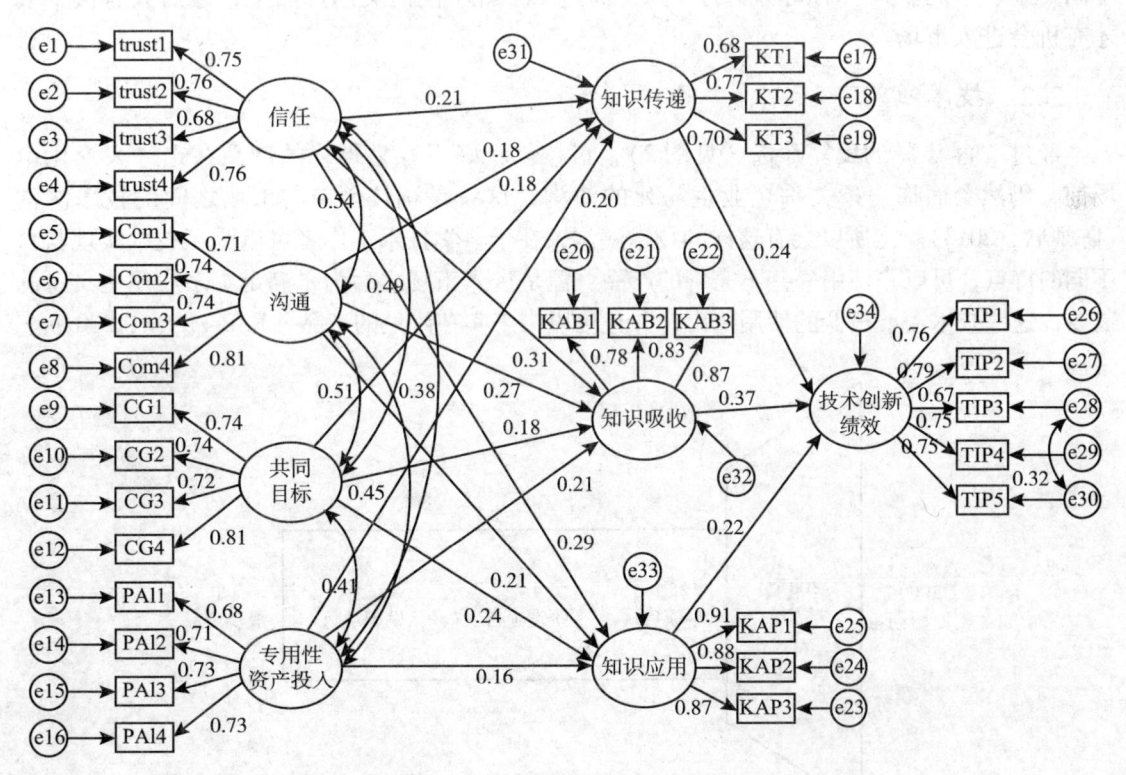

图1 创新漏斗

对于企业而言，科技创新的目的在于创造更多的商业价值，这种商业价值既可以是指对已有产品的不断改进，也可以是说创造出新的产品与服务，更可能是指降低成本等（Barczak，2009）。科技创新最开始萌芽就是提出原始创意，而有效地验证创意方式就是带入市场，正如创新漏斗所示，大量的创意从入口涌入，极少数成熟的创意变成产品从窄口流出，进入市场，提供额外价值，并且赢得稳定的收入与利润。

任何产品的改良与精进都是一个长时间试验的过程，上千次的实验，最终只有一种情况能够在市场上被验证。竞争的压力使得企业持续不断地创新研发来实现商品和服务的差异化；新产品进入市场，企业需要在生产过程中不断创新来降低生产成本保证市场；信息技术的快速发展，使产品的设计和生产更加便利，速度大大提升；弹性生产技术使小规模生产更加经济，降低规模生产的重要性（Womack，1990）。所有这些新的科学技术的研发与创新都能生产出与竞争对手不同的产品与服务来满足市场上不同的需求。例如三星曾向美国市场提供了100多款型号的手机，索尼生产的便携式音频播放器就超过了50余种（Qualls，1981）。这两家公司都提供了多种色彩选择以及更多可更换的配件，以便更好地满足市场的需求。

企业都会争取采用新技术，加快技术创新的步伐，抬高了竞争门槛，带来了整个行业开发周期的缩短和更多新产品的引入，也引发了更深层次的市场细分和更快速的产品更新（E. Roberts，2001）。为了能够研发并且诞生新的技术，企业往往就会同时研发出千百种不同类型、不同款式、不同功能的产品，而这么多种不同门类的产品中，最后只有极少数才有机会进入市场。

2.2 技术鸿沟

经过"漏斗"的反复筛选（见图2），科技创新好不容易得来的产品在走进大众化市场前，仍然会面临一条关乎企业生与死的鸿沟，这就是科技创新与市场之间的技术鸿沟（陈炳欣，2013）。之所以会有这样的技术鸿沟，在于科学技术工作者可以为了技术实现与众不同的特点，可以去使用一些不完善的产品，但是进入市场之后为了满足更多实用主义者的需要，这些技术需要极低的使用障碍，并且可以带来实在好处的产品（E. Berggren，2001）。

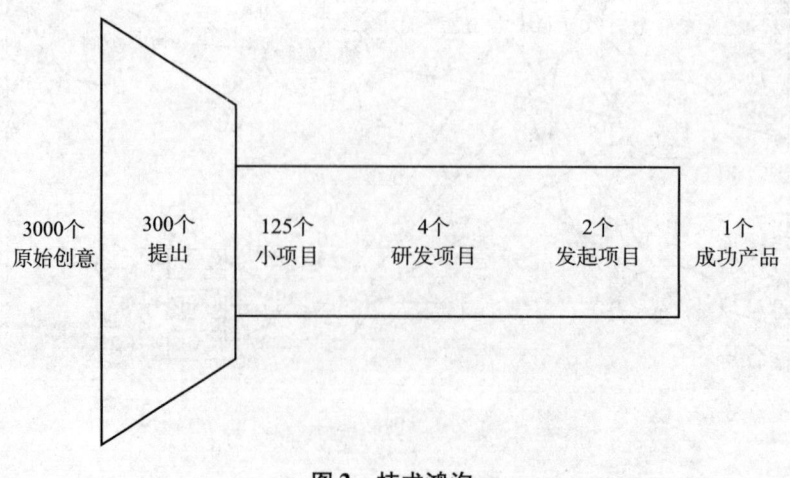

| 3000个原始创意 | 300个提出 | 125个小项目 | 4个研发项目 | 2个发起项目 | 1个成功产品 |

图2 技术鸿沟

高科技产品在研发产品之后经历大量的技术与产品的改良工作，才能够比较好地进入市场，迎合消费者。比如人工智能技术，虽然你可以使用静态数据集构建人工智能演示，但真实世界中的人工智能算法模型需要大量的新的数据进行增量式的训练，帮助其随着时间的变化而变得更符合消费者的习惯。技术鸿沟的客观存在对进行科技创业的创业公司来说是一项不容忽视的挑战，辛苦研发的技术或者创新的手段，是否能够适用于市场、满足于消费者都还需要市场去验证和调整。

3 案例分析

3.1 丰田汽车进入美国市场

科技创新的漏斗理论可以应用于市场上任何一种产品从研发到投入生产的各个过程，对于技术创业公司来说具有很强的借鉴意义和警示作用。本文将以丰田汽车进入美国市场时的决策作为典型案例，用创新漏斗的理论来进行分析。

2012年，丰田公司向美国市场提供了丰田旗下的16个品牌的汽车生产线，其中包括很多现在我们所熟悉的品牌和车型，比如凯美瑞、普锐斯、汉兰达和坦途等，除了这么多品牌的生产线之外，丰田公司还为每条生产线提供了不同的型号，比如凯美瑞L、LE、SE等系列，这些不同的型号价格和特点也不尽相同，所有的品牌、型号合计起来丰田一共提供了64个型号的汽车给美国市场，价格由低到高不尽相同，同时还专门生产了一系列雷克萨斯品牌旗下的豪华汽车，来满足高端消费者群体的需求。

丰田公司为了迎合需求，生产了64种不同型号的汽车，虽然我们不能看到在此之前各种研发工作中千里挑一的研发过程，但是丰田公司进入美国市场的这一举动可以看出丰田公司在产品设计与研发上下功夫，丰田公司严格遵循科技创新的漏斗理论，提出并且设计了大量的车辆品牌与型号，将科技创新作为一种强制性的战略，大浪淘沙般的产品只有经过一层一层"漏斗"的过滤，才能出现少数几个满足市场不同层次、不同人群需求的产品。要知道，在没有进行科技创新前的丰田汽车，一年仅在美国市场售出228辆，随着不断进行的科技创新，海量的想法与创新进入到生产过程中，最终数十种车型进入市场，才能沉淀下来现在丰田在美国市场强大的竞争力。

正是因为有创新漏斗的存在，现在市面上的科技创业公司能够取得成功的可谓凤毛麟角，对于科技创业的公司来说，要提高自己公司的生存率，海量的想法投入是十分有必要的，为了不让自己付诸实践的想法称为被创新"漏斗"过滤的产品，还需要在实际研发过程中多尝试和调整，以过硬的技术去走向市场。

3.2 VR设备跨越技术鸿沟

VR技术不断发展，近年来，有关VR设备的新闻可谓无止境，不少以VR设备为卖点的科技创业公司一拥而上，都想在这个巨大的市场中分一杯羹，尽管各自的应用场景和创新点不尽相同，但是都开始面临着一个比较尴尬的局面，近几年VR设备的销量是呈现明显的下降趋势的。VR设备目前为止在市场上并没有取得预期的爆发效果。根据《虚拟现实（VR）行业发展前景预测与投资战略规划分析报告》数据显示，2016年国内VR行业投资规模达49.8亿元，较2015年同比增长一倍以上，应用部分的投资规模超过硬件，占整体投融资规模的46%，其中游戏应用达44.1%。2016年下半年开始，投资金额有小幅缩减，投资项目数量仍有25家，投资机构在广泛布局VR行业的同时单笔投资的审核趋于谨慎，随着2017年VR设备销量明显下降，创业公司和巨头公司都需要更加理性地面对VR技术的到来。

就目前看来，VR技术还未能完全跨过技术鸿沟，应用场景单一、实用性不强、价格偏高等缺点让消费者未能完全接受这项崭新的科技。国内的VR设备厂商大多如大朋、小宅、小鸟看看、蚁视等科技创业公司，他们研发技术抢先布局，或许是想在下一风口中获得一席之地，但是真正想站稳步子，实现盈利，还必须先要跨过这条技术鸿沟。VR内容（尤其是游戏内容）、硬件性能和售价是限制VR设备迅速普及的障碍，VR所呈现的360度3D画面确实吸引了一大批爱好者，但是热情还没有达到花数千元购买高端PC（Personal Computer，个人电脑）、VR设备的程度。VR设备与游戏的结合确实非常具有创新性，国内玩家也持有试水的冲动，但制造商并不认为它是全面的。中国的人均生活水平普遍偏低，VR设备昂贵，国内游戏市场的差劲玩家占据了大部分市场份额。人民币玩家只占少数市场。在这种情况下，即使是游戏资金也会被节省。

对比电脑的发展历程，在购买个人电脑之前，用户都有好长时间去网吧娱乐；在没有购买高端PC/主机VR设备之前，VR体验店是个不错的选择。目前VR设备的娱乐性还是极具吸引力，但是其高昂的价格让一大批爱好者望而却步。

现阶段VR行业的主要发展动力仍是具有娱乐属性的VR游戏和VR视频，销售设备少，用户少，导致内容开发商参与度低，继而又导致VR内容吸引力不足，形成恶性循环。打破技术鸿沟的恶性循环则需要VR技术的创业者们从技术根本来思考问题，能否利用VR技术来解决实际问题，使其更贴切消费者的需求，实现与市场的完美融合与自身在市场中的指数增长。

4　研究结论

企业特别是科技公司的创业公司只有通过不断创新研发新的科学技术，在创新"漏斗"中历经大浪淘沙，跨越技术鸿沟，才能最终实现在市场上的不断扩张。最终成为"独角兽"企业。

科技创业公司是以高科技为主要推动力的，例如大数据、云计算、人工智能、区块链技术等，代表公司多为高新制造业。这些公司大多能够持续创新且具有自然垄断特征，重点在于带来区别化（庞瑞芝，2014）。例如电力汽车龙头特斯拉，分析其核心三大技术包括电池技术、电机及控制技术和总体整合能力，让特斯拉电动汽车无论在性能还是外观上都显现出不同。之后特斯拉又进行了宇宙空间技术探索，把企业技术壁垒进一步拉高，扩大发展空间。高新技术带来区别于其他传统企业无法比拟的优势是科技创业公司发展快速的重要原因之一。

当然，想要更好更快地发展，科技创业公司的"死亡率"也是居高不下（胡艳丽，

2015），想要克服这些难点痛点就需要把握发展规律，只有注重基础研究，发展更多前沿科技，才能将科技创业发展得更好更快，在市场上占据更大的份额。目前市面上的"独角兽"企业基本都是已经跨过技术鸿沟，实现赢者通吃的大型企业，但是仍需要加速发展技术创新，因为只有遵循客观规律，不断地发展其科技水平，才能够形成其核心竞争力与优势。

参考文献

[1] 樊杰．十三五时期科技创新驱动对我国区域发展格局变化的影响与适应 [J]．经济地理，2016（36）：1－9．

[2] 周军，王青，李永康．以科技创新引领中国经济发展新常态 [J]．社会科学前沿，2015，4（4）：209－217．

[3] 陈炳欣．技术鸿沟沟壑难平——中国IC业十大"芯"结求解系列述评之一 [N]．中国电子报，2013－06－04．

[4] 庞瑞芝．中国科技创新支撑经济发展了吗 [J]．数量经济技术经济研究，2014（10）：37－52．

[5] 胡艳丽．跨越从技术到商业鸿沟的特斯拉方式 [N]．上海证券报，2017－12－14．

[6] Kethleen Allen. *Entrepreneurship for Scientists and Engineers* [M]．Beijing：China Machine Press，2009．

[7] Melissa A. Schilling. *Strategic Management of Technological Innovation* [M]．New York：McGraw－Hill Education，2015．

[8] G. Stevens, J. Burley. 3000 *Raw Tdeas Equal 1 Commercial Success*！[J]．Research Technology Management，1997，40（3）：16－27．

[9] *Standard & Poor's Industry Surveys* [R]．Pharmaceutical Industry，2008．

[10] Barczak, G., A. Griffin, K. B. Kahn. *Trend and Drivers of Success in NPD Practices：Results of the 2003 PDMA Best Practices Study* [J]．Journal of Product Innovation Management，2009（26）：3－23．

[11] J. P. Womack, D. T. Jones, D. Roos. *The Machine That Changed the World* [M]．New York：Rawson Associates，1900．

[12] W. Qualls, R. W. Olshavsky, R. E. Michaels. *Shortening of the PLC—an Empirical Test* [J]．Journal of Marketing，1981（45）：76－80．

[13] E. Roberts. *Benchmarking Global Strategic Management of Technology* [J]．Research Technology Management，2001（3－4）：25－36．

[14] E. Berggren, T. Nacher. *Introducing New Products Can Be hazardous to Your Company：Use the Right New－Solutions Delivery Tools* [J]．Academy of management Executive，2001，15（3）：92－101．

作者简介

罗旭（1994— ），男，籍贯湖南省，就读于北京邮电大学经济管理学院工商管理学院，硕士研究生。研究方向：企业战略管理以及创新创业研究。

"双创"背景下新加坡对我国创新人才培养的启示

尹洪炜

(河南科技大学,洛阳,471023)

摘要:新加坡人才培养以通识化、信息化、国际化为主导在世界享有盛誉,其在创业人才培养方面的成功经验值得我们学习。新加坡在人才培养、理念更新、英才选拔、改进课程教学方法等方面都有突出成绩,当前"双创"背景下,在政府角色定位、教育理念转变、师资队伍提高、学习考核、课程引导设置、校园服务体系等方面对我国创新人才培养有重要的借鉴价值。

关键词:新加坡教育;高校创业;启示

十年树木,百年树人,作为"中国梦"建设的主力军,高学历有技术特长的青年是宝贵的人才资源,其成长、成才承载着家庭的希望,关乎着民族的未来。在这个知识信息爆炸、经济高速运转的时代,如何通过教育促进学生健康成长、成才,如何激发大学生积极创业成了重要的教育使命。

众所周知,新加坡不仅有着繁荣的经济,更拥有国际知名的学府和优秀的师资队伍。新加坡作为亚洲地区重要的现代化国家之一,在短短的20年从一个经济较落后的小国成为举世公认的"亚洲四小龙"之一,并于1996年步入发达国家的行列,其最主要的原因是政府非常重视发展教育(杨春林,2013)。新加坡由于其国内资源的极度匮乏,无法依靠资源带来优势,只能依靠人才的力量来实现国家的发展,所以新加坡政府对人才培养的要求很高。中国经济高速发展,迫切需要高素质人才,而如今的教育却出现很大的问题:大学生的数量与日俱增,而每年的毕业季会迎来"失业浪潮",我国的人才培养问题究竟出现在哪?新加坡是亚太地区进行创业教育较早的国家,也是实行创业教育比较成功的国家。新加坡创业教育是教育体系中的一个重要组成部分,并且纳入了完整的国民教育体系,形成了自身独特的特色,积累了丰富的经验,其成功的经验,对我国创业人才培养有重要的借鉴意义。

1 新加坡成功推行创业人才培养的经验

知识经济时代,全球范围内的国际竞争使一流大学成为国家发展的重要战略资源(张红娜等,2015),一流的大学不仅仅在科研学科建设方面一流,培养出一流的、具有创新思维的人才，也是一流高校的重要使命。我国当前正处在高校创业教育的关键发展期，了解并借鉴新加坡创业教育的精华所在，这对我国当前高校创业教育开展有较好的借鉴作用。新加坡教育有以下几个特点。

1.1 人本主义、国际化、现代化的人才培养理念

从立德树人、以人为本的人本主义教育方面来看，新加坡政府一直把学校作为开展对青少年思想道德教育的主阵地，要求所有学校都要开设正式的道德教育科目，并且把道德教育作为一门主修课，在德、智、体、群、美五育中，德育居于首要位置。从思想道德教育在学校开展的进程来看，新加坡中小学的道德教育课程针对不同年龄层次的学生采用实用性、操作性很强的教育方法和教材。为了方便学生接受，新加坡教育部门专门编写了生动易懂的教材，把道德观点、理论与现实生活相结合，用故事、图书、画册等形式来教育学生。

在教学手段方面，从中小学直到大学，都采用了计算机互联网等现代多媒体教学手段（见表 1），既与高科技接轨，又重视以人为本，让学生全程处于地球村全球化思维的氛围中，培养出面向未来、面向世界的高素质人才。教育的目标不是封闭僵化，而是能结合现实活学活用，教给学生传承前人的知识很重要，关注身边发生的事，关注未来社会发展趋势也非常重要。为配合 21 世纪国际化发展战略，培养具有开创性和全球思维的人才，国际化已经渗透到新加坡创业教育理念和行动计划之中，成为新加坡国民教育体系和社会发展体系中独具特色的一环（张昊民等，2013）。新加坡在教育中不培养读死书、死读书的学生，不培养知识的搬运工，以面向未来、国际化、前瞻性为主要目标，使用现代化高科技的教学手段，依照实用性的教育理念为指导，培养以德为先，以人为本，富有创造性和创新思维的国际化人才。这是我们要借鉴学习新加坡人才培养的一个方面。

表 1　　　　　　　　新加坡学校计算机等环境设备配备情况一览表

测项	小学	中学	高专与中央院校等	总计
学校数目	185 *	168 *	14（代表性抽样）	354
学生人数	291879	214879	23665	530423
教师人数	13334	11635	1835	26804
班级生均数	36.2	34.4	22.1	34.5
学生计算机比例	2.8:1	1.6:1	1:1	1.9:1
教室接续 LAN 比率/(%)	95.4	99.7	100	97.9
因特网接续率/(%)	100	100	100	100
宽带接续率/(%)	99.4	100	100	99.8
能操作计算机教师比率/(%)	100	100	100	100

注：(1)"*"表示含混合学校 13 所。
(2) 混合学校及教师数分别平均记入中学、小学中。
资料来源：张永军. 新加坡智慧国计划对我国基础教育信息化的启示 [J]. 中国电化教育，2008 (8)：30 – 33.

1.2 少教多学，强调创新的课内课外双轨课程设置

不管是专家讲座或是普通课堂教学，最多的词语之一就是"少教多学"。新加坡教育的目标是"培养英才和充分开发个人潜能"。在实施方面，提倡"少教多学"的学习方法，将学习从以教师为主体的"多教"，转换到以学生为主体的"多学"，目的是激发学生的学习兴趣，培养学生积极主动的学习精神。第一，在课程安排方面，注重相关课程的整合。比如直通车学校的课程分为四大类：数理科、工科、人文美学、双文化课程。整合的课程打破学科界限，使综合性学习更加有效率。第二，在学习方式上，他们强调自主、协作、户外学习相结合的学习方式。除此之外，还有多元的评估方式与之配套。除了传统的笔试外，还有专题作业、口试、表演等多种形式的评估，通过网上评价、随机评价、同伴评价的方式进行。

新加坡的辅助课程内容丰富多彩，其将"少教多学"这一理念从课堂延伸到课外。在新加坡，课程在上午结束，接下来是午餐时间，下午两点开始课程辅助活动，课程辅助活动和"第二课堂"类似，要求每个学生至少参加一项活动，是课堂教学的延伸，为学生的亲身实践提供充足的空间、时间，还让学生真正有机会从实践中获得知识、提高能力，使"少教多学"的理念得以真正落实（马庆荣、姚宏伟，2011）。

正是新加坡从小学开始的创业教育，取得了丰硕的成果。小学通过"虚拟股份"之类的游戏培养学生的经济意识，中学则在课程中引入管理企业的知识，大学则通过与科技园区的互动进行社会实践，学校还面向本科生开设创业类辅修专业，面向研究生开设的"创新与创业"硕士学位课程。

1.3 注重全球英才的吸引选拔和创新能力培养

在新加坡教育中，非常重视英才的培养和选拔。从小学四年级就分离出英才班，另立炉灶培养。新加坡实行英才教育是从1984年开始的。2002年，全岛共有9个小学英才班，6个中学英才班；1995年，招高才生200人；1999年，又扩招到500人。之后，英才教育常规化，每年8月进行高才生选拔。选拔中并不进行统一考试，而是在平时水平考试过关的基础上，测试学生创新和联系现实的实践能力。为了抓好英才教育工作，各级政府教育部门都专门设置了"高才教育科"。考虑到自身优秀生源不足，高才教育科每年要从周边国家中选招2000~4000名中小学高才生，生源主要来自马来西亚，也有来自菲律宾、中国、文莱、印度尼西亚等国家和地区（见表2）（徐悦仁、刘东民，2000）。注重人才会聚，海纳百川，吸引优秀人才，对优秀人才进行专门培养，培养的侧重点不是知识的迁移，而是创新思维和联系实际的实践能力，这是英才辈出、创新教育成果丰硕的重要表现。

表2　　　　　　　新加坡434名在籍大中小学生各民族比例

民族	汉族	马来族	印度族	其他族
人数	365	38	13	18
比例（%）	81.4	8.8	3	4.1

资料来源：黄明，朱宾忠. 新加坡双语教育模式与华族家庭语言转移趋势调查分析［J］. 外语教学与研究，2010（5）：338-344.

可以看出新加坡学生中其他民族学生较多，从周边国家吸引选拔来优秀学生比例不低。

新加坡注重人才培养的质量，不惜从邻国吸引英才来充实本国学生生源，对潜能突出、综合素质高的学生进行专门培养，上至政府教育主管部门，下至各中学都注重特长学生的创新思维和联系现实实践能力培养，对优秀学生进行创新培养，起到了事半功倍的良好效果。

2 我国与新加坡在创业人才培养方面的差异

2.1 中新学校之间差异

在中国，学校里刻板应试的纪律和目标定位，对待在学校里学生失去吸引力，主动学习成了被动受罪、煎熬，学生在炼狱式的书山题海的集中营，把快乐学习变成了填鸭式做题，所以教育的效果可想而知。

学校是进行教育的主要场所。学校教育的目的就是培养人才，更好的培养方法应该是依据每位学生在受教育过程中所表现出来的自身特性，来培养成不同方面的人才。学校可以开设兴趣班，因材施教，真正做到为学生服务，以学生为中心，为教育服务，使学校成为真正的教育机构，而非要考核排名、区域影响力、升学率，以及只顾增设热门专业吸纳学生的营利机构、行政机构。中国学校的使命定位还要从新加坡学校多多学习、修改、校正，学校的定位不先进，人才培养的摇篮都会出问题，更难培养优秀人才。

2.2 中新教师方面差异

中国人口基数太大的现实状况给教育的公平性、合理性带来了很大的难题。教育中很重要的一个因素就是教师，所以培养一支高素质的师资队伍是关键。教师的教育能力直接影响到受教育者的发展，而现在教师的教育能力还是远远不够的，现在的课堂上仍是灌输式教育，最好的教育方式应是诱发受教育者接受教育的积极性，诱发受教育者自身主动思考。所以教师在教育中所起到的作用是引路人、启蒙者，而非带路人、灌输者。这点中国教师与新加坡教师的侧重点差异较大。

新加坡教师在享有优厚待遇和社会尊重的同时，也意味着更多的付出。第一，新加坡教师的身份是公务员：作为国家公务人员，尽职尽责是本分，公务员身份本身就是一种责任。第二，新加坡教师工作量很大：教师除每周30节课外，还要辅导学生进行课程辅助活动，并且要参与学校管理，教师退休以后的生活也不容乐观，政府只发放一定数额的养老金，所以即使教师有较高的收入，也不会挥霍，生活得比较质朴，这就是中国的教师需要思考的问题了，中国教育变成了教育市场，是被金钱垒起来的"教育"。人才的培养很多是无法从经济角度去衡量的，产生的社会效益和长期效益是无形的，如果教师把人才培养纯粹当成赚钱的商业，那急功近利和短视培养不出真正的人才。

2.3 中新学生学习方面差异

新加坡华人较多，有和我们相似的教育体制。在不同的侧重点之下，中国学生和新加坡学生有不同特质。比较起来，中国的学生会显得基础知识掌握比较牢固，努力一些的学生都会成绩良好，而新加坡的学生在动手能力和人际沟通上显出优势。中国学生还有一个非常突出的现象就是根据社会热门专业来决定自己的发展方向，与社会的需求相结合固然很好，但忽视了自身的特性将会影响他们的长远发展。在国内虽然一直在提"素质教育"，而事实上仍是以应试教育为主、素质教育为辅，所有的学生会接受一样的课程，根据考试成绩来分高低，这样极大地束缚了学生的思维灵活度，由此看来能力的培养尤其重要。

有一个现象，新加坡的中国留学生成绩都不错，但到了期末大作业和毕业设计上，不论在设计思路上，还是在构思表达上（导师要求学生站在讲台上，把你的设计思路向全班同学解释清楚），中国来的学生就显得有些吃力。另一个是语言问题，中国学生在国内每天埋头苦学，没有什么演讲的机会，现在要在众人面前用英语把自己的思路说清楚，真不是一件轻松的事情。忘词的、背诵的，讲了半天也讲不清楚的都有，有的中国孩子因成绩良好建立起来的自信，就这样瞬间倒塌了。所以读死书、死读书，没有创新能力和实践能力，只会背诵记忆知识的"复读机"是不可能创造性地认识改造世界，难以在未来成长为参天大树和国家栋梁的。

3 "双创"背景下的新加坡创新人才培养对我国的启示

创业与创新教育已然成为知识经济和社会参与的全球化时代对高等教育之必然要求（范新民，2014）。创业教育是高校实施素质教育的核心内容，也是高等教育大众化的必然要求。20世纪80年代以来，创业教育在国外已成为大学教育的重要组成部分。我国现有的教育体系缺乏对学生创业创新精神和技能的培养，大学创业教育普及程度低（木志荣，2006）。中国高校在实行创业教育时，应该从新加坡的创业教育得到一定的启示。

3.1 转变教育观念

教育观念的转变是创业教育的关键，中国传统教学模式是以教师为中心，对学生重视不够，实行"填鸭式"教学，以应试为主，注重学生的基础知识和应试能力培养，但忽视学生能力和特长的开发，压抑了学生的主观能动性，使其自身潜能得不到发挥，个性特长得不到发展。要培养高素质人才，我们必须打破传统教育观念的束缚，积极探索符合时代潮流的人才培养之路。

变"多教"为"少教"，转变教育模式，培养人才，充分发挥个人的潜能。将学习从传统上教师"多教"，转换到学生"多学"，激发学生对学习的兴趣，强化学生的自主学习能力，培养学生积极主动的学习精神。

创业教育追求在德、智、体、美、劳全面发展的基础上，激发和培养全体学生的创新精神和创新能力，激发学生创造性地学知识、用知识，而不是让学生被动地接受、消极地存储知识。创业教育应由重教师"传授"向重学生"发展"转变，由重结果向重过程转变。教学过程中学生是学习的主人，而教师则是学生学习活动的促进者、引导者，让学生变被动为主动。

3.2 政府在教育实施过程中担负重要角色

进行创业教育,首先要有良好的政治环境。政府在高校创业教育的实施过程中担负着重要角色。没有政策体系的扶持、推动,高校创业教育将缺乏制度支持。政府的作用体现在两个方面:一是确立教育发展战略的决定地位;二是在教育发展战略的确定过程中起主导和组织作用,并通过调整和加强教育管理来保证教育发展战略得以切实实施。政府有关部门在制定政策时应从我国市场经济、文化、制度建设等方面出发,针对高校创业的实际需求,政府的作用不仅仅体现在管理这个层面上,而且还要参与具体实施方法、措施与途径,以促使战略规则落实教育发展战略具有实用、具体、操作性强的特点,而不是仅仅停留在管理引导层面,要像新加坡政府一样,切实具体地去推动创业教育的实施和运行,参与到创业教育中去。新加坡在过去二十多年不断鼓励民间投资和支持以科技创新为基础的创业活动产生了两个效果:一是加强了民间中小企业尤其是科技创新型中小企业创业经济成分,逐步改变了其经济对政府关联企业和大公司的过分依赖;二是科技创新使产业结构出现了从传统制造业经济为主向知识经济为主的转变(黄良文,2004)。我国政府也要鼓励学校与企业加大合作力度,推动创业环境资金改善。

3.3 提高师资队伍的专业化水平

新加坡历年来都非常重视教师的引进和培养。为培养高水平师资人才,加强与发达国家的合作交流,打造国际化的师资队伍,为创业教育的开展创造有利的条件。培养高素质高水平的教师队伍是我国高等教育的重要任务(古凌岚,2010)我们也应该让教师走出去,学习别国的先进教育技术,加强与其他国家的交流合作,积极与企业界的专家、投资人等加强交流。这些人员有较强的创业实战经验,丰富的国际商务经验和创业精神,可以为学校注入丰富的实践方面的教学资料。同时,高校应该招募优秀的师资,我们一定要把人才引进来,不惜高薪聘请一些尖端的专家、教授,建立一支高素质、专业性强的教师队伍是提高创业教育的有力保障。从教师本身来说,更应该做到以下几点。

3.3.1 教师观念创新

更新观念是教师进行创业教育的前提,不同时期有不同的教育观念。高校教师必须与时俱进,解放思想,树立现代化的教学理念和认识,从传授知识到创造性引导学生运用知识,并进行创新。

3.3.2 多层次、多元化的知识结构

创新创业教育要求教师必须具备高度综合的科学文化素质,具备多层次、多元化的知识结构,现代文化具有交叉性、多元性等特点,多层次、多元化的知识结构才能应对综合化的课程,有完善的知识结构,才能更好地引导带动学生创新创业,也才能在学业教育中融合驾驭创业创新课程。

3.3.3 教学模式和内容的创新

作为改革创新实践者的教师,不仅要具备现代教学理念,而且在教学模式和内容中要探索开放式、研究式的教学模式。将教师的教学与学生结合起来,激发学生的学习热情,培养学生专业学习的兴趣,增强学生学习的主动性、积极性、创造性,真正达到创新教育

的目的。

3.4 提升创业教育课程水平

我国一些高校也设立了创业课程，但是创业课程与专业课程不融合，没有很好的学科渗透，这就要求我们提升创业课程的水平，引进先进的教学管理技术和优质高等教材，创业课程教育与国际接轨，促进创业教育与专业课程融合，这样才能培养出既具有国际眼光和创业意识，又能结合本专业进行创新创业的人才。学校应该结合学生所学的专业课程开展创业教育，不能使创业课程与专业课程脱节，使创业教育成了无源之水和无本之木。提升创业教育的课程水平，引进优质教材也是提升创业教育的有效手段和良好载体。

3.5 加强校园创业体系服务

校园创业服务体系是创业教育必不可少的环节。大力营造校园创业氛围，以综合实践、素质拓展为创业教育的基础阵地，立足"第二课堂"，组织开展丰富多彩的教育及创业实践活动。强化创新意识，锤炼社会竞争力，设立创新、创业奖学金，激发学生创业积极性，形成良好的创新、创业氛围，使大学生能够根据社会的需求来定位自我。为学生提供创业实践场所，通过专题讲座、座谈会等方式来提高就业指导的针对性和时效性，同时邀请工商税收等经济主管部门的专业人员，来校讲解相关优惠政策，激发学生创业欲望。与社会上的企业积极展开交流合作，利用好社会力量和实习机会，既锻炼学生的实践动手能力，培养学生的创业创新能力，又帮助实习企业吸纳新人。

4 综述

总之，新加坡在当今知识经济、全球一体化、信息网络化的大环境下，积极开展创新创业教育，取得了国力鼎盛、人才强国的良好效果。我们应该学习新加坡国际化、前瞻性的教育理念，少教多学的课程设置，吸引优秀生源、注重英才选拔培养等方面的成功经验。在我国当前的人才培养机制中转变传统教育理念、促使政府在创业教育中发挥重要作用、提高师资专业化水平、提升创业教育课程水平、加强校园创业体系建设，使我国的创新人才培养水平走上新台阶，培养出更多更好具有创新思维和创业能力的优秀人才，为"中国梦"的实现提供更多更好的优秀人才，为富国强民贡献更多更优秀的力量。

参考文献

[1] 杨春林. 新加坡教育发展特色及启示 [J]. 教育教学论坛, 2013 (1): 1-2.

[2] 张红娜, 田凌晖. 新加坡国立大学向创业型大学转型之战略 [J]. 复旦教育论坛, 2015 (3): 102-107.

[3] 张昊民, 郭敏, 马君. 新加坡创业教育的国际化策略 [J]. 创新与创业教育, 2013 (1): 87-91.

[4] 马庆荣, 姚宏伟. 新加坡"少教多学"教育理念的启示 [J]. 河北师范大学学报, 2011 (12): 120-122.

[5] 徐悦仁，刘东民．新加坡教育与儒家文化[J]．西安电子科技大学学报（社科版），2000（4）：95-97．

[6] 范新民．创业与创新教育——新加坡高校教育成功的启示[J]．河北师范大学学报，2014（2）：57-62．

[7] 木志荣．我国大学生创业教育模式探讨[J]．高等教育研究，2006（11）：79-84．

[8] 黄良文．新加坡的民间创业与科技创新[J]．南洋问题研究，2004（1）：57-64．

[9] 古凌岚．新加坡南洋理工学院师资培养模式分析及启示[J]．高教论坛，2010（2）：127-129．

作者简介

尹洪炜（1979— ），河南信阳人，河南科技大学艺术与设计学院副教授，硕士。研究方向：职业规划、大学生就业。

中原经济区高层次创新创业人才培养研究机制

何中生

（河南大学，开封，475001）

摘要：中原经济区的建设，需要有人才基础和智力支撑，中原经济区建设上升为国家战略，对实现中原崛起、河南振兴的目标意义重大。中原经济区建设具有鲜明的时代特征；中原经济区建设在发展的过程中面临方方面面的问题，其中，创新创业高层次人才的培养问题首当其冲。建设高层次创新创业人才队伍应从三个方面入手：加强教育发展，努力培养具有创新意识、创新能力的高素质人才；拓宽人才培养渠道，产学研结合的创新创业人才培养模式；加强校园创新创业文化建设，为培养创新创业人才营造良好氛围。

关键词：中原经济区；创新创业；人才培养

1 引言

中原经济区（Central Plains Economic Region，CPER）是以郑州、开封、洛阳为核心，中原城市群为支撑，涵盖河南全省延及周边地区的经济区域，地处中国中心地带，全国主体功能区明确的重点开发区域，地理位置重要、交通发达、市场潜力巨大、文化底蕴深厚，在全国改革发展大局中具有重要战略地位。中原经济区是中国首个内陆经济改革和对外开放经济区，于2012年批准设立，是中国新一轮改革的重要标志。

当前，中原经济区的发展和建设过程中，高层次创新创业人才总量和创新创业活力相对不足，建设中原经济区，关键在人才，要从以下三个方面加强对中原经济区创新创业高层次人才的培养。

2 加强创新创业教育发展，培养具有创新意识、创新能力的高素质人才

中原地区人口基数大、经济发展基础差、农业人口比重大，这一系列的原因决定了中原地区教育发展不均衡，特别是各行业创新型人才匮乏，要想摆脱这一困局就必须大力发展创新创业教育，这就需要将创新创业教育的发展提高一个战略性的高度。

2.1 提高对创新创业教育重要性的认识

提高创新创业重要性认知是和创新创业意识相辅相成的，创新创业重要性认知是在创新创业实践活动中对人起推动作用的个性心理倾向，它支配着创新创业者的态度和行为，具有很强的选择和能动性，是创新创业基本素质的重要组成部分，创新创业意识的形成需要长期的培养、熏陶和积淀。

创新创业教育的发展要多措并举，广泛开展形式多样的创新创业教育活动，要将创新创业的理念深入校园的每一个角落，让广大师生对创新创业有全面的认识，切实将创新创业教育贯穿人才培养的全过程。

2.2 建立创新创业人才培养目标

创新创业人才培养的核心原则是思行合一。简而言之，创新人才不仅仅要有创新思维，同时还要具备创新能力，他们往往谋常人所未谋，行非常事，创非常业。

河南省高等教育的发展就全国范围内来说处于劣势，必须加强河南省高校创新创业教育的人才培养质量，结合各学校实际情况制定专业人才培养质量标准，明确各层次学生创新创业教育培养目标，全面修订和完善各专业人才培养计划，将创新创业教育融入人才培养全过程，使创新精神、创业意识和创新创业能力成为评价人才培养质量的重要指标。

而企业在创新创业人才培养方面则要加强创新思维能力、产品/服务的创新能力及技术创新能力的培养力度。具体来说，作为创新人才培养的重要基础，首先，是培养人们的创新思维能力；如果人们的大脑受制于自己的惯性思维，安于现状，墨守成规，很难有所创新，创新思维能力不提升，其他的也就更无从谈起。

其次，产品/服务的创新能力，如果创新思维能力是一种普适性的通用能力，那么，产品/服务的创新能力则相对比较具体，就是围绕产品或服务的创新能力。这种能力重点体现在对市场需求的洞察，解决需求的创意数量，以及对大量创意的筛选和原型设计方面。应该说，产品/服务的创新能力提升适用于所有行业的研发部门、产品开发部门。

再次，技术创新能力的培养，相对于前两种创新能力，技术创新人才的培养相对来说更难一些。由于技术创新人员不仅需要解决技术研发中的技术矛盾、物理矛盾，同时还需要关注技术演进趋势等问题。

2.3 推进创新创业内涵建设

河南省各高校要主动推出各学科专家、行业企业优秀人才进行创新创业教育实践活动，以鲜活的创新创业实践案例引领创新创业观念；强化创新创业实践，加强创新创业教育内涵建设和平台支撑。

创新创业内涵建设要发挥课程教学的知识传授载体作用，建设依次递进、有机衔接、科学合理的创新创业教育专门课程群；发挥专业实验室、创业实验室、大学科技园、大学生创业园、小微企业创新基地等在创新创业能力实训中的活动载体作用；深入实施和支持各类创新创业训练计划和竞赛项目，完善国家、地方、高校三级创新创业实训教学体系。

加强通识教育课程建设，拓宽学生视野，培养学生独立思考与分析判断能力，完善人格，增强社会责任感。要积极利用企业、科研院所、创业成功人士等社会资源，采用多种形式开展创新创业教育，打造创新创业教育品牌。

3 拓宽人才培养渠道，大力发展产学研结合的创新创业人才培养模式

加强创新创业人才培养必须多方位地拓宽人才培养渠道，产学研结合培养高层次人才已经成为国际社会的一种新共识。近年来，我国在产学研结合的人才培养模式方面做了不少有益的探索，中原经济区高层次创新创业人才的培养也要借鉴国内成功的经验。

3.1 在重大创新创业项目中培养高层次人才

重大创新创业项目为人才发展提供了广阔的舞台，往往能将人才培养、科技创新以及国家发展战略结合起来。中国航天事业的发展就提供了一个很好的案例。航天工程是跨学科集成、跨部门协作的庞大系统工程，涉及多个专业领域和研究单位，有利于打造产学研相结合的开放式创新平台，为自主创新提供了有力保障，也为高层次科技人才成长提供了通道。中国航天集团为不同技术岗位的科技人才，设置了专业主管师、正副主任师、正副总师和正副总指挥七个职务序列，并独具特色地将航天科技人才成长历程分为骨干、专才、将才、帅才和大家五个层次。每个层次的人才多有明确的角色定位、能力要求、培养方式和成长周期。

3.2 "项目加基地"的形式培养创新创业高层次人才

该模式的特点是以创新创业项目为企业和高校双方的结合点，以产学研基地为各类创新创业项目资源会聚结合的平台，校企在技术攻关、技术转移、技术培训、学生培养等方面进行合作。这种模式既可以利用社会实践的机会培养人才，又可以利用学生的智慧，充分发挥大学的智力优势为社会服务。但是这种模式要求参与校企合作的高校要有较强的科研实力，甚至在某些领域要有国际一流的人才和研究成果，这就必然要求我们加大对教育的投入。

3.3 "渗透型"合作模式培养创新创业高层次人才

这种模式在开展产学研合作教育时不仅仅局限于增加一些创新创业项目实践环节，而是把教育与生产劳动相结合的基本原则有机地渗透到与创新创业项目有关的教育管理、教学活动、课程体系以及思想政治教育等所有环节。由于这种产学研合作教育模式不仅仅局限于实践环节的改革，而是与学校整体的教育教学改革紧密结合，因此改革的力度大，效果也比较好，但由于涉及的面广，遇到的困难和问题也较大。

当前，河南省高等教育领域对产学研合作教育还存在一些共性问题，如高校、企业和社会各方对此认识还不尽统一；产学研结合的运行机制还不尽完善；产学研结合的广度和深度还有待加强；校企双方还未真正成为创新人才培养和合作教育的共同参与主体等。针

对这些问题，应当在继续做好工学交替等传统的产学研合作教育模式基础上，以更加广阔的视野，更加创新的思路，着力构建现代产学研合作教育体系，为中原经济区的发展提供有力的保障。

（1）应加强构建"专业+企业+项目"嵌入式合作教育新模式。这种新模式包含了产学研结合全方位的高等教育改革，既涉及专业的人才观念、办学理念、专业定位、人才培养指导思想和培养目标，又涉及教学建设、教学运行和教学改革等规章制度，尤其需要进行产学研结合制度的顶层设计。因此，专业的设置和调整要紧紧围绕中原经济区的产业需求，积极与行业龙头企业开展全面合作，确立产学研结合的专业人才培养目标、质量规格，从培养计划、课程设置、教学资源配置、教学模式和培养途径等方面把专业和企业的合作有机地统一起来。

（2）积极探索多途径、多模式产学研合作教育新机制。2010年6月，教育部正式启动的卓越工程师教育培养计划，为我国高等工程教育推进产学研结合机制创新提供了良好契机。卓越工程师教育培养计划要求行业企业参与该计划的实施，使企业由单纯的用人单位变成共同培养单位，发挥企业具备真实的工程环境和先进的工程实践的条件优势，为培养学生的工程实践能力、工程设计能力和工程创新能力创造必要的物质条件。高校要与合作培养单位共同制定人才培养方案，共同建设课程体系和教学内容，共同实施培养过程，共同评价培养质量；努力促使学生在企业学习阶段学习企业的先进技术和先进企业文化，深入开展工程实践活动，参与企业的技术创新和工程开发。

（3）积极打造国际化合作教育大平台。新形势下产学研合作教育要积极配合中原经济区企业"走出去"战略，把培养具备国际视野，能够进行跨文化交流、合作和参与国际竞争的拔尖创新人才作为重要内容。既要积极利用国外先进的教育教学资源，积极组织学生参与国际交流、到海外企业实习；又要积极利用高水平的中外合作教育项目，争取在多种语言环境下培养熟悉当地国家文化、法律和标准的国际化创新人才。当前高校尤其要积极与世界知名的跨国企业（公司）合作，通过跨国企业先进的设备和技术，利用高校的实验教学条件和优势人力研究资源，共同建立联合实验室。跨国企业可以在实验室设立学生科技创新基金，结合企业发展设立科研课题，鼓励学生根据自己的学习和兴趣参与科研课题立项，充分发挥学生的创新潜力。

4　加强校园创新创业文化建设，为培养创新创业人才营造良好氛围

创新创业文化是与创新创业相关的文化形态，能引领、激励创新创业的氛围。高校作为创新创业的排头兵，创新创业文化的建设也是非常重要的一部分，创新创业与创新文化就像花草与土壤的关系，在创新文化的氛围下，创新创业才能更好地发芽与成长。所以建设良好的创新文化，对于促进创新创业有着重要意义。

"创新文化建设就是要为创新主体营造一个适合创新特征，符合创新规律，从而实现创新的良好环境。"创新文化的建设需要有政策的保障和推动。我们要将国家的创新政策合理对接到中原经济区的特殊环境之内，打造符合"区情"的创新文化。为此，我们必须切合中原经济区的发展实际打造具有区域特色的创新创业政策和环境，保障各项措施与政

策的落实，不断推进"创新创业"文化的氛围营造。

创新文化的建设需要有良好的创新平台，将创新实践和创新理念不断夯实、传承、弘扬，从而形成一种深厚的文化底蕴。大力发展中原经济区创新创业孵化基地、科技创新节、创新创业大赛等，都可视作创新文化的承载平台，通过这些平台建设为创新创业者提供素质的拓展空间，从而营造创新意识、创造激情、创业能力浓郁的氛围。

创造一种良好的创新文化氛围，还要尊重创新创业者的自由探索，鼓励和激励创新创业者通过创新努力实现个人价值；提倡团队合作，建立学习型组织，创造条件充分发挥创新创业者的聪明才智和想象力，发挥创新创业者的集体智慧和团队精神，真正让创新文化的力量深深根植于创新创业者的创新行动中。从一个创新灵感的形成，到一系列成果的转化与推广，离不开创新文化的熏陶和激励。我们要在传播中原人勤劳朴实、任劳任怨精神的同时，更要结合中原经济区的发展实际，把具有中原特色的创新文化不断的继承与发扬下去，让更多的创新创业者能在创新文化的氛围中，更好地发现创新，探索创新，实现创新。

5 研究结论

推动中原经济区建设，实现中原崛起、河南振兴，科技是关键，人才是核心，教育是基础。未来中原经济区的建设，需要创新创业高层次人才提供智力支撑，中原经济区的建设需要一批能够立志科学研究的人才。培养创新理念创新方法和培育创新环境在本质上是统一的，两者相互联系、相互促进。我们应把重点放在创新型实用人才的培养上，即使搞研究也应该研究一些实实在在的东西，服务于中原经济区方方面面。创新创业教育作为一个长期的事业，不是通过一朝一夕的努力就能显现效果，这需要社会的各个层面更加注重长远性、战略性和全局性。特别是当前在基础教育的投入已经很多的情况下，创新创业教育的投入也要跟上，真正把人才的培养、高等教育资源的开发利用和我们中原经济区的建设紧密结合起来。

参考文献

[1] 毋彩虹，赵杰文. 高校毕业生就业信息化建设初探 [J]. 焦作大学学报，2012 (1)：127-132.

[2] 薛童. 新时期高校毕业生就业工作信息化建设的问题及对策研究 [J]. 知识经济，2012 (22)：57-58.

[3] 杨凤阁. 河南省区域创新能力分析与发展策略 [J]. 地域研究与开发，2011，31 (1)：24-29.

[4] 全国科技进步统计监测及综合评价课题组. 2011年全国科技进步统计监测报告 [R]. 北京：全国科技进步统计监测及综合评价课题组，2011.

[5] 河南省统计局. 河南统计年鉴 [M]. 北京：中国统计出版社，2011.

[6] 马雪娇. 基于区域经济增长的空间经济差异与协调发展研究 [D]. 郑州：河南大学，2015.

[7] 杨虎乐. 中原经济区城市间相互作用的时空格局变化研究 [D]. 郑州: 河南大学, 2013.

[8] 庞鑫培. 面向区域创新体系培养创新创业人才——浙江地方高校人才培养机制研究 [J]. 高等工程教育研究, 2012 (6): 73-76.

[9] 汪立超. 服务区域经济发展构建地方高职院校创新创业型人才培养模式 [J]. 当代职业教育, 2012 (12): 50-53.

作者简介

何中生 (1983—), 河南省杞县人。河南大学美术学院助教, 硕士研究生。研究方向: 大学生就业创业教育研究。

新时代创新创业的群体动力浅析

郝良玉

(黄河科技学院，郑州，450063)

> **摘要**：运用组织行为学理论，从组织群体动力特征这一角度探析大学生在创业过程中，创业组织所具有的特殊性和存在的问题。
>
> **关键词**：大学生；创业；组织；群体动力

随着"大众创业、万众创新"时代的到来，在校大学生选择创业的人数越来越多，大学生创业组织是一个比较特殊的创业团体，研究大学生创业组织的群体动力，对其创业实践活动有着重要的作用。

1 群体动力的含义

群体动力是指群体中人和环境两方面的许多因素，如群体规模、群体压力、群体凝聚力、群体沟通、人际关系等互相作用的过程，也包括成员之间关系的变化和协调过程。组织行为学中的群体动力主要包括群体规范、群体压力、群体凝聚力、群体士气四个方面，这四个方面有其各自不同的定义，但是又互相贯穿、相辅相成。

2 群体规范与群体压力分析

我们所说的群体规范是指在群体中群体成员共同接受的准则和标准。在一个组织的初期，因为这时的组织还更趋向于非正式组织，所以，这样的一套规范并不一定是以条款、原则的形式展示在某个地方的，而更可能是一种可意会不可言传的理念。

在组织规范确定了以后，无论这套规范的正确性和完整性怎么样，创业组织的所有成员在一定的时期内都会把它看作是应当遵守的信条。对那些不遵守规范的人会被劝说，警告甚至孤立。此时的组织，虽然不能带给成员丰厚的回报，但是作为组织中的每一个人来说，他们对组织的目标实现有着强烈的憧憬，对自己获得的参与创业这样难得的机会难以割舍，更多的可能是他们对自己的付出，对团队成员之间的友谊早已超越了创业的范畴，因而，任何人都不愿意因为违背组织规范，而被组织驱除。如此一来，群体压力也就自然而然产生了。

在大学生创业组织里，其成员的组织压力比起成熟的组织来说要小一点，原因有以下几点：一是因为组织人数较少，组织层级少，彼此沟通容易，因而产生压力的一些障碍比较容易被破除。二是组织成员身份、年龄、学历相似，因而出于权威的考虑就会少一些，也就有了突破压力的胆量。三是因为在大学生创业群体内，组织成员的思想活跃，而且彼此之间的关系单纯，使在整个组织内新思想、新意见可以无障碍地提出，也能在较大程度上包容不同的意见。

对于创业组织来说，要形成不唯上、不唯人的氛围，组织的领导者就要注意以下这些问题：

（1）自己是否放任并助长了某些核心成员骄傲情绪，过分夸大了他们对组织的贡献，使个人情绪过度膨胀，导致没有把注意力放在如何实施他们提出的合理建议。

（2）是否在这一组织中将私人感情放在了第一的位置上，而不是就事论事。

（3）是否在对人方面真正努力实践公平客观这一原则，让每一个人都能得到参与的机会。

在这三个方面的改进，对于促成任人唯贤的组织氛围有着积极的作用。

创业组织和其他组织一样，都要受到内部群体压力的影响，群体压力就像人体内的血压一样。一方面，它是维持组织生存的必需元素，没有了群体压力，创业组织将是一盘散沙，成员找不到共同努力的方向；另一方面，群体压力过大或者畸形发展，对于还比较脆弱的创业组织来说可能会是致命的打击。大学生创业群体更是如此，只有保持组织内的群体压力大小适宜，群体动力才能更好的发挥。

3 群体凝聚力与群体士气分析

群体凝聚力和群体士气是一对联系紧密的概念，前者是指群体成员相互吸引并愿意留在组织中的程度，后者是指群体成员实现群体目标的意愿与群体的精神的整合。从二者的定义可以看出，一般来说具有高度凝聚力的组织，士气也会比较高。对于大学生创业组织来说，由于大家多是出于对共同目标的追求，有一定的感情依恋，价值取向相近，成员又多是涉世不深的学生，所以很多创业组织都有比较高的凝聚力，而对于群体士气来说也会受到这些因素的正面影响。我们同样可以看出，学生创业组织中的成员对于薪金报酬这一个很大程度上影响成熟组织凝聚力和士气的因素，并不看得十分重要，因为他们中多数人不是依靠组织提供薪金而维持正常生活的。因而，对于创业组织来说，共同的愿景、对愿景的信心、良好友善的组织氛围则成为影响凝聚力和士气的重要因素。

正因如此，组织的领导者就应该建立起一个大家共同愿为之奋斗的目标，在目标实施的每一个重大阶段，及时准确地告之组织中的成员，使组织中的成员看到目标正在一步步地接近，坚定为组织奉献的信念，这样做还能让组织中的成员感受到自己的价值所在，感受到组织对自己的重视，也使在个人感情方面对组织有了依恋感。同时，对于组织中成员之间可能产生的矛盾要积极地予以处理，争取使成员间建立起友好的共事关系，更要避免领导者自身对某些成员的偏见甚至摩擦，只有这样，组织的凝聚力和士气才能稳定保持在较高的水平上。

高凝聚力和高士气不一定就会带来团队工作的高效率。因为只有成员的个体需要与组织方向相一致时，二者之间才会有正相关的关系。如果在组织困难时期，想离开组织的一些成员之间凝聚在了一起，创业组织只会很快出现分崩离析的局面。对于在校大学生创业组织来说，由于大部分成员不是以创业为生，这种揭竿而起、一哄而散的情况完全更有可能发生。因而，高凝聚力和高士气只是创业组织产生高效率的必要条件，组织的领导者更应该使这种凝聚力和士气建立在健康的、对组织目标的追求基础之上，只有这样才能保证创业组织发挥凝聚力和士气高的优势，让高凝聚力和高士气带来正能量的群体动力。

大学生创业组织里，虽然缺乏强大的经济来源和成熟的创业经验，但是他们有自己的商业构思和创业精神，若能够合理运用组织行为学的理论知识，将其与创业实践结合起来，相信经过团队的共同努力定会取得良好的创业成果。

参考文献

[1] 韦克难. 组织行为学 [M]. 成都：四川人民出版社，2004.

[2] 陈刚, 彭建华. 大学生就业与创业 [M]. 杭州：浙江大学出版社，2005.

作者简介

郝良玉（1982— ），河南林州人，现任黄河科技学院教师，讲师。研究方向：大学生创新创业教育。

创新创业教育基本问题研究

郭国坚

(河南科技大学，洛阳，471003)

> **摘要**：创新创业是复合概念，创新受到时空的约束，其体现为一个过程，一种比较，往往带来社会变革。创业是与谋职相对的概念范畴，是创业主体通过个体或者合作的方式，大多通过组织体的方式开展形式多样的营业性活动。创新和创业现今常常相联系，但两者的关系结构是复杂多样的，并非简单的正相关关系。创新创业的动机受内外部因素的约束，人类从事创新创业既受到主体寻求个体差异及创造性思维的影响，也极大地受到外部压力的影响。创新创业的实现有赖于教育和引导，需要在创新创业能力、创新创业意识、创新创业价值观念上，从教育内容和教育方式上予以改革和完善。
>
> **关键词**：创新创业复合概念；创新创业教育内容；创新创业教育方式

创新是一个民族进步的灵魂，是国家发展的不竭动力。建设创新型国家，推动大众创新、万众创业，已然上升为国家发展的战略要求。现今，创新创业成为国家、产业界、教育界共享的命题，国家政策推进、产业谋划、教育联动的格局业已形成。虽然，创新创业的理论和实践活动数量和质量不断提升，但有关创新创业的基本问题仍需厘清。

1 创新创业是什么

创新创业是一个复合概念，或者说创新和创业是两个相对分离的概念。从国家层面推出大众创新、万众创业的提法后，创新和创业这两个相对分离的概念得以衔接，成为一体两面的复合概念。定义这一概念需要回答三个问题：何谓创新、何谓创业、创新与创业的关系如何。

1.1 何为创新

依照社会学视角，创新是指人们为了发展需要，运用已知的信息和条件，突破常规，发现或产生某种新颖、独特的可能带来社会变革的新事物、新思想的活动。进而言之，创新是一个受时空制约的概念，从时序上看，创新体现为从已知的信息和条件为基础的创制过程，从无到有，从有到不同。从空间上看，创新体现为不同的国度、地域之间创新的比较问题。其次，创新是一种可能带来社会变革的力量，我们不主张采用带来价值作为创新的概念内涵，因为并非所有的创新都以价值创造为依归。再次，创新是与角色和领域紧密结合的概念，我们常常将创新区分为文化创新、技术创新、知识创新等。最后，创新是一个创制的过程，从灵感的产生到灵感的筛选再到概念的形成，以及最终创新产品的生产，往往要经历一个漫长的过程。

1.2 何为创业

创业是创业者对自己拥有的资源或通过努力对能够拥有的资源进行优化整合，从而创造出更大经济或社会价值的过程。创业是与谋职相对的概念，创业意味着创业者通过自主或者合作的方式开展经营性活动，从而创造价值获取利润的活动。创业活动往往以一定的组织形式出现而有别于自然人的角色，其行为体现为持续性和营业性的特征。

1.3 创新与创业的关联

有学者认为创新和创业两者在本质上是相同的，创新是创业的先导和基础，创业是创新的载体和表现形式，创业的成败取决于创新的程度。该观点述及创新与创业的正相关关系，但更多时候，创新和创业之间并无直接关联，并非所有的创新都适合创业，创业成败原因与创新相关，但非简单的正相关关系。一种创新可能意味着对旧的创业模式的淘汰，新的创新所生成的创业往往也需要面临固有传统产业的冲击和市场的接受过程，因此不能将创新和创业的关系简单地归结为正相关关系，其关系结构往往复杂而多样。

2 为什么创新创业

创新是一个国家民族的核心竞争力，历史上，创新性成果的运用往往能够推动社会、经济的重大变革，鼓励创新、保护创新性成果、增强国民的创新意识已成为国家战略发展的重要内容。尽管创新于国家竞争力，于社会发展的价值是推动创新活动的重要原因，但创新并非简单的脱离已有的知识成果和理论基础，而是在原有的知识和信息的基础上，通过创制、认可、修改、废除传统理论和知识成果的过程中生成的，切不可将创新的过程理解对传统的排斥和废除。其次，我们需明晰创新活动的完成是一项艰巨和严谨的创造活动。一方面，我们需包容创新，允许创新过程中的试行试错；另一方面，创新活动往往是一个漫长的过程，不可忽视了创新活动的客观规律，追求数量的简单增长。

创新创业的原因是多样的，从学理上看，创新创业的原因基于内外部的驱动机制，内部机制呈现行为的内在价值诉求和兴趣。而外在驱动机制则与外在的压力相关，例如声望（名誉）和金钱利益。Linderberg认为存在两种类型的内在驱动机制：其一是来源于行为自身所带来的自我满足或者乐趣；其二是遵循规范、理念所带来的行为正当性的价值。创新创业源于个体寻求差异，追求自我实现的价值诉求，源于社会、国家对于公民创新创业行为的提倡、保护、鼓励所形成的价值认同感。同时，面对外部压力，获得声望，创造社会价值、经济价值构成了创新创业活动的外部动力来源。

在创业问题上，我们同样存在认知的误区。有学者将鼓励创业活动的原因归结为缓解就业压力，这一观点忽视了创业活动同样存在风险，创业的成功率显著地低于就业率，以缓解就业压力作为国家鼓励创业的初衷是对创新创业政策的误读。另外，上文中已经提及，创新与创业的关系是复杂的，创新型的创业活动，仅仅是创业活动中的一个子类别。在提倡创新型的创业活动的同时不能忽视传统型的创业活动，以及传统型创业活动与创新型创业活动可能产生的冲突，采取科学合理的方式推进两者的共存和融合。

3 创新创业教育的瓶颈、内容、方式

创新创业作为一种能力，一个过程，可以通过教育、引导使创新创业主体不断提升创新创业能力，树立正确的创新创新观点。作为创新创业的成败，高等教育在其中发挥着不可替代的作用，构成了创新创业制度保障的重要组成。

3.1 瓶颈问题的解读

近年来，高校创新创业教育不断加强，取得了积极进展，对提高高等教育质量、促进学生全面发展、推动毕业生创业就业、服务国家现代化建设发挥了重要作用。但也存在一些不容忽视的突出问题，创新创业教育理念滞后，与专业教育结合不紧，与实践脱节；教师开展创新创业教育的意识和能力欠缺，教学方式方法单一，针对性、实效性不强；实践平台短缺，指导帮扶不到位，创新创业教育体系亟待健全。这些制约创新创业教育的瓶颈问题是创新创业教育过程中的普遍问题，为此，国务院要求形成科学先进、广泛认同、具有中国特色的创新创业教育理念，形成一批可复制可推广的制度成果，普及创新创业教育，实现新一轮大学生创业引领计划预期目标。到2020年建立健全课堂教学、自主学习、结合实践、指导帮扶、文化引领融为一体的高校创新创业教育体系，人才培养质量显著提升，学生的创新精神、创业意识和创新创业能力明显增强，投身创业实践的学生显著增加。

克服瓶颈的总体谋划必不可少，但是规划的实施有赖于各个教育机构的实施方案的具体安排和瓶颈形成原因的分析。受制于各高等教育主体的定位，综合类的高校与专业技术类学校在办学理念和培养目标上的巨大差异，面对创新创业的问题，其应对和实施的方案显然有所区别。我们应以各教育机构为主体，在现有的人才培养模式基础上，以国家的总体要求为指引，克服创新创业教育中存在的普遍问题，明确重点，发挥传统培养模式的优势，补充短板，有计划、科学地制定适合各高校实际又切实可行的创新创业体制。其中有以下几个问题需予以厘定。

（1）创新创业教育是对原有各校人才培养模式的补充，并非对原有培养模式的全盘否定。

（2）创新创业教育与侧重基础理论能力和谋职型的人才培养模式可以融合。

（3）创新创业教育是对原有的人才培养模式提出了更高的要求，需要在原有侧重基础知识掌握的人才培养模式上，提出以创新和促成创业为导向的人才培养实施方案。

（4）克服瓶颈，应以普遍存在的问题为基础，针对各高校的实际和办学特色，有针对性地予以解决。

3.2 创新创业教育的内容

在具体的规划达成共识的前提下，我们应确定创新创业教育的内容，教育的内容是规

划的载体，也是创新创业教育成效的保证。现今，我们常常忽视了创新创业教育的内容和范围，对创新创业教育附加了不应有的内容，如将创新创业教育与创新创业教育体系、制度保障体系等混为一谈，其实创新创业教育从本源上涉及向教育对象传授的知识和技能的内容，使教育对象具备创新创业的能力，形成创新创业的认知，树立科学正确的创新创业观念，而创新创业体系的内容更为广泛，包括人员管理、课程管理、教育方式等。创新创业保障制度的内容就更为庞大，涉及国家、产业、教育管理机构等多主体参与的保障制度。因此，本文在论及创新创业教育的内容时，关注教授内容、课程体系的安排。我们将创新创业教育的内容界定为三项：培养教育对象的创新创业能力；培养教育对象形成创新创业的认知；树立正确的创新创业价值观念。

3.2.1 创新创业能力教育

创新创业能力是创新创业成败的关键，也是创新创业教育的重点内容。从目前的情况看，创新能力教育的培养模式已经形成，各院系大多在基础理论学习过程完成后在大三、大四课程中开设理论前沿课程、引导和培养学生的创新能力，将创新能力的培养融入前沿课程教授中，在实践教学过程中，将创新能力的理论教授和实践教授有机地结合起来。但是在培养过程中也存在诸多问题：大三、大四的理论前沿课程大多采取选修的方式，学生选修意愿不强，面对就业的压力和考试的压力，前沿课程并不能得到学生的普遍认可；创新能力教授缺乏理论体系、方法论，教师个人的能力成为创新能力培养优劣的决定因素；缺乏严谨的理论准备和方法自觉，创新能力的培养除以内容为基础的因素外，还包含了创新能力培养的方法论问题。对此有以下几点建议。

（1）加大对理论前沿课程的支持力度，选择优秀的教师，以团队的方式确定授课内容。

（2）重视创新方法论课程的设置，以创新的一般方法论为基础，从灵感的产生、精神追求、修正分析、特征梳理、细分思维、灵感筛选、概念的开发和测试等方面，确立创新产生的一般方法论知识的教授。

（3）避免单一的强制性要求所有教师在课程教授中加入创新的内容，而应该采取试点的模式，针对学科的特点和师资团队的优势，合理、科学地开展创新能力课程和内容的创制。

创业能力的培养从目前培养模式上看是一块短板，开设创业课程的学院屈指可数，除了创业课程的师资准备不足的原因之外，还与原有培养模式对创业的认知和准备不足紧密相关。创业能力的培养涉及的内容广泛，任何单一学院的内容开设均难以完成，课程内容繁杂，对实践性要求层次较高。我们的总体思路是以创业的流程作为创业能力培养课程和内容的主体，从创意的产生、到产品的出现，到法人组织的设立、企业管理、法律服务、知识产权保护、营销管理涉及的内容庞杂多样，需要多学院之间的沟通和协调。因此，以创业的流程为基础设计创业能力培养课程应当是一条行之有效的路径，并引导多学科之间的交流和协作共同完成创业能力培养课程的设置和安排。

3.2.2 创新创业的认知教育

如果说创新创业能力是以专业教育为基础，创新创业的认知教育则应是一种通识教育，其课程设置以公共课程为基础，使学生们养成创新创业的一般认知，形成创新创业意识。此种认知教育应关注实践、内容多样，以案例教学、实践教学为基础来开展。

3.2.3 创新创业价值观念教育

该项内容往往在实践过程中受到忽视，表现为鲜少见到开设创新创业伦理的课程，各教育机构往往专注于创新创业能力的培养和结果，而忽视了创新创业伦理教育。倘若一项技术的创新被黑客所运用，或者创业活动仅仅关注经济利益而忽视了企业的社会责任，往往意味着创新创业教育的失败。职业伦理、道德伦理、创业伦理、技术伦理应着眼于服务人类的事业，以培养企业家精神和有益于推动人类社会进步为依归。

3.3 创新创业教育的方式

依照现有的创新创业教育实践，创新创业教育的方式已经有个初步的共识，那就是在课堂教育的基础上，广泛采用行之有效，形式多样的教育方式。包括但不局限于以下几种方式：

（1）推进实践教学，搭建实践平台。
（2）探索完善自主学习、自主创新创业的能力。
（3）搭建专门的创新创业课程以及专业性讲座组成的教育方式。
（4）以赛促教、师生共创等以创新创业比赛和实践的方式，推动创新创业教育方式的改革。

创新创业教育方式的多样化改革目前收到了良好的效果，但其中也出现了一些问题。如管理主体多元，教务管理部门、学生管理部门、招生就业部门或者团委等部门都涉及创新创业教育的管理工作，在行动的协调上，应在校级层面确立创新创业领导小组并明确职能，确立不同创新创业教育管理主体的协调和实施规划，切不可出现多头管理中出现协调不力、形式重复、学生疲于应付等问题。

3.4 搭建综合性的创新创业教育平台

信息化时代的到来，使得运用数字化信息服务平台，实现数字化和实体创业资源的融合，提升教育品质、提供综合性服务的创新创业平台的需求与日俱增。应确保数字化信息服务平台获得信息的便利性，内容的丰富性，参与主体的多样性，使学生在课程教学之外，可以通过自主学习的方式，便捷有效地获得自主学习、企业合作、技术支持、基金投资、企业服务等各类资源。以清华 I-Space 为例，其旨在通过整合创新创业的各种资源，形成各类创业要素的高度聚集，促进跨学科创新团队的融合和协作，为全国乃至全球优秀创业者和创业团队成长服务的创新创业教育平台。依托清华大学深圳研究生院的办学优势等诸多优势资源，借助清华在深科研平台力量，围绕"创新创业"实现清华资源的深度整合，激活人才资源和科技资源。以创业教育、创业孵化、创业服务为核心定位，构建"官产学研资介"相结合的新型创新创业生态孵化平台。

参考文献

[1] 刘萍,汪小洪. 高校创新教育模式探讨 [J]. 江苏高教, 2000 (6)：125-126.
[2] 新华网. 关于创新创业教育改革的实施意见 [EB/OL]. (2015-05-13). [2018-05-13]. http://www.xinhuanet.com/edu/2015-05/13/c_127795841.htm.

［3］马永斌，柏喆．大学创新创业教育的实践模式研究与探索［J］．清华大学教育研究，2015（6）：99－103．

［4］清华 I‐Space．打造南国清华创生态，为创新创业赋能［EB/OL］．http：//tsinghua‐ispace.com/About/index.html．

［5］Deci, E. L., & Ryan, R. M. *Intrinsic motivation and self-determination in human behavior* ［M］. New York: Plenum, 1985.

［6］Lindenberg. *Intrinsic motivation in a new light* ［J］. *Kyklos*, 2001, 54 (2-3): 317-342.

作者简介

郭国坚（1983— ），男，回族，福建福安人，法学博士，河南科技大学法学院副教授，研究方向：法治与公共政策、司法原理。

研究项目

本文系2017年校级教改课题《"互联网+"时代大学生创新创业服务平台建设方案》阶段性成果。

我国中部地区公共就业服务存在问题研究

刘晓英

（郑州大学，郑州，450000）

> **摘要**：虽然中部地区公共就业服务业得到了长足的发展，但是公共就业服务依然存在以下问题：首先是公共就业服务资金不足。即财政投入总量不足，公共就业服务机构经费不足。其次是公共就业服务机构的服务质量相对不高。其中公共就业服务机构工作人员数量不足，近年就业培训师生比有所下降，公共就业服务效果不佳。再次是行政管理体制制约公共就业服务发展。就业训练中心脱胎于传统计划体制与政府有千丝万缕的联系，就业训练中心资金来源中财政补贴占比逐年增加，就业训练中心以培训低端劳动力为主，近年由于体制问题就业训练中心面临生存问题，其数量在不断减少。
>
> **关键词**：中部地区；公共就业服务；问题

公共就业服务作为政府主动解决失业问题的一种重要途径，越来越受到社会各界的关注。随着社会各项事业改革不断深入，中部地区公共就业服务业得到了长足的发展，但是公共就业服务依然存在投入不足、地区分布不均、发展不平衡等许多问题。

1 公共就业服务资金不足

1.1 财政投入总量不足

公共就业服务政策资金增长不平稳。在政府预算收支科目上，没有把就业服务支出单独列出来，所以无法得到财政对就业服务的支出，只能通过社会保障和就业财政支出来估算就业服务资金的支出情况。

近年财政投入出现递减。表1表明2008年我国中部六省的社会保障和就业财政支出增速在近7年间为最高值25.96%，高于同时期东部地区的21.07%，超出近5个百分点。但是2008—2014年，中部六省的社会保障和就业财政支出增速呈现逐年递减的趋势，表明中部六省每年的社会保障和就业财政支出在全部财政支出中所占的比重在逐渐减少。与全国（不包含港澳台地区）水平相比，在2008年和2009年间，中部六省的增速高于全国水平的两倍；而2010年则从2009年的20.73%骤降至全国水平的一半；2011—2014年，中部六省的增速始终与全国水平保持一致。总体来看，中部地区的就业服务财政投入占比不稳定，增速变化浮动较大，递减的趋势表明中部六省的社会保障和就业服务存在投入不足的问题。

从纵向看，单单考虑2008—2014年中部六省的数据，中部六省社会保障和就业服务投入的增速在逐年下降，对于不断增长的就业人群来讲，就业的经费可能出现不足。

表1　　　　　　　　全国和中部地区社会保障和就业财政支出增速

地区	2008年	2009年	2010年	2011年	2012年	2013年	2014年
中部地区/(%)	25.96	20.73	10.65	19.41	13.22	17.86	9.86
全国/(%)	11.09	11.79	20.03	21.67	13.29	15.14	10.20

资料来源：历年《中国劳动统计年鉴》。

人均公共就业服务财政资金投入较低。从支出总额来看（见表2），中部地区社会保障与就业服务支出在全国仅次于东北地区，为603.227亿元，排名较靠前。但是如果计算人均支出水平的话，中部六省的社会保障和就业服务财政人均支出为1027.773元，是全国四大区域里最低的地区，低于东部地区（不包含港澳台地区）、西部地区、东北地区。人均财政投入水平低下，势必会影响就业服务的质量。

表2　　　　　　　2014年各地区社会保障和就业服务财政投入情况

地区	人口总数/万人	社会保障与就业服务支出总额/亿元	人均社会保障与就业支出/元
东部	5216.9	495.922	1238.609
中部六省	6043.667	603.227	1027.773
西部	3069.917	400.132	1587.305
东北	3658.667	629.597	1676.853

资料来源：历年《中国劳动统计年鉴》。

1.2 公共就业服务机构经费不足

从公共就业服务机构的人均经费的角度来看，中部六省的就业机构经费为5.18亿元，低于东部地区的6.32亿元。通过计算可知，中部六省的人均服务机构经费为275.89元，低于288.38元的全国水平。选取东部地区的两个经济发展较为迅速的城市——北京和广东，经过计算发现，北京的人均经费为827.44元，远远高于全国平均水平，是中部六省平均水平的近三倍，而广东也以33元的微弱优势，较中部六省领先。

这些表明中部六省的公共就业服务机构的经费投入不足，没有达到全国平均水平，亟须扩大经费投放力度，从而更好地服务于公共就业服务的各个对象。由于中部地区公共就业服务机构的经费投入，远不如东部地区一些经济较为发达的一线城市。故而公共就业服务机构的建设存在着经费不足的问题，无法保证每个公民都能享受到高水准的公共就业服务，同样影响了公共就业服务的质量。

2 公共就业服务机构的服务质量相对不高

2.1 公共就业服务机构工作人员数量不足

（1）公共就业服务机构的从业人员数量不足。工作人员在整个公共就业服务中发挥着至关重要的作用，是联系公共就业服务机构与求职人员的桥梁，他们承担的压力和责任也越来越大。以公共职业介绍服务为例，公共就业服务机构的工作人员数量上存在着很大的地区差距，中部六省与其他几个地区相比，差异明显。

（2）中部就业培训机构从业人员不足。为了衡量就业服务机构的人员情况，以就业培训机构的从业人员情况为例。表3是2014年我国各个地区的就业培训机构以及从业人员数量状况，可以看出中部六省就业培训机构的数量是863个，远低于数量为958个的经济较为发达的东部地区；在就业培训机构从业人员数量的绝对量方面，中部六省为11427人，与东部地区16816人的数量相差甚远；通过计算可得，在每个就业培训机构所拥有的从业人员数量方面，中部六省远低于东部及全国平均水平，说明在中部六省中，就业培训机构拥有的从业人员数量不足，即存在工作人员数量不够的情况。中部六省劳动就业人员数量呈增长趋势，但公共就业培训机构的数量有限，因此公共就业服务机构所承载的服务对象数量也在不断增长，工作人员出现"力不从心"的现象，整体服务质量无法得到有效保障。

表3　　　　　　　　　　2014年不同地区就业培训机构状况

地区	就业培训机构数量/个	就业培训机构从业人员/人	单位就业培训机构从业人员数量/人
东部	958	16816	17
中部	863	11427	13
全国	2635	37994	14

资料来源：历年《中国劳动统计年鉴》。

2.2 近年就业培训师生比有所下降

就业培训的师资水平一方面可以提供专业支持；另一方面可以提高就业培训的实施效率。以下将引入师生比率对中部六省就业培训的师资现状进行评价。师生比率是指就业训练中心每个教职工培训的人数，这一指标在一定程度上可以反映就业训练中心专业教师的覆盖率。具体公式为

$$师生比率（万人/万人）= \frac{就业训练人数}{在职教职工人数}$$

2009年以来中部六省师生比率总体呈下降态势。表4显示，中部六省师生比率平均水平是下降的。其中江西省和湖北省的师生比例情况在中部六省中较为突出，并且两省都有较大幅度的起伏，在2009年前后达到最高值；河南地区的师生比一直处于较高水平，在

中部六省中处于领先位置；而其他三个省的平均训练人数都是呈现平稳小幅度增长状态，湖南省则有小幅度下降趋势。

表4　　2001—2014年中部六省师生比率

年份	山西省	安徽省	江西省	河南省	湖北省	湖南省	平均师生比率
2001	72.14	250.03	141.87	250.83	229.41	33.75	163.01
2002	63.92	182.82	135.98	331.60	264.95	31.14	168.40
2003	111.03	152.01	95.70	220.43	252.69	73.51	150.90
2004	73.51	154.04	134.54	317.14	324.11	120.91	187.37
2005	167.43	241.66	117.62	317.14	252.14	145.00	206.83
2006	216.03	132.10	354.94	317.14	316.90	150.31	247.91
2007	160.85	207.42	302.02	317.14	229.00	133.30	224.95
2008	174.85	158.52	429.84	317.14	197.62	134.16	235.35
2009	93.57	157.81	324.14	317.14	368.83	163.46	237.49
2010	141.12	164.37	166.61	317.14	213.72	152.69	192.61
2011	146.95	165.19	144.81	301.06	245.44	120.43	187.31
2012	198.71	165.55	153.60	269.93	231.60	127.19	191.10
2013	187.20	171.58	150.36	175.10	277.16	91.63	175.50
2014	154.83	170.32	227.00	186.93	208.65	101.79	174.92

资料来源：历年《中国劳动统计年鉴》。

2.3　公共就业服务效果不佳

公共就业服务的执行效果是对各项就业服务措施的回应，反映了职业介绍机构的服务能力和水平。在各项衡量指标中，职业指导人员充足率、训练/结业比率和训练/就业比率等清晰地展现了公共就业服务的执行效果。

训练/结业比率是指经就业训练中心培训后能合格结业的比率，反映了就业培训中心的培训合格水平，体现了公共就业服务的质量。

中部六省的训练/结业比率在全国处于较低水平，其91%的数值，远低于西部地区和东北地区。东部地区的均值低于中部六省，这是由于东部地区中存在一些经济欠发达的城市，致使整体水平有下降的趋势，除去经济较为贫困的地区，从中选取经济较为发达的一线城市，如北京市，求出其训练/结业比率为99%，远远高于中部地区的均值，说明中部六省的就业服务机构效率并不高，机构培训的合格率较低，公共就业服务机构的服务质量不高（见表5）。

表5　　　　　　　　　　2014年全国各地区的训练/结业比率状况

地区	结业人数/人	培训人数/人	训练/结业比率/(%)
东部地区	2164247	2507002	86
中部六省	1712600	1877567	91
西部地区	791134	851922	93
东北地区	355368	372872	95
全国水平	5023349	5609363	90
北京	48069	48342	99

资料来源：历年《中国劳动统计年鉴》。

中部六省的训练/就业比率低于发达省份。而训练/就业比率是指经就业训练中心培训后能顺利就业的比率，反映了就业训练中心的培训后再就业的成果。表6中，中部地区的训练/就业比率为72%，高于66%的全国平均水平近10个百分点。但对比东部地区部分省份的训练/就业比率，发现中部六省略低于山东省4个百分点，培训后再就业的水平低于山东省，而福建的训练/就业比率比中部六省高出5个百分点，就业服务质量不高。经济较为发达的直辖市天津市的训练/就业比率为92%，远高于中部六省72%的水平，高出近20个百分点，天津市的优势明显，再就业质量相当高。因此，对比东部地区的部分省市，中部六省的训练/就业比率较低，就业服务的效果不佳。

表6　　　　　　　　　　2014年全国各地区的训练/就业比率状况

地区	就业人数/人	培训人数/人	训练/就业比率/(%)
中部六省	1362579	1877567	72
山东	347512	454876	76
福建	75679	98081	77
天津	92218	100213	92

资料来源：历年《中国劳动统计年鉴》。

3　行政管理体制制约公共就业服务发展

我国的公共就业服务的提供主体是政府，市场起辅助作用。但在实际运行操作过程中，却存在着政府职能定位不清、市场机制发挥有限、社会力量参与程度不高等现象，制约了公共就业服务的发展。以就业训练中心为例，就业训练中心属于政府人力资源和社会保障机构下属部门，是由财政补贴的集综合性职业技能培训及培训指导的中心，它的主要职能包括：宣传、贯彻、执行国家、省、市有关劳动保障就业、培训等政策法规；承担各工种的职业技能培训，承担部分专业工种技能的考核工作。

3.1 就业训练中心脱胎于传统计划体制,与政府有千丝万缕的联系

在运营机制上趋于行政化,市场反应能力弱。更多是完成政府指派的培训任务,政府与就业训练中心不是买卖关系,而是行政管理关系,政府在下派培训任务时没有对其认真考核。这种垄断特征导致就业培训中心竞争意识不强,不会主动提高自身的师资水平、改善培训条件,更新培训课程,引进先进的培训手段。由此就业训练中心生存困难。

3.2 就业训练中心资金来源中财政补贴占比逐年增加

2001—2014 年中部六省就业训练中心的经费总计和财政投入逐年上升(见表7)。中部地区财政补贴 2014 年较 2001 年增长了 547%,而其经费总额仅增长了 45.1%,由此财政补贴在就业训练中心经费来源的比重不断增加,2001 年中部地区财政补贴仅占全部经费的 15.7%,2014 年则增加至 68.6%。从资金来源来看(见图1),就业训练中心主要靠政策资金,靠市场获取的资金越来越少,可推断出其运营方式市场化程度不强。

表7　　　　　2001—2014 年中部六省就业培训经费财政补贴占比　　　　　单位:%

年份	山西	安徽	江西	河南	湖北	湖南	合计
2001	66.7	50.0	50.0	14.7	6.6	28.8	15.7
2002	66.7	66.7	41.7	15.0	8.1	35.2	16.6
2003	44.4	66.7	82.4	7.2	4.8	68.0	13.2
2004	76.9	63.2	93.8	7.2	9.3	50.0	19.7
2005	47.1	88.9	92.6	7.2	13.8	40.0	24.4
2006	84.0	91.8	124.1	24.7	62.1	75.4	66.3
2007	84.0	91.8	111.2	24.7	36.5	75.4	57.3
2008	64.0	93.3	98.7	71.4	189.8	65.2	90.8
2009	50.0	85.5	94.7	71.4	216.3	86.3	96.5
2010	71.4	86.8	99.4	71.4	171.6	96.6	98.4
2011	91.7	100.0	98.3	76.0	162.0	100.0	101.8
2012	164.0	98.6	95.5	20.5	60.5	100.0	73.4
2013	97.7	95.7	98.0	27.7	70.1	100.0	73.0
2014	115.0	101.4	108.3	35.8	60.5	76.3	68.6

资料来源:历年《中国劳动统计年鉴》。

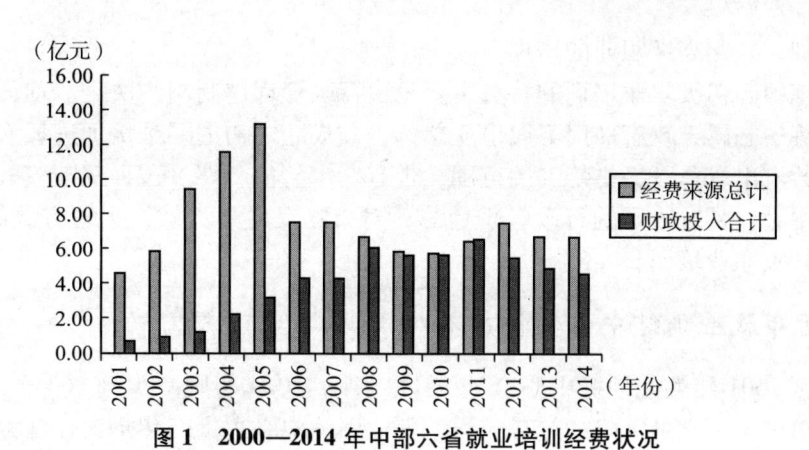

图1　2000—2014年中部六省就业培训经费状况

资料来源：历年《中国劳动统计年鉴》。

3.3　就业训练中心以培训低端劳动力为主

近年就业训练人数不断下降，2001—2009年中部地区训练人数是不断增加的，2001年为130.79万人，2009年为436.02万人。但是2010年以来，就业训练人数开始下降，至2014年则下降为187.75万人，下降幅度相当大。这种变化规律与城市劳动力市场中外埠人员数量的变化一致。可以理解为2008年前后，由于金融危机大量农民工在东部地区找不到工作，开始回流，试图在家乡城市找到工作，所以在2009年中部地区的外埠人员急剧增加。中部地区劳动力市场出现相吻合的现象，即2009年前后登记求职人数出现大幅度增加。相应地，就业训练人数也随之增加。但在2010年之后，由于农村惠农政策的实施，大批农民工回到家乡，只是中部城市劳动力市场的外埠人员减少，相应地就业训练人数也减少。

由此可以推断出，就业训练中心的培训主要针对农民工等低层次人员进行培训，侧重于初级职业培训。缺乏针对高级技能、大学生等高层次人员的培训，这在技术更新飞快的今天是一种缺憾。数据也显示出就业训练中心结业人数中，农村劳动者占比为69.20%，远高于其他类型的结业人数，同时也高于民办职业培训机构中农村劳动者39.49%占比的。另外我们可以看到就业训练中心结业人数中在职职工占比仅为8.27%，低于民办职业培训机构的26.68%（见表8）。

表8　2014年不同培训对象结业人数占比　　　单位：%

培训对象	劳动预备制学员	失业人员	农村劳动者	在职职工	其他人员
民办职业培训机构	6.69	15.37	39.49	26.68	18.41
就业培训中心	1.86	26.64	69.20	8.27	—

资料来源：历年《中国劳动统计年鉴》。

数据进一步显示，就业训练中心所颁发的证书中，初级职业资格占50.37%，而颁发的高级职业资格、技师分别为3.54%、0.03%。进一步说明了就业培训中心主要侧重于初级职业的培训，缺乏高级职业的培训。

就业训练中心初级职业培训的特点主要是由行政管理体制制约决定。前面我们已经提到，就业训练中心属于政府部门下属事业单位，其成立之初主要是培训进城农民工等弱势群体，属于政府出资免费提供培训的范围，带有一定的福利性。这种垄断模式下产生出来的就业训练中心，带有浓厚的行政管理色彩，对市场反应不灵敏，运营方式缺少灵活性，主要侧重于初级职业培训。

3.4 近年就业训练中心数量在不断减少

中部地区2001年就业训练中心合计为1147个，2014年则减少到863个。其中湖南、湖北、山西总体上一直是下降的趋势，河南就业训练中心数量变化不大，江西省表现为先升后降。但是总体水平来看，就业训练中心的数量是减少的。这可能是由于就业培训训练中心，脱胎于行政管理体制，自身带有浓厚的传统计划经济管理色彩，面对日新月异的市场，无法灵活应对，不能根据市场的变化而变化。譬如教学手段落后、教学课程不能及时更新、教学设施落后等。由此导致生存问题凸显，不断有不适合市场经济的训练中心被淘汰。由此对于就业训练中心的体制改革迫在眉睫。

参考文献

[1] 郑晓燕. 中国公共服务供给主体多元发展研究 [M]. 上海：上海人民出版社，2012.

[2] 黄晓勇. 中国民间组织报告蓝皮书（2013）[M]. 北京：社会科学文献出版社，2013.

[3] 王阳. 中国公共就业服务的供给机制 [J]. 经济与管理研究，2015，36（9）：53 - 59.

作者简介

刘晓英（1976— ），江苏扬州人，副教授，硕士生导师，经济学博士。研究方向：劳动经济学、教育经济学。

新形势下创新创业人才培养质量影响因素与对策研究

孙曙光　周文洁　王凯悦

（山东师范大学，济南，250358）

> **摘要**：从中央到地方各级政府均高度重视创新发展，创新创业已成为当今社会和经济发展的主旋律。由此，伴随着人类社会文明的进步和科技的快速发展，社会对创新创业人才的需求已愈加强烈，对创新创业人才的质量也愈加重视。在对创新创业人才进行界定的基础上，从国家、高校、社会环境、文化以及个人五个方面分析了制约新形势下创新创业人才培养的影响因素，并提出了相应对策，以期提升我国创新创业人才培养质量。
>
> **关键词**：创新创业人才；培养质量；影响因素；对策

党的十七大报告中第一次将"创业"列为重大发展策略，党的十八大报告中再一次提到我国要推动科技与经济紧密结合，加快国家创新体系，"鼓励多渠道多形式就业，促进创业带动就业"（程希哲，2015）。自从李克强总理提出"大众创业、万众创新"这一理念之后，各地各部门都贯彻落实，业界纷纷响应号召，各种新模式、新业态、新产业不断地涌现出来，创造了巨大生产力。在"大众创业、万众创新"这一背景形势下，各行各业都面临新的机遇和挑战，各行业工作者的创造热情也被逐步点燃，社会对创新创业人才的需求愈加强烈，对创新创业人才的质量也愈加重视。如何探寻创新创业人才培养质量影响因素，提出切实可行的对策，从而实现创新创业人才培养质量的提升成为亟待解决的问题。

过去有关创新创业人才培养质量的研究多集中于创新创业人才培养质量的现状（李君等，2017）、评价体系（裴金平等，2017）等的分析。然而，对于极为重要的创新创业人才培养质量影响因素却并未进行系统的研究。因此，本研究将在对创新创业人才进行界定的基础上，从国家、高校、社会环境、文化以及个人五个方面挖掘创新创业人才培养质量的影响因素，并提出了相对应策略，以期提升我国创新创业人才培养质量。

1　什么是创新创业人才

创新创业型人才是国内学者基于我国经济发展实际情况提出来的概念，对于其内涵尚未形成共识，研究观点现状可以说是百花齐放。总之，国内学者对"创新创业人才"的定义主要围绕知识、思维、能力、人格、素质、素养等要素进行描述和界定。这些定义本质上并无大的差别，但通过文献梳理发现：随着社会的发展，创新创业人才的内涵经历了从强调首创意识、创新创业能力到强调不仅具有知识博、才智高等素质，并具有创业意识、创新精神、创新能力，且能为不同社会实践及认识领域创造社会经济财富、认识世界甚至改造世界、对社会发展和人类进步作出较大贡献的转变，见表1。

表1　创新创业人才定义

相关文献	侧重点	定义
曹胜利（2008）	强调事业心与开创能力	创新创业人才最重要的就是事业心与开创能力的形成，除此之外还需具有一定的文化知识、科学道德素养
郁震等（2008）	强调须是复合人才	创新创业人才是具有首创意识、敢于冒险的精神、人际社交和创新创业能力、企业家思维以及技术和管理技能的复合人才
王乐芝（2009）	全面发展基础上突出创新素质，并实现创新创业素质与专业领域结合，继而开发出创造性成果	在素质教育培养目标引领下，创新创业人才一方面要全面发展；另一方面还要突出发展创新意识、精神、创造性人格、创新创业知识和能力等素质要素。此外，还需要将自身的创新创业素质与其专业领域实践进行合理结合，以开发出创造性成果
徐辉（2009）	理论知识、实践能力、创新思维、创业能动性	理论知识、实践能力、创新思维、创业能动性是影响创新创业人才评价的主要标准
郑亚娟等（2011）	强调具有发现新问题、解决新问题、发明新事物和开创新领域能力或有潜质	创新创业人才是指具有创新创业思维与视角，能够发现、解决新问题、发明新事物和开创新领域潜力的人才，它与普通大学生的最大区别在于创新创业人才既具有创新意识、思维、能力和人格，又具有创业意识、精神和能力
赵宏旭（2016）	强调能紧跟市场和产业需求，兼具创新创业意识、知识和技能以及良好的心理素质和职业素养	创新创业人才要能紧跟市场和产业需求，兼具创新创业的意识、知识和技能，以及良好的心理素质和职业素养，能够在生产、建设、管理、服务一线创造社会经济财富，实现社会与个人价值

基于前人的研究，本研究将创新创业人才定义为能积极响应市场和产业需求，既有较深的专业学科知识，又有广博的知识面，同时具有创新创业能力、创新创业意识、创新与创造思维、创新创业精神和良好的心理素质，并且能够在不同社会实践及认识领域开发出创造性成果，进而创造出社会经济财富，实现社会与个人价值的人才。

2　影响创新创业人才培养质量的因素

2.1　国家政策对创新创业人才培养质量的因素

（1）创新创业体系不完善。创新创业相应体系不完善使许多大学生在创业过程中出现问题找不到具体解决方案，大权益得不到保护，无法顺利完成创新创业项目。

（2）国家关于创新创业的相关政策不明确、相关概念模糊。使得大学生不明白相关政策而不敢尝试。

（3）创新创业机会不充足，成功概率低，导致许多有能力的大学生无法施展想法，有想法的大学生不敢付诸实施，敢施展想法的大学生缺乏实施机会。国家应制定提高大学生创新创业能力的制度，引导学生提高创新创业能力。

2.2 社会环境对创新创业人才培养质量的影响

社会环境是影响创新创业人才培养质量的重要影响因素之一。正如"近朱者赤，近墨者黑"反映的一样，不同的环境对人影响不同。在什么样的环境中生活，成为那种人的概率就会非常大。因此，社会环境对创新创业人才的培养极为重要。创新是当今社会的主流方向，社会应该增加对创新创业人才的需求（周桂瑾、俞林，2015），尤其是企业，这会很大程度地促进企业发展。一般社会的需求是什么，人们才会顺着社会的需求去选择。目前社会上有许多职业招聘时，很大程度上看学历，然而高学历并不意味着有很高的创新能力。因此社会环境要有所改变，要增加对创新创业人才的需求，这样就会有更多的高校学生注重自身创新创业能力的培养，从而提高创新创业人才培养质量。

2.3 高校内部对创新创业人才培养质量的影响

高校是人才的集结地。学生经过十几年的学习和生活之后，有了一定的知识经验，到了自己理想的大学之后，开始向着自己理想的方向发展。但是，学生在大学中的发展涉及许多方面。

2.3.1 高校政策

不同的高校有不同的政策，对创新创业人才培养的重视程度有所不同。有的高校对创新创业人才培养非常重视，不仅开设了创新创业课程，还对一些创新创业活动进行了奖励。甚至有的高校并不以高考成绩为录取标准，而是以学生档案的生活经历以及学习经历为主，按能力、想法、创新等多方面择优录取。当然，各个高校对创新创业的态度不同，创新创业方面政策也不同。大体来看，多数高校是鼓励学生进行创新创业的，对进行创新创业的学生进行各种优惠，对创新创业成功的学生优惠更丰富。如果高校的政策对创新创业人才培养有利，那么创新创业人才培养质量就会得以提升；反之，创新创业人才培养就有可能被遏制发展。

2.3.2 高校资源——教师资源

现在我国高校教师资源稀缺，而且分布不均衡。重点高校教师非常密集，资源丰富；普通高校教师资源稀缺。一般情况下，高考成绩高的学生会进入重点高校，高考成绩低的学生会进入普通高校。但是高考成绩高的学生创新能力不一定强，高考成绩低的学生创新能力不一定弱。如果高校里的教师资源稀缺，那么在创新创业人才培养方面有能力的教师就少之更少了。这就意味着教师资源的富有度对创新创业人才培养质量有一定的影响。

除了教师资源的富有度之外，教师的阅历也对创新创业人才培养的质量有一定的影响。高校教师的平均年龄比较小，年轻的教师占大多数。一般情况下，阅历与年龄有关，年龄越大，阅历越丰富；年龄越小，阅历就比较少。我国高校教师的平均年龄比较小，这就有可能会限制创新创业人才的培养,即由于教师本身阅历的限制导致创新创业人才培养质量低下。

2.3.3 高校经费

经费是进行一切研究的基础。如果其他条件都具备了,只缺经费的扶持,研究也会在一定程度上受到限制。如果一个高校的经费比较少,只够用于基本教学活动,就有可能无法进行创新创业的实践活动;反之,高校拥有充足的经费时就有力量开展创新创业实践,进而提升创新创业人才培养质量。因此,高校经费会影响创新创业人才培养的质量。

2.4 文化对创新创业人才培养质量的影响

2.4.1 文化主流方向

社会的文化结构主要是由社会意识形态构成的,是以社会意识形态为主要内容的观念体系的基本结构。社会意识形态是指反映一定社会经济形态,从而也反映一定阶级或社会集团的利益和要求的观念体系。社会文化在一定程度上会受社会环境的影响,也就是说在一定程度上社会文化对创新创业人才培养质量的影响与社会环境对创新创业人才培养质量的影响类似。社会文化的主流方向如果推崇创新创业,那么就会有利于创新创业人才培养,而且创新创业人才培养质量也会提高;如果社会文化的主流方向与创新创业无关,那么就不利于创新创业人才培养,甚至创新创业人才培养会被遏制。注重文化主流方向,针对创新创业人才培养方面不断进行调整,从而向有利于创新创业人才培养方面发展。

2.4.2 传统文化

在古代,有许多名人就有创新意识,并且具有勇于创新、敢于创新的精神。比如写下名作的孟子,在创新方面具有代表性的是"富贵不能淫,贫贱不能移,威武不能屈"这句哲理,意思是说,在富贵时,能使自己节制而不挥霍;在贫贱时不要改变自己的意志;在威武时不能做理亏的事,这样才是大丈夫。在当时那种众人"富贵淫、贫贱移、威武屈"的社会环境中,孟子仍能保持头脑清醒,并提出"富贵不能淫,贫贱不能移,威武不能屈"的新思想,说明孟子是一位善于创新的人。而在古代善于创新并留有著作的人有许多,所以传统文化对创新创业人才培养具有重要的借鉴作用。

当然,关于创业的文化也有许多。元宵节又称"灯节",是因为人们都有张灯的习惯,这个习惯起源于汉朝。到了唐朝,由于统治者的重视,元宵灯节发展到盛况空前的灯市。唐朝具有"诗佛"之称的王维曾写过《奉和圣制十五夜然灯继以酺宴应制》——"游人多昼日,明月让灯光。"每当临近元宵,家家户户都想买花灯,再加上花灯的制作工序烦琐讲究,于是,制作和销售花灯的"灯市"应运而生。这就类似于创新创业过程。当然,不仅"灯市"和《奉和圣制十五夜然灯继以酺宴应制》这首诗可以体现出创新创业,还有许多其他的传统文化中也涉及创新创业。

当然,涉及创新创业人才培养的传统文化不止这些,如果大学生重视传统文化,认真学习传统文化中创新创业人才培养的精髓,即古人进行创新创业、创新创业人才培养的过程以及结果等,并从中得到宝贵的启示,那么就有可能在创新创业人才培养的过程中得到更多的收获,从而在一定程度上提高创新创业人才培养的质量。

2.5 个人兴趣对创新创业人才培养质量的影响

"世界上没有完全相同的两片叶子。"所以每个人都是不同的，当然对待事物的态度也有可能不同。创新创业人才的培养是一个双向的过程，是在培养者与被培养者都愿意的情境下进行的。如果个人没有坚强的意志、坚持不懈的精神以及乐于奉献、吃苦耐劳的准备，那么就不会成为优秀的创新创业的人才。所以培养者与被培养者的态度与意愿对创新创业人才的培养质量具有重要作用。就高校来说，增强大学教师与大学生对创新创业人才培养的兴趣，可以提高创新创业人才培养质量。

3 提高创新创业人才培养质量的策略

（1）国家方面提高创新创业人才培养质量的策略——出台相应政策建立创新创业体系。

完善国家关于贷款、创业基地、创新创业孵化园基地、创业基金等的政策。完善关于大学生创新创业的法律法规，使大学生的权益得到更好的保护。应在公司准入、融资、税收、奖励、法律保护等方面提供更为完善的保障性政策，让大学生大胆创新创业，以保证大学生创业创新初步成功之后为进一步做强做大做准备。

（2）社会环境方面提高创新创业人才培养质量的策略——增加创新创业人才培养需求。

心理学研究表明，一个人的动力来源于他的需求。如果社会上增加了创新创业人才培养的需求，那么创新创业人才培养的动力越强，从而在一定程度上提高了创新创业人才培养质量。社会环境方面可以是企业，也可以是工厂等。如果企业或工厂增加创新创业人才需求，也可以说是社会环境方面增加创新创业人才培养需求，学生在高校中向创新创业人才方向发展的动力就越强，从而使得创新创业人才培养质量提高。

（3）高校内部提高高校创新创业人才培养质量的策略——提高双创教师的综合实力。

"兵欲善其事，必先利其器"，要想提高高校创新创业人才培养质量，首先要有老师的帮助，这就对教师提出了很高的要求。教师不仅需要丰富的知识储备，还需要实践能力（石岩涛，2017），这样才能更好地指导学生进行实践，更好地完成项目。要想提高教师力量，学校可以安排教师定期学习，学习其他地区、其他学校的教学模式；也可以安排教师到企业参加到具体的项目中，提高实践能力。这样不仅可以传授给学生经验，还能提升自身能力。同时，各大企业也可以与学校合作，安排优秀员工参与到学校的教学中，用亲身经验告诉学生，企业项目中可能出现的问题和解决措施。

针对不同的专业采取不同的教学理念、方式。把实践融入日常学习中，让学生半自主地进行创新创业实践。"实践是检验真理的唯一标准"，通过实践可以增加理解，也可以提升能力。大学生有更多的时间可以利用，教师可以在给学生上课的同时，布置实践作业，充实大学生活，让时间更有价值。在学校内举办小型创新创业类比赛，吸引学生的注意力，培养创新创业兴趣。借助这些活动还能与身边的同学有更多的交流，进行思想的碰撞，提升交际能力，学习别人的长处发现自己的不足，丰富知识储备。

（4）文化方面提高高校创新创业人才培养质量的策略——重视传统文化，顺应文化主流方向。

①传承和发扬传统文化。传统文化的全称是传统的文化,落脚在文化,对应于当代文化和外来文化而言。传统文化中许多都是哲理的传递,当然,其中关于创新创业人才培养的方面也是数之胜数。重视传统文化可能就需要国家、社会以及高校等方面的支持。国家可以制定一些有利于发展和传承传统文化的政策,社会可以拍摄关于优秀传统文化的大型纪录片,高校可以增设关于传统文化的课程或活动。

②明确并顺应文化主流方向。世界的文化主流方向随着时间的变化而变化,那么如何在世界文化主流方向不断变化的情况下,更好地传承和发扬优秀的传统文化?这就需要明确并顺应文化主流方向,并在文化主流方向变化的过程中及时在创新创业人才培养方面调整自己,从而更好地传承和发扬关于创新创业人才培养的传统文化,进一步提高创新创业人才培养质量。

(5) 个人兴趣方面提高高校创新创业人才培养质量的策略——提高个人对创新创业人才培养的兴趣。

对于创新创业人才培养过程中的培养者与被培养者,如果可以提高他们对于创新创业的兴趣,创新创业人才培养质量就会提高。心理学研究表明,一个人的积极性的高低,取决于他的动机和兴趣。这就说明,如果个人对创新创业感兴趣或是自己想成为创新创业人才,那么对创新创业人才培养就具有高的积极性,在一定程度上可以提高创新创业人才培养质量。这可以通过改变培养模式来实现,使创新创业人才培养具有更大的吸引力,提高创新创业人才培养中培养者与被培养者的兴趣,从而进一步提高创新创业人才培养质量。

参考文献

[1] 程希哲. 多渠道多形式创业促进创业带动就业——新乡市促进创业带动就业效果研究分析 [J]. 人才资源开发, 2015 (11): 26-28.

[2] 李君, 惠坤龙, 苏金玉. 大学生创新创业活动对人才培养质量的提升问题浅析 [J]. 人力资源管理, 2017 (9): 230-231.

[3] 裴金平, 廉超, 苏毓敏. 校企合作模式下高校创新创业人才培养质量评价体系构建研究 [J]. 劳动保障世界, 2017 (9): 13-14.

[4] 曹胜利. 建设创新型国家与创新创业人才培养——关于"第三张教育通行证"几个认识问题的探讨 [J]. 中国高教研究, 2008 (5): 59-62.

[5] 郁震, 高伟, 陈颖辉. 高校 PBL 创新创业型人才培养模式初探 [J]. 中国青年科技, 2008 (1): 47-52.

[6] 王乐芝. 地方工科院校创新创业人才素质结构探析 [J]. 长春工业大学学报 (高教研究版), 2009, 30 (2): 87-88.

[7] 徐辉. 高校创新创业人才培养的评价标准 [J]. 江苏高教, 2009 (6): 107-108.

[8] 郑亚娟, 王方平. 我国地方性本科院校创新创业人才培养的问题及对策 [J]. 教育理论与实践, 2011 (27): 6-8.

[9] 赵宏旭. 供给侧改革背景下高职院校创新创业人才培养的几点思考 [J]. 智富时代, 2016 (S2): 357-358.

［10］周桂瑾，俞林．应用型本科创新创业人才培养水平提升策略研究［J］．中国职业技术教育，2015（32）：5-9．

［11］石岩涛．我国创新创业人才培养研究综述［J］．合作经济与科技，2017（7）：69-71．

作者简介

孙曙光（1985— ），河南濮阳人，山东师范大学商学院讲师，博士。研究方向：人力资源管理，创新管理。

周文洁（1998— ），山东济南人，山东师范大学，学生。研究方向：人力资源管理。

王凯悦（1999— ），山东东营人，山东师范大学，学生。研究方向：人力资源管理，创新管理。

教育"双创"融入专业教育的模式与方法

魏 明

(河南科技大学,洛阳,471000)

> **摘要:** "大众创业、万众创新"已上升成为国家层面上的发展战略。在"双创"大背景之下,社会对学生双创能力的要求愈加重视。为了实现将创新创业教育融入专业教育的目标,院校需要对现阶段双创教育的历史变革、现状和存在的问题进行探索与研究,并宣传双创教育与专业教育相融合的观念。通过探索高校进行的双创教育的情况结合我院实际情况,科学定位双创教育在专业教育中的导向作用,探索适合双创教育融入专业教育的模式与方法。
>
> **关键词:** 双创教育;专业教育;融入

1 背景及意义

2015年,国务院办公厅先后出台了关于《深化高等学校双创教育改革的实施意见》《大力推进大众创业万众创新若干政策措施的意见》《发展众创空间推进大众双创的指导意见》等系列文件,强调了国家实施创新发展的新型战略、推进高校双创教育改革(任永力,2015)。随着近几年国家出台的一系列政策,以双创融入专业教育为中心,构建符合高等院校办学定位的人才培养模式,进一步完善双创融入教育的模式与方法。双创融入专业教育机制,以及双创教育课程体系,强化双创实践教育,加强教师在专业课程与双创教育方面的教学能力建设,使学校双创教育与专业教育不断碰撞、融合。

2 高等院校双创教育融入专业教育发展情况分析

2.1 双创教育融入专业教育的理论方面

重视双创教育的本质需要从大学生知识结构优化的角度着手双创教育内涵的认识随着专业课程教育的深入而不断发展。1989年,联合国教科文组织于北京召开的"面向21世纪教育国际研讨会"上提出了创新创业教育要强调培养学生的开拓技能与事业心;2002年,教育部及与会专家在"创新创业教育"试点工作座谈会上一致认为创业教育是素质教育的一个重要方向;而近几年的相关研究更是指出,院校双创教育的核心在于培养学生的企业家精神(严毛新,2009;侯锡林,2007)。

随着国家对高校双创教育和培养学生双创能力的高度重视，高校也应加快双创教育与专业课程的具体实施。在宏观层面上，一些高校比较看重双创教育的顶层设计，而对院校教师的双创教育的认识纵深和认识理念方面的关注较低，因此有的教师对双创教育的了解不十分明了，有的甚至与专业课程脱节，简单地以为双创教育就是教会学生学会自主创业的方法；在微观层面上，一些高校比较看重学生在双创教育的理论学习的丰富，对学生不同的群体没有进行分层次的培养和教导，只看重学生创新思维方面和创业能力方面的锻炼与培养（魏银霞，2015）。因此，一些高校教师对双创教育的认识还需要扩展，在认识深度方面也需要加深。

2.2 高校教师双创教育融入认知实践

创新创业能力不是一门课程就可以培养的能力，是知识积累、学习过程、工作启发等多种因素影响而培养和锻炼出的素质。现在高校的实训教学依然沿用传统的教学模式，教师们准备好一切所需物品，设计好实训的方法与步骤，当实训课程开始进行时，学生模仿着教师的示范，然后进行无思考的练习。若遇到一些问题，学生一般会手足无措，或者是按照教师教的再次模范，缺乏独立解决问题的能力。因此，专门的双创课程给了我们认知和提示，在学习中需要通过不断地实践训练，锻炼自己的思维灵感和创新品质，需要把双创意识渗透到专业学习及日常学习中。将双创教育融入认知学习中，启发思维，激发灵感，在实践中融会贯通，能更好地培养创新能力。

3 高校双创教育与专业教育融合的途径

3.1 重视双创教育实施，创新人才培养方案

双创教育应充分发挥顶层设计的引领作用，从人才培养体系上重视大学生双创教育，构建出"三创"（创新、创意、创业）能力的专业人才培养方案，逐渐形成模拟实践训练、创业孵化等双创平台，探索以双创认知、专业课程、创新创业实践为平台的双创教育模式。制定学院学分认定方面以及替换管理方面的办法，允许学生将自己在双创活动中取得的成果以及在综合素质的拓展活动成果申请认定学分，并用来替换所需修的公共课或专业课学分；立项建设结合专业课程的双创教育实验训练基地；立项资助学生开展与专业相结合、与指导教师科研项目相结合的双创项目，开展双创实践活动。如河南科技大学食品学院学生结合专业开发"乳酸菌发酵红薯叶"项目。

3.2 深化教学内容改革，建构完善课程体系

推行新型课程改革，完善课程体系，加强"双师型"教师培养，修订实践教学标准，课程方面要呈现专业教育的双创型课程改革，按照"基础理论够用、实践能力突出、双创渗透"的课程设计理念，让学生越发接近企业的需求，在学中做、做中学，掌握真实技术。教师需从社会对学生的要求出发，重在构建教学的课程，加强双创实践的教学环节，采取案例式教学方法、项目式教学方式和多媒体教学方式，以真实项目、工作任务为驱

动，使学生更加贴近与专业相关行业的需求。

对于院校而言，双创教育需是通识教育，应该贯穿学生的大学教育的整个时期，融入人才培养的全部过程；大学教育的部分中需是专业教育，专业教育也是在某一领域中取得的专业方面的知识。有些高校双创教育课程方面相对独立，与专业方面的教育没有进行很好地结合，教师在组织学生进行双创教育的意识和能力方面也需提升，多数教师习惯于传统的教学模式、使用课堂讲授的方法实施双创教育，在理论与实际的结合方面不是非常紧密，同时在针对性和实效性方面也有待提升，一些实践平台也没有根据学生的实际需求进行及时调整和更新（巩丽霞，2011），院校内双创教育课程与专业教育课程需要相互支撑，两者共同作用才能促进院校在双创教育与专业教育结合方面的发展，提高学生的综合素质。例如河南科技大学食品学院为学生提供的大学生创业中心平台，使学生在专业课程中学到的知识在平台中得以展示。

3.3 加大师资队伍建设，契合双创教育需求

师资是双创教育体系中的重要因素，优良、充裕的教师资源是学生发挥能动性的基石（钟江顺，2016）。加大师资队伍建设，契合双创教育需求。加强校内教师创新创业教育培训。通过对新进教师岗前培训、在职教师轮回培训和专项培训，提高教师创新创业教育教学水平；专业课教师在教学计划中要安排1~2次以创新创业为主题的教学内容；学校设立创新创业名师和创新创业教学团队建设项目，按本科教学工程建设项目统一管理。加强校外创新创业师资队伍建设。聘请知名科学家、企业家、创业成功者、行业专家、杰出校友等作为创新创业就业导师，可担任创新创业课程、讲座及专业课授课或学生创新创业项目的指导教师。

现今，一些高校在综合性教学团队的建设方面，特别是双创教育师资团队的建设应当逐步加强。据不完全统计，在我国本科院校创业教育师资队伍中，41%的高校既没有专职教师，也没有兼职教师；34%的高校创业教育教师由校内就业工作人员、学生工作人员、经管学院教师或外聘部分业内精英（包括创业成功人士、风险投资家、企业管理者）组成；仅有25%的高校有专职的创业教师（将阳飞，2014），这对高校师资队伍的建设提出了更高的要求。

3.4 开展创新创业与专业教育结合类活动，提升双创教育质量

（1）鼓励学生参加各种创业活动，加大校内外创业基地建设力度，为学生创建良好的创业空间与平台。基于创业项目导向，促使学生深入到与专业课程相关的创新创业实践过程中，感悟创业过程，收获创业经验，提高创业能力。学校应该充分挖掘自身的现有资源，开发具有可行性、科学性的双创项目；另外需要面向校内外企业与社会，为学生开拓和寻找与专业课程方面的相互适应的双创实践项目。

（2）建立创新创业服务平台与"职业辅导+就业指导+双创引导一体化"的双创指导体系。举办创新创业典型事迹报告、创新创业讲座论坛等；对自主创业学生实行持续帮扶、全程指导、一站式服务，做好创新创业项目对接、知识产权交易等服务。通过专业教育和双创实践锻炼相结合，从院校学生中培养潜在的创业者，培育成功的创业项目，以创

业项目带动双创教育。建立精准化就业创业帮扶体系。完善校、院、班级三级联动的就业创业统计机制，加大对就业创业困难毕业生的帮扶力度，对家庭困难毕业生、残疾毕业生、少数民族毕业生、农村生源毕业生实行"一生一策"动态管理，开展个性化就业创业指导，做到精准辅导、精准帮扶。通过举办各类大赛，鼓励学生开展"创业类"毕业设计，提高大学生的科研素质、实践能力和团队协作意识（王占仁，2012）。

参考文献

[1] 任永力. 高校创业教育与专业教育的融合路径研究[J]. 中国教育学刊，2015（3）：53-54.

[2] 严毛新. 我国高校创业教育发展目标及实现路径研究[J]. 中国高教研究，2009（3）：88-89.

[3] 侯锡林. 企业家精神教育：高校创业教育的核心[J]. 高等工程教育研究，2007，23（2）：178-180.

[4] 魏银霞，黄可，郭庆. 地方工科高校双创教育体系研究与实践[J]. 实验技术与管理，2015（2）：14-17.

[5] 巩丽霞. 应用型高校本科教育改革的思考[J]. 国家教育行政学院学报，2011（9）：43-47.

[6] 钟江顺. 我国高校双创教育现状及其创新模式论析[J]. 继续教育研究，2016（8）：7-9.

[7] 蒋阳飞. 高校创业教育与专业教育融合的问题及对策[J]. 大学教育科学，2014（4）：107-109.

[8] 王占仁. "广谱式"双创教育体系建设论析[J]. 教育发展研究，2012（3）：54-58.

作者简介

魏明（1980— ），河南偃师，河南科技大学食品与生物工程学院，团委书记。

新时代下高校创新创业的探析

万建臣

(黄河科技学院,郑州,450063)

摘要: 近年来,国家对高校创新创业教育重视程度日益加大,在应用型人才培养及"大众创业、万众创新"的理念指导下,各高校也在传统专业教育模式上进行各种创新创业教育的思考和探索。从描述创新创业背景及创新创业教育的现状入手,着重分析其中存在的问题;以创新创业教育的培养目的为导向,提出有效开展创新创业教育需要具备的条件,根据条件结合问题,对创新创业教育的开展提出相应对策。

关键词: 创新创业;新时代;文化教育;高校

创新创业,是国家发展之根,是民族振兴之魂。党中央、国务院高度重视高校创新创业教育工作。党的十八大报告明确提出,要加大创新创业人才培养支持力度。习近平总书记多次作出重要指示,要求加快教育体制改革,注重培养学生创新精神,造就规模宏大、富有创新精神、敢于承担风险的创新创业人才队伍。2015年李克强总理在政府工作报告中提出要把"大众创业、万众创新"作为实现经济提质增效升级的"双引擎"之一。一个国家的创新能力是国家经济发展与社会进步的基础与动力,创新一般与创业活动紧密联系,而大学生又是最具有创新潜力的人群,也是最有机会与潜力创业的群体,因此促进大学生创业具有非常重要的作用,但大学生的"创客"之行,也绝少不了政府、学校及大学生的共同努力。

1 新时代下创新创业的背景

1.1 国际背景

从国际上来看,一方面当今国际经济形势不容乐观,国际经济形势不稳定,市场需求减弱,因此,我们必须扩大内需来促进经济稳定发展。那么,只有通过"大众创业、万众创新"来激发国内市场需求;另一方面国际市场需求要求增高,对产品本身的质量、技术含量和使用效能要求增加,对创新技术和创新产品的需求增加,而我国仍处于社会主义初级阶段,科技创新水平低,无法满足国际市场的需求,这就要求我们通过"大众创业、万众创新"来创造出新技术、新产品和新服务,从而稳定和增加我国产品在国际市场的需求及份额。

1.2 国内背景

从国内来看，一方面，经济下行压力逐步加大，国内市场需求有待开发，这就要求我们就必须走科技含量高、环境污染小、附加值高、耗能少的新型发展道路，这就要求我们必须通过"大众创业、万众创新"来推动社会经济的转型；另一方面，随着全面深化改革的逐步推进，要求我们通过增强经济内生动力来支撑和促进体制和机制改革，通过"大众创业、万众创新"来增强全面深化改革的动力和活力。

2 新时代大学生创新创业面对的困境

当代大学生具有扎实的文化知识，年轻富有朝气且比较有想法，能去做自己想去做的事情，能吃苦耐劳，这是创业的最大优势。但也存在一些实际困难和自身内外条件的限制，这极大地阻碍了大学生迈出创业的第一步，让很多学生放弃了自己创业的想法。

2.1 创新创业意识薄弱

当代的大学生由于受传统应试教育的束缚，思想上跟不上形势，不能感知到国家创业大潮和个人发展机遇的来临。表现在意识上为不愿创业，对国家极力鼓励扶持的创业行动反应缓慢，缺少想法和激情，而且觉得在创新创业的过程中有很大的风险，自己也不愿去冒这个风险（刘晓颖，2018）。

2.2 创新创业能力有限

大学生长期处在学校的保护环境中，与社会接触比较少，不了解怎样在社会中立足和与别人打交道，各种社会实践能力比较欠缺，这样就导致在创业的过程中缺少很多的可利用资源，个人的能力素质与创业需求有较大差距，一旦开始了自己的创业计划后，就会一时难以肩负起独自创业的重担（肖婷，2018）。

2.3 缺乏创新创业胆量

一些大学生缺少单干的闯劲和对生活的挑战精神，做事过于谨小慎微，过于考虑风险责任，怕创业失败没有脸面，怕经营亏损承担债务，对创业没有胆量尝试。

2.4 寻求创业项目困难

有些大学生非常希望能够创业，但是，通过市场考察，发现自己喜欢的项目已经没有太多的市场空间，或者是如果投入的话很难与当今所有的大公司相竞争，一时又找不到其他合适的项目入手，然后只有去找相关的项目，但是发现都不合心意，然后就反复放弃，导致最后没有创业创新的想法了。

2.5 缺乏资金

当创业前期的所有计划、考察、论证都已完成，开始进入实施阶段时，最后发现启动资金难以到位，对一个普通的大学生来说，主要的经济支持是依靠家庭，但是创业前期都需要较大的投入，如果没有赞助或是扶持，很难入手，最后只好无奈放弃或暂时搁浅。

3 新时代下高校在创新创业中突出的问题

3.1 对创新教育的理念缺乏

由于传统教学观念一直存在教学的方案中，在面对现在突飞猛进的经济和科技的发展中，许多的新观念还是没有植入高校的教学日程中。对于大多数高校还是一直保持着教书育人的观念，所以只注重学术方面，对创新创业的理念执行不是特别到位。而且很多的学校在教学的过程中，认为学生必须要学好书本上的专业知识，以便自己初入社会后更好地服务于社会。所以就会忽视对其创新创业观念的培养。这样学生就会存在自己想法：一是很多学生都认为自己念个好的大学，以后找个好点的公司，有一个稳定的收入就好了，对于创新来说，对自己不适合，毕竟创业有很大的风险，自己也怕去承担这份风险。二是即使是要去创业也不是在大学里创业，也是自己工作了之后有一定的经验和经济基础的时候才开始，在大学里自己的各方面还是比较单一，缺乏与时俱进的见解，让创业这个路走不到很平。三是认为没有创业的必要，毕竟现在存在很多大公司，相关的研究也是很多的，要想在自己想的那个方面作出一定的成绩，那是很困难的，在竞争激烈的社会，小公司也是难以在这个大世界中立足的（王焰新，2015）。

3.2 创新创业教育体系相当的不完善

由于我国的创业教育起步较晚，所存在的教育体系还是很不完善，现在国内的创新创业体系还是相当于国外发达国家的初步阶段。因此在创业教育方面我们还有很长的一段路要走。现在国家的这种创新创业体系在高校中运用主要还是在课余时间和老师之间的探讨，缺乏真正的课堂教育。在今后的发展中，要把这个创新创业教育真正地展现在课堂之中。时代发展很快，许多的老师没有跟上时代的节奏，自己的思想观念还是停留在以前的老式教育没有发生改变，这样显然会影响学生创新创业的发展，必须在这个方面逐步改进（江玮璠等，2013）。

3.3 教育资源的不平衡

国内的高校很多，在教育资源这一块，985、211工程类高校占据了很大的资源，也就是说在国家教育的投入方面占了很大的比重，这样还有很多的二本类及二本以下的学校享受比较少的资源，这样培养出来的很多大学生缺乏创新创业的思想。所以在飞速发展的当今社会，对待教育资源国家应该大力的整合，让更多的学生享有同样的教育资源，这样会有助于社会的发展，加快创新创业事业在中国的进程。

4 新时代下高校创新创业的对策

2015年7月17日，习近平总书记在部分省区市党委主要负责同志座谈会上强调："抓创新就是抓发展，谋创新就是谋未来，不创新就要落后，创新慢了也要落后"。创新是推进改革和发展的不竭动力。目前，我国面临着复杂的改革环境和艰巨的发展任务，只有不断提高创新水平，才能持续推动改革与发展。创新的基础是人才和教育。当前国家提出"教育的四个回归"，再次强调了本科教育的重要性，特别是在本科期间一定要全面提升大学生创新创业的意识和精神，对后期在研究生教育或社会职业创新人才培养方面具有重要意义。我国高等教育通过多年来的付出和努力向社会输送了大量人才，促进各行各业创新与发展，但仍存在创新力与思辨力不足等问题，制约了我国高等教育的发展和创新人才的培养。在经济步入"新常态"、社会改革迎来关键期的背景下，如何更好提升大学生的创新能力以服务经济与社会是一项重要课题。教育改革问题越来越受社会关注，本科生教育质量和创新创业能力也不应被忽视。

4.1 发展先进的教育理念

在当今社会，大学生是我国知识最丰富、见识较广的社会群体，作为这样一个群体，思想不应太保守，一心追求工作生活稳定虽然是不错的选择，但不符合对当代大学生的素质要求。我们应该勇于冒险，敢于挑战自我，加强自己的创新创业意识，形成一个"大众创业、万众创新"的局面。学校也应该具有相应的课程，去鼓励学生创业。且在这个基础上，我们开展的创新创业教育也应该和专业教育一样，是高等教育的重要组成部分，而不能只是在专业教育之外的补充而已，我们要把它当成当代教育的一门重要的课程，二者的共同发展，才是完整的现代社会教育体系。要将创新创业教育与学生们的专业相结合，培养出学生的个人创新性思维，创新性意识。学校也可以开展相关的创新创业的活动，让学生们参与或者是了解创业。老师的传统教育观念也要随着教育的大变革要有很快的适应性，要在加强自我的学术和创新思维修养，这样才能更好地引导学生在新时代下进行创新创业，让学生成为一个理论与实践兼备的复合型人才。

4.2 解决大学生创业资金问题

首先，教育部和各级地方政府根据高校的创业情况和财政情况，确定相应的扶持计划，增大资金的投入。比如设置创业基金和项目基金，让更多的大学生创业者看到国家的好政策，也享受到很多的优惠，减少了在创业的过程中面临最大的资金问题。再者，作为一个高校应该扩大与企业之间的合作尤其是研究型工作，这样会吸引外资的投入，学生有足够的流动资金，才能让项目顺利进行。最后相应的银行也应该提高资金扶持力度，需要建立健全第三方担保机制，大学生从银行贷款时，必须要有相应的担保银行才会给予贷款。这样高校和地方政府可以作为大学生贷款的担保。

4.3 强化高校创业实践指导

在现在大众创业的时代，国家出台了鼓励大学生创业的指导性意见。因此，在国家的引领下，国内各个高校积极支持学校老师带动学生创业，特别是处于创业阶段的老师或是具有创业经历的老师，让学生在实践中接受锻炼，得到教师指导。在校期间创业的学生，学校应该全程跟踪其项目过程并且安排相关的老师进行指导，让学生创业的成功率更高。

在高校中经常有大型的演讲会议，可以利用这个机会，聘请创业成功人士和企业家给学生讲述创业故事，来激励学生的创业激情，也让学生懂得创业过程中的辛苦，懂得坚持才可能会有好的结果，给学生提供经验和教训（李丽娜，2015）。

4.4 营造创新创业文化氛围

高校"创新创业"教育需要加强各类"创新创业"教育活动的宣传工作，进而营造良好的"创新创业"教育的文化氛围，这是高校"创新创业"教育不断朝着成功方向迈进的外部助推力。高校可以通过校园网站、微信平台、校园广播、校园报刊等形式宣传国家、地方和本校在"创新创业"上的政策措施。同时，也宣传国内各高校大学生"创新创业"的成功典型，并邀请这些成功者来校分享"创新创业"历程，调动大学生"创新创业"的积极性。

创新是国家进步的源泉，"大众创业、万众创新"将极大地降低创业创新的门槛，便于全社会进入一种开拓进取的氛围。对大学生而言，这既是机遇又是挑战，我们虽然掌握了一定的书本知识，但基本上都还属于"纸上谈兵"的阶段。我们需要跳出书本，借着新时代"大众创业、万众创新"的召唤走向创业的前沿阵地，努力让创造的血液在我们胸中流淌，让自主发展的精神蔚然成风。

总之，新时代下深入推进高校创新创业教育改革，事关高等教育改革发展，事关国家全局和民族未来。高校作为人才培养的摇篮，更应该在以习近平同志为核心的党中央坚强领导下，锐意进取、真抓实干，开创高校创新创业教育改革新局面，为实现"两个一百年"奋斗目标和中华民族伟大复兴的中国梦作出更大贡献。

参考文献

[1] 刘晓颖. 新时代高校创新创业教育存在的问题与对策 [J]. 长春工程学院学报（社会科学版），2018，19（2）：104-107.

[2] 肖婷. 新时代高校创新创业教育理念探析 [J]. 未来与发展，2018，42（5）：48-51.

[3] 王焰新. 高校创新创业教育的反思与模式构建 [J]. 中国大学教学，2015（4）：4-7，24.

[4] 江玮璠，李文，汪丽琴，等. 我国创新创业教育发展存在的问题及对策 [J]. 科技广场，2013（11）：252-256.

[5] 李丽娜. 应用型本科院校创新创业教育存在的问题及对策 [J]. 山东工会论坛，2015，21（3）：131-132.

作者简介

万建臣（1973— ），河南范县人，黄河科技学院信息工程学院办公室主任，副教授。研究领域：信息系统。

"双创"情境下的高校创新创业教育环境评价研究

李 慧

(江苏大学,镇江,212000)

> **摘要**:应用理论分析和德尔菲专家咨询法得到高校创新创业教育环境评价指标体系。根据专家打分结果并应用层次分析法确定了9个一级指标的权重。对江苏省400名大学生创业者和师资队伍进行问卷调查、数据采集,信度效度检验,得到高校创新创业教育环境57个二级评价指标权重,提炼出了10个关键评价指标,进而从"创业教学研究、创业政策机制、创业实践孵化"方面提出高校创新创业教育环境提升策略。
>
> **关键词**:高校;创新创业教育环境;评价指标

1 引言

国家大力实施"大众创业、万众创新"政策(国务院,2015),把大学生创新创业作为"双创"的重要发力点,出台《国务院办公厅关于深化高等学校创新创业教育改革的实施意见》(教育部办公厅,2012),推动高校创新创业教育改革。开展创新创业教育是助推创新创业型国家建设的重要途径。创新创业教育环境关系到一个大学生创业者能否接受到系统的创新创业知识培养、创新创业实践锻炼与创新创业文化熏陶。当前,高校致力于将创新创业教育融入教育教学的全过程(洪大用,2016),为大学生创业者营造优质的创新创业教育环境。随着创业教育探索的逐步深入,关于创新创业教育有效性、影响力、最佳实践的辨认也引起了广泛关注(Fiet,2001)。目前我国高校创新创业教育评价的相关理论和实践相对滞后,已经无法满足我国高校创新创业教育持续发展的需求。本文研究高校创新创业教育环境的评价指标体系,旨在为高校提升创新创业教育质量、加强实践创新创业型人才培养质量提供决策依据。

2 理论分析

国内外关于创业教育环境的研究主要从"创业教育职能"和"创业环境构成"两方面进行。

(1)从创业教育职能方面出发,有三个维度。一是从宏观政策评价方面讲,Lundstrm和Stevenson(2005)通过对15个国家的公共创业政策进行分析,提出创业政策理论分析框架,指出可以从创业促进、创业教育、创业环境、创业融资、初创期的商业支持和目标群体战略六个方面对创业政策进行评价;二是从高校创业教育政策过程评价上讲,丹麦全国创业和建筑协会(2004)选取了10所美国大学、10所加拿大大学和7所丹麦大学的创业教育项目,从教育范围、教育组织、机构特征、外延拓展活动以及教育评价五个方面进行基准评价;三是从高校创业教育的影响力评价上讲,客观影响力评价最典型的是美国亚利桑那大学的"伯杰创业教育项目评价",为不同专业的本科生和研究生提供两年的系统创业课程和创业活动(Charney et al.,2000)。

(2)从创业环境构成角度出发,创业环境框架的权威描述主要有两种。一是创业观察GEM研究项目提出的"GEM创业环境条件框架",主要从"一般的环境条件和创业环境条件"两个大方面着手研究国家经济增长为目标。其中由GEM开发的创业环境条件,包括金融支持、政府政策、政府项目、教育和培训、研究开发转移、商业与专业基础设施、市场开放程度、有形基础设施、文化及社会规范(高建等,2006)。二是Gnyawali和Fogel(1994)提出的"五维度模型"。五维度模型是由Gnyawali和Fogel(1994)提出的一个比较经典的模型。模型显示:外部环境对新创企业的运作和成长有很强的影响力,而创业环境应是创业过程中多种因素的组合,这个组合包含五个维度,分别为对创业资金支持与对创业的非资金支持、政府政策与工作程序、社会经济条件、创业和管理技能。五维度模型至今为止仍然是用来描述创业环境的权威模型之一,常被国内外研究创业环境的学者所采用。此外,中国学者也从不同视角构建高校创业教育环境指标,比较代表的有葛红军提出的基于学生创业素质提升的双主体评价体系(葛红军,2015)。

3 高校创新创业教育环境构建原则

当前,我国高校创新创业工作取得了长足进展。在"双创"背景下,要更加突出高校创新创业的新行动、新机制和新成效。在众多创新创业指标选择时既要实事求是、客观公正,还要具有可操作性和可执行性。具体须遵循的原则有:①客观性,符合实际情况;②有效性,能否真实评价出水平高低;③科学性,具有严谨的逻辑体系;④可行性,要能够操作便捷。

4 高校创新创业教育环境指标构建

考虑到高校创新创业教育,同时从事创业实践并被政府和市场深入影响。因而,研究创业教育环境应该从高校本身的内部环境与高校外部的环境两个方面着手。内部评价指标借鉴GEM概念模型和五维度模型中关于创业教育的指标,以及伯杰创业教育项目评价的创业教学活动这一指标,主要从"领导体制与工作机制、创业教学与理论研究、创业培训与基地建设、创业氛围与创业成效"方面设置。外部评价指标借鉴GEM概念模型和五维度模型,同时也充分借鉴了伦德斯托姆和史蒂文森政策层面的"创业促进、创业融资"指标,选用了丹麦全国创业和建筑协会采用的创业教育的外延指标,主要从"政府创业政策促进、创业基金、创业市场环境、文化及社会环境、创业基础设施"方面设置。外延指标的设置主要考虑高校创业教育不是独立的系统，是与金融、市场、文化环境相融合的整体，它们相互影响，相互促进。

由此可见，本文构建的创新创业教育环境具有比较明显的逻辑构成体系，应用在高校创新创业教育环境的研究上是十分有利的。至此，结合研究目标，本文提出了理论研究模型（见图1），构建了高校创新创业教育环境评价指标体系，并用德尔斐法修正，最后得到的评价指标体系共有9个一级指标和57个二级指标。

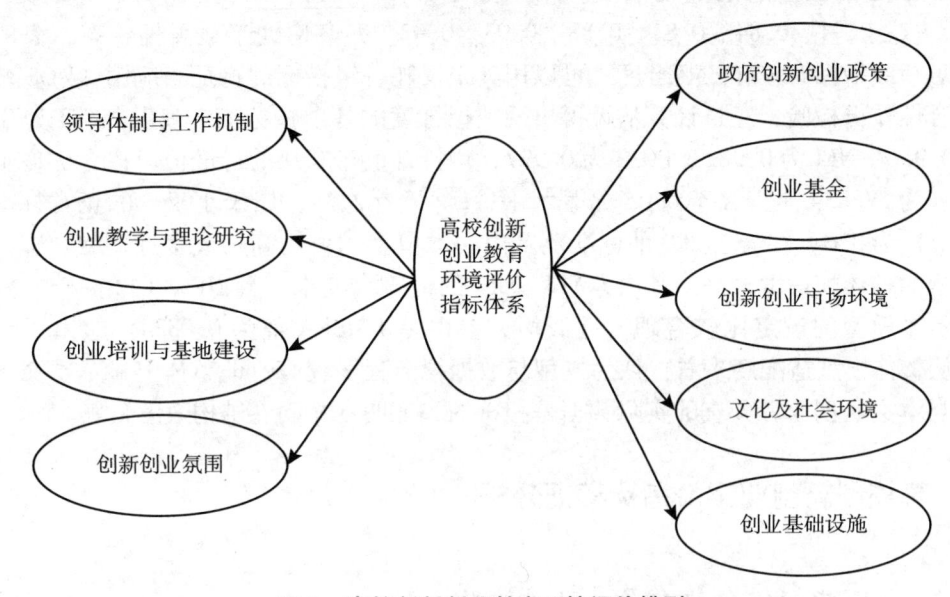

图1 高校创新创业教育环境评价模型

5 问卷设计与数据检验

5.1 资料来源及变量设置

本文采取访谈与问卷调查相结合的形式，选取江苏省10个二级城市中目前正在创业的在校大学生和创业师资、管理认识作为调查对象，使用五级李克特量表进行测量。共发放问卷400份，回收255份，有效问卷为229份。文章还对9大指标进行了描述性统计分析。性别上，男性占82%、女性占18%；教育程度上，专科占14%、本科占66%、硕士占11%、博士及以上占9%；年龄上，26~30岁的占86.5%、31岁以上的占13.5%；专业上，人文占11%、经管占43%、理工占33%、其他占13%；91%的人在创业；51%的人有亲戚在创业；行业上，IT占16.8%、制造业占26.8%、生物科技占40.8%、服务业占12.8%、其他占2.8%；团队规模上，30人以下的占26%、30~50人的占35%、50~100人的占25%、100人以上的占14%。证明样本数据采集与分布是较为科学合理的。

5.2 信度与效度检验

本文信度检验参照标准进行。本问卷的重测信度大部分都在0.60以上，仅有一份分问卷的重测信度系数为0.564，但已接近0.60；本问卷的内部一致性信度系数大都在0.60以上，其中有两份分问卷的系数0.574和0.558，也均接近0.60。因此，认为本问卷的信度是可靠的。本文选取了来自人事局、工商局、创业教育指导委员会、税务局、教育局、高校、银行、知名企业家等不同领域的10位专家，对评价指标体系进行验证。结果显示指标体系是较为科学合理的，因此认为本问卷内容效度较好。

问卷结构完全参照本文提出的评价指标体系设定，运用 LISIEL 8.7 软件，经过验证性因子分子方法验证问卷的建构效度，结果显示九个一级指标的路径系数分别为0.93、0.95、0.92、0.91、0.84、0.81、0.88、0.93、0.93，T值均处于显著性状态，表明各二级指标对一级指标有较好的契合度，可以用其来反映一级指标的特征。应用 AMOS 软件对模型拟合性作出检验，经过计算估计得出反映拟合度的各项指标值。其中，GFI 为0.957、CFI 为0.956、NFI 为0.982、PGFI 为0.927，均符合大于0.9的标准值；拟合优度卡方检验（χ^2）为57.854至少大于0.05显著水平；χ^2/df 为2.41，属于小于3的正常标准。自由度（df）为526，在大于200的标准范围内。本模型的值均高于或接近文献合理值，意为本模型的整体配适度较高。其次，NFI、CFI 的值符合要求、且 NFI、CFI 高于文献合理值，显示本模型的设定比较合理。近似均方差误差 RMSEA 值为0.0834。超出了正常的0.08。从整体模型适配度来看，认为模型与数据拟合程度较好，即整体上显示本文评价指标体系与本文从创业者调查的实际数据是相符的，证明本文问卷结构效度较好。

6 高校创新创业评价指标实证分析

6.1 一级指标组合权向量一致性检验

本文依据德尔菲专家打分结果，运用层次分析法分析高校创新创业环境评价指标权重。9个一级指标层的权重确定见表1。

表1　　　　　　　　　　一级指标判断矩阵及该层指标各权重

指标	X_1	X_2	X_3	X_4	X_5	X_6	X_7	X_8	X_9	权重
X_1	1	0.9	1	1.3	1.9	0.8	1.6	0.9	1.3	0.126
X_2		1	1.3	1.5	1.6	0.8	1.9	1.5	1.4	0.144
X_3			1	0.9	0.8	1.6	1.7	1.5	1.3	0.124
X_4				1	0.9	0.6	0.9	0.8	1.3	0.096
X_5					1	1.5	1.8	0.9	0.7	0.107
X_6						1	0.6	1.2	1.8	0.114
X_7							1	1.3	1.6	0.100
X_8								1	1.5	0.105
X_9									1	0.086

由 $CR = \dfrac{CI}{RI} = \dfrac{0.045}{1.450} = 0.032 < 0.1$，判断矩阵的一致性是可以接受的。

6.2 影响程度排序及关键指标提取

为了弄清制约高校创新创业环境的关键要素和影响程度，利用江苏省 400 个大学生和高校教师对 57 个二级评价指标的重要程度进行打分，利用 AHP 方法定量计算出各二级指标对目标层的影响程度，见表 2。

表 2　高校创新创业教育环境评价总指标体系

目标层	一级指标	单层权重	二级指标	合成权重	排名 TOP10
高校创新创业教育环境评价指标（A）	领导体制与工作机制（X_1）	0.126	经费投入 X_{11}	0.0241	3
			领导重视 X_{12}	0.0262	2
			制度建设 X_{13}	0.0198	
			政策文件 X_{14}	0.0195	
			工作机构 X_{15}	0.0155	
			落实情况 X_{16}	0.0209	
	创业教学与理论研究（X_2）	0.144	教学体系 X_{21}	0.0269	1
			队伍建设 X_{22}	0.0217	9
			教育理念 X_{23}	0.0206	
			研究机构 X_{24}	0.0212	
			项目研究 X_{25}	0.0217	
			科研成果 X_{26}	0.0167	10
			学术交流 X_{27}	0.0150	
	创业培训与基地建设（X_3）	0.124	校内系统的创业培训 X_{31}	0.0226	7
			机动的创业培训 X_{32}	0.0167	
			校内外互动的创业培训机制 X_{33}	0.0233	4
			基地建设 X_{34}	0.0196	
			与地方科技园、创业园对接情况 X_{35}	0.0229	6
			孵化成果 X_{36}	0.0222	8
	创新创业氛围与成效（X_4）	0.096	氛围营造 X_{41}	0.0147	
			就业带动 X_{42}	0.0151	
			教育成效 X_{43}	0.0156	
			创业活动 X_{44}	0.0115	
			产学研合作带动 X_{45}	0.0140	
			典型案例 X_{46}	0.0135	
			创业社团 X_{47}	0.0115	

续表

目标层	一级指标	单层权重	二级指标	合成权重	排名 TOP10
高校创新创业教育环境评价指标（A）	创新创业政策（X_5）	0.107	相关行政单位的办事效率 X_{51}	0.0163	
			针对大学生创业的税收优惠 X_{52}	0.0202	
			针对大学生创业的优惠政策 X_{53}	0.0231	5
			注册资本及审核要求 X_{54}	0.0143	
			登记审批程序简便性 X_{55}	0.0152	
			创业相关制度的完善性 X_{56}	0.0179	
	创新创业基金（X_6）	0.114	风险投资的可得性 X_{61}	0.0162	
			银行信贷的可得性 X_{62}	0.0174	
			家庭资金支持可得性 X_{63}	0.0189	
			融资渠道多样性 X_{64}	0.0170	
			金融机构发展程度 X_{65}	0.0169	
			高校创业基金可得性 X_{66}	0.0124	
			地方政府创业基金可得性 X_{67}	0.0150	
	创新创业市场环境（X_7）	0.100	市场开放程度 X_{71}	0.0180	
			经济发展水平 X_{72}	0.0190	
			创业项目开发难易程度 X_{73}	0.0186	
			创业及合作伙伴的寻找难易程度 X_{74}	0.0156	
			历来创业活动活跃情况 X_{75}	0.0148	
			行业进入壁垒 X_{76}	0.0140	
	创新创业文化（X_8）	0.105	家庭背景对大学生创业的影响 X_{81}	0.0180	
			创业行为所受到的赞赏度 X_{82}	0.0139	
			社会对创业失败的容忍度 X_{83}	0.0213	
			亲朋支持创业情况 X_{84}	0.0162	
			周围人群的创业意识与精神 X_{85}	0.0124	
			公众对大学生创业的支持度 X_{86}	0.0184	
	创业基础设施（X_9）	0.086	创业地的人才资源丰富程度 X_{91}	0.0213	
			交通运输环境 X_{92}	0.0130	
			信息网络环境 X_{93}	0.0115	
			科技园、创业园情况 X_{94}	0.0154	
			咨询中介机构状况 X_{95}	0.0126	
			办公管理环境 X_{96}	0.0122	

由表2可知，根据一级和二级指标得到总排序指标的一致性检验值为

CI_G = (0.126, 0.144, 0.124, 0.096, 0.107, 0.114, 0.100, 0.105, 0.086) × (0.042, 0.030, 0.060, 0.075, 0.067, 0.077, 0.054, 0.042, 0.040)^T = 0.02859

RI_G = (0.126, 0.144, 0.124, 0.096, 0.107, 0.114, 0.100, 0.105, 0.086) × (1.24, 1.32, 1.24, 1.32, 1.24, 1.32, 1.24, 1.24, 1.24)^T = 1.2708

$$CR_G = \frac{CI_G}{RI_G} = \frac{0.02859}{1.2708} = 0.0225 < 0.1$$

结果显示所有判断均满足一致性要求，可根据排序结果评价高校创新创业环境各项指标，评价指标具有较好的可信度。

从表2可看出，综合指标权重排在前10位的指标依次是"教学体系＞领导重视＞经费投入＞校内外互动的创业培训＞针对大学生创业的优惠政策＞与地方科技园、创业园对接情况＞校内系统的创业培训＞孵化成果＞队伍建设＞科研成果"。根据指标重要程度和这些指标在高校的现实现状相比，可以看出制约当前高校创新创业教育的瓶颈有：创业教学没有得到普及，具有力度的领导重视和工作机制尚不完善，系统的校内外创新创业培训制度实施不够，创业优惠政策落实不到位，创业师资队伍建设缺失等。这些因素在创新创业教育环境评价中发挥主导作用，既突出高校创新创业教育环境当前的重点环节，也全面客观、准确、科学地描述出高校创新创业教育整体状况，方便不同高校进行差异性比较，为政府或教育主管部门制定创新创业政策提供决策参考。

7 高校创新创业教育环境提升策略

大学生创新创业教育与自主创业已经成为全社会的共识，成为政府和高校共同的职责。创业教学与研究、创业实践与孵化、创业政策与机制是创业教育质量的三大关键评价指标。因此，推进高校、政府、企业以及金融机构多方协同互动，整合优质创业资源，促进大学生创业知识、创业能力双提升，实现创业企业成长同步提升已经成为新时期优化高校创新创业教育环境、提升创新创业教育质量的有力抓手和可行路径。

（1）优化创业教学和研究环境。创业课堂教学是大学生系统接受创业知识、激发创业情志的主渠道，是传承创业文化、弘扬创业精神的主阵地。当前，我国高校创新创业教育改革力度还不够、创业课程与学科专业融合度还较低。对此，高校要确立创业教育教学的中心地位，以创业教学为主线，构建基于专业、面向全体的创新创业教学、培训和研究体系。一方面，面向基础年级学生开设普及性的创新创业管理课程；另一方面，面向不同年级学生、不同创业阶段的学生开设不同层次的创业技能培训，将SIYB（Start and Improve Your Business，创业培训）和KAB（Know About Business，创业教育）等创业培训项目引入高校，满足不同学生的创业知识诉求。此外，还需要建立校内外结合、专兼结合、理论与实践结合的创新创业师资队伍，依托学科开展创新创业课题研究，实现创新创业教育教学、培训、研究和师资建设的整体协同和一体联动，大力提升大学生创新创业知识获取能力和技能水平。

（2）优化创业政策和机制环境。良好的政策导向是推动创新创业教育与自主创业的催

化剂。当前，高校创业政策实效性还不强，惠及大学生创新创业的政策还不够。对此，一方面，高校要和地方政府加强合作，要充分利用地方政府的创业优惠政策，在创业资金引入、校内外创业载体衔接、创业项目路演等方面向在校大学生创业倾斜，引导创业学生融入地方创业集聚区，共同打造服务地方和区域发展的创新创业集聚区。另一方面，高校和行业学会、协会合作，着力构建以"行业需求"为导向的高校创新创业型人才培养模式，探索各学科和行业产业对接的创新创业人才合作培养机制，如举办行业创新创业大赛，以赛催生一批创新创业成果和人才，实现行业企业需求、创新创业成果、创新创业人才深度融合和对接。

(3) 优化创业实践与孵化环境。良好的创业实践和孵化环境是推动创业教学成果转化的摇篮。当前，高校创新科研成果转化不够、孵化成果效应不显著等因素限制了大学生创业成长。对此，组建高校、政府、行业、企业、投融资机构参与，实现开放式、协同式、共享式的创新创业中心，借力社会资源为大学生创新创业项目搭台。一方面，推动各类地方孵化器与高校创业实训、孵化基地有效对接，形成校内试验孵化、校外催化转化的无缝对接机制；另一方面，要提供全方位创业服务，在项目遴选、团队培养、政策咨询、创业辅导、管理咨询、金融服务等方面向大学生倾斜，加强政策落实的成效，促进创新创业实践项目化、产业化、社会化运作。

参考文献

[1] 国务院. 国务院关于大力推进大众创业万众创新若干政策措施的意见 [EB/OL]. http：//www.scio.gov.cn/32344/32345/32347/20150703/xgzc33064/Document/1439848/1439848.htm. 2015-06-16.

[2] 教育部办公厅. 普通本科学校创业教育教学基本要求（试行）[EB/OL]. http：//www.moe.edu.cn/publicfiles/business/htmlfiles/moe/s5672/201208/140455.html. 2012-08-01.

[3] 洪大用. 打造创新创业教育升级版 [J]. 中国高等教育，2016 (2)：47-49.

[4] 高建等. 全国创业观察中国报告——基于2005年数据的分析 [M]. 北京：清华大学出版社，2006.

[5] 葛红军. 大学生创业教育评价指标体系建构探析 [J]. 江苏高教，2015 (5)：98-100.

[6] Fiet, J. O. *The Theoretical Side of Teaching Entrepreneurship* [J]. *Journal of Business Venturing*, 2001, 16 (1)：1-24.

[7] Lundstrm A., Stevenson L. *Entrepreneurship Policy：Theory and Practice* [M]. New York：Springer, 2005.

[8] National Agency for Enterprise and Construction. Entrepreneurship Education at Universities—a Benchmark Study [EB/OL]. http：//www.ebst.dk/file/3053/Entrepreneurship, 2004.

[9] Charney A. H., Libecap G. D. *The Impact of Entrepreneurship Education：An Evaluation of the Berger Entrepreneurship Programat the University of Arizona*, 1985-1999 [EB/OL]. http：//ebr.eller.arizona.edu/research/entrepreneurship, 2000.

[10] Gnyawali D. R., Fogel D S. *Environments for Entrepreneurship Development: Key Dimensions and Research Implications* [J]. *Entrepreneurship Theory and Practice*, 1994 (18): 43 – 62.

作者简介

李慧（1994—   ），山西阳泉人，江苏大学管理学院。研究方向：创新创业管理。

实践篇

中国船舶工业绿色创新系统开放式创新模式研究

冯美琪 毕克新

（哈尔滨工程大学，哈尔滨，150001）

> **摘要**：船舶工业作为我国传统工业，其发展趋势对社会经济发展有一定的影响，而技术创新是船舶工业发展的核心动力。对现有船舶技术现状进行分析，同时基于绿色发展理念倡导船舶工业实施绿色技术创新。国内企业的创新模式目前以开放式创新模式为主，开放式创新模式可以为企业带来更多的创新资源，但由于船舶工业的特殊性，很多技术资源是不可以公开的，所以提出构建船舶工业绿色创新系统，并对系统中船舶工业企业目前创新模式的开放性进行分析，根据分析结果对未来我国船舶工业应如何绿色发展提出建议。
>
> **关键词**：船舶工业；绿色创新系统；开放式创新模式

1 引言

1.1 研究背景

船舶工业作为我国社会经济的重要组成部分，既关系到我国国防体系发展建设，同时又关系到我国工业企业的发展情况。船舶工业作为综合型工业，它将技术、资金、劳动三者紧密结合在一起，其中技术的发展决定了船舶工业整体的发展，同时中国倡导工业企业实行绿色发展，"绿水青山就是金山银山"。所以如何实现船舶工业的绿色技术创新发展应是重点研究的课题，目前国内大型制造业如海尔、联想、小米等均采用开放式创新模式帮助企业技术创新发展，同时也取得了一定的效果，但船舶工业企业有其特殊性，开放资源应在一定的范围内进行开放，所以本文构建系统进行研究探讨。

1.2 研究目的及意义

本文的研究目的是从开放式创新模式的角度构建船舶工业开放式创新系统，让船舶工业企业可以通过系统内的资源共享实现自己的绿色创新发展，从而促进中国的船舶工业绿色创新发展。

本文的研究意义分两方面。①理论意义层面：船舶工业技术创新的相关研究文献数量庞大，且如今物联网技术的出现为船舶工业的技术创新发展提供了新的动力，而本文结合物联网技术对于船舶工业绿色创新系统的研究对于探讨物联网时代下船舶工业的技术创新发展具有重要意义。②实际意义层面：本文基于物联网环境下从船舶工业企业开放式创新模式的角度构建的船舶工业绿色创新系统可以为船舶工业未来的发展指明方向。同时本文对于系统中船舶工业企业开放式创新模式的探讨，有助于船舶工业企业更好地转变自己的创新模式，逐渐走向开放式创新模式，节省创新成本，提高创新效率。

1.3 研究思路、内容及方法

首先，本文介绍了研究背景、研究目的及意义、研究思路、研究内容及方法等；其次，本文从物联网技术在船舶工业中的应用、绿色创新系统、开放式创新模式四个方面进行了文献回顾；再次，本文根据文献回顾从开放式创新模式的角度构建了船舶工业绿色创新系统；最后，本文对于船舶工业绿色创新系统中船舶工业的创新模式的开放性进行了研究。

本文所采用的研究方法主要包括文献研究方法、定量分析与定性分析相结合等。通过文献回顾了解目前有关于绿色创新系统以及开放式创新模式的研究现状，其次通过中日韩数据对比得出中国船舶工业发展现状；最后通过定量分析对系统内船舶工业企业的创新模式是否具有开放性进行研究。

2 国内外文献回顾

2.1 中国文献回顾

2.1.1 中国船舶工业发展现状

（1）造船完工量中日韩对比见表1。

表1　　　　　　　　造船完工量中日韩对比（2011—2015年）

造船完工量	2011年	2012年	2013年	2014年	2015年
中国/万载重吨	6760	6530	4390	3650	3940
日本/万载重吨	3210	2950	2470	2260	2120
韩国/万载重吨	5380	4850	3330	2610	2950
世界/万载重吨	16250	15340	10820	9120	9660
中国占比	0.416000	0.425684	0.405730	0.400219	0.407867
日本占比	0.197538	0.192308	0.228281	0.247807	0.219462
韩国占比	0.331077	0.316167	0.307763	0.286184	0.305383

资料来源：2012—2017年《中国船舶年鉴》和《工业技术活动年鉴》。

（2）新承接船舶订单量中日韩对比见表2。

表2　　　　　新承接船舶订单量中日韩对比（2011—2015年）

新承接船舶订单量	2011年	2012年	2013年	2014年	2015年
中国/万载重吨	3330	1960	7420	5450	3200
日本/万载重吨	670	1200	2610	2460	3640
韩国/万载重吨	2780	1480	4770	3240	3470
世界/万载重吨	7210	4900	15820	11740	10970
中国占比	0.461859	0.400000	0.469027	0.464225	0.291705
日本占比	0.092926	0.244898	0.164981	0.209540	0.331814
韩国占比	0.385576	0.302041	0.301517	0.275980	0.316317

资料来源：2012—2017年《中国船舶年鉴》和《工业技术活动年鉴》。

（3）各年年底手持船舶订单量见表3。

表3　　　　　各年年底手持船舶订单量中日韩对比（2011—2015年）

年底手持船舶订单量	2011年	2012年	2013年	2014年	2015年
中国/万载重吨	16400	11030	13580	15300	12970
日本/万载重吨	6840	5810	5790	6130	7660
韩国/万载重吨	11090	6910	8000	8460	8460
世界/万载重吨	37750	26040	29830	32520	31540
中国占比	0.434437	0.423579	0.455246	0.470480	0.411223
日本占比	0.181192	0.223118	0.194100	0.188499	0.242866
韩国占比	0.293775	0.265361	0.268186	0.260148	0.268231

由表1、表2、表3可知中日韩三国对比数据三大指标中国均处于领先地位，且在世界来说中国仍然为造船主要国家，占比有时达到世界总数的50%，表明我国船舶工业在世界中处于领先地位，且发展超过日本、韩国等亚洲国家或地区。

2.1.2　绿色创新系统相关文献回顾

1. 绿色船舶的概念

绿色船舶是指在其全生命周期中（包括设计、制造、营运、报废拆解），通过采用先进技术，能经济地满足用户功能和使用性能的要求，并节省资源和能源，减少或消除环境污染，且对劳动者（生产者和拥有者）具有良好保护的产品。船舶是一种特殊产品，其营运寿命终止时，一般不回原船厂拆解，因此，船厂在制造绿色船舶时，重点应放在设计和生产两个环节上。

2. 制造业绿色创新系统概念

国内以绿色创新系统的研究主要以丁堃（2008）、毕克新（2014）等学者为代表，丁堃根据复杂系统理论认为绿色创新系统是指一个国家或地区内以可持续发展为目的，通过一定的机制和支配模式等关联方式，由相互联系、相互作用的企业、大学、研究机构、中介服务机构以及政府等各类主体构成的创新网络。

3. 绿色创新系统研究现状

丁堃研讨了有关绿色创新系统的创生机理和培育对策、基于复杂适应系统的特征和机制、结构和功能等，为制造业绿色创新系统的研究奠定了研究基础。其后毕克新等学者则开始有关于制造业绿色创新系统的相关研究，首先研究制造业绿色创新系统创新绩效的影响因素、绿色创新系统运行机制的协同性，随后从系统角度研究绿色创新系统的演化机制，针对我国制造业绿色创新系统的不同演化阶段提出政策建议。目前学者更注重于绿色创新系统的构建以及协同性研究，从绿色创新系统的协同性角度探讨系统演化规律。总体来说，有关于绿色创新系统的研究较少，研究角度比较单一，同时有关于绿色创新系统的共性研究也存在不足。

2.1.3　开放式创新模式文献回顾

1. 开放式创新概念

2003年，切萨布鲁夫（Chesbrough）首次提出开放式创新的概念，他认为开放式创新是创新资源跨越组织边界的流动，有价值的创意可以从企业外部或内部获得，内部技术的商业化路径也可以从企业内部或外部进行（外部资源的内部化、内部资源的外部化）。

2. 开放式创新文献回顾

有关于开放式创新的研究可以分为两类。一类是研究开放式创新的影响因素、开放式创新的实施、开放式创新绩效的测度标准等，蔡宁和闫春（2013）等学者在剖析现有研究中对开放式创新的绩效评价不足基础上创建新的评价体系，结果表明开放式创新绩效的测度可以包括财务绩效和战略绩效两个维度，它们分别代表了企业从开放式创新中获得的不同类型收益。另一类则研究开放式创新作为变量对公司绩效、创新绩效、公司发展、工业发展的影响。张振刚等学者（2015）则通过对我国华南地区119家企业进行问卷调查开放式创新对公司绩效的影响，结果表明确实存在重大影响。

3. 开放式创新模式文献回顾

开放式创新模式作为目前最新的创新模式吸引了很多学者的目光，其中有以个别企业作为对象研究开放式创新模式的，也有以互联网环境、利益相关者理论、智能制造作为开放式创新模式研究背景的，同时有 CiteSpace、对比研究、文献研究等多种研究方法研究开放式创新模式，而目前最热门的则是开放式创新模式对企业创新绩效的影响的相关研究。有关于开放式创新模式的研究持续进行了十多年，研究综述类的文章也有很多，但是由于开放式创新模式的不确定性，很难针对某个行业进行具体地定量研究，只能定性研究。图1为 CNKI（China National Knowledge Internet，中国期刊网）数据库中如今有关于开放式创新模式的文献研究的关键词分布图。

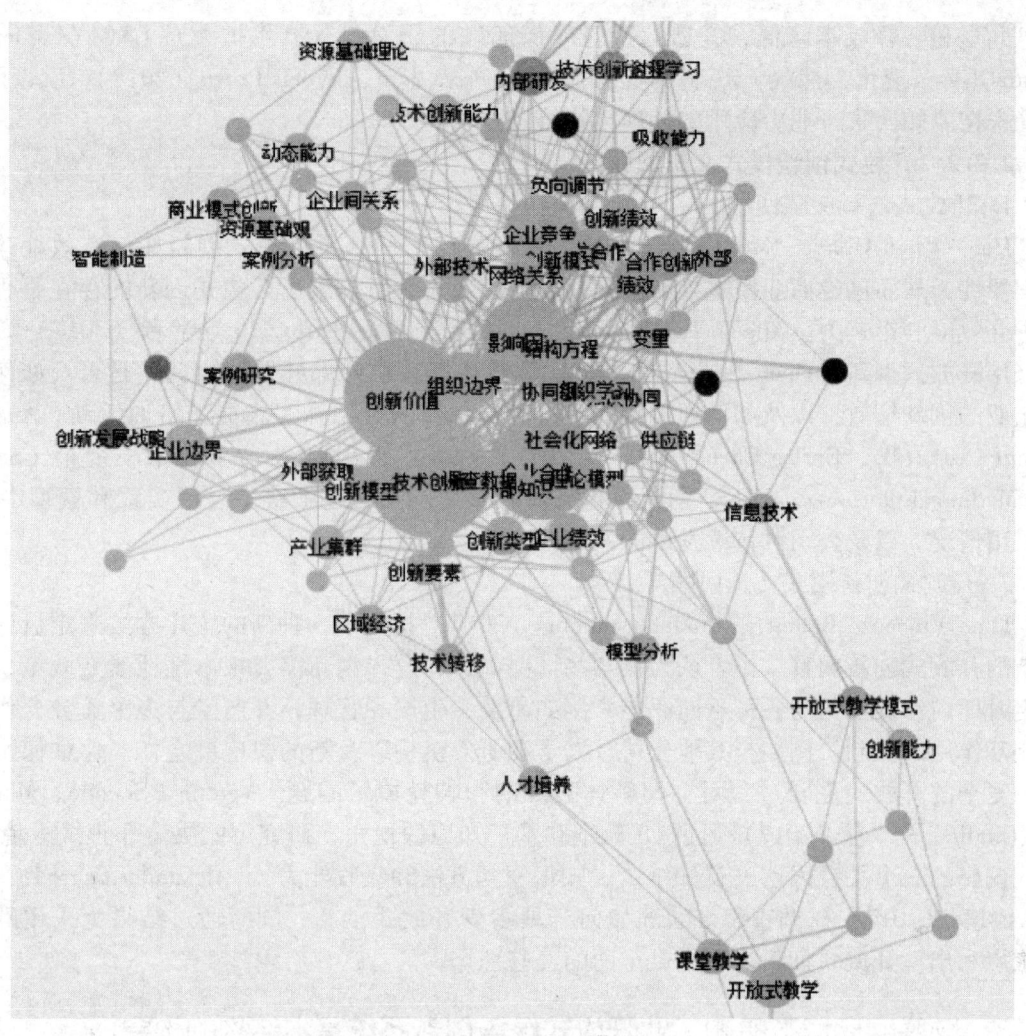

图1　开放式创新模式研究可视化分析

2.2　外国文献回顾

2.2.1　绿色船舶以及制造业绿色创新系统文献回顾

Christos A. Kontovas（2014）的主要贡献在于他基于现有公式概念化了"绿色船舶路径和调度问题"（Green Ship Routing and Scheduling Problem，GSRSP）的制定，并突出了问题的所有重要参数。Ruoli Tang（2017）将大型光伏（photovoltaic，PV）系统引入到远洋绿色船舶中，以改变传统的船舶电网结构。Malin Song、Mei Chen等学者（2017）分析了中国企业融资限制对绿色创新能力的影响，并将其融入全球供应链。Taehee Lee、Hyun-jeong Nam（2017）界定了绿色航运和环保船舶，并在航运公司框架内确定欧洲、美国、日本、中国和韩国等主要国家的环保船舶的法规与当前市场情况、造船厂、港口和政策。这一概念性研究基于以前的文献以及主要国家每个利益相关者的案例，对绿色航运的当前市场状况进行了定义和分析。作为结果，这项研究确定了六个主要问题，并提出了加强战略计划以准备韩国绿色航运的对策。对策是：①建立航运造船合作网络；②航运和造船业信息共享和联合成本降低；③造船业对环保船舶的研发投入；④扩大对LNG（Liquefied Natural Gas，液化天然气）燃料的支持。Kanu Priya Jain、Jeroen Pruyn（2018）研究了一种尚未在船舶回收行业中应用的创新废物管理技术。

2.2.2 开放式创新模式文献回顾

1. 开放式创新文献回顾

Hao – Chen Huang、Mei – Chi Lai等学者（2013）研究了开放式创新如何有效地改变组织惯性，从而创建商业模式创新并提高公司绩效，并且探索了开放式创新的存在是否具有中介效应和影响力。Angelo Natalicchio、Antonio Messeni Petruzzelli等学者（2017）研究了采用开放式创新（Open Innovation，OI）策略（即获取外部开发的知识）是否及如何影响企业的创新绩效，以及如何通过招聘受过高等教育的员工和实施员工培训活动。Andres Ramirez – Portilla、Enrico Cagno等学者（2017）探讨了采用OI对专业化中小企业（Small and Medium Enterprise，SME）创新性和绩效的影响。同时还考察了公司实践和模型中OI的采用情况，以及公司可持续发展的三个维度。

2. 开放式创新模式文献回顾

Luca Vincenzo Ballestra、Stefano Fontana（2017）提出了一种新的统计方法来定量评估复杂的开放式创新项目。作者认为在某些情况下，开放式创新需要根本性地改变政策，在一定时期内涉及公司的各种不同职能，例如研发，生产和管理，并产生与多个业务合作伙伴相互作用的机制，例如与其他公司、大学和研发机构以及新的供应商合作。但如何衡量这种复杂的开放式创新过程对公司整体表现的影响就成了问题。Veronica Scuotto、Manlio Del Giudice等学者（2017）通过OI模型和基于知识的视角，研究可能决定非正式入境OI模式偏好的三个关键因素（认知维度、知识驱动方法和吸收能力）。Alexander Schroll、Andreas Mild（2017）想调查整个欧洲如何开展多少开放式创新，同时通过结果为采用欧洲的入境和出境开放式创新活动提供全面的经验证据。

3 物联网环境下船舶工业开放式绿色创新系统基本结构的构念

绿色创新系统主要包括要素组成、系统结构、系统功能、系统环境四个部分，因而研究绿色创新系统则要研究分析四个部分。本章节从开放式创新模式的角度构建船舶工业开放式绿色创新系统，对系统的特征、内部组成、外部环境等进行分析。

3.1 物联网环境下船舶工业开放式绿色创新系统要素组成

船舶工业绿色创新系统要素主要包括主体要素、客体要素、资源要素三个部分，见表4。

表4　　　　　　　　　　船舶工业绿色创新系统要素组成

系统要素	具体包括
主体要素	船舶制造企业 船舶配套企业 船舶类高校及科研院校 各级政府及船舶行政机构 船级社 航运公司

续表

系统要素	具体包括
客体要素	船舶设计绿色创新 船舶建造绿色创新 船舶营运绿色创新 船舶拆解绿色创新
资源要素	船舶绿色创新人力资源 船舶绿色创新技术资源 船舶绿色创新信息资源 船舶绿色创新财力资源 船舶绿色创新物力资源

3.2 船舶工业绿色创新系统结构及功能

3.2.1 船舶工业开放式绿色创新系统结构

船舶工业绿色创新系统结构组成为三部分：船舶工业绿色创新投入系统、船舶工业绿色创新活动运作系统、船舶工业绿色创新产出系统。

（1）船舶工业绿色创新投入系统中按资源分类可以分为两种：一种是"软件投入"，例如生产观念、生产技术、工作经验等；另一种是"硬件投入"，可以是人力、资金、机器设备、原材料等。

（2）船舶工业绿色创新活动运作系统主要是指可以使船舶工业绿色创新系统维持正常运行的外部相关政策、法律法规等，还包括创新活动规划的实施以及调整改正等。

（3）船舶工业绿色创新产出系统与投入系统相对应有两种产出，"软产出"主要有专利知识、有关绿色创新的生产意识、注意事项等，"硬产出"则是论文、专利、可持续发展创新产品等。

3.2.2 船舶工业开放式绿色创新系统功能

船舶工业绿色创新系统的功能主要有业务整合功能、资源配置功能、风险规避功能、协调性功能。

（1）业务整合功能是指要将绿色创新系统中的信息收集并整合，加工完成之后再分配到系统内各个部分，提高系统整体运行效率。

（2）资源配置功能是指通过系统可以将人、财、物等资源进行重新分配，不断改善绿色创新资源的配置。

（3）风险规避功能是指绿色创新系统通过系统内外协调，使其与外界环境相适应，降低系统风险，例如开发技术风险、筹资风险、市场风险等。

（4）协调性功能是指系统内各部分主体要素相互协调，例如"产学研相互协调"，达到共赢的效果，形成正反馈，更进一步地促进系统的发展。

3.3 船舶工业开放式绿色创新系统特征分析

船舶工业绿色创新系统特征主要有聚集性、非线性特性、流、多样性。聚集性主要是指绿色创新系统将船舶生产企业、船舶研发机构、高等学校等聚集在一起促进船舶工业的绿色创新,同时聚集了大量的信息技术资源等;非线性特性则是说绿色创新系统中变量之间的关系并非都是线性的,有很多只可以说是定性关系,并不能分析出变量之间的具体定量关系;流的特性则是由于系统内资源共享,单个个体资源输入变多,产生乘数效应和再循环效应,即可以输出更多资源供系统循环利用;多样性是指系统中的每个要素有自己的位置和职责,当这个要素不存在时,会立刻有新的"要素"替代它在系统中的地位,并不一定和原来的要素一样,但职责方面来说是一样的。

3.4 我国船舶工业开放式绿色创新系统的基本结构

我国船舶工业开放式绿色创新系统的基本结构如图 2 所示。

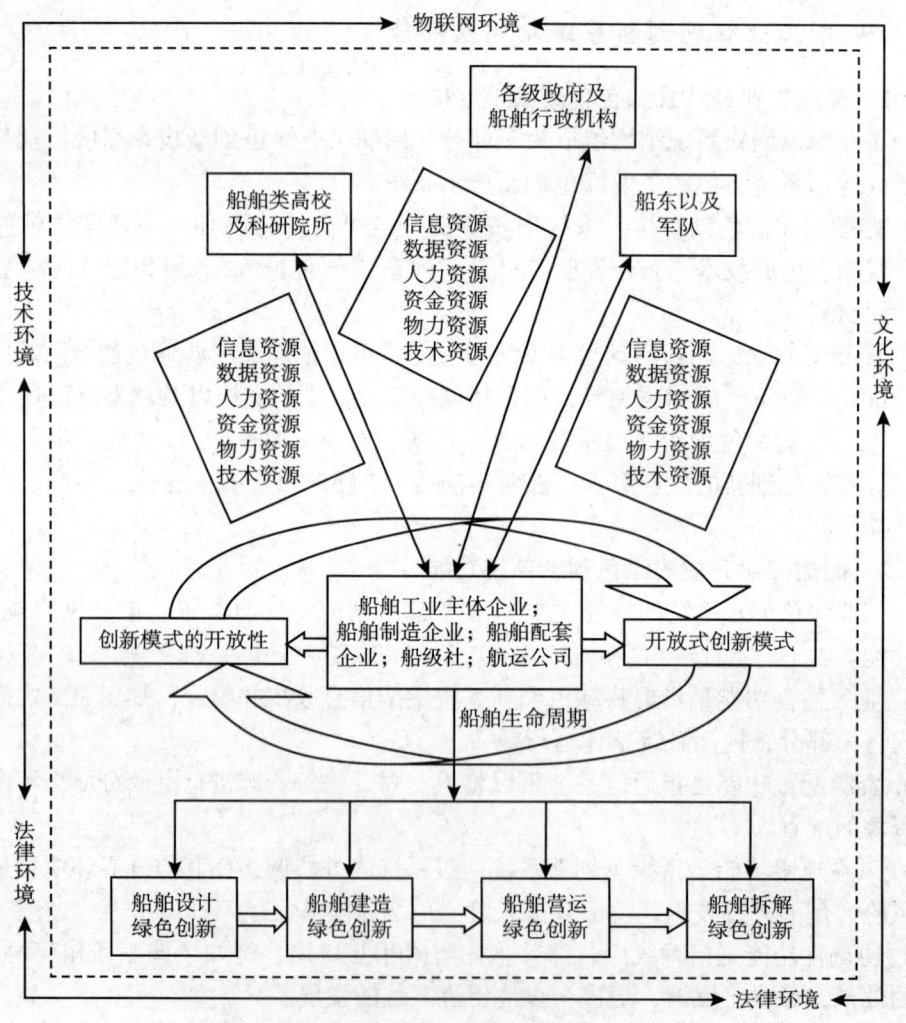

图 2 我国船舶工业绿色创新系统的基本结构

4. 系统内船舶工业企业创新模式的开放性研究

4.1 开放式创新模式概述

开放式创新模式的研究有很多，根据不同的分类方式，开放式创新模式有着不同的分类。

模式1：企业自建平台。

企业自建创新平台，通过平台联接到潜在的创新提供方，但这个创新潜在提供方是一个固定、相对封闭的群体，并不是任何机构都能加入。宝洁等公司都有这样的半开放式创新平台。企业自建平台对外开放，但对创新提供方并没有限制，任何个人、研究机构、企业都可以作为创新方案的提供方加入这个平台。企业在平台上提出创新需求并招标，创新提供方将自己的解决方案提交给企业，由企业进行筛选，并与最优方案提供方建立合作关系。飞利浦和海尔都有这样的自建开放式平台。

模式2：独立第三方创新集市为创新需求方和提供方提供一个交易平台。

这类开放式创新平台是由第三方建立的独立创新交易集市，这个平台就像桥梁一样联结其创新的供需双方。企业在上面提出自己的创新需求，有能力的个人、机构、企业提供自己的解决方案供需求方选择。欧美国家已涌现出大批独立创新开放平台，比如Kaggle、NineSigma、Idea Connection、Innocentive等。根据创新提供方合作方式的不同，这一平台又包括两种形式。一种是创新提供方为独立的个人或机构，一对一地为企业服务。这种模式的典型代表是成立于2000年的NineSigma，这是一家涉及众多行业和领域的独立中介机构。另一种形式是创新提供方是一群原本不相识的个人，他们一起合作完成一个项目。这是以"一对多"的近似"众包"方式进行合作。典型代表如成立于2010年的Kaggle，这是一个进行数据挖掘和预测竞赛的在线平台。

模式3：第三方独立机构提供"端到端"的开放式创新全流程服务。

随着开放式创新模式被越来越多的大企业所运用，企业通过开放式创新所解决的问题越来越复杂。最开始开放式创新解决的多是单一技术或产品层面的需求，现在解决的问题涉及企业整个运营流程的改变、商业模式的变革。因为这样的创新解决方案影响的是整个企业，而不是一个局部的产品，因而企业无论是在量上还是在质上，对开放式创新都有了更高的要求，同时，也需要更有效地管理开放式创新的潜在风险。正是在这样的背景下，一些第三方机构开始为大企业提供"端到端"的全流程服务：它们听取企业的创新诉求，在此基础上帮助企业搜寻合适的外部创新提供方，协调双方的创新活动，达到最优的整合效果。

4.2 系统内船舶工业企业创新模式开放性研究

为了反映船舶工业企业创新模式开放性情况，以《中国工业经济技术活动》及《中国船舶年鉴》中相关数据为基础，通过建立开放性相关指标，反映我国船舶工业企业创新模式的开放性。

4.2.1 船舶工业创新模式开放性内部指标分析

本文主要通过专利有效率、引进技术经费投入比重、消化吸收经费投入比重、购买国内技术经费投入比重和技术改造经费投入比重五项开放性指标从船舶产业内部来衡量。

图 3 所示为 2010—2014 年船舶工业创新模式开放性基本指标。

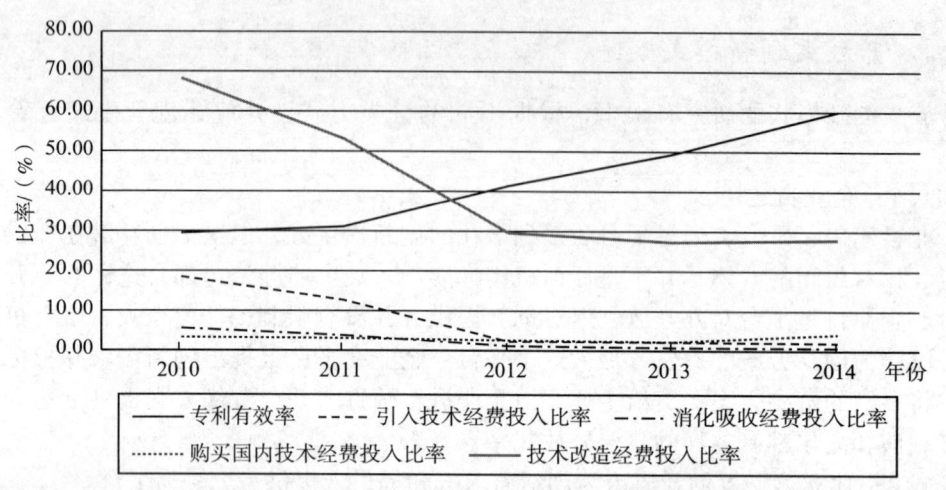

图 3　2010—2014 年船舶工业创新模式开放性基本指标

从图 3 中可以看出，五项外部开放性指标的变化趋势不尽相同。其中技术改造经费投入比率和引入技术经费投入比率的变化趋势比较接近，在 2010—2012 年急剧下降，随后保持缓和不变；而专利有效率则相反，在 2011 年开始呈现上升趋势；消化吸收经费投入比率和购买国内技术经费投入比率在这五年间则没有太大的变化，均接近于 0。

4.2.2　船舶工业创新模式开放性内部指标分析

本文主要通过 R&D 项目经费外部支出、R&D 项目经费内部支出、对研究机构支出占比、对高校支出占比四项开放性指标从船舶工业外部来衡量（见图 4 和图 5）。

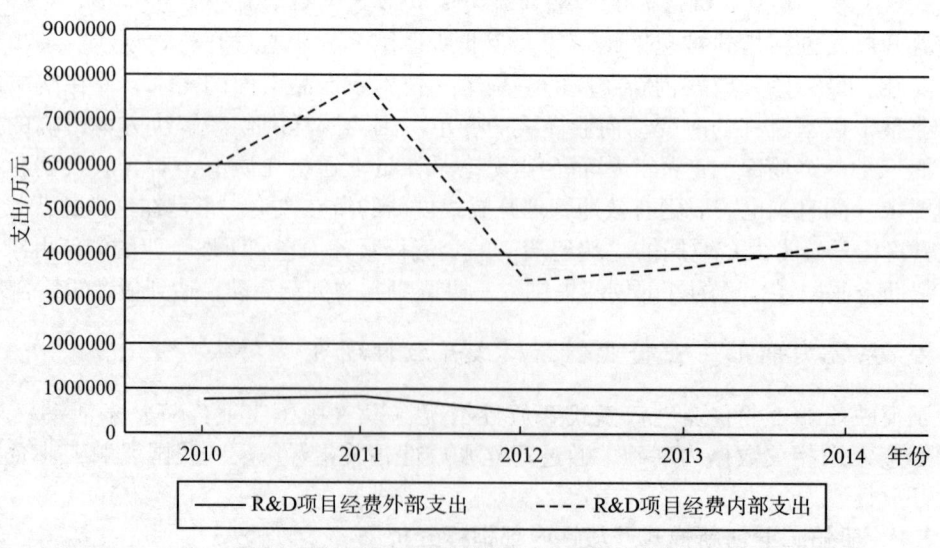

图 4　2010—2014 年船舶工业 R&D 研发支出

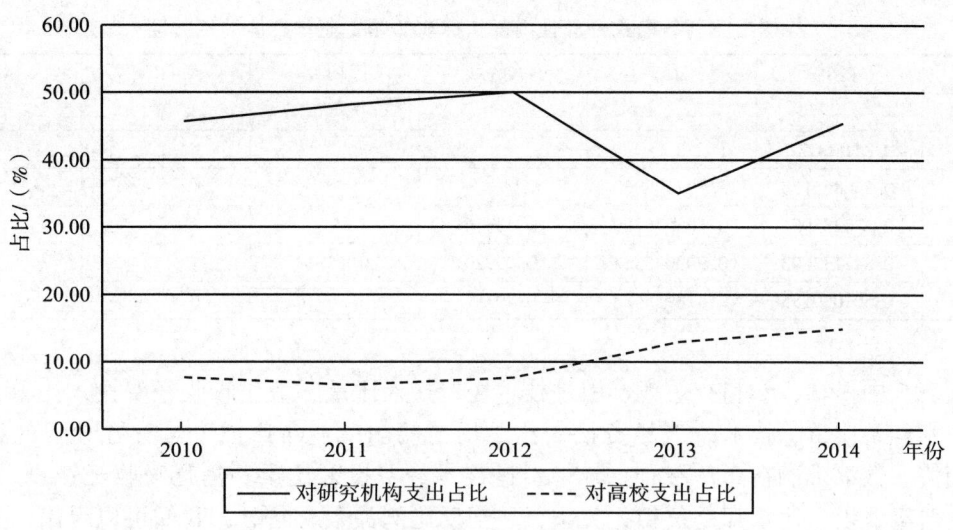

图 5　2010—2014 年船舶工业研发支出占比

从图 4 和图 5 中可以看出，我国船舶工业 R&D 研发支出内部支出远远高于外部支出，同时 R&D 项目经费外部支出在 2010—2014 年都比较缓和，甚至有些微下降趋势；而 R&D 项目经费内部支出在 2010—2014 年变化趋势巨大，先是 2010 年上升，在 2011 年又下降，随后在 2012 年又呈现上升趋势。我国船舶工业研发支出占比对比十分明显，对研究机构支出占比在 40% 上下波动，而对高校支出占比则在 10% 上下波动。

4.3　船舶工业创新模式开放性与船舶工业产值之间的关系

根据国内外学者的相关研究，分别将船舶工业内部开放性的五项指标同外部开放性的四项指标同船舶工业产值建立联系，变量的具体分布以及设计见表 5。

表 5　变量指示表

	变量名称	变量缩写
船舶工业创新模式内部开放性指标 （第一组自变量）	专利有效率	PE1
	引进技术经费投入比重	IT
	消化吸收经费投入比重	DA
	购买国内技术经费投入比重	PT
	技术改造经费投入比重	TR
船舶工业创新模式外部开放性指标 （第二组自变量）	R&D 项目经费外部支出	EE
	R&D 项目经费内部支出	IE
	对研究机构支出占比	PE2
	对高校支出占比	CU
因变量	船舶工业年产值	AO

4.3.1　船舶工业创新模式的开放性内部指标与船舶工业年产值的相关性分析

运用 SPSS 22.0 软件做变量相关性分析见表 6。

表6 　　　　　　船舶工业创新模式开放性内部指标与船舶工业年产值的相关性

变量	PE1	IT	DA	PT	TR	AO
PE1	1					
IT	-0.841660601	1				
DA	-0.866865128	0.997538963	1			
PT	0.278285951	0.165576969	0.139561	1		
TR	-0.847133093	0.999035524	0.999201	0.171442	1	
AO	0.561059285	-0.473955488	-0.49357	0.56916	-0.476659	1

从表6中得知,专利有效率、引进技术经费投入比重、消化吸收经费投入比重、购买国内技术经费比重、技术改造经费投入比重均与船舶工业年产值变量存在较强的相关关系,相关系数都徘徊在0.5左右。其中引进技术经费投入比重、消化吸收经费投入比重、技术改造经费投入比重都是负相关关系,呈现反比例关系。同时,我们可以看出,五项外部指标之间也存在极强的关系,例如引进技术经费投入比重和消化吸收经费投入比重变量之间的相关系数约为0.99,而购买国内技术比重和消化吸收经费投入比重之间的相关系数则仅约为0.13,相关性较弱。

在多元回归分析中将船舶工业年产值作为因变量,其余五项指标作为自变量,结果如图6所示,购买国内技术经费投入比重被舍弃,原因则是因为不能构成线性回归关系。而剩下的四个变量中,对于船舶工业年产值贡献最多的变量则是引进技术经费投入比重,对于船舶工业年产值抵消贡献最多的变量则是消化吸收经费投入比重,而专利有效率和技术改造经费投入比重对于船舶工业年产值属于贡献较少的一类,特别是专利有效率,模型中系数仅为0.258。

Coefficients[a]

Model		Unstandardized Coefficients		Standardized Coefficients	t	Sig.
		B	Std. Error	Beta		
1	(Constant)	-279613	0.000			
	PE	136558.8	0.000	0.258		
	IT	1532070	0.000	1.562		
	DA	-768100	0.000	-1.211		
	TR	243075.2	0.000	0.860		

a. Dependent Variable: AO.

Excluded Variables[b]

Model		Beta In	t	Sig.	Partial Correlation	Collinearity Statistics
						Tolerance
1	PT	a				0.000

a. Predictors in the Model: (Constant), TR, PE, IT, DA.
b. Dependent Variable: AO.

图6　内部指标多元回归分析

4.3.2 船舶工业创新模式开放性外部指标与船舶工业年产值的相关性分析

对变量做相关系数分析所得结果见表7。

表7　　船舶工业创新模式开放性外部指标与船舶工业年产值的相关性

变量	EE	IE	PE2	CU	AO
EE	1				
IE	0.931504053	1			
PE2	0.471617761	0.332202436	1		
CU	-0.757090206	-0.562090824	-0.59672	1	
AO	-0.179713772	0.075888759	0.297407	0.388787	1

由表7可知，R&D项目经费外部支出、R&D项目经费内部支出、对研究机构支出占比、对高校支出占比等变量均与船舶工业年产值具有较弱的相关关系。其中R&D项目经费外部支出与船舶工业年产值呈现负相关关系，而四项内部指标之间的相关关系系数有正有负，有大有小，没有统一特征，说明数据具有真实性，结果具有一定的参考价值。

在多元回归分析中，将船舶工业年产值设立为自变量，而将R&D项目经费外部支出、R&D项目经费内部支出、对研究机构支出占比、对高校支出占比等设立为因变量，结果如图7所示。可以发现R&D项目经费外部支出、对研究机构支出占比等均与船舶工业年产值呈现负相关关系，且相关系数绝对值大于1；而R&D项目经费内部支出、对高校支出占比等则与船舶工业年产值呈现正相关关系，且相关系数大于1，在模型中对于船舶工业年产值贡献较大。

Coefficients[a]

Model		Unstandardized Coefficients		Standardized Coefficients	t	Sig.
		B	Std. Error	Beta		
1	(Constant)	-8443147	0.000			
	EE	-5.749	0.000	-1.158		
	IE	14.165	0.000	1.853		
	PE	-148184	0.000	-1.186		
	CU	222505.6	0.000	1.461		

a. Dependent Variable: AO.

图7　外部指标多元回归分析

综上所述，船舶工业企业目前的创新模式具有一定的开放性，即船舶工业目前的创新模式已经是开放式创新模式，但由于船舶工业本身的特殊性，不能公开设立平台让第三方参与，并且同样不能在网上发布消息与公众探讨，所以通过船舶工业内部外部的相关指标来探索船舶工业创新模式的开放性还是十分可行的，且结果具有一定的可靠性。

4.4 开放式创新模式适用性研究

本文根据 Daoell Righy & Chris Zook（2006）提出的创新的密度、创新的资金投入、创新的关联性、市场的波动、创新的通用性五个企业开放式创新的核心指标基础上，结合我国船舶工业创新的特点来判断船舶工业的开放式创新适用性分析。

4.4.1 创新密度

创新密度主要是反映企业的创新需求的大小，也反映企业研发能力的指标。只有创新需求大的企业，企业研发能力才能提高，这样也就越需要寻求不同的技术，创新成果也就越多，即创新密度越大，使得开放式创新成为必要。也就是说创新密度越高的企业，越适合于进行开放式创新。本文以专利申请数作为定性分析的衡量指标（见图8）。

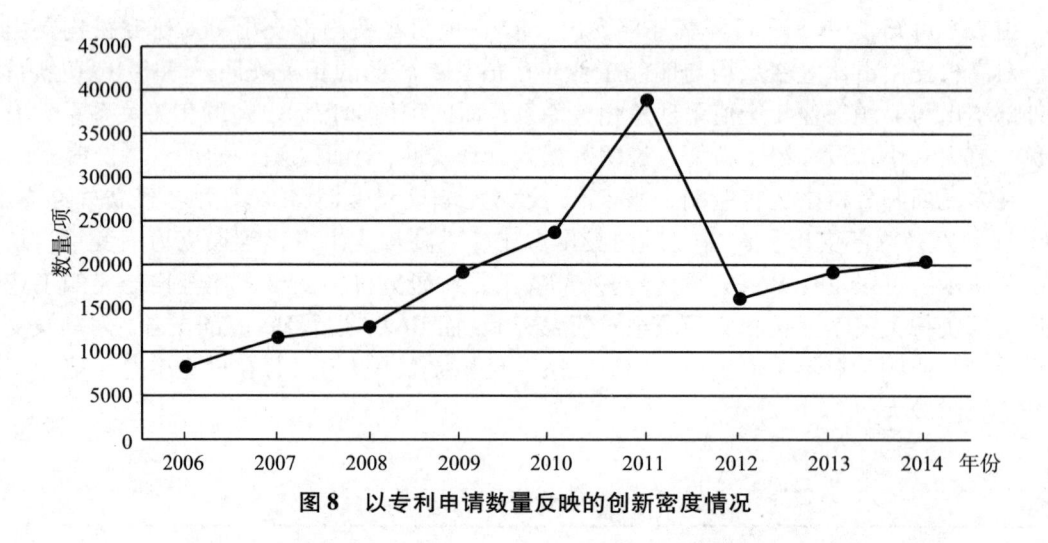

图8 以专利申请数量反映的创新密度情况

从图8中可以看出，船舶工业从2006—2014年专利申请数先是不断地上升在2011年达到顶点随后又开始强烈地下降，而在2012年开始又开始缓慢地上升。

4.4.2 创新的资金投入

高水平的 R&D 投入强度是一个国家具有较高创新能力的重要保障，我国与世界发达国家的水平还有较大差距。绝大多数发达国家的 R&D 经费强度都在2%以上，以色列甚至超过4%。R&D 投入强度越大，企业寻求创新资源的意愿越强，间接地影响了企业寻求开放式创新来提高企业自主创新能力的意愿越强。只有获得有保证的创新资金投入，企业才适合于采用开放式的创新模式。故本文主要是从 R&D 经费内部支出（包括科技活动内部支出、引进国外技术经费支出、技术改造经费支出）来反映企业的创新资金投入，从而影响企业的开放式创新的适用情况（见图9）。

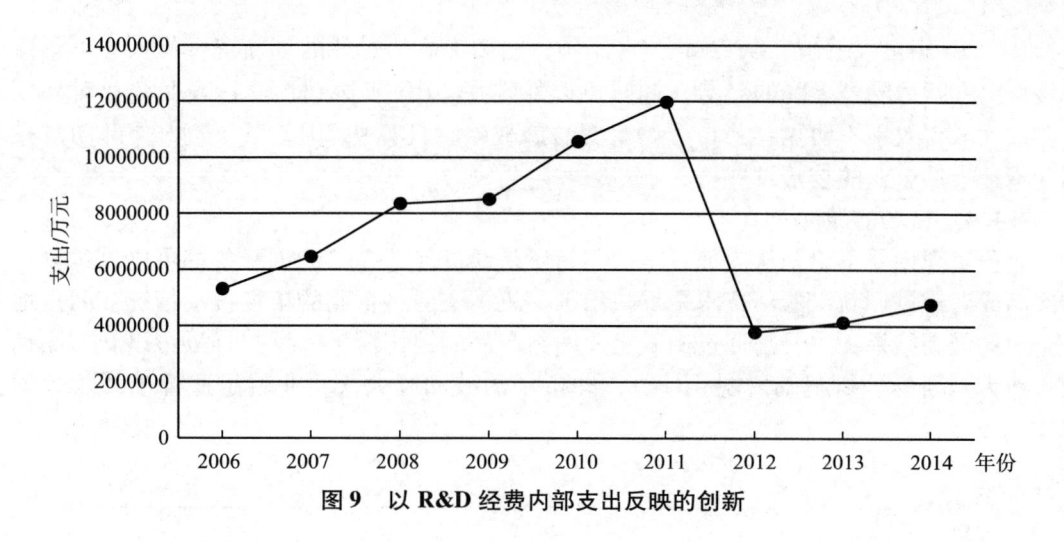

图9 以R&D经费内部支出反映的创新

从图9中可以看出，船舶工业的R&D经费内部支出在2006—2014年先上升然后再下降，表明我国船舶工业相关企业开始关注从外部投入相关资金进行创新，但在2012年又开始关注企业内部资金投入创新的问题。

4.4.3 创新的关联性

创新的关联性应该是反映企业与外部的大学、科研机构等相关创新机构之间的联系等。也充分反映了开放式创新需要充分利用有效的外部资源。装备制造业直接向其他工业提供技术手段和设备，工业关联度高，其技术水平直接影响整个制造业的增长速度和质量。装备制造业本就是关联性非常强的行业，从创新的角度来分析，本文主要采用对外的创新资金投入即技术引进经费和购买国内技术经费的支出作为衡量企业与外界寻求开放式创新的关联性程度，与外界的关联性越高，说明寻求进行开放式创新的意愿越强（见图10）。

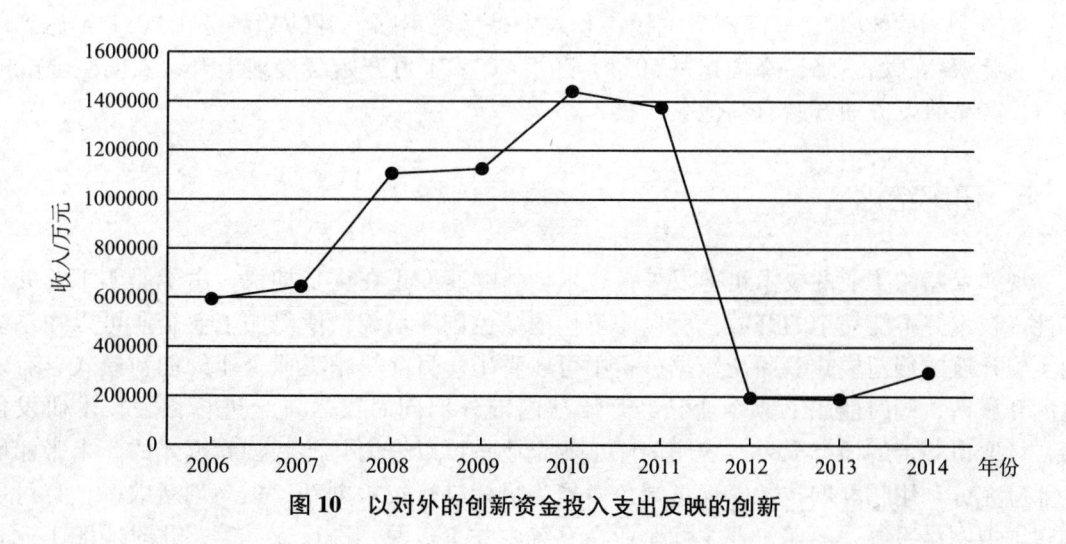

图10 以对外的创新资金投入支出反映的创新

从图10中可以看出，从2006—2014年，船舶工业的对外的创新资金投入支出整体呈现缓慢上升随后剧烈下降的趋势；同时可以发现在2010年达到顶峰，表明企业对外创新资金投入取得效果不明显，公司开始改变发展战略，打算从2012年开始内外部同时投入创新资金推动企业的技术发展。

4.4.4 市场的波动

企业实现创新不论是从内部寻求的创新还是通过外部寻求的创新，都可以通过创造出的产品或者通过创新出的新技术来反映出来，故本文通过企业的市场波动情况，间接地判断企业的创新结果，主要是通过衡量企业的新产品的销售情况来反映，故将以新产品销售收入作为判断的分析基础（见图11），即市场的波动越大，企业就越适合于开放式创新模式。

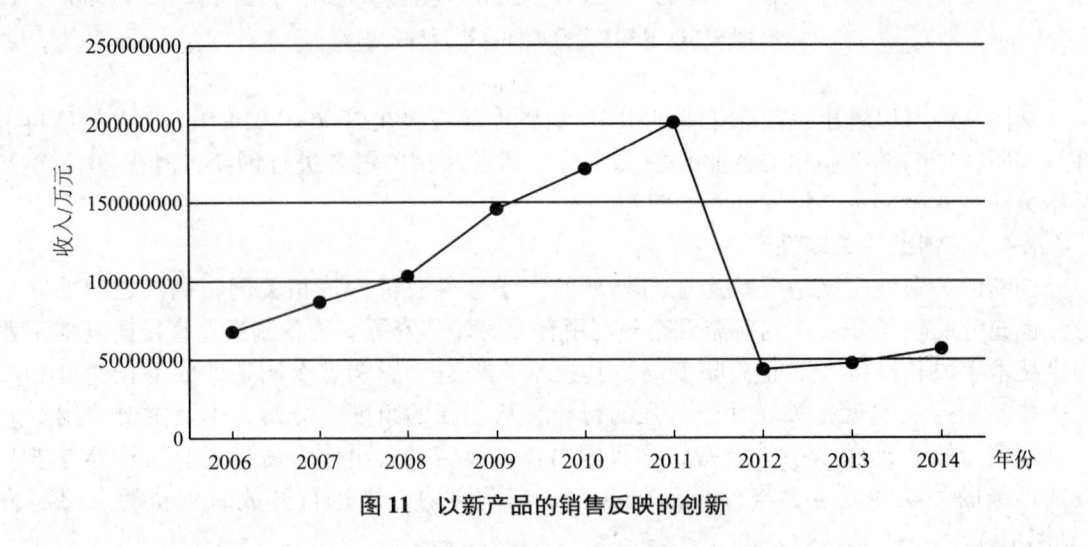

图11 以新产品的销售反映的创新

从图11中可以看出，新产品的销售收入先是呈现不断上升的趋势，在2011年达到顶峰，随后骤然开始下降，降幅超过50%，随后2012年再开始缓慢地上升，表明企业战略转型，产品研发方面开始有其他收入投入。

5 研究结论

现如今船舶工业的技术迅速发展，技术创新的速度正在逐步加快，由于船舶工业的特殊性，技术并不能完全的开放，所以需要构建绿色创新系统，使船舶工业企业可以在系统内实施开放式创新模式。而从数据分析中可以看出，目前船舶工业企业的创新模式具有一定的开放性，同时船舶工业企业已经开始从内部外部同时投入资金进行相关技术研发创新，且取得一定的研究成果，表明船舶工业企业是可以采用开放式创新模式的。未来船舶工业应充分利用物联网技术以促进绿色发展为目标进行技术创新，提高创新效率，且可以构建虚拟网络系统，船舶工业主体企业在系统内共享资源、进行交易等，此时船舶工业企业可以采用开放式创新模式。

参考文献

[1] 丁堃. 论绿色创新系统的创生机理及培育对策 [J]. 科技管理研究, 2008, 28 (12): 6-8.

[2] 丁堃. 作为复杂适应系统的绿色创新系统的特征与机制 [J]. 科技管理研究, 2008 (2): 1-3.

[3] 丁堃. 论绿色创新系统的结构和功能 [J]. 科技进步与对策, 2009, 26 (15): 116-119.

[4] 陈红花, 王宁. 开放式创新模式下企业合作博弈分析——基于互联网的视角. [J]. 科技管理研究, 2013 (24): 211-215.

[5] 蔡宁, 闫春. 开放式创新绩效的测度: 理论模型与实证检验 [J]. 科学学研究, 2013, 31 (3): 469-480.

[6] 林素芬. 基于 Citespace 的开放式创新研究 [J]. 电子科技大学学报 (社科版), 2014 (6): 63-68.

[7] 李平, 陈红花, 刘元名. 开放式创新模式下创新开放度实证研究 [J]. 科技创新导报, 2014 (25): 16-17.

[8] 闫春. 组织二元性对开放式创新绩效的作用机理 [J]. 科学学与科学技术管理, 2014 (7): 59-68.

[9] 毕克新, 王禹涵, 杨朝均. 创新资源投入对绿色创新系统绿色创新能力的影响——基于制造业 FDI 流入视角的实证研究 [J]. 中国软科学, 2014 (3): 153-166.

[10] 隋俊, 毕克新, 杨朝均. 跨国公司技术转移对我国制造业绿色创新系统绿色创新绩效的影响机理研究 [J]. 中国软科学, 2015 (1): 118-129.

[11] 隋俊, 毕克新, 杨朝均. 制造业绿色创新系统创新绩效影响因素——基于跨国公司技术转移视角的研究 [J]. 科学学研究, 2015, 33 (3): 440-448.

[12] 毕克新, 杨朝均, 隋俊. 跨国公司技术转移对绿色创新绩效影响效果评价——基于制造业绿色创新系统的实证研究 [J]. 中国软科学, 2015 (11): 81-93.

[13] 张振刚, 陈志明, 李云健. 开放式创新、吸收能力与创新绩效关系研究 [J]. 科研管理, 2015, 36 (3): 49-56.

[14] 毕克新, 付珊娜, 田莹莹. 低碳背景下我国制造业绿色创新系统演化过程: 创新系统功能视角 [J]. 科技进步与对策, 2016, 33 (19): 61-68.

[15] 杨兴瑞, 王宗军. 基于智能制造的开放式创新模式——以沈阳机床为例 [J]. 技术经济, 2016 (10): 41-47.

[16] 吴甘沙. 大数据的开放式创新 [J]. 中兴通讯技术, 2016 (2): 2-6.

[17] 李荣, 于长城, 刘卫东. 企业开放式创新模式研究 [J]. 现代国企研究, 2016 (2): 28-30.

[18] 孙华, 王楠楠, 丁荣贵. 依托组织核心能力的开放式创新模式选择 [J]. 科研管理, 2016 (11): 35-42.

[19] 肖迪, 刘淑华, 侯书勤. 互联网背景下基于平台战略的开放式创新模式研究

[J]. 浙商管理评论, 2016 (2): 30 - 38.

[20] Christos A., Kontovas. *The Green Ship Routing and Scheduling Problem (GSRSP): A conceptual approach.* [J]. Transportation Research, 2014: 61 - 69.

[21] S. Moritz von, R. Carl Christian, H. B jornar. *Utilising the Internet of Things for the Management of Through-life Engineering Services on Marine Auxiliaries* [J]. The 5th International Conference on Through-life Engineering Services, 2017 (59): 233 - 239.

[22] Luca Vincenzo Ballestra, Stefano Fontana, Veronica Scuotto. *Amultidisciplinary approach for assessing open innovation model impact on stock return dynamics: The case of Fujifilm company* [J]. Management Decision, 2018, 56 (6): 1430 - 1444.

[23] Veronica Scuotto, Manlio Del Giudice, Stefano Bresciani. *Knowledge-driven preferences in informal in bound open innovation modes. An explorative view on small to medium enterprises* [J]. Journal of Knowledge Management, 2017, 21 (3): 640 - 655.

[24] Alexander Schroll, Andreas Mild. *Open innovation modes and the role of internal R&D: An empirical study on open innovation adoption in Europe* [J]. European Journal of Innovation Management, 2017, 14 (4): 475 - 495.

[25] Angelo Natalicchio, Antonio Messeni Petruzzelli, Silvio Cardinali. *Open innovation and the human resource dimension: An investigation into the Italian manufacturing sector* [J]. Management Decision, 2017.

[26] Andres Ramirez - Portilla, Enrico Cagno, Terrence E. Brown. *Open innovation in specialized SMEs: the case of supercars* [J]. Business Process Management Journal, 2017, 23 (6): 1167 - 1195.

[27] Hao - Chen Huang, Mei - Chi Lai, Lee - Hsuan Lin. *Overcoming organizational inertia to strengthen business model innovation: An open innovation perspective* [J]. Journal of Organizational Change Management, 2017, 23 (6): 977 - 1002.

[28] Malin Song, Mei Chen, Shuhong Wang. *Global supply chain integration, financing restrictions, and green innovation: analysis based on 222, 773 samples* [J]. International Journal of Logistics Management, 2017.

[29] Ruoli Tang. *Large-scale photovoltaic system on green ship and its MPPT controlling* [J]. Solar Energy, 2017, 157 (15): 614 - 628.

[30] Taehee Lee, Hyunjeong Nam. *A Study on Green Shipping in Major Countries: In the View of Shipyards, Shipping Companies, Ports, and Policies* [J]. The Asian Journal of Shipping and Logistics, 2017: 253 - 262.

[31] Kanu Priya Jain, Jeroen Pruyn. *Investigating the prospects of using a plasma gasification plant to improve the offer price of ships recycled on large-sized 'green' yards* [J]. Journal of Cleaner Production, 2018: 1520 - 1531.

作者简介

冯美琪（1995— ），河北秦皇岛人，哈尔滨工程大学经济管理学院硕士在读。研究方向：技术创新与技术创新管理。

毕克新（1961— ），黑龙江人，哈尔滨工程大学经济管理学院，教授、博士生导师、硕士生导师。研究方向：技术创新与技术创新管理。

黄河科技学院"教产科创"深度融合模式研究

王文亮　李储学　赵效锋　李海霞

（黄河科技学院，郑州，450063）

> **摘要**：我国社会主要矛盾已经转化为人民日益增长的美好生活需要和不平衡不充分的发展之间的矛盾，高等教育发展现状与人民群众实际需要之间的矛盾也日益凸显，亟须以创新创业教育为突破口推进高等教育综合改革，积极探索"教产科创"深度融合模式。黄河科技学院明确提出向应用技术型大学转型发展，深化创新创业教育改革，以顶层设计为先导，构建"双创"推进体系；以课程为抓手，推进"专创"深度融合；以基地建设为依托，为学生创新创业搭建实践平台；以服务地方经济社会发展为宗旨，履行社会服务职能；以培养高素质"双创"人才为己任，打造学校育人品牌。并在未来改革发展中，深耕教育链，做强优势学科，构建"医养结合"的"大健康"生态体系，打造中部最具活力的设计学院，探索教育教学新模式。
>
> **关键词**：黄河科技学院；"教产科创"深度融合模式；应用技术型大学；创新创业教育

近年来，"黑天鹅""灰犀牛"不断来袭，新技术、新业态、新模式层出不穷，边界不断被打破，创新浪潮风起云涌，技术变革一日千里，"互联网+"席卷而来，大数据强势来袭，人工智能异军突起……新政策、新思路、新方向对教育形成全方位冲击，倒逼教育全面改革。产教融合正成为破解产业和高等教育主要矛盾、解决经济社会发展不平衡不充分的战略抉择（袁靖宇，2018）。在这个变革已经成为最重要内核的时代，黄河科技学院积极探索"教育+"的集团化办学新模式，走"教产科创"深度融合的新路子。

1 黄河科技学院的发展历程

1978年，我国进入改革开放新时期，社会各方面人才奇缺。河南作为人口大省，经济欠发达，教育相对落后，高等教育毛入学率不足2%。人民群众渴望求学，离退休干部希望发挥余热，高校教师未能充分发挥作用。如何把求学者、办学者、教学者三股力量凝结起来，整合资源为社会服务，成为时代的要求、人民的呼声。1984年，因公重度烧伤、在病榻上躺了三年的胡大白，与丈夫杨钟瑶先生审时度势，以敏锐的眼光、敢为天下先的勇气，创办了"郑州自学考试辅导班"，并确立了"为国分忧，为民解愁，为社会主义现代化建设服务"的办学宗旨,坚持以质兴教,聘请专家、教授挂牌上课。1985年4月,第一期学员自学考试成绩平均合格率达87%,优异的教育质量赢得了社会赞誉。学校两年时间就发展成为万人规模的成人教育基地,被《光明日报》赞誉为"全国自学考试的一面红旗"。如今,黄河科技学院已经发展成为一所现代化的民办大学,明确提出建成高水平应用技术型大学的奋斗目标,以创新创业教育改革为着力点和突破口,加快推进学校综合改革,积极探索"教产科创"深度融合模式。

1.1 学校发展的历史阶段

黄河科技学院的发展可以大致划分为两个历史阶段。一是艰苦创业,滚动发展阶段。1984年,学校创立;1994年,学校获批成为全国第一所民办普通专科高校;1997年,建立全国民办高校第一个党委;2000年,获批成为全国第一所民办普通本科高校,全国第一个经教育部批准的全国普通高校少数民族预科培养基地;2002年,获准招收外国留学生;2004年,取得学士授予权;2008年,通过教育部普通本科教学工作水平评估。

二是改革创新,快速发展阶段。2013年,获批全国首批"应用科技大学战略研究试点单位";2014年,获评全国就业50强高校,国家级教学成果二等奖;2015年,获批"全国首批众创空间""河南省首批示范性应用技术类型本科院校";2016年,获评"全国高校创新创业工作50强",大学科技园被认定为国家级科技企业孵化器;2017年,获批"全国大学生创业示范园""河南省首批高校双创基地";2018年,大学科技园入围"2018中国100家特色空间"。

1.2 学校发展的现状

经过34年的发展,目前学校已经发展为占地近3000亩,校舍面积110多万平方米,现有全日制普招在校生3万余人;开设68个本科专业、35个专科专业;拥有5个河南省重点学科,22个河南省特色专业、河南省专业综合改革试点专业、河南省本科工程教育人才培养模式改革试点专业;拥有在国内外公开发行刊号的学报和校报,学报被评为全国高校优秀社科期刊,民办教育研究栏目被评为"全国高校社科期刊特色栏目";建有两家附属医院。拥有两院院士、长江学者、国家杰青、中国当代教育名家、享受国务院政府特殊津贴专家、教育部新世纪优秀人才、国家级教学成果奖获得者、国家和省级教学名师、教育部全国首批万名优秀创新创业导师、省级学术技术带头人、"中原百人计划"专家等荣誉教师150余人。建有国家级大学生校外实践教育基地、河南省院士工作站、河南省博士后研发基地、河南省重点实验室、河南省国际联合实验室、河南省工程技术研究中心、河南省实验教学示范中心等50多个教学科研创新平台。教学科研仪器设备价值2.6亿元;馆藏图书300多万册。

学校办学特色日益凸显,办学水平明显提升,社会影响力稳步提高。在2017年、2018年广州日报应用大学排行榜中连续两年位居民办本科高校第1名,应用型指标和学术型指标双双第一,在全国872所应用型本科高校综合排名中位居第87名,超越了部分公办院校。在武书连2017中国民办大学人才培养质量排行榜名列第一,在武书连2017中国民办大学自然科学学科排行榜名列第一,在武书连2017中国民办大学教育学学科排行榜名列第一。学校发展模式曾两次被美国弗吉尼亚大学商学院写进教学案例。

学校不断加大资金投入，优化办学条件，获评河南省高等学校标准化学生食堂、标准化宿舍；河南省绿化先进单位、河南省高等学校数字化校园示范学校、河南省智慧校园试点单位等。学校与济源市政府合作举办黄河科技学院应用技术学院，开设地方经济发展急需的本科专业，培养高层次应用技术型人才，已经成为济源市的一张亮丽名片，省市领导多次来校视察，对学校的快速发展给予了充分肯定。

2 黄河科技学院"教产科创"深度融合的战略选择

新建地方本科院校走"产教融合""校地互动"之路，培养以能力为本位、以社会需求为导向的应用型人才是最核心、最有效的途径（陈裕先等，2015）。黄河科技学院作为全国第一所民办普通本科高校，也是一所地方本科高校，近年来，学校明确了向应用技术型大学转型发展的目标定位，走开放发展、协同发展、创新发展和内涵发展的道路，逐步探索并推进实施"教产科创"深度融合战略。

2.1 以顶层设计为先导，构建"1234"双创推进体系

（1）黄河科技学院明确树立了一个目标：全面建设高水平应用技术大学。学校紧紧抓住国家政策机遇，2013年获批教育部首批"全国应用技术大学战略改革试点"（全国33所）；2014年入选"河南省本科高校转型试点单位"（全省共5所）；2015年成为首批"河南省示范性应用技术类型本科院校"第一名，在河南省"十三五"期间，每年获得经费1000万元。

（2）组建了两支队伍：校内高素质创新创业教师队伍和校外高水平创业导师团队。学校建立了创新创业导师团，通过"创业1+1工程"对创业学生进行对口指导、帮扶。引进340多位企业家、行业精英、杰出校友为学生创新创业提供指导，由于在引进人才上的突出贡献，学校获政府扶持资金1200万元。

（3）建立了三个体系："学历教育—职业能力教育—创新创业教育"三位一体的教育教学体系，仿真化全链条创新创业实践体系，开放式产学研合作的"双创"能力培养体系。

（4）构筑了四个平台：公共服务、科技支撑、金融扶持和双创教育四大平台。

①综合公共服务平台。综合公共服务平台以政府公共服务为核心，中介代理和生活配套为重点，兼顾便利化与低成本，使创业者"足不出户"即可享受高品质的便捷服务。郑州市知识产权局、二七区政府在学校设立了知识产权服务站和中小微企业服务中心等，为学生提供工商、税务、科技、人社等一站式公共服务，以及财会、专利、法律等专业中介服务。

②专业技术支撑平台。整合校内的院士工作站、博士后研发基地、省重点实验室、省国际联合实验室、省级工程技术研究中心、省级实验教学示范中心等50余个省级以上教学科研平台，以及国内外研发资源，产学研协同，提供专业技术、创业孵化、技术转移等服务，提升企业的自主创新能力。学校的院士工作站被评为"河南省十佳院士工作站"，博士后研发基地每年验收均为"优秀"等级。学校16个研发中心全部孵化了企业。其中，

超级电容器研发中心孵化的校办企业河南华中星科技电子有限公司,为我国"神舟"号系列载人飞船、人造卫星等提供电容器。公司是国家定点生产有机薄膜电容器的重点企业,获得河南省发展和改革委员会工业结构调整项目资金316万元。通过建设高层次教学科研创新平台,学校集聚了一批高层次人才和科技资源。新药研发中心在减肥药、丙型肝炎药和抗癌药的项目上已研制出临床化合物,受到多家风投公司关注,先后承办了2014年、2015年"国际(河南)新药研发交流与技术转移对接会",新药研发领域全世界范围内一流的专家汇集我校,包括2010年诺贝尔化学奖获得者、中国科学院院士、英国皇家化学会院士、美国著名大学校长,中国、美国生物医药公司总经理等重量级大师。学校的科研创新平台面向社会提供技术支撑与设备服务,大型科研仪器设备均纳入"河南省大型科研仪器协作公用网"。

③科技金融服务平台。以黄河众创咖啡为载体,集聚了一批强劲资本和活跃的投资人,线上线下结合,创投融资便捷,让创客与投资人沟通合作零距离。河南校友企业联合会校友还筹建了2000万元的资金池,为学校的创业企业提供融资服务。

④创新创业教育平台。阶梯式创新创业课程体系全程指导,创新创业教育终身提供,注重创业实战能力训练,满足双创教育人才需求。按照"双创教育四年不断线"的思路,建立了"理念培育—项目模拟—实践训练—孵化助推—市场实战"层层递进的"双创"教育体系。学校利用教育资源全方位多渠道服务社会。学校获批全国首批社会组织教育培训基地,全国仅19家,是河南省唯一入选单位,为社会组织教育培训工作提供了良好的学习培训环境。建成了国家职业技能鉴定站,面向社会开展56个工种的职业技能鉴定、60种行业组织的标准化职业资格考试,开展相关教育培训。作为河南省唯一的创业咨询师培训和认定机构,学校与教育部合作,举办和承办全省高级创业咨询师培训班、创新创业教育改革教研室主任高级研修班等,获批国家创业咨询师培训基地。与中关村软件园达成合作协议,共建创新创业学院。

2.2 以课程为抓手,推进专业教育与双创教育深度融合

产教融合分为三个水平:从融入到融通再到融合,"转化、创造、共享"是融合机制形成的核心途径,"资源、平台、机制"是融合发展的关键要素(刘志敏,2018)。黄河科技学院探索了"课堂+园区+企业"的"三元合力"人才培养模式。深化课程体系改革,研发优质"双创"课程,按照就业、创业、学术三大类课程体系分流培养,供学生选择。学生进入创客训练营、创客工厂、众创空间等"双创"教育和孵化平台,亲历模拟或实战训练。通过引企入园、共建实体、联合研发等方式,使企业深度参与人才培养。以文创园为例,园区就设在艺术设计学院"O型"教学大楼内,形成了"校企一体"、课上学习、课下实践的新模式。一楼是学校引进的30多家企业、设计研究院以及创业讲堂;二楼是企业知名艺术家与我校教师共建的企业和工作室及打板制作场地;三楼是教师的工作室;四楼及以上是艺术设计学院教室。并且,园区内有专业的导师提供指导和咨询服务,实现了双创教育与专业教育无缝式深度融合,从"两张皮"拧成了"一股绳"。

学校建设创业基础等创业类课程近百门,视频网络课程73门;建立在校生、优秀校友、优秀企业家的创业典型案例库资源近千个;自主编写创新创业教材,入选面向21世

纪课程教材、普通高等教育"十二五"规划教材、示范性应用技术大学创新教材等。

学校设立人才培养改革创新试验区，鼓励和支持学生跨学科、跨专业学习，提升创新创业能力。着力抓好创新创业"实验田"，2016年，学校成功获批河南省首个大数据技术专业和人工智能专业。设立"临床医学本科"等3个创新班，实施全额奖学金，施行全英教学，免费开展50天海外研修。"创新班"学生大一第一学期就全部通过英语四级考试；参加"华为创新实验班"的所有学生全部通过中级工程师认证。

2.3 以基地建设为依托，为学生创新创业搭建实践平台

学校建成了"创客工厂—众创空间—孵化器—加速器—产业园"全链条创新创业生态体系。学校与地方政府共建"U创港"创新创业综合体，被郑州市列为重点建设项目，规划面积10万平方米，已建成投入使用57560平方米。学校"黄河众创空间"获全国首批众创空间，与学校的大学科技园双双纳入国家级科技企业孵化器管理服务体系；获批河南省首批省级大学科技园，全省仅4家高校入选。

黄河众创空间，为早期创业群体提供低成本的工作、网络、社交和资源共享空间，为学生提供工商、财务、税务等一站式公共服务，中央电视台《新闻联播》专门报道。黄河众创咖啡，集聚众多天使人、资本创投机构等，为创业者提供便捷的科技金融服务。创客工厂，是学生利用"互联网+"现代制造技术开展创新创业、实现梦想的空间，是学校培养青年创新人才、培育创新研发团队的重要平台。大学科技园区是电子信息类、新材料类企业孵化器与加速器的叠加区，园区共入驻企业50家，助力中小微企业技术产品升级，实现快速增长。园区已入驻企业和团队130余个，高新技术企业3家。

学校建立人才培养和实习实训基地316个，与宇通集团建成国家级大学生校外实践教育基地。依托这些平台，近年来，按照产学研创一体化的思路，在教学中大力推广案例式、项目化、现场式教学，实现动脑与动手的深度融合。吸收了一批优秀大学生参与企业研发，许多学生成功创业就业。

近年来，按照产学研创一体化的思路，在教学中大力推广案例式、项目化、现场式教学，实现动脑与动手的深度融合。吸收了一批优秀大学生参与企业研发，许多学生成功创业就业。毕业生李威创办的飞轮威尔公司获国际和国内专利40多项，产品远销60多个国家和地区，估值1.5亿元，获得河南省首届大学生创新创业标兵第一名。赵杰考入哈佛大学后休学返校创业，创办河南影响未来电子有限公司，在获得真格基金1300万元A轮融资后，又获得阿里创投1亿元投融资，目前公司估值15亿元。学校的教育教学改革成果荣获教育界最高奖国家级教学成果二等奖。

2.4 以服务地方经济社会发展为宗旨，履行社会服务职能

根据"威斯康星理念"，"大学要为州服务"，社会服务成为大学的第三职能，而且"应该是州立大学的首要职能"，第三职能的实现可以给民众和社会带来深刻影响（李凤玮，周川，2018）。黄河科技学院的服务定位就是面向地方，面向基层，面向经济建设第一线，以创建地方名牌大学为目标，不断强化社会服务功能，发挥学校教育、平台和智力优势，为地方提供咨询、培训等服务。

（1）建设高端智库。学校成立了中国（河南）创新发展研究院，并与省政府发展研究中心共建河南省新经济研究院等，为河南经济社会发展建言献策。先后举办四届"中原创新发展论坛"，举办"郑州建设国家中心城市研讨会""河南高校智库建设研讨会"等学术活动20多场。作为第三方机构，受省发改委委托，对全省双创基地进行了评估。出版了全国首部省级双创蓝皮书《河南双创蓝皮书》，全国首部省级民办教育蓝皮书《河南民办教育蓝皮书》。《河南日报》整版刊发研究院资政报告类理论文章14版。河南电视台《新闻联播》10次播报研究院活动消息，产生了良好的社会反响。学校成立了中国创新创业教育研究院，由教育部高校创业教育指导委员会副主任、KAB创业教育中国研究所所长、全国大学生创新创业联盟副理事长李家华全职担任院长，专门从事双创教育理论与实践研究，推动学校创新创业教育改革迈向纵深。

（2）发起成立河南省高校创新创业协会。学校作为会长单位，会员单位包括郑州大学、河南大学、河南科技大学、河南理工大学等省内90多所高校、大型企业，个人会员600多人。每年的年会与河南省的一个地市政府联合主办，当地的一个本科高校承办，目前先后与南阳市人民政府、洛阳市人民政府共同举办了2016年年会和2017年年会，每年都有国内外院士、知名校长等近千人参加，2018年将与开封市政府联合主办，河南大学承办。

（3）举办双创服务交流活动。协助省人社厅、省教育厅、郑州市人民政府举办了"创天下赢未来2016大学生创业服务进校园"活动；与《中国企业家》杂志联合举办2016中国创客大会暨第三届中国创客大赛，举办、承办2017"郑创汇"国际创新创业大赛、"2017创新创业教育改革高峰论坛""民建河南省委省直工委2016创新创业峰会""全省高校创新创业教育改革座谈会""驻郑高校院所创新创业现场观摩暨经验交流会"等，为促进"双创"教育改革、创客活动等搭建了合作交流平台。

（4）全面服务地方经济建设。郑州市政府专门批示，同意《黄河科技学院关于建设"高水平应用技术大学"全面服务郑州国家中心城市建设的报告》，在共建大数据和人工智能重点实验室、郑州文化创意产业研究院、郑州市中小企业技术服务中心、郑州智库和高层次人才队伍等方面给予重点支持。

2.5 以培养高素质"双创"人才为己任，打造学校育人品牌

学校的教育教学和人才培养模式改革取得较好成效。近三年，学生获国家级科技竞赛奖励1317项，在全国"互联网+"大学生创新创业大赛总决赛中获两银三铜。学校近年来获专利1793项，2015、2016、2017年连续三年在全省高校专利授权量上名列第二。男声合唱团荣获中国音乐最高奖——金钟奖，受到省委宣传部和省教育厅通令嘉奖；舞蹈系作品两次荣获中国舞蹈艺术最高奖——荷花奖；在第九届全国大学生运动会上获得跆拳道84公斤以上级冠军，受到省教育厅、体育局、团省委的通令嘉奖；护理学专业学生考取国家护士执业资格通过率连续9年达到98%以上（全国平均水平不到50%）。学生两部作品在柏林华语电影节荣获"纪录片最佳提名奖"（最佳奖空缺，提名奖仅3项）；荣获加拿大第五届温哥华华语电影节金帆奖"最佳导演奖"；荣获亚洲微电影艺术节"金海棠奖好作品奖"，河南省唯一获奖高校。学校获评首批"全国深化创新创业教育改革示范高校"（99所）、首批"全国创新创业50强"、首批"全国大学生创业示范园"（29所）、首批省

"示范性应用技术类型本科院校"、首批"省双创基地"等。在教育部召开的全国首批"全国高校创新创业工作50强"表彰会上,学校代表全国的地方高校做了典型发言。2017年7月,国务院"双创"培育发展新动能专题督查调研组到我校调研,对学校工作给予了高度评价。随后新华社以《"四链"融合全程"孵化"——这所民办高校建成"双创"高地》为题对我校双创工作成效进行了专门报道(同时刊发在国务院网站),时任郑州市市长程志明专门批示"为黄科院点赞"。

3 黄河科技学院未来发展构想

产教融合2.0时代,应用型大学应该有新形态和新模式。首先,在宏观层面将国家的产业结构需求与高校的结构供给改革深度融合;其次,在中观层面将行业的转型升级需求与高校的转型发展深度融合;最后,在微观层面将企业的岗位能力需求与高校的课程质量提高深度融合(牟延林,2018)。产教融合2.0时代的内核是技术驱动、服务创新,以教育产业发展的思维,跳出教育看教育、跳出学校看学校、跳出知识看知识(张云,郭炳宇,2017)。进入新时代,学校将深入推进教育链、科技链、金融链、孵化链"四链"融合,催化"双创"教育要素与其他资源的"化学反应",实现创新与创业相结合,教育与产业相结合。

3.1 深耕教育链

延伸教育链。持续做强教育,依托学校3万余人规模的办学基础,在K12和学前教育发力,形成从学前教育到研究生教育的全链条教育集团化办学,目前附属幼儿园、附属中学、附属职业技术学院、教育培训集团等已经初具规模。

升级教育服务链。依托学校与省国防科技工业局、解放军信息工程大学、郑州信大先进技术研究院等共建的军民融合科技平台,与美国国际科技大学共建的"硅谷创新创业基地"等国际科技交流平台,打造高层次科技创新与成果转化平台。进一步增强科技服务能力,完善配套供给服务。未来将利用大数据和物联网技术,全面升级智慧校园,推进校园服务智慧化、后勤服务产品化,满足师生学习生活多元化、个性化需求。加快师生科技成果转化,并应用到学校教育现代化建设中,打造翻转校园、智慧宿舍等;利用物联网技术,将空调、新风、净水、门禁等智能系统融为一体,目前正在与郑州市"绿城通"合作,接入市政一卡通系统,全面提升学校综合服务管理能力,改善和优化师生学习生活环境。研发推广智慧小区、智慧家庭、智慧物业系统,为房地产行业建设智慧社区提供整体解决方案。

3.2 做强优势学科

围绕河南省"建设网络经济强省"的重大战略需求,依托学校"通信与信息系统"等省级重点学科、省级特色专业,与中科院软件所、中关村软件园、360网络安全公司、郑州信大先进技术研究院、西安电子科技大学合作,集聚学校和企业资源优势,共建行业学院,培养高素质信息人才,打造学科高峰,撬动信息产业。

学校围绕河南省"国家粮食生产核心区"国家战略、"建设现代农业强省"的现实需求，与河南农业大学开展全面战略合作，打造新的优势学科，共建现代农业工程研究院，开设农业工程本科专业，努力建成推动全省现代农业建设、带动农业科技创新、拉动应用型人才培养能力提升的重要基地。与河南省云政务平台开展战略合作，与河南省投资集团成立河南省信息产业投资发展基金，共建产业园区等，探索"教育+金融+孵化器+产业链"的发展新模式。

3.3 构建"医养结合"的"大健康"生态体系

依托与国家卫计委共建的"在校生护理实操能力培训基地"、学校医学院、护理学院、省级重点学科、新药研发中心以及附属医院、教学医院等基础，依托现有医疗资源基础，以做强医疗服务为支点，建设现代化连锁社会养老机构，打通大健康相关产业上下游，促进教育、养老、医疗、投资等一体化发展。与纽约州立大学石溪分校等世界一流高校联合培养面向未来的现代医疗服务人才，制定医疗卫生规范标准，面向社会开展技能培训，输送专业人才等。

3.4 打造中部最具活力的设计学院

依托学校艺术设计学院30年的办学积淀，与河南投资集团、重庆猪八戒网络有限公司签订三方协议，共建线上与线下相结合的设计领域新平台，打造中部最具活力的设计学院，引进100位艺术设计大师，成立名师工作室，将创意设计类产品转化为创新创业项目。并且，郑州市政府批复，按照双方全面战略合作协议，重点支持以学校牵头建设郑州文化创意产业研究院。

3.5 探索教育教学新模式

为适应未来教育变革，探索未来教育教学模式，由灌输式教育向启发引导式教育转变。学校投入1.5亿元建成智慧教育馆和智慧医疗馆，采用全景沉浸式球幕设计，注重科技性、体验性、互动性，让学生全方位体验立体视听空间，身临其境地感受未来教育与医疗科技的魅力，场馆全天候开放，重在培养学校师生和全社会的科技兴趣和创新精神，被批准为科普示范基地。

参考文献

[1] 袁靖宇. 高等教育：产教融合的历史观照与战略抉择 [J]. 中国高教研究，2018 (4)：55.

[2] 陈裕先，谢禾生，宋乃庆. 走产教融合之路培养应用型人才 [J]. 中国高等教育，2015 (Z2)：41.

[3] 刘志敏. 产教融合：从"融入"走向"融合" [J]. 中国高等教育，2018 (2)：24-25.

[4] 李凤玮，周川. 大学为社会服务：范海斯的知与行 [J]. 现代大学教育，2018 (3)：68.

[5] 牟延林. 产教融合2.0时代的办学型态 [J]. 中国高等教育, 2018 (2): 22.

[6] 张云, 郭炳宇. 拥抱行业: 跨入深度产教融合2.0时代 [J]. 中国高等教育, 2017 (22): 46.

作者简介

王文亮 (1954—), 河南周口人, 河南农业大学创新管理研究中心主任, 管理学二级教授, 博士生导师。

李储学 (1986—), 山东高密人, 黄河科技学院新闻中心理论部副部长, 助理研究员。

赵效锋 (1983—), 河南杞县人, 黄河科技学院新闻中心网络部主任, 讲师。

李海霞 (1981—), 河南郑州人, 黄河科技学院对外合作办副主任, 副教授。

河南省区域技术创新竞争力评价及提升策略研究

杜书云　王亚红　韩　霜

（郑州大学，郑州，450000）

摘要：在国内技术创新竞争力评价研究的基础上建立了技术创新竞争力评价指标体系，运用层次分析法对各个指标进行赋权，通过与中部其他省份以及北京、上海的比较分析，得出河南省技术创新总体水平较低，竞争力较弱的初步结论。并以此为基础对省内不同地市技术创新水平展开横向分析，发现河南省18个地市技术创新竞争力发展严重不均衡，技术创新效率、承载力总体水平低等问题，最后提出针对性的改进与提升对策。

关键词：河南省；技术创新竞争力评价；问题及原因分析；提升策略

1 引言

在知识经济时代大背景下，依靠压低成本和价格的传统竞争模式难以为继，传统生产要素也难以产生较大的经济发展驱动力，科技创新能力日益成为促进经济发展以及经济结构升级的首要驱动力力量，技术创新竞争力也成为衡量一个地区发展潜力的关键指标。随着我国经济发展进入以结构调整为主线的阶段，河南省也面临着经济结构转型升级，对新技术的需求在不断增加。河南经济发展较之发达省份相对滞后，技术创新起步较晚，基础相对薄弱，尚难以形成集聚效应和集群效应，技术供给不足导致技术创新竞争力处于劣势。本研究试图通过理论和现实分析，建立、完善河南技术创新竞争力提升促进机制，提高政策目标瞄准性及执行水平，为河南技术创新竞争力水平的提升提供理论依据和现实支撑，推动科技进步与经济增长的协同发展。

2 技术创新竞争力评价相关研究综述

美国佐治亚理工大学技术政策评估中心关于科技创新竞争力评价的研究报告中最先提出科技创新竞争力评价体系（马向阳等，2011）。2013年7月1日，美国康奈尔大学、INSEAD（英式商学院）商学院和世界知识产权组织共同发布了第7版的《2013年全球创新指数》（Duttas, Lanvin, 2013）。国内学者在技术创新方面的研究较多，陈光潮等（2004）从区域科技基础竞争力、区域科技潜在竞争力和区域科技现实竞争力3个方面评价区域科技能力。韩伟、李钢（2006）从科技发展基础、科技发展环境、科技创新能力三方面出发，运用主成分分析法分析了中国8个主要经济发达省区市的科技竞争力。黎雪林、孙东川（2006）从科技投入、科技产出、科技与经济社会发展协调程度、科技潜力四个方面出发，建立了包含34个指标的区域科技竞争力评价体系和评价模型，并对我国31个省区市（除港澳台地区）科技竞争力进行了综合评价。曾慧芬（2012）在创新投入和创新产出两个方面共选取了16个指标，利用主成分分析法进行分析，得出了广州在国内城市中的科技创新竞争力排名。李伟民、张颖（2016）从基础、环境、投入和产出四个方面提出共45个指标对东北地区技术创新竞争力进行了评价。

在过去的研究之中，不同的学者专家已经从各种不同的角度和方法对技术创新竞争力进行了较为全面的研究。在研究方法上，本文采取层次分析法，综合参考历史经验与专家看法，较为客观地对指标体系进行赋权。根据权重可以计算出各个层级指标的分数，从而可以追根溯源，较为深入的评价与分析河南省的技术创新竞争力。此外本文以河南省总体技术创新水平为基础，深度分析18个地市技术创新水平差异。在对河南省的技术创新竞争力进行科学评价后，本文深入分析了河南省具有劣势的原因，并提出了操作性强的提升对策。

3　技术创新竞争力评价指标体系构建

依据技术创新竞争力的内涵和影响因素以及经济学中的投入产出理论，参考陈国宏等（2008）所建立的指标体系框架与思路，本文设置了技术创新投入竞争力、技术创新产出竞争力、技术创新承载竞争力和技术创新扩散竞争力4个一级指标，10个二级指标以及28个三级指标（见表1）。与之前的研究相比，增加了技术创新承载竞争力和技术创新扩散竞争力两个新的一级指标，形成了投入、产出、环境和传播四维指标体系。与之前的三维相比对竞争力的定位更明确，有效数据更多，对于实际问题的解决具有更高的参考意义。

表1　技术创新竞争力评价指标体系

一级指标	二级指标	三级指标
技术创新投入竞争力	人力资源投入	万人R&D人员数
	财力资源投入	地方财政科学技术支出
		R&D经费投入强度
		万人R&D经费内部支出
技术创新产出竞争力	理论、专利和创新产品产出	万人专利授权数
		万人科技论文发表数
		万人新产品销售收入
		新产品开发项目数

续表

一级指标	二级指标	三级指标
技术创新承载竞争力	创新主体	研究与开发机构数量
		211工程及以上高校数量
		万人普通高等学校在校学生数
		万人普通高等学校专任教师数
	教育与经济基础	人均生产总值
		人均教育经费
技术创新扩散竞争力	引进消化吸收技术支出额	引进技术经费支出
		消化吸收经费支出
		购买国内技术支出
		技术改造经费支出
	外商直接投资	外商直接投资企业数量
	技术市场交易	技术市场成交额
		技术市场成交合同数

4 技术创新竞争力评价

4.1 运用层次分析法确定权重

本文以中部六省和18个地市为研究样本，指标数据来源于2016年中国科技统计年鉴、2016年中国统计年鉴和2016年河南省统计年鉴。由于研究涉及的指标数量较多，每一个指标的量纲也不同，所以各个指标之间就没有可比性。在研究之前，需要对数据进行一定的处理来消除各个指标间量纲不同的影响，以便不同指标之间的直接比较。本文采取有阈值评价公式对数据进行处理。将相应指标的数据用公式进行处理，就可以得到能直接进行比较的数据。有阈值评价公式为

$$x = \frac{\max x_i - x_i}{\max x_i - \min x_i} \times 100 \text{ 或者 } x = \frac{x_i - \min x_i}{\max x_i - \min x_i} \times 100$$

将数据无量纲化处理之后，每个指标的数据最大为100，最小为0，从而可以使得各个指标之间的比较和加权计算成为可能。

层次分析法（Analytic Hierarchy Process，AHP）是将与决策有关的元素分解成目标、准则、方案等层次，在此基础之上进行定性和定量分析的决策方法。运用层次分析法量化了每个层次中的各个因素对评价结果的影响程度，使得分析过程清晰明了。在参考诸多前人的研究和专家学者意见后，对技术创新投入竞争力、技术创新产出竞争力、技术创新承载竞争力和技术创新扩散竞争力构造对比矩阵，然后进行了一致性检验，最终得出评价体系中各指标的权重，最后结果见表2。

表 2　　　　　　　　　　　技术创新竞争力评价指标体系权重

一级指标	二级指标	三级指标
A（0.218）	A_1（0.270）	A_{11}（1.000）
	A_2（0.730）	A_{21}（0.207）
		A_{22}（0.478）
		A_{23}（0.315）
B（0.347）	B_1（1.000）	B_{11}（0.360）
		B_{12}（0.193）
		B_{13}（0.291）
		B_{14}（0.156）
C（0.168）	C_1（0.667）	C_{11}（0.348）
		C_{12}（0.264）
		C_{13}（0.179）
		C_{14}（0.209）
	C_2（0.333）	C_{21}（0.400）
		C_{22}（0.600）
D（0.267）	D_1（0.614）	D_{11}（0.212）
		D_{12}（0.259）
		D_{13}（0.212）
		D_{14}（0.317）
	D_2（0.113）	D_{21}（1.000）
	D_3（0.273）	D_{31}（0.625）
		D_{32}（0.375）

4.2 技术创新得分及排名分析

将中部六省和河南省18个地市消除量纲后的数据与其对应的权重相乘就可以得到该省或地市在各项指标的得分，各项指标得分累加便得到总得分。河南省18个地市技术创新竞争力得分及排名见表3。

（1）技术创新投入竞争力得分及排名：河南省的技术创新投入竞争力得分为5.618，在中部六省中排第四位，与第一名湖北省相差13.82分，差距较大。在18个地市中，郑州市、洛阳市、济源市、新乡市、焦作市排名前五位，得分分别为91.741、61.626、60.889、56.565、48.354。驻马店市、周口市、信阳市排名后三位，得分分别为3.888、2.030、1.431。其中排名前五位中，后四个地市与郑州市得分的差距较大，最小差距为30分，最大差距为43分左右，排名后三位的技术创新投入得分与前五名相比差距悬殊，信阳市仅仅为郑州市的1.6%。

(2) 技术创新产出竞争力得分及排名：河南省的技术创新产出竞争力得分为14.272，在中部六省中排第四位，与第一名安徽省相差15.41分，差距较大。反映出河南省技术创新产出较少。在18个地市中，济源市、郑州市、新乡市、洛阳市、焦作市排名前五位，得分分别为48.262、25.200、24.425、22.452、18.361；濮阳市、商丘市、周口市排名后三位，得分分别为1.105、0.858、0.156。其中排名前五位中，后四个地市与排名第一的济源市相比，得分的差距较大，平均相差近26分，排名后三位的技术创新产出得分与前五名相比差距悬殊，周口市仅仅为济源市的0.3%。

(3) 技术创新承载竞争力得分及排名：河南省的技术创新承载竞争力得分为4.843713，在中部六省中排名第五位，其得分与第一名湖北省相差17.64分，差距较为悬殊。这反映出河南省的技术创新基础薄弱，技术创新承载能力较弱。在18个地市中，郑州市、三门峡市、济源市、焦作市、洛阳市排名前五位，得分分别为100.000、30.839、29.679、29.476、24.553；商丘市、驻马店市、周口市排名后三位，得分分别为6.437、4.974、2.053。其中排名前五位中，后四位与郑州市得分差距较大，平均相差69分。排名后三位的技术创新产出得分与前五名相比差距悬殊，其中最后一名周口市的得分仅仅为郑州市的2%。

(4) 技术创新扩散竞争力得分及排名：河南省的技术创新扩散竞争力得分为6.832691，在中部六省中排名第五位，排名靠后，且其得分与第一名湖南省的得分相差15.82分，差距较大。这说明河南省的技术创新扩散严重不足。在18个地市中，郑州市、洛阳市、济源市、新乡市、焦作市排名前五位，得分分别为100.000、36.886、26.168、10.626、7.988；鹤壁市、三门峡市、济源市排名后三位，得分分别为1.026、0.920、0.425。其中排名前五位中，后四个地市与排名第一的郑州市相比，得分的差距较大，平均相差近80分，排名后三位的技术创新产出得分与前五名相比差距悬殊，济源市仅仅为郑州市的8%。

(5) 技术创新竞争力总体得分及排名：河南省的技术创新竞争力总得分为9.29228，在中部六省中排名第四位，与前三名省份的技术创新竞争力得分相差较大。其中，与湖北省相差11.13分，与安徽省相差10分，与湖南省相差5.6分。这反映出河南省的技术创新总体水平较低，竞争力较弱。在18个地市中，郑州市、洛阳市、济源市、新乡市、焦作市排名前五位，得分分别为94.445、34.952、34.669、27.208、23.082；商丘市、信阳市、周口市排名后三位，得分分别为3.705、2.542、1.635。其中排名前五位中，后四个地市与排名第一的郑州市相比，得分的差距较大，平均相差近64分，排名后三位的技术创新竞争力总得分与前五名相比差距悬殊，周口市仅仅为郑州市的1.7%。

表3　　　　　　　　河南省18个地市技术创新竞争力得分及排名　　　　　　　　单位：分

地市	投入得分	排名	产出得分	排名	承载得分	排名	扩散得分	排名	总得分	排名
郑州市	91.741	1	25.200	2	100.000	1	100.000	1	94.445	1
开封市	26.681	8	4.983	12	15.148	9	26.168	3	17.012	6

续表

地市	投入得分	排名	产出得分	排名	承载得分	排名	扩散得分	排名	总得分	排名
洛阳市	61.626	2	22.452	4	24.553	5	36.886	2	34.952	2
平顶山市	35.855	7	5.598	9	10.968	13	6.089	6	13.151	8
安阳市	20.930	11	5.481	10	12.828	11	3.216	8	9.380	11
鹤壁市	6.720	15	3.133	13	17.717	8	1.026	16	5.632	15
新乡市	56.565	4	24.425	3	21.239	6	10.626	4	27.208	4
焦作市	48.354	5	18.361	5	29.476	4	5.565	7	23.082	5
濮阳市	21.268	10	1.105	16	12.711	12	2.968	10	7.858	13
许昌市	47.720	6	8.165	8	19.126	7	2.465	13	16.841	7
漯河市	15.342	13	9.054	7	13.899	10	1.769	14	9.164	12
三门峡市	18.431	12	1.237	15	30.839	2	0.920	17	9.581	10
南阳市	23.927	9	5.230	11	9.282	14	7.988	5	10.719	9
商丘市	7.027	14	0.858	17	6.437	16	2.854	12	3.705	16
信阳市	1.431	18	2.062	14	7.111	15	1.324	15	2.542	17
周口市	2.030	17	0.156	18	2.053	18	2.913	11	1.635	18
驻马店市	3.888	16	11.232	6	4.974	17	3.126	9	6.422	14
济源市	60.889	3	48.262	1	29.679	3	0.425	18	34.669	3

5 问题及原因分析

(1) 河南省总体技术创新水平较低，地市之间差距较大。

河南省的技术创新竞争力总得分为9.29228，在中部六省中排名第四位，与前三名省份的技术创新竞争力得分相差较大。其中，与湖北省相差11.13分，与安徽省相差10分，与湖南省相差5.6分。这反映出河南省的技术创新总体水平较低，竞争力较弱。

河南省18个地市存在明显的梯度差异，呈现出典型的金字塔特征。位于不同梯队的地市之间的技术创新竞争力存在较大的差距。18个地市中，技术创新竞争力最强的是郑州市，其得分为94.445分，除郑州市外，技术创新竞争力较强的是洛阳市和济源市，得分分别为34.952分和34.669分，但也与郑州市的得分有很大的差距。技术创新竞争力最弱的三个城市是商丘市、信阳市和周口市，其得分分别为3.705分、2.542分和1.635分，它们的得分与技术创新竞争力较强的洛阳市和济源市相差近31分，与最强的郑州市相差近91分，差距悬殊。通过对18个地市进行聚类分析可发现，居于第一梯队的郑州市的技术创新竞争力居于领先地位，技术创新竞争力的四个方面也都处于绝对优势地位；居于第二梯队的洛阳市、济源市、新乡市、焦作市的技术创新竞争力较强，虽然没有极强的竞争优势，但有较大的技术创新潜力。在一定时间内，有能够追赶甚至超过郑州市的可能；居于第三梯队的开封市、许昌市、平顶山市、南阳市、三门峡市、安阳市、漯河市的技术创新竞争力较弱，处于相对劣势地位，在较短时间内难以实现大的自我突破；第四梯队的濮阳市、驻马店市、鹤壁市、商丘市、信阳市、周口市的技术创新竞争力很弱，与处于其他梯队的城市有很大差距，其技术创新基础薄弱，技术创新投入不足，导致技术创新能力很弱。

河南省各区域技术创新竞争力发展的不均衡极易形成马太效应，导致技术创新竞争力强的城市越来越强，而技术创新竞争力弱的城市越来越弱。如郑州市处于领先地位，在技术创新竞争力的四个方面几乎处于垄断状态，其自身拥有充足的资源、积极的政府政策、极佳的地理位置等其他城市所不具备的优势。马太效应的存在不利于河南省技术创新竞争力的统筹协调发展，容易形成极端现象。

（2）政府宏观调控作用弱，未能形成以企业为主体的区域创新系统。

①河南省缺少政府提供的新技术创新成果提供转化的平台，导致高校和科研机构的科研人员与企业之间信息严重不对称，多数科研人员只注重学术研究却没有考虑到市场需求。新技术创新成果被宣传与推广的力度很小，也缺少技术创新服务中介对新技术成果和企业需求、市场需求等信息进行整合。这样使得高校和研究机构的研究成果与企业需要不相匹配，导致技术创新成果转化率低，甚至不足30%。

②政府统筹协调技术创新主体的能力较弱，未建立起协同创新机制，导致河南省整体产学研合作水平较低，各地市之间交流合作较少。河南省大量存在技术创新主体单独进行技术创新的现象。各创新主体"单打独斗"不进行信息和资源的共享将会大大降低创新效率，使得技术创新进程缓慢。河南省仅有少数企业与高校、科研机构进行合作，且多数为短期合作、合作模式较为单一，合作的深度不够。企业长期合作研发需要面临较大的风险，承担较大的机会成本，考虑到短期经济效益，大多数企业选择不与高校、科研机构合作或者进行短期合作。2015年有104项以省教育厅或地方政府为主管部门的高校与企业的产学研合作项目，涉及104家企业、20多所高校、6个研究所。2016年产学研合作项目为73项，涉及近73家企业、20所高校、5个研究所。这两年产学研项目所涉及的高校和研究所无太大变化，所涉及的企业、高校、研究所数量偏少。此外，河南省不同地市之间的产学研合作水平有较大的差异，郑州市、濮阳市、信阳市、漯河市与本地甚至省外其他高校、中科院等进行产学研合作。2015—2017年河南省有科技企业孵化器孵化场地建设重点项目仅40项，也多集中在郑州市、洛阳市、安阳市、漯河市等少数地市。这样导致其他各地市的产学研合作较少，水平很低。

③企业本应作为区域的技术创新主体，但河南省企业技术创新活动情况不容乐观。2015年河南省共有22893个规模以上工业企业，有研发机构的规模以上企业数量为1565家，仅占6.84%，占比很小。规模以上工业企业中中小型企业占比92.3%，但其R&D内部经费支出投入仅仅占规模以上工业企业内部支出的34.4%。这说明河南省规模以上工业企业创新的积极性较低，创新意识较为薄弱。究其根本原因，一方面在于技术创新需要前期投入大量资金，且技术创新过程漫长而复杂，短期内难以收回成本。综合考虑投资回报率，大多数企业不选择技术创新。另一方面在于中小企业自身资本累积少、实力较弱，相对于大型企业面临着更大的风险，因此多数中小企业不愿进行大量的技术创新。且中小企业能够用于投入技术创新的经费有限，市场上也缺乏完善的筹融资机制使其能够拥有更多

的资金用于技术创新。

(3) 技术创新支撑不足，承载力较弱。

河南省的研究与开发机构数量为119所，在中部六省排名第四位，与全国平均水平基本相等，却仅为北京市的30.6%。18个地市共有2543个R&D机构，其中郑州市占比28.6%，济源市仅有36所，占比1.4%。河南省仅有一所211工程大学，低于全国平均水平3.6所，这说明河南省高质量的技术创新主体数量较少。其中，郑州市的高校数量占据了全省的46.3%，且除郑州市外的17个地市无211工程大学；河南省的万人普通高等学校在校学生数为186人，在中部六省中居于第四位，是湖北省的77%，是北京市的67%。郑州市万人普通高等学校在校学生数为1070人，远高于其他地市，驻马店市仅仅占郑州市的0.56%；河南省的万人专任教师数为10人，在中部六省中居于第四位，是上海市的59%，是北京市的32%。其中郑州市万人专任教师数为72人，在18个地市中遥遥领先，是驻马店市的36倍；河南省的人均生产总值为39123元，低于全国平均水平，低于湖北省的50654元。其中郑州市为77179元，远高于全省平均水平，是周口市的三倍多。河南省的人均教育经费为1728元，虽然高于湖北省的1687元，但却低于山西省和江西省，与北京市和上海市相比，更是有很大的差距。其中郑州市人均教育经费为2428元，高于全省平均水平，15个地市的人均教育经费均低于全省平均水平。这些综合表明河南省技术创新主体较少，同时技术创新的人力资源潜力相对不足，薄弱的经济与教育基础难以支撑起高层次和高质量的技术创新。郑州市占据了全省技术创新承载资源的绝大部分，导致其他地市技术创新承载力很弱。

(4) 技术创新效率较低。

与中部六省的其他省份相比，河南省的R&D人员数和R&D人员全时当量的绝对值均比较大，占有一定的优势，甚至与上海市的R&D人员数旗鼓相当，但河南省的技术创新产出却没有达到相应的水平。虽然河南省的授予专利总数较多，但专利数量多不等于技术创新多。专利中的发明专利占比大小能反映一个地区技术创新水平的高低，河南省发明专利授予数占专利授予总数的11.27%，山西省为24.27%，湖北省为20.03%。此外，2013年和2014年河南省发明专利授予数占专利授予总数的10.76%和10.47%。可见，在专利总数中河南省的发明专利所占比重较低。而且，河南省新产品销售收入占主营业务收入比重为7.9%，低于全国平均水平13.6%，高技术产业增加值仅占规模以上工业企业的8.8%，远低于高成长性制造业和传统支柱产业的增加值占比。这说明河南省技术创新对经济增长贡献较小，技术创新效率较低，人力资本利用效率低，未能充分发挥R&D人员的效能。

(5) 资源配置严重不均衡。

技术创新资源的配置直接影响各地市的技术创新水平。郑州市作为省会，拥有极佳的地理优势和资源优势。第一梯队和第二梯队的地市也拥有较多的研究与开发机构、高校数量、教育经费、科研经费等。这些是第三梯队和第四梯队的地市所不具备的优势资源。并且郑州市作为省会能够吸引更多的优秀企业投资。技术创新竞争力排名第一的郑州市拥有国家工程技术研究中心6个，省级工程技术研究中心201个，拥有省级重点实验室26个，全市拥有56所普通本专科院校。2016年郑州市教育经费支出155.4亿元，科学技术支出

21.7亿元。第二梯队的洛阳市拥有国家工程技术研究中心2个，省级工程技术研究中心80个，拥有14个省级重点实验室。洛阳市共有普通高校7所。洛阳市的教育经费为94.5亿元，科学技术支出为9.3亿元。第三梯队的许昌市仅拥有1个国家级工程技术研究中心，71个省级工程技术研究中心，163个市级工程技术研究中心，4所高等院校。第四梯队的商丘市仅拥有县级以上科学研究与技术开发机构7个，普通高等学校6所。由以上数据可知，河南省各地市的资源配置不均衡。各个梯队的地市之间的技术创新资源有一定的差距，尤其是第一和第二梯队与第三和第四梯队的地市之间技术创新资源差距悬殊。

（6）技术创新投入不足。

从整体而言，河南省技术创新投入水平低于全国平均水平。18个地市的技术创新投入水平不一，小部分地市远高于地市平均水平，多数地市技术创新水平远低于平均水平。

①财力资源投入不足。河南省的万人R&D经费内部支出低于全国平均水平，不足湖北省的一半。地市万人R&D经费内部支出平均为472万元，郑州市、洛阳市、新乡市、焦作市、许昌市、济源市高于18个地市的平均水平，其余12个地市均低于平均水平，尤其是信阳、周口、驻马店三个地市不足平均水平的20%。河南省地方财政科学技术支出低于全国平均水平，低于湖北省。18个地市的平均水平为3.7亿元，仅有郑州市、洛阳市、安阳市、南阳市高于平均水平，其余地市均低于平均水平。河南省R&D经费投入强度为1.18%，低于全国平均水平。仅有郑州、洛阳、平顶山、新乡、焦作、许昌6市高于平均水平。

②人力资源投入不足。河南省万人R&D人员数为25人，低于全国平均水平40人，也低于湖北省。18个地市平均水平为24人。郑州市、洛阳市、新乡市等7个地市高于平均水平，其余地市均低于平均水平。此外，河南省R&D人员中大学本科及以上学历者仅仅占比45.3%，具有博士学位的仅仅占3.2%。可见河南省具有高学历的科研人员占比较小，高层次技术创新人员少。

（7）技术创新扩散不足。

从整体而言，河南省技术创新扩散水平远远低于全国平均水平。技术创新扩散的六项指标中除技术创新改造经费支出外，河南省的水平均远远低于全国平均水平。

18个地市平均外商直接投资企业数为104，郑州、洛阳、新乡、南阳4个地市高于平均水平。其余14个地市均低于平均水平。18个地市平均技术市场成交额为25016万元，平均技术交易合同数为193项。只有洛阳市和郑州市高于平均水平，其余地市均远远低于平均水平。这些综合说明河南省技术创新扩散严重不足，对外开放水平较弱。

6　技术竞争力提升策略

（1）加大技术创新资源配置。

创新资源是技术创新的必要元素，创新资源的优质与否将会决定技术创新活动的数量和质量。创新资源包括技术创新财力资源和人力资源，以及技术创新服务平台等。

①增加财力资源投入。加大R&D经费投入力度，河南省政府及各地市政府加大地方财政对技术创新活动的投入，尤其是增强了对省级技术创新计划、战略性新兴产业发展、

产业转型升级的资金支持；优化技术创新投入结构，适当增加基础研究阶段的资源投入，如增加基础研究的实验室，制定激励基础研究的相关政策等；技术创新投入渠道多元化，企业应利用好民间资金或通过资本市场进行融资，设立专项创新科研基金，以便于进行科技研发。同时政府应建立完善的中小企业筹融资机制，以解决中小企业筹融资困难问题，以使他们拥有更多的资金用于技术创新投入。

②加大基础设施资源配置，由政府、高校、企业等出资，根据自身资源状况和发展战略增设相应的研究机构、重点实验室、博士后科研流动站或者工程技术中心等。

③注重高层次人才的培养和储备。人是技术创新活动的主观要素，充分利用与发挥高层次人才的智慧、经验与主观能动性对技术创新至关重要。因此，河南省政府和高校要重视大学的学术发展，重视特色学科的建设，大力引进高质量教师资源，着力提高现有实验室质量，增设新型重点实验室；增加人均教育经费投入力度，全面重视从学前教育、小学教育、初高中教育到大学教育培养人才的各个教育阶段，优化教育环境，提高教学质量。致力于培养高质量多数量的创新型人才。在培养本土人才的同时，也要加大外来优秀人才的引进，包括海外留学归来和国内知名高校的硕士生与博士生等，并切实制定并执行人才引进优惠政策。

(2) 建立以企业为主体的区域技术创新系统。

①创建三螺旋形的技术创新系统。三螺旋循环能够实现人员循环、信息循环、产品循环。人员循环即为人才流动，能够实现技术创新主体之间的人才共享，同时最大化发挥高等人才的知识效能。信息循环即为信息的交流与共享，建立起信息网络，能够将诸如新技术、新产品或新技术需求等信息迅速传播至各主体，以此来支撑与促进区域技术创新。产品的流动与循环能够在一定程度上改善现有的技术创新环境和条件。因为技术创新活动不是独立的是相互连接的，一个科研成果或产品可能是另一技术创新活动的基础。三螺旋形的技术创新系统能够有效促进区域技术创新主体之间的技术创新资源的共享，提高资源的利用效率和技术创新效率。

②大力建设技术交易中介和企业孵化器。技术交易中介将企业的需求与高校、科研机构的技术成果供给登记在案来整合三方资源，这样促进了企业、高校和科研机构三者之间的信息共享，使得信息共享规范化，这样能够减少因信息不对称导致的供需断层现象，使高校和科研机构以市场需求为前提进行技术创新。技术交易中介的建立能够降低技术创新成果的交易成本，促进新技术或新产品的转移，能够减少偷用甚至盗窃他人技术创新成果的机会主义行为（简兆权，刘荣，2013）。企业孵化器将人才、技术、资金、知识聚集在一起，并为创新企业提供共享设施、融资、市场推广等支持。企业孵化器能够降低创新企业失败的风险，加快技术创新成果的市场化进程，同时能够提高技术创新效率和技术转移效率。

③增强政府外部推动力和内部激励来促进产学研协同创新（周正等，2013）。政府的行为引导与政策激励是协同创新的重要推动力。单纯地依靠市场竞争压力和需求推动力难以实现广泛的区域协同创新。因此，政府应制定并实行相关政策来推动高校、企业和科研机构三者之间的协同创新，如创办合作实验室、给予三者共同研发经费等。同时政府可给予进行协同创新主体一定的物质奖励，如税收优惠、财政补贴等等。

(3) 充分发挥政府和市场协同配置资源的作用。

河南省应采用市场为主导,政府为引导的资源配置方式来配置技术创新资源。政府配置资源的主要方式为以财政金融政策为主的科技政策和以政府补贴为主的科技计划体系。市场通过价格机制、竞争机制、供求机制和风险机制实现技术创新资源的配置(王雪原,王宏起,2007)。因同时存在政府失灵和市场失灵,应共同发挥政府与市场对技术创新资源的配置作用。

①在河南省的技术创新资源配置中,政府应发挥统筹协调作用,均衡配置实验室、研究机构、先进的机器设备等公共技术创新资源,使各地市均拥有一定的技术创新基础能力。同时加大地方财政科学技术支出,给予技术创新能力较弱区域财政补贴、减免税收、贷款等优惠政策。

②发挥市场机制作用,通过市场价格变动、供需变化、市场的竞争状况来配置稀缺的技术创新资源,最大程度地实现技术创新资源的供求平衡,促进资源的合理有序流动。这样能够提高技术创新资源的利用效率,充分发挥资源的效能(孙绪华,2011)。

(4) 打造以郑州市、洛阳市、济源市、新乡市为中心的区域技术创新增长极。

威廉姆逊的倒 U 型理论解释了区域间经济发展差异的倒 U 型变化规律。区域技术创新竞争力的发展也同样遵循倒 U 型理论。如今河南省区域间技术创新水平差距较大,郑州遥遥领先,济源、洛阳、新乡三个地市紧随其后,虽然与郑州的技术创新水平相比差距较大,但相对于其他地市的技术创新水平较高,远高于其他地市的技术创新水平。在未来一段时间内,郑州、洛阳、济源、新乡的技术创新发展将会呈现出极化效应,即四个地市会集聚更多优质的资源,利用先发优势使技术创新水平能够得到较快地发展。因此,在未来技术创新发展过程中,18 个地市的技术创新水平不可能实现均衡发展。根据增长极理论,河南省应把握并利用这一特点着力打造以郑州市、洛阳市、济源市、新乡市为中心的区域技术创新增长极,在增长极区域的技术创新累积了一定的竞争优势后,再发挥其扩散效应来带动周边地区的技术创新发展,这样将逐步缩小各地市之间的技术创新水平梯度差异,最终实现河南省整体技术创新水平的提高。

参考文献

[1] 马向阳,阴新月,陈卫东. 基于五元协同机理的天津市高新技术产业竞争力评价研究 [D]. 天津:天津大学,2011.

[2] 陈光潮,张辉,韩建安. 基于灰色系统理论的区域科技竞争力比较 [J]. 暨南大学学报,2004 (1):19-25.

[3] 韩伟,李钢. 主成分分析在地区科技竞争力评测中的应用 [J]. 数理统计与管理,2006 (5):512-517.

[4] 黎雪林,孙东川. 我国区域科技竞争力评价体系研究 [J]. 科技管理研究,2006 (2):48-51.

[5] 曾慧芬. 科技创新竞争力评价研究——以广州为例 [J]. 科技管理研究,2012 (12):12-15.

[6] 李伟民,张颖. 东北地区技术创新竞争力评价与对策建议 [J]. 辽宁大学学报,

2016, 44 (5).

[7] 陈国宏, 肖细凤, 李美娟. 区域科技创新能力评价指标识别研究 [J]. 中国科技论坛, 2008 (11): 67-71.

[8] 简兆权, 刘荣. 基于科技中介的区域创新系统知识转移路径研究 [J]. 科学学与科学技术管理, 2013 (8): 97-101.

[9] 周正, 尹玲娜, 蔡兵. 我国产学研协同创新动力机制研究 [J]. 科技与经济, 2013 (27): 52-56.

[10] 王雪原, 王宏起. 基于产学研联盟的科技创新资源优化配置方式 [J]. 中国科技论坛, 2007 (11): 3-7.

[11] 孙绪华. 我国科技资源配置的实证分析和效率评价 [D]. 武汉: 华中农业大学, 2011.

[12] Dutta S, Lanvin B. *The Global innovation index* 2013 [R]. New York: Johnson Cornell University, 2013.

作者简介

杜书云, 郑州大学旅游管理学院院长, 教授, 博士生导师。研究方向: 国民经济学。
王亚红, 郑州大学旅游管理学院副教授, 硕士生导师。研究方向: 国民经济学。
韩霜, 郑州大学旅游管理学院本科生, 市场营销专业。

基金项目

2017年度河南省软科学项目《河南省技术创新竞争力管理及提升策略研究》(项目编号: 172400410206)。

基于模糊综合的大学生科创能力实证评价

韩晨光

（北京联合大学，北京，10010）

> **摘要**：基于理论研究和专家访谈，凝练4城市97家科技型企业和4所高校的实地调研结果，构建了大学生科创能力评价指标体系。运用层次分析和模糊综合评价相结合的方法，对6城市9所高校的千余位受访者开展实证调查。结果显示，总体而言大学生创业管理能力与创业精神基本持平，而创业科技能力相对较低。据此，提出了以提升大学生创业科技能力为核心，统筹发展创业精神与创业管理能力，构建创业能力培养的优化路径。
>
> **关键词**：大学生；科创能力；评价

习近平总书记在党的十九大报告中提出，建设教育强国是中华民族伟大复兴的基础工程，必须把教育事业放在优先位置，深化教育改革，加快教育现代化，办好人民满意的教育。从世界经验来看，重视大学生科创能力培养已经成为全球主要经济体的共同选择，中国作为世界经济大国正在向经济强国推进，大学生科创能力结构能否满足其未来中国创新创业建设者的任务需要，是值得教育者重视的问题。

1 构建大学生科创能力评价指标体系

创业能力的概念学界探讨较多（唐靖，姜彦福，2008），基于文献回溯，大学生科技创新创业能力可被理解为凝结在大学生技术型创业过程中的、强调创业活动运行变化的、体现科创相关专业大学生个性特质与核心能力而构建的能力群落。通过理论分析法、小组讨论法、专家评议法、访谈法等方法，对备选指标进行归纳综合，在理论和逻辑上提取其共同因素，凝练上位指标，初步形成基于理论的备选指标体系。

大学生科创能力评价指标问卷调查在北京、大连、宁波、温州4个城市的97家科技型创业企业及4所高校开展预测试。其中在高校发放调查问卷60份，回收51份，回收率85%。在企业发放问卷130份，回收有效问卷106份，回收率81.5%。将收集的问卷样本进行探索性因子分析。调整后的创业能力评价量表，在效度上通过了KMO值和Bartlett球型检验，显著性概率值为0.000＜0.05，适合进行因素分析。信度测试的科隆巴赫（Cronbach）Alpha系数均在0.9以上，说明变量之间测量项目具有较好的相关性。

评价指标的权重赋值主要采用 AHP 层次分析法处理（何忠伟等，2010）。以一级指标权重计算为例，邀请 8 名专家（包括科技类专业教师、创业学者、科技创业型企业家等）对各指标进行分析判断，首先计算所有专家个体判断矩阵中每一信息元素的算术平均数和标准差，其次剔除超过算术平均数两个标准差以外的个体判断信息，再次是计算算术平均数，以此作为专家对这一元素的综合判断信息，最后综合成专家群体判断矩阵（见表1）。

表1　　　　　　　　　　大学生科创能力评价一级指标判断矩阵

大学生科创能力	创新精神	创业科技能力	创业管理能力
创新精神	1	1/2	3/2
创业科技能力	2	1	3
创业管理能力	2/3	1/3	1

在大学生科创能力评价一级指标专家群体判断矩阵基础上，计算该矩阵的最大特征值 $\lambda_{max} = 3$ 及相应的标准化特征向量 $W = [0.27, 0.54, 0.18]^T$。

一致性检验：一致性指标 $CI = \dfrac{\lambda_{max} - n}{n - 1} = \dfrac{3 - 3}{3 - 1} = 0$

一致性比率　　　　　　　　　　$CR = \dfrac{CI}{RI} = \dfrac{0}{0.58} = 0 < 0.10$

因此认为，该专家综合判断矩阵具有满意的一致性，计算出来的特征向量是认可的，即大学生科创能力评价各一级指标的权重，其中"创业精神"权重 0.27，"创业科技能力" 0.55，"创业管理能力" 0.18。据此计算方法最终得出大学生科创能力评价指标体系及其权重（何晨光，曲绍卫，2016）。

2 大学生科创能力评价的实证应用

为厘清目前我国大学生科创能力的水平，特以评价指标体系生成调查问卷，对北京、重庆、宁波、武汉 4 个城市的 9 所高校开展实证调查。这些高校分布于东部、中部、西部三大经济地区，类型涉及理工院校和综合性大学，性质包括公办大学和民办院校，层次包括"985 工程"院校、"211 工程"院校及一般院校。调查随机发放调查问卷 1200 份，其中向理工科学生发放 900 份，高校教师 100 份，创业者 200 份，共计回收有效问卷 1096 份。调查对象的统计学指标见表2。

表2　　　　　　　　　调查对象的统计学指标构成（$N = 1096$）

变量	类别	百分比/(%)
性别	女	27.17
	男	72.83

续表

变量	类别	百分比/(%)
年龄	20~29 岁	70.75
	30~39 岁	24.21
	40~49 岁	3.02
	50~59 岁	1.96
	60 岁以上	0.06
受教育程度	博士	0.22
	硕士	2.22
	大学本科	68.96
	大学专科	28.6

2.1 大学生科创能力实证评价过程

（1）建立评价指标集。主准则层评价指标集的建立：$U = \{U_1, U_2, U_3\}$。其中 U——大学生科创能力评价指标集；U_1——创新精神；U_2——创业科技能力；U_3——创业管理能力。

（2）建立评语集。以评价者对评价对象可能作出的各种总的评价结果为元素建立评语集，本章研究设置评语等级数为 5，即评语集为：$V = \{V_1, V_2, V_3, V_4, V_5\}$。其中，$V$——评语集合；$V_1$——非常不满意；$V_2$——不满意；$V_3$——一般；$V_4$——满意；$V_5$——非常满意。

（3）采用模糊综合评价法对各能力综合评价值进行汇总排序。具体步骤为：①构建单指标模糊评价关系矩阵 $R = (r_{ij})m \times n$，其中 r_{ij} 表示从评价指标 u_i 着眼，该评判对象能被评为 v_j 的隶属度，r_{ij} 表示第 i 个因素 u_i 在第 j 个评语 v_j 上的频率分布；②引入 V 上的一个模糊子集 $B = A * R$（$*$ 为算子符号，一般采用普通矩阵乘法；A 为该评价指标的对应权重向量），称 $B = (b_1, b_2, \cdots, b_n)$ 为模糊评价，如果评判结果 $\sum b_j \neq 1$，应将它归一化。b_j 表示被评价对象具有评语 v_j 的程度，具体反映了评判对象在所评判的特征方面的分布状态。这样求出的 B 仍然是一个列向量，还不能直接用于各评价对象的比较与排序，因此尚需进一步的分析处理。设相对于各评语等级 v_j，给定参数列向量：$C = (c_1, c_2, \cdots, c_n)^T$，则可以求出等级参数评判结果为：$p = B \times C$，由于 p 是一个实数，就可以根据 p 的大小对不同评价对象的优劣进行比较与排序。

以"创业科技能力"为例，首先从指标层因素集中的单个因素出发进行评价，计算综合评价值。例如根据受访者回答数据建立"创新思考能力"单项的模糊评价关系矩阵，其中，科技思维敏感度由 3 道问题表征，科研实验理解能力由 2 道问题表征，则取本指标所有问题相对应的评语等级隶属度的平均值，作为该指标的隶属度。全部指标做相同处理。其次建立二级模糊综合评价。根据数据建立模糊评价关系矩阵，提取权重向量。从表 2 中提取准则层因素的权重向量，计算综合评价值。同理可对"创新精神"和"创业管理能力"进行评价。最后开展三级模糊综合评价,均按照上述方法计算综合评价值。

2.2 大学生科创能力实证评价结果

通过模糊综合评价,最后得出如表3显示的大学生对科创能力评价的结果。按照非常满意为95分,满意为85分,一般为70分,不满意为60分,非常不满意为50分进行赋分,得出大学生科创能力得分。设定85分及以上为优秀,80~84分为良好,60~79分为合格。

表3　大学生科创能力得分

评价变量	非常不满意	不满意	一般	满意	非常满意	分数	等级
总体	0.0208	0.0455	0.2250	0.3506	0.3581	83.34	良好
创新精神	0.0198	0.0442	0.2010	0.3298	0.4052	84.24	良好
创业科技能力	0.0201	0.0515	0.2731	0.3596	0.2958	81.88	良好
创业管理能力	0.0225	0.0408	0.2009	0.3625	0.3733	83.91	良好

从上表可以看出,总体而言大学生科创能力处于良好的水平,其中创业管理能力和创业精神基本持平,创业科技能力相对较低。可见大学生创业科技能力是其创业能力结构中的重心,但也是相对的短板,仍有提升空间。

上述现象可以参考Timmons(2003)创业过程理论进行初步解释。在创业初期需要创业者具有深厚和良好的专业能力,对于科技类专业大学生而言科技能力的水平可以很大程度上左右其发掘和把握机会的质量,而科技能力的提升则有相当的难度。科技能力对除了机会以外的资源应用和团队管理等创业管理能力以及创业精神的影响程度较弱,且此类管理能力和创业精神在创业初期要求较低,大学生经过几年系统性的高等教育基本可以达到初步应对的程度,故评价较好。然而需要注意的是,到了创业中期阶段则对资源应用和管理能力有了大幅度的提升要求,对资源的重组、机会的再创造、团队的运行提高到战略高度。本文观察对象主要是在校大学生,符合创业初期甚或前创业阶段主体的能力表现。

2.3 当前大学生科创能力存在的突出问题

2.3.1 创业科技能力相对薄弱

大多数学生认为创业科技能力是其创业能力当中较弱的一项。而在创业能力评价指标赋予权重的过程中,行业专家赋予科技能力的权重是最高的,可见当前科技类专业大学生在创业科技能力方面距离成功创业所要求的掌握程度还有差距。从学生问卷填写情况来看大多数创业科技能力的自我评价呈偏向右侧的钟形曲线分布,表明在剔除答题者心理自我保护及自我期许的干扰因素下,学生的极端负面评价和极端正面评价较少,对创新要求和实操要求较高的技术能力趋向普通评价的态势更加明显(见图1和图2)。

基于模糊综合的大学生科创能力实证评价

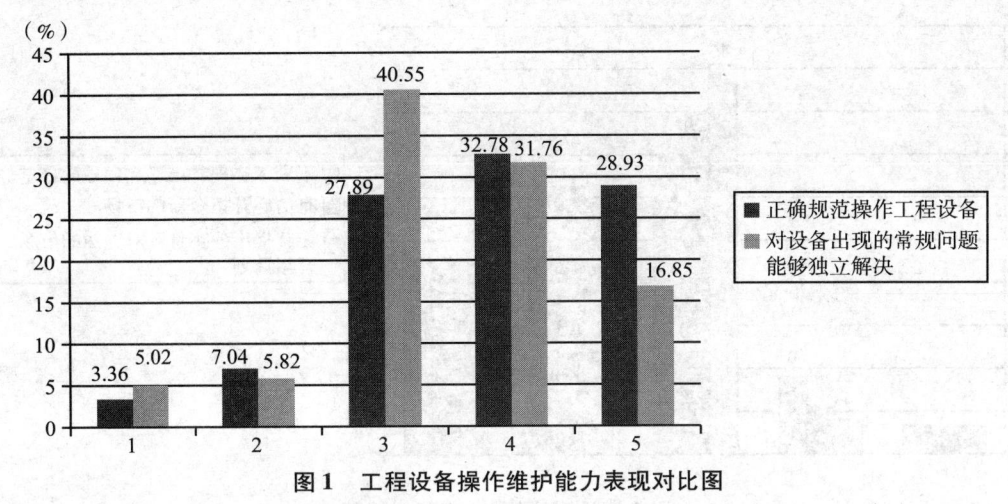

图1 工程设备操作维护能力表现对比图

注：其中，1 为最负面评价，5 为最正面评价，下图若无特别说明均同。

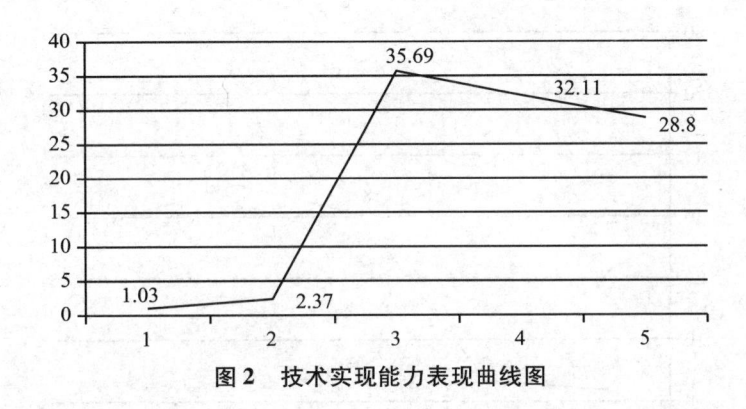

图2 技术实现能力表现曲线图

宁波镇海大学生科技孵化园某技术型外贸公司负责人，2013 年毕业于宁波某高校自动化专业。在接受前期访谈时也提到了受制于技术实现能力水平的困惑："我的业务主要是给北美地区供应大型成套农业机械的配件。由于我有工科学习的基础，这几年又一直在学习外贸英语，所以能看懂国外订购方发来的设计图纸。经过一年多的研究，发现北美地区需要的农业机械我们完全可以自己设计和生产。要是实现成套生产，出口的利润比现在只提供配件的利润大得多。可惜，我找遍了以前学自动化和机械的同学，不少人现在都开了自己的公司和工厂，大多数只是做国内配件的订单，没有想过做成套，也不具备那个技术。现在没有办法，找了我之前的同学正在做生产试验，等试产成功了再想出口成套的事情。可是这样一来，我们的研发成本又高了一大截，而且国外经济形势波动太大，他们的订单能否坚持到我们研发成功还不好说"。类似问题在沿海生产制造业发达城市并非孤例。

2.3.2 创业精神个别能力有待加强

创业精神在科技类专业大学生创业能力表现较好。但是个别指标也呈现出较弱评价，比较明显的是开拓事业和问题预判能力，表明大学生在创业实操阶段的积极心理、抵御挫折的准备有待加强。科技类专业大学生对于个人的职业素养、人文素养等要素体现也不甚明显（见图3和图4）。

图3 开拓事业能力表现比较图

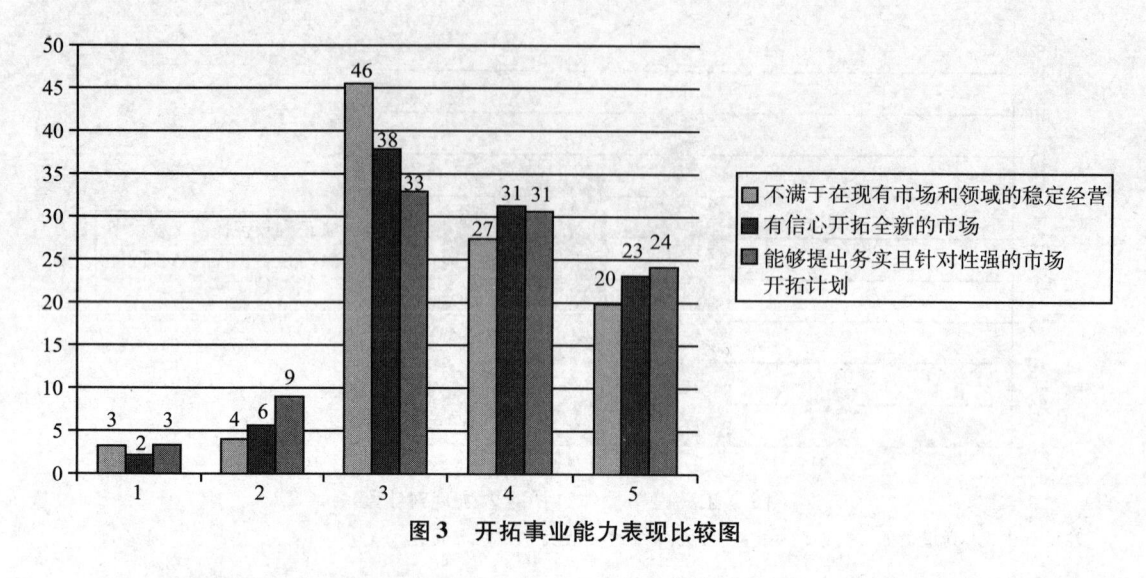

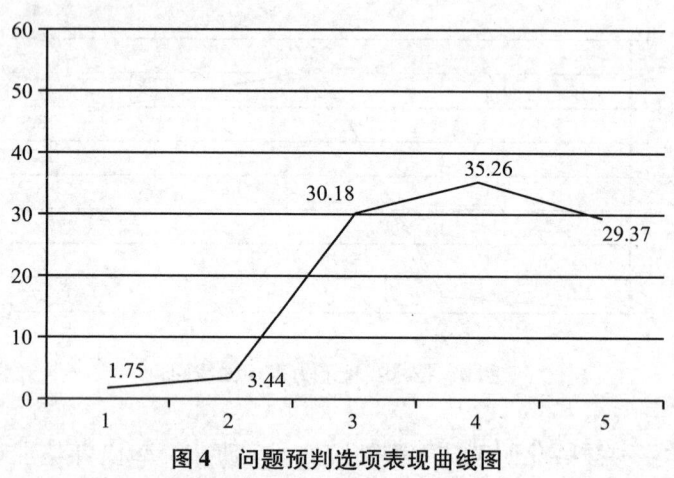

图4 问题预判选项表现曲线图

3 阻碍大学生科创能力发展的归因分析

当前大学生在科创能力方面遇到的问题主要出现在实操性不足，表明高校、产业界、国家战略执行层面均不同程度地在创业能力培养上存在针对性不够以及协作性不强的问题。

3.1 高校科技创业教育相对薄弱

目前多数院校创业教育仅处于发展的初级阶段，难以提供有效的创业实训机会，整体上还没有形成鼓励创业的氛围，不能完全满足科技类专业大学生创业能力提升的需要。从师资人员方面而言，当前高校专门从事大学生创业能力培养的专职人员不多，大部分教师都属于兼职状态。从培养对象的特征分析，科技类专业大学生具有不同学历层次、不同专业、不同年级等多方面的区别，复杂多样的群体属性也增加了个性化指导的难度。从师资培养的内外环境观察，教师队伍亲身参与创业实战的经历较少，大多数人对创业的理解仅仅停留在理论阶段，照本宣科式的大学生创业能力培养课程不能从根本上满足大学生创业的现实需求，不能适应复杂多变的创业环境。

3.2 创业能力培养产业协同性不足

科技型企业对大学生创业者的技术平台支持较少。对于地方及中央直属国有大型科技类企业而言，发掘当地高校青年技术潜力培育创新创业项目既是本身后备发展需要，也是国有企业社会责任的担当。然而目前仅有临时性合作，例如为创业大赛冠名，企业负责人作为校外专家召开创业讲座等。这样的合作易流于形式。邀请企业家到学校担任创业导师是值得提倡的做法，但囿于个体经验和个性差异，企业家的授课内容和教学效果缺乏有效监管与考评，每个创业讲座或报告自成体系，授课内容缺乏科学性、系统性或针对同一话题出现截然矛盾的观点，这对大学生而言徒增困扰。没有项目长效支撑，没有企业专家成体系科学化的跟踪指导，科技类专业大学生创业能力无法得到实质提升。

3.3 国家战略执行层面比较滞后

当前政策设计制定环节中出现问题，即重视数量规模社会影响，在具体执行中的项目精细化管理、绩效考核监督、长效投资与管理机构设置方面却相对较弱。2014年人力资源和社会保障部启动实施第二期"大学生创业引领计划"，计划到2017年实现80万大学生创业。但根据路军援引2014年的人力资源和社会保障部调查数据，我国大学生初次创业成功率仅为2.4%（路军，2014）。按照这样的比率，即使是2017年按照计划完成人数目标，其实际的效果如何仍有待商榷。此外在引领计划通知当中对计划实施过程中的具体管理机构、经费来源、绩效监督与管理等仅做原则性规定，操作性不强。

4 优化科技类专业大学生创业能力培养的路径设计

根据实证研究结论，本文有针对性地提出了以提升科技类专业大学生创业科技能力为核心，统筹发展创业精神与创业管理能力，构建创业能力培养的优化路径。

4.1 从教学到实践，完善高校创业教育体系

（1）课程改革开展创业教学诱导。教师以科技类创业活动的技术要点和难点设置具体任务，要求学生分组完成任务并按照过程及结果给予点评和打分，这就诱发了学生的竞争热情和团队合作意识，在完成任务过程中获得专业知识和经验。在典型示范环节教师引介技术型创业者或者企业中的研发负责人进入学校，对实践性和操作性较强的教学内容进行传授。

（2）学科融合营造创新创业氛围。鼓励学生组建各类科技创业社团，例如GEEK（极客）俱乐部、创新者沙龙、科学与商业交流会、虚拟创业工作坊等。成立科学与商业互相交流的组织可以让科技类专业大学生成员接触到商业知识和技能。在活动上可以利用课余时间将对科技创业感兴趣的学生聚集起来举办各种分享会、展示会、午餐会等体验活动。这些组织开展的创业活动或项目，有助于推动科技类专业大学生创业者团队构建与运行能力的形成（刘林青等，2009）。

（3）院系合作共建创业开课体系。打通科技、经管、人文艺术学科的专业壁垒，通过多样化教育有效提升创业者的创业科技能力和创业管理能力。以斯坦福大学为例：斯坦福技术风险投资项目组（Stanford Technology Ventures Program，STVP）是斯坦福大学工学院管理科学与工程系（MS&E）组建的，该项目组宗旨之一是推动高新技术创业研究。斯坦福大学工学院依托STVP开展创业教育教学、研究与国内外合作，其开发的针对工学院学生的技术创业项目是理工院校创业教育实践活动的成功载体之一，在世界范围内被广泛接受与模仿。

4.2 以共建促发展，构建产学创业合作机制

（1）引介企业资源合作创业竞赛。台湾地区科技类高校普遍重视科技类专业大学生以自主知识产权成果参加创业竞赛，与大陆地区创业竞赛政府主导模式不同，台湾地区主要是由财团法人或社会机构主办，有利于科技知识成果向产业部门的快捷转化。机械创新设计大赛、计算机知识与技能技术竞赛、数学建模竞赛等赛事可激励富有创新精神的科技类专业学生投入竞争式展示之中，方便企业寻找到有市场价值的技术创意进入后续转化阶段。配备合作企业的产品经理对产品的商用价值、知识产权保护、同类产品分析等问题提供意见和建议。与来自企业、工程技术领域、管理领域的专业人士在一起合作式的讨论竞赛，可以极大地提升学生工程实操能力、创业管理能力。

（2）资本对接拓展创业融资渠道。企业向高校资本对接，一种是间接对接，企业出资提供高校科技创业事业发展经费，包括企业向高校捐赠奖学金、资助实验室建设、创业大赛所需的经费以及仪器设备捐赠等。另一种是直接对接，可以在学校设置直接投资基金，对萌芽中的创新创意进行扶持，对相对成熟的技术成果进行投资，由双方按照法律约定企业可以获得未来的部分所有权和收益权，同时做好知识产权保护、合同签署等法律风险处置工作。

4.3 从战略到政策，实现科技人才培养目标

（1）部门协力整合创业激励政策。制定和完善各项激励政策，如科技创新创业政策、激励中小企业发展的创业政策、鼓励大学变革与创新的教育政策和新的科技行业福利政策等。科技部门可以出台相应的激励政策以支持科技专业类大学生开展相关的科技创业活动，鼓励各地科技园、创业园或创业孵化器为学生创业提供服务支持和帮助。

（2）细化管理加大创业财政投入。目前我国政府提供的科技创业经费主要聚焦于高技术性企业和相对成熟的创业型企业，应成立大学生科技创业专项资金，把大学生科技创业的资金投入当作常规性财政预算项目纳入年度预算中。吸引社会资金投入到科技类专业大学生科技创业，实现资金来源多样化。这些创业专项资金管理机构应保持与大学技术部门的密切联系，积极参加高校的创业计划大赛和技术发明发布会，及时了解大学师生科研项目的进展和问题，在高校园区、科技园或高新技术企业孵化器内设立咨询机构和中介服务人员（申恒远，陈福生，2011）。

（3）基于特色出台专项培养计划。欧美国家纷纷出台一些针对科技型创业人才的培养政策。比如芬兰的《创业教育行动计划》、美国的《2020年的工程师——新世纪工程学发

展的远景》、德国的《全球工程教育卓越计划》。这些专项计划的核心目标是培养年轻科技人才的创业能力和创业精神，使其将来能成为真正的科技创业者或者具有创业型思维的人，从而能对技术进步和经济社会的可持续发展作出贡献。政府可以进一步完善目前的"大学生创业引领计划"，在充分评估调研的基础上制定、实施针对性更强的科技类专业大学生创业能力培养专项计划。

参考文献

[1] 唐靖,姜彦福. 创业能力的概念发展及实证检验[J]. 科学学与科学技术管理, 2008（8）：22-25.

[2] 何忠伟. 基于AHP法的我国农业高等职业院校大学生创业能力评价[J]. 农业技术经济, 2010（12）：111-117.

[3] 韩晨光,曲绍卫. 理工科大学生创业能力评价指标体系构建[J]. 实验技术与管理, 2016（7）：208-210.

[4] 路军. 实施大学生创业引领计划关键在于提高创业成功率[J]. 思想理论教育, 2014（10）：81-84.

[5] 刘林青. 创业型大学的创业生态系统初探——以麻省理工学院为例[J]. 高等教育研究, 2009（3）：23-30.

[6] 申恒运,陈福生. 美国研究生科技创业能力培养机制及其启示[J]. 学位与研究生教育, 2011（4）：78-81.

[7] J. A. Timmons & S. Spinally. *New Venture Creation: Entrepreneurship for the 21st Century* [M]. New York: McGraw-Hill, 2003.

作者简介

韩晨光（1981— ），山西大同人，博士，北京联合大学招生就业处，副教授。研究方向：科技与教育管理，大学生创业教育等。

民办高校大学生创业意向影响因素研究

——以 M 学院为例

戚耀元[1]　岳佳坤[2]　王心焕[3]　雷家骕[1]

（1 清华大学，北京，100084）
（2 黄河科技学院，郑州，450006）
（3 中国信息通信研究院，北京，100045）

> **摘要**：在"大众创业、万众创新"的环境下，以"在校大学生创业态度和创业意向"调研为基础，针对民办院校学生的创业意向的影响因素，通过层次回归法，探究创业态度、创业环境感知和创业教育经历等因素对创业意向的影响。通过实证研究发现，在创业态度中"经济追求""自我实现"和"名誉追求"对创业意向的激发作用较为明显，而出于承担"社会贡献"的创业态度对创业意向的激发作用不足；创业环境感知对创业意向未发挥出显著影响作用；创业教育中，除"创业实践"外，其余类型的创业教育（创业课程和创业竞赛）尚未表现出对大学生的创业意向有显著促进作用。
>
> **关键词**：创业意向；创业态度；创业环境感知；创业教育经历；民办高校大学生

1 引言

"大众创业、万众创新"是 2015 年政府工作报告中提出的新口号，在《关于大力推进大众创业万众创新若干政策措施的意见》中，明确指出"大众创业、万众创新"对推动经济结构调整、打造发展新引擎、增强发展动力、走创新驱动发展道路具有重要意义。推进大众创业、万众创新，不仅能够帮助扩大就业，还能有效激发社会的创新潜能和创业活力。

大学生创业主要是指以在校大学生和毕业大学生的特殊群体为主体开展的创业过程。2015 年 12 月教育部发布《关于做好 2016 届全国普通高等学校毕业生就业创业工作的通知》，创业教育受到了前所未有的重视，随着"大众创业、万众创新"号召的兴起和普及，大学生逐渐成为创业大军中的一个重要组成部分，他们有相对较高的文化水平和创新意识，但是同时也缺乏资金来源和管理经验。对于大学生创业，政府、高校及社会都予以帮助和鼓励，国家对大学生创业设立了包括税收、贷款及程序简化等多方面优惠政策；高校纷纷建立大学生创业中心，开展创业大赛等活动。近年来，在"大众创业、万众创新"的大环境下，大学生在创业意向和态度等方面的认识都得到了新的激发，基于此背景，本文以我国民办高校中创新创业教育表现较为突出的 M 学院为例，研究民办高校中大学生创业意向的主要影响因素。

2　相关研究进展

在早前的研究中，学者（Bird，1988；Bandura，2001）已经指出"意向"属于社会心理学概念，反映个体对未来采取特定行为的主观判断，是个体对实施特定行为的信念和自我承诺。在创业认知的研究中，一般认为创业意向是创业行为的前置因素，决定着个体是否会从事创业活动。Thompson（2009）认为创业意向主要侧重于个体创业研究，可以作为自变量研究个体的创业行为，或作为因变量研究个体的创业认知。

关于创业意向影响因素的研究，学者主要从两个方面考察了影响创业意向的相关作用因素：一方面是以个体的背景因素作为研究对象（主要包含了性别、教育背景、家庭背景，以及个体是否有过创业经历等），这类因素多为客观变量；另一方面主要以个体的认知因素作为研究对象（涉及态度、信念、认知和行为动机等内容），这类因素多为主观变量，并且已经逐渐成为创业意向领域的重点关注内容。

国外学者关于创业意向的研究起步相对较早。其中，Bonnett 和 Fumham（1991）发现男性的创业意向要高于女性；Wilson 等（2004）发现多数男性青少年认为商业上的成功与资金管理能力和处事能力显著相关，多数女性青少年认为缺乏这方面的能力，这也是造成女性创业意向较低的原因；Phan（2002）等考虑了背景因素对创业态度的影响，并且进一步研究了个人信念对创业意向的直接影响和调节作用；Luthje 和 Franke（2003）以 MIT 工科大学生为样本，研究了个人特质、环境因素和创业态度对创业意向的影响，其中个人特质包括风险承担和内源控制，环境因素包括感知障碍和感知支持；Noel（1998）研究了创业教育对于个体的影响，发现主修过创业课程的学生，创业意向更高，并且创办新企业的可能性更高；Tkachev 和 Kolvereid（1999）通过研究也得到了相似的结论，证实创业课程可以提高学生的创业意向。

中国的学者在近几年中对创业意向的影响因素进行了相关研究，也取得了较为明显的研究成果。范巍、王重鸣（2005）选取了 210 名杭州高校学生，研究了创业意向与个性特征及背景因素的关系；陈劲、贺丹（2007）等以浙江大学学生为研究对象，探究了个人背景因素（性别、地域、专业等）对学生创业态度和创业意向的影响；向春和雷家骕（2011）在以清华大学学生为研究对象，发现女生的创业意向要强于男生；向辉和雷家骕（2013）以全国 20 多个本科院校的在校大学生为样本，建立并验证了基于 ISO（Entrepreneurial Intention—Subjective Factor—Objective Factor，创业意向—主观因素—客观因素）的创业意向模型；同时，雷家骕等学者（2011，2013）还通过对创业教育的研究，发现经历过创业教育的学生其创业意向更高。

在归纳整理已有研究基础之上，本文研究认为创业背景因素和个人认知因素共同影响大学生个体的创业意向。因此，我们综合考虑以性别、专业和成绩为代表的个人背景的客观因素，以及创业态度、创业环境感知和创业教育经历三个方面构成的个体认知主观因素，从主、客观结合的角度探究大学生创业意向的影响因素及作用效果。

3 研究设计

3.1 研究模型构建

创业意向是指个体进行创业活动的可能性。从学者已有的研究成果中可以看出,创业意向的影响因素涉及多个方面。本研究立足于已有研究成果,将民办高校大学生的创业意向影响因素从创业态度、创业环境感知、创业教育和个人背景因素四个方面划分。创业态度是指个体对创业的喜欢程度,是个体选择从事创业活动的主观判断和内在动力;创业环境感知是指个体对创业环境是否有利于创业活动的主观判断;创业教育经历是指个体所接受的创业教育和经历,通过提高大学生对于创业知识和经验的了解,帮助其对创业有更加清晰的认知;个人背景因素是个体的背景差异。基于此,构建大学生的创业意向影响模型,如图 1 所示。

根据本研究构建的创业意向影响模型,以创业意向作为研究因变量,创业环境感知、创业态度及创业教育作为自变量,个人背景因素作为控制变量,建立回归模型:创业意向 = α_i 创业环境感知$_i$ + β_j 创业态度$_j$ + y_k 创业教育经历$_k$ + θ_n 个人背景因素$_n$ + ε。

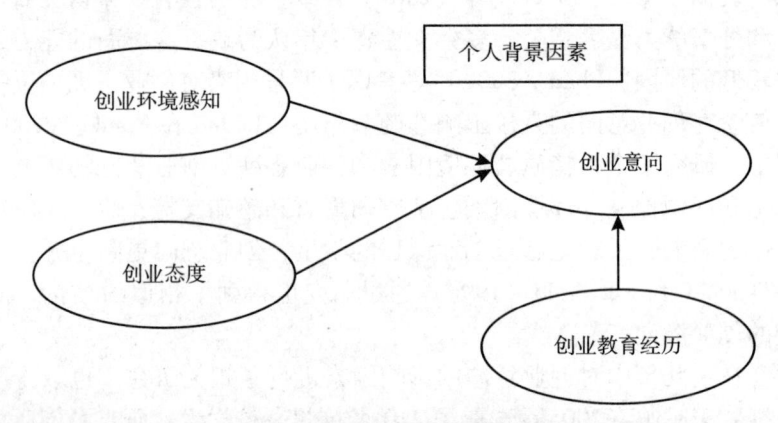

图 1 创业意向影响因素模型

3.2 变量测量

对于变量测量的具体设计,本研究部分参照王心焕(2016)对于创业意向及其主要影响因素的变量测量研究,将各因素进行具体划分。其中,①"创业意向"作为因变量,主要测量"在校期间创业的可能性"和"毕业 3 年内创业的可能性"两个题项,创业意向取二者均值。②"创业态度"作为自变量,对其的测量分为"经济追求""自我实现""名誉追求"和"社会贡献"四个方面,每个方面包含多个题项。③"创业环境感知"作为自变量,将其划分为"经济环境""家庭环境""社会环境""学校环境"四个方面,每个方面包含多个题项。④"创业教育经历"是自变量,从"是否听过创业讲座或课程""是否参加过创业竞赛及获奖""创业实践活动"三个方面考察。其中,"是否听过创业讲座或课程"包括"未听过""听过创业讲座"和"上过创业课程"三种情况,设为分类变量;"创业实践"包括"未参与""参与企业经营""参与创业过程""拥有企业产权"四种情况,也为分类变量,没有大小差异;"是否参加过创业竞赛及获奖"因素考虑参与次数,故设为连续变量,"未参与"设为"0","参与一次"设为"1","参与多次"设为"2"。

"个人背景因素"被作为控制变量引入回归模型中,包含了"性别""所属专业""成绩所在年级排名"三个方面,并对分类变量进行处理(如男性为"1",女性为"0";"所学专业"不同取值之间没有数量大小差异;学习成绩以学生在本专业的相对成绩表示,设为连续变量,"成绩排名后25%"设为"0","后25%~50%"设为"1","前50%~25%"设为"2",前25%为"3")(见表1)。

表1　　　　　　　　创业态度、创业意向及各影响因素的测量题项

变量	维度	题项
创业意向	在校创业	在校期间创业的可能性
	毕业创业	毕业3年内创业的可能性
创业态度	经济追求	创业可以解决个人就业
		创业可以实现个人经济独立
		创业可以积累资金和财富
	自我实现	创业可以挑战自我
		创业可以给自己带来成就感
	名誉追求	创业可以提升自己的社会地位
		创业可以提升个人社会形象
	社会贡献	创业可以促进国家经济发展
		创业可以为社会做更多贡献
创业环境感知	经济环境	目前的经济发展形势与趋势有利于创业
		目前的市场竞争环境有利于创业
	家庭环境	父母亲戚支持我创业
		朋友支持我创业
	社会环境	所在学校有鼓励学生创业的具体措施
		国家为大学生创业提供了良好的政策
		地方政府为学生创业提供了良好的政策
		社会氛围为学生创业营造了很好的环境
创业教育经历	创业课程	是否上过创业方面的课程
	创业竞赛	是否参加过创业计划竞赛
		是否获得过创业计划竞赛奖项
	创业实践	是否参加过创业活动

3.3 数据来源

本研究数据来源于清华大学"中国企业成长与经济安全研究中心"所组织开展的"在校大学生创业态度和创业意向调查"。此次调查面向37所国内本科院校和15所高职院校展开，采用填写问卷的方式，覆盖了不同地域、不同类型的院校，且受访学生专业分布广泛，样本代表性较高。

本研究针对样本院校中的民办高校M学院展开，研究M学院中学生创业意向的影响因素。M学院创办于20世纪80年代，是经教育部批准成立的一所民办普通本科高校，目前开设本科专业60余个，全日制本科在校生2.2万余人。在其发展历程中，陆续被评为省级转型发展试点高校"全国毕业生就业典型经验高校""全国创新创业典型经验高校"、团中央"全国大学生创业示范园""省级青年创新创业示范园区""省级首批高校双创基地"等荣誉称号，学校名列"全国应用型大学排行榜"民办高校前列。因此，选取M学院为样本，对我国民办高校创新创业的研究具有一定代表性。

本研究在问卷统计时将"有遗漏选项问卷""所有评分题项回答完全一致""创业态度题项回答完全一致""个人素质的答案明显偏误"设定为无效问卷的判定原则。共收回问卷1211份，通过筛选后，有效样本845份，问卷有效率达69.7%。剔除无效问卷后，样本量显示依然充足，能够显著提高研究结果的信度。有效样本的分布情况见表2。

表2　　　　　　　　　　有效样本的分布情况

个人背景因素	类型	样本数/人	百分比/(%)
性别	男	415	49.11
	女	430	50.89
专业	法律类	35	4.14
	工程类	156	18.46
	公管类	15	1.78
	经管类	129	15.27
	理学类	192	22.72
	人文类	7	0.83
	艺术类	265	31.36
	其他	46	5.44
成绩排名	前25%	259	30.65
	前25%~50%	354	41.89
	后25%~50%	157	18.58
	后25%	75	8.88

4 实证结果与分析

4.1 样本基本情况

本文运用 STATA 12 软件,对各变量数值进行统计学分析。其中,各变量的描述性统计见表 3 和表 4。

表 3　　　　　　　　　　　主要变量描述性统计

		变量	样本量	均值	方差	极小值	极大值
创业意向	在校创业	在校期间创业的可能性	845	3.983	1.715	1	7
	毕业创业	毕业三年内创业可能性	845	4.218	1.744	1	7
创业态度	经济追求	可以解决个人就业	845	4.440	1.584	1	7
		可以实现个人经济独立	845	4.636	1.589	1	7
		可以积累资金和财富	845	4.712	1.538	1	7
	自我实现	可以挑战自我	845	4.995	1.649	1	7
		可以给自己带来成就感	845	4.898	1.613	1	7
	名誉追求	可以提升自己的社会地位	845	4.613	1.540	1	7
		可以提升个人社会影响	845	4.596	1.550	1	7
	社会贡献	可以促进国家经济发展	845	4.740	1.648	1	7
		可以为社会做更多贡献	845	4.780	1.742	1	7
创业环境感知	经济环境	目前的经济发展形势和趋势有利于创业	845	4.391	1.682	1	7
		目前的市场竞争有利于创业	845	4.446	1.588	1	7
	家庭环境	父母亲戚支持创业	845	4.250	1.659	1	7
		朋友支持创业	845	4.465	1.584	1	7
	社会环境	所在学校有鼓励学生创业的具体措施	845	4.876	1.550	1	7
		地方政府为学生创业提供了良好条件	845	4.733	1.517	1	7
		国家为学生创业提供了良好的政策	845	4.981	1.585	1	7
		社会氛围为学生创业营造了很好的环境	845	4.438	1.623	1	7

表 4　　　　　　　　　　　创业教育经历描述性统计

	创业教育经历		样本数/人	百分比/(%)
创业课程	是否上过创业方面的课程	没上过课程也没听过创业讲座	56	6.63
		上过创业课程	668	79.05
		听过一些创业方面讲座	121	14.32

续表

创业教育经历			样本数/人	百分比/(%)
创业竞赛	是否参加过创业计划竞赛	参加过多次	148	17.51
		参加过一次	125	14.79
		未曾参加过	572	67.69
	是否获得过创业计划竞赛奖项	多次获奖	94	11.12
		一次获奖	65	7.69
		未曾获奖	686	81.18
创业实践	是否参加过创业活动	从未参加过创业	581	68.76
		参与某家企业的经营	100	11.83
		拥有某家企业的部分产权	95	11.24
		曾参与公司创业过程	69	8.17

由创业教育的描述性统计可以发现，有近95%的学生上过学校开展的创业课程或听过创业讲座，可见 M 学院的创业课程普及率较高，院方及学生对创业教育的课程较为重视；而超过60%的学生并未参与过创业竞赛；在实际的创业实践中，有近70%的学生从未有过实际的创业活动，只有30%的学生参加过创业实践，其中仅有8.17%的学生曾参与过具体的公司创业过程。在学院创业教育中"理论—模拟实践—实践"的过程中，学生参与度显示出明显的递减趋势，如图2所示。

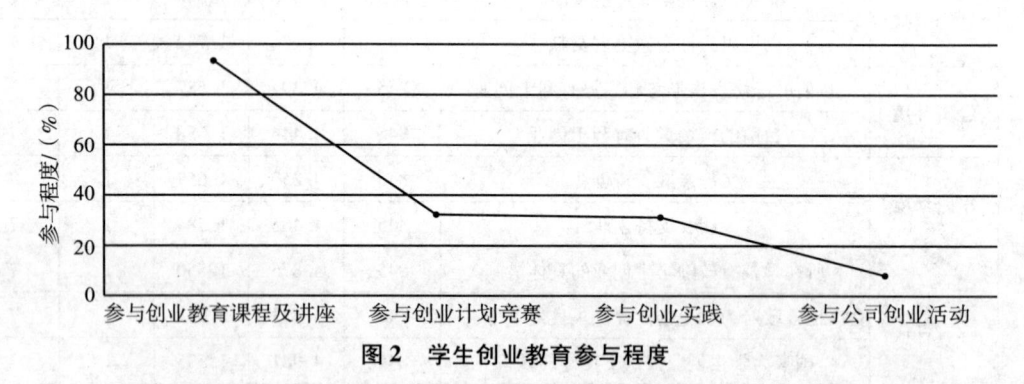

图2　学生创业教育参与程度

4.2　回归结果

本研究采用逐步回归法，分别将个人背景因素、创业态度、创业环境感知和创业教育经历引入回归模型中。其中，模型1只考虑个人背景因素对创业意向的影响；模型2将个人背景因素作为控制变量，只考虑创业环境感知对创业意向的影响；模型3将个人背景因素作为控制变量，只考虑创业态度对创业意向的影响；模型4将个人背景因素作为控制变量，只考虑创业态度和创业环境感知对创业意向的影响；模型5在将个人背景因素作为控制变量的基础上，只考虑创业态度、创业环境感知和创业教育经历对创业意向的影响（见表5）。

表 5 各因素对创业意向的回归结果（$N=845$）

		变量	模型 1	模型 2	模型 3	模型 4	模型 5
个人背景因素		性别	−0.229**	−0.214***	0.028	0.026	0.006
		成绩	0.073*	0.043	0.012	0.009	0.014
	专业	法律类	0.273**	0.080	0.053	0.033	−0.005
		工程类	0.048	0.037	−0.080	−0.066	−0.045
		公管类	0.102	0.255	0.119	0.146	0.129
		经管类	0.756	0.451	−0.015	−0.033	−0.066
		理学类	−0.602***	−0.501**	0.013	0.017	−0.021
		人文类	−0.179	−0.129	0.057	0.056	0.053
		艺术类	0.173	0.237	−0.021	0.004	0.032
创业态度		经济追求	—	—	0.398***	0.391***	0.394***
		自我实现	—	—	0.304***	0.304***	0.319***
		名誉追求	—	—	0.086***	0.082***	0.074***
		社会贡献	—	—	0.025	0.014	0.013
创业环境感知		经济环境	—	0.121***	—	−0.009	−0.012
		家庭环境	—	0.061	—	0.034	0.029
		社会环境	—	0.215***	—	0.029	0.038
创业教育经历	创业课程	上过创业课程	—	—	—	—	−0.100
		听过创业讲座	—	—	—	—	0.058
	创业竞赛	是否参加过创业竞赛	—	—	—	—	0.026
		获奖情况	—	—	—	—	0.025
	创业实践	参与某家企业经营	—	—	—	—	0.139*
		拥有某家企业的部分产权	—	—	—	—	−0.086
		曾参与公司创业过程	—	—	—	—	0.136*
回归结果		常数项	4.604***	2.838***	0.708***	0.575***	0.446***
		F 统计量	3.60	17.13	185.49	152.31	108.48
		R^2	0.0374	0.1981	0.7437	0.7464	0.7524
		调整后 R^2	0.0270	0.1865	0.7397	0.7415	0.7455

注：*** 表示在 0.01 水平下显著，** 表示在 0.05 水平下显著，* 表示在 0.1 水平下显著。

从模型 1 可以看出，性别对创业意向有显著性影响（女生创业意向高于男生），学习成绩对创业意向有显著正向影响；专业中，法学类专业对创业意向有显著正向影响，而理学类专业对创业意向存在负向影响。调整后 R^2 只有 0.0270，表明解释力度很弱。

从模型 2 可以看出，仍是女生的创业意向更高；专业类别中，理学类专业对创业意向仍存在显著负向影响；创业环境感知中，经济环境和社会环境对创业意向有显著正向影响。调整后 R^2 只有 0.1865，解释力度依然不高。

从模型 3 可以看出，创业态度中的经济追求、自我实现和名誉追求对创业意向有显著正向影响，其中经济追求和自我实现的影响更大，社会贡献未表现出显著影响；作为控制变量的个人背景因素不再表现出显著性影响。调整后 R^2 达到 0.7397，表明解释力度强。

从模型 4 可以看出，创业态度中的经济追求、自我实现和名誉追求对创业意向仍然保持显著正向影响，社会贡献未表现出显著影响；创业环境感知中各因素对创业意向不具有显著性影响。调整后 R^2 达到 0.7415，表明解释力度强。

从模型 5 可以看出，创业态度中的经济追求、自我实现和名誉追求对创业意向有显著性影响，经济追求和自我实现的影响最大，名誉追求的影响最小，而社会贡献作为创业态度一直未对创业意向表现出显著性影响；创业环境感知对创业意向不具有显著性影响；创业教育经历中，只有"创业实践"中的部分内容对创业意向有正向影响，其余内容都没有表现出对创业意向具有显著性影响。调整后 R^2 达到 0.7455，表明解释力度强。

5 研究结论与启示

5.1 主要结论

通过对样本民办高校学生创业意向影响因素的分析，可以得出以下结论。

（1）部分创业态度对创业意向有显著性正向影响。在创业态度中，经济追求、自我实现和名誉追求对创业意向具有显著正向影响，其中经济追求和自我实现的影响更大。也就是说，当学生对创业态度中的经济追求、自我实现和名誉追求的渴望越强，其创业意向也越强。而从回归结果中也可以看出，承担社会贡献的创业态度对大学生的创业意向并不具有显著影响，即目前学生的创业意向并不是基于承担更多的社会责任。

（2）当只考虑创业环境感知，未考虑创业态度和创业教育经历时，创业环境感知中的经济环境和社会环境对创业意向有显著性正向影响，家庭环境对创业意向不具有显著性影响，即当得知经济环境和社会环境对创业提供了有利条件时，可以有效激发学生的创业意向，而单纯的来自父母或亲友的支持并不足以激发学生的创业意向。当加入创业态度和创业教育经历多方面因素综合考虑时，创业环境感知对大学生创业意向的影响作用不再显著。

（3）部分创业教育经历对创业意向有显著促进作用。在调查样本中，除创业实践中的"参与某家企业的经营"和"曾参与公司创业的过程"表现出对学生创业意向的正向促进作用外，其余类型的创业教育经历（如听过创业课程和讲座、参与创业竞赛）尚未表现出对样本学生创业意向的显著性影响。

5.2 启示

创业态度是影响创业意向的核心因素，培养积极的创业态度对于激发大学生的创业意向具有重要作用，在民办高校学生创业态度的培养中，在关注经济追求、自我实现和名誉追求的同时，还要着重培养学生对创业过程中所担负的社会贡献与社会责任的认知，以期培养学生在看重个人发展——"独善其身"的创业态度之外，更加培养其关注社会贡献——"兼济天下"创业态度。

由本研究可见，部分民办高校中创业教育并未对增强学生的创业意向发挥出其应有的积极作用。结合实际分析可以认为，以创业课程和创业竞赛为代表的高校创业教育，在实际教学过程中的深化和普及仍然较为薄弱，在目前阶段并未充分表现出应有的价值。因此，在未来的民办高校创业教育与教学过程中，应适时、适度调整创业教学的课程结构，更新教学内容，在提高课程质量、增加实践活动的同时，注重理论结合实际，将创业课程、讲座与创业竞赛、创业实践相结合，通过提高创业教育的质量，有效激发大学生的创业意向和积极性。

参考文献

[1] 范巍，王重鸣．个体创业意向与个性特征及背景因素的关系研究 [J]．人类工效学，2005，11（1）：33-35.

[2] 陈劲等．背景差异对学生创业态度和意向的影响——以浙江大学在校学生为研究对象 [J]．中国青年科技，2007（3）：48-59.

[3] 向春，雷家骕．大学生创业态度和意向的关系及影响因素——以清华大学学生为研究对象 [J]．清华大学教育研究，2011，32（5）：116-124.

[4] 向辉，雷家骕．基于ISO模型的在校大学生创业意向 [J]．清华大学学报（自然科学版），2013，53（1）：122-128.

[5] 向辉，雷家骕．大学生创业教育对其创业意向的影响研究 [J]．清华大学教育研究，2014（2）：120-124.

[6] 王心焕．创业教育对大学生创业认知的影响研究 [D]．北京：清华大学，2016.

[7] Bird B. *Implementing entrepreneurial ideas: The case for intention* [J]. Academy of Management Review, 1988, 13 (3): 442-453.

[8] Bandura A. *Social cognitive theory: An agentic perspective* [J]. Annual review of psychology, 2001 (52): 1-26.

[9] Thompson E R. *Individual Entrepreneurial Intent: Construct Clarification and Development of an Internationally Reliable Metric* [J]. Entrepreneurship Theory and Practice, 2009, 33 (3): 669-694.

[10] Bonnett C, Fumham A. *Who wants to be an entrepreneur? A study of adolescents interested in a young enterprise scheme* [J]. Journal of Economic Psychology, 1991, 12 (3): 465-478.

[11] Wilson F, Marlino D, Kickul J. *Our entrepreneurial future: examining the diverse attitudes and motivations of teens across gender and ethnic identity* [J]. Journal of Developmental Entrepreneurship, 2004, 9 (3): 177-197.

[12] Phan P H, Wong P K & Wang C. *Antecedents to Entrepreneurship among university students in Singapore: Beliefs, Attitudes and Background* [J]. Journal of Entrepising Culture, 2002, 10 (2): 151-174.

[13] Luthje C, Franke N. *The 'making' of an entrepreneur: testing a model of entrepreneur-

ial intent among engineering students at MIT [J]. *R&D Management*, 2003, 33 (2): 135–147.

[14] Noel T W. *Effects of entrepreneurial education on intent to open a business: An exploratory study* [J]. *Journal of Entrepreneurship Education*, 1998 (5): 3–13.

[15] Tkachev A, Kolvereid L. *Self-employment intentions among Russian students* [J]. *Entrepreneurship & Regional Development*, 1999, 11 (3): 269–280.

作者简介

戚耀元（1987— ），女，籍贯山东，清华大学经济管理学院创新创业与战略系，博士后研究员，管理学博士。研究方向：创新管理，创业管理，企业成长管理。

岳佳坤（1984— ），女，籍贯河南，黄河科技学院创业教研室副主任，副教授，硕士研究生。研究方向：创业教育。

王心焕（1985— ），男，籍贯陕西，中国信息通信研究院，管理学博士。研究方向：创新管理、创业管理。

雷家骕（1955— ），男，籍贯陕西，清华大学中国企业成长与经济安全研究中心主任，教授，博士生导师，管理学博士。研究方向：技术创新管理、企业成长管理、国家经济安全。

新常态下创新创业型人才协同培养研究
——基于三螺旋的视角

庄 涛　秦世波

（潍坊学院，潍坊，261061）

摘要：三螺旋理论是研究创新创业型人才协同培养的理论基石。在经济新常态的形势下，必然需要打破大学、企业、政府的组织边界，开展创新创业型人才协同培养。在深入分析国内外创新创业教育和协同育人的基础上，构建基于三螺旋理论的创新创业型人才协同培养模型，通过创新创业教育资源的横向扩散与流动、纵向演化与提升两个维度对大学、企业、政府三方在协同育人中的作用机理进行分析，提出官产学三方联动的创新创业型人才协同培养的实践路径，为新旧动能转换背景下创新创业教育的品牌化建设奠定基础。

关键词：三螺旋；创新创业；协同育人

近年来，国家和社会高度重视创新创业工作。2015年政府工作报告中提出，推动大众创业、万众创新。党的十九大报告指出，"创新是引领发展的第一动力，是建设现代化经济体系的重要战略支撑。激发和保护企业家精神，鼓励更多社会主体投身创新创业"。大学在国家创新体系建设中发挥着重要作用，是创新创业人才培养的主要阵地（马连湘，2018）。创新创业人才培养不仅可以缓解大学生毕业就业压力，其更深层次意义在于为国家实施创新驱动发展战略、促进经济提质增效和转型升级提供高质量的人才保障（樊平军，2015）。山东省推进新旧动能转换，搞大众创业万众创新，最重要的是占据人才高地。2018年4月山东省政府新闻办召开新闻发布会，全面介绍了中共山东省委、山东省人民政府《关于做好人才支撑新旧动能转换工作的意见》（以下简称《意见》），《意见》提出，要充分发挥人才对新旧动能转换的支撑引领作用，以人才优势打造创新优势、产业优势、发展优势，为加快山东由大到强战略性转变，实现创新发展、持续发展、领先发展提供人才保障和智力支持。然而，创新创业人才培养是一项系统而又复杂的社会工程，单靠大学一方的力量难以高质量实现这个系统工程，亟需政府、企业等各类创新主体的共同参与，而三螺旋理论为创新创业人才的协同培养提供了理论基础。因此，本文从三螺旋理论视角出发，在深入分析我国当前创新创业人才培养现状与存在问题的基础上，构建创新创业型人才协同培养模型，通过对大学、企业、政府三方在协同育人中的作用机理进行分析，提出了官产学三方联动的创新创业型人才协同培养的实现路径，从而提高人才培养质量与创业成功率，为创新型国家建设提供人才保障。

1 当前高校创新创业人才培养现状与存在的问题

"十二五"以来，我国高校创新创业教育发展走向纵深，并取得了一定成就。自2010年以来，国务院、教育部等部门相继出台了一系列引导和支持高校实施创新创业教育的政策性文件。高校通过开设《创业基础》系列课程，参加国家级大学生创新创业训练计划、互联网＋创新创业大赛等多种形式开展创新创业教育。对提高高等教育质量，培养高素质、复合型创新创业人才起到了促进作用。但由于创新创业教育是一项周期长、跨领域、多主体协同参与的系统工程，当前仍存在以下亟待解决的问题。

1.1 创新创业教育主体单一

大学肩负着人才培养、研究科学和服务社会的重大使命，在创新创业教育中扮演着重要角色。但由于创新创业教育具有复杂性、系统性和实践性的特征，单靠大学一方的力量难以完成。虽然政府通过出台相关政策加以引导，企业通过举办讲座、共建实验室等方式参与其中，但仅作为创新创业教育的辅助主体，大学、政府、企业三方资源共享、合作互动的协同育人体系尚未形成。

1.2 创新创业教育实践不足

创新创业实践是教育的关键环节，是提高其教育效果的主要途径。学生需要在学习相关理论、方法的基础上，在实践中加以锻炼，而大学作为创新创业教育的主阵地，擅长理论知识的研究与传授，在实践教学方面虽然也做了一些探索和尝试，比如鼓励学生参加各种类别的创新创业竞赛，但参与者仅是为完成规定的任务或者是赢得参赛资格，基本不会将其创业计划付诸实践。大学囿于在场所、设备、资金、师资、市场环境等方面的局限性，难以开展与现实中的创新创业环境相一致的实践教学活动，无法满足社会对创新创业人才的需求。

1.3 创新创业教育效率不高

近年来，国家通过设立创业基金、税收优惠、建设众创空间、孵化器等多种方式加大了对创新创业领域的投入，但我国的创业成功率依然较低。据统计，中国大学生创业成功率不足5%，远低于欧美国家20%的大学生创业成功率，也低于一般企业的创业成功率（陈桂香，2015）。这主要是由于大学生创业面临着创业扶持政策与创业现实需求有差距、创业启动资金缺乏、创业风险控制机制和权益保障机制不足等诸多问题和困难。

2 理论基础

2.1 三螺旋理论

创新创业教育离不开大学、企业、政府等主体间的互动合作与协同作用，如何处理好三方之间的关系是为创新型国家建设提供人才保障，实施创新驱动发展战略所面临的核心问题之一，三螺旋理论为该问题的研究提供了理论基础。

Etzkowitz 和 Leydesdorff 于 1995 年提出了三螺旋理论，认为大学、企业、政府三方在创新过程中紧密合作、相互作用，每一方都表现出另外两方的一些功能，同时又保持自己独立的身份，强调三者角色的相互渗透，偏离自身传统角色越多的组织就越能够成为创新的组织者和领导者（庄涛，吴洪，2013）。其核心意义在于将具有不同价值体系和功能的大学、企业和政府融为一体，形成知识领域、产业领域和行政领域的三力合一，通过增强三者之间的有效互动来实现创新系统的不断演化和提升，从而促进经济社会的可持续发展。该理论一经提出就受到了世界各国的学者的广泛关注，自 1996 年至今，已经成功召开了十五届三螺旋国际会议，在国际上产生了深远影响（庄涛，王桂东，2017）。

2.2 创新创业人才培养的内涵

创新教育，是指以培养具有创新意识、精神、思维、人格及创造能力的创新人才为目标而开展的新型教育活动。创业教育，则是要以培养具有探索精神、冒险精神、企业家精神、事业心、进取心等品质，具备企业创办与运营过程中所需要的管理、技术等各种综合能力为目标，使学生从单纯的求职者转变为事业的创造者。因此，创新与创业是一对紧密联系、互为因果的概念。创新是创业的基础，通过创业来实现；创业是创新的结果，通过创新孵化创业企业。创新教育和创业教育在内容与形式上也理应高度融合。

2.3 创新创业型人才协同培养研究现状

国外关于创新创业教育的研究始于 20 世纪 40 年代，熊彼特在哈佛大学成立了第一个创业研究中心。1947 年哈佛大学开设了第一门创业课程《新企业管理》，标志着创新创业教育的诞生。20 世纪中后期，美国、欧洲以及亚洲一些杰出的研究型大学开始向创业型大学转变，Etzkowitz 认为以斯坦福大学与麻省理工学院为典型代表的创业型大学必将成为区域创新的发动机。创业型大学利用自己创造的知识成果，吸引资金创办高科技公司，创造出了新的创新组织，从而加速了科技创新成果转化，实现了知识与技术的快速资本化。在这一背景下，1995 年，Etzkowitz 和 Leydesdorff 提出的三螺旋理论，用以解释大学、企业和政府在协同创新中的互动关系。此后，运用三螺旋理论来研究创新创业型人才培养逐步成为研究热点。

国内对于创新创业型人才协同培养的研究起步较晚，但随着国家"双创"战略的实施，有关理论研究成果逐步丰富起来。刘英娟（2013）运用三螺旋理论分析了大学创业教育存在的问题，构建起大学创业人才培养模式。陈桂香（2015）认为大学、政府、企业三方联动的创新创业人才培养机制具有目标一致性、主体互动性、时空接续性和效益放大性的特征。樊平军（2015）以弗吉尼亚大学的创新实验孵化器为例，借鉴美国大学创新创业教育模式，提出构建我国创新创业协同育人机制的思路和建议。黄利梅（2016）构建了基于三螺旋理论的高校创业教育模型，确定了创业型人才培养的目标。余潇潇和刘源浩（2016）基于三螺旋理论，探讨研究型大学创业教育的理论路径，通过分析"清华创+"的协同育人案例提炼出实践创新经验。项勇（2016）针对我国创业创新教育存在的问题，从三螺旋视角提出了"地方+高校+科技园""企业+高校"创业创新教育的模式。曾骊等（2017）认为政府给予政策支持是创新创业教育体系整体构建的重要路径。上述成果对我国创新创业教育研究提供了理论基础与实践指导。但以往研究多是对我国高校在创新创业教育中的问题进行宽泛研究，或将国外的创新创业教育模式引入中国，缺乏既有创新理论支撑，又与当前新常态下中国创新创业实践相结合的系统研究。因此，本文构建基于三螺旋理论的创新创业型人才协同培养模型，通过对高校、产业、政府三方之间作用机理的分析，提出了政校企三方联动的创新创业型工商管理类人才协同培养的实现路径，以期对创新型国家建设提供人才保障。

3 基于三螺旋理论的创新创业人才协同培养模型构建

创新创业型人才培养是典型的社会教育培养模式，而广泛的社会参与是社会教育的要求。传统创新创业教育模式以大学为主，企业和政府为辅，大学负责创新创业教育课程的讲授，政府负责创新创业政策的制定，企业负责形式上的专家讲座，三方分工明确，缺少交流互动。三螺旋理论揭示了大学、企业、政府三种主体既紧密联系又交叉互动的关系，不刻意强调哪一方是创新的主体，三者角色的相互渗透，偏离自身传统角色越多的组织就越能够成为创新的组织者和领导者，成为协同育人的理论基石（秦世波，2016）。根据三螺旋理论，大学、企业、政府三方在创新创业型人才协同培养过程中互动补充、协调发展，实现教育创新资源的优化配置与高效利用，从而产生使协同育人螺旋体持续上升的动力，提高创新创业型人才培养质量。三螺旋创新创业型人才协同培养模型可以从两个维度来分析：一是教育资源的横向扩散与流动；二是教育资源的纵向演化与提升。

3.1 三螺旋创新创业教育资源的横向扩散与流动

三螺旋创新创业教育资源的横向扩散与流动是指人才、知识、技术、资金、信息等资源在创新主体（政府、大学、企业）间进行传播与扩散，从而实现资源的共享与合理配置，其模型如图1所示。

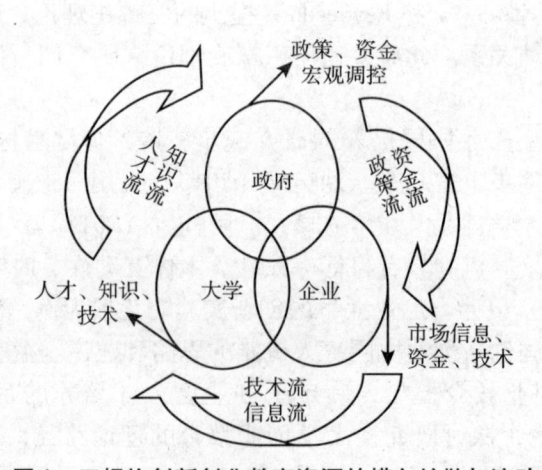

图1 三螺旋创新创业教育资源的横向扩散与流动

政府是社会游戏规则的制定者，被定位为具有公共管理和服务的职能，拥有政策、信息等创新创业协同育人资源的管理和调配权力。在这一模型中，政府既负责创新创业政策的制定，又要通过深入系统的调研确定创新创业项目资金的流向与税收优惠的倾向。通过组织创新创业大赛、建设创业孵化基地、众创空间等形式全过程参与到创新创业型人才培养中来。

大学作为创新创业教育的直接实施者，拥有基础理论知识、科研仪器设备、专业师资力量等资源，所缺乏的是资金、市场信息和实践人才资源。在创新创业型人才协同培养过程中，大学应及时顺应政府的政策倾向，积极争取项目资金，与企业联合搭建实践型创新创业教育体系，同时不断地输出新知识、新技术以及高质量的创新型人才，才能得到社会的认可，从而从政府和企业获得更多的资金、政策、人才方面的资源，进而推动创新创业教育的可持续良性发展。

企业主要从事生产经营活动，其资源优势是技术的快速商业化、相对充足的资金、生产试验设备与场所、市场信息及营销推广经验。在创新创业教育过程中，企业通过提供真实的生产场所与市场环境来开展实践教学，对创新创业项目进行指导。企业中的工程师和管理者通过角色的转换与渗透成为创新创业导师，全程参与创新创业课程的开发、人才培养方案的制订论证、实践课程的授课。

创新创业教育资源的横向循环中的要素主要有人才、信息、知识、技术、资金和政策，这些要素如同血管中的血液，通过流动和扩散将三大创新主体联结在一起，形成协同效应。

3.2 三螺旋创新创业教育资源的纵向演化与提升

三螺旋协同育人模型的纵向演化与提升的动力是内生的，大学、企业、政府三个机构在相互联系、彼此互动的过程中形成三条螺旋上升的轨道，即组织目标的统一、组织机构的整合和教育过程的协同，三者在相互交织中促进协同育人系统的不断演化和提升，如图2所示。

（1）组织目标的统一。作为三螺旋创新创业教育的主体，大学、企业和政府有各自明确的组织目标，人才培养和科学研究是大学的目标；利润最大化是企业的目标；提供优质的公共产品和服务是政府的目标。但三螺旋理论强调，大学、企业、政府应打破自身组织的边界，完成其他主体的部分功能，既有各自独立的目标又有耦合的目标，这种理论设计为三螺旋协同育人目标的统一提供了实践思路。在三螺旋理论视角下，大学、企业、政府通过各自组织边界的开放，实现创新创业协同育人整体目标的扩展与统一。大学将传统的创新创业理论传授目标，扩展为理论与实践相结合的创新创业能力与素质培养目标；企业为了获得长远发展，将创新创业型人才资源的获取作为其发展目标，并将人才培训环节前置到大学阶段；政府为了实现区域经济的长期稳定发展，挖掘创新红利，增加就业，也将创新创业人才的培养作为其目标。随着三螺旋创新创业教育主体功能的各自拓展，形成三螺旋创新创业教育混合组织，符合创新创业型人才培养需要的创新创业知识与经验、资金与政策支持的综合目标。

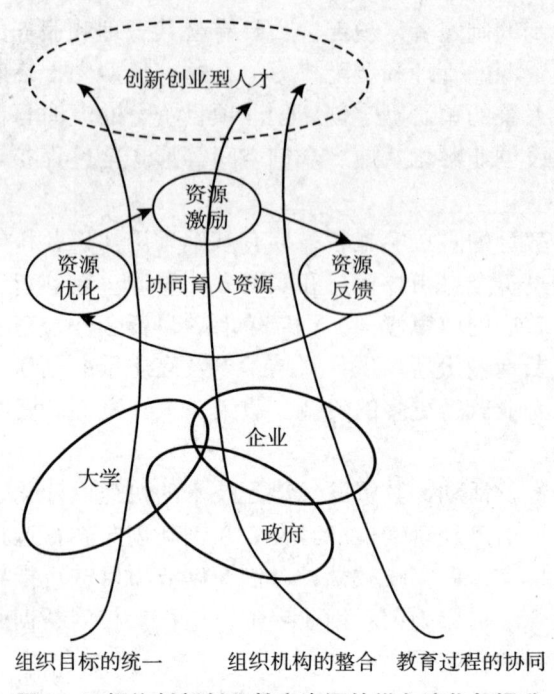

图2　三螺旋创新创业教育资源的纵向演化与提升

（2）组织机构的整合。协同育人三螺旋关系是一种复杂的、跨组织边界的新型合作关系，单个组织机构无法实现对系统的管理与控制，需要有新的接口组织来推动主体间关系的协调、平台的对接和资源的匹配，实现对协同育人过程的整体设计与管控。对应于三螺旋主体的定位、属性和功能的不同，在协同育人过程中出现了多种跨机构的新型组织，典型的有科技园、孵化器、教育集团、大学衍生企业等。这些机构在协同育人系统中起到润滑剂的作用，通过它们来对三螺旋创新主体进行组织、协调和沟通，从而促进创新创业型人才协同培养方案的选择和模式的匹配，以此消除协同育人中的障碍与隔阂，提高人才培养质量。

（3）教育过程的协同。在三螺旋创新创业协同育人模式中，大学拥有创新创业教育的理论知识资源，但缺乏实践经验；企业拥有丰富的创新创业实践经验和资金资源，但缺乏对教育规律的把握；政府在创新创业政策上起导向作用，但缺乏大学的教育理论和企业的实践经验。因此，建立"创业理论—创业实践经验和资金—创业政策"的非线性协调机制可以实现协同育人过程的有机融合。在创新创业教育的不同阶段，大学、企业和政府应找到恰当的着力点，实现创新创业型人才培养的协同效应。

4　基于三螺旋视角的创新创业人才协同培养实践路径

潍坊学院工商管理类专业创新型人才培养项目始于2005年，十多年来通过与政府、企业的合作，在协同培养创新创业人才方面取得了一些成效，学生参与的学科竞赛全国一等奖60多人次，校内孵化器获评"山东省省级创业示范平台"，学院获评共青团中央

KAB教育培训基地。面对经济发展的新常态，人才发展服务于新旧动能转换的契机，结合前期的工作积累，我们认为应从三螺旋理论的视角出发，继续推进创新创业协同育人实践，为创新型国家建设提供人才保障，具体有以下实践措施。

4.1 政府的顶层设计与政策激励

创新创业协同育人的开展离不开政府的统一领导与顶层设计。一是统筹协调，建立创新创业协同育人机制。积极吸引社会资源投入到创新创业人才培养中，通过教育部"产学合作协同育人""卓越计划""质量工程"等项目，加大创业创新教育改革力度；利用资源优势为创新创业人才培养搭建创客空间、协同创新中心、孵化器、大学科技园等协同育人平台。二是激发大学生参与创新创业活动的热情。通过开展"互联网+""创新、创意、创业"等大学生创新创业大赛来激发大学生的创新创业热情，引导地方与大学层面创新创业活动的开展。三是加大资金支持与税收优惠力度。在政府引导下，整合企业、大学、金融机构等各方力量成立创新创业专项资金，支持大学生创新创业。同时，对参与协同育人的企业与初创企业实施税收优惠和减免政策。

4.2 大学的组织保障与制度创新

大学作为创新创业型人才培养的直接参与与实施者，其内部的制度壁垒制约着协同育人的开展。首先，建立开放包容的创业型大学制度。创业型大学在传统的人才培养与科学研究使命之外，更多地关注经济发展与社会进步。通过积极主动地谋求与外部企业、政府等机构的协同与合作，拓展办学空间，为创新创业人才培养提供良好的育人环境。其次，建立健全创新创业教育课程体系。加强专业教育与创新创业教育的整合，建立科学、合理的课程体系。如开设创新创业公共必修课，培养其创新意识与创业激情；开设与专业特点相结合的专业课程，提升其创新创业的专业技能。建立创新创业项目学分积累与置换制度；实现弹性学制，放宽学生修业年限，允许调整学业进程、保留学籍休学创新创业等。再次，构建科学有效的组织管理体系。构建跨院系、学科与专业的创新创业人才培养平台，如成立创新创业学院，具体实施创新创业人才培养工作。最后，强化创业创新教育的实践工作。与企业相联合建立创新创业实验室和培训中心，以学生为主体，企业导师、大学专业教师共同参与实践教学平台的建设。定期开展创新创业大赛，并与对应的课程、学分置换相结合。

4.3 企业的制度完善与实践创新

企业对创新创新型人才的渴求是其开展协同育人活动的根本动力。第一，提供实践师资力量支持。从企业中选拔一批具有创新创业实践经验或管理经验的人员作为学生的创业导师。通过讲授课程、举办讲座、指导创业项目等形式开展创业实践教学。第二，提供创新创业实践场所。大学缺乏创新创业教育所需要的实践场所与真实的创业环境，企业应开放其实验室、办公室、车间等资源，为大学生提供实习实训的平台基础，既能挖掘到好的创业项目，又能为企业发展储备创新型人才。第三，搭建知识、技术成果转化平台。作为知识生产的源头大学拥有大量的知识、技术与人才资源，在将知识资本化与技术产业化的过程中需要与企业拥有的市场与资金资源相结合，因此企业应积极搭建创新创业成果转化平台，将知识、技术、人才、市场、资金等资源聚集起来，提高人才培养质量与创业成功率。

5 研究结论

三螺旋理论为创新创业型人才协同培养提供了理论框架。本文在深入分析我国当前创新创业人才培养现状与存在问题的基础上，基于三螺旋理论构建创新创业型人才协同培养模型，通过创新创业教育资源的横向扩散与流动、纵向演化与提升两个维度对大学、企业、政府三方在协同育人中的作用机理进行分析，提出了官产学三方联动的创新创业型人才协同培养的实现路径，以期提高人才培养质量与创业成功率，为创新创业教育的品牌化建设奠定基础，为创新型国家建设提供人才保障。

参考文献

[1] 马连湘. 基于政产学研融合的高校创业生态体系构建及思考 [J]. 国家教育行政学院学报, 2018 (1): 27-31.

[2] 樊平军. 创新创业导向的高校协同育人机制构建研究——以弗吉尼亚大学创新实验室孵化器为例 [J]. 黑龙江高教研究, 2015 (12): 125-128.

[3] 陈桂香. 高校、政府、企业联动耦合的创新创业型人才培养机制形成分析——基于三螺旋理论视角 [J]. 大学教育科学, 2015 (1): 42-47.

[4] 庄涛, 吴洪. 基于专利数据的我国官产学研三螺旋测度研究——兼论政府在产学研合作中的作用 [J]. 管理世界, 2013 (8): 175-176.

[5] 庄涛, 王桂东. 官产学研协同创新四维关系研究——基于三螺旋视角 [J]. 技术经济与管理研究, 2017 (8): 27-32.

[6] 刘英娟. "三螺旋"理论视角下地方高校创业人才培养模式研究 [J]. 教育与职业, 2013 (33): 39-41.

[7] 黄利梅. 高校创业教育协同创新机制——基于三螺旋理论视角 [J]. 技术经济与管理研究, 2016 (6): 25-29.

[8] 余潇潇, 刘源浩. 基于三螺旋的研究型大学创新创业教育模式探索与实践 [J]. 清华大学教育研究, 2016 (5): 111-115.

[9] 项勇. 基于三螺旋理论的高等学校创业创新教育 [J]. 社会科学家, 2016 (12): 85-89.

[10] 曾骊, 张中秋, 刘燕楠. 高校创新创业教育服务"双创"战略需要协同发展 [J]. 教育研究, 2017 (1): 70-76.

[11] 秦世波. 三螺旋视角下"互联网+"协同育人机制的构建与实践 [J]. 企业改革与管理, 2016 (9): 58-60.

作者简介

庄涛（1980— ），山东潍坊人，潍坊学院讲师，博士。研究方向：协同创新、技术创新管理。

秦世波（1976— ），山东潍坊人，潍坊学院副教授、高教所研究员。研究方向：教育管理、管理创新。

基金项目

教育部高等教育司产学合作协同育人项目（编号：201602028046；201701020101）、中国高等教育学会"十三五"规划课题（编号：16YB069）的资助。

美国高校创新创业教育对湖北高校的启示研究

陈汉林　宋青松

（湖北大学，武汉，430000）

摘要：探讨美国高校创新创业教育的实践，针对湖北高校创新创业教育发展的现状及存在的问题，如大学生缺乏创新创业意识、高校创新创业教育模式不健全、实践教学环节薄弱、师资队伍短缺、缺乏社会力量支持等，借鉴美国高校创新创业教育实践的经验，提出对湖北高校创新创业教育发展的几点启示。即营造高校的创新创业教育文化氛围；构建完善的创新创业教育课程体系；加强创新创业教育的实践环节；加强创新创业师资队伍建设；争取社会力量对高校创新创业教育的大力支持等。

关键词：创新创业教育；创业教育实践；人才培养；素质教育

当前，如何搞好创新创业教育已成为各国人才培养的重要课题。而创新创业人才培养又是高等教育的重要使命。2015年5月，国务院办公厅印发了《关于深化高等学校创新创业教育改革的实施意见》，高校创新创业教育上升为国家层面的决策，引起了空前的关注和重视。

鉴于美国高校的创新创业教育已经取得了举世瞩目的成果，相比较而言，中国的创新创业教育开展比较晚，而且在教育理念、师资力量、具体实践和制度设计等方面存在短板。尤其对于教育大省的湖北而言，借鉴美国等发达国家高校创新创业教育的经验，对发展湖北创新创业教育有巨大作用，对于不断深化湖北高校当前的创新创业教育改革意义重大。

1 美国高校创新创业教育的实践

1.1 设计实施科学完善的创新创业教育体系

1.1.1 提供完备的创新创业课程

通常来说，美国的创新创业课程体系会提供创业基础理论课程、与专业结合的创业课程、创业实践课程。例如，斯坦福大学的商学院与其下设的创业研究中心开设的创业基础类课程，如"创业基础"；金融类选修课程包括"天使资本""创业融资"等；市场与运营类选修课程包括"产品发布""创业者的市场研究""电子商务"等。而与专业相结合的创业课程主要由其他院系开设，由于工学院的经验比较成熟，实施了技术创业计划（Stanford Technology Ventures Program，STVP），该计划为在某一个学科或交叉学科领域进行创新创业提供教学与指导。对于实践类的课程，则会为学生提供创业工作室，除此之外，还会派遣学生到相关企业去实习，从而对创业有亲身的体验。

1.1.2 提供创新创业学位项目

近年来，美国愿意进行创新创业的大学生逐渐增加，美国众多大学正是看到了这一现实需求，增加了创新创业学位项目，提供专注于创新创业的本科学位和硕士学位以满足广大美国大学生的需求。很多商科院校不再遵守旧规，鼓励通过多学科学位项目在各个领域培养创新型人才，如科罗拉多州立大学的创新本科学位（Bachelor's degree in Innovation，B.I.）项目，它开发了多学科团队学习路径。例如，在计算机科学领域，学生如果要获得计算机科学的创新学位，就需要拥有很强的团队合作技能、学习创新能力，以及参与到具体的创业过程当中去，并学会撰写规划书、开展商业学习、拥有知识产权的相关法律知识等。

1.2 以案例教学为主，提供经验学习，不断改进和完善教学方法

在美国创新创业教育中，教学上主要采用案例研究的教学方法，教师在课堂上通过向学生展示创业成功或者创业失败的具体案例，引导学生对成功和失败的创业进行总结和反思，从而使学生如同真正经历过创业一般。这种教学过程不仅充满趣味性和探索性，更重要的是能够培养学生对创业问题的关注与判断能力。

与此同时，近几年来，美国高校的学生越来越倾向于经验式学习。与传统学习方式不同，经验式学习注重的是创新创业的实习实践。我们知道传统学习方式主要以教师课堂讲授为主，更多的是强调知识的记忆，而经验式学习让学生通过在工作坊、实习岗位等多种真实情境中参与和开展创新创业活动来获得经验。比如，伊利诺伊州立大学的专利诊断中心可以向法律专业的学生提供撰写专利申请的机会。圣路易斯华盛顿大学每年暑假会为学生提供带薪实习岗位。技术转让办公室、风险投资公司也允许创新创业项目的融入。例如，加州大学圣地亚哥分校开设了一门名叫"实验室到市场"（Lab to Market）的课程，该校管理专业的学生都被要求选修这个课程，学生通过在产品和服务上进行创新并将其商业化，之后，创业还会就他们的商业化方案给出自己的建议。

1.3 高度重视创新创业教育的实践性

1.3.1 策划组织创新创业竞赛

1983 年奥斯汀德州大学举办了美国首届创业大赛，该竞赛主要内容是对产品和服务制定商业计划书，如果该商业计划书能够得到投资人的认可，就能够获得投资人的支持，从而创建企业。此后，麻省理工学院、斯坦福大学也纷纷效仿。从 1990 年开始，实际上很多新创立企业都是从麻省理工创业大赛中孕育出来的，并且这其中有相当一部分的企业后来成为美国乃至世界有名的高科技企业。可以说，高校创新创业大赛能够让大学生创业项目进入到投资界与产业界，不仅对创新创业能力大有裨益，而且能够在大学生初创企业时获得社会各界的支持与帮助。

1.3.2 为学生创新创业项目提供孵化指导服务

美国很多大学建立了如技术转化办公室、科技园、创客中心、孵化器形式的孵化机构，这些孵化机构为创新创业实践提供了空间、实验设备和专业指导。拿百森商学院来说，学生根据专业组成创业团队，投资创办自己想要做的企业，并且每个创业团队会获得3000美元的启动资金，最终还会在学期末对创新创业项目进行考核，以此达到培养学生的创业实践能力的目标。这些方式不但满足了学生的创业愿望，也改变了当地的经济形态。

此外，美国很多大学还对奖学金方案进行了多元化的改革，如不再直接给独立创业者提供奖金，而改为提供孵化器空间的使用权或建立创业指导关系，或为创业团队提供创业资金奖励等。例如，莱斯大学为初创公司提供超过120万美元的种子资金；佛罗里达亚特兰大大学为在商业计划竞赛中的获胜队伍提供在孵化器里自由发展的半年空间使用权；在商业计划竞赛中获胜的队伍，可以得到密歇根技术大学直接面向创业公司创业的资金奖励，改变了以往以个人为对象的奖励模式。

1.4 大力培养创新创业教育的师资队伍，重视教师的实践经验

创新创业教育的成功是建立在优秀的师资队伍基础之上的，为了确保创新创业教育的质量，美国大学往往都有比较强的创新创业专业教师队伍，例如，美国百森商学院要求从事创新创业教育的教师必须有参与创业的经历，同时这些教师不应该中断与企业的联系，只有这样，这些教师所带的学生才会有更多的企业实践机会。同时，为了确保创新创业教育的可持续发展，很多高校除了鼓励和选派教师从事创业实践，有的高校还专门聘请著名企业家作为学校创新创业教育的客座教授，有的高校还会聘请社会成功人士从事创新创业教育的教学和研究。如Intel公司前任首席执行官S. G. Andrew，因为其具有丰富的创新创业经历，就曾长期负责美国斯坦福商学院的创新创业教育，在为创新创业教育提供真实鲜活案例的同时，也丰富了创新创业教育的内容。

1.5 充分拓展校外资源保障创新创业教育的长足发展

为了能够长期发展好美国的创新创业教育和获得更多的社会外部资源支持，美国大学积极主动的与政府以及企业建立良好的关系。目前，美国的创新创业教育以高校为主导，而且政产学研之间实现了紧密结合。高校负责培养创新创业人才和为企业提供技术和咨询服务。比如，斯坦福大学1951年将学校的655英亩土地租赁给当时美国一些电子公司，全球第一座高科技工业园区就是在此基础上建立的。随着工业园区不断扩张，"硅谷"由此慢慢形成。硅谷的成功促使斯坦福大学成为世界知名大学，也使得斯坦福大学走上了"产、学、研"一体化的新的教育模式。"硅谷"的成功同时也为斯坦福大学高水平科研和前端学科建设提供了经费资助，正是在这种良性循环之下，美国大学所产生的新企业、新思想、新技术才会被源源不断地输送到硅谷。在创新创业与教学的良性互动下，斯坦福大学的办学特色促成了"学术-技术-生产力"办学宗旨，让大学教育为发展生产力而服务。正是由于美国高校的创新创业教育体系有效地整合了广泛的创新创业实践资源，实现了企业、学校和师生的良好互动，才得以形成了一个互动式的创新创业教育生态系统。

2 湖北高校创新创业教育发展的现状

2.1 湖北高校创新创业教育起步迟，发展快

相较于美国而言，中国高校创新创业教育起步较晚。湖北高校也不例外。以湖北大学为例，2009年上半年，湖北大学毕业生就业指导中心才开始面向全校学生开设《KAB》公选课，采取小班授课，36学时，2学分。与此同时，以该课程为依托，成立了一个学生社团——KAB创业俱乐部，湖北大学创业教育才由此展开。

在政府的全力支持下，创业教育全面快速推进。为了对创新创业教育进行专业指导，2010年教育部成立了高等学校创业指导委员。除此之外，相关的政策文件也相继出台，如，2010年5月教育部发布的《关于大力推进高等学校创新创业教育和大学生自主创业工作的意见》、教育部《关于做好2011年全国普通高等学校毕业生就业工作的通知》、国务院办公厅于2015年5月颁布的《关于深化高等学校创新创业教育改革的实施意见》等，这些政策文件对高校创新创业教育改革进行了全面规划。由于创新创业教育得到政府政策上的支持，政府积极推动"大众创业、草根创业"，才形成"万众创新、人人创新"的良好局面，湖北高校创新创业教育发展势头较好，很多高校都开展了创新创业教育。

2.2 湖北高校较重视创新创业人才培养

针对湖北省"所在高校创新创业人才培养重视程度"的调查结果显示，选择"非常重视"的比重为6.8%；选择"比较重视"的比重为43.1%；选择"一般"的比重为38.1%；选择"不太重视"的比重为10.1%；选择"完全不重视"的比重2%。"985"高校选择"非常重视"和"比较重视"的比重达72.8%，"211"高校的该比重达49.1%，本科高校的该比重是42%，高职高专的该比重是42.2%。由此看出，湖北高校对创新创业人才的培养还是比较重视，而且"985"高校对于人才培养最为看重。

2.3 校际间创新创业教育和实践形式各有侧重

根据湖北部分高校创新创业教育开展形式的调查结果显示：选择"创业讲座"的学生占68.7%；选择"公共选修课"的占52.3%；选择"创业培训班"的占24.4%；选择"必修课"占13.4%。而实践形式的调查结果显示：选择"创业资助项目"的学生占52.6%；选择"创新创业竞赛"的占比为51.9%；选择"校外实训"的占36.9%；选择"创业基地考察"的占比为21.3%。从调查问卷来看，被调查的部分高校以创业讲座、公共选修课等教学形式和创新创业竞赛、创业资助项目等实践形式作为人才培养的主要教育环节。其中，相比较于本科和高职院校，"985"和"211"工程院校举行的创业讲座、培训班、比赛以及对创业项目的资助比例较高。但公共选修课、校外实训和创业基地的考察开展所占比例较低，"985"和"211"的创新创业教育开展得更好的原因是其拥有丰富的社会资源、教育资源以及雄厚的资金。大学生参加创新创业教育和实践形式的调查结果显示：参与过"创业讲座"的学生占比为47.7%；参与过"科研项目"的占比为30.3%；

参与过"创业培训班"的占比为26.2%；参与过"创新创业大赛"的占比为17%；还有14.5%的学生参与过"校外实训"。由此看出，大学生偏爱参与"创业讲座"，而对于"创新创业实践"的热情不高。这实际上也反映出大学生更看重的是专业的学习，而创新创业实践的学习只是补充作用。

2.4 校际间创新创业师资结构差异大

针对湖北省高校"本校创新创业教师结构"的调查结果显示：选择"校内任课教师"的学生占58.5%；选择"创新创业专职教师"占41.9%；选择"辅导员"占25.9%；选择"校外企业家"占23.4%。可以看出，高校创新创业师资中本校教师占较大比重，专职教师和校外企业家占比偏低。相比与其他院校，"985"高校创新创业专职教师比重最大，其他本科辅导员担任创新创业教师的比重是32%，高职高专担任创新创业专职教师的比重是61.2%。结果表明，不同学校之间的创新创业师资构成存在着差异。相比较而言，"985"高校对于学生的创新创业学习能够提供较好的专业师资力量。

3 湖北高校创新创业教育发展存在的问题

（1）大学生缺乏创新创业意识，高校创新创业教育的质量不尽如人意。

近年来，教育部在不断推动创新创业教育，大学生创业人数明显增加，但是面临着学生的创新精神与创造意识不强的问题。据人社部网站的数据显示：尽管我国高校已开展了十余年的创新创业教育，但是大学生创业比例却并没有明显的提高，一直在1%左右徘徊。根据《2016年中国大学生就业报告》，2015届大学毕业只有3%的选择进行自主创业。

与此同时，高校创新创业教育还存在着质量不佳的问题。国际知名咨询机构麦可思的研究数据结果表明，从创新能力培养的角度来说，2014届本科毕业生中有20%的各项创新能力培养并不能满足实际工作需求，其中在新产品构思能力上的满足度（77%）较低。据人社网站数据显示：创业成功的学生只占极少数，成功者所占的比重仅为2%~3%，也就是说，大部分学生的创业并未取得成功。

（2）创新创业教育制度不健全，创新创业教育模式尚未完全形成。

一方面，创新创业教育尚没有被纳入到高校的质量评价、激励机制当中，而且没有建立健全创新创业教育进入高等教育人才培养体系的制度。首先，对于创新创业教育没有完整的评价制度。虽然目前我国很多高校已经普遍建立起质量评价体系，但是，评价体系却很少考虑到创新创业层面，更不要说与创新创业教育配套的评价指标体系。其次，创新创业教育激励制度尚待健全。当前，湖北省高校大都没有建立起与创新创业教育相配套的激励制度。我们知道，进行创新创业教育的指导教师和大学生如果没有得到相应的激励，就很难将创新创业教育发展下去。最后，创新创业教育的运行和管理并不通畅。很多高校将创新创业教育交由学生处、学校团委或就业指导中心负责管理，并不存在一个专门部门或领导小组，进行顶层规划、组织协调与监督指导。由于缺乏主管部门，创新创业教育在实际当中的管理较为混乱，各部门之间往往缺乏沟通与交流，而且办事效率低下，难以整合和优化创新创业资源。

另一方面，创新创业教育模式在高校当中也尚未完全形成。"湖北省代表性高校创新创业人才培养模式有效性"的调查结果显示：选择"比较有效"占29.6%，选择"一般"占49.4%，选择"不太有效"占10.8%。这个结果实际上在某种程度上也反映出大学生的受教育想法与现行人才培养方式需要契合。

（3）教育内容重理论轻实践，大学生创新创业能力培养不全面。

通过对武汉地区的8所高校进行随机抽样调查，结果显示："教学模式不适合学生发展"占34.1%；"课程教学重理论轻实践"占25.2%；"课程设置连贯性不强"占20.1%。湖北高校在培养创新创业人才的过程中突出表现以下问题：①理论讲授比重过高；②能够有机会参加创业讲座、创业培训的学生比例比较小；③对实践教学重视不够，与课程教学环节衔接得不够好。

在对大学生参与创新创业需要具备的能力进行调查时，选择"创新能力"占65.5%；选择"社交能力"占63.6%；选择"市场预测能力"占57.4%；选择"应变能力"占56.8%等。对"目前缺乏的能力"的调查结果显示，选择"市场预测能力"占54.8%；选择"机会识别能力"占43.1%；选择"社交能力"占42.9%；选择"应变能力"占36.4%等。从中可以得到一个初步结果：湖北大学生的创新创业能力没有得到全面的培养。

（4）创新创业师资队伍短缺，结构不合理、作用不显著。

湖北高校从事创新创业教育的专任教师来源结构单一，数量稀少，难以形成专业的教学团队。创新创业教育专职教师较少，大多数创新创业教育教师属于兼职教师，目前，湖北省很多高校出于经费的考虑，往往让高校辅导员或者经管学院的教师担任创新创业教育的老师，但是这些老师通常只擅长于理论教学，并没有亲身经历过创业。因而，在向学生讲授创业课程的时候只能泛泛而谈，语焉不详，可想而知学生难以有创新创业的深刻体会，也导致创新创业教育难以有质的提升。通过对湖北省代表性高校创新创业师资作用的程度进行抽样调查，结果发现：选择"非常有帮助"的占4.9%；选择"比较有帮助"的占30.3%；选择"一般"的占48.1%；选择"不太有帮助"占12.5%；选择"完全没帮助"占4.2%。在对创新创业教师存在问题的调查结果显示：选择"数量不足"的占50.9%；选择"校内外教师结构不合理"的占43.2%；选择"没有提供个性化指导"占39.9%；选择"教学方法单一"占37.9%。由此可以看出，现有师资队伍存在的主要问题是教师数量比较少，师资队伍结构存在不合理的地方，校内专职教师和校外企业家等专业人才占比偏小；现有创新创业教师理论水平不高，又缺乏实战经验，导致实际教学效果并不明显，因此，教师在创新创业中所起到的作用还有待于加强。

（5）高校创新创业教育缺乏社会力量支持。

我国高校的创新创业教育面临的一个普遍问题是缺乏社会力量的支持不够，湖北高校也不例外。可以从这几个方面来说：第一，学校、企业以及第三方相互间缺乏深入地交流，对于创新思想与创业经历，企业与高校以及学生之间也少有交流，即我国高校创业创新教育缺乏创业导师。第二，缺少以企业为依托的多层次创新创业教育实践平台。由于经费和场地的限制以及创新实践平台的落后导致难以满足不同层次的大学生的不同创业需求。第三，缺少支持大学生创新创业项目运行的创新创业实践基金。目前来说，支撑创新创业教育的资金主要依赖于政府的财政。而社会上的企事业单位、协会组织以及公益性组织则较少对创新创业进行财力支持，这样一来，在缺乏足够资金支持下，创新创业教育实际上很难长期进行下去。第四，尽管政府出台了一些创新创业教育政策，但是这些政策并未起到实质性的作用。一方面，创新创业政策的相关文本比较少。经过相关政策文本的梳理和分析发现，对于创新和创业教育的认识和理解，高校教师和学生仍然比较肤浅，他们往往认为创新创业政策是政府就业政策的一部分；另一方面，对于创新创业教育政策普及不够、政策贯彻执行不强等成为创业政策实施过程的主要问题。

4 美国高校创新创业教育发展对湖北高校的启示

4.1 切实转变创新创业教育观念，大力营造高校的创新创业教育文化氛围

4.1.1 转变创新创业教育观念

美国大学的经验可以值得我们借鉴，在美国，创新创业教育是人才培养体系的重要组成部分。因此，在进行交叉学科的技术研究、提供社会问题的解决方案、策划校企合作等方面，都需要将创新创业教育贯穿于人才培养之中。

4.1.2 创造好的创新创业教育文化氛围

借鉴美国经验，学校和社会都要为学生营造"人人皆可创新、事事都能创新"的氛围。在学校内部，要破解创新创业教育中"学生不敢为、不想为、不愿为"的问题，学校要面向全体大学生，分类指导、结合专业、强化实践，营造有利于大学生创新创业的氛围，激发大学生的创新创业意识。

在宏观层面，社会各界应该利用各类传统媒体和新媒体对创业政策进行广泛宣传，树立创业意识，尤其是对创业故事与创业成功案例进行宣传，形成一个鼓励创业、争当"创客"、允许和包容失败的社会文化氛围。在微观层面，高校要建设创业信息服务网，运用网络宣传政策，提供创业资源与项目；运用校园广播、宣传栏、刊物等传统宣传手段宣传创业相关知识，让大学生能够接受创业知识的熏陶；同时充分运用高校创业社团，用创业论坛和沙龙等组织架设起学校与大学生间的桥梁，普及创业意识和技能；定期邀请知名企业家或成功创业校友到学交流，树立起可预期的榜样和典型，形成敢于创新、积极进取的文化氛围。

4.2 构建完善的创新创业教育课程体系，开创灵活多样的创新创业教学模式

4.2.1 构建完善的创新创业教育课程体系

（1）对于创新创业教育课程要进行准确地定位，进行分类设置。高校创新创业课程的设置应该与创新创业价值体系一致，可以与专业课程相结合。也就是说，高校学生所学的专业基础课、专业课、创业创新课程之间并不是毫无关系，而是相互联系、相互补充的。具体来说，创新创业课程可以分为两大类：一类是建立在原专业基础之上的专业类创新创业课程；一类是通识类创新创业教育课程，这类课程主要介绍"三基"，即基本知识、方法工具、原理。但是，由于受教育者的专业存在差异，其课程设置应该各有

侧重。如果是商学院的学生，以专业课程为主，对于其他的学生而言，以通识教育为主。总的来说，高校创新创业教育课程规模应该将教学资源、社会需求和学生个人兴趣统筹考虑。

（2）创新创业教育与专业教育不应当分开进行，而是应该有机地融合在一起。创新创业教育课程体系应该具有全面性、交互性的特点。在课程开设方面，为了学科建设的科学性和完整性，应当将创业教育与专业教育和文化教育相融合，使课程教育能够与创业教育保持紧密结合；同时为了提高学生的创新精神和综合能力，可以开设如创业意识类、创业能力素质类和创业实务操作类等课程。在课程具体实施当中，这类课程应该突出实用性的特点，只有这样，学生的独立实践和操作能力才会得到提升。

4.2.2 开创灵活多样的创新创业教学模式

湖北高校可以把教学模式变得更加多样化和灵活化，一方面建立新的创新创业教育模式，简单地说就是课堂教学为主，创新创业大赛和项目为辅的教育模式；另一方面鉴于学生之间的差异，学校应该对不同发展方向的学生因材施教，同时对于学生的创新创业想法，应该鼓励其表达和实践，充分地挖掘学生的创新创业潜力。

课堂外的实践教学应该是创新创业教育的主要部分，以传授创业隐性知识为主。我们可以采用问题教学法和实战教学法两种创业教育方法。问题教学法，即以创业过程中的问题为切入点，在教学过程当中注重启发学生和让师生之间进行互动交流。实战教学法，简单来说就是一种培养学生创业能力的教学方法。具体来说，我们可以采用模拟商业实训、企业实地考察报告书、制订商业计划报告书等实战教学方法。另外，近年来，慕课等线上课程受到国内高校学生的追捧，它几乎改变了传统课堂模式，不再局限于时空，使课堂教学更具吸引力，调动了学习积极性和自主性，使得更多的人能够享受到优质的教育资源。湖北省高校应该继续开展创新创业的线下课程，同时坚持开发新颖和有品质的创新创业课程，实现创新创业教育资源的共享。

4.3 加强创新创业师资队伍建设

（1）创新创业教育师资构成应当多元化和层次化，专职教师和兼职教师相结合。专职教师来源于高校，负责创新创业教育的规划和管理，包括理论教学与实践管理，而兼职教师来源于社会上的创业成功人士或投资家、企业家、企业高级经营管理人才以及国家级创业培训导师，进行实际创业案例教学，同时负责实践教学环节和教学基地的维护。

（2）为提高创新创业师资队伍的素质提供有利条件。教师理论知识培训也需要定期开展，聘请校外名师或企管专家等授课提升教师理论素养；为教师创造各种各样的机会去参加创新创业研讨会，通过研讨会上的交流，获得创新创业相关理论知识；为了提高实践能力和丰富教学内容，可以让教师到企业顶岗实践，真实感受创新创业的过程与企业管理的方法；条件许可的高校选拔教师到美国等创业教育水平高的国家学习和借鉴，最终在高校建立起创新创业学科专业，系统地孵化和培养创业教育教师队伍。

（3）在创新创业教育师资的管理上要进行创新。教育体制需要进行改革，在教师职称评定、绩效考核、项目研究等方面把创新创业囊括其中，但是应有所偏重，以使教师的热情能够被激发出来。

4.4 加强创新创业教育的实践环节

4.4.1 强化实践教学，推进多层次的平台建设

一是模拟平台建设，建设大学生创客空间、创业梦工场等，创业大学生可以模拟企业的经营，对创新创业过程有充分的了解，并不断提升自己创新创业的相关能力。二是建设实战平台。一方面可以在传统政产学研项目上进行进一步地深化，建设创新创业人才实训基地；另一方面是借助地方政府、社会资本的力量建立学生创业园等新业态孵化器，相关设施功能也需要进行完善，让优秀大学生的创业项目能够得到保护，使其健康成长。三是交流平台建设。通过建设创新创业联盟、创新创业俱乐部等形式，让高校之间、高校与社会之间能够借此平台进行沟通，也能够让大学生创新创业活动有交流场所，从而让学生充满创新创业热情，产生好的创意。

4.4.2 大力启动创新创业项目

创新创业项目在湖北高校也已启动，但是在启动过程当中，面临着启动资金不足、部分大学生以敷衍的姿态应对、创业导师不指导、相关监管机构监管不力等诸多问题。创新创业项目必须要被湖北高校重视，在现有的国家级—省级—校级三级创新创业项目体系下，对于创业给予更多的支持，鼓励不同专业的学生参与到创业项目当中去，这样才能够使大学生的科学研究能力得到提升，学生的创新创业能力能够最大限度地被发掘出来，从而促使优质项目的成果可以被转化，创新创业教育的质量得到整体提升。同时，我们可以就大学生创业项目设立相关基金，积极号召社会各类组织、公益团体、企事业单位和个人资源，通过各种形式为自主创业大学生提供资金支持，使得社会扶持资金的使用效益得到提高。

4.5 争取社会力量对高校创新创业教育的大力支持

美国高校的创新创业教育之所以办得比较好，是因为其有效利用了社会的广泛资源，以此为鉴，湖北高校在开展高校创新创业教育中应该积极调动社会各种资源。

(1) 高校与政府应该加强合作，互惠发展，在办学自主权、创新创业政策、实践基地、扶持资金等方面步调一致、通力合作。政府应该对院校创新创业教育发展投入更多的资金，只有这样院校各项创新创业活动才能够顺利和持续开展下去。政府还可以制定相关创新创业教育发展的政策，以使高校的创新创业教育发展走上正规化、科学化、实操化。

(2) "校企合作"是高校开展创新创业教育的重点。从合作共赢的角度来看，一方面，企业的支持与帮助可以加快推动院校创新创业教育发展；另一方面，院校培养出来的创新创业人才也可以反哺企业。

(3) 要坚持对高校创业教育进行持续宣传，使社会各界支持和帮助大学生自主创业，以获得更多的社会资金。

参考文献

[1] 包水梅，杨冬. 美国高校创新创业教育发展的基本特征及其启示——以麻省理工学院、斯坦福大学、百森商学院为例 [J]. 高教探索，2016 (11): 62-70.

[2] 崔益虎，刘运玺. 高校创新创业教育的基本意蕴与改革路径 [J]. 南京工业大学学报（社会科学版），2016（3）：99-103.

[3] 邓召文，王保华，冯樱，等. 基于特色创新平台的工科大学生创业能力培养研究——以湖北汽车工业学院汽车工程专业为例 [J]. 创新与创业教育，2016（4）：51-53.

[4] 高伟. 深化高校创新创业教育的问题反思与对策探讨 [J]. 思想理论教育，2015（8）：92-95.

[5] 郭田田. 省属高校大学生创业教育模式创新与实践研究——以湖北大学为例 [J]. 信息记录材料，2017（7）：120.

[6] 郝杰，吴爱华，侯永峰. 美国创新创业教育体系的建设与启示 [J]. 高等工程教育研究，2016（2）：7-12.

[7] 胡海洋. 构建高校创新创业教育双重识别体系初探 [J]. 东华大学学报（社会科学版），2015（6）：79-83.

[8] 江露露. 美国大学生创新创业教育实践——基于《创新和创业型大学：聚焦高等教育创新和创业》的分析 [J]. 世界教育信息，2016（21）：20-26.

[9] 金辉. 解读美国硅谷地区高校的创新创业教育 [J]. 湖州职业技术学院学报，2009（3）：46-49.

[10] 焦健，沈亚强. 美国、德国高校创新创业教育的发展历程、特点及启示 [J]. 河南科技学院学报，2016（12）：49-52.

[11] 刘志军，郝杰. 美国创新创业教育体系的建设与实施 [J]. 中国大学教学，2016（10）：43-47.

[12] 罗平. 构建大学生创新创业教育工作体系的探索与思考——以湖北三峡职业技术学院为例 [J]. 教育教学论坛，2017（5）：34-35.

[13] 欧小军. 回归常识：高校创新创业教育的本体意蕴 [J]. 现代教育科学，2017（6）：1-4.

[14] 梅伟惠，孟莹. 中国高校创新创业教育：政府、高校和社会的角色定位与行动策略 [J]. 高等教育研究，2016（8）：9-15.

[15] 水梅，张昊宇，詹碧华，等. 美国创新创业教育课程建设研究 [J]. 经济研究导刊，2015（6）：252-253.

[16] 吴俊，吴蓝岚. 新形势下高校创新创业教育的难点及应对策略 [J]. 创新与创业教育，2017（2）：55-58.

[17] 徐幼文. 美国高校创新创业教育经验与借鉴 [J]. 浙江海洋学院学报（人文科学版），2016（6）：87-90.

[18] 杨柳青，李蔚然. 高校创新创业人才培养现状调查分析 [J]. 学校党建与思想教育，2017（8）：80-82.

[19] 叶维. 美国创新创业教育课程组织的模式分析——以百森商学院、斯坦福大学、密苏里大学为例 [J]. 重庆广播电视大学学报，2017（4）：30-36.

[20] 应永胜. 美国高校创新创业教育模式解析及借鉴 [J]. 嘉应学院学报（哲学社

会科学版), 2015 (12): 85-90.

[21] 周巍. 青年创业教育"学院型培养模式"探索——基于湖北青年创业学院的创新实践 [J]. 中国青年研究, 2012 (12): 60-63.

作者简介

陈汉林（1971— ），湖北武汉人，博士，湖北大学商学院教授，博士生导师，博士学位。研究领域：世界经济。

宋青松（1994— ），湖北荆门人，湖北大学商学院研究生。研究领域：世界经济。

基金项目

本文系陈汉林主持的2017年湖北省发展战略与政策研究中心招标课题《美国高校创新创业教育体系建设及其对湖北高校创新创业教育的启示研究》（编号：100-0460680103）的阶段性研究成果。

高校创新创业教育与促进地方经济发展的关系研究

刘 漫

（河南大学，开封，475001）

> **摘要**：通过总结地方高校就业创业工作中的新方法并联系当地经济发展现状，提出了高校创新大学生就业的一些注意事项及工作思路。通过2011协同创新平台，高校可以更好地与政府、企业开展大学生就业创业合作，并促进地区科技文化发展，"产学研"同步提升，最终引导经济增长方式向智能制造和"四化"协调转变。
>
> **关键词**：地方经济发展；创新创业；高校

1 引言

自2000年以来，随着国家高校招生规模的逐年增长，高等教育在国内迅速普及。作为人口大省和劳务输出大省的河南，在年轻人培养方面责任重大。一方面，优秀的专业和技术人才可以为国家产业提升和智能制造发挥作用；另一方面，普通的初高中毕业生在当前经济环境下，就业越发困难。面对机遇与挑战并存的新时期，河南如何选择人才培养方向，在"十三五"期间实现地区产业升级；如何把握国家经济转型的机遇期，实现经济社会的跨越式发展，是我们每一个教育工作者应该思考的重大问题。

本文以高校创新创业教育为视角，以协同创新平台为载体，结合"新型城镇化与中原经济区建设"河南省协同创新中心、高校就业与服务部门的具体工作，分析高校创新创业教育与地方经济发展的内在联系，最终提出高校教育的新思路并对地方教育主管部门提出一些政策建议。

2 当前河南省经济形势对就业的新要求

河南省地处中原腹地，是全国对外开放较晚的地区之一。改革开放政策在我国贯彻四十年，沿海开放地区的发展有目共睹，中西部开放较晚的地区发展相对滞后。河南当前经济发展与劳动力就业等方面的现状在中西部地区具有一定的代表性。分析适龄劳动力的就业情况，不仅可以解决部分社会问题，也可以从人才培养方面促进地区经济转型与发展。本节，作者将分析河南省的招生就业情况与当前社会对人才需求之间的内在联系。

河南省人口基数庞大，目前已经是全国人口最多的省份。河南本省的高等教育资源与国内其他地区相比，严重不足。以 2016 年为例：2016 年，河南省高考人数为 82 万人，其中参加全国统考的为 69 万人，是全国考生数量之最。有幸进入学校学习的同学，4 年毕业后又将面对激烈的社会就业竞争。从就业方面看，河南地方高校毕业生，在 2015 年达到了 49.5 万人，其中除部分学生考研继续深造外，大部分毕业生都将进入职场。那么这些即将步入职场的毕业生受教育程度如何呢？从河南现有的教育资源来看，当前河南省没有一所部属高校，省属重点高校共有 8 所。2014 年在校生规模 168 万人。这与河南省庞大的人口基数相比是微不足道的。即便是这些学生顺利完成学业并为步入职场进行了足够准备，在河南省或者全国范围内选择行业就业，依然会承受很大的压力。这种就业难的特殊现象是与我国所处的经济发展阶段的特点分不开的。

我国自 2012 年以来，经济发展由高速阶段转向中高速阶段，发展重点也由基础设施、能源、原材料领域转向高精尖技术和智能制造。这些部门是未来经济发展的引擎，也是全国各地经济学者关注的重点。

河南省地处中原，是华夏文明的发祥地，厚重的历史和对教育的重视使这片土地孕育了许多伟大的学者和诗人，人口素质普遍较高。不足之处也是因为厚重的历史导致河南人思想保守，市场经济观念较为淡薄。自 2008 年国际金融危机以来，河南的经济发展总体上处于全国的中下游水平，在中部六个省当中的排位也一降再降。河南省的经济结构以能源、基础化工、基础制造、食品加工为主。产品附加价值低，产业升级和产品开发困难。同时，这些行业因为全国基础产业总体产能过剩，已经处于饱和，吸收基础就业困难，同时也不能提供更高层次的就业机会。基于以上两点，高校毕业生在河南省就业困难的原因就比较清晰了。因此，更多的毕业生选择到邻近的武汉、北京或者较远的上海、广东寻找就业机会。

面对当前的就业困局，应届毕业生在校阶段就应及早重视，同时，高校教育工作者，也需要思考当前就业环境，为学生开设针对性较强的课程，教授学生劳动法规，开拓学生就业视野。

3 大学生在校内接受就业指导的收获和不足

通过第一部分的分析，我们了解到当前社会经济环境对在校生造成了不同程度的就业压力。那么如何通过在校期间的活动和学习提高应对就业困难的技巧，是这一部分的要点。

首先，在校生需要了解地区社会经济发展情况，与河南高校自身的定位。

河南的地方高校作为人才培养平台，担负着人口素质教育及创新发展和知识、技术输出的重大责任。带动地方经济在"新常态"下转型发展，需要科技型和创造型企业。河南省的城乡结构决定了，大批的人口被滞留在农村，接受现代商业文明较晚。农村长大的年轻人一旦失去进入高校求学的机会，绝大程度上会成为劳务输出的低技能人口，生活条件和个人发展长期得不到改善，成为"农二代"，并逐渐被高速发展的信息社会淘汰。进入了地方高校学习是其改变人生轨迹的一次重要契机，农村生源可以通过在校期间与社会广泛接触，全面提高自身能力。提升能力的同时，我们也应看到，河南省的城市发展进程与发达地区还是有明显差距的，如果不珍惜大学四年的社会实践机会，未来进入发达地区的求职道路依然会非常艰难。作为高校的职业生涯规划教师，应该对在校生提高要求。学生在学好专业课的同时，需要由专业老师教授就业方面的专业知识，并在条件允许的情况下，到合作单位实习，实践，合理利用在校学习时间了解社会中的行业领域，为在未来进入职场，打好基础。

以金融专业为例，当前时代，传统金融已经被新兴的互联网金融冲击得千疮百孔。银行业部门从以前的"门难进、事难办、脸难看"转变为积极组织对外营销和抢夺优质客户。证券、基金和保险机构更是把营销渗透到了我们生活的各个领域。金融从业人员应具备的首要素质是能够向客户讲明推介产品的优缺点，并让客户了解自己的风险偏好，并最终在繁多的金融投资产品中作出选择。职业生涯授课教师，可以从更多角度引导学生以职业思维来主力问题。比如心理中心可以给学生开设心理咨询课程，让学生了解与客户沟通的基本技巧。同时，生涯规划课老师也可以讲授专业人员的成功营销案例，分析成功者的个人特点和工作方法与其获得成功之间的内在联系。

4 高校当前大学生就业创业活动开展情况和应该注意的问题

河南高等教育资源匮乏，因此更需要地方政府的扶持与帮助。留住人才，使用好人才，在国家当前经济发展中，河南省的地方省属高校才能够发挥更加积极的作用。经本校研究表明，当前河南省除郑州地区外，其他地市的人口均存在不同程度的净流出，这其中包括外出务工人员，当然也包括毕业离校的地方高校学生。培养好人才，留住人才，是河南高等教育同等重要的两个方面。

首先，河南省委省政府应该对高校人才培养方式的创新不断尝试和提高。教育厅和财政厅对于省内高校的重要研究部门都组织建立了协同创新平台。高校的学生培养单位和各学院应该通过现有的学校、政府、企业"三位一体"的协同创新平台，进一步明确人才培养的目的，"产学研"联动，为地方发展输出急需的高素质、技术型创新人才。

其次，高校是知识人才汇聚的平台。地方政府通过支持地方高校引进人才，开展校企合作，搭建协同创新服务平台，可以引导更多企业来校参与毕业生招聘就业。和省内的协同企业联合加强就业见习制度，对学生就业实习期间的活动进行合理安排并对成效进行检验。企业通过协同平台提出对人才培养的要求并搭建学生社会实践平台。学校开设就业创业特色课程，帮助有迫切就业需求的学生进行职业生涯规划，有计划地去考级和参加培训获取资格证书。通过学校和企业的合作，为高校毕业生更好融入社会开辟了新通道，为地方企业发展提供了新鲜血液，是一种典型的合作共赢的发展方式。

再次，高校可以丰富学生课余社团生活，通过社团组织帮助学生建立自信，深化对社会的认知。学生社团活动是综合性大学的一大优势，各种思想交汇冲撞，对学生能力的全方位提升有帮助。在校生通过社团服务，学习组织安排活动，合理规划项目，参加各类创业比赛，包括"挑战杯"和"就业创业大赛"，可以对自身能力有较大提升，未来进入工作单位后也能较快融入新集体，快速适应工作。同时，高校在主办学生活动时也可以扩展视野，包括对省内外兄弟学校好的工作方法的借鉴和学习、优质招聘企业信息的共享。这些信息都可以为就业指导部门老师提供授课素材,并通过课堂学习使学生能够了解。

如何利用好省内教育的优势,使省属高校拥有面向全国的就业视野和就业水平是对当前高校就业创业工作新的要求。通过与外省友好学校的就业指导部门交流,可以方便掌握全国各地的就业信息。联网全国就业市场,可以拓宽学生就业渠道,提升本校就业层次。在省外就业的学生,未来返回创业可以为河南省带来新的行业技术和管理经验,从而间接带动地区创业,助推区域经济增长。

最后,本科生培养,高校除了提供专业知识教育和组织社团活动,更重要的是要由各个基层党建部门的辅导员老师对学生进行思想政治教育和心理健康咨询,使学生尽早确立社会主义人生观、价值观,把个人的前途命运与国家发展、社会进步紧密联系在一起。

我国经济和社会发展正处在关键的20年机遇期,思考地方经济的发展道路不只是专家、学者、政府官员的职责,在校大学生也应该进行这方面的思考。地方经济如何定位,如果选择在本地就业应该做些什么工作来实现个人价值与社会价值的统一。合理规划学生职业生涯的前提是了解当前的经济发展方向,按照学以致用的标准,结合学生本人专长和兴趣,合理选择专业与课程。根据全国大学生就业网对近年高校毕业生择业情况的统计,排在前列且就业人数逐年增长的领域包括中小学教育、互联网技术与应用、金融、医疗以及媒体出版。以上这些专业,综合性大学均开设有本科专业。学生在校期间可以选择专业学习和辅助学习,使自己在掌握未来科技方面于同龄人中保持领先。作为地方高校,结合地方经济发展特点,笔者认为基础教育与医疗保健是当前河南发展的重中之重也是学子们应该认真考虑的就业领域。

5 大学生通过协同创新平台,了解社会需求,明确自身定位

大学生就业难的一个关键因素是对社会发展认识不足,相应对个人的定位偏高。经济学经典就业理论认为,教育经历对劳动者生涯的平均薪酬起积极影响,但这并不意味着高学历劳动者的起薪就一定比别人高。当前我国经济正在提升制造业等级,需要大量的熟练技工和工程技术人员。大学生在高校学习期间只是接触到了相关学科的皮毛,远远没有达到专业人员的水平。在研究生阶段,工科学生会大量进行实际测绘、制图、车零件、组装、喷涂等一系列工作,有条件的可以参加国家大型工程的测试、数据反馈;社科学生会参加各类规划项目,到政府、企业跟踪调研,撰写各类研究报告并搜集数据进行论证;理科学生会进行大量实验,参与各类研究课题,参加各级学术会议,发表专业学术文章。这些专业教育是本科阶段不能涉及的。为了培养本科生的专业能力,高校必须利用好协同创新中心这个平台。

协同中心是2011年由时任国家主席的胡锦涛同志提出的中国当代高等教育发展战略。由高校、政府、企业三方参与,构建产学研一体的国家创新体系。优秀的学生通过协同平台可以发挥特长,参与到社会发展中来。河南大学"新型城镇化与中原经济区建设"河南省协同创新中心,已经连续4年启动"百县千村万户"大型入户调研活动。每年都有数百名河南大学的本科生,通过跟踪、走访、数据填表等形式,收集大量的农村人口流动、城镇化、经济发展等数据。这项活动由经济学类特级教授全程参与,包括拟定调查问卷,对

调查区域进行空间布局，确定受访人群以及最终调查数据的筛选、归类、整理并录入数据库等全方位工作。在第一线调查的本科生由高年级研究生带领，研究生负责规划调研路线，分批分地区走访，定时向教师汇报进展情况以及报送访问结果。此项工作逐年开展，成果突出，目前已经受到了河南省级教育主管部门的重视，并在学界产生了一定影响。

这样的特色调研活动可以培养学生应对突发问题的能力，提升学生的人际交往能力，对学生的自信心建立有积极意义。

6　河南省政府对大学生就业的支持与学生就业选择

河南省人口众多，自然条件优厚，经济发展处于全国的中下游水平。专家学者通过研究发现，河南地区的城镇化水平连年低于全国平均水平。大量农业人口不能享受高质量的教育和基础的城市公共服务。医疗条件、教育条件在不同地区差异巨大。2013年河南省主要领导提出了"三化协调发展"的地区经济发展规划。近年来河南省以城镇化为引领，推动了工业化和农业现代化，涌现出了大批的工业区和特色农业区。建制镇的大量建设，给农村居民提供了较好的城镇基础设施，包括道路、通讯、购物和一些文化活动。不足之处是因为人才的匮乏，农村社区依然没有达到城市的标准，基础的教育、医疗以及创业经商机会依然匮乏。尽管有一些返乡创业带领地方致富的成功案例，可依然无法改变大量农村人口涌向城市，农村社会生态逐渐恶化的现实。

省政府改变当前农村现状的方法主要是支持乡镇企业创业和降低外来入驻企业的各类成本。各地政府当前正在提供本省大学毕业生优厚的福利待遇，鼓励他们在本地创业、就业。

学生在择业时应积极了解当前社会就业需求，如果确实对某个就业领域感兴趣，应提前准备，达到此行业入门的一切条件。比如报考公务员和应聘银行，都需要参加各机构组织的职业考试或技能考试。如果未能通过这类职业考试，毕业生也应该及时调整心态，先就业再择业。选择自己能够胜任的工作岗位，踏实工作一段时间，有了积累或者了解到更多的就业信息后再进行二次择业。当前的城镇化建设是大学生崭露头角的舞台，利用自己所学的知识造福地方人民，是大学生到新城镇就业的美好愿景。

7　高校创新创业教育的目标，以及对政府工作的一点建议

河南的经商文化并不发达，发展经济需要结合自身劳动力相对廉价，人口受基础教育较好，诚实、刻苦等优势在基础教育领域、银行业领域和基础制造业领域发挥特长。通过学习先进地区先进经验和引进国外优质研究人员，河南人需要开拓发展思路，提升产业水平，走适宜自身发展的道路。

河南省地处全国的地理中心，交通网络非常发达。通过贯通全境的高速铁路和高速公路网络，信息流、人流、物流可以在地区内高速流转。郑州建有国际性的客货运机场，临空经济在河南也在逐渐成形发展。河南省的高校每年都在向全国各地输送人才，也有全国各地的考生到河南来接受高等教育。

8 研究结论

优秀的大学，离不开优秀的校友资源。作为高校的教育工作者，应该对学生录取和学生就业同等重视。作为"产学研"链条中的关节点，高校需要利用协同平台，引进相关学科在职工作人员担任教职，帮助在校学生了解当代学科发展与知识应用的前沿。培养人、塑造人是一所大学办学的最终目标。当前，国家提倡创新创业教育，结合各个高校的不同校园文化，教育工作者需要打开思路，丰富工作内容，鼓励学生多思考、多创造。地方政府可以在财政允许的条件下，提供一些学生创业基金，资助年轻人创业，带动地方自主择业的新型就业观。

参考文献

[1] 杨广军，仇桃珍. 以创业带动就业——探索新形势下大学生就业的新途径 [J]. 技术监督教育学刊，2007（2）：58-61.

[2] 商应美. 高校大学生就业创业实践教育的保障支持研究 [J]. 长春师范学院学报（人文社会科学版），2013（1）：20.

[3] 王占仁. 高校创新创业教育观念变革的整体构想 [J]. 中国高教研究，2015（7）：75-78.

[4] 张宝君. "精准供给"视域下高校创新创业教育的现实反思与应对策略 [J]. 高校教育管理，2017，11（1）：33-39.

[5] 王勇，王明强. 校地协同模式下大学生创新创业实践体系建设途径与策略 [J]. 教育评论，2017（7）：82-86.

[6] 洪文，肖心莲. 区域经济背景下地方高校创新创业教育的思考 [J]. 湖北师范大学学报（哲学社会科学版），2017，37（6）：145-148.

作者简介

刘漫（1981— ），河南鹤壁人，河南大学就业创业指导中心大学生创新创业教育研究所所长，讲师、硕士研究生，主要从事就业创业教育研究。

依托社会实践提高高校大学生创新创业能力
——以洛阳师范学院为例

孙欢欢

（洛阳师范学院，洛阳，471934）

> **摘要**：党的十九大报告中对创新创业人才培养作出了重要部署，国务院也对加强创新创业教育提出明确要求。近年来，高校大学生创新创业教育工作不断加强，在促进学生全面发展、推动毕业生创业就业方面取得了积极进展，但是还存在一些不容忽视的突出问题。通过分析洛阳师范学院社会实践实际案例，探索高校如何依托社会实践提高大学生创新创业能力。
>
> **关键词**：社会实践；创新创业；大学生；实践能力

国务院办公厅《关于深化高等学校创新创业教育改革的实施意见》中指出，深化高等学校创新创业教育改革，是国家实施创新驱动发展战略、促进经济提质增效升级的迫切需要，是推进高等教育综合改革、促进高校毕业生更高质量创业就业的重要举措。党的十九大报告中对创新创业人才培养作出了重要部署，国务院对加强创新创业教育提出明确要求。近年来，高校大学生创新创业教育工作不断加强，不管是提高高等教育质量、服务国家现代化建设，还是在促进学生全面发展、推动毕业生创业就业方面都取得了积极进展，发挥了重要作用。但是，我们也应该看到，高校的创新创业教育还存在一些不容忽视的突出问题，主要是一些地方和高校重视不够，创新创业教育理念滞后，与专业教育结合不紧，与实践脱节；教师开展创新创业教育的意识和能力欠缺，教学方式方法单一，针对性、实效性不强；实践平台短缺，指导帮扶不到位，创新创业教育体系亟待健全。

1 依托社会实践提高高校大学生创新创业能力的优势

1.1 提高大学生创新创业意识

近年来，各高校不断加强创新创业教育，普遍开设了就业创业指导等方面的课程。然而大多数担任创新创业课程的老师本身并没有实际的创业经历，而大学生们也没有接触社会的体验，社会实践作为大学生创新创业教育的重要实践平台，也是创业团队和创业项目的主要酝酿过程。近年来，洛阳师范学院在全国"创青春"创业计划大赛和"互联网+"创业计划大赛中的大多数获奖作品都是来源于社会实践。同时，在这个过程中兴趣相投的同学们也组成了自己的创业团队。

1.2 提高大学生实践能力

"纸上得来终觉浅，觉知此事要躬行"。近年来，每年一到毕业季，"就业难""就业形势严峻""史上最难就业季"等词句屡见报端，可谓没有"最难"，只有"更难"。大学生就业之所以逐渐成为一个社会难题，一方面与高校扩招有关系，另一方面更重要的是社会对人才提出了更高的要求。对于即将走向工作岗位的大学生，不仅需要精通专业知识，更需要具备实践能力。社会实践就给大学生提供了链接高校与社会的桥梁。在社会实践过程中，往往同学们需要自己联系实践地点，筹备、策划、协调、总结，在这一过程中，不仅可以将理论联系实际，同时也提高了大学生的人际交往能力、组织协调能力和团队协作能力等，这些都是将来实现高质量就业所必需的核心竞争力。

1.3 帮助大学生制定合理的职业规划

在步入大学之前，大多数学生的目标都是明确的，即考入理想的大学，在进入大学以后，这个目标不存在了，就会陷入迷茫。尽管很多同学都把找到好工作当作自己新的目标，然而，什么样的工作才是好工作，却没有几个人能够说得清。所以就会出现很多学生在大学里浑浑噩噩混日子，走出校门之后又后悔不已。倘若能够在毕业前就进行合理的职业规划，那么就可以合理规划自己的大学生活，也可以在将来就业创业中少走很多弯路。所以社会实践为大学生们提供了一个很好的平台，同学们可以在实践中审视自己的兴趣与专业发展是否契合，作出更为合理的职业判断，树立正确的职业价值观。

2 依托社会实践提高大学生创新创业能力实例——以洛阳师范学院为例

2.1 结合师范教育特色，助力地方基础教育，提高大学生师范技能

洛阳师范学院为深入学习贯彻习近平总书记关于青年成长成才的一系列重要论述，充分发挥人才培养和教师教育的特色和优势，积极服务地方基础教育事业发展。2017年暑期，学校组建了20余支教育关爱实践团队，深入宜阳、栾川、洛宁、新安、伊滨区等基础教育薄弱、教育资源匮乏、留守儿童集中的乡村学校开展"青春助力基础教育真情关爱成长成才"系列支教活动，为当地学生提供课业辅导、素质拓展、亲情陪伴、爱心捐赠等教育帮扶活动，在实践的同时也提高了支教学生的师范技能。

华夏霓裳国学支教队赴栾川县杨树底村、偃师市庞村镇掘山小学、庞村棒棒幼儿园等地开展"传统文化润育儿童"国学支教活动。实践队员们通过国学知识讲解、汉服展示和舞蹈表演《子衿》《礼仪之邦》等，让学生们对汉服以及传统礼仪有了更加直观和深刻的了解，让优秀传统文化在孩子们心中生根发芽，滋润孩子们的心灵。

追梦支教队的志愿者带着机器人，为伊滨区佃庄镇中心小学的孩子们上了一节生动的科普课。逗趣的机器人表演激发了孩子们浓厚的求知兴趣，他们认真观看机器人翻跟头、跳舞、做操的每一个动作，感受科技的奥妙和魅力。支教队员们在寓教于乐中拓展了孩子

们的视野，激发了成才愿望，为他们播下追梦的种子。

翔梧支教队在洛宁县底张乡翔梧小学开设爱国主义课堂，举办了"喜迎十九大，青春有梦诵中华"演讲比赛。同学们紧紧围绕主题，结合自己成长的经历和对先烈李翔梧的认识，以真挚的情感和优美的语言，讴歌了先烈先贤的爱国主义精神，表达了对党和祖国的诚挚热爱，展现了翔梧后人的风采。

爱心传递支教队在梁村小学开设传统文化课堂，开展了一场别开生面的汉字书写大赛，引导学生们养成良好的书写习惯，进一步激发了学生对祖国语言文字的热爱，提高了大家弘扬中华民族优秀文化的主动性和自觉性。

天涯咫尺爱心接力支教队开设了美术班、音乐班、演讲与主持班等兴趣课堂，充分提高了学生们的积极性和参与度，为发掘学生的个性潜能提供了一个良好的平台，受到学生和家长的一致好评。

乐心支教队为油赵小学的孩子们开设了"诵读礼仪"课程，让孩子们通过课程体会诗词歌赋的美妙，了解中国文化的博大精深，积极继承优秀的民族传统文化，增强文化自信。

2.2 结合社会发展，体察民生民情，树立正确的就业价值取向

社会实践是大学生接触社会、了解社会的重要途径。为使大学生们切身感受党的十八大报告以来我国经济社会发展的新面貌新成就，深入观察和领会"十三五"规划、"四个全面"战略布局，深刻理解以习近平同志为核心的党中央治国理政新理念新思想新战略，学校社会民生观察团，围绕公共文化、环境污染、文物保护、农村电商等，开展社会调查研究、为发展建言献策等活动，深受当地政府和群众的欢迎和好评。大学生们深入社会、深入基层，了解国情社情，关注民生百态，在社会实践中受教育、长才干、作贡献，进一步增强社会责任感和使命感，有助于帮助同学们树立正确的就业价值取向。

洛阳师范学院在全校招募大学生调查员150余名，组建河南省公共文化调研团，开展"县区公共文化资源调研"实践活动。活动期间，各调研小组在指导教师的带领下，克服天气炎热、方言难懂等困难，走上街头，深入人群，对全省范围内158个区县的图书馆和文化馆馆长、工作人员以及当地居民、文化精英人士等进行问卷调查和访谈调研，为组建河南省县区公共文化资源数据库，了解公众对县区公共文化资源的可及性、参与度和满意度获取第一手资料。

开元盛世土地规划志愿服务团积极投身村土地利用规划志愿服务，在新乡市长垣县佘家镇佘西村开展了为期11天的暑期社会实践专项调研活动。活动期间，服务团积极开展村土地利用规划知识宣传宣讲和村土地利用规划编制基础调查，他们深入各家各户之中，与村民耐心交谈，对佘西村的区位和自然条件、土地利用状况、产业发展状况，以及区域环境、基础设施与生活服务设施建设状况进行了全面了解。根据调查结果，经过整理分析，服务团研究提出村土地利用规划编制建议，并最终形成《佘西村建设用地规划方案》，以实际行动为新时期农业农村发展和社会主义新农村建设贡献力量。

农村电商运营服务志愿队深入栾川县杨树底村进行基层电子商务调研帮扶活动。活动期间，队员们通过访谈、问卷调查等方式，详细了解当地电子商务的发展情况以及当地企

业的发展历程、发展现状和在转型升级过程中存在的问题。经过深入调查和综合分析，志愿队就杨树底村依靠互联网进行农产品营销，积极发展农村电子商务，并通过农旅融合的发展路径，助推美丽乡村建设，助力脱贫攻坚提出积极建议。同时，活动期间，队员们结合专业所学，向村民广泛宣传电商创业，对村民进行电商知识培训，鼓励村民利用互联网来促进农业发展，共同建设社会主义新农村。

　　河南考古遗址调研队先后到洛阳市伊川县徐阳墓地、宜阳县韩国故城遗址、南阳市宛城遗址、巩义市宋陵区、焦作市山阳城遗址、安阳市柴库龙山文化遗址等多个遗址进行考察调研。实践队员们认真参观，详细了解各个遗址的历史发展、文物开发及保护现状等情况。直观的体验，近距离的接触，使同学们对专业相关知识有了更深刻的理解。活动现场，同学们还通过讲解、发放宣传单等方式向游客们宣传遗址保护的重要性，呼吁更多的人参与到文物保护的队伍中来。

　　艾心支教队到汝阳县纸坊村进行土壤及水质调研活动，为当地农村环保和农业发展建言献策。在土壤检测中，队员们除了对土壤进行直观的检测外，还通过pH试纸比色对照，对土壤酸碱度进行测定，提醒当地村民提高对土壤污染问题的重视，做好防范工作，并就"如何科学合理施肥提高农作物产量"提出合理建议。在水质检测中，实践队员们除针对水样的pH值、温度、浑浊度等指标进行分析外，还向村民宣传和普及水环境保护的重要性及相关知识，呼吁村民们保护水环境、共建绿色家园。

　　美丽农妆调研队在安阳等地开展调研实践活动。活动期间，队员们详细了解各类化妆品的销售情况及各年龄段人群对化妆品的需求和使用情况，分析消费者对化妆品的需求程度和化妆品市场的前景，并结合受访者的肤质、年龄、经济状况和自身专业知识为大家推荐适合自己的产品，受到了当地群众的一致好评。

2.3　结合志愿服务，理论联系实际，促进自身专业发展

　　习近平总书记勉励广大青年，到基层和人民中去建功立业，在实现中国梦的伟大实践中书写别样精彩的人生。为充分发挥高校服务地方经济社会发展的作用，促进社会主义新农村建设更好更快发展，大学生科技支农帮扶团赴栾川县杨树底村、伊滨区庞村镇、佃庄镇、新安县甘泉村、汝阳县纸坊村等地，开展走访调研、电商培训、植物普查、艺术惠农、电器维修等活动，助力科技扶贫，助推农业转型。大学生们发挥所长，学以致用，为地方经济社会发展作出了积极贡献。

　　电子商务专业的志愿服务队赴伊滨区庞村镇电商基地走访调研，宣传电商发展态势，开展电商知识培训，助力农村电子商务发展。实践队员鼓励和引导村民积极投身电子商务应用，借助"互联网+"增收致富。在电商知识培训活动中，专业教师、实践学生及资历丰富的企业讲师，将课堂从学校搬到农村，从农村电商的定义、特点、现状和成功案例分析等多方面入手，帮助村民们更好地了解农村电商及其未来发展，掌握电商营销推广的方法和技巧。孙黎博老师用通俗的语言、直白的方式、积极的互动，向村民介绍了互联网与电商的发展、电商的研究分析和精确运营定位方法以及跨境电商知识和具体操作流程；优秀学生代表王顺同学结合自身淘宝运营经验，向村民讲述了淘宝运营初期的产品上架优化过程及活动流量报名技巧；洛阳捷唐进出口贸易有限公司詹华华结合自身外贸运营经验，

教村民如何做外贸；优秀毕业生周志康向村民分享了淘宝数据分析工具——"生意参谋"，并对它的作用和用法做了详细介绍。

生物科学专业学生组成的植物资源普查实践队到杨树底村望君山进行了植物资源普查。实践队员们在指导老师的带领下，冒着炎炎烈日，不畏苦累，穿越山林，结合自身专业知识，通过实地考察、资料查询等方式，了解植物的历史、现状和发展前景。队员们还进行了叶片采集、DNA 鉴定、标本制作等后期处理，进一步熟知植物的生活习性，为杨树底村生物资源保护收集信息和资料。实践队共拍摄各种植物和普查工作等凭证照片近千张，发现菊科、锦葵科、山茱萸科、漆树科、杜鹃花科等众多植物，还有民间药材 30 多种。在锻炼同学们专业技能的同时，也使大家对望君山地区的植物资源总体分布有了深入了解，为保护杨树底村生物资源多样性建言献策，对构建绿色健康的生态环境具有积极作用。

艺术设计专业的社会实践志愿者们结合自身专业特色，到新安县北冶镇甘泉村进行技术帮扶，为当地旅游业发展提供智力支持和帮助。志愿者一行认真考察了甘泉村的历史遗迹、院落建设，详细了解该村旅游景点的建设规划，依托甘泉村历史文化特色，历时近一个月，为该村设计出一套独具文化特色的标识导视系统。设计方案得到当地村委和村民的一致好评。此次活动，志愿者们利用自身特长，进行旅游创意设计开发，为甘泉村旅游产业发展贡献了力量，助推当地旅游产业实现新的增长。

物电专业的实践队员们在伊滨区佃庄镇开展了"家电义务维修"活动。队员们充分发挥专业知识和技能，为村民们免费检测维修电磁炉、电风扇、台灯等电器 50 余件，为村民们节省维修费用近 10000 元。在义务维修电器的同时，队员们还向村民普及日常家用电器的基本常识和原理以及使用注意事项。

3 高校依托社会实践提高大学生创新创业能力的几点思考

3.1 建立模块化社会实践体系，提高创新创业能力

据不完全统计，目前我国大学生创业成功率则只有 2% ~3%，有 97% ~98% 的大学生创业失败，专业人士分析，缺乏相关的创业教育和实战经验、缺乏"第一桶金"等都是其中的重要原因之一。由此可见，想要提高大学生的创业成功率，只靠专业技能是远远不够的，在创业的过程中还需要团队管理、财务管理等综合能力。因此，可以将创新创业能力划分成若干模块，如职业认知模块、专业知识模块、人力资源模块、财务管理模块等，建立模块化社会实践体系，分模块强化创业中所需要的各种能力，为大学生创业做好准备。

3.2 凝练和提升社会实践成果，注重成果转化

坚持将社会实践和科技创新相结合，在实践过程中可以根据队员们的兴趣爱好、性格特点，组建创业团队，通过队员之间的相互帮扶，提高创业意识、提升创业能力。同时，在社会实践过程中，还要注意成果的转化。不管是调研数据，还是实践经验，都可以作为自己创业的第一手资料，在完成创业计划书或者是实际创业的过程中，少走弯路。经过调

研，论证充分的创业计划书还可以用来参加相关比赛，获得天使投资或者政策扶持，为自己的创业提供"第一桶金"。

3.3 加强创新创业指导，搭建就业创业实践平台

近年来，从国家到地方都高度重视大学生的创新创业工作，国务院还对深化高校创新创业教育改革作出了全面部署，支持各高校举办创新创业讲座论坛，开展创新创业实践。各高校也普遍开设了就业创业类课程，逐步将创新创业教育纳入专业课程教学中，而社会实践作为学校的第二课堂，是实施创新创业教育的良好载体。所以高校要抓好这个载体，搭建就业创业平台，为每支社会实践队伍配备专业指导老师，全过程指导，全方位育人，做到第一、第二课堂的无缝连接，切实做好大学生创新创业教育工作。

参考文献

[1] 国务院办公厅. 国务院办公厅关于深化高等学校创新创业教育改革的实施意见 [Z]. 2015-05-04.

[2] 国务院. 国务院关于进一步做好新形势下就业创业工作的意见 [Z]. 2015-04-27.

[3] 李杨，高正方，冯译冉. 高校社团如何依托社区服务提升大学生就业创业能力 [J]. 教育教学论坛，2017（35）：4-6.

[4] 冯伟，马金虎. 大学生创新创业的探索与实践 [J]. 山西农业大学学报，2011，10（12）：1196-1199.

[5] 孙欢欢. 高校毕业生就业现状分析与对策研究 [J]. 数字化用户，2014（23）：183-184.

[6] 秦乐乐，于乃文，杜洪茹. 高校创新创业人才培养模式的分析与构建 [J]. 中国成人教育，2016（21）：81-84.

[7] 周强. 以"四个全面"引领高校创新创业教育新常态 [J]. 职业教育，2016（35）：174-175.

[8] 马艳. 供给侧结构性改革背景下大学生就业能力培养与就业指导模式改革研究 [J]. 齐鲁师范学院学报，2016，31（6）：33-39.

作者简介

孙欢欢（1983— ），河南洛阳人，洛阳师范学院历史文化学院团委书记，硕士、讲师。研究方向：大学生就业及思想政治教育。

基于 Odoo 的双创孵化园区运营系统的研究与设计

——以南阳理工学院、中关村 e 谷（南阳）软件创业基地为例

陈 可[1] 李若水[2] 刘黎明[1]

（1 南阳理工学院，南阳，473004）
（2 中关村 e 谷（南阳）软件创业基地，南阳，473000）

> **摘要**：随着互联网技术的飞速发展，越来越多的企业开始注重企业信息化，他们尝试通过企业信息化的手段来降低成本，提高员工工作效率，实现更大营收。以南阳市中关村 e 谷（南阳）软件创业基地孵化运营系统，详细调查该基地的信息化需求，使用 Odoo（开源 ERP 框架）作为技术框架，用 PostgreSQL 数据库存储数据，来研究并设计孵化园区运营管理系统。系统由活动运营管理、项目进度管理、企业信息管理、人力资源管理、人才招聘储备、企业微信办公集成六大板块组成。本系统的优势之处在于可以展示基地丰富多彩的创业活动，系统实时推送项目最新进展，方便跟踪园区项目招商进度。
>
> **关键词**：创新创业；Odoo；孵化园区

企业孵化器是创业者的摇篮，也被称为高新技术创新创业中心，它为中小型科技服务创新创业企业提供免费的场地、安全稳定的网络环境、一对一的创业咨询、面对面的创业导师指导等服务，使创业者面临的创业风险得到有效的降低，创业企业的成本支出大大减少，创业企业的成功率、存活率大大提高。"硬件设施盈余，管理服务欠缺"是当下制约孵化器发展的重要因素，特别是民营企业孵化器，由于资金、经验的限制，很难拥有一个可以为创业者提供专业的创业孵化服务的团队。通过不断地探索在孵化器运营上发现，企业信息化可以简化企业入驻流程，可以降低民营孵化器的成本支出，可以及时服务企业，还能够借助大数据图表分析技术描绘园区蓝图。故而，全面提高企业孵化器的信息化水平，这对民营孵化器的成长十分有利。

本文以中关村意谷科技服务公司、南阳高新区、南阳理工学院软件学院三家合作成立，专注于服务信息技术、互联网、移动互联网、文化创意、智能硬件等产业领域的中关村 e 谷（南阳）软件创业孵化园区为例，详细调查该园区的信息化需求，使用 Odoo（开源 ERP 框架）作为技术框架，开发孵化园区运营管理系统。系统由活动运营管理、项目进度管理、企业信息管理、人力资源管理、人才招聘储备、企业微信办公集成六大板块组成。活动运营管理子系统，展示园区丰富多彩的创业活动；项目进度管理子系统，园区项目招商进度实时跟踪；企业信息管理子系统，熟悉园区入驻企业经营业务；人力资源管理子系统，园区运营商

员工信息图表，方便入孵企业寻求帮助；人才招聘储备子系统，整个园区招聘信息整合，求职者的数据库，方便园区人员流动；企业微信办公集成，园区运营商内部即时通信、日常办公打卡、邮件流程精准推送、移动办公应用；数据分析报表，园区经营者精准决策。

1　孵化器创业园区现状综述

1959 年世界上第一家创新创业孵化器"贝特维亚工业中心"在美国本土正式成立，经过 50 多年的蓬勃发展，美国创新创业孵化器数量不断增加，全美至少有 1200 家正规注册、正常运营的创新创业孵化器运营商，这些创业孵化器、创业基地推动美国经济跨越式发展。

国外的孵化器至少有一半的企业从事创业中介，这些创业中介机构为创业者提供创业一条龙服务：帮助企业编写完整的商业计划书、对创业者的项目进行评级、协助企业申请创业补贴、为企业提供战略辅导、提供市场策划与营销方案、对企业管理层进行经营管理辅导、提供法律顾问服务、协助企业进行财务申报。创业项目的整个进程，项目形成、项目转移、项目实施，中介机构都扮演着重要的角色。芬兰和德国的孵化园区只有 1/3 是科技企业，其他都是创业中介机构。

"产、学、研"三方通力协作，互为依托，协同发展，是孵化园发展中的核心理念。美国、英国、德国等国家非常重视孵化器的选址，附近的学校、科研机构等学术资源一定要非常集中，这些产业可以提供大量的优质的企业运营核心人才。大学和科研机构为企业的需求服务，企业利用学校免费的人力资源，把大学产生的最新技术向市场推广，促进大学生的科技成果转化，从而创造价值；同时，大学通过企业了解市场对人才的需求导向，有了明确的教育方向，可以更有针对性地培养学生，降低企业的二次培养成本。

国外政府高度重视高科技创新创业产业，在宏观调控方面，调整经济、产业结构，鼓励高新技术创业企业专职研究、专业开发，遵循市场调控；在政策制定方面，针对中小科技企业推行优惠政策，加大创业补贴的力度，专门成立孵化器运营管理监督部门，协助孵化器正常运营。

1987 年，武汉东湖创业中心成立，这是中国第一家高新技术孵化器，到了 2017 年，全国（除港澳台地区）共有 4256 个孵化器，科技企业孵化器成功推动中国区域科技创新能力迈向新的台阶。

截至 2017 年年底，全国共有 7533 家创业孵化载体，见表 1。

表 1　　　　　　　　　　创业载体发展概况

项目＼年份	2011	2015	2017
孵化器数/个	1239	2530	4256
众创空间/个	0	2345	4299
在孵企业数/万家	1.9	8.1	22.3
创业板上市企业占比/(%)	2	16	17
新三板上市企业占比/(%)	1	16	10
毕业企业数/万家	3.9	7.4	8.9

截至2017年年底，我国孵化器数量和孵化器产业规模稳居世界首位，企业加速器有410余家，企业孵化器有4256家，众创空间有4299家。科技型中小企业经过这些创业孵化载体的精心培养，企业的规模、产值、社会地位得到了飞速发展，在这些创业孵化载体的帮助下，一批又一批初创企业由稚嫩走向成熟。

企业、大学、研究机构三者相辅相成，缺一不可，"产、学、研"的紧密结合，能够有效地提高科研成果转化的速度和效率。中关村e谷（南阳）软件创业基地，是南阳高新区管委会、中关村e谷携手南阳理工学院，在中关村南阳科技产业园建设的软件创业基地，借助中关村e谷在北京及全国的创业孵化服务网络，在南阳地区建立全国一流的软件与动漫服务产业，助力南阳地方经济转型。中关村e谷（南阳）软件创业基地，规划面积30000余平方米，办公区域符合跨国企业和现代化企业的办公需求，另建设包含软件服务信息发布平台、软件评测中心、软件技术研发中心、知识产权机构、软件人才培训中心、动漫游戏引擎等软件公共服务平台，成为初创团队和成长型企业首选之地。主要分为创业孵化区、创业沙龙（活动）区、创客工坊和企业加速区等，为入驻企业提供一条龙创业孵化服务，最大程度减少创业团队的创业成本和创业风险，最大可能地为创业团队对接合适的人才、政策以及所需资金，提高创业成功率。

中关村e谷（南阳）软件创业基地，引进中关村创业生态和理念，以动漫行业、软件服务外包产业为主要发展方向，紧密结合本地产业转型和技术创新的需要，通过营造专业的创业氛围、提供全面的创业服务，加速优秀技术和项目的集聚，促进南阳市科技服务业的发展，努力提升南阳市科技创新和技术研发的综合能力。中关村e谷将用五年时间，将园区打造成为河南省最具活力的创新创业集聚区，力争成为河南省创新创业示范基地、国家级科技企业孵化器。

2 运营系统相关技术介绍

双创孵化园区为中小型科技服务创新创业企业提供免费的场地、安全稳定的网络环境、一对一的创业咨询、面对面的创业导师指导等服务，有效地降低创业者面临的创业风险和居高不下的创业成本，企业的成功率、存活率得到大大提高。孵化园区运营系统采用计算机应用技术开发符合标准化的企业运营流程的软件系统，它能够为企业提供科学完善的品牌管理理论。同时，它也是一种大数据分析平台，将足够多的数据录入系统，当数据量达到一定程度，通过它分析得到的结论，会无限趋近于正确答案，这样的决策更贴合市场行情，这就是大数据时代带给企业经营者的福利。

2.1 Odoo框架简介

Odoo是一系列开源商业应用套件，此套件可满足公司的一切应用需求，例如，企业基本的进销存、采购、销售、MRP（Maunfacturing Resource Planning，制造资源计划）生产制造、质量保障、企业招聘、员工合同、休假、午餐管理、内部论坛、车队管理、内部聊天IM（Instant Messaging，即时通信）沟通、客诉追溯管理、CRM（Customer Relationship Management，客户关系管理）、VOIP（Voice Over Internet Phone，网络语音业务）、

E - Shop 电子商务、网店、企业官方网站、财务会计、银行对账、资产管理、HR（Human Resources，人力资源）工资管理、预算管理、WMS（Web Mapping Service，仓库库存管理）、POS（Point - Of - Sale，销售点）街边餐饮、社区商店、项目管理、条码、PLM 等。Odoo 底层结构十分强大，Odoo 提供的基础模块简单搭配，就可以快速搭建出一套 CMS（Content Management System，内容管理系统），免费且开放源代码，更没有用户数量限制。作为开发框架来说，二次开发难度非常低，由于底层封装好许多基础方法（增、删、改、查），在开发自己的模块时，简单调用即可完成开发。

2.2 MVC 模式

MVC（Model（模型），View（视图），Controller（控制器））可以将同一个系统分成模型、视图、逻辑三块。Model 主要负责与数据库打交道，负责从数据库读取写入数据，是整个程序的骨架；View 负责显示数据，将获取的数据显示给用户，是整个程序的皮肤；Controller 负责逻辑结构设计，连接 Model 和 View，它主要负责从 View 读取数据，控制用户的前端输入，并将数据发送给 Model。采用 MVC 框架模式，开发人员可以同时开发视图、控制器逻辑和业务逻辑。

2.3 PostgresSQL 简介

PostgreSQL 数据库是对象关系型数据库，是由 POSTGRES 数据库拓展而成的一种开源数据库。而 POSTGRE 数据库是美国加州大学伯克利分校计算机学院独立开发并参与维护的、开放源代码的数据库管理系统。PostgreSQL 数据库遵循绝大部分 SQL 语言标准，它的独特优势能够进行复杂查询、具有事务完整性、触发器、外键、视图、MVCC 数据存储策略。

2.4 B/S 结构

使用 B/S（服务器—浏览器模式）结构，开发成本低，维护成本低，硬件要求低，代码重用性高。B/S 结构最大的优点：只要拥有一台能上网的电脑，可以在任何时间、任何地点进行任何操作，且无须安装专门的软件客户端，因此系统开发者完全不用考虑电脑的配置等硬性条件，只要做好浏览器页面的兼容适配，系统的运营维护就非常容易。

B/S 结构推动了 AJAX 技术跨越式发展，由 AJAX 编写的应用程序通过与服务器进行少量数据交互，能够实现部分实时刷新，无须加载整个页面，在客户端电脑上进行部分预加载处理，实现异步刷新，减轻了服务器加载整个网页的压力。

3 孵化园区运营系统设计

本系统是通过对已有的同类型的校企合作平台进行研究和分析，并且结合相同平台的用户体验以及先进的开发经验，确定了系统的基本需求和功能。

（1）活动管理子系统。活动管理子系统主要展示孵化园区运营商举办的各种节日活动、技术论坛、宣讲招聘会等内容，点击看板页面，显示活动具体信息。

（2）项目管理子系统。项目管理子系统保证一个项目能够走完整个周期，可以分成不同的阶段，每个阶段有不同的任务，将任务分发到具体的负责人，实现协同办公。

（3）企业信息管理子系统。企业信息主要由这几个方面组成：企业基本信息、典型案例、企业落地需求、知识产权、商标、意向发展区域、分支机构等。

（4）人力资源管理子系统。人力资源管理子系统主要是记录园区运营商在职员工的信息，包括工作地址、工作手机、工作邮箱、部门、职务等个人信息。

（5）人才招聘子系统。人才招聘子系统协助企业招聘人才，同时也为每一个投递园区企业的求职者制作了一张"身份证"，以促进园区人员的正常流动。

从实际业务角度分析，孵化园区运营系统可以拆分为活动管理子系统、项目管理进度子系统、企业信息管理子系统、人力资源管理子系统、人才招聘储备子系统五个部分。

系统总体功能设计如图1所示。

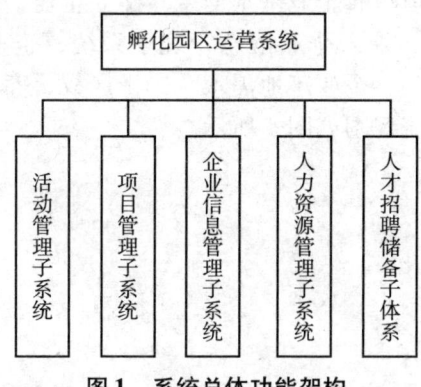

图1 系统总体功能架构

3.1 活动管理子系统

随着园区企业增多，为了活跃基地的氛围，园区运营商需要经常性的举办一系列的活动来增加企业间的互动，为了提升园区知名度，为了吸引优质企业前来入驻，活动管理子系统必不可少。活动的必填字段，活动名称、项目部、地址、活动人数、负责人、联系电话、开始日期、结束日期、发布日期等信息录入系统。活动管理子系统用例图如图2所示。

图2 活动管理子系统用例图

3.2 项目管理子系统

类似写字楼招商，园区日常运营需要引进各种企业，园区招商进度需要按时准确地填写到项目进度管理子系统中。招商专员自定义或接到上级指派的项目，可按照项目难易程度自行划分任务阶段，为每个阶段制定任务目标，根据实际跟进情况填写任务并更新任务。项目管理子系统用例图如图 3 所示。

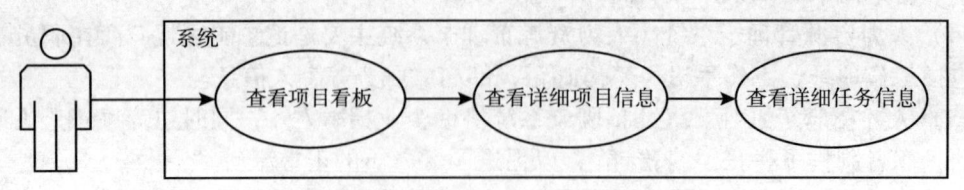

图 3　项目管理子系统用例图

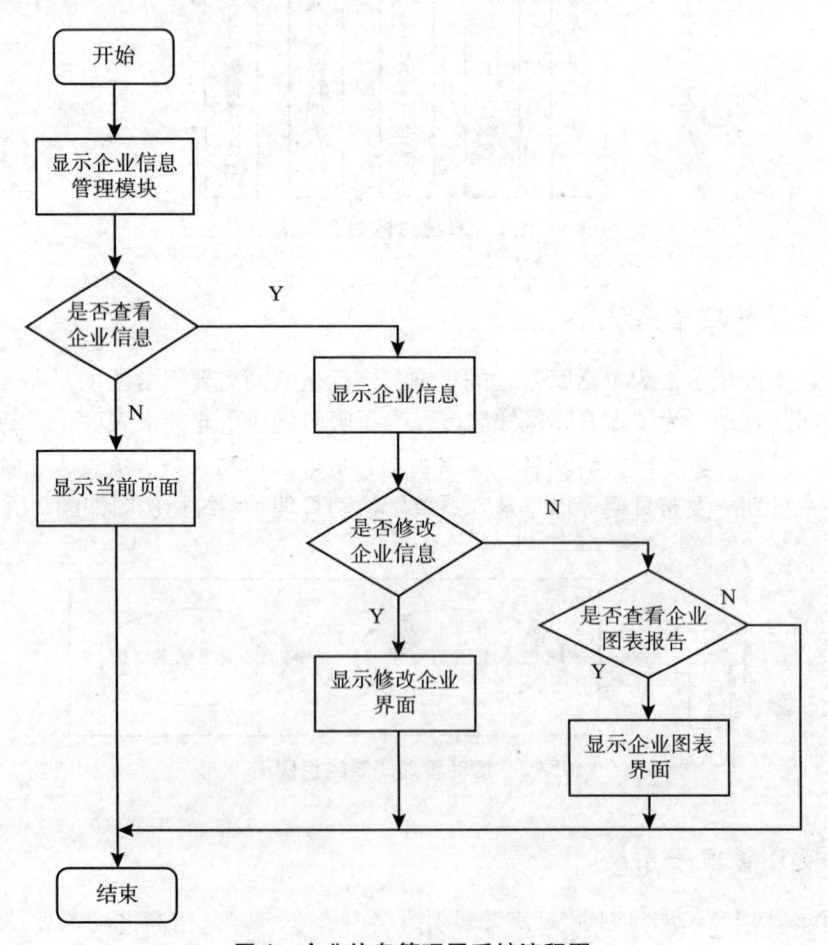

3.3　企业信息管理子系统

在企业信息管理子系统填写孵企业基本信息，建立企业信息库。企业入驻前，需签署正式的入孵协议、招商协议，录入企业信息管理子系统，企业信息主要由这几个方面组成：企业基本信息、典型案例、企业落地需求、知识产权、商标、意向发展区域、分支机构等。企业信息管理子系统流程图如图 4 所示。

图 4　企业信息管理子系统流程图

3.4 人力资源管理子系统

人力资源管理子系统负责展示员工信息，同时为员工关联用户，保证员工的登录。记录园区运营商在职员工的信息，包括工作地址、工作手机、工作邮箱，部门、职务等个人信息。人力资源管理子系统流程图如图5所示。

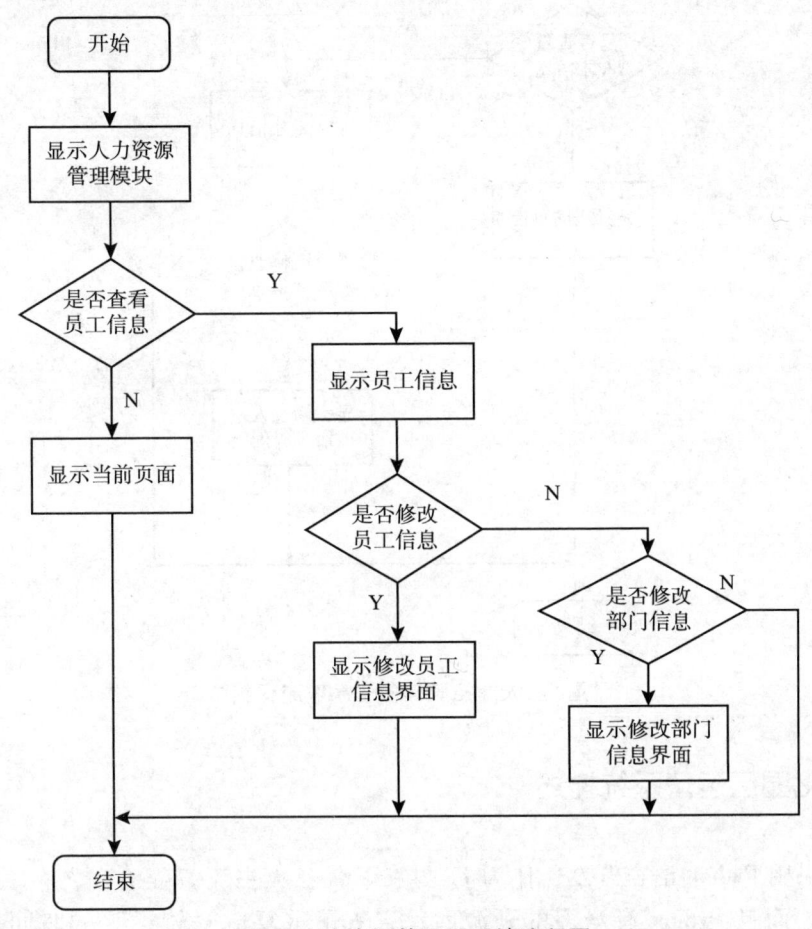

图5 人力资源管理子系统流程图

3.5 人才招聘储备子系统

园区的发展离不开人，运营系统制作简历档案库，协助企业招聘人才，同时也为每一个投递园区企业的求职者制作一张"身份证"，以促进园区人员的正常流动。人才招聘储备子系统负责记录求职者的简历信息，方便向园区企业推荐人才。人才招聘储备子系统流程图如图6所示。

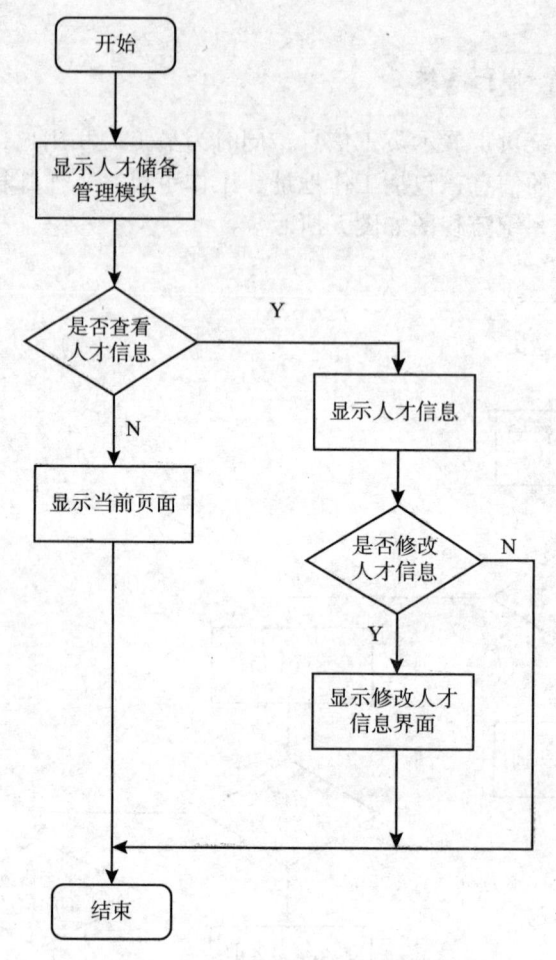

图6 人才招聘储备子系统流程图

4 孵化园区运营系统描述

本系统采用 Python 语言开发,作为 IT 界新一代三大主流编程语言之一,Python 语言入门非常快,而且 Python 有众多的开源库,省去了重复造"轮子"的时间。本系统用 Odoo 作为系统开发框架,Odoo 本身属于开源 ERP 软件,它内置许多基础方法,比如传统的增删改查四大基础方法,Odoo 与开源数据库 PostgreSQL 实现无缝对接,整个开发过程无需进行数据库连接操作。系统采用 Git 作为代码版本控制工具,Git 操作起来简单方便,相较 GitHub,Git 属于国内产品,响应速度极快,代码分支上传下载基本实现 5 秒内完成。本系统采用 PostgreSQL 数据库,PostgreSQL 是一种对象型管理数据库,属于开源软件,PostgreSQL 的稳定性在业内稳居前三。PostgreSQL 遵循 SQL 标准,学习成本极低。本系统有一个独特功能是能够实现系统与企业微信的互通,在开发此功能上参照了企业微信官方 API 文档,借助 Python 的 request 库轻松实现企业微信端一键登录系统,用户在系统安排任务,企业微信收到消息通知。

本文以南阳市中关村 e 谷（南阳）软件创业基地孵化运营系统为例，详细调查该基地的信息化需求，使用 Odoo 作为技术框架，开发孵化园区运营管理系统，系统由活动运营管理、项目进度管理、企业信息管理、人力资源管理、人才招聘储备五大板块组成。活动运营管理子系统，可以展示基地丰富多彩的创业活动；项目进度管理子系统，可以为园区项目招商进度实时跟踪；企业信息管理子系统，可以熟悉园区入驻企业经营业务；人力资源管理子系统，可以生成园区员工信息图表，方便入孵企业寻求帮助；人才招聘储备子系统，为整个园区招聘信息和求职者的数据库整合，方便园区人员流动；本系统还集成了企业微信办公，包含园区运营商内部即时通信、日常办公打卡、邮件流程精准推送、移动办公应用等流程。

5 研究结论

本文从软件创业基地管理的实际流程出发，结合园区实际运营经验，建设包括活动管理子系统、项目管理子系统、企业信息管理子系统、人力资源管理子系统、人才招聘储备子系统、企业微信办公集成子系统六个子系统的园区运营系统。系统采用 Python 作为核心编程语言，开发过程中涉及计算机网络技术、数据库技术。

企业孵化器、创业园区的发展不能只依靠信息化技术，科技是为人类服务的，只有提高管理人员的服务态度以及专业素养，才能提高孵化器、创业园区运营商的管理水平，才能更好地为企业服务。孵化园区运营系统还有一些问题亟须解决，比如：企业信息库产生的大量数据能否更直观地用图表展示出来、搜索框操作相当烦琐、系统的测试数据太少、系统稳定性还有待加强。未来的工作主要集中在以下几个方面。

（1）在孵化园区运营系统加入 OA 审批流程，增强上下级的交互。
（2）为系统打造更智能的数据检索功能。
（3）借助 Echarts 等第三方图表插件，将数据展示做得更完整、更精细。

参考文献

[1] 张廷权. 双创孵化器智慧化运营 [J]. 通信企业管理，2017（9）：16–18.

[2] 何颂贤. 高新创业园区孵化器管理系统的研究与分析 [D]. 昆明：云南大学，2015.

[3] 谢俊. 信息化视角下的智慧园区运营管理系统构建和模式研究 [D]. 上海：华东理工大学，2016.

[4] 莫昌星，李磊，郭湘南，等. 基于 Android 的智慧社区综合运营系统的设计 [J]. 电子设计工程，2016，24（9）：54–55.

[5] 张彤，赵丽. 基于 Odoo 系统的在线拍卖创新模式初探 [J]. 廊坊师范学院学报（自然科学版），2017（4）：28–32.

[6] 嵩天，黄天羽，礼欣. Python 语言：程序设计课程教学改革的理想选择 [J]. 中国大学教学，2016（2）：42–47.

[7] 曾浩. 基于 Python 的 Web 开发框架研究 [J]. 轻工科技，2011（8）：124–125.

[8] 郭冰, 魏永波. 基于 PostgreSQL 的 CRDM 数据存档系统 [J]. 核技术, 2018 (2): 63-66.

[9] Yulia, Budhi G S, Hendratha S N. *Odoo Data Mining Module Using Market Basket Analysis* [J]. *Journal of Information & Communication Convergence Engineering*, 2018, 16.

作者简介

陈可 (1988—), 河南南阳人, 硕士, 讲师。研究方向: 云计算、大数据、软件工程。

李若水 (1989—), 河南南阳人, 中关村 e 谷 (南阳) 软件创业基地总经理。研究方向: 企业创新、创业孵化。

刘黎明 (1967—), 河南南阳人, 教授、院长。研究方向: 计算机网络、软件工程。

基金项目

教育部产学合作协同育人项目"软件工程专业科技型双创教育平台建设实践与探索"(201701003066), 河南省高等学校重点科研项目"基于 KVM 虚拟化的桌面云服务端的研究与实现"(17A520047), 南阳理工学院青年基金项目"面向社会网络大数据的隐私保护技术研究"(NGKY201604)。

供给侧改革理念下高校精准就业服务机制分析
——以H大学为研究对象

贾银兰

（河南大学，开封，475001）

摘要：文章从供给侧角度出发，构建高校精准就业服务机制，通过高校为学生提供针对性的就业服务，精准地提高学生与用人单位岗位需求匹配度，满足供求双方。文章提出，着力构建以"四大精准"为核心内容的精准就业服务机制，该机制"四大精准"包括就业能力精准培养、就业信息精准收集、服务效果精准测评与服务队伍精准打造。

关键词：供给侧改革；高校；精准就业；服务机制

1 绪论

1.1 相关概念

1.1.1 供给侧改革

供给侧改革是指对劳动力、土地、资本、制度创造、创新等要素进行改革调整。其旨在调整经济结构，使要素实现最优配置，提升经济增长的质量和数量，保证供给端和需求端的平衡。

1.1.2 高校就业服务机制

高校就业服务机制是一个针对高校大学生就业结构协调的系统工程，涉及诸多要素，与我国的经济社会发展、高等教育改革、人事劳动制度改革等都有密不可分的关系。高校就业服务机制旨在对大学生就业起到正确的引导作用，使大学生能遵循就业服务的内在规律，加强就业工作理论要求，尽可能满足毕业生、用人单位的实际需要，深入研究政府、高校、就业市场和用人单位等要素。对大学生实现充分就业有重要的意义。

1.2 研究背景

2015年11月10日习近平总书记主持召开中央财经领导小组第十一次会议，提出供给侧结构性改革新思想，旨在调整经济结构，使各要素实现最优配置，减少无效供给、低效供给。更好地适应市场需求，满足广大人民群众的需要，促进社会经济持续健康发展。社会经济不断发展，就业岗位不断更新，就业岗位对人才要求不断细化，对大学生而言，既是机遇，也是挑战。

大学生代表着新时代新思想，为社会发展提供着不竭的动力。但同时大学生就业难的问题也成为时代发展的问题。自1999年大学扩招后，大学毕业生数量剧增，就业岗位与求职人数供求矛盾突出。一方面，毕业生人数逐年增长，每年毕业季的待就业人数节节攀升，出现"就业难"现象；另一方面，在就业市场中，特别是新兴行业对高质量人才的需求如饥似渴，但却难以聘请到合适的人才，出现"招工难"现象。"就业难"和"招工难"造成了大学生就业"供需错配"的局面。

1.3 研究目的及意义

通过了解，供给侧改革后就业结构性需求和调查大学生就业情况，建立良好的大学生培养体系，创造更符合社会需求的大学教育内容，缓解"就业难"与"招工难"的矛盾问题。

党的十八大报告中指出"教育是民族振兴和社会进步的基石，要坚持教育优先发展战略"，同时将"做好以高校毕业生为重点的青年就业工作，推动实现更高质量的就业"作为重要的战略部署。就业是民生问题，关系到个人命运与社会安定，高校毕业生就业问题也不例外。现如今，教育水平的快速发展极大地提升了国民的整体素质，也使得大学毕业生随处可见，而高校学生能否在毕业后顺利找到合适的工作也成为了全社会关注的焦点。而帮助大学生就业是关注民生的有力践行，是更好地贯彻、落实科学发展观的有力途径。

本课题顺应新的社会形式，从供给与需求两方分析造成高校就业难问题的原因，运营供给侧改革理念，通过高校为学生提供高质量的就业服务，提升供给质量，缓解供需矛盾，促进高校学生高质量就业。

2 国内外研究的现状

2.1 国内研究现状

我国国内专家学者对高校就业问题的研究始于高校扩招前夕，1995年，《大学生就业指导》成为高校试用教材，1997年编制《大学生就业指导教学大纲》。在国家政策的引导下，国内高校纷纷开展大学生就业服务工作，如开设大学生职业规划等就业指导课程、举办校园招聘活动，为毕业生就业提供便利。而在实际推行过程中尚存在诸多不足，如就业指导课程内容泛化，缺乏针对性；对学生的就业指导流于形式，缺乏对应的测评机制等问题。

近年来，随着大学生就业难度的增加，国内学者主张提高就业服务精准度，从不同角度对高校就业服务工作提出建议，就"供给侧结构性改革"角度而言，国内学者主要侧重于高质量就业，高校学生培养两个方向的研究，针对"供给侧结构性改革"下大学生就业问题的研究主要体现在期刊中，相关专著很少。研究成果主要有三类。

（1）促进"体面就业"，加强高质量就业的研究。

揣慧琪的《从供给侧角度浅谈大学生就业难情况》，中国教育在线总编辑陈志文的《大学生就业难与教育供给侧改革》，分别从现今毕业的大学生很难找到与自己学历相匹配的工作、对工作的质量的要求不断下降，以及要提高各高校的进入门槛、保证供需平衡促使各高校大学生可以做到体面就业这两个角度研究了"供给侧改革"下，提高高校就业质量的内容。

（2）高校学生工作开展的研究。

王芬蕾的《高校学生工作供给侧改革探究》，李春燕的《高校转型，从"供给侧"视角谈学生工作的定位与思考》分别从高校学生工作与供给侧改革的契合关系，以及提高高校大学生思想道德修养、综合素质、职业素养和创新创业意识，切实把学生工作真正转到产教融合、校企合作上两方面进行了研究。

（3）创新创业方向的研究。

滕昱、程海丰的《"供给侧结构性改革"新视角下大学生就业问题研究》和王志臣的《供给侧改革背景下大学生就业创业能力提升研究》提出高校要深化教育改革，优化人才培养模式，提升大学生就业创业能力，提高就业质量和创业成功率，对经济发展和社会稳定具有重要意义。

2.2 国外研究现状

由于各国家的国情的不同，国外没有"供给侧改革"这一概念，所以只能从各国对高校就业服务工作就业方面的具体引导方式着手研究。

就国外状况来看，高校就业服务工作起步早，逐渐形成成熟的理论体系与有效的实践基础，英国剑桥大学早在1884年就成立了就业指导协会；美国哈佛大学于1911年开设了大学生就业指导课；日本在20世纪四五十年代的《职业安定法》中明确了高校在学生就业中的职责；法国在2007-1199号法律《大学自由与责任》中也规定了高校应当为大学生提供就业服务。

从就业服务的内容来看，可分为三类：一是为大学生提供就业培训，如职业规划、技能培训等；二是获取用人单位信息，为毕业生就业提供便利；三是提高就业服务人员素质，高效利用互联网开展服务。总体来看，国外高校就业服务精准度较高、服务类型多样化，有很多值得国内高校借鉴与学习的地方。他们解决高校毕业生就业问题的主体还是归功于政府。在西方主要资本主义国家中，生产社会化与生产资料私有在资源配置效率上的不协调，是市场经济的局限性所在。其具体表现为生产过程中的供需矛盾，这种矛盾对西方的就业体系有着巨大的冲击。高校大学生是就业中较为弱小的群体，西方许多国家对大学生就业采取了保护措施。以美国为例，美国的就业服务体系较为健全，涵盖立法机构、政府、学校、中介机构、用人单位等社会各方面组织。美国通过立法机构积极制定相关法律，完善法律保障体系，打造规范的大学生就业法律环境，规范和管理就业，保障了高校毕业生的就业权利和用人单位的合法权益；同时，政府在大学生就业方面提供了大量的相关就业信息并制定了相关政策。

2.3 存在的问题

目前，从现有供给侧改革理念下高校精准就业服务机制研究的成果看，尚存在以下问题。

（1）研究内容不够深入。目前对供给侧改革理念下高校精准就业服务机制研究方向很宽泛，但研究的内容不够深入，探究方向有高质量就业、创新创业、高校学生教育、经济改革……多方均有涉猎，但研究内容不够深入。

（2）解决途径较为片面。总体看来，对存在的问题一般意义的描述较多，未能够深入挖掘并提出切实有效的解决方案，解决方案较为单一。

（3）学术界关于高校就业服务机制尚未形成统一的观点，有两种主流的概念导向：一种是将高校就业服务机制等同于国家公共就业服务体系，概念外延扩大化；另一种是将高校就业服务机制视为对高校学生就业能力的培训，缩小了概念范围。

3 供给侧改革理念下高校精准就业服务机制分析

3.1 高校精准就业服务问题提出

高校毕业生人数逐年快速增长，社会对高校毕业生的总需求量增加甚少，就业压力在高校毕业生身上日益加大，高校毕业生就业问题开始逐渐凸现出来，高校精准就业服务就显得尤为重要。当前，大学生就业问题已成为政府首要关注的民生问题，也是社会目前重点关注的问题。党的十八大报告中指出"教育是民族振兴和社会进步的基石，要坚持教育优先发展战略"，同时将"做好以高校毕业生为重点的青年就业工作，推动实现更高质量的就业"作为重要的战略部署。但就目前现状看来，一方面是人才的缺乏，社会的企事业单位觉得人才不足；另一方面又出现大学生求职困难现象，出现这一对矛盾的原因是多方面的。因此，我们应当分析当前大学生就业现状，更好地解决大学生就业问题，建立高校大学生就业服务机制，精准帮助大学生解决就业问题。

（1）就业结构性矛盾突出。我国大学生就业的结构性矛盾已经凸显。从提供岗位来说，销售类岗位提供较多，但是只有52.3%的销售岗位招募到了合适的人才，很多求职者并不愿意从事销售工作，销售岗位缺口仍然较大。另外很多基础性岗位、技能型岗位的需求空缺也很大。劳动者的技能、经验、知识结构与可提供的职位空缺不相适应，造成结构性失业突出，导致一方面部分企业找不到合适的人才，另一方面很多求职者也找不到合适的工作。

（2）毕业生供给远大于需求。近年来，高校毕业生的供给量不断加大。2013年全国高校毕业生达到699万人，2014年就业人数为727万人，就业总量压力是比较大的。此外，受经济增速下行等因素影响，全国经济增速放缓必将影响就业岗位的供给，下岗及未就业人数持续增多，这也给毕业生求职带来一定的压力。

（3）行业需求不平衡。从行业需求看，机械制造业、市场营销类、电子商务行业等的毕业生需求旺盛，需求职位高居招聘职位榜首，毕业生供不应求，而一些长线专业如哲学、社会学、法学等科类的毕业生需求量较少。

3.2 高校精准就业服务问题成因分析

高校大学生就业服务问题出现由多种因素形成，知识面宽而不精，对待一些事物浅尝辄止，没有形成一套专业的逻辑形式，在就业的大潮中，高校大学生没有自身优势。同时高校大学生获取信息的渠道少，对工作岗位的判断不明确，就业的方向不明确。同时缺乏高质高效专业的就业服务队伍，高校大学生缺乏引导，在就业的浪潮下，如果没认清自己，便会像一叶扁舟，随波逐流。专业化人才缺乏使高校毕业生就业工作人员终日周旋于用人单位和学生的各项具体事务之中，根本无暇对就业指导与服务工作开展研究，因此细化高校精准就业服务问题成因便显得尤为重要。

高校大学生就业的期望值高，但工作与预期不能匹配是高校大学生存在的又一问题，高校大学生渴望找到又体面又高薪的职业，他们对职业的定位通常由外人的眼睛来看，因此高校大学生需要别人对其进行引导，引导其形成正确的就业观念，让其的就业更能根据自身的兴趣爱好、自身的技术素养等多方面来考量，找到最适合自己，自己可以做的最好、发展的最好的职业。

高效精准就业服务问题，存在于大学生的思想观念中，存在于社会发展中，我们应该从多方面去仔细分析大学生精准就业服务为何无法真正高效地落实到高校中去。

3.2.1 就业能力缺乏专业培养

供给侧改革后大学生就业要求越来越细化，高校大学生面临专业知识不强的问题，无法胜任企业要求，导致企业"招工难"，学生"就业难"。高校大学生需要专业团队对其进行专业知识培养。学生需要在大学四年合理安排时间，由浅入深形成专业化思维模式，形成学科体系思想。要充分了解大学生的就业意愿，按照学生就业方向，为学生进行规划指导，指导方式多样，课堂学习和实践活动相结合，最终达到精准就业能力的效果。

据统计，全国各个高校毕业生中专职人员与毕业生比例达到1∶1500～1∶1500，专业化知识不强，使其在竞争中优势不存，高校大学生无法适应企业的需求，学生实践能力弱，创新能力不强，对社会的适应能力，同样有待提高。因此我们需要对大学生进行专业化的培训，使大学生就业更有优势。

3.2.2 就业信息搜集不足

大学生四年偏重于在校的知识学习，对社会知识了解过少，很少有渠道去深入了解就业信息，因此就面临着就业信息收集不足的问题，我们需要为大学生提供更宽广的渠道，更准确的信息，为其就业提供帮助。

在现今的就业情况下，无论是用人市场还是大学生自身都希望能得到最全面最真实的信息，大学生可能有就业信息网等多种方式了解就业信息，但是由于网上消息更新太慢，内容不一定能贴近学生要求的实际情况，大学生能得到的信息量很少。对比国外各种研究表明，西方的高校就业服务体系是一套完整的体系，它贯穿在大学的教育中，使大学生能真正找到最适合自己的职业定位与职业信息，根据自己所了解的方向，可以更加有针对性地深入了解一些企业的信息，因此，可以在最终的选择上更有优势性，而我们更可以借鉴西方的这种方式。

3.2.3 服务队伍测评方式松散

现有高校精准就业服务机制多未形成专职的体系，没有良好的测评方式，导致高校大学生未能和就业服务机制进行有效地对接，无法形成强有效的约束力来保证高效精准就业服务机制的指导有机开展。

高校就业服务体系的人，存在业务培训不足，与学生对接不够等多种问题。他们可能会把就业服务简单地理解为为学生找工作，落实具体的工作单位。没有测评考核机制，更让他们觉得这是一种对学生的友情帮助。而并没有把这个视为自己的职业，视为自己的责任。所以亟须建立健全高校就业服务机制测评制度。

3.2.4 服务队伍人员专业性不强

高校精准就业服务机制人员队伍单一，校内外联系不紧密，就业服务项目信息提供不准确，对部分大学生产生了误导。服务队伍人员专业性不强，让高校大学生对该体系的信任感并不强，进而导致活动无法落实，降低了就业服务机制存在的意义。

高校就业服务机制人员专业性不强，开展工作方式单一，通常只会以简单的大会、讲座等方式进行，学生对高校就业服务的兴趣降低，并且无法了解其实质内涵，不能形成正确的、适应当前形势的就业服务。高校就业服务，可以采用实践的形式，运用多种多样的手段，落实到学生当中，切实可行地为其提供真正的帮助。

4 供给侧改革理念下高校精准就业服务机制研究方法

4.1 供给侧改革理念下高校精准就业服务机制问题解决思路

供给侧改革，提高供给质量。高校毕业生就业问题与我国经济出现的结构性失衡问题十分相似，中低端产品过剩，高端商品供给不足，过剩产能已成为制约中国经济转型的一大包袱。2015年11月，习近平总书记提出供给侧结构性改革，从提高供给质量出发，扩大有效供给，提高供给结构对需求变化的适应性和灵活性，更好地满足广大人民群众的需要，促进经济社会持续健康发展。

基于此研究思路，可见就业问题并非有效需求不足，而是供给侧出现了问题，大学生对可就业岗位缺乏认识，其知识储备和能力特长也难以满足用人单位的用工需求。因此，从供给侧角度出发，构建高校精准就业服务机制，通过高校为学生提供有针对性的就业服务，精准地提高学生与用人单位岗位需求匹配度，更好满足供求双方，将有利于促进这一问题的解决。

4.2 研究步骤

（1）开展对国内外相关研究文献的阅读，总结国内高校就业服务经验与不足，将此作为构建精准就业服务机制的基本依据；分析国外高校就业服务建设思路，采取个案研究的方法，观察国外就业服务成功模式的具体措施与效果，借鉴其有效措施。

（2）采用问卷法与访谈法，对H大学学生、教师以及用人单位开展定量调查，探寻并分析学生就业能力短板与尚未满足的就业服务需求，将此作为构建精准就业服务机制的依据。

（3）通过总结与分析，基于H大学现有的就业指导工作，以院系为支撑，提出构建学校内部精准就业服务机制的具体模型。该机制以H大学在校大学生为主要服务对象，旨在提高大学生就业能力和综合素质，基本内容包括搭建就业信息搜集、分享平台，打造多样化服务队伍与建立服务效果检测平台，最大限度地利用外部资源，内外联动，促进大学生高质量就业。

5 供给侧改革理念下高校精准就业服务机制建设方法

从供给侧出发，着力构建H大学以"四大精准"为核心内容的精准就业服务机制是本课题的核心内容，该机制"四大精准"包括就业能力精准培养、就业信息精准收集、服务效果精准测评与服务队伍精准打造，具体有以下服务机制框架。

5.1 就业能力精准培养

培养计划包含五个要素：以专业为基本单位、全程化培养、以学生需求为导向、精分培养方向与多样化培训方式。

H大学是一所综合性大学，人才培养专业化程度高，不同专业学生的就业方向差异较大，培养方案以院系区分，以专业为基本单位，根据行业特征，开展针对性培养；课程的安排当从大学一年级开始，注重长期的能力提升培养；以学生需求为导向，对于学生专业技能的培训应当遵循学生自身的就业意愿，按照就业方向不同开展分类培训；培训方式注重课堂培训与实践相结合、职业辅导教师与岗位人才相结合。

5.2 就业信息精准收集

信息不对称是造成高校就业生毕业问题的主要因素，精准就业服务信息提供包括形势政策类信息、用人单位类信息、行业状况类信息与培养对象类信息。同时，升级完善就业服务数据系统（以"H大学就业创业指导中心"为基础），提供数据搜集、分析以及共享服务。

建立就业信息资料库，使就业信息的精准度增加，保证信息的准确性，让大学生能更加深入地了解自己所向往的企业，做到企业就业信息精准，从而拓宽学生了解就业信息的渠道。

5.3 服务效果精准测评

对服务质量的有效测评能够有效地提高就业服务机制的运行效率，测评内容包括在校学生就业技能提升测评、就业服务学生满意度测评。与此同时，建立就业跟踪调查网络，利用高新技术建立就业跟踪调查网络，并利用校友会加强与毕业就业生的联系。

多种测评方式结合，加强了团队的质量。促进大学生高校就业服务机制的精准落实，满足了大学生的需要。现今，大数据时代数据调查更表明了一种精确性，要有效地利用这种时代的特性，做到精准服务，优质服务。

5.4 服务队伍精准打造

高校精准就业服务队伍建设应注重利用校外资源，实现内外联动，主体主要包括三类：在校职业辅导教师、社会人士与在校学生助理。构建合理的高校精准就业服务机制，促使高校大学生能接受到良好的就业指导服务。更加深入地了解就业方向具体内容，使大学生更好地接受就业服务的指导。

6 供给侧改革理念下高校精准就业服务课题价值

6.1 课题创新程度

本课题从供给侧改革理念出发，着重提升大学毕业生就业能力，培养符合用人单位岗位需求的人才，提升人才供给质量，改善大学生就业"供需错配"的问题；采用个案研究的方法，从实践层面为H大学就业精准服务机制建立提出建议，有较强的可操作性，研究方法与以往不同；主张建立精准化的就业服务机制，从大学生就业能力培训、就业信息收集与共享、服务效果测评、就业服务队伍建设四个角度，实现高校就业服务精准性、全面性、联动性的提升；服务机制的研究重在利用多方资源，包括多样化的信息渠道、服务队伍和培养模式，以及完善的收据收集、分析和共享系统。

6.2 课题应用价值

本课题以H大学为研究对象，从供给侧探究精准就业服务机制的建立，因地制宜，为该校就业服务工作提出切实可行的建议；满足该校学生需求，缓解就业压力，提高学生就业竞争力，促进毕业生高质量就业，提升该校就业整体水平；为用人单位输送专业对口的高质量就业人员，降低用人单位招聘成本；从个案研究的角度作出分析，对构建我国高校精准就业服务体系具有积极的理论价值。

7 研究结论

供给侧改革的背景下，要实现高校毕业生供给与需求的有效对接，建立高校大学生就业服务机制尤为重要。高校大学生就业服务机制旨在加强对学生就业能力的培养，加强专业化知识的学习，充分利用大学四年时间，以学生的自我就业意愿为导向，注重老师培训与自我探索的结合，提高大学生就业水平。建立高校大学生就业服务机制，提供大学生有效的就业信息收集渠道，并进行跟踪调查，提供给大学生丰富的数据材料。加强服务效果精准测评，使服务团队更加高效优质，使大学生就业服务机制更加贴近大学生生活。培育更加专业的大学生，加强和企业政府之间的有效对接，缓解大学生"就业难"和企业"招工难"的矛盾问题。

总之，大学生就业问题作为国家的热点问题，值得我们不断地探索研究。在供给侧结构改革的时代下，企业对人员需求更加专业化，为大学生的就业指明了方向，让大学生有了更加明确的奋斗目标，去提升自己，实现梦想。现今社会，为解决大学生"就业难"的问题，更应该协同各方，做到学校、政府、企业和大学生自身共同努力，建立完善的大学生就业机制，为大学生提供更好的条件，去实现自身价值，并为社会创造价值，促进社会不断向前发展。

参考文献

[1] 荆德刚. 国外高校毕业生就业模式研究 [J]. 教育研究, 2009 (8): 38.

[2] 胡泊. 高校大学生就业服务体系优化研究——以安徽建筑大学为研究对象 [D]. 合肥: 安徽大学, 2014.

[3] 徐帅, 徐宏. 新形势下高校就业服务体系研究 [J]. 教育与职业, 2015 (33): 33.

[4] 赵敏, 李明章. 澳大利亚高校就业服务体系的启示 [J]. 高教探索, 2015 (6): 61.

[5] 马佳慧, 吕婷. 高校应届毕业研究生就业精准指导模式探索 [J]. 时代教育, 2016 (5): 98.

[6] 王美丽. 大数据时代高校精准就业服务工作研究 [J]. 创业就业教育, 2016 (6): 62-64.

[7] 王琳. 新常态下民办高校就业创业指导服务工作精准化研究 [J]. 山西青年, 2016 (5): 44.

[8] 刘彦. 对构建完善的高校就业服务体系的思考 [J]. 辽宁教育研究, 2007 (2): 110.

[9] 陶韶菁, 王坤钟. 高校就业服务学生评价指标体系构建的实证研究 [J]. 现代教育管理, 2009 (10): 122.

[10] 冯志峰. 供给侧结构性改革的理论逻辑与实践路径 [J]. 经济问题, 2016 (2): 13.

[11] 陈成文, 毛璐, 李恒全. 完善就业服务体系与促进大学生就业: 国外经验及其启示 [J]. 大学教育科学, 2014 (3): 51.

作者简介

贾银兰 (1987—), 河南周口人, 河南大学哲学与公共管理学院, 讲师、硕士研究生。研究方向: 大学生思想政治教育、就业创业教育。

科技创新创业教育与专业教育深度融合研究

马素巧

（河南科技大学，洛阳，471000）

摘要：党的十九大报告描绘了到2035年我国进入创新型国家前列的宏伟蓝图，创新型国家的建设需要大量实用的创新型人才。创新创业教育已成为我国高校人才培养模式改革和发展的新趋势。高校创新创业教育与专业教育的融合是高校教育改革的具体表现和实施途径，这种模式将指引高校专业教育的革新发展。本文就创新创业教育与专业教育的深度融合进行简要分析。

关键词：创新创业；专业教育；融合人才培养

1 引言

现今社会，创新创业教育已成为我国高校人才培养模式改革和发展的新趋势。创新是创业的基础，创业是创新的体现。将创新创业教育纳入高等院校教育的核心任务是通过创新的创业教育和创新的实践活动有机结合，促进教科书知识向专业能力转化，培养学生的创新意识和创业精神，成就复合型高素质人才。近年来，高校以改革人才培养计划为现有目标，积极开展大学生创新创业教育工作，但在创新创业教育与专业素质教育融合方面，融合方式不明确、融合内容不清晰、融合思想意识薄弱、融合效果不理想的情况依然存在（沈秀梅，2018）。

2 高校创新创业教育的误区

目前，大多数高校的创新创业教育是指导学生如何创业，培养学生在创业时必备的一系列素质和能力，其中存在着几个误区。①创新创业教育是就业教育的一部分。许多高校对学生的创新创业教育仅仅停留在表面上，通常只是对政策与形势的分析，并没有足够重视创业中最重要的创业精神、创业能力和创业意识，没有形成完整的教育体系。②创新创业教育只针对那些想开公司的学生。在高校创新创业教育中，一般都是以讲座、社团和规划大赛的形式开展，参加的大多是对创业非常有热情的学生。但是，真正的创业教育是面对所有学生的，只有极少数人的参加无法发挥应有的作用，教育效果并不乐观。③创新创业教育是教会学生如何赚钱，与他的专业背景无关。在我国，众多高校的创新创业教育中，将创新创业教育纳入校级公开课，统一教学，向任何专业的学生讲述的内容都是一样的，缺乏针对性，未将学生所学专业与创新创业教育两者相结合，使学生不明所以，认为这种教育方式在以后也不会对自己有什么帮助（陈池，2015）。

3 创新创业教育与专业教育融合的必要性

创新创业教育与专业教育的融合不仅让学生学习到系统的专业学科知识，而且使学生通过创新项目的训练，将理论知识应用到具体实践。目前多数高校的专业教育过"专"，学生掌握的知识范围过"窄"，加之"一刀切"的教学方式，束缚了学生的个性与创造性，致使学生培养"同质化"。创新创业教育作为一种新的通识教育形式，有利于改善专业教育的单一模式，有利于提升学生的综合素质和能力，更有利于加强对学生创新、创业与创造的思维、意识和精神的培养。从这个角度看，创新创业教育实际上丰富和拓展了专业教育的内容，将创新创业教育与专业教育融合是高校深化发展专业教育的必然选择（包水梅等，2016）。

4 创新创业教育与专业教育深度融合的路径

4.1 形成学校层面的顶层设计，自上而下推动

我国之所以有现在的"双创"教育形势，学校层面的推动不可忽视。同样，创新创业教育与专业教育深度融合的实现也是一项系统工程，涉及建设创新创业教育课程体系建设、人才培养机制、师资队伍等多方面，这意味着必须有学校层面的整体设计，没有学校主要领导的高度重视以及科学的创新创业教育方案和相关部门的协调配合，就难以高质量地完成这项任务。学校制定的创新创业教育改革方案要充分把握和体现这一点。

4.2 与专业人才培养方案深度融合

修订专业人才培养计划，将创新和创业教育纳入其中，切实渗透创新创业理念到教育教学的各个环节。创新创业教育是一门新课程，属于跨学科和跨专业的课程，在学校的根基比较薄弱，许多学生和教师都感觉陌生，不易得到关注。以食品与生物工程学院为例，学院积极探索创新创业教育新途径，以人才培养为中心，鉴于"双创"教育的综合性、实践性与跨学科性等特点，学院积极进行专业培养方案的完善与修订，制定学院创新创业教育活动制度来保障，建立专业相关的创新创业实践基地，探索对创新创业型人才培养有倾斜的育人方案，从而有效推动其与专业教育深度融合。

4.3 强化创新创业教育队伍建设

与国外专业类教师相比，我国师资队伍建设相对薄弱，尤其在创新创业教育中，缺乏具有创业经历或企业任职经验的教师，这在一定程度上会影响"双创"教育与专业教育的融合，影响教学过程中对学生创新创业与实践能力的培养。因此，以激励大学生积极创

业、促进大学生高质量创业为宗旨，以服务学生成长成才为目标，以提高大学生创新创业核心，实现了学生创新创业精神养成、创新创业意识激发、创新创业知识积累、创新创业能力形成的统一，也构建起了创新创业培养体系，形成了"教师引导＋全员覆盖＋特色培育"的创新创业培养模式，努力开创"大众创业、万众创新"的新局面。如河南科技大学的食品与生物工程学院有针对性地对学院教师进行针对性培训，并通过组织骨干教师参加省级及以上层面的专题培训等形式不断提高校内创新创业教育教师的教育教学能力和素养（赵世磊等，2017）。

4.4 与专业课程内容深度融合

坚持以专业教育为核心，将创业创新教育作为实现价值的途径。在高等教育中，我们仍应将专业教育作为一切教育指导与实践的核心，而将创业创新教育作为实现专业教育价值的一种途径。作为学生日后迈向社会的理论基础，专业教育仍然是高等教育中不可或缺的重要组成部分。没有强大的专业理论基础作为支撑，创新创业将会走更多的弯路。只有对学生们进行了创新创业教育，才能更好地适应社会，融入社会，在祖国的建设中发挥更大的作用。学生应当明白，创业创新教育不是可有可无的，而是在进入社会之前必须要做好准备，必须真正得到他们的重视（舒杨，赵恒，2018）。

4.5 创新创业与实践教育活动

实践是创新创业教育的重要组成部分，除了构建"学校—企业—政府"三维实践体系外，还应加强大学生科技园、创新创业孵化基地等创业实践平台，实现学生专业学习与实践、"双创"学习与实践的深度融合，为培养高质量、高素质的应用型人才提供平台支撑。以河南科技大学食品与生物工程学院为例，学院高度重视学生的创业创新能力培养，以创新人才培养为中心，以"大一进社团培养，大二入科研实践，大三创新训练，大四科技竞赛"为培养目标，多途径、全方位开展科技创新实践活动。学院结合学科特色，以专业科技创新为主，第二课堂活动为辅的学生活动创新平台，构建起学生课内课外学习、科创及综合素质提升的发展教育体系，取得了良好的效果。学院积极组织学生参加"挑战杯""创青春""互联网＋"河南省传统美食设计大赛、河南省创新月饼设计大赛、全国生命科学创新创业大赛、校院两级大学生研究训练计划（Student Research Training Program，SRTP）、食品学院创新食品设计大赛等，激发专业学习兴趣，提升了科技创新能力，切实把创新创业与实践教育活动高效有机结合起来。

参考文献

[1] 沈秀梅. 创新创业教育与连锁经营管理专业教育的深度融合 [J]. 中国商论，2018 (10).

[2] 陈池. 高校创新创业教育与专业教育融合路径探究 [J]. 企业导报，2015 (10)：124-124.

[3] 包水梅，杨冬，魏海瑞，等. 我国高校创新创业教育与专业教育融合的障碍分析 [J]. 教育与考试，2016 (1)：74-78.

[4] 赵世磊, 张彦卿, 部宗娜, 等. 创新创业教育与专业教育深度融合研究 [J]. 职教通讯, 2017 (2): 63-66.

[5] 舒杨, 赵恒. 谈创新创业教育与专业教育的深度融合 [J]. 才智, 2018 (6).

作者简介

马素巧, 女, 河南科技大学食品与生物工程学院专职学工干部, 主要从事学生马克思思想教学及学生管理工作。

新时代创新创业教育途径的探索
——以郑州轻工业学院计算机相关专业为例

司丽娜

（郑州轻工业学院，郑州，450000）

摘要：在现在的社会中，高校在专业素质和创新意识方面存在一定的欠缺。国家大众创业、万众创新的大环境对社会提出了新的要求，社会需要更多高素质的创新型人才，因此进行创新创业教育模式与机制的探究变得极为重要。本文详细分析了当前高校创新创业教育的必要性和现状，从平台搭建、培养模式、指导机制、成果孵化形式等方面，详细阐述了郑州轻工业学院计算机相关专业开展创新创业教育的方法与途径。

关键词：高校；创新创业；人才培养

随着国家经济实力不断增强，人们越来越认识到科技才是第一生产力，我国正在加速向创新型国家转变，新时代下，创新是引领发展的第一动力（覃成强，2013），高校的创新创业教育也得到了进一步的提升，加强创新创业教育提高学生自身的创新创业能力，为科技创新和人才培养贡献自己的力量，承担自己的责任。

1 新时代创新创业教育的必要性

2015 年 3 月 8 日，李克强总理在《2015 年政府工作报告》中提出，打造大众创业、万众创新；2015 年 5 月，国务院发布《国务院办公厅关于深化高等学校创新创业教育改革的实施意见》。提出：2015 年起要全面深化高校创新创业教育改革（程丹，2017）。党的十九大报告指出我国进入中国特色社会主义进入新时代，在这样一个特殊的历史时期需要越来越多的创新型企业和创新型人才支撑着国家的发展。提高高校毕业生质量，新时代下必须要开展创新创业教育，为国家发展作出应有的贡献。可见，开展创新创业教育是落实"科教兴国"战略的需要，培养大学生创新创业能力，可以为国家输送更多具有创新思维的人才；开展创新创业教育是拓宽就业渠道、缓解就业压力的重要举措；开展创业教育是提升大学生素质和能力的有效途径，可以培养出创新、拥有高素质的符合国家发展需要的应用型人才。

2 我国高校创新创业教育的现状

2.1 创新创业科学理论体系不够完整

科学理论体系在实践中具有重要的指导意义，理论体系没有系统性和完整性，必然导致这个学科无序、混乱，其理论体系的实践活动也将缺乏方向性。创新和创业教育必须建立一个符合其特点的科学理论体系。我国创新和创业教育刚刚起步，其理论体系尚不成熟，其根本原因在于高等教育机构和相关科研机构缺乏对创新和创业教育理论的研究，导致理论体系相对不成熟，相当多的理论问题得不到正确的分类和解决（于淑玲，2015）。目前，在创新创业教育方面，相当多的国内学者都在关注创新创业教育的表面方面及其相关问题的分析和讨论，不涉及目标、内容体系、实践体系、评价体系等创新和创业教育的其他相关问题。此外，创新和创业理论体系的研究方法单一，难以实现快速发展和扩展。使多数学校仅仅在思想政治教育课程中增加了创新创业教育部分，把创新创业课程作为学生职业生涯规划指导的一部分，限制了其发展。在这种情况下，高校应充分发挥其理论研究的优势，引进先进的研究方法，大力开展实证研究。同时，要吸收国外先进经验，结合创新创业发展态势，加强研究，逐步形成符合国内社会发展的理论体系，为创新创业教育奠定理论基础。

2.2 缺乏新颖的创新创业教育模式

当前国内大多数高校对创新创业教育，没有清晰的定位（鲍桂莲，2014）。部分高校过分重视专业学科，容易忽略创新创业教育，其实二者是不可分割的，一旦分别对待可能会引发一系列问题。马永斌等（2015）通过对高校创新创业模式的研究总结得到当前创新创业教育模式匮乏主要体现在双创教育课程的设置没有正式纳入学校的必修课程；部分高校大学的创新创业教育仅局限于就业指导部门；高文兵（2016）认为在创新创业人才培养的过程中，部分高校不能做到以人为本，更多时候过分关注自身的发展，将大学封闭起来，和社会的发展需求相脱节。

2.3 创新创业教育的师资有待加强

对于创新创业教育的加强除了模式上的改善以外，师资力量也是非常重要的一个方面，随着国家教育水平的提高，高校师资力量已明显改善，师资质量也有待提高，这在一定程度上限制了高校的创新创业教育发展。张文娣等（2016）研究表明限制高校创新创业发展的很大原因是教授创业教育课程的教师从未有过创业的实践经历，又缺乏系统的创业理论培训，在教授课程时难以系统性地向学生传授丰富的实践经验，带动学生的创业热情。

2.4 创新创业教育实践环节薄弱

当前创新创业投入与利用实践平台不足、实践活动华而不实（王俊，2016）。部分高校仅仅利用课堂培养的方式进行,实践环节的训练强度不够,部分高校并未真正把实践环节落到实处,各类实践平台也有待完善,学生不能真正利用现有环境进行训练,进而导致创新创业教育无法达到预期效果。高校应加强各个环节的审核评估,使之真正落到实处,促进创业的发展。

2.5 创新创业课程设置不够合理

对创业教育理解不准确以及创新创业课程未真正融入学校的课程体系是目前面临的主要问题(高志刚等,2016)。为激发学生的学习兴趣,加强创新和创业教育课程体系构建,各校应该努力开展各种各样的学习与创新创业相关的知识讲座,通过邀请一些知名专家、学者和成功人士发表专题报告,或向学生介绍一些知名企业,了解这些企业的发展历史,激发学生的创新意识和创新意识、创业理想。设置不同层次的课程,实现不同层次的学生的共同发展,提高学生的创新创业意识。

3 郑州轻工业学院计算机相关专业开展创新创业教育的途径与方法

计算机相关专业注重和加强创新创业教育与专业教育的融合,按照IT行业的社会需求、结合计算机相关专业学生特点,以学生为中心,以产出为导向,提出并贯彻了以"以生为本、因人而异、兴趣出发、项目驱动"的基本理念,构建计算机相关专业的大学生创新创业能力"特色创新平台"。在培育过程中,将第二课堂与第一课堂相结合、将创新教育与专业教育相结合、将创新能力培养与社会实践相结合、将科技创新与成果孵化相结合,最终实现从科技创新到价值创造,从学生创新创业能力提升到综合素质能力提升。

3.1 "五个一"模式的创新创业平台

以服务为依托,整合资源,搭建"五个一"模式的创新创业平台,即:一系列学生创新创业实验室、一系列学生科创竞赛团队、一个大学生科技创业中心、一个互联网+服务团队、一系列大学生创新创业公司,将此平台作为载体,不断培养学生的创新意识,提升学生专业技能和实践能力,真正形成"由小到大、由虚到实、由浅到深"的、完整的大学生创新创业引导、教育、培育、孵化体系。

3.2 "节点式"分类分层培育模式

以创新能力提高、专业技能提升为目标,形成创新意识普及教育—专业学习提升—幼苗项目培育—雏形项目申报的培育模式。根据学生学业内容不同、学习认知不同、学习方式不同,分层次开展教育活动。创新意识普及教育:面对计算机相关专业学生,充分发挥第二课堂作用,重点在大一阶段进行,以创新知识、素质教育、诚信教育为主,使所有学生具备创新意识。专业学习提升:组建团队、小组,依托于各专业实验室,加强专业技能强化学习,着重提高学生的专业技能和创新能力,培养具备一定创新素质和过硬的创新能力的创新骨干。幼苗项目培育:充分利用学校众创空间、各类竞赛,通过创业沙龙、公共礼仪、财务知识等培训,提高创新、创业能力。雏形项目申报:对幼苗项目中的重点特色项目，选配能力强、爱岗敬业、经验丰富的创新创业导师，开展"一对一"的创新创业指导，将省级以上项目申报，从而实现创新创意的成果转化。

3.3 "三人行"必有我师指导机制

以引导为中心，构建学科专业老师、辅导员及创新创业老师、学长朋辈三层创新创业指导主体，指导学生创新创业教育过程。专业导师：专业技术指导，创新成果转化的指导。创新创业导师：创新创业意识启蒙，创新计划制订的指导、跟踪、反馈，创新创业过程中心理疏导。团队高年级学长：朋辈帮扶，日常跟踪、监督、反馈，学习经验分享。

3.4 "竞赛+公司"成果孵化形式

以科技成果转换为主要途径，鼓励学生创新产品参加各种挑战杯、创新创业类比赛，以学科竞赛、创新创业项目申报等为引领，激发学生学习兴趣和动力。积极引导大学生参加"挑战杯"学术科技作品竞赛获奖作品和省级、国家级大学生创新实验项目的成果申报专利或者发表论文，鼓励通过学生注册的公司承接校内外项目，指导"互联网+"服务团队走出校园将学习成果服务社会大众。

4 总结

总而言之，随着科技的进一步发展，我国对创新型和创业型人才的需求日益迫切。在这种情况下，各高校应认识到创业教育创新对国家、社会和个人发展的价值和意义。因此，高校应努力搭建适合培养学生创新能力和创业能力的平台，构建专业教育与创新创业教育相结合的人才培养模式，提高学生的创新思维和创新能力、创新技能和创业技能，培养适应社会发展的创业型、复合型人才。

参考文献

[1] 覃成强. 论高校创业创新教育与专业教育的融合 [J]. 中国成人教育，2013 (11)：78-80.

[2] 程丹. 国外创业教育给国内高职院校的启示 [J]. 科技创业月刊，2017 (6)：112-114.

[3] 于淑玲. 高校创新创业教育教学机制研究 [J]. 科技创新导报，2015 (23)：180-181.

[4] 鲍桂莲. 对国内高校创新创业教育状况的分析与思考 [J]. 中国电力教育，2014 (4)：37-39.

[5] 马永斌，柏喆. 大学创新创业教育的实践模式研究与探索 [J]. 清华大学教育研究，2015 (6)：99-103.

[6] 高文兵. 众创背景下的中国高校创新创业教育 [J]. 中国高教研究，2016 (1)：49-50.

[7] 张文娣，宋景华，程悦. 加强高校创新创业教育师资队伍建设的途径探析 [J]. 开封大学学报，2016，30（1）：54-57.

[8] 王俊. 国内外高校创新创业教育的比较与借鉴 [J]. 创新与创业教育，2016，7（4）：99-103.

[9] 高志刚，战燕，王刚. 论高校创新创业教育课程教学体系构建 [J]. 黑龙江高教研究，2016（3）：93-95.

作者简介

司丽娜（1982— ），河南新密人，郑州轻工业学院计算机与通信工程学院，讲师，硕士。研究方向：大学生创新创业教育、计算机技术。

创新创业教育与高校化工类专业教育融合模式的研究与实践

钱恒玉 余述燕 陈 勇 尹志刚

（郑州轻工业学院，郑州，450000）

> **摘要**：调研学生创新创业状况及企业对毕业生"双创"能力等方面的要求，以创新创业人才培养机制为引导，提出基于化工类专业课程考核评价方式的改革，实现评价方式的多元化和量规化特征。从而构建教学与创新创业教育、研究与成果转化相衔接的新体系，培养具备较强创新创业能力的高层次人才。
>
> **关键词**：创新创业；课程考核；多元化；量规化

2015 年 5 月，国务院办公厅出台《关于深化高等学校创新创业教育改革的实施意见》，明确指出"改革教学方法和考核方式、加强教师创新创业教育教学能力建设"。由此可见国家对高等教育教学质量的重视和对师生创新创业能力培养的迫切要求。长期以来，高校沿用闭卷考试模式评价学生学习好坏及衡量教师教学水平的高低。一般考试内容为书本或讲义内容的缩影，而且考前进一步缩小考试范围，这种"试题标准化、答案唯一化"的笔试考试对公共基础课程、学科基础课程毋庸置疑是必需的。然而这种课程评价方式将导致学生上课不注意听讲，考前找老师索取考试范围，突击复习，死记硬背，一旦考试结束，又将知识遗忘。其后果一方面助长教师职业倦怠、教学惰性及知识陈旧等问题；另一方面学生的创造性思维受限，反而会把学生引入思维僵化的误区，导致学生考试时投机取巧、考试中"夹带""抄袭"等多种不良现象存在。创新创业教育注重培养学生的创新精神、创业意识，以创新创业能力为主的教育，本质上是一种实用教育（徐小洲，倪好等，2018）。因此，如何将创新创业教育与专业教育相结合是当前高等教育亟待发展的新方向。

化工类专业课程主要讲述化工生产中的设备、工艺流程、过程计算、仪表控制等内容（沈国良等，2018）。针对上述特点，提出以化工产品生产案列为抓手，结合探究式教学具有"开放性、过程性和综合性"的特点（姚山季等，2015），注重以学生为中心，实现化工类专业课程从过去填鸭式课堂教学模式向案例研究性课堂教学模式转变。旨在调动学生学习的主观能动性，激发学生的创新思维，提高学生创新能力与综合素质的培养，为学生毕业后的创新创业奠定基础。

根据高等学校创新创业教育改革为目标，结合化工类行业的特点和学校的实际情况，以课程考核体系改革为重点，深入开展了创新创业教育与化工类专业教育融合模式的研究与实践，并取得了不错的效果。该"高校工科专业课程探究式教学考核体系的研究与实践"成果于2016年获河南省优秀教学成果二等奖。

1 化工类专业课程中普遍存在的问题

（1）化工类专业课程主要讲述工业过程中原料选取、工艺流程、过程控制及计算等内容，随着现代科学技术的发展，工业技术更新加快，导致教材内容滞后，教师授课脱离生产实际，使人才培养达不到社会企业的需求。因此，高校教师应与时俱进，提高创新创业教学能力，加强创新创业师资队伍建设已成为高校大力发展创新创业教育的瓶颈。

（2）高校灌输式教学模式有待改变，尤其是工科院校教师传授知识时，一方面，注重知识的"完整性、系统性及逻辑性"，忽视为大学生搭建"开放"体系，建立"试错"平台，不利于当前大学生创新创业能力的培养；另一方面，传统笔试考核方式限制了学生创新思维，不利于毕业后创业、就业。如何激发学生创新理念，增强创业意识、进行创新思维培养和创业能力锻炼是当前高等教育改革亟待解决的问题。

2 具体解决方案

（1）组织召开化工类专业课程教师座谈会，讲解课程考核评价体系改革的具体实施措施，使其明白探究式教学方法对提高大学生"双创"能力培养的重要性；让老师认识教学改革给创新创业教育带来的变化。同时，积极召开毕业生座谈会，了解大学生对知识需求的兴趣点；走访工厂企业，汇总现代工业企业难题，并将工业难题进行归纳分析，将工业难题引入到课堂教学中，开展适应化工类专业教学内容整合的尝试。

（2）化工类专业教师大都具有较高学历，擅长理论研究与创新，到企业及生产一线锻炼和实践的机会少，工程实践能力相对薄弱。应结合化工类人才培养方案和院校实际情况，一方面，利用寒暑假，鼓励、规范教师深入企业进行实践锻炼，增加实践经验，提高教师的专业技能；另一方面，邀请企业家来校授课，结合自己创业过程，传授创办企业的经验，弥补教师实践经验的不足，扭转教师的思维模式，为培养创新创业教育师资队伍建设提供有力的保障。

（3）深化实践教学改革，增强学生创新意识，提高学生动手能力，储备创业内涵。如针对化工实验中仪器设备相对落后，通过激发学生的创新思维，让学生提出改革方案，积极开展各类实验设备的集成创新，提高了学生的协同与创新能力。

（4）以化妆品设计、化工设计、金相设计及各类技能比赛为抓手，为大学生建立开放体系，实现"以赛促学、学以致用"，最终增强学生的创新意识、提升学生的创新能力。例如，在学生参加省级和全国性的技能大赛中，坚持问题导向，提升解决问题的实践和动手能力，使学生的创新创业实践能力得到提高，促进学生就业和创业。

3 预期成果及推广应用情况

本项目所在学校非常重视教学改革，并给予经费支持，为本项目的实施提供了可靠的保障；项目组有一支高质量的教育教学团队，深知大学生教育中普遍存在的问题，既了解学生，又懂得传授知识的方法。因此，本课题的研究取得了一定的研究成果。

3.1 提升教师创新创业教学能力，加强创新创业师资队伍建设

一方面，针对教师职业倦怠、教学惰性及知识陈旧等问题，通过深入企业锻炼、与企业交流，引导教师从注重知识的"系统性、完成性、统一性"逐渐转变到重视知识的"开放性、发展性与完善性"，摒弃"填鸭式"教学模式，注重探究式教学考核体系，激发大学生学习的兴趣，同时激励教师本身不断汲取新知识，扩展教育视野，从而满足教育创新。另一方面，通过将企业难题带进课堂，针对难题，探索寻找解决问题的新思路、新策略，通过教学科研带动教育创新。加强理论知识与实践经验结合，提高教师的创新创业，实施教育创新，为培养创新创业师资队伍建设提供实证素材。

3.2 以赛促学，学以致用，为学生创新创业教育能力培养提供保障

以设计生产化妆品为参赛对象，组织参赛团队，涵盖艺术设计、化工、管理、营销等各专业、各年级学生，需要团队成员共同想办法解决问题，旨在培养大学生的团队协作及创新能力；论坛期间邀请国内外优秀企业来校进行实践创业方面的经验交流，为有意创业的学生提供与企业家交流的机会，增强大学生创业的勇气和信心，为大学生双创能力的培养营造良好的学术氛围。通过举办各种大赛，增强学生的创新意识，推广了教学改革在课堂外的教学实践，为大学生未来创业奠定基础。

3.3 为化工类院校开展双创教育提供示范

通过改革，有效提升高校教师"双创"教育能力，为新型探究式课程体系建设与评价模式提供范例。通过师生与企业交流，发现现有课程体系之不足，了解当前行业的发展趋势及企业面临的难题，将企业难题引入课堂，通过学生设计解决方案、企业工程师评价以及主讲教师点评，使得各方思想进行碰撞，激发学生创新意识，增强学生未来创业欲望；企业老板或工程师由此也发现企业未来发展所需的人才，实现了学生就业的"无缝对接"，也为企业向学校投资奠定基础，为编写高校教师"双创"教育能力以及课程考核模式教材奠定基础。

如郑州轻工业学院对化工工艺、应用化学、环境工程等不同专业的十几门专业课程及专业核心课程（如《精细化工工艺学》《有机合成工艺学》《有机合成》《化工工艺学》《环保材料与应用》《污水处理》）等进行探究式教学体系建设实践，不同专业参与产品设计比赛、化工设计大赛等，在以下两个方面获得很好效果。

（1）探究式教学考核体系的实践激发学生学习兴趣，提升学生创新能力培养，在教学过程中达到"教师与时俱进、授之以渔，学生知其然，更知其所以然"的目标。

（2）通过产品论坛、各类比赛，提高学生团队协作能力，提升学生创新创业实践能力，为实现大学生毕业与就业无缝对接提供保障。

4 结语

随着教育的发展，创新创业型人才培养是高校创新创业教育的"新时代"要求。因

此，建设高校创新创业教育与化工类专业教育的融合发展体系，培养出高素质、专业性强的化工类专业人才，满足社会对化工类专业人才需求是当前高校发展创新创业教育的关键。在今后的教学工作中，要继续总结和探索，以培育学生创新精神、创业意识为导向，为培养创新创业型人才打造坚实的基础。

参考文献

[1] 国务院办公厅. 关于深化高等学校创新创业教育改革的实施意见 [J]. 中国大学教学, 2015 (5): 4-6.

[2] 徐小洲, 倪好. 面向2050: 创新创业教育生态系统建设的愿景与策略 [J]. 中国高教研究, 2018 (1): 53-56.

[3] 李文秀, 毕颖, 于三三, 等. 新工科背景下创新创业教育的实践探索 [J]. 化工高等教育, 2018 (2): 1-5.

[4] 马永斌, 柏喆. 大学创新创业教育的实践模式研究与探索 [J]. 清华大学教育研究, 2015 (36): 99-103.

[5] 沈国良, 朱海峰, 徐铁军, 等. 基于应用型人才培养的化工工艺类课程新体系的构建 [J]. 化工高等教育, 2018 (3): 38-41.

[6] 陈祎平, 张岐, 李嘉诚, 等. 以绿色化学理念贯穿精细化工专业课教学 [J]. 大学化学, 2014 (29): 22-25.

[7] 刘辉, 叶红齐. 化工设计类课程教学改革的几点措施 [J]. 高教论坛, 2008 (3): 62-64.

[8] 姚山季, 钱存华. 高校探究式教学改革：实施障碍与超越路径 [J]. 教学研究, 2015 (1): 79-81.

[9] 严世强. 基于探究式教学模式的化工课程课堂教学策略 [J]. 高等理科教育, 2008 (3): 9-12.

[10] 杜金萍, 李慧民, 高术振. 开展问题探究式教学加强创新能力培养 [J]. 2007 (4): 129-130.

作者简介

钱恒玉（1979— ），山东嘉祥人，郑州轻工业学院，副教授，硕士研究生。研究方向：功能性中间体的开发及催化偶联反应。

余述燕（1985— ），安徽金寨人，郑州轻工业学院，讲师，博士研究生。研究方向：功能性有机中间体的开发。

陈勇（1978— ），河南漯河人，郑州轻工业学院，讲师，硕士研究生。研究方向：教学管理。

尹志刚（1965— ），河南禹州人，郑州轻工业学院教授，材料与化工学院副院长，博士研究生。研究方向：功能性中间体开发。

创新创业教育与体育专业教育深度融合的应用型人才培养模式

孙建鹏

（黄河科技学院，郑州，450063）

> **摘要**：从教育的创新创业与体育专业性两个角度共同出发，以培养融合这两者特性的应用型人才为目标，以双创导向为契机，科学定位创新创业教育在体育专业教育中的导向作用，建构完整、全面的创新创业与体育专业相结合的培养框架，健全体育专业创新创业教育课程体系，优化创新创业教育实践，完善创新创业教育与体育专业教育的融合发展机制，建立二者相融合的人才培养模式，以学以致用为目标，实现"专业教育+创业教育"的有机相融，培养具有创新精神和创业能力的新型体育教育人才。
>
> **关键词**：创新创业教育；体育；专业教育；应用型人才；培养模式

2015年《国务院关于深化高等学校创新创业教育改革的实施意见》中明确提出："深化高等学校创新创业教育改革是国家实施创新驱动发展战略、促进经济提质增效升级的迫切需要，是推进高等教育综合改革、促进高校毕业生更高质量创业就业的重要举措"。李克强在2017年全国普通高等学校毕业生就业创业工作电视电话会议上强调："要强化理想信念教育，深化创新创业教育改革，以市场需求为先导，完善专业学科布局，加强招生、培养和就业联动，切实增强学生就业竞争力和创业能力"。作为体育类专业的教育发展，也要跟上时代的创业发展。2016年中共中央、国务院印发的《国家创新驱动发展战略纲要》指出创新已成为引领发展的第一动力、创新是国家命运所系、是发展形势所迫，而高水平创新创业人才队伍的培养是实施创新驱动战略的关键保障。

体育产业作为新兴产业也越来越受到国家的重视，国务院办公厅《关于加快发展体育产业的指导意见》中强调，要在2020年培育一批具有国际竞争力的体育骨干企业和企业集团，具有中国特色和国际影响力的体育产品品牌，形成门类齐全、结构合理的体育市场。2014年国务院颁布了《国务院关于加快发展体育产业促进体育消费的若干意见》（以下简称《意见》）后，我国体育产业迎来发展的黄金期。2016年10月25日中共中央、国务院印发并实施《"健康中国2030"规划纲要》，纲要中明确指出要坚持健康优先、改革创新，以提高人民健康水平为核心，加强体医融合，全面提高人民身体素质。因此，随着"大众创业、万众创新"口号的提出，高校体育人才培养模式改革要有新的方向和目标。体育专业院校在制定人才培养方案时，要增加创新教育的内容，完善创业型人才培养方案，以社会需求为导向，加强创新创业教育改革，为实现高校体育创业型人才培养的健康、可持续发展提供力量。

1　创新创业教育与体育专业教育的概念

创新创业教育旨在培养高校学生的开拓性素质、创新精神和创业意识，通过创新创业教育指导学生掌握发现问题、解决问题的方法，形成创造性地解决问题的思维。同时，还要通过创新创业教育培养学生组织管理、决策与协调的能力，能够将其应用于自己的创新创业实践之中，更好地营造自由、浓厚的创业文化氛围，鼓励和支持学生的创新创业活动，全面提升学生的创新创业思维、能力及情感（张锦文，2018）。

体育专业教育是以培养体育专业人才为目标的教育课程体系，它是随着社会分工越来越细而对体育专业技能型人才的需求，催生出高新体育专业教育，形成了以体育专业教育为主、通识教育为辅的通专并行格局。

创新创业教育与体育专业教育的关系具体表现有以下几点。

（1）从产生背景来看，体育专业教育是适应市场和社会的变化需要而进行的调整；创新创业教育是适应知识经济时代的人才需求，解决高失业率、求职困难等问题而产生的，两者都显现出适应社会和市场的需求，并基于一定的社会变革基础前提。

（2）从培养目标来看，体育专业教育旨在培育具有体育专业技能的人才，创新创业教育旨在培养学生的创业精神和创新创业能力。

（3）从教育功能来看，体育专业教育和创新创业教育都是服务于地方经济发展的重要资源，可以较好地推动地方经济的转型升级。

通过对创新创业教育和体育专业教育的概念分析，可以看到各自的优势和短板，看到创新创业教育与体育专业教育在许多维度上都具有相互耦合性，通过了解和厘清二者之间的区别与联系，可以为创新创业教育与体育专业教育的融合提供逻辑前提。

2　体育类专业开展创新创业教育的必要性分析

2.1　体育专业人才市场的岗位需求现状

据有关数据调查，目前开设体育专业的部分院校毕业生有以下就业情况。

（1）体育专业中体育教育专业毕业生近三年的就业情况非常好，平均就业率达到98%，体育教育专业毕业生从事体育教师职业的占86%以上。随着国家经济的高速发展，教育改革的不断推进，体育教育专业毕业生就业前景非常可观，岗位需求大，同时新时代的体育教师岗位也对体育教育专业毕业生的能力提出新的要求，不仅要求其具有过硬的专业技能，更需要在组织教学、革新教学方法、安排体育赛事和组织协调工作上有创新、有突破（于超等，2016）。

（2）社会体育专业和休闲体育专业毕业生就业情况良好，总体就业率在85%以上。社会对于健康指导员需求不断提升，体育健康教育已成为人们生活中不可或缺的一部分。特别是健身教练、私人教练、体育培训、赛事组织安排和体育营销等专门人才需求量剧增。然而，在调查中发现，这些岗位在招聘毕业生后，需要花费大量的人力、物力、财力对其进行培训，有的甚至需要培训半年以上才能胜任岗位，这反映出学校人才培养内容与社会需要的岗位技能严重脱节。运动训练与民族传统体育专业就业情况较之其他体育专业就业情况略差。受限于专业的局限性与就业口径相对较窄，毕业生就业压力大，社会对口需求较少。从毕业生就业情况与岗位需要上分析认为，目前体育院校在体育人才培养方向上的改革力度不够，高校创新创业教育还没有很好地融入人才培养方案中去。顾久贤（2016）认为目前体育高校的办学定位依然有办学理念的错位、越位、脱位现象，这导致了毕业生的就业能力不能与市场需求相匹配。在高校就业创业教育中还存在指导工作有待改善，以及体育专业课程设置和培养方向与社会需求脱节等问题，高校在体育专业大学生的就业创业指导问题上没有起到很好的桥梁作用（刘义，2015）。

2.2 体育产业的供给发展现状

国务院出台的《意见》中提出，到2025年我国体育产业总值要达到5万亿元，我国体育产业迎来高速增长期。预计到2020年，体育产业总规模将超过3万亿元，体育产业增加值占GDP的比重将达1.0%（孙海光，2015）。在国家宏观战略的大力支持和经济发展不断释放的强劲动力中，我国体育产业保持着良好的发展态势。

近年来，我国体育产业总体保持着较好的发展势头。2013年，全国体育及相关产业实现增加值3563亿元，增加值占GDP比重为0.63%。2014年，全国体育及相关产业总规模达到13574.71亿元，实现增加值4040.98亿元，占当年GDP的0.64%（林德韧，岳东兴，2015）。2015年，我国体育产业实现增加值5494亿元，占GDP总量约0.8%。虽然当前我国体育产业与西方发达国家体育产业占GDP总值2%~3%的规模相比在总量上还有较大差距，但我国体育产业发展具有增速快、增量多的特点。2006—2014年，我国体育产业年均增长速度达到15.53%，高于同期国内生产总值年均9%的实际增长速度。同时，体育产业在促进经济增长和拉动相关产业发展上也显示出巨大的活力。

因此，体育专业的本位就业情况，以及拓展就业情况，都对体育专业的发展提出新的要求和改革方向。这就促进了新体育发展的改革创新，促进了体育创业的开始，为体育事业的发展提供了新的发展方向。

3 体育专业创新创业教育模式现状

创新创业教育始于欧美一些发达国家，目前我国高校也已经形成且比较成熟。例如以课堂教学为主导的"人大模式"，以创业技能为侧重点的"北航模式"，以岗位创业为导向的"温大模式"等。但在体育专业创业教育中仍旧不能摆脱创新性不足与改革不彻底的问题，使得体育创新创业型人才培养效果在社会需求上没有得到体现。具体包括以下几点。

（1）体育专业人才培养方案调整力度不足。在落实体育创新创业教育过程中，高校在体育课程设置上没有明显地体现出体育类课程创新创业教育的重要性。

（2）体育专业创新创业课程的教学观念相对落后。受到传统教育思想的影响，虽然学校提出构建创新型体育人才培养模式要求，但在实际中却很难融入，往往忽视了学生通过学习掌握适应岗位的技能要求，比如体育教育专业其主要教学目标是培养中小学体育教师，而培养其掌握正确的基本技术技能后，如何创新教法提高孩子运动兴趣、突出体育促进健康的作用才是更符合时代需求的人才教育理念（刘晓峰等，2013）。

（3）体育类创新创业型师资队伍有待完善。高校在人才培养模式改革中，体育专业教育与创新教育两条线分明，交集不多，造成体育相关产业的创业教育不够。

（4）体育设施和创业平台不够。高校的体育教学和训练的设施大都是以传统的竞技体育项目为基础建设，教学器械及教学场馆更新较慢，与新时代需求的体育健康理念下的运动设施要求差距较大。

4 目前创新创业型体育人才培养中存在的问题

4.1 传统体育教育理念相对滞后，对新兴体育市场关注度不够

目前高校现有的体育人才培养观念还与社会的发展存在一定的滞后性。由于高校招生规模的扩大，高校的师生比严重失调，再者很多体育教师都是开展单向的体育教学方式，学生所接受的学习内容几乎都是统一的，没有体现个性化，体育人才的培养路径相对比较固定，人才质量存在"同质化"现象，这就容易对学生的未来就业造成一些不良的影响。同时，高校现有的体育人才教育观念基本上都是侧重于学生体育运动技能素质和体育教育素质等专项素质的培养，对符合大众体育需求的体育项目人才培养不够，对时尚新兴体育项目关注度较低，而对于学生个性化素质的培养相对忽视，尤其是创业意识、创业精神、创业能力的培养，对符合现代社会需求的交流沟通、运营推介、团队管理以及创新创业等方面的训练较少，很多学生不具备毕业后进行创业的意识和能力。此外，有的教师和学生对"创业"存在着错误的认识和理解，没有形成对创业教育的系统认知。有人认为，创业就是几个人合伙开店或自谋职业，没有将个人的专业学习与社会体育需求进行有效的对接，显然不利于高校体育创业型人才的培养。

4.2 创新创业类课程开设少，缺乏有效的体育创业实践教学体系

大学生创业素质的培养不仅需要学生具备相应的创业意识和创业精神，积累一定的创新创业理论知识。但目前创业类课程开设不足，体育创新创业知识与相关能力储备的课程开设很少，没有形成体系，进行系统开发。其次，学生还需要具备一定的创业技能和创业经验，所以高校能否提供一定的创业实践教学活动就显得尤为重要。但是对体育专业教育相关而言，其在构建实践教学体系时，多是与学生的运动专项技能密切相关，很少会有主动贴近创业教育的实践内容，未能实现体育课堂内教育与课堂外实践教育的有效衔接，显然也不利于学生创业实践素质的有效培养。此外，很多高校的体育专业教育缺乏校外实践教学基地，学生很少有深入体育企业实践的机会，很少与体育创业成功人士交流，即便有的学校会安排一些校外的短期实习，但是由于创业实践教学内容不够系统和具体，所以对创业型体育人才的培养贡献相对有限。

4.3 体育创业教育管理机制不健全，促进产业融合的跨界性的专业开发度不够

当前，有些高校对创新型体育人才的培养给予了重视，并不断增加教书育人和教学改革的投入，但是由于创业教育在高校体育学科中的研究起步较晚，可供直接借鉴的成功经验相对缺乏，所以，高校体育教育部门关于体育创业教育的管理机制不完善、不健全，创业教育在高校体育教育中仍旧处于相对边缘的位置。同时，由于有的高校对创新型体育人才的培养还处于观望或探索阶段，关于体育创业教育管理机制的建设还没有得到足够的重视，也没有真正地把体育创业教育纳入体育人才培养体系内，对体育管理活动，体育竞赛表演活动，体育健身休闲活动，体育场馆服务，体育中介服务，体育培训与教育，体育传媒与信息服务，其他体育相关服务，体育用品及相关产品制造，体育用品及相关产品销售、贸易代理与出租，体育场地设施建设等课程开设很少。导致体育人才的创业教育相对零散，教育主体和教育目标甚至都不明确，也缺乏系统、完善的考核评价标准，各个教育部门之间缺乏有效的沟通和协作，最终影响到体育创业型体育人才的培养效率。

另外，体育创业型体育人才的培养必然会对高校体育教师的综合素质提出更高的要求。体育教师不仅要有基本的体育教育素质和体育运动技能，还必须具备较强的体育创业实践能力和较高的体育创业教育素质，这样才能更好地满足体育创业型体育人才的培养需求。

5 构建创新创业与体育专业教育深度融合的应用型人才培养模式

5.1 建立校企合作的"四个融合"人才培养体系

依据体育学科的发展，体育专业创新人才培养应遵循以下规律：一是要强化多学科交叉知识学习。坚持学研结合、学产结合的原则，调整学生的知识结构，强化体育、康复、心理等多学科交叉，拓宽体育专业的发展口径，提升体育产业的开发潜质。二是强化体育创新创业教育。在体育教学内容中融入创新创业教育内容，并与运动康复产业、少儿体适能、健体等有关的实践相结合，培养学生的体育产品研发、技术课程转化和创业管理能力。三是强化社会实践教学。加强校企实践教学基地建设，建立适应创新创业人才成长的实践教育体系与方法，加强学生体育应用实践创新能力的培养。因此，按照"学科交叉、共建共享、模块设课、分类培养"的原则，进一步整合教学、科研及社会优质资源；优化体育课程内容，建立融体育多项业务培养与创新创业教育为一体、融知识学习与能力转化培养为一体、融教学与课程研发生产为一体、融校内学习与校外授课为一体的"四个融合"人才培养体系；培养具备体育课程研究与开发、体育产业生产与管理、体育健身创业与经营等的高层次人才。

5.2 构建体育教育与创新创业教育融合的课程群

按照体育专业创新创业人才培养目标，打破原有的教学模式，实行学科交叉渗透，实

现知识的整合。将课程分为基础、专业和混合拓展3个平台，设人文、自然基础课、体育专业基础课、体育专业核心课、创业基础课、体育创业能力拓展课6大模块，实现必修和选修课程的多向选择。同时，围绕专业核心课程体系，开设项目研发与设计训练的体育专业必修课程。如少儿体适能、学前体育课程设计、体育健身设备等课程，从学科专业与科研生产需要的关联入手，引导学生掌握项目研发、企业管理设计的路径与方法，参与基于专业的创新创业实践，提高学生发现问题、分析问题和解决问题的能力。围绕专业课程体系，开设交叉学科选修课程。此外，在体育专业创业能力拓展课中开设体育产业市场管理、体育产业经营学、体育产业电子商务、体育企业经营与管理、体育健身与康复等课程。引导学生在跨学科专业知识学习中，获得创新创业必备的交叉学科思维方式、发现问题的视角和解决问题的能力。

5.3 构建课内外相结合的创新创业实践教育体系

围绕创新创业实践，开设"四个一"的创新创业实践必修课程，实行开放式教学。即开设一门基于综合运用体育知识、技术和方法分析健身问题的"健身康复"课程；开设一门基于模拟受伤康复训练的"运动康复技法实训"课程；开设一门基于幼儿体育教育内容的"学前体育教育"课程；开展一套体育产业创业技能实训体系。选拔具有创业兴趣与愿望、激情与潜质的学生参加基于创业实际情境下的SIYB、KAB创业培训课程，帮助学生系统学习创业知识与技能，培养创业精神与素质，了解创业过程与模式，掌握创业方法与步骤，提高自主创业意识与创业成功率。

5.4 改革体育课堂教学方法、创新实践教育方法和评价方法

创新体育课堂教学，注重专业理论的延伸应用，改变传统的专业知识传授为专业知识的实际运用，即专业能力的培养。建立以体育专业技能作为引导的开放式课堂体系，采用案例授课方法，注重学生在体育专业理论基础上实践能力的培养。充分利用体育精品资源共享课资源，建立翻转课堂教学模式，加强课上研讨，鼓励学生积极参与到课堂氛围中，以开拓学生思路、培养创造性思维。在学生实践教学方法上，逐步培养学生实践能力、创新能力及科学思维；构建以技能竞赛、创新实验大赛、创业大赛为内容的学科竞赛体系，激发学生创新兴趣和潜能。通过积极与社会建立"产、学、研"全面合作联盟，积极推进高校与企业联合培养，为学生提供更多参与应用创新和创业项目的锻炼机会，提高学生创新精神、创新思维和创新创业能力。此外，要建立与教师授课体系互相映照的考试机制，将所学科目进行分类，强化学习过程考核，探索非标准答案考试，实现与能力化教育接轨。

5.5 教学保障体系建设

加强师资队伍建设，提高教师课堂教学能力，要求青年教师企业实践，进行中青年教师专业能力训练，提高教师专业实践能力和创新创业实践指导能力；聘请校外导师，充实师资队伍。加强多媒体教学资源建设，提高教学课件质量，优化教材，丰富网络教育资源，加大体育实验室投入，拓展校外实践基地和社会教学资源，保障课内外教学顺利进行。

同时，逐步完善对高校教学质量的监管，加大管理控制力度，不断完善其制度建设，形成与学校具体情况相联系、结合学校自身特点的教学质量监控系统。二级学院也要紧跟学校建立与之对应的监控制度，形成以学校为主体、学院为辅助的一套系统的教学质量监控机制和监控体系，从一系列培养计划制订、课堂效果、考试检测到实践教学环节，实现全过程管理和全方位测算，确保提升人才培养质量。

参考文献

[1] 国务院办公厅. 国务院办公厅关于深化高等学校创新创业教育改革的实施意见 [Z]. 2015－05－04.

[2] 李克强. 普通高等学校毕业生就业创业工作会议 [EB/OL]. (2017－5－10), http：//edu. 21cn. com/news/terminal/10/134343. html.

[3] 国务院. 国家创新驱动发展战略纲要 [J]. 建设科技, 2016 (10)：8.

[4] 国务院办公厅. 国务院办公厅关于加快发展体育产业的指导意见 [Z]. 2010－03－24.

[5] 人民日报. 中共中央国务院印发《"健康中国 2030" 规划纲要》[N]. 人民日报, 2016－10－26.

[6] 张锦文. 创新创业教育与高校专业教育的融合发展机制研究 [J]. 黑龙江教育学院学报, 2018, 5 (37)：16－18.

[7] 于超. 科学构建社会体育专业的考核体系 [J]. 辽宁师专学报：自然科学版, 2016 (3)：54－56.

[8] 阚婧. 我国高校创新创业教育的实践探索 [D]. 大连：大连理工大学, 2011.

[9] 张广群. 社会体育专业人才培养模式改革初探 [J]. 辽宁师专学报：自然科学版, 2015 (2)：64－67.

[10] 顾久贤, 孙彪. 体育院校办学理念研究 [J]. 教育与职业, 2016 (8)：37－38.

[11] 刘义. 体育专业大学生就业创业的影响因素及对策分析 [J]. 教育与职业, 2015 (26)：76－77.

[12] 孙海光. 2015 体育产业将增值 4000 亿元 2025 年目标值超 7 万亿元 [EB/OL]. (2015－12－09), http：//sports. sina. com. cn/others/others/2015－12－09/doc－ifxmihae.

[13] 林德韧, 岳东兴. 2014 年全国体育及相关产业总规模达 13574 亿元 [EB/OL]. (2015－12－28), http：//sports. qq. com/a/20151228/036779. htm.

[14] 刘晓峰, 周航. 区域科技服务集成系统运营模式创新研究——以黑龙江省科技创新创业共享服务平台为例 [J]. 对外经贸, 2013 (8)：73－75.

[15] 王宏达. 影响体育专业大学生心理健康的原因及解决对策 [J]. 辽宁师专学报：自然科学版, 2010 (4)：72－75.

作者简介

孙建鹏（1978—　），男，河南睢县人，副教授，硕士。研究方向：体育教学。

面向创新实践能力培养的电气专业课程设计改革

史敬灼 王 勇 梁云朋

（河南科技大学，洛阳，471023）

摘要：针对原有课程设计教学模式存在的知识条块分割、实践能力培养不足等弊端，对电气工程及其自动化专业的课程设计教学模式进行改革，选择智能小车作为设计对象，进行面向五门课程的综合课程设计尝试。课程设计过程中，设置适当的任务节点，鼓励学生动手实践，提倡学生自主研究。实践证明，这种教学模式能够显著提高学生的学习、实践兴趣，有助于学生创新实践能力的培养。

关键词：课程设计；实践能力；创新能力；教学方法

课程设计是大学本科人才培养体系中的一个实践教学环节，与特定课程相对应，在深化课程知识理解、培养知识运用能力和实践能力方面，具有重要作用。传统的课程设计模式，存在着课程知识条块分割、实践能力培养不足等弊端。在提倡加强工科大学生创新实践能力培养的背景下（杨秋波等），有必要对包括课程设计在内的各个教学环节的教学方式、方法进行新的思考，使之发挥应有作用，更好地服务于学生能力培养（陈国定等）。

本文探索创新教育与专业教育深度融合的模式与具体方法，介绍了电气工程及其自动化专业课程设计改革的一些尝试，通过统一设计对象，贯通多门相关课程的课程设计时间和设计内容，使学生在动手中学习、在解决问题的过程中增长创新实践能力，提高学生创新实践能力培养水平。

1 课程设计改革的起因与思路

1.1 原有课程设计模式的弊端

一方面，该专业原有的课程设计，都是针对某一门课程的，课程设计时间一般为1~2周。由于课程设计时间相对较短，也由于指导教师配备较少，设计内容限于纸面设计，没有实物验证环节，导致学生往往没有实践经验的积累，甚至不知自己设计的对错，不能填补课程理论知识与实际应用之间的距离，课程设计流于形式。

另一方面，专业培养计划中的不同课程之间，往往存在着联系；课程之间先后衔接，或者几门课程讲授的知识是用来构成一个实际系统的不同结构单元。在电气行业应用中，一个实际系统的设计、分析，通常需要综合运用几门课程所学知识，对应于不同课程知识的各个功能单元相互依托，共同达成系统功能要求。

以广泛应用的电气传动系统为例，在电气工程及其自动化专业的课程设置中，电机学课程讲授了该系统中的控制对象，自动控制理论课程知识为其控制器设计提供理论基础，电气传动自动控制系统课程则专注于电气传动系统的控制方法，电力电子技术课程讲授其执行机构，电气测试技术课程知识用来构成反馈信号的测量单元，单片机原理、高级语言程序设计、电路、模拟电子技术、数字电子技术等课程则为系统的硬、软件实现提供技术支撑。所有这些课程知识，共同用来构成一个完整的电气传动系统。

考虑到课程之间的内在联系，在课程课堂教学以及与之相关的实践教学过程中，如果不能从系统的角度去把握不同课程之间的内在联系，而是将不同课程的知识人为割裂开来，使得课程与课程之间相互孤立，不成体系，会直接影响学生对课程知识的正确理解与有效应用。

针对这些问题，将对应于一门课程的课程设计，改变为对应于几门相关课程的综合课程设计。在培养计划设定的学分框架下，这一综合课程设计的时间可以较长，能够完成、实现、调试整个设计流程，使学生在动手实践的过程中，将几门课程的知识相互贯通，更好地培养学生的创新实践能力。

1.2 关于创新实践能力培养方法的思考

目前，国家大力提倡在高校人才培养过程中，提高创新实践能力培养的质量和水平。这是时代的需要，也是构建创新型社会的迫切需求。

学生创新能力的培养，需要专题讲座、专门的创新课程，但更应潜移默化于包括课堂教学在内的大学四年各个教学环节中，使学生在获得专业知识、知识运用能力和专业实践能力的同时，逐渐具备创新能力。这样一个培养过程，应该是循序渐进并且尽可能规范化的一个过程，应该是有明确目标的一个体系。

创新意识，是创新能力的基础。我们应注意到，学生在进入大学校门时，大多已经习惯于以应试能力培养为主要目标的被动学习方式，与生俱来的创新思维被大大束缚。当我们试图去培养学生的创新能力时，必然伴随着学生从上述被动式的学习方式，向以自我创新实践能力培养为目标的主动学习方式的转变。只有这样，学生才能够在大学四年的被培养过程中，逐步走向敢想、会想、会做。因而，尤其在课程设计等实践教学环节的设计上，需要考虑如何推动学生向主动学习方式转变，积极动手实践，主动思考问题、解决问题。

激发、吸引学生的兴趣，是促进这种转变的前提。如何使学生有兴趣去学、去做，是创新实践能力培养过程中首先需要解决的问题。

2 电气专业综合课程设计改革

2.1 课程设计对象的选择

设计对象的选择，需要贴近课程授课内容，同时也要考虑能够吸引学生的兴趣。创新实践能力培养的过程，是在教师引导下，主要通过学生主动学习、实践、思考而使自己获得能力的过程。只有学生感兴趣，愿意去做，才谈得上能力培养。

综合考虑这两点，经过反复比较、筛选，最终选择"全国大学智能车竞赛"的电磁组智能小车作为课程设计的对象。经过十几年的竞赛推广，"全国大学智能车竞赛"已经成为全国高校普遍参与的一项赛事，学生普遍对这一竞赛较感兴趣。智能小车的判别主要在于速度的快慢与精准，可以在课程设计过程中组织各种形式的竞赛，来进一步调动学生参与的积极性。

智能车竞赛分为电磁组、摄像头组、光电平衡组等不同的智能小车组别。其中，摄像头组智能小车使用摄像头通过图像处理来感知赛道信息，图像处理技术超出了电气专业本科知识范畴，故不采用。光电平衡组为两轮直立小车，控制难度较大，用来作为全体学生参与的课程设计的设计对象，恐部分学生无法完成，可能打击学生动手实践的积极性，也不采用。电磁组智能小车通过检测赛道微弱磁场来获取赛道信息，而磁场量的检测是电气专业"电气测试技术"课程的核心授课内容之一，符合专业能力培养需求。

电磁智能小车与电气专业课程之间的关系，如图1所示。智能小车的车架后端安装一台微型直流电动机，驱动后轮旋转，使小车向前行驶；电动机同轴安装光电编码器以测量后轮转速，构成转速闭环控制。车架前端安装舵机，带动前轮偏转，使小车转向。安装在支架上的赛道磁场检测单元，伸出车体前方，用来感知赛道与小车之间的相对位置信息。车架中部安装电池及实现小车运行控制功能的单片机板、驱动直流电动机旋转的驱动板。

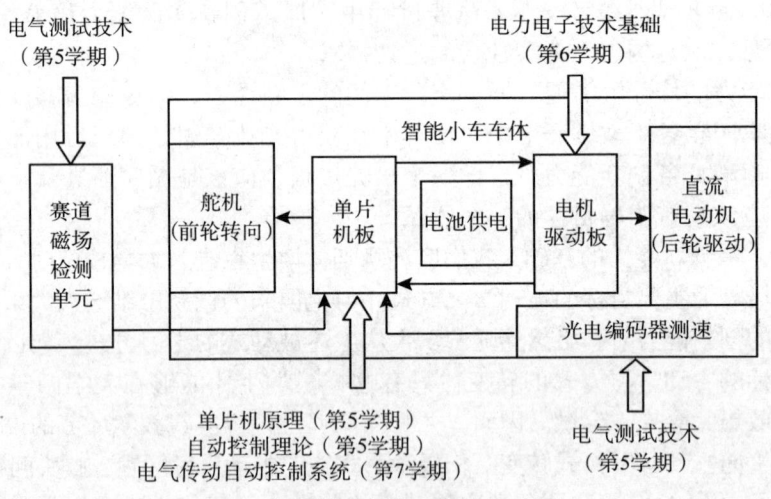

图1 智能小车及相关课程示意图

小车在赛道上行驶的过程中，单片机板上的单片机接收赛道磁场检测单元感知的赛道位置信息，据此控制舵机偏转角度及后轮驱动电机的转速，使小车沿赛道正确行使。舵机的偏转角度，单片机发送给舵机的PWM（Pulse Width Modification，脉宽调制）信号脉冲宽度，决定舵机亦即小车前轮的偏转角度，后轮驱动电机的转速，则由单片机发送给驱动板的PWM信号占空比决定。光电编码器输出信号也被接入单片机，构成电机/后轮转速的闭环控制。

由此可知，电磁智能小车各个功能单元所涉及的知识，均属于电气工程及其自动化专业的课程知识范畴。其中，赛道磁场检测和光电编码器测速属于电气测试技术课程；直流电动机驱动板属于电力电子技术基础课程；单片机及单片机编程实现的控制算法，涉及单片机原理、自动控制理论、电气传动自动控制系统课程知识。本文所述综合课程设计，就对应于这五门课程。

五门课程的课程设计相互贯通，基于同一软硬件平台，面向同一对象，可使学生自然而然地将这五门课程的知识联系在一起，从系统的高度，综合应用所学知识去认识问题、分析问题、解决问题；在锻炼实践动手能力的同时，有助于打破课程之间的条块分割，使各门课程的知识相互贯通，加深知识理解，学会并且会用。另一方面，因为是面向同一对象，与五门课程各自独立的课程设计相比，能够缩短课程设计所需的总时间长度；或者，利用同样的课程设计时长，能够做得更加深入、更加细致，增进创新实践能力培养的效果。

2.2 课程设计的内容

五门课程分属三个学期，课程设计的安排与之对应，见表1，总周数为7周，与改革之前这五门课程的课程设计总时长相同。

表1   课程设计总体安排

对应课程	学期	周数	主要内容
单片机原理	5	3	绘制、制作单片机板，手工焊接、调试单片机板、电机驱动板，调试、修改单片机程序，智能小车竞赛
电气测试技术			
自动控制理论			
电力电子技术基础	6	2	绘制、制作、手工焊接、调试电机驱动板，调试、修改单片机程序，智能小车竞赛
电气传动自动控制系统	7	2	基于阶跃响应的电机系统建模，直流电动机双闭环控制器设计与单片机编程实现，调试程序，智能小车竞赛

表1还给出了课程设计每个阶段的主要设计内容安排。在课程设计内容的安排上，充分考虑对应课程的创新实践能力培养需求，而不是智能车竞赛需求。

从整体上来说，学生需要自制单片机板、驱动板电路板，并编写单片机程序，让小车在赛道上跑起来并尽量跑得更好。因为设计电机驱动电路所需的电力电子技术基础课程在第6学期，第5学期的课程设计中，驱动板采用指导教师提供的电路板，学生手工焊接电子元件后使用。

在单片机型号的选择上，考虑到单片机原理课程讲授8051单片机，而基本型的8051的单片机不足以完成智能小车运行控制人物，所以选择了增强版的8051兼容单片机。所选单片机编程语言与8051单片机完全兼容，所用编译开发环境也基本相同，只是增加了PWM、定时器捕获等片内功能模块。实践表明，在课程设计过程中，指导教师只需要用2

个学时讲授所用单片机片内增加的功能模块、编译开发环境的差异及程序下载方法，学生就可以轻松上手了。

在学生设计单片机板时，考虑到表贴单片机芯片的引脚间距较小、学生手工焊接困难，为学生提供了可以将引脚连接转换为直插形式的单片机最小系统板及插座。

在驱动板的设计上，为与电力电子技术基础课程授课内容相对应，使学生积累更多经验，更好地实现从理论知识到实物的转换，要求学生采用分体的 MOSFET、MOSFET 驱动芯片等进行设计，而不是智能车竞赛通常使用的一体化的电机驱动集成芯片。同时，为与电气传动自动控制系统课程讲授内容相对应，驱动板包含电机电枢绕组电流测量单元，并将电流检测信号送入单片机，构成直流电动机转速、电流双闭环控制系统。

除表1所示各学期课程设计的主要内容之外，在课程设计进程中，需要设置引导性的任务节点，有助于达成课程设计的能力培养目标，并规范课程设计过程。例如第5学期课程设计中，针对相关课程的任务节点见表2。

表 2　　　　　　　　　　第 5 学期课程设计的任务节点

对应课程	任务节点
单片机原理	（1）硬件设计：根据智能小车运行过程对单片机的功能要求，考虑片内功能单元的使用，并据此进行单片机引脚分配、确定片外连接关系，进而完成单片机板设计； （2）编程：强调中断的设置与使用，编写中断服务子程序，实现赛道检测、测速、舵机控制、转速控制等各种实时控制功能； （3）开发环境：熟练运用设置断点、读取数据等程序调试手段
电气测试技术	（1）编程实现电机转速测量的测频、测周两种方法，并分析其具体实现和测量结果的差异； （2）设置赛道检测元件的不同布局形式，并相应地编程实现小车与赛道相对位置检测的不同方法，分析其差异，探究其对小车运行性能的影响
自动控制理论	在指导教师讲解 PID 控制参数人工整定方法的基础上：考察不同控制参数对后轮转速控制效果、小车运行性能的影响

2.3　课程设计过程中的指导

从上述课程设计内容可以看出，本文所述课程设计的过程，是一个以智能小车为载体的动手实践过程。学生在主动尝试运用所学课程知识来发现、分析、解决实际问题的过程中，深化对课程知识的理解，掌握将理论知识应用于实际系统的基本方式和方法，积累实践经验，锻炼专业实践能力和创新能力。

为更好地实现能力培养目标，设计过程中的教师指导，应遵循以下原则。

（1）授人以渔。在课程设计的集中讲授环节，注意采用问题导向式的讲授方法；在解答学生疑问时，手把手教学生分析问题、解决问题的具体方法和步骤，引导学生自己一步一步地去探求如何解决问题，而不是直接给出答案。

（2）鼓励学生自主实践，不问不答。在课程设计动员等讲授过程中，在细致说明目标、任务、方法、步骤的基础上，不断鼓励学生自主动手实践，鼓励探索，鼓励讨论与争论，鼓励求证，并为学生提供可能用到的一切必要工具、电子元件和数字存储示波器、万用表、电子秤等仪器设备。在设计过程中，如果学生不主动找指导教师答疑解惑，教师一般不去干涉学生的实践进程。

（3）持续关注，适时纠偏。学生由于实践经验不足、课程知识理解不到位，在探究解决问题方法的过程中，可能出现创新性的思路和想法，但更可能走错路或是钻牛角尖，从而耽误时间，甚至使学生产生畏难情绪，影响动手实践的积极性。指导教师应不断观察同学们的课程设计进程情况，适时给予必要指导，纠正偏差。

实践表明，上述课程设计模式深受学生欢迎，学生的能动性和学习、动手实践热情都能够被调动起来。

3 结语

本课程设计模式以加强创新实践能力培养为目的，改革原有课程设计模式。本文选择适当的设计对象，跨越多个学期，进行面向五门课程的综合课程设计尝试。设置引导性的任务节点，采用鼓励学生主动学习、主动实践、主动思考的指导方式，取得较好效果。但仍有许多不足，如何满足社会需求，如何适应具体学校的具体环境，切实提高学生创新实践能力培养的水平，使学生受益，使教师受益，仍然有很长的路要走。

参考文献

[1] 杨秋波，王世斌，郄海霞. 工科专业本科生实践能力：内涵、结构及实证分析[J]. 高等工程教育研究，2017（6）：81-85.

[2] 李小川，黄庠永，田萌. 大学生创新实践能力培养存在问题的思考[J]. 中国现代教育装备，2017（3）：64-66.

[3] 陈波，王玲，张旭伟. 基于"N-CDIO"理念构建培养学生工程能力新模式[J]. 高等工程教育研究，2017（9）：145-149，168.

[4] 次英. 基于毕业设计的创新创业教育模式探索[J]. 电气电子教学学报，2017，39（6）：126-128.

[5] 陈国定，杨东勇，陈朋. 强化工程实践与创新能力培养的微机类课程实验教学[J]. 实验室研究与探索，2017，36（4）：171-173.

[6] 刘艳霞，范同顺. 单片机类课程创新教学模式改革[J]. 电气电子教学学报，2017，39（10）：42-45.

[7] 郭庆，海莺，赵中华. 基于创新实践能力培养的实验教学考核模式改革探索[J]. 实验室研究与探索，2017，36（7）：175-177.

[8] 王心刚，贺利，张冬至. 电工电子学课程研究性实验教学模式改革与实践[J]. 实验室研究与探索，2017，36（4）：188-191.

作者简介

史敬灼（1974— ），男，河南科技大学电气工程学院，工学博士，教授。研究方向：电力电子技术。

产教融合背景下我国高校跨境电商人才培养的目标、难点与对策研究

郭 萍

（河南科技学院，新乡，453000）

摘要：2017年12月，国务院颁布《国务院办公厅关于深化产教融合的若干意见》，将产教融合的重要性提高到一个新的高度。随着我国跨境电商的飞速发展，跨境电商人才需求日益激增，高校跨境电商人才培养与产业发展需要之间不完全匹配。高校应根据跨境电商主体的岗位需求，培养具备相关素质与能力的跨境电商人才。专业归属、师资培养、企业与高校及教师的积极性调动均是产教融合背景下跨境电商人才培养的难点。因此，在产教融合背景下，针对我国高校跨境电商人才培养的难点，探寻相关的解决对策，以利于培养适合市场需求的跨境电商人才。

关键词：产教融合；跨境电商人才；难点；对策

2008年金融危机以来，全球贸易受到一定程度的打击，放缓了发展步伐，然而在近两年我国出口增长率徘徊不前的态势下，跨境电子商务交易规模自2013年的2.9万亿元，已经上涨到2017年的8万亿元，以每年30%的增长率递增。以跨境电子商务为代表的新型贸易正在逐渐加快发展，并有望成为中国贸易乃至整个经济的全新增长引擎。互联网的快速发展为跨境电商的发展提供了先决条件。在全国倡导"互联网+"的大背景下，以及"一带一路"的政策号召下，越来越多的企业加入跨境电商的行业。截至2017年12月，国务院已批准13个跨境电商综试区。但是，产业经验、产业技术和产业人才的缺乏却成为制约大多数企业发展的主要瓶颈。虽然我国每年跨境电商相关专业毕业生源源不断输入社会，但是人才不匹配等供给侧问题比较严重，高校跨境电商人才培养的问题亟待解决。

1 我国高校跨境电商人才市场分析

1.1 跨境电商人才供不应求，孔雀东南飞趋势依旧显著

据国家人力资源服务外包研究院统计，目前全国约有20万家跨境B2B（Business-to-Business，企业对企业）企业，人才缺口150万人。加上B2C（Business-to-Customer，商对客电子商务模式）等其他跨境电商平台企业，全国跨境电商的人才缺口保守统计在200万人以上。高校跨境电商人才供给方面，2000年以来教育部共批准了339所本科高校

和650多所高职高专设置电子商务专业，每年大约有10万名毕业生。全国现有的国际贸易专业约700个，年毕业学生约6万人。以每年16万人为基数的高校跨境电商相关人才供给却远远满足不了企业的需求。由于全国跨境电商发展区域不平衡，我国南方以及一二线城市跨境电商发展较北方地区和三线城市较好，对于跨境电商人才的需求，呈现普遍需求、南方尤为需求旺盛的态势。在中国南方城市，对于跨境电商人才的需求已经达到稍懂英语和一些电脑操作技能就可以被招去做跨境电商的地步，可见人才极度匮乏。高校跨境电商相关专业毕业的人才更是供不应求，多数有做跨境电商意愿的毕业生，毕业后普遍流向北上广等发达城市和地区。

1.2 高校跨境电商相关人才与企业真正的需求匹配度不高，企业满意度差[①]

虽然每年跨境电商相关专业源源不断地向市场输送"人才"，但是据中国对外经贸大学调查统计有85.9%的企业认为目前跨境电商人才存在缺口。跨境电商企业一方面如饥似渴地吸纳高校毕业生，另一方面企业觉得又招不到合适的人才。17.6%的跨境电商企业在高校人才市场上招不到合适的人才，而剩下82.4%的企业虽然招到了人，但是这些"人才"根本满足不了企业的需求。企业认为大部分跨境电商相关专业毕业生存在这些缺点：解决问题的能力不强（81.9%），专业知识不扎实（53.0%），知识面窄（51.3%），视野不够宽（49.7%）。而在招聘过程中，毕业生的个人知识结构不能满足企业对于各个工种的需求的情况严重。目前跨境电商企业的工作岗位有向纵深细化发展的趋势，不仅需要拉单的业务人员，更急需挖掘客户信息的运营人员，而所招来的毕业生不管是做业务还是运营，因为知识结构的不匹配都不能实现立即上岗。企业普遍认为，跨境电商人才存在严重缺口，绝大多数人认为跨境电商人才缺口严重存在（85.9%），因为招到的人不能按要求完成工作任务（82.4%）。高校毕业生作为跨境电商人才的重要来源此类问题更为突出。

2 产教融合背景下我国高校跨境电商人才培养的目标

从上面的分析，我们可以看出，我国高校跨境电商毕业生虽然是供不应求，但是毕业生的知识结构和素养，依然离企业的要求相差较远。我国高校跨境电商的培养目标是要实现培养高质量跨境电商人才以满足经济社会发展的需要。但是高校实现这一大目标的基础就必须先明白我们教育服务的产业主体究竟有哪些，他们的需求具体是如何的，他们的岗位需求有哪些。这样才能有针对性地制定各类所需人才的具体培养目标，进而制定具体培养方案，以满足产业发展的需求。

2.1 跨境电商的产业主体类型

跨境电商人才的培养，首先应该了解跨境电商高校教育的服务对象。需要跨境电商人才的企业有三个基本大类。

[①] 此部分所用数据来源于2016年度中国电子商务人才状况调查报告。

(1) 跨境电商平台企业。如阿里巴巴、中国制造、环球资源等跨境 B2B 平台性企业，敦煌网、易贝等跨境 B2C 平台性企业，不仅国内的跨境平台企业，还有国外的 TRADEKEY，TRADEINDIA 等国外的各类型跨境电商平台企业。

(2) 直接从事跨境电商的企业（在跨境电商平台上进行进出口交易的企业）。不同规模、不同行业、不同类型的企业对跨境电商人员的需求不同。小企业倾向于电子商务专业人才，也希望这些人才具有复合型的知识和技能；中型企业对专业学科人才需求有一定的倾向；大型企业对复合型人才的需求较大。

(3) 跨境电商配套企业。做跨境电商必不可少一些配套型的企业，如国际物流公司需要组织国际运输，这就牵涉对国际货代以及通晓国际物流的专业人才的需求，再如为跨境电商企业提供外贸销售渠道与信息的企业和为跨境电商业务与运营外包型企业，他们都有着对于各种类型外贸人才的需求等。

分析三类企业可以看出，跨境电商人才的培养不应该仅仅局限于正在从事跨境电商的企业，而且应该看到跨境电商平台性企业的需求和配套企业的需求。当然为了推动跨境电商的发展，我国各级政府也需要懂得跨境电商的人才来从事相关政策的制定和执行工作。因此跨境电商人才培养的目标一定是多方面和多层次的。

2.2 基于岗位的跨境电商职位需求分析

通过对跨境电商主体职位需求的定位，高校更容易获取各个企业对于跨境电商人才的具体需求。根据国家人力资源服务外包研究院对 300 家跨境电商企业提供的产业职位描述信息的梳理，跨境电商的基本职位需求可被分为 4 大类 15 个典型职位（见表1）。这四大类分别是：外贸类、运营类、设计类和供应链管理类。

表 1　　　　　　　　　跨境电商 4 大类 15 个典型初级职位

职位类别	初级		中级	高级
	职位名称	职位群名称	职位名称	职位名称
设计类	网页设计	跨境电商设计专员	中级跨境电商设计师（技术类） 跨境电商设计主管/经理（管理类）	高级跨境电商设计师（技术类） 跨境电商设计总监（管理类）
	平面设计			
	摄影师			
运营类	运营专员	跨境电商运营专员	中级跨境电商运营师（技术类） 店长 跨境电商运营主管/经理	高级跨境电商运营师（技术类） 跨境电商运营总监
	文案策划			
	网络推广专员			
	跨境电商 SEO			
	数据分析师			
外贸类	跨境电商业务员	跨境电商外贸专员	中级外贸业务员（技术类） 跨境电商外贸主管/经理	高级外贸业务员（技术类） 跨境电商销售总监
	跟单员			
	跨境电商客服			

续表

职位类别	初级		中级	高级
	职位名称	职位群名称	职位名称	职位名称
供应链管理类	采购专员（进口）	跨境电商供应链管理专员	跨境电商采购主管/经理（进口）	跨境电商供应链管理总监
	采购专员（出口）		跨境电商采购主管/经理（出口）	
	物流专员		跨境电商物流主管/经理	
	报关员			

（1）外贸类指的是跨境电商的业务员、跟单员和客服。这类人员主要从事开发客户获得订单、跟踪订单、维护客户、外贸跟单、服务客户等工作。

（2）运营类包括运营专员、网页文案策划、网络推广专员、跨境电商 SEO（Search Engine Optimization，搜索引擎优化）、数据分析师。主要做跨境电商平台运营（产品信息发布、产品信息优化、P4P 分析）、产品网页信息构思策划、企业网站推广、各种数据分析等以多种跨境销售渠道获取客户信息等工作。

（3）设计类工作包括网页设计、平面设计、摄影师，主要用 PHOTOSHOP 等工具进行跨境平台旺铺设计、图片设计、各种宣传的平面设计和视觉摄影工作。

（4）供应管理类包括采购专员（进口）、采购专员（出口）、物流专员和报关员，这类工作主要是关于跨境电商供应链各个环节的操作和把控。

根据工作能力要求的高低和工作的复杂度，以上各种类型的职位，又可以分为初、中、高不同等级。中高级别的职位，可以是单一的技术岗和管理岗，但是现实中往往此类岗位为技术和管理复合的岗位，通常由企业中各个经理、主管、总监担任。从这些职位可以看出，传统的国际贸易类课程是远不能满足跨境电商的需要的。高校跨境电商相关专业应该分别开设外贸类、运营类、设计类、供应管理类以满足企业的职位需求。不仅如此，高校也应开设管理类课程以满足各种管理岗位的需求。

2.3 与各个岗位匹配的人才素质和能力要求

确定了跨境电商的各个岗位，就可以确定各个岗位的基本人员素质要求和能力要求，进而确定高校的培养目标和培养方案。外贸类工作因为要经常跟客户沟通，所以要具备较高的英语水平、计算机二级水平（熟练操作 PS/WORD/EXEL/PPT）、国际贸易专业知识、较高的交流能力、广泛的学科基础（运用 CAD 软件、思辨分析力等）。运营类工作一般要具备至少相当于 CET 4 的英语水平、开发市场、数据分析、文案策划能力、SEO 网络技术、搜索引擎操作等能力，设计类工作一般要具备至少初级的英语水平、PHOTOSHOP/EXEL/PPT 娴熟的操作能力、美术设计能力和审美能力。供应链管理类工作至少要具备相当于 CET 4 的英语水平、有关于采购、物流管理、报关等的专业知识的运用能力。对于中高级职位的员工，除了上述能力之外还应具备统筹大局的管理能力、对于市场的把控能力、发展策略的计划和实施能力。

3 产教融合背景下我国高校跨境电商人才培养的难点

教育要立足并满足产业发展的需求,这是产教融合的真正目的。根据跨境电商人才各个岗位所需要人才的基本素质和能力,反观我国高校跨境电商相关人才的培养机制,显然已经跟不上跨境电商快速发展的需求,很多问题亟待解决。

(1)传统专业转型艰难,跨境电商专业设立滞后,专业归属有待商榷。

鉴于跨境电商的快速发展,2015年,教育部批准37所高职院校相关专业设置跨境电子商务方向,归属于电子商务专业。然而至今我国高校本科层次上尚没有跨境电商专业。现实中不管是本科层面还是高职高专的层面,跨境电商的相关培养出现了多头现象,也就是说可以进行跨境电商相关人才培养的专业可以是国际贸易专业、商务英语专业、电子商务专业、软件技术专业、国际商务专业和物流专业甚至是美工设计专业(见图1)。虽然在大多数院校跨境电商人才的培养更倾向于放置在国际贸易专业和商务英语专业,但是现实中这些专业来教跨境电商却是困难重重。电子商务专业培养出来的人才外语水平和国际贸易能力不能满足跨境电商的需要;国际贸易专业培养出来的人才不能满足跨境电商平台的实操需要;美工设计专业的毕业生不懂得跨境电商平台旺铺装修、产品详情页设计的要求。跨境电子商务专业复合型人才的培养要求,高校内部没有哪一个现成的专业可以满足。传统专业转型艰难,跨境电商专业设立滞后,专业归属不清楚,使得相关专业都不敢大刀阔斧地进行跨境电商人才培养的改革。

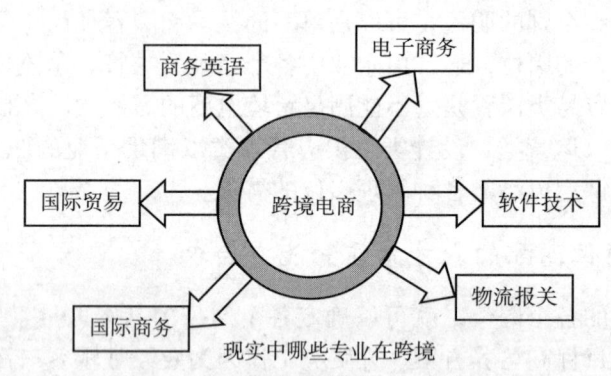

现实中哪些专业在跨境

图1 跨境电商人才涉及相关专业

(2)跨境电商发展日新月异,教师、教材、技能无法固化。

跨境电商飞速发展,我国许多高校相关专业都在尝试着根据产业的需求进行课程的改革或者更深层地培养方案的改革。目前面对的问题是,即使培养方案制定出来,许多课程在实践中也无法开展。从教师的层面来讲,要满足跨境电商人才培养的需要,没有一个单独专业的师资力量可以满足跨境电商人才培养的需要。因为这些专业的教师通常也是学有所专。于是无论从以上哪一个专业开展跨境电商方面人才培养都感到有困难。以国际贸易专业的教师来讲,平面设计的课程是很难由国际贸易专业的教师来讲的。即使教师可以去学,但是除非有经常接触实务的机会,否则就可能技能过时跟不上时代变化。以阿里巴巴国际站的店铺设计来说，2010年时阿里巴巴国际站的旺铺仅仅需要简单的海报和产品主图的设计，而如今已经变为全旺铺装修，背景图、海报、导航条、橱窗、新品展示等，若教师没有在企业一线的实战经验，教给学生的知识也极可能是过时的。从教材的层面来说，跨境电商B2B和B2C平台本身在不断地变革，跨境电商的渠道也在不断地拓展。以社交媒体营销为例，从最早的FACEBOOK现在已经发展出TWITTER、LINKEDIN、GOOGLE+等多种方式，新的社交媒体还在不断地呈现，快速变革的时代，使得教材很难固化，今天编出来的教材，明天可能就有部分内容已经过时了。

（3）企业、专业、教师积极性难以调动，产教融合困难重重。

跨境电商人才培养需要企业、高校专业和教师三方面高效结合。然而现实的情况是，在我国大多数地区，企业、专业、教师的积极性难以被有效地激发，三方合作困难重重。企业方面，最懂得产业需求的和相关技能的人，往往就在林林总总的企业当中。我们可以到外贸公司找到资深的外贸业务员和外贸运营人员，可以到阿里巴巴拍档企业，很容易找到平面设计和物流管理的高手，如果能把这些人才引入到学校当中当指导教师，学生学到的知识将是最实用和最前沿的。但是现实中学校没有相关的"企业导师"的薪酬、待遇的规定，学校尤其是相关的专业也没有引入"企业导师"入校的特权，层层请批，困难重重，机制尚不允许，因此企业界的人士到高校任教的积极性不能被很好调动起来。从专业的层面，制定跨境电商的新的培养目标、培养方案、课程体系等一系列的改革，本来就是件艰巨的任务。学校层面缺乏相关的有效激励机制和与产业结合本身的困难，使得很多高校在改革的路上停滞不前。教师方面，我国高校的评价机制，往往是重科研、轻教学、社会服务更是不参与评价体系。现实中一些教师主动深入企业学习反馈课堂的行为在学校的评价体系（譬如职称评定体系中）不能很好地体现，教师的积极性必然受到打击。高校评价机制制约了教师的积极性。机制的问题影响了企业和学校的有效沟通，真正的产教融合实践起来困难重重。

4 对策

4.1 加快建立跨境电商专业，培养跨境电商专业化人才

由于跨境电商人才的培养涉及国际贸易专业、商务英语专业、美工设计专业和信息管理专业等一系列专业，故单一一个专业已无法满足跨境电商人才培养的需求。因此建议教育部在本科的层面加快设立跨境电商专业的步伐，至少也应像高职高专一样集中在一个确定的专业设立跨境电商方向，否则哪个专业都来搞跨境电商只能是乱象丛生。由于跨境电商的本质属于国际贸易，电子商务只是一个方法和途径，因此建议在高校的经济管理类的学院设立跨境电子商务专业，或者在国际贸易专业设立跨境电子商务方向。高校据此拟定新的培养方案和教学计划。根据跨境电商所需求的外贸类、运营类、设计类、供应链管理类以及更高层次的跨境电商管理岗位的需求，来确定应该开什么课程。外贸类课程可以开设跨境电商函电、跨境电商跟单、跨境电商客服营销，运营类课程可以开设跨境电商店铺B2B运营、跨境B2C店铺运营、跨境社交媒体营销、跨境搜索引擎营销、跨境电商数据分

析等，设计类课程可以开设跨境电商美工设计、跨境电商视觉营销，供应链管理类课程可以开设跨境电商物流、跨境电商支付等。这些是所必要开设的专业基础课程。为了全方位有效地统筹公司的跨境电商管理工作，还应开设跨境电商全网营销、跨境电商软件管理、国际市场营销等课程。当然传统的国际贸易、国际贸易实务等国际贸易类的核心课程依然是跨境电商学生应该学习的重点课程。但是传统配套课程报关、报检课程可以让同学们有所涉猎，对于有意向发展同学，可以自行着重学习。这些专业课的授课形式应该不仅仅包括理论授课，而且应该包括多环节的实验授课。有的学校根据地方发展特色和输送人才地域特色，开设相关的产业类课程。如农产品跨境电商、机械产品跨境电商、纺织品跨境电商、艺术品跨境电商等。如此的课程体系安排具有产业需求的针对性，是培养专业化跨境电商人才的有效路径。

4.2 建立和培养稳定的跨境电商师资队伍，以多种方式为载体开展教学

开展跨境电商人才的培养需要能够承担这个专业各个课程教学的稳定的师资队伍。各个高校可以采取多种措施来打造跨境电商骨干教师队伍。

（1）从跨境电商相关其他专业抽调教师，组成跨境电商专业教师团队。建议从美工专业抽调教师来教授美工设计课程或者视觉营销课程。从信息管理专业抽调教师来教数据分析课程和SEO优化等课程。国际贸易专业的教师则可以教授外贸业务类和供应管理类的课程。

（2）由于跨境电商的人才培养的很多方面对于高校而言是全新的挑战，许多教师对于某些课程的内容感到陌生，因此可以派送教师到跨境电商教学做得比较好的学校去学习。如广州番隅职业女子学校，是我国高职院校中最早开始做跨境电商方向教育探索的，他们将B2C店铺引入教学当中，学生在店铺有成单和课程结业以及学分挂钩，而且也探索出来一系列B2C为核心的跨境电商课程。

（3）派教师到企业一线去工作实践，可以是兼职也可以是全职，支持教师创办企业。教师深入到企业去，学习跨境电商业务、运营、跟单或跨境电商企业管理等。有了一线的实践经验，把实实在在的企业案例带回课堂上去讲，交给学生企业真正需求的技能。让他们真正融入课堂教育。美国斯坦福大学是全世界产教融合的典范，对教师办公司非常支持，只要教师完成了学校规定的教学、科研任务，就可以到公司兼职或创办自己的公司。斯坦福大学校长约翰·汉尼斯在发明了MIPS（Million Instructions Per Second，每秒百万条指令）后，便合伙创办了公司，在此后的几年时间里将主要精力投入到公司运营中。几年后，公司在纳斯达克上市，后期将公司出售给SGI公司（美国图形工作站生产商）后，约翰·汉尼斯又回到斯坦福大学担任工学院院长，并于2000年起担任斯坦福大学的校长至今。

（4）引入企业界的精英，参与招生方案和人才培养方案的制定。给企业界人士正规的薪酬甚至是职称晋级的待遇，让企业界人士把学校教育当作自己的另外一份事业。我们还以美国斯坦福为例。该大学有着完善的咨询教授制度。咨询教授一般是企业或政府机构研究部门的人员，他们在校任职期间仍然属于原有雇佣单位。在有教学任务和研究任务的时候亦会跟其他教授一样常驻学校，而且有着一套完整的推荐、考核、福利和职责机制。这

样，才能保证社会实践经验可以完整地传授给学生，并且形成长效机制。

除此之外，高校应该探索多种载体开展教学。

（1）教材基本固定法。虽然跨境电商发展快日新月异，但是总有一些内容是可以相对固化的。因此高校教师可以有选择性得选择一些相对可以固定的教材。如跨境电商函电、跨境电商客服营销、跨境电商视觉营销等。对于B2B平台营销/B2C平台营销等课程则要选择每年都要更新再版的教材。

（2）大力建设跨境电商实验室，应用软件教学法。很多学校都建有国际贸易实验室，但是跨境电商实验室还很少。目前市场上跨境电商的模拟软件和云数据软件，都可以作为跨境电商实操的载体，引入到课堂中。这类软件的特点就是内容更新快，紧贴时代发展的潮流。学校可以指定专业的实验教学人员深入学习软件的使用，如何更高效仿真，甚至是真正地利用产业的资源到实验室教学当中，从而有效地促进课堂实践教学。

4.3 "制度+模式"创新为产教融合保驾护航

2017年年初，国务院印发《关于进一步做好新形势下就业创业工作的意见》（以下简称《意见》），此次新的《意见》提出，对于高校、科研院所等事业单位专业技术人员离岗创业的，经原单位同意，可在3年内保留人事关系，与原单位其他在岗人员同等享有参加职称评聘、岗位等级晋升和社会保险等方面的权利。2017年底国务院颁发的文件《关于深化产教融合的若干意见》从更全面地角度多层次地鼓励高校产学融合。国家政策层面的制度创新为各个高校和产业主体的产教融合制度创新提供了很大的空间。由于每所高校自身情况与面临的产业环境不同，各个高校在进行自身管理制度层面的创新同时也需要积极探索产学融合的模式，"适当的模式+制度的保护"必然会推进产教快速融合。根据目前全国一些高校在跨境电商产教融合模式上的所进行的初探，根据其所处的发展时间和态势的不同，跨境电商产教融合的模式按照其不同的发展阶段可以分为以下几个阶段。

（1）初级阶段，打造跨境电商方向。在缺乏跨境电商人才的高校，积极引入产业界专业人士，开立跨境电商核心课程，如B2B平台和B2C平台、外贸营销渠道等课程，在这个过程中，不仅学生要学而且要指定相关的教师一起学，同步创造条件让这些教师到企业里去兼职一到两年。校内引入跨境电商相关软件，建立实验室，购置跨境电商模拟软件或者实操账户。开设实验课的同时，引导学生与企业结合选择合适的产品创新创业。与这个阶段相对应，需要高校对校外企业界人士建立评价机制，出台具有鼓励性的薪金和职称方面的待遇制度。

（2）中级阶段，打造跨境电商专业。吸纳自培养的教师、引入专业教师、企业界人士承担课程的教学，围绕跨境电商业务、运营、管理开设一系列的跨境电商课程。在模拟或者仿真实验室的基础上开设真实的实践课程，与企业结合将学生的学分与其实践的能力挂钩。譬如广州番禺女子学院在B2C课堂上，规定学生该课程结业的基础条件是必须成交一单。再如跨境电商网络设计课程可以规定学生该学科结业的基础就是为某一企业设计并售出企业网站设计模版一个。与这个阶段相配合的制度创新是，学校应该允许专业有一定经济上的自主权，在一定监督机制的基础上能够自主分配经营收入用于更好地开拓教学新局面。

(3) 高级阶段，校企深度合作共建专业。这一阶段，产业界参与招生计划和培养方案的拟定。产业界派遣讲师长期驻扎学校，进行某些课程的讲授。学校长期轮流派遣教师去企业学习。学生在大一、大二阶段学习完学校指定的课程。大三全部安排为综合锻炼学生各种跨境技能的实训课程。大四派遣到企业去实习。实习成绩与能否顺利毕业相挂钩。毕业后可以优先推荐到合作企业工作，但是学生也保留自主择业的权利。与这个阶段相对应的学校需要作出学分互换制度创新、外出学习教师制度和企业界教师待遇薪酬制度创新。由于每个学校的实际发展情况不同，具体的模式也会有所不同。除了以上的三种发展模式之外，在高校跨境电商教育人才严重缺乏的情况下可以选择和校外的教育力量联合办学。现在比较切实可行的一种方式是：和校外教育力量联合办学。譬如清华大学国家人力资源服务外包研究院为国家级的人力资源培养和输送的单位。该研究院集清华大学的科研力量研发了一系列跨境电商的实践教学软件，并集合全国高校和产业界的跨境电商专业精英人士做跨境电商的教育培训工作，对于有困难自行发展跨境电商的高校提供教育植入服务。也就是说从大一到大四研究院和高校一起负责制定培养方案、教学计划，并派遣自有教师资源或培训高校的教师进行教学，最后研究院负责联系实习单位，输出学生到校外实习。对于任何一个合理的模式高校都可以根据自身的情况进行探索，但是任何一个模式的事实背后一定有相关的制度保驾护航，政府各个层面和各个高校应在跨境电商人才的培养上，大胆地进行各种制度创新，以更快更好地在产教融合的大背景下促进高校跨境电商人才的培养。

参考文献

[1] 国务院办公厅. 国务院办公厅关于深化产教融合的若干意见 [Z]. 国办发〔2017〕95号, 2017-12-05.

[2] 网易财经. 产教融合助创新, 斯坦福模式可借鉴 [EB/OL]. (2017-12-02). http://money.163.com/17/1222/05/D684H14G002580S6.html.

[3] 杨敏, 黄翔. 基于跨境电商方向的高职商务英语专业教学改革的探索与实践——以南昌师范高等专科学校为例 [J]. 职教论坛, 2016 (11): 77-79.

[4] 项义军, 燕楠, 杨慧瀛. 基于政产学研用的国际贸易学硕士研究生培养模式的研究 [J]. 商业经济, 2017 (7): 164-166.

[5] 熊焱, 余浩宇. 国际贸易专业产学结合人才培养模式探索 [J]. 商场现代化, 2008 (21): 300-301.

[6] 黄剑. 经济新常态下国际贸易应用型人才培养模式创新研究 [J]. 山东农业工程学院学报, 2017, 34 (10): 57-58.

作者简介

郭萍（1979— ），硕士研究生，新西兰梅西大学访问学者，河南科技学院国际贸易专业教师，讲师，清华大学国家人力资源服务外包研究院特聘跨境电商研究员。研究方向：跨境电商。

加强创新创业内涵建设 努力培育创新创业生力军

——河南理工大学创新创业教育实践

付生德 桑振平

(河南理工大学,焦作,454150)

> **摘要**:多年的创新创业教育与实践凝练形成了河南理工大学的特色做法。该校按照"顶层设计、创新理念、多措并举、资源整合"的基本思路,坚持"面向全体、分类施教、结合专业、强化实践"的基本原则,不断加强机构、制度建设。通过完善培养方案、构建课程体系、改进教学方法、强化教学管理、注重师资建设、积极搭建平台、开展实践活动等,深化创新创业教育改革,打造集创新创业全要素、资源共享、开放便利、成果转化为一体的实践育人平台,为学生创新创业教育实践提供全过程、全方位服务,使学生创新意识、创业精神和创新创业能力得到全面提升。
>
> **关键词**:创新创业;内涵建设;培育;生力军;教育实践

河南理工大学始建于1909年,是我国第一所矿业高等学府、河南省建立最早的省属重点高校。长期以来,学校高度重视创新创业教育工作,致力于培养具有社会责任感与健全人格、扎实基础与宽阔视野、创新精神与实践能力的高素质人才。按照"顶层设计、创新理念、多措并举、资源整合"的基本思路,坚持"面向全体、分类施教、结合专业、强化实践"的基本原则,不断深化创新创业教育改革,加强机构、制度建设,把创新创业教育融入人才培养全过程。通过构建课程体系、搭建实践平台、开展实践活动等,为大学生创新创业提供全程化教育孵化服务,全面提升学生的创新意识、创业精神和创新创业能力,努力造就"创新型国家"生力军。

1 顶层设计健全创新创业机制体制

学校成立创新创业教育工作领导小组。校长担任组长,分管校领导担任副组长,招就处、教务处、校团委等部门负责人和学院院长为成员,全面统筹、指导创新创业教育建设工作,定期召开领导小组会议,研究部署学校创新创业工作。

学校专门成立创新创业学院。在创新创业教育工作领导小组的领导下,全面安排、部署学校的创新创业工作,负责整合、组织、协调全校创新创业教育资源,协调各有关部门、二级学院推进创新创业教育工作,全面开展学生创新创业教育与实践活动。创新创业学院设在创新创业大楼,具有独立的办公场所,零距离服务创新创业团队;创新创业教育专项经费纳入学校年度预算,每年达460余万元,全力支持和保障创新创业教育与指导服务工作。

2 注重规划构建创新创业课程特色体系

学校一贯重视加强创新创业教育,把创新创业教育改革作为提高人才培养质量的出发点和落脚点,结合学校人才培养定位和创新创业教育目标要求,促进专业教育与创新创业教育有机融合,形成与社会互动、特色鲜明的创新创业人才培养方案。

2.1 长远规划,打造创新人才培养新模式

《河南理工大学综合改革实施方案》提出:构建不同类别、不同层级的科技创新平台网络体系,积极与企业、地方政府联合建设政产学研科技创新平台。《河南理工大学"十三五"事业发展规划》明确提出:建立创新创业新机制,构建全员育人体系,培养学生实践能力和创新创业能力。制定并实施《关于深化创新创业教育改革的实施意见》,明确创新创业教育改革的思路目标、工作机构及主要任务和措施。《河南理工大学制(修)订2008级本科专业教学计划指导性意见》首次提出:以培养应用型、专业型创新创业人才为目标,注重培养学生创新精神和实践能力。制(修)订2010级和2012级本科专业人才培养方案指导性意见明确提出:以培养学生实践能力和创新精神为核心,提高学生的实践创新能力和社会适应能力。制(修)订2016版本科专业人才培养方案指导性意见提出:突出培养学生自主学习能力、批判思维能力、创新创业能力、国际交流能力。

2.2 重视建设,打造特色课程群

学校重视创新创业课程建设工作,依照《河南理工大学学生创新创业教育课程建设方案》,积极构建通识课程、专业课程、创新创业课程相融合,理论与实践、课内与课外、校内与校外、线上与线下相结合的创新创业教育课程体系,将创新创业教育融入专业教育的各个环节。设置了"1+2+X"的特色课程群,纳入学分管理。"1"是一门主干必修课——创业基础与就业指导,32学时(必修课、2学分);"2"是两门辅助选修课——大学生职业发展教育和大学生创业教育,24学时(1.5学分);"X"是各学院结合专业特点开设的创新学、创造学、创新设计方法、创业企业战略与机会选择、教育与人的成功、KAB创业教育、职业软技能实训课等30多门创新创业教育选修课。

2.3 网络教学,打造教学模式新手段

学校注重创新创业教育网络课程建设。设立尔雅通识课网络教学平台、智慧树网络教学平台、Sakai网络教学平台等在线开放课程;自2013年起,每学期选择18门尔雅、智

慧树等网络教学平台课程供学生选修，成绩合格即可获得学分。相关的课程还有2学分的创业企业战略与机会选择、1.5学分的个人理财规划等。同时，注重融创新创业教育于专业课教学，如面向机械、电气、材料等专业开设数控编程与实训、慧鱼机电系统创意与实践、机器人工程实践与探索等课程，面向工业设计、机械、车辆等专业开设激光雕刻技术实训、三维立体雕刻技术实训、快速原型技术实训等课程。选课人数达到12000余人，教学效果良好。

学校依据《河南理工大学创新创业学分认定及转换管理办法》，开展创新创业学分认定与记载工作；依照《河南理工大学学生学籍管理规定》，实行4～6年弹性学制，允许学生保留学籍1～2年休学开展创新创业活动；依据《河南理工大学学科竞赛管理办法》和《河南理工大学学生竞赛管理与奖励办法》，对师生开展创新实验、发表论文、获得专利和自主创业等给予奖励；依据《河南理工大学学生创新创业导师管理办法》，加强和稳定创新创业教育与指导教师队伍，积极聘请优秀企业家和优秀创业者等担任兼职创新创业导师，现聘有83名校内外专家兼职导师。近年来，学校先后派出236人次参加省部级交流研讨会、培训班等，35人取得全球职业规划师资格，58人获KAB创业教育资格证书，18人获全国高校就业创业指导培训中级资格证书，89人获结业证书。

3 强化实践，创建全链条梯次孵化体系

近年来，学校坚持面向行业、面向企业、面向事业，主动融入国家战略、区域经济发展和行业进步，本着优势互补、资源共享、互利共赢的原则，统筹内外资源，大力开展校校、校地、校企、校内协同创新，构建四维协同育人新机制，持续完善创新创业服务支撑体系，不断促进人才培养与经济社会发展紧密对接。

3.1 统筹资源，构建创新创业实践平台

河南理工大学创新创业基地是一个集创新创业教育和实践、科技创新、创业孵化、企业培育、综合服务于一体的创新创业平台，主要由大学科技园（省级双创示范基地）、学生创业园（省级众创空间和双创实践示范基地）、创新创业中心、工程训练中心（国家级工程训练示范中心）等组成，搭建起"工场—苗圃—孵化器—加速器—产业园"链条式梯次孵化体系。

搭建5个电工电子、工程训练、安全工程等国家级实验教学示范中心，1个煤矿开采国家级虚拟仿真实验教学中心，1个学生创业园和1个大学科技园省级创业平台，以及一批校级创新实验平台，为创新创业训练提供场地、设备、人员和技术支持。近几年，为全校学生提供开放实验项目4211项，参与学生达30000人次。

3.2 营造氛围，开展创新创业特色品牌活动

创新型人才培养是高校创新创业教育的根本任务，分层分类、全面系统地整合、发挥校内外资源，建立全过程、多方位的创新创业教育体系，是做好创新创业教育的基础，也

是开展创新创业实践，提升学生创新创业能力的有效途径。为此，我校建立了以创新创业课程为基础，以创新创业基地为保障，以工程训练、创新创意、学科竞赛、精品赛事、创业训练计划、创业比赛、社团活动等多位一体的创新创业教育新模式。依托创新创业学院，成立大学生未来创业中心、青年创新创业中心、KAB创业俱乐部等10余个学生社团，通过积极组织学生参加"互联网+""挑战杯""创青春"等国家级和省级创新创业大赛，举办"创新创业典型报告会"和"创新创业推介会""校友创业大讲堂"等多种活动营造创新创业浓厚氛围。目前，学生参加创新创业实践活动的覆盖面达到75%以上，创业实践成效明显。

深入推进"卓越工程师计划""研究生教育创新计划"，建立学校与行业企业联合培养人才的新机制，共同设计培养目标和培养方案，共同实施培养过程。以强化工程能力与创新能力为重点，遵循"行业指导、校企合作、分类实施、形式多样"的原则，加大培养基地的建设力度，支持师生开展国际交流和海外企业实习，培养学生的工程能力和创新能力，着力造就一批创新性强、能够适应经济和社会发展需求的各类工程科技人才以及工程师后备人才。采取双导师制，优先选聘校内外有工程项目设计、专利、产学合作和技术创新类及有企业工作经历的人员担任教师。校内导师负责创业知识与技能学习和创新指导；校外导师负责创业实习和传授创业实践经验和技术研发，推动理论与实践的相互交融。

4 创新指导方法，典型成果斐然

学校利用网络、微信、微博等多种媒介大力宣传创新创业政策、学生创新创业典型，利用创新创业网站、就业网站开展方针政策、职业规划、就业指导、创新创业指导等，利用"在线答疑"栏目实施网络互动指导；每年印发《毕业生就业指导手册》，发至每一位大四学生手中；每年组织职业规划师、创业培训师、就业指导师、心理咨询师在固定咨询日开展咨询活动或大型咨询会，"面对面""一对一"集中解答学生创新创业、就业方面的问题；协同焦作市地税、国税局在校内设立"大学生自主创业税收服务社"，与市工商业联合会签订"服务大学生创业实践基地合作书"，为大学生提供咨询服务和创业实践的机会，帮助大学生了解创新创业的相关知识，掌握创新创业技能，激发了他们的创新意识、创造能力和创业精神。

为加强创新创业教育，以榜样的力量激励大学生投入创新创业实践，我校每年邀请大学生创业先进典型回校或选拔学生创业园优秀团队为毕业生作事迹报告，激发大学生的创新创业热情。

开设创新创业实验班，对有创业意向和创业潜质的学生提供系统的创业辅导培训。每年邀请国内创新创业知名专家、创投公司负责人、SYB（Start Your Business，创业培训）/GYB（Generate Your Business Idea，创业意识）培训专家、创新创业成功人物进校讲学，开展学术讲座、路演沙龙、团队搭建、事迹报告、项目把脉等系列活动，指导、引领学生开展创新创业实践。目前，创新创业实验班已初步形成了以创新型、开拓型和实战型等特征的创新创业人才培养特色，成为学校创新创业教育的实验区。

在大众创业、万众创新的态势下，学校创新创业人数逐步增加，成功案例层出不穷。学校及时总结宣传，选树成功典型，努力营造敢为人先、敢冒风险、崇尚创业、褒奖成功、宽容失败的和谐创业环境和良好舆论氛围，使更多的大学生乐于创业、敢于创业。广东省煤炭工业研究所宏大爆破公司董事长兼总经理郑炳旭，东莞市隆泰实业有限公司董事长梁少龙，北京鑫源九鼎科技有限公司董事长马桂霞，以及学生创业园中美创新创业大赛特等奖、580余万创业资金获得者"体感音乐手环"项目洪文博，省2017年"创青春"创新创业大赛金奖、5项发明专利获得者兔比科技公司李彦鑫，大一零资金、现利润每月50万元的创赢科技公司总经理张鹏，大三零办公场所、现拥有5000万元合作资金的才经网络科技有限公司总经理李明敏，不走寻常路的千城网络科技有限公司总经理齐悬悬等是我校涌现出的一批典型代表。

近年来，学校有12名大学生获得省（市）级"自主创业之星"称号，成功孵化二十余个创业团队，如"体感音乐手环""智能家居""微力团队"等团队现已到北京、深圳、郑州等地规模发展，输送3万余名科技创新型人才奔赴祖国建设大业。广东省煤炭工业研究所宏大爆破公司董事长、总经理郑炳旭设立奖学金每年资助50名在校大学生；才经网络科技有限公司总经理李明敏为毕业生提供就业岗位40余个，兼职岗位近200个。我校学生的科技发明产品"蛇形机器人"在中央电视台播放，我校学生王超自主研发的计算机外设产品"意盒"获得德国国际发明技术科学博览会金奖，并被正式批准立项，列入"2006年国际成果重点转化实施工程"。

据不完全统计，2015年7月以来，我校大学生共拥有创新发明专利174项；获批国家级大学生创新创业训练计划387项；在各级各类创新创业竞赛、数学建模竞赛、智能车竞赛等活动中获得国家级以上奖励184项、省部级以上奖励2030项（见表1）。

表1　　2015年以来河南理工大学学生取得省部级以上奖励情况表

年份	国际奖 一等奖	国际奖 二等奖	国际奖 三等奖	国家奖 特等奖	国家奖 一等奖	国家奖 二等奖	国家奖 三等奖	国家奖 优秀奖	省级奖 特等奖	省级奖 一等奖	省级奖 二等奖	省级奖 三等奖	省级奖 优秀奖	合计
2015	4	22			4	12	7		3	98	139	220		509
2016	8	21			2	17	9		11	107	177	232		584
2017	6	23	18	1	5	12		6	4	171	285	391	202	1131

近年来，学校毕业生就业率稳定在95%以上，参与创新创业学生人数逐年提高，2017年学生取得省部级及以上奖励1131项。学校先后荣获全国高校实践育人创新创业基地、河南省级众创空间、河南省大学生创新创业实践示范基地、河南省就业创业工作先进集体、河南省就业创业课程建设优秀高校等荣誉称号。

百年栉风沐雨，世纪锦绣华章。站在新的起点上的河南理工大学，深入贯彻新发展理念，传承兴学育人、强校报国的价值追求。全面深化创新创业教育改革，建立健全大学生创新创业教育体系，不断提升人才培养质量，奋力推进国内一流特色高水平大学建设，续写无愧于历史、无愧于时代、无愧于未来的壮丽诗篇。

作者简介

付生德（1964— ），山东肥城人，河南理工大学创新创业学院办公室，主任，高级工程师。研究方向：创新创业教育教学与研究。

桑振平（1964— ），山西长治人，河南理工大学招生就业处处长、创新创业学院常务副院长，副教授。研究方向：招生就业与创新创业教育管理。

以大学科技园为载体 促进科技创新创业

潘小雨 雷海栋

(洛阳理工学院,洛阳,471023)

> **摘要**：发展科学技术是实现可持续发展的战略选择。党的十九大报告中提出"创新是引领发展的第一动力,是建设现代化经济体系的战略支撑"的重要论断。在创新驱动战略的指引下,我国掀起"大众创业、万众创新"的热潮,大学科技园致力于高校技术转移和科技成果转化、创业企业孵化、创新创业人才培养。为更好地建设服务平台,通过核心竞争力、技术转移等因素对大学科技园可持续发展进行分析,推动政产学研深度融合、促进区域经济发展。
>
> **关键词**：创新创业；大学科技园；洛阳理工学院；可持续发展

1 引言

发展科学技术是面临全球化和经济全球化挑战与可持续发展的必然及战略选择。从科技体制改革到"科教兴国"战略的实施,再到"创新型国家"的发展战略,强调以自主创新为发展着力点。在2014年9月的夏季达沃斯论坛上,李克强总理提出要在广袤的祖国大地上掀起"大众创业"和"草根创业"的新浪潮,形成"全民创业"的新趋势。自此,激发了对"大众创业、万众创新"(双创)的关键词的阐释的热情。2015年政府工作报告中更是第一次将"全民创业和创新"上升到战略高度,"是国家经济发展的新引擎,是促进公共创业和创新的国家战略意义",它不仅可以扩大就业。增加居民收入,同时也促进社会垂直流动和公平正义。

习近平总书记新时代中国特色社会主义经济思想和科技思想在党的十九大报告中提出："创新是引领发展的第一动力,是现代经济体系建设的战略支撑"。习近平总书记的科技创新思想,指出了我国创新的现实困难和问题,指出了深化改革、深化科技改革的要求和途径。观念体系,构建国家创新体系,加快科技成果转化、培养引进人才等方面都有丰富的阐述和指示。

在大众创业和万众创新的大背景下,群众如何跟上"双创新"的步伐,在创新驱动战略的指引下,施展宏图实现个人价值并为国家社会创造财富,值得全社会发省和实践。青年作为双创的生力军,致使高校创新创业教育的重要性越发凸显,大学科技园应运而生。作为自主创新的重要基地、产学研合作的示范基地、大学生与教师的实践基地、科技企业孵化的综合平台、科技人才的转化和科技成果与技术转让的大学科技园是自主创新的重要基地，成为了国家创新体系的重要组成部分。

2 大学科技园的功能定位

大学科技园作为国家创新体系的重要组成部分，是中国特色高等教育体系的重要组成部分。它是自主创新的重要基地，产学研合作的示范基地，大学生和教师的实践基地，战略性新兴产业的培育基地，科技的转化和高校科技成果。全面培育创业企业科技创新平台，培养创新创业型人才《国家大学科技园认定和管理办法》。

（1）充分发挥大学的优势，加快成果转化。

大学科技园是高校实现产学研结合及社会服务功能的重要通道。充分利用高校人才、学科、技术优势，培育科技型中小企业，加快科技转移和科技产业化和产业化。在高校取得成绩，开展创业实践活动。

（2）整合创新资源培育企业成长。

大学科技园是为科技企业创新创业提供条件和增值服务的机构。它可以持续有效地整合校内研发力量，提高人力资源专业化服务能力、市场开发、法制财税、改善园区财政投入的环境和能力，并提高园区的投资效益。拓宽大学科技园的融资服务渠道。

（3）加强人才培养促进创业就业。

大学科技园具有培养创新创业型人才的功能，利用强大的创新文化、创新资源和良好的创新环境，为大学生科技创业实践奠定了基础。利用园区企业接纳学生实习并带动就业，引导和鼓励大学生创新创业活动，为大学生创办科技企业提供资金和技术支持，吸纳更多创业人才在园区创业。

（4）服务区域产业，支撑经济发展。

大学科技园是为促进区域经济协调发展的有力推手。依托高校优势学科，建立各种专业技术创新服务平台，构建公共服务技术创新平台，促进先进适用技术的应用以及运行机制的创新（李文君，2012）。包括校企合作技术研发机构、专业技术咨询与服务机构、特殊教育培训机构、信息交流与评价机构、学生创业和兼职服务等。建立产业技术创新战略联盟实现资源共享、信息共享。针对该地区的重点产业，形成区域创新要素的集聚效应和集群优势，实现依托大学的国家大学科技园与区域经济社会的协调发展。

3 以洛阳理工学院科技园为例，推动"双创"

2016年9月27日，中国共产党洛阳市第十一次代表大会明确提出要"努力成为创新发展的领导者，努力创建和建设一批国家创新平台和'双创'基地；大力实施'河洛英才'计划、'河洛工匠'培育计划，让创新活力充分迸发"。洛阳理工学院在学校的"十三五规划"中明确提出"坚持创新驱动"。在2018年6月的河南省委十届六次全会中把握"两个高质量"这一鲜明导向，把"四个着力"重大要求作为新时代让中原更加出彩的根本遵循，坚持以党的建设高质量推动学校发展，强调继续深入实施创新驱动战略，构建区域创业创新联动机制，促区域经济发展。

洛阳理工学院大学科技园成立于 2015 年 7 月，利用学校坐落于洛阳，处在国家自主创新示范区、国家"小微两创"示范城市、丝绸之路起点的区位优势，大学科技园应作为连接洛阳市与河南省交流人才、共享科技成果、实现共同经济繁荣的桥梁。促进人才、科技、教育、产业的协调发展，服务区域经济建设，将大学科技园建设成为河南西部创新创业和人才聚集的平台，是学校资源与社会资源相结合、融合优势、相互促进区域产业发展的平台。调整结构，培育区域经济增长，进一步加强高校科技园的创新、创业教育和培训；完善激励政策及措施，鼓励广大科研人员以自主创新为主线，加强集成创新和引进消化吸收再创新，推动园区的高科技研发和企业项目的孵化工作。大学科技园成为学生实习实践、创新创业人才培养、学科与产业互动的产学研基地。

洛阳理工学院大学科技园主要职责为：科技型创新型中小微企业孵化和技术转移；开展高校创新创业团队和项目的辅导、培育等教育实践活动；对接各类资源，争取各项政策服务高校师生创新创业。依法开展大学科技园孵化器和千度众创空间的经营业务，保障国有资产保值增值；完成市政府和学校交办的其他工作。大学科技园注重创新创业生态体系建设，联合政府职能部门、洛阳市 30 余家众创空间、企业、行业协会等建立互联沟通机制；在规划定位上，实施"一园三区＋两基地"建设模式，注意发展的错位；在服务模式中，注重"管理的有用性"；在组织活动中，注重"竞争与创造的结合"；在社会效益上，注重围绕"三新、四众"建立信息共享、资源共建、项目共管的创新创业新模式。遵循"学校为主导，校政合作，科研院所、投融资机构及企业广泛参与共建共赢"的基本原则，培育更多富有活力的科技型中小微企业（雷海林，2016）。建设包括苗圃、孵化器、加速器、研究中心、创业学院在内的配套体系。

洛阳理工学院大学科技园自成立以来，大学科技园得到了省、市各级领导和洛阳市科技局和洛龙区政府等相关部门的关心和指导。刊发在主流媒体的新闻五百余篇，极大地激励了全校师生的创新创业热情。高校科技园紧紧围绕市委的创新驱动发展战略，大力推进大学科技园孵化器和众创空间软硬件建设，取得了阶段性成果，并获得了省政府和洛阳市委、市政府领导的高度肯定。

（1）在平台建设方面。2016 年 10 月，大学科技园被评为"河南科技创业孵化器"；11 月，先后获批洛阳市科普教育基地、洛阳市科技企业孵化器，为省管高校中率先成立的"科技企业孵化器"；12 月，大学科技园联合洛龙区政府发起、共建"洛阳大数据与深度智能应用研究中心"。2017 年 3 月，大学科技园获批"河南省大学科技园""河南省双创基地""河南省青年创新创业示范园区"；联合全省双创基地成立"河南省双创基地（洛阳）管理创新联盟"；同年 11 月，获批"机器人控制应用研教专业化众创空间"；12 月，获批"河南省小型微型企业创业创新示范基地"。2016 年，千度众创空间（创业苗圃）获批"河南省众创空间"，成为河南省最早建设的高校众创空间；同年，千度众创空间发起并建立"洛阳市众创空间联盟"并获批"国家级众创空间"；2017 年 5 月，千度创客空间荣获"文化双创特色示范众创空间"。

（2）在社会效益方面。截至 2018 年 3 月，洛阳理工学院大学科技园共组织创业辅导讲座 78 场，组织创客论坛 42 场，组织项目路演 70 余场次，聘任创业导师 100 余位，围绕建材行业、高端制造、新材料、大数据辅导创业团队 320 余个，参与省市各类创新创业活动 80 余场次，选送 120 余个项目及团队、160 多个作品、370 多名学生参与各类创新创业大赛，获得市级以上奖励 40 余项。成功孵化科技型中小微企业 106 家，其中高新技术企业 1 家，新三板企业一家，成功培育省级科技型 ABC 类中小企业 20 家，备案待批 22 家，获批专利共 67 项；入孵企业 2016 年全年带动就业 750 余人，2017 年带动就业 1000 余人，较 2016 年增长 406%。

根据《中共洛阳市委洛阳市人民政府关于进一步激发社会活力支持大众创业万众创新的实施意见》，贯彻落实《中共洛阳市委洛阳市人民政府关于构建现代创新体系的指导意见》、《中共洛阳市委洛阳市人民政府关于加快推进洛阳国家自主创新示范区建设的若干意见》、《洛阳市小微企业创业创新领导小组关于印发洛阳市小微企业创业创新基地城市示范专项资金管理办法的通知》、洛阳市人民政府关于实施"河洛英才计划"加快引进创新创业人才（团队）的意见（试行）等文件精神，多策并举激发"双创"活力，继续加强加速器建设和洛阳创业学院建设，为成功创建"国家级大学科技园"创造条件。

4 大学科技园可持续发展分析

大学科技园在经济全球化背景下顺势而生，顺应时代要求，为科技创新提供孵化的场所，致力于让科技创新滋生出潜能。如何能够让大学科技园可持续发展，迸发新的经济增长点，激发全民对于科技创新创业持续热情，值得深思。通过核心竞争力、SWOT 分析、技术转移与发展、专利转化机制等对大学科技园的可持续发展进行分析。以下将从核心竞争力、技术转移发展两方面进行分析。

4.1 大学科技园核心竞争力分析

大学科技园的核心竞争力是指大学科技园独特的、持久的、非偶然性的，它可以长期保持竞争优势，具有与其他孵化器或公园不同的综合能力。它的竞争力体现在搜索、识别、获取、整合资源、孵化服务和创新研发能力的能力上。

根据文献查阅情况，各创新创业学者将大学科技园核心竞争力划分为以下类型。

（1）三个能力：技术创新研发能力、资源优化配置能力、企业孵化成功能力（鲍金刚，2014）。

（2）大学科技园的核心竞争力由大学资源、社会资源、创业文化和孵化服务四个要素构成（段浪，2012）。

（3）考虑到大学科技园的供给、孵化、培养、辐射、聚集和反馈六大功能，大学科技园的核心竞争力要素主要有以下五个方面：大学科研水平、大学科技园孵化能力、园区创业环境、园区技术创新能力和园区建设成效（李林、王永宁，2007）。

划分类型无冲突点，笔者更倾向于第三种分类，该分类方法更加具备科学性和可操作性。通过构建大学科技园核心竞争力的测度指标体系，孵化服务、创业文化、社会资源、大学资源、形成价值、潜在价值创造能力、产业孵化和价值链孵化 8 个控制因素又细分为 46 个因素。通过大量问卷调查、利用数据统计处理中因子分析方法确定指标权重，进一步确立影响大学科技园核心竞争力的因素。因此，应从以上 8 个指标权重着手，增强核心竞争力，推动可持续发展。

4.2 大学科技园技术转移发展分析

大学科技园在创新创业中发挥着巨大作用，是科技型中小微企业可持续发展的助推器，是科技创新的孵化器、技术转移的平台。大学科技园可以方便研究人员自办企业转化成果、拓宽科技成果转化渠道、增强科技园内企业与大学的互动合作、促进高新技术企业的发展、促进中小企业创新。通过"信息共享、资源共建、项目共管"模式，服务创业团队，引导社会资源、生产要素、创新技术向"双创主体"集聚，提升孵化效率（马晓丹，2006）。

与此同时，大学科技园存在技术转移、成果转化低效、人才约束、高校现有制度缺陷、技术转让协调机制不强等一系列问题。

大学科技园的技术转移模式应该是从模仿到创新、从区域到国际化、从单向融合到合作发展的过程。因为世界科技园区的技术转移新趋势应该是创新的、国际化的、合作的。这是我们亟待解决的关键性、制约性问题（田东，2015）。

对此，认为可建议完善大学科技管理体制，促进科技成果转化；以政府为主导，促进科技型中小企业与大企业的合作与对接，包括科技供给对接、科技成果与金融资本对接、创新型对接科技成果产业化的科技企业。高校应积极提升科技研发质量，把好科研关。让大学科技园真正实现其政产学研用价值，培养应用型人才，成为高校面向社会的一张名片。

5 结语

深化高校科技教育体制改革，加快科技成果转化，培育高新技术企业，培养创新创业人才，促进科技创新。区域经济发展能力支撑高校创新资源，实施国家中长期科技发展规划（2006—2020 年），《国家中长期教育改革与发展规划纲要（2010—2020）》《国家中长期人才发展规划纲要（2010—2020 年）》《国家大学科技园发展规划纲要》。"十三五"期间，大学科技园应以增强自主创新能力为核心，以体制机制建设和改革为驱动，要着力推进学校科技成果转化，促进创新型创业人才培养，建立区域性科技联盟和企业科技联盟，促进区域经济发展。把大学科技园建设成为学校科研成果转化和产业化的重要渠道，高新技术企业和战略性新兴产业的重要载体，是区域经济发展的重要支撑，成为学校创新创业教育的重要基地。应强化高新区、高新技术产业化基地和特色产业基地的合作，高层次创新创业型人才的培养。建议完善项目评估系统，强化技术服务；与金融投资机构深化合作，减少对政府扶持政策的依赖性，在技术革新的基础上，探索和建立投融资服务平台，通过贷款、公平、安全等方式为园林企业发展提供优质服务，进一步开拓市场、培育新的竞争力和创新活力；通过政府、产业、教育、科研的深度融合，军民企业对接、市场化运作和人才成长，坚持科技创新和制度创新。培育新业态，催生新产业，推动科技创新创业迈上新台阶。

参考文献

[1] 朱云鹃,李颖,李丹."大众创业、万众创新"战略溯源研究——改革开放以来中国技术创新演变脉络[J].科技进步与对策,2017,34(1):9-14.

[2] 科技部,教育部.国家大学科技园认定和管理办法[Z].2015-09-08.

[3] 李文君.《国家大学科技园"十二五"发展规划纲要》解读——访科技部创新体系建设办公室主任徐建国[J].教育与职业,2012(4):48-49.

[4] 雷海栋.高校"互联网+众创空间"创业教育模式探讨[J].安徽农业科学,2016,44(7):300-303.

[5] 洛阳理工学院大学科技园简介-大学科技园 http://www.lit.edu.cn/kjy/info/1013/1168.htm.

[6] 鲍金刚.大学科技园竞争力影响因素分析[J].财经界(学术版),2014(21):285-286.

[7] 段浪.大学科技园核心竞争力研究[D].长沙:中南大学,2012.

[8] 李林,王永宁.大学科技园区核心竞争影响因素分析[J].科研管理,2007(S1):77-83.

[9] 马晓丹.我国大学科技园及其技术转移体系分析[D].南京:东南大学,2006.

[10] 田东.大学科技园技术转移发展分析[J].中国高校科技,2015(4):78-79.

作者简介

雷海栋(1975—),河南洛阳人,洛阳理工学院,副教授,洛阳理工学院大学科技园管委会主任,天津大学博士研究生。研究方向:高校创新创业教育、科技企业孵化器管理与运营。

潘小雨(1992—),河南洛阳人,洛阳理工学院大学科技园,硕士研究生。研究方向:洛阳创业学院管理与运营。

大学科技园在新时代科技创新创业中存在的问题及对策研究

雷海栋 孟 帅

（洛阳理工学院，洛阳，471023）

摘要：大学科技园经过30年的发展，取得了不错的成绩。随着"大众创业、万众创新"等新时代科技创新创业工作的进行，大学科技园面临一系列的突出问题：定位不够明确、管理体制和运行机制不够清晰、管理服务体系有所欠缺、科技成果转化率低、缺乏自主发展能力。对此，大学科技园要有清晰明确的定位，要有与目标定位相适应的长期发展规划，要有一支专业化的管理服务团队，要形成自主品牌，在追求社会效益最大化的同时，深入挖掘经济效益。

关键词：大学科技园；问题；对策；经济效益；社会效益

1 引言

广义的创新是指对社会和个人的创新产物的统称，狭义的创新是指按照一定的目标，充分运用已知的信息，通过个体创造活动的过程，产生出某种新颖、独特、具有个人和社会价值产品的智力特征（贺腾飞、康苗苗，2016）。广义的创业是指具有开拓创新意义的社会变革活动，狭义的创业是指人类运用自己知识和能力，以创造财富为目标，通过创新性思维，发现和捕获机会，合理规避和化解风险，不断创建新组织，开展新业务的过程。

科技创新是将科学发现和技术发明应用到生产体系，创造新价值的过程（张来武，2011）。党的十九大报告指出，"创新是引领发展的第一动力，是建设现代化经济体系的战略支撑"，标志着我国科技创新体系初步形成。过去几年，我国经济增长主要依靠消费、投资、进出口"三驾马车"；新时期，我国培育经济增长新动能的政策也形成了"三驾马车"格局，即"大众创业、万众创新""互联网+"和中国制造2025。国务院总理李克强在第十三届全国人民代表大会第一次会议上的政府工作报告中对2018年的工作进行了建议，"要加快建设创新型国家，把握世界新一轮科技革命和产业变革大势，深入实施创新驱动发展战略，不断增强经济创新力和竞争力"。

李克强总理在2014年9月的夏季达沃斯论坛上，发出了"要在960万平方千米的土地上掀起大众创业、草根创业的新浪潮，形成万众创新、人人创新的新态势"的号召。2017年7月国务院下发了《关于强化实施创新驱动发展战略进一步推进大众创业万众创新深入发展的意见》，文件的发布标志着双创进入了全新发展阶段，政策重点由过去的

"放松管制"转化为"优化服务",政策目标从过去的推动双创工作各领域自身的发展转化为依托双创促进实体经济转型升级。

创新创业推进了科技自主创新,引领了战略性新兴产业的发展,也激活了时代的创造力。创业创新活力的激发,为经济发展、产业转型提供了持续的新动能。大学科技园是国家创新体系的重要组成部分,是区域经济发展和行业技术进步的主要创新源泉之一,是高等学校实现社会服务功能和产学研结合的重要平台,也是新时期高等学校教育体系的重要组成部分(科技部,2005)。大学科技园经过30年的建设和发展取得了成效,但是也有问题和不足。

2 当前大学科技园建设发展现状

2.1 当前大学科技园建设发展成效

大学科技园起源于美国,随后在全世界蓬勃发展。1989年东北大学建立了我国第一个大学科技园。截至2014年年底共认定十批次115所国家级大学科技园,其中河南省有两所。大学科技园经过多年的发展,取得了不错的成绩。孵化的科技型企业逐年增多,科技成果转移和转化率不断提高;大学科技园管理模式和运行机制不断创新,服务质量有所提升,经济效益日益增加;创新创业人才培育和集聚等社会效益更加明显;政产学研协同创新联系更加紧密。总体来看,大学科技园产生了良好的社会效益和经济效益。

2.2 当前大学科技园建设发展存在的问题与不足

2.2.1 定位不够明确

社会效益是大学科技园的第一要务。大学科技园从成立之初,就肩负起了与高等院校产学研结合、科技成果转化、高新技术企业孵化、战略性新兴产业培育、创新创业人才培养等功能。社会效益始终贯穿大学科技园建设全过程,在追求社会效益的同时,考虑到大学科技园自身经营状况和可持续发展,经济效益的追求也必不可少。大学科技园应结合高校、区域情况制订适合自身发展的长期计划,不能只追求短期经济效益,就投入大量的人力、物力、财力,这样既造成资源浪费,又造成攀比之气滋生。

2.2.2 管理体制和运行机制不够清晰

大学科技园的管理体制表明大学科技园一方面要接受高校行政的领导,另一方面要接受教育、科技等行政部门的领导。大学科技园的运行机制表明大学科技园的运营要接受政府、高校、企业的监督。大学科技园的多重领导在一定时期一定程度上可以加快大学科技园的发展,但是从长远来看对大学科技园的发展不利。

2.2.3 管理服务体系有所欠缺

大学科技园缺乏专业管理人才。大学科技园的可持续发展离不开专业领导人才和专业管理人才。具有现代企业管理理念和经验、科技成果转移或转化、资本运作、物业管理人员的缺少是制约大学科技园服务能力的重要因素。与中介服务机构联系不紧密。咨询公司、律师事务所、财务审计公司和资产评估事务所等中介机构对创业企业的组建、组织构架设计、技术开发与管理、法律、财务等方面提供服务。一方面大学科技园缺乏相应的中介服务机构；另一方面大学科技园与中介服务机构联系不紧密，使管理服务工作不通畅、效率低。

2.2.4 科技成果转化率低

大学作为大学科技园发展的主要依托单位，具有丰富的创新创业资源。高校拥有众多学科，也有特色专业。大学科技园虽然依托高校特色专业在科技企业孵化方面取得了一些进展，但是由于某些高校本身存在特色不明显、科研能力不强的情况，导致科研成果较少，可供科技成果转化的成果更少。科技成果转化周期长、风险大，前期需求资金较大，但是由于创新创业的金融体系不完善，最终也会导致科技成果转化率低。

2.2.5 缺乏自主发展能力

政府下发了各种文件，制定了各种政策支持创新创业工作的开展，但是针对大学科技园建设和发展的政策较少。大学科技园的主要资金来源为财政拨款，经费不足问题明显。大学科技园的建设和发展，更多受到政府政策的推动，大学科技园的发展对政策非常敏感。大学科技园缺乏有效的竞争环境，无法激发大学科技园的竞争意识，无法提高大学科技园的竞争能力，大学科技园缺乏自主发展能力。

3 推动大学科技园创新驱动发展的建议

3.1 营造良好的创新创业环境

一方面要培养创新创业意识。创新创业意识的培养不仅是高等教育的使命，也是基础教育和高中教育的重要使命。学生在基础教育和高中教育阶段养成了强烈的求知欲望和学习欲望，培养出来的学习习惯、学习方法和基本素质，对高等教育及进入社会打下了坚实基础。较早接触创新创业教育，可以激发学生的实践热情，增强动手能力，对基本素质的培养有很大好处。另一方面要优化创新创业环境。推进行政管理改革，优化创业政务环境；完善市场体制机制，优化创业市场环境；强化政策扶持引导，优化创业政策环境；健全服务体系功能，优化创业服务环境；增强文化认同引领，优化创业文化环境。

3.2 创新大学科技园的管理体制和运行机制

大学科技园应当在政府的指导下，充分发挥高等学校的积极性，吸引社会力量广泛参与，实行精简高效的管理模式和市场化的运行机制（李应博、张继红，2007）。政府的指导可以保证大学科技园的正确定位，大学科技园的主要功能以集聚创新创业资源要素进行企业孵化、创新创业人才培养、服务区域经济发展等社会效益为主，以经济效益为辅。大学科技园的各方责任主体（政府、高校、企业）要认准自身在大学科技园中的定位，协同创新大学科技园的管理体制和运行机制，发挥好"政府主导、市场引导、大学科技园自主发展"的作用（徐松、张秀生，2016）。

3.3 完善金融服务体系

大学科技园的发展离不开经费的支持，当下制约大学科技园发展的主要因素就是经费不足。政府应该建立健全全生命周期的大学科技园金融服务体系。企业初创期，需求资金较多、风险大，不能很好吸引天使投资和风险投资，需要政府重点关注战略性新兴产业或者市场应用前景好的项目，进行天使投资或者投入专门的创新创业经费；采取相关政策吸引民间资本向大学科技园中的市场前景好的科技项目进行投资，进一步释放大学科技园企业的创新创业活力。企业成长期，企业能获得可观的利润，需要完善风险资本等的退出机制，对于投资损失可以给予一定程度的资金补偿和责任豁免等。高校应该设立专门的创新创业资金。对有创业意愿的学生、有市场应用前景的科技成果、战略性新兴产业进行投资，帮助其孵化项目、成立公司、提供管理服务等。企业应该发挥社会责任，积极对接大学科技园项目。对于有市场应用前景的项目进行资金注入，并发挥自身优势帮助其进行市场化运营。

3.4 加强创新创业人才培养

当今和未来的国际竞争，说到底是人才的竞争。谁拥有了人才，谁就能够抢占科技制高点，在国际竞争中处于主动地位。创新创业人才的培养事关个人发展、科技进步、国家富强的大计。政府要加强顶层设计，营造良好的创新创业人才培养氛围。出台相关文件和政策法规，规范引导创新创业人才教育。高校要把创新创业教育和专业教育放在同等重要的位置。高校要建立健全教学、科研、就业、团委、大学科技园等部门的协同机制，统筹规划创新创业基地建设、创新创业资金落实、创新创业政策扶持和创新创业管理服务等工作，明确各方主体责任，形成长效机制。大学科技园要充分发挥创新创业人才培养的功能。一方面要充分发挥"高校学生科技创业实习基地"的作用，对大学生的实践能力进行培养；另一方面要充分发挥创新资源集聚的作用，积极吸引国内外优秀项目和人才进行创新创业。

3.5 加强大学科技园的增值服务

大学科技园的经济效益是市场化的必然追求，也是大学科技园提质增效的重要保障。大学科技园应建设一支职业化、规范化、专业化、高素质的创业管理与服务队伍，在创业辅导、企业诊断、市场营销、投资融资、产权交易、技术支持、人才引进、人才培训、对外合作、展览展销和法律咨询等方面为高等学校师生及其他社会优秀人才入园创业提供服务，源源不断地培育科技型企业家和创新型科技企业（科技部，2008）。一方面要对在职员工进行培训和考核，提供职称评定和晋升的通道；另一方面要积极吸引专业化的管理服务人才，争取形成自主品牌，创造经济效益，加强大学科技园的增值服务。

4 总结

大学科技园是国家创新体系的重要组成部分，是中国特色高等教育体系的重要组成部分。大学科技园具有创新创业资源集聚功能、企业孵化功能、创新创业人才培养功能。新时代科技创新创业过程中，大学科技园面临一系列突出问题：如定位不够明确、管理体制与运行机制不够清晰、管理服务体系有所欠缺、科技成果转化率低、缺乏自主发展能力。

对此，大学科技园要有清晰明确的定位，要有与目标定位相适应的长期发展规划，要有一支专业化的管理服务团队，要形成自主品牌，在追求社会效益最大化的同时，深入挖掘经济效益。

参考文献

[1] 贺腾飞，康苗苗."创新与创业"概念与关系之辩 [J]. 民族高等教育研究，2016，4（4）：7-12.

[2] 张来武. 科技创新驱动经济发展方式转变 [J]. 中国软科学，2011（12）：1-5.

[3] 科技部. 关于印发《科学技术部、教育部关于进一步推进国家大学科技园建设与发展的意见》的通知 [EB/OL]. http://www.most.gov.cn/fggw/zfwj/zfwj2004/200512/t20051214_54906.htm.

[4] 李应博，张继红. 大学科技园在国家自主创新中的作用机制探讨 [J]. 科学学与科学技术管理，2007，28（2）：21-27.

[5] 徐松，张秀生. 优化创业环境的着力点 [J]. 新重庆，2016（6）：26-27.

[6] 科技部. 科学技术部教育部关于进一步推进国家大学科技园建设与发展的意见 [J]. 中国科技产业，2008（12）：328-329.

作者简介

雷海栋（1975— ），河南洛阳人，洛阳理工学院，副教授，洛阳理工学院大学科技园管委会主任，天津大学博士研究生。研究方向：高校创新创业教育、科技企业孵化器管理与运营。

孟帅（1992— ），河南禹州人，洛阳理工学院大学科技园，硕士研究生。研究方向：创业学院管理。

高校创新创业教育与创业现状研究

彭红霞　宗星宇

（湖北大学，武汉，430000）

> **摘要**：在当前"大众创业、万众创新"的热潮下，学生创业作为一种新的解决就业的方式替国家创造了大量的就业机会。因此，本研究调查了湖北省高校创新创业教育与创业现状，对于目前高校在创新创业教育的问题，提出了一些对策和建议，以期能够帮助高校对创新创业教育进行改进。
>
> **关键词**：创新创业教育；现状问题；对策建议

1　引言

党在十七大报告中提出"提高自主创新能力，建设创新型国家"，自此，我国开始推进创业拉动就业的方针，党的十八大报告鼓励创业促进就业，提出创业离不开创新。种种迹象表明国家开始重视创新创业，创新创业教育也成了高校教育改革的一个突破点。湖北省作为中国的教育大省，聚集着我国大量的高校，因此，在研究高校创新创业教育具有很强的代表性。

毫无疑问我国对创新创业教育的重视较晚，发展过程中未做过多关注导致创新创业教育成为单纯解决就业的一种形式，存在诸多问题。因此，本文在调查目前高校创新创业教育情况及参考众多前人研究的基础上，以湖北省为例，针对湖北省高校在创新创业教育方面可能存在的问题，进行调查并提出一些建议，希望能为高校日后在实施创新创业教育方面提供有效参考。

2　国内外高校创新创业教育的回顾

2.1　创新创业教育的概念、目标

Colin Boer 最先提出创业教育理念，早在 1989 年就将创业教育作为"第三本教育护照"（Jeffry，1990）。目前学术界对创新创业教育的理解主要是两种观点：一是认为创新教育和创业教育概念是相同的；二是把创新教育和创业教育看作是综合的。曹胜利、雷家骑在《中国大学创新创业教育发展报告》中提出创新创业教育指的是大学生创新精神和创

业能力培养的教育（高晓杰，曹胜利，2007）。唐嘉芳（2008）认为，创新创业教育的本质是提高学生的创新意识以及创新能力的活动，最终的目的乃是指导学生适应社会、提供自主择业和自谋职业的方法与途径。石国亮（2010）提出，创新创业教育应将接收者的思想和能力的提高置于关键地位，将创新与创业教育活动进行整合，并提供一种创新创业教育的新视角、新实践使之符合教育改革要求。向晓书（2009）提出创新创业教育应和教学改革的要求一致，突破以往的传统教学方式，注重受教者的主观能动性，将理论教育与实践教学齐头并进。

高校应该是培养学生能力的摇篮，高校创新创业教育的核心问题是"培养什么样的人才"。但是，我们也应该注意到目前不同类型高校的创新创业教育目标上存在一定的差异性，因此需要根据学校性质实施不同的创新创业教育政策。

2.2 国内高校创新创业教育的发展

阚婧（2011）认为我国的创业教育起于1978年规划的深圳特区，即以社会政策、法律法规为导向，结合市场和经济规律，是一种社会形式的创业教育，随后，一系列事件标志着我国的创新创业教育逐渐走向成熟（见表1）。

表1　我国创新创业教育发展历程

时间（年）	内容
1999	教育部公布《面向21世纪教育振兴行动计划》，提出注重对教师和学生的创业教育，鼓励他们创办高新技术企业
1999	国务院下发《关于深化教育改革全面推进素质教育的决定》并提出：高等教育应重视大学生的创新能力、实践能力和创业精神，大学生的人文、科学素养的提高
2002	将九所大学作为创业教育试点院校
2005	共青团中央、全国青联与国际劳工组织合作在华展开高校创业教育项目
2009	中国高等教育学会创新创业教育分会成立
2010	教育部发出的《关于大力推进高等学校创新创业教育和大学生自主创业工作的意见》指出"在高等学校开展创新创业教育，积极鼓励高校学生自主创业"
2015	国务院办公厅印发《关于深化高等学校创新创业教育改革的实施意见》，对于人才培养质量标准提出9个意见，为高校进行创新创业教育提供了准则

尽管如今创新创业教育已得到越来越多的高校的重视，但是由于我国创新创业教育起步较晚，仍面临许多亟待解决的问题（见表2）。

表2　　国内创新创业教育发展存在的问题

作者	问题
钱骏（2016）	（1）创新创业教育内容陈旧，形式单一；（2）师资力量差，来源单一；（3）学生缺乏创新意识和创业能力；（4）创新创业教育体制不完善；（5）创新创业教育与专业教育融合较差
张莹（2017）	（1）创新创业教育理念落后，与专业教育相脱轨；（2）师资队伍配备不合理，重理论轻实践；（3）资源整合能力较差，发展受阻
王俊（2016）	（1）教育理念滞后；（2）创新创业教育被边缘化；（3）师资力量匮乏；（4）实践教学环节薄弱
钟江顺（2016）	（1）创新创业教育资源缺失；（2）创新创业教育观念滞后；（3）创新创业教育平台扁平化

由此可见，创新创业教育意识观念、师资团队、资源条件等阻碍高校创新创业教育发展。

2.3 国外高校创新创业教育的发展

目前在创新创业教育上还是发达国家的创新创业教育开展较早，特别是美国作为第一个实施的国家，其经济和社会发展较快。其他国家（如英国和日本等）在同样认识到创新创业教育的重要性后，采用了自上而下的政府推动模式也取得了一定的成绩。在此，对美国高校开展的创新创业教育予以研究。

美国作为目前开展创新创业教育最早的发达国家，其创业教育的萌芽，最早可追溯至Francis Walker 1887年出版的 *The Wages Question*。美国颁布《孵化法案》鼓励农业方面的创业行为，可以说美国的早期创业是以农业为主的。1974年，哈佛大学迈尔斯·梅斯为188名MBA（Master of Business Administration）学生设立了史上第一门创业教育课程——Management of New Enterprises。1949年，《创业史探索》杂志创办。1951年，第一个主要研究创业教育的基金会——Coleman基金会建立。

1953年，著名管理学之父Peter Drucker提出开设创业与创新课程，可将此作为美国创新创业教育的开端。1965年Schrage的《*The R&D entrepreneur: Profile of success*》是第一篇主要研究高科技企业创新文献（范龙，2010）。1968年，百森商学院出现了第一个以创业教育命名的本科专业。美国高校的创新创业教育逐渐从单个学者的学术研究，到个别教授或学校开设的新兴课程，再到逐渐出现相关专业，形成专门管理机构和创业型大学。

总的来说，国内高校创新创业教育经过20多年的发展，已取得很大的进步。但与美国等发达国家的高校创新创业教育发展相比，我国由于起步时间较晚，创新创业教育经验上难免出现不足，创新创业教育发展不平衡，重结果而轻过程，缺乏"灵活性"；政府的宏观参与力度不足，高校社会资源整合能力薄弱，所以，与发达国家相比还存在巨大的差距。

3 高校创新创业教育与大学生创业实践调查分析

3.1 调查设计

本研究针对湖北省高校的创新创业教育进行调查，这是因为湖北省作为我国教育大省，高校集中，同时湖北省的大学生创业率仅有0.46%，问题突出，因此十分具有代表性。

调查主要针对两个群体：①在读的高校学生对创业的理解与意愿及对本校的创新创业教育的理解、评价和建议等。②对已毕业的学生进行的访谈，主要内容有：对创业的理解与选择，以及学校对自身是否有帮助等，找出高校存在的问题。

3.2 样本情况分析

本次关于在校学生对于湖北省高校创新创业教育与大学生创业实践调查问卷通过网络链接和线下两种途径发放，共回收有效问卷207份，其中线上129份，线下78份。调查对象主要是湖北省高校的本科生和研究生。详细信息见表3。

表3　样本情况分析

性别		年龄		年级	
男	51.7%	18岁及以下	2.4%	大一	7.2%
		18~22岁	73.9%	大二	1.4%
女	48.3%	23~30岁	23.2%	大三	37.7%
		31岁及以上	0.5%	大四	30.0%
				研究生（含博士）	23.7%

3.3 大学生创业现状分析

3.3.1 创业意愿、创业选择与创业障碍

在表4学生的创业意愿展示中，明确提出不愿意的学生占到了55.6%，仅有11.6%的学生表示有创业意向，将近31.4%的学生表示不确定的，这也说明部分学生可能对创业有了想法，但大部分学生对于创业望而却步，意味着高校创新创业教育是需要继续深化的。

表4　学生是否有创业的意愿

选项	小计/人	占比/(%)
是	24	11.6
不是	115	55.6
已创业	3	1.4
不确定	65	31.4

表5结果显示，47.3%的在校大学生显示更愿意对自己感兴趣的领域进行创业活动，34.8%的在校大学生则更愿意在自己专业相关的领域从事创业活动，降低创业风险。10.6%的在校大学生选择启动资金少、风险低的领域。可以看出，大学生在创业领域的选

择上主要还是靠兴趣驱动和专业驱动,所以就目前高校创新创业教育上来说学校在创新创业教育的培养上应该更加重视激发和培养学生的兴趣。

表5 学生创业时选择的领域

选项	小计/人	占比/(%)
与自身专业相关的领域	72	34.8
自身感兴趣的领域	98	47.3
与学生需求相关的领域	6	2.9
当今热门领域	9	4.4
启动资金少、风险低的领域	22	10.6

数据显示,大部分大学生对于创业意愿还比较保守,而根据表6创业障碍因素调查结果显示,78.3%的学生认为他们创业的主要问题还是在"资金"上,其次是"风险承受能力"和"经营管理能力"。这表明高校以及政府在资金政策上支持有待加强,同时大学生对于企业的经营管理能力欠缺,意味着高校可以开展相关的讲座。

表6 学生创业所认知的障碍

选项	小计/人	占比/(%)
资金	162	78.3
专业技术	79	38.2
经营管理能力	108	52.2
风险承受能力	131	63.3
创业点子	74	35.7
人际关系	58	28.0
家人的意见	11	5.3

3.3.2 创业意识、创业知识、创业能力

为进一步了解湖北省大学生对于创业各方面素质的基础情况,问卷设置了三组综合量表型题项,分别从各个方面对大学生的创业意识、创业知识和创业能力进行分析。选项从弱到强共分五级,见表7。

调查结果显示,湖北省高校大学生的创业意识、创业知识和创业能力三大因素的均值得分为:2.88、2.63、2.93。在创业意识中大学生创业兴趣明显高于创业需要和创业信念,这表明大部分学生还是有意愿参与创业的,但是其他因素的影响从而对创业的信念不高。创业知识得分较低,说明创业知识掌握较差,尤其是财务管理、政策法规和工商税务知识的缺乏,这表明在课程设置还存在问题。创业能力表现稍强于创业信念和创业知识,说明高校目前的创新创业教育还是起到了部分作用,但是在引导学生创业活动上,还有待提高。

表7　　　　　　　　　　大学生创业各方面基础素质情况

因素	构成要素	要素均值	总均值
创业意识	创业需要	2.72	2.88
	创业兴趣	3.13	
	创新信念	2.79	
创业知识	专业知识	2.71	2.63
	人力资源管理知识	2.67	
	财务管理知识	2.64	
	市场营销知识	2.76	
	政策法规知识	2.56	
	工商税务知识	2.42	
创业能力	认知能力	2.91	2.93
	自我学习能力	2.97	
	创新与实践能力	2.89	
	专业能力	2.93	
	领导与组织能力	2.88	
	协调与沟通能力	2.98	

3.4　高校创新创业教育现状分析

3.4.1　课程设置

为了了解湖北省高校创新创业教育课程设置的情况，包括开设课程、开设效果、课程类型等，在问卷中对此设置了若干问题，具体情况见表8和表9。

表8　　　　　　　　　　高校是否开设创新创业教育课程

选项	小计/人	占比/(%)
是	160	77.3
否	17	8.2
不清楚	30	14.5

表9　　　　　　　　　　高校开设创新创业教育课程的形式

选项	小计/人	占比/(%)
必修课	25	12.1
选修课	145	70.0
两者兼有	37	17.9

从表8和表9的结果来看，湖北省高校创新创业课程以选修课为主，与全国多数高校课程设置问题一致：不重视创业教育。由于创新创业课程多为选修课，学生的积极性低，这对于创新创业课程的效果也是会产生巨大影响。

表10表明，高校目前进行的创新创业教育课程以创业管理、创业战略、创业学理论和营销等培养为主，创新意识的培养涉及较少。有近23.7%的学生并不清楚上课内容，从侧面显示了学生对课程的不重视或高校对课程的不重视。

表10　　　　　　　　　　　本校创新创业课程主要涉及内容

选项	小计/人	占比/(%)
创业学理论	75	36.2
创业管理	102	49.3
创业战略	87	42.0
创业营销	67	32.4
财务管理	42	20.3
法律法规	38	18.4
商务谈判	36	17.4
创造力	26	12.5
不清楚具体上课内容	49	23.7

而表11中，被调查学生中66.2%期望获得创业管理知识，有57.5%的学生期待获得企业战略管理知识。与表7对比来看，我们发现在理论方面的教授还是很契合学生的需求，但是在营销、谈判等能力培养上还比较欠缺。所以高校在创新创业教育课程设置上可以考虑加强相关方面内容的比重。

表11　　　　　　　　　　　学生想获得创新创业知识

选项	小计/人	占比/(%)
创业学理论	110	53.1
企业管理知识	137	66.2
企业战略理论	119	57.5
营销理论	95	45.9
财务管理	96	46.4
法律法规	93	44.9
谈判策略	73	35.3

从表12的结果来看，就学生角度来看，他们普遍认为目前创新创业课程与实际情况背离，更多地停留在理论指导方面，且与专业教育的融合不够。因此，创新创业课程设置

上应该依据不同的专业设置的内容有所差异。

表 12　　　　　　　　　　学校创新创业课程评价

选项	小计/人	占比/(%)
贴合创业实践	31	15.0
脱离创业实践	101	48.8
与专业课深度融合	18	8.7
与专业教育脱节	91	43.9
不清楚	61	29.5

3.4.2　师资设置

一般来说,创新创业教育的师资来源于两个方面:一是具有相关经历的教师,这类教师一般负责学生的理论课程的指导;二是聘请成功企业家,以兼职讲师的身份传授自身经验。

从表 13 和表 14 的结果看,在已知的师资来源中,25.6%的学生不清楚,有 54.6%的老师是来自就业指导中心的老师,这与全国高校普遍师资来源情况是一致的。但 84.1%的学生期望有成功的企业家进行授课,其次有 75.9%的学生期望有专业领域的专家指导。

表 13　　　　　　　　　　学校创新创业教师来源

选项	小计/人	占比/(%)
商学院教师	72	34.8
就业指导中心教师	113	54.6
成功企业家	28	13.5
领域内专家	24	11.6
不清楚	53	25.6

表 14　　　　　　　　　学生希望学校创新创业教师来源

选项	小计/人	占比/(%)
专业课任课教师	42	20.3
就业指导中心教师	60	29.0
成功企业家	174	84.1
创新创业领域专家	157	75.9

3.4.3　创新创业教育实践途径

创新创业教育实践一般来说是指学生接受创新创业知识的途径。表 15 的调查结果显示,创新创业讲座、课堂教学和网络成为学生接受创新创业教育的主要方式。

表15　学生接受创新创业教育途径

选项	小计/人	占比/(%)
课堂教学	120	57.9
校内创新创业实训平台	76	36.7
创新创业讲座	136	65.7
校企合作教育	49	23.8
跨校合作教育	43	20.8
网络环境	91	43.9
校园环境	56	27.1

本次调查还对学生期望学校哪方面的创新创业帮助做了相关调查，表16的数据显示，有77.3%的学生期望获得更多的创业实习机会，其次是资金支持。

表16　学生期望获得学校哪方面的帮助

选项	小计/人	占比/(%)
相关政策解读	105	50.7
资金支持	137	66.2
更多的创业实习机会	160	77.3
技术指导	104	50.2
创业孵化基地	87	42.0
提供有效的市场信息	87	42.0
项目扶持后的后续指导	82	39.6

4　对策与建议

4.1　明确创新创业教育观念

创新创业教育不应只是少数学生的课程，而应是针对所有学生的大众教育甚至是普及教育。高校应抛弃旧有落后的观念，让所有学生都接受到教育，参与到实践中去，将创新创业教育作为是培养学生创新意识和创业能力的关键，给予创新创业教育更高的课程地位。

4.2　系统整合高校创新创业课程体系

4.2.1　创新创业教育课程注重普适性

在课程设置中重视课程普适性主要体现在两个方面。

一是课程内容的普适性，即开设的课程内容、传授的创业知识真正符合创业实践，课程内容有的放矢。

二是课程对象的普适性变选修课为必修课。给予课程更多学分比重，将创新创业教育课程作为必修课程，让老师和学生引起对创新创业教育的重视，也能普及创新创业教育的范围。

4.2.2 创新创业教育课程注重层次性和区别性

培养全体学生的创新创业意识并不意味着要让所有学生将来都去创业。其目的是：培养学生的探索创新精神，为学生的职业生涯提供助力；给学生提供另一条选择道路。创新创业课程应根据学生的需求差异设置不同级别的教育课程。

创业教育课程应依据学生的专业进行融合。在专业教育过程中，补充创新创业教育相关课程，对于工科生，鼓励他们对自己的技术成果进行转化，可以应用到实践中去；对于文科生，重视学生的管理策划能力培养。同时注重各专业间的相互配合，创建创新创业小组，使各专业充分发挥自身优势。

4.3 构建实践基地、扩大学生实践范围

目前高校的创新创业教育实践基地或是没有或是面积太小，象征意义大于实际意义，而创新创业教育要想较好地进行就需要创新创业基地的大力配合。一来可以作为高校学生了解社会的窗口，二来也可以为一些初创的创业团队提供场地的支持。

4.3.1 丰富校内创新创业实践活动

多举办各种创新创业竞赛活动以此引起学生的重视并唤起他们对创业活动的兴趣，并逐步引导，将学生简单的兴趣转化为有价值的实际项目，为学生提供更多实践机会。依托现有的高校创新创业孵化基地、创业园、科技园等，充分为高校学生提供实践场所。

4.3.2 校企合作，打造实践平台

高校应与当地企业建立良好的合作关系，为学生提供实践机会，实现学生的理论教育与实践教育的结合。

同时，高校也能为对接的企业提供发展新思路或者帮助企业技术成果研发、根据企业的需要进行相关研究。高校可以作为企业的智囊，主动帮助企业解决自身管理、技术上出现的问题，吸引更多的企业与高校进行双赢的合作，而企业则承接高校的学生，为学生提供一个可以提高实践能力的基地。这样一方面高校的学生既得到了实践工作的经验，企业也从高校上获得了技术和人力资本的帮助，从而高校和企业达成双赢的局面，形成一个良好的生态循环。

4.4 壮大师资力量，改进教学方式

4.4.1 内部选拔与外部招聘教师相结合

首先，对高校现有创新创业课程教师再次筛选，选拔出真正有创新创业教育经验的老师。对于有志于推动创新创业教育理论发展的老师给予更多的物质和精神的奖励。

其次，除进行内部选拔的方式以外，面向社会外聘教师也是一个重要的解决师资力量匮乏的方式。对于外聘教师也可以不要求其全职授课。高校应该聘请创业有所成就的学生或企业家作为学校的创业导师来校开展讲座，或是让高校学生去其企业进行实习。通过内

部选拔和外部招聘，可以改变目前高校从事创业教育的教师对创业实际不了解的情况，也符合了社会对创新创业教育的需求。

4.4.2 改进教学方式，着重培养学生创业意识

高校创新创业教育应采用项目式教学方式。高校创业教育不应只是某一学院的责任，高校创业教育应加强院系间联系，各学院共同对学生授课。将不同学院的学生依据专业合理搭配组成学习小组，形成跨学科的课程学习队伍，在学习过程中不同院系的学生运用各自的专业知识，更有利于学生了解各种专业知识，学习得更加系统。

在各个高校之间也应加强联系与交流，依靠便捷地互联网优势，共同开发，共同分享优质的教育课程。积极开展实验项目，鼓励学生将新观点、新研究应用于实践中。通过课程讲述和实验教育，积极培养学生创新意识和创业素质。

教师在课堂中应该多采用案例分析、小组讨论等方式激励学生联系实际，提出自己的建议，培养批判性思维。教师也要对学生提出的建议及时反馈，帮助学生认识到自己的不足。

4.5 营造创新创业校园氛围，追求"浸入式"教育

营造自由、民主、积极的校园创新创业氛围，以"润物无声"的浸入式教育方式深化学生对创新创业的接受度。调查结果显示48.8%的学生表示学校的创业氛围对自己选择创业或直接就业有影响。

营造良好的创业氛围首先要完善校内相关信息传递功能。通过本次调查显示，学生主要是从媒体了解到创新创业政策，通过学校得知的政策则较少，学校应该完善信息服务平台。首先，宣传和讲解政府的最新创业政策，为学生提供各种比赛、项目、资源等信息咨询服务。其次，利用各种校园传播媒体普及创新创业的知识，激发学生对创新创业的兴趣。最后，重视学生创新创业社团等正式群体以及创新创业论坛等非正式群体，高校应该重视社团的作用，充分发挥这些社团对学生创新能力的影响力。

4.6 建立创新创业教育的评价和跟踪反馈机制

创新创业教育只有形成一个真正的闭环系统才能源源不断地为国家提供创业人才，而这不仅需要创业知识的传授及传授过程的师生互动，还需要对创业教育评价、跟踪才是一个完整的生态闭环。

4.6.1 建立创业教育的评价机制

通过我们的调查和访谈可以发现，目前很多高校是缺乏对创业教育评价机制的，甚至不认为这是必要的。须知，缺乏对学生创业教育课程和创业实践效果的评价，那么老师无法获知创业教育过程中的问题，学生也会因为缺乏与老师交流的途径对创业课程丧失热情。而合理的评价机制，可以帮助学校和老师对创业课程的改进和内容的调整。同时也是给学生提出建议的门路，让课程内容更符合自己创业的需要。所以，在创业教育的每一阶段发放课程评价问卷，便于老师和学校对下一阶段的创业教育进行调整，在教室里放置可以匿名提建议的建议箱；或建立专门网站允许学生匿名对创业课程内容、课程老师教学在课程结束后评价。

4.6.2 完善创业教育的跟踪反馈机制

通过调查发现有近40%学生需要项目的后续支持指导，这说明还是有一部分已经创业的学生需要学校的后续创业支持。

完善创业教育的跟踪反馈机制，一是学校可以建立创业交流平台，具体形式则各高校根据自己的情况考虑，通过这些交流平台，学校能及时了解创业团队目前的问题，学生也可以及时寻求自己母校的人脉或是知识支持。二是设立调查专员负责对新创的创业团队的运营情况进行了解，反映他们的在创业过程的困难。三是对汇总后的创业困难按难易程度酌情对其提供帮助。并定时总结学生在创业过程中可能产生问题，根据这些问题改进学校教育的方式。

参考文献

[1] 高晓杰，曹胜利. 创新创业教育——培养新时代事业的开拓者——中国高等教育学会创新创业教育研讨会综述 [J]. 中国高教研究，2007 (7)：91-93.

[2] 唐嘉芳. 创新创业教育与大学生自身可持续发展 [J]. 教育与职业，2008 (29)：189-190.

[3] 石国亮. 大学生创新创业教育 [M]. 北京：研究出版社，2010.

[4] 向晓书. 创新创业教育在创业与实践教学中的应用 [J]. 中国现代教育装备，2009 (9)：142-144.

[5] 阚婧. 我国高校创新创业教育的实践探索 [D]. 大连：大连理工大学，2011.

[6] 钱骏. 高校创新创业教育研究综述 [J]. 张家口职业技术学院学报，2016，29 (3)：25-28.

[7] 张莹，刘欢，李浩博. 高校创新创业教育发展现状及改革路径探索 [J]. 现代经济信息，2017 (3)：381-382.

[8] 王俊. 国内外高校创新创业教育的比较与借鉴 [J]. 创新与创业教育，2016，7 (4)：99-103.

[9] 钟江顺. 我国高校创新创业教育现状及其创新模式论析 [J]. 继续教育研究，2016 (8)：7-9.

[10] 范龙. 大学生创新与创业基础 [M]. 大连：大连理工大学出版社，2010.

[11] 余昶，王志军. 高校创新创业教育模式研究 [J]. 学术论坛，2013，36 (12)：231-235.

[12] Jeffry A. Timmons. *New Venture Creation* [M]. New York：McGraw Hill，1990.

作者简介

彭红霞（1975— ），湖北武汉人，湖北大学电子商务系副教授、华中科技大学博士。研究方向：管理学。

宗星宇（1994— ），湖北襄阳人，湖北大学2017届企业管理在读硕士。研究方向：管理学。

社交电商的兴起对大学生创业影响调查研究

韩雪亮　王豆豆

（河南财经政法大学，郑州，450046）

> **摘要**：近年来，随着社交平台的爆发、消费行为的迁移，传统电商的黄金十年已经结束，社交电商应运而生，并受到社会各界广泛关注，越来越多的大学生开始进军这一领域。为了给大学生的创业提供更多实际的帮助和指导，确定了"社交电商兴起对大学生创业影响"这一研究课题。针对该课题，分别从创业激情、创业投入、电商认同三方面进行研究，做问卷回归分析，深入研究社交电商的兴起对大学生创业的影响。
>
> **关键词**：创新创业；社交电商；大学生创业

1 研究背景

近年来，在党中央、国务院的领导下，我国以实施创新驱动发展战略为引领，广泛深入地开展"大众创业、万众创新"，有效地缓解了当前就业压力，创新发展生态明显优化，市场活力不断释放。特别是社交电商领域，社交电商以其启动资金少、进入门槛低、转化程度高的特点，依托良好的政策环境，取得了快速发展。

2 研究目的

基于"大众创新、万众创业"以及社交电商兴起和风靡的客观现实背景，本研究的目的是：①了解大学生对社交电商的认同；②发现在此背景下大学生创业激情和创业投入现状；③探究大学生社交电商认同对其创业投入的影响。

3 研究意义

本研究通过广泛收集关于社交电商和大学生创业者的相关信息，分析得出调查结论，为政府出台大学生创新创业的政策提供科学依据，为引领学校学生创新创业教育提供指引。

4 调查方法与实施

4.1 确定调查主题

随着电子商务飞速发展，社交电商应运而生。特别是近几年虫虫、雪梨等社交电商爆红于网络，我们看到了社交电商巨大的市场潜力。我们认为社交电商有很大的发展空间，并从某些方面促进了大学生创业。因此确定了"社交电商的兴起对大学生创业的影响"的调查主题。希望帮助大学生更好地了解社交电商，为他们创业提供参考。

4.2 研究假设

4.2.1 电商认同与创业投入的关系

创业者创业方向的选择与创业知识、个人偏好、内外环境等各个方面的因素有关。就社交电商而言，电商认同会对创业投入产生积极且直接的促进作用。因为创业者总是愿意向那些自己认为可以获利的领域投资。而创业投入对电商认同也有着正面的作用。

4.2.2 创业激情与电商认同的关系

电商认同提升创业者的创业激情。电商认同使得创业者对自己所创立的事业产生强烈的认同感，不仅提高创业者的自信心，还可以给创业者增加动力，使他们相信并且乐意从事电商创业，从而提升创业者的创业激情。创业激情综合了自身认同、愉悦、心流、韧性、冒险等各方面因素，电商认同会对创业激情在不同程度上产生影响。把握好激情的"度"成为提升当代大学生在电子商务方面的创业成功率的关键。

4.2.3 创业激情与创业投入的关系

创业激情是创业活动精神上的驱动力。创业投入是一项需要知、情、意共同参与的活动。适度的创业激情会提高思维的灵活性，提升个体应对环境刺激的适应能力，帮助创业者采用新的方式识别、开发常常被他人忽视或者还未被开发的各种信息，从而使创业者发现更多的机遇，从某些方面也拓宽了创业投入的方向。

综合上述分析，我们认为创业激情、电商认同、创业投入三者间存在密切联系。三者关系如图 1 所示。

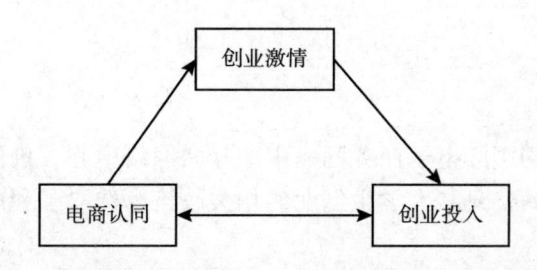

图1 创业激情、创业投入、电商认同的关系概念模型

4.3 调查方法

4.3.1 网络调查法
本研究的网络调查流程如图2所示。

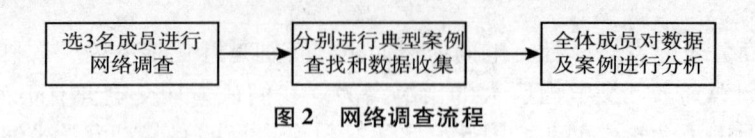

选3名成员进行网络调查 → 分别进行典型案例查找和数据收集 → 全体成员对数据及案例进行分析

图2 网络调查流程

我们首先在网络各个网站上搜索了利用微信，微博等社交软件进行各方面创业的典型案例，并对其主要创业灵感，运营过程及共同点进行了分析。其次通过浏览相关网站了解社交电商发展现状和发展前景。

4.3.2 访谈法
本研究的访谈流程如图3所示。

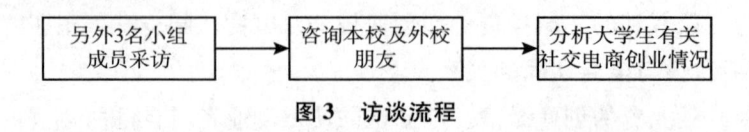

另外3名小组成员采访 → 咨询本校及外校朋友 → 分析大学生有关社交电商创业情况

图3 访谈流程

在进行了网络调查之后，为使报告更"接地气"，我们选择身边利用社交软件进行创业的同学进行了访谈，采访了其创业方面的问题。

4.3.3 问卷调查法
本研究的问卷调查流程如图4所示。

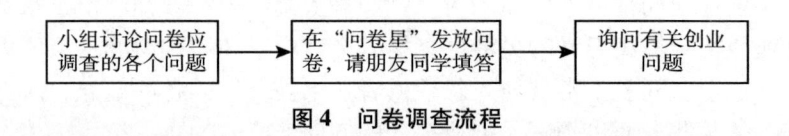

小组讨论问卷应调查的各个问题 → 在"问卷星"发放问卷，请朋友同学填答 → 询问有关创业问题

图4 问卷调查流程

为对社交电商相关问题进行更深层次的分析，我们通过问卷星发放了两轮问卷。第一轮问卷共收回1193份有效问卷。第二轮问卷共收回2470份有效问卷。

4.4 调查实施

4.4.1 网络调查过程
我们分别浏览了中国国际电子商务网、中国互联网络中心、价值中国以及河南省门户网站等，了解最新的电商信息和大学生创业的相关政策。选取了利用各种社交软件进行创业的三个典型实例。

4.4.2 访谈过程
2016年11月15日至2016年11月20日，小组中另外三名同学对身边从事社交电商创业的同学进行了电话采访。我们选取了其中 7 位比较典型的案例进行了总结。
4.4.3 问卷调查过程
我们于 2016 年 11 月 21 日至 2016 年 12 月 19 日进行第一轮在问卷星发放，共收回 1193 份有效问卷，并在接下来的三天对问卷的调查结果进行了分析、讨论与总结。

于 2016 年 12 月 21 日至 2017 年 2 月 28 日在问卷星进行了第二轮问卷发放，共收回 2470 份有效问卷。

5 调查结果与分析

5.1 网络调查结果

5.1.1 网民规模与互联网普及率分析
我国网民规模与互联网普及情况如图 5 所示。

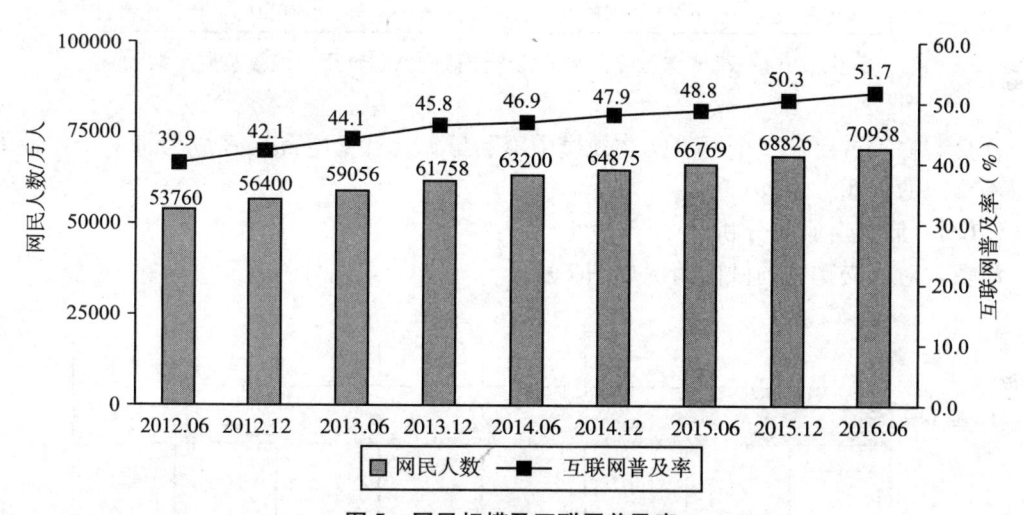

图 5 网民规模及互联网普及率

资料来源：CNNIC《第 38 次中国互联网络发展状况统计报告》(2016.8.03)。

由图 5 知，截至 2016 年 6 月，我国网民规模达到 7.10 亿人，半年共计新增网民 2132 万人，半年增长率为 3.1%，较 2015 年下半年增长率有所提升，网民数量的不断增加，使更多大学生使用社交软件的概率增加，为社交电商提供更加有利的发展环境，同时，社交电商的不断发展也为大学生创业提供了更多的选择。群众对网络购物的喜爱势必会对大学生创业产生积极影响，促进大学生的电商认同感，使得大学生的创业投入向电商靠拢。

5.1.2 社交网购比例分析
如图 6 所示，2015 年社交网购用户规模为 1.45 亿人，较 2014 年增加 2330 万人，年增长率 19.1%；社交网购在网购用户中的使用率由 33.8% 提升到 35.2%，在网购用户中占很大比例。随着社交网购用户规模的增加以及社交购物使用率的提升，可看出社交电商的市场前景广阔,发展潜力巨大,给在社交电商领域创业的大学生提供更多的发展机会。

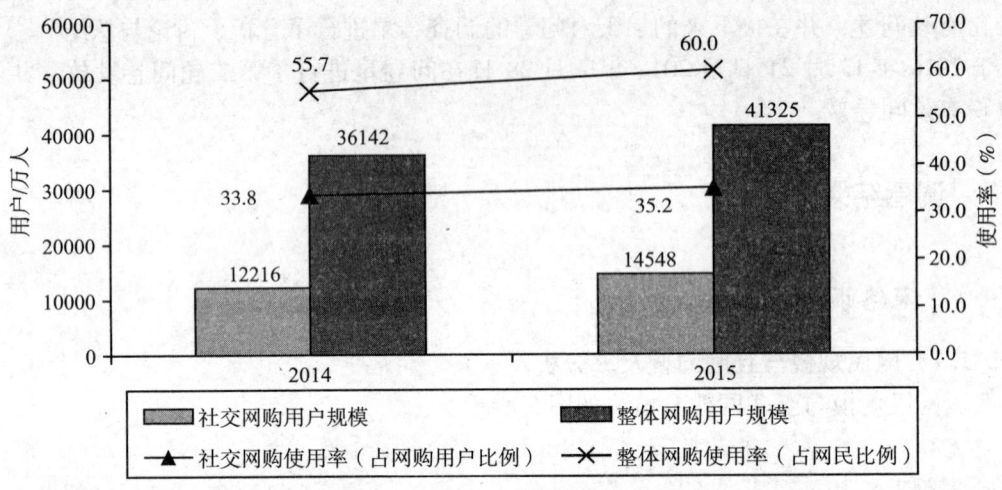

图6 2014—2015年社交网络购物与整体网络购物用户规模及使用率

社交购物的占比在整个网络购物规模中不断扩大,社交电商已经成为每一个创业者所不得不重视的创业方式。

5.1.3 消费者倾向分析

消费者对社交购物的倾向情况如图7所示。

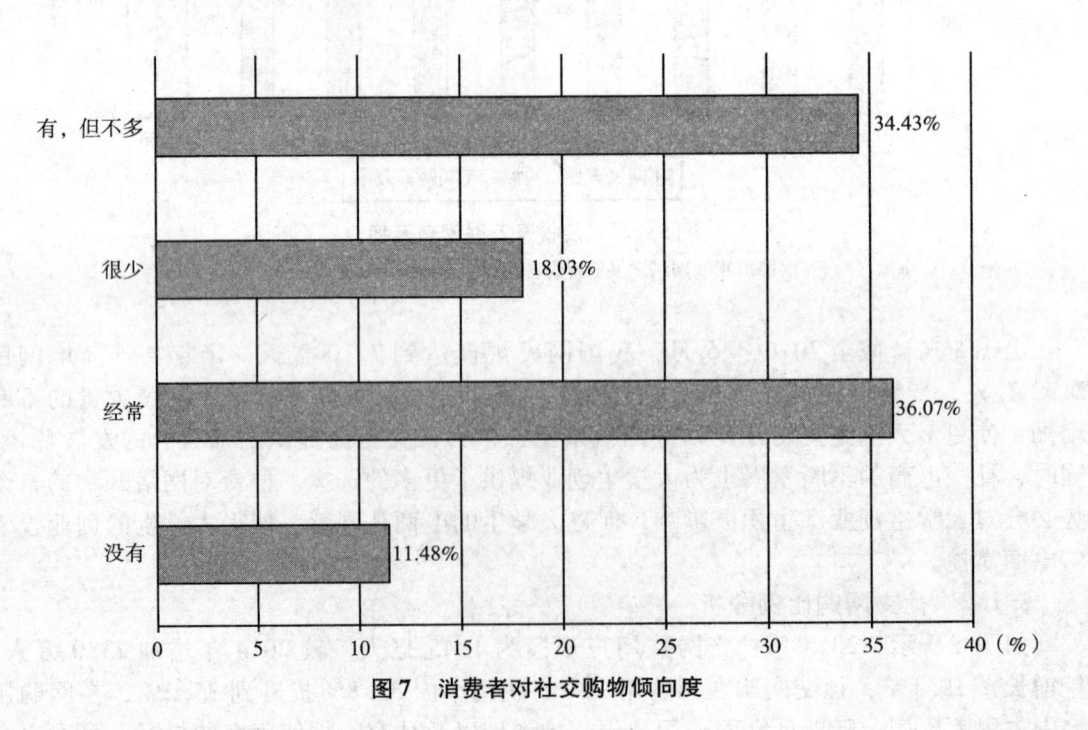

图7 消费者对社交购物倾向度

我们就是否有过在社交软件购物经历对大学生等群体进行了调查，由图7知，36.07%的人经常通过社交网站购物，18.03%的人很少通过社交网站购物，有社交购物体验但不多的人占34.43%。可以看出，人们还是很倾向于使用社交软件购物的。

从侧面来说消费者倾向反映出市场的需求所在，社交电商成为商业发展的必然趋势。大学生在创业时，无论在自我心理层面还是现实考虑方面都会把社交电商作为首选之一。

通过对上述三方面网络数据的分析来看，在宏观大背景下，大学生对电商的认同感无疑会随时代发展而不断高涨，创业激情与创业投入也会因社交网购的市场需求而得到极大的促进。说明社交电商对于大学生创业者来说具有极大的便利与前景。同时在"大众创业、万众创新"的社会大趋势下，大学生创业者选择社交电商无疑是极好途径。

5.2 电话访谈内容呈现

本研究对7位通过社交电商创业的大学生进行电话访谈来实际了解大学生社交电商创业具体情况，访谈内容见表1。

表1　　　　　　　　　　　　电话访谈结果与分析

编号	性别	创业领域	顾客来源	自身优势	收入	总结
1	女	品牌彩妆代理	通过微信朋友圈和微博	(1) 口才很好；(2) 质量有保障	每月2000元左右	(1) 受采访的从事社交电商的大学生几乎都会通过微信、qq、微博宣传获得顾客。少数人通过公众号宣传产品。(2) 社交电商对语言能力有所要求。访谈过的所有大学生社交电商都有较好的语言能力
2	女	代购	主要是朋友圈和qq上宣传	(1) 能买到价钱比较低的货；(2) 口才好	够自己的生活费	
3	男	销售名牌鞋	主要是朋友圈，qq和微博宣传	口才好，喜欢与别人交流	收入一般	
4	女	销售衣裤	实体店宣传	(1) 因为家里有实体店；(2) 客户对商品很信赖	收入较稳定，每月能有结余	
5	男	影视资源的销售	公众号宣传	(1) 有市场；(2) 沟通能力强	1000元左右	
6	女	美牙仪代理	发朋友圈得到客户，发展下线从中收取提成	(1) 交友广泛；(2) 性格外向	没有透露	
7	女	销售手提包	发朋友圈宣传	(1) 商品质量有保障；(2) 有商业头脑；(3) 表达能力强	3000元左右	

从 7 位受访者的反馈来看，首先，他们很认同社交电商这种创业形式，归属感十足。其次，他们对于自己的创业项目充满激情对于创业过程中所遇到的困难总是全身心的投入，进而努力解决问题。最后，再全身心的投入创业过程，在此过程中所获得的创业投入无疑是巨大的。

5.3 问卷调查结果

5.3.1 问卷的信效度分析

本研究采用 SPSS 19.0 对问卷进行信度分析，表 2 显示出问卷量表中关键指标的 Cronbach's α 系数值，分别为：愉悦 = 0.902，心流 = 0.775，韧性 = 0.724，冒险 = 0.856，创业激情整体为各量表的 Cronbach's α 系数值都高于 0.55，且整体的 Cronbach's α 系数值都高于 0.65，这表明问卷量表信度较好。

表 2 量表信度分析

因子名称	指标	Cronbach's α Alpha	整体 Cronbach's α Alpha
创业激情	身份认同		0.914
	愉悦	0.902	
	心流	0.775	
	韧性	0.724	
	冒险	0.856	
创业投入	活力	0.734	0.823
	奉献	0.756	
	专注	0.743	
电商认同	目的价值	0.912	0.845
	微博认同	0.823	
	关系感知	0.789	

表 3 中是本研究涉及的变量。

表 3 变量题项

维度	变量	题项
目的价值[①]	SIA	1. 微信、微博等社交软件为我提供了产品信息
	SIA	2. 微信、微博等社交软件为我节省了实地了解产品的时间
	SIA	3. 微信、微博等社交软件上的信息提出了合理的购买意见
	SIA	4. 微信、微博等社交软件为我节省了金钱
	SIA	5. 微信、微博等社交软件帮助我解决了购物过程中的问题

续表

维度	变量	题项
微博认同[2]	SIB	6. 我是微信、微博等社交软件的活跃粉丝
	SIB	7. 我觉得微信、微博等社交软件的其他粉丝与我有相似的兴趣和爱好
	SIB	8. 我觉得自己是正在使用微信、微博等社交软件中的一员
关系感知[3]	SIC	9. 我觉得微信、微博等社交软件能理解我的需求
	SIC	10. 我觉得微信、微博等社交软件能重视我的购买意见
	SIC	11. 我觉得微信、微博等社交软件的产品质量很好
	SIC	12. 我很喜欢微信、微博等社交软件的产品
	SIC	13. 我觉得微信、微博等社交软件的产品能满足我的需求
身份认同[4]	EPA	14. 我认为自己是一个创业者
	EPA	15. 我常常思考创业的相关事情
	EPA	16. 如果我被迫放弃创业,我会感到失落
	EPA	17. 当别人在想我是谁的时候,认识我的人会首先说到我是创业者
	EPA	18. 我的同事和员工认为我是创业者
	EPA	19. 我给别人的印象是创业者
愉悦[5]	EPB	20. 我很享受创业过程
	EPB	21. 我喜欢创业
	EPB	22. 创业让我感到兴奋
	EPB	23. 创业对我而言是惊心动魄的
心流[6]	EPC	24. 面对风险和挑战,我相信我可以应对
	EPC	25. 我很清楚地知道我想要什么
	EPC	26. 我很清楚地知道我自己的表现
	EPC	27. 我的注意力完全集中在与创业相关的活动中
	EPC	28. 我不在乎别人如何看我
	EPC	29. 当我投入创业活动时,我完全忘记了时间
韧性[7]	EPD	30. 为了实现创业目标,我能长时间坚持不懈
	EPD	31. 即使创业过程中遇到很大的困难,我也会坚持到最后
	EPD	32. 只要我尽最大的努力,我相信自己能解决创业过程中遇到的大多数难题
	EPD	33. 我是一个不到最后绝不放弃的人
	EPD	34. 我相信伟大是熬出来的,坚持就是胜利

续表

维度	变量	题项
冒险[8]	EPE	35. 我喜欢接受挑战并能承受环境中的不确定性
	EPE	36. 我的成功很大程度上是因为勇敢和冒险
	EPE	37. 面对难题我喜欢尝试大胆的新的方案
	EPE	38. 我是一个雄心勃勃的人
	EPE	39. 我喜欢开拓未知领域
活力[9]	UWESA	40. 在创业过程中,我感到自己迸发出能量
	UWESA	41. 创业时,我感到自己强大并且充满活力
	UWESA	42. 早上一起床,我就想要去工作
奉献[10]	UWESB	43. 我对创业富有热情
	UWESB	44. 创业激发了我的灵感
	UWESB	45. 我为自己所从事的创业工作感到自豪
专注[11]	UWESC	46. 当创业遇到困难的时候,我会觉得更有挑战力
	UWESC	47. 我沉浸于我的创业工作当中
	UWESC	48. 我在创业时会达到忘我的境界

注:①目的价值:指消费者通过企业微博获得的功利性价值,又可细分为信息价值和金钱价值,总共5道题,具体包括第1~5题。
②微博认同:同指消费者将自己视为企业微博的一员,这是消费者作为个体的一种心理状态,包括消费者对自己成员身份的认知和对这种身份所带来的情感意义和价值意义的感知。总共3道题,具体包括第6~8题。
③关系感知:指消费者对自己与产品、品牌、企业以及其他消费者的整体评估。总共5道题,具体包括第9~13题。
④身份认同:指对主体自身的一种认知和描述,包括很多方面比如,文化认同、国家认同,共6道题,第14~19题。
⑤愉悦:共4道题,第20~23题。
⑥心流:指人们全身心投入某事的一种心理状态,是一种将个人精神力完全投注在某种活动上的感觉,心流产生时同时会有高度的兴奋及充实感。共6道题,第24~29题。
⑦韧性:指面对丧失、困难或者逆境时的有效应对和适应。共5道题,第30~34题。
⑧冒险:共5道题,第35~39题。
⑨活力:共3道题,第40~42题。
⑩奉献:共3道题,第43~45题。
⑪专注:指精神贯注,共3道题,第46~48题。

5.3.2 描述性统计

根据问卷调查的结果,做出了电商认同,创业激情,创业投入的相关数据描述性统计(见表4)。电商认同方面,目的价值均值3.30,微博认同均值3.27,关系感知均值3.06。三个方面均值都大于3.0,同样,创业认同五个方面(身份认同、愉悦、心流、韧性、冒险)均值也超出3.0,至于创业投入三个方面均值都小于2.0。三者总的均值分别是:电商认同——3.21；创业激情——3.02；创业投入——1.95。显然电商认同与创业激情均值大于中位数2.5，而创业投入均值小于2.5。说明大学生对社交电商这种营销模式具有很强的认同感，同时在创业过程中能够保持强烈的创业激情。但在创业投入方面，大学生创业者则表现出投入不足，缺乏实践性。换言之，在创业过程中克服困难及创新变革的能力与思维还有所欠缺。

表4　　　　　　　　　　　　描述性统计表

Variable	Mean	Std. Dev.	Min	Max
sia	3.30	1.03	0	5
sib	3.27	1.10	0	5
sic	3.06	1.08	0	5
epa	2.57	1.10	0	5
epb	3.01	1.19	0	5
epc	3.03	1.09	0	5
epd	3.23	1.16	0	5
epe	3.28	1.16	0	5
uwes a	1.94	1.76	0	5
uwes b	1.99	1.84	0	5
uwes c	1.92	1.78	0	5
si	3.21	1.00	0	5
ep	3.02	1.05	0	5
uwes	1.95	1.78	0	5

5.3.3　相关性检验

根据Stata14.0所作出的相关性检验分析（见表5），目的价值（SIA）与电商认同（SI）的相关性系数为0.938（p值小于0.05）且在0.01水平上显著，说明两者之间存在强的相关性，也说明两者确实有明显关系，在统计学上是有意义的。同样，电商认同（SI）与创业激情（EP）之间的相关系数为0.635，且在0.01水平上显著，说明两者存在相关关系并可能存在因果关系；电商认同（SI）与创业投入（UWES）之间的相关系数为0.310，且在0.01水平上显著，说明两者之间存在相关关系并可能存在因果关系；创业激情（EP）与创业投入（UWES）之间的相关系数为0.447，且在0.01水平上显著，说明两者存在相关关系且可能存在因果关系。同时，这说明样本的处理相对是可靠的，问卷调查的结果适用。

表5　相关性检验分析表

VARIABLE	SIA	SIB	SIC	EPA	EPB	EPC	EPD	EPE	UWESA	UWESB	UWESC	SI	EP	UWES
SIA	1.000													
SIB	0.799***	1.000												
SIC	0.853***	0.826***	1.000											
EPA	0.516***	0.437***	0.544***	1.000										
EPB	0.515***	0.469***	0.518***	0.830***	1.000									
EPC	0.575***	0.539***	0.615***	0.799***	0.813***	1.000								
EPD	0.579***	0.553***	0.604***	0.710***	0.780***	0.887***	1.000							
EPE	0.577***	0.561***	0.622***	0.705***	0.758***	0.853***	0.901***	1.000						
UWESA	0.236***	0.293***	0.326***	0.444***	0.424***	0.397***	0.361***	0.382***	1.000					
UWESB	0.232***	0.286***	0.322***	0.429***	0.428***	0.402***	0.363***	0.381***	0.974***	1.000				
UWESC	0.259***	0.304***	0.334***	0.453***	0.440***	0.421***	0.384***	0.388***	0.967***	0.975***	1.000			
SI	0.938***	0.933***	0.950***	0.530***	0.532***	0.613***	0.615***	0.624***	0.304***	0.299***	0.319***	1.000		
EP	0.601***	0.558***	0.632***	0.879***	0.912***	0.947***	0.933***	0.920***	0.437***	0.436***	0.454***	0.635***	1.000	
UWES	0.244***	0.297***	0.331***	0.446***	0.435***	0.411***	0.373***	0.387***	0.990***	0.992***	0.990***	0.310***	0.447***	1.000

注：*** 表示在0.01水平上显著，** 表示在0.05水平上显著，* 表示在0.1水平上显著。

5.3.4 结构方程模型检验结果

为了探究电商认同（SI）、创业激情（EP）与创业投入（UWES）之间的关系，基于问卷调查所得数据，我们采用 Mplus 7.0 进行结构方程检验，估计结果如图8和图9所示。

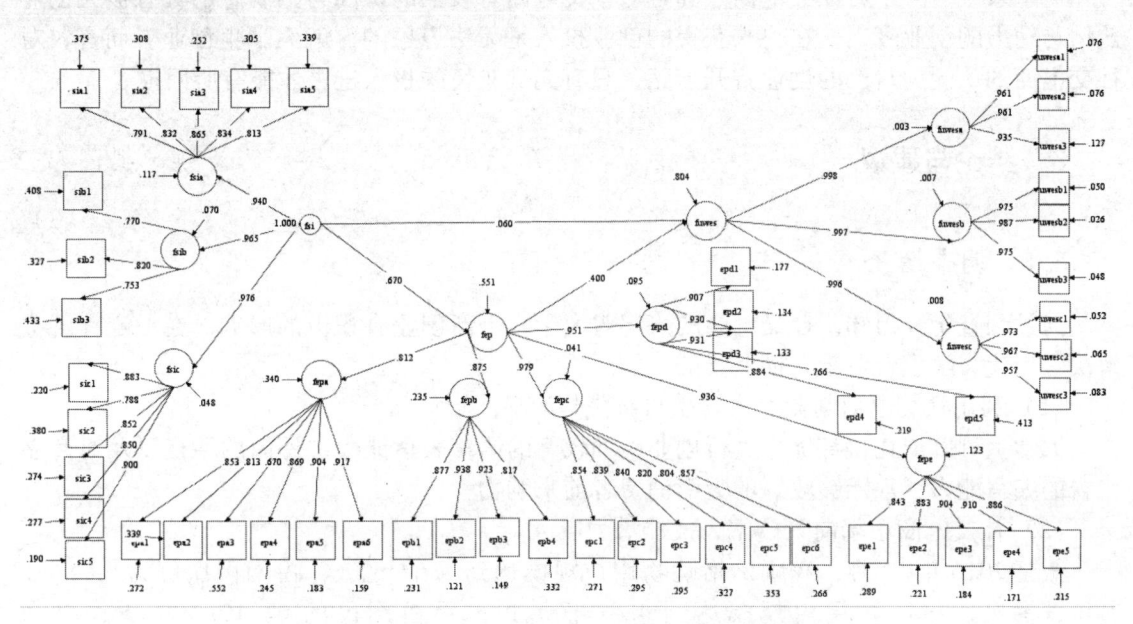

图8　电商认同—创业激情—电商投入关系检验结果

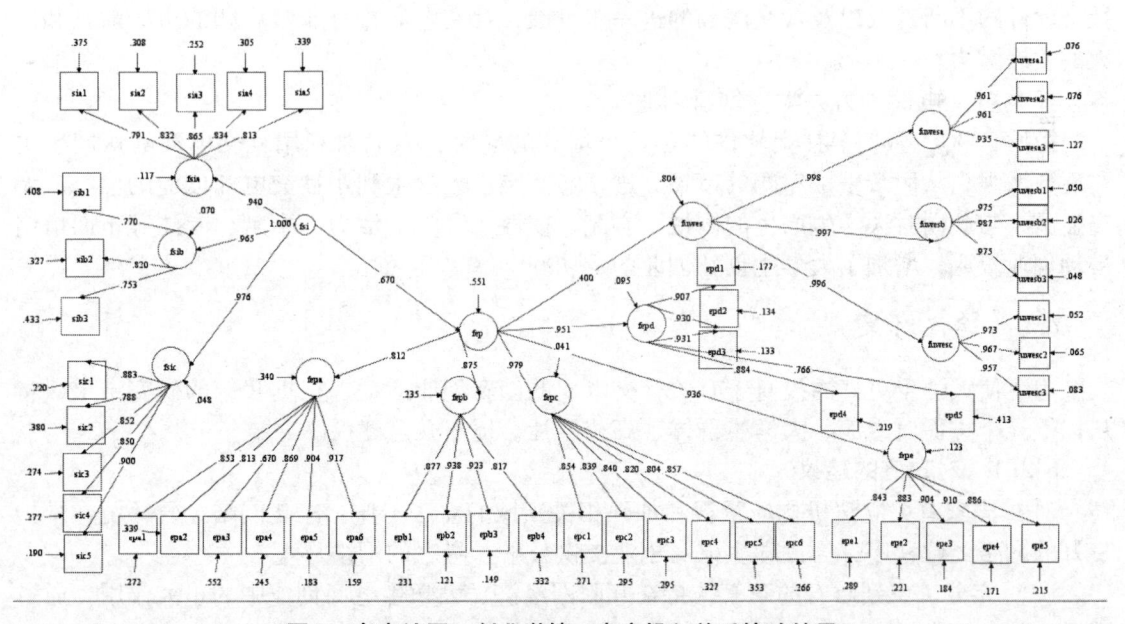

图9　电商认同—创业激情—电商投入关系检验结果

由图8和图9知，两图的区别是少了一条线，电商认同对于创业投入的直接影响系数为0.440，而电商认同通过创业激情作用于创业投入的间接影响系数是0.265（0.635×

0.418），而总的影响系数为 0.705（0.265＋0.440）。故此，两个系数能够直观的说明电商认同不一定能够带来创业投入，而在创业激情的促进作用下电商认同所带来的创业投入可能是巨大的。

简单来说，一个对社交电商熟知且对社交电商有较强的认同与归属感的具有极大创业热情与动力的创业者，他在将来获得的创业投入是无法想象的。就大学生创业者而言，对社交电商的认同为自己的创业打开道路，只有充满激情的投入进去才能有所回报。

6 结论与建议

6.1 调查结论

通过调查研究得知，社交电商的兴起对大学生创新创业有积极的影响，在一定程度上解决了当代大学生就业难，创业难的问题。

（1）利用社交电商创业，大学生自身优势明显。

大学生可以依托自身优势进行创业，如较好的语言表达能力，外向的性格以及对商品广告的编写能力，都能够较好的吸引消费者前来购物。

（2）社交电商市场前景广阔，发展潜力巨大。

截至 2016 年 12 月，我国网络购物用户规模达到 4.67 亿人，占网民比例为 63.8%。其中，手机网络购物用户规模达到 4.41 亿人，占手机网民的 63.4%，年增长率为 29.8%。2015 年人均年度社交化网购次数为 7.2 次，较 2014 年提升 1.2 次。这说明随着社交软件的不断普及以及社交网购的进一步发展，社交电商将有非常广阔的市场前景和巨大的发展潜力。

（3）社交电商助力大学生创新创业。

微博，QQ，微信等社交软件的普及率增高的同时，人们对利用社交电商的认同感也在逐渐增强，从而带来了广阔的市场，进一步坚定了大学生利用社交电商创业的信心，调查显示，与此同时大学生产生的愉悦、心流、韧性、冒险、活力、奉献、专注等正面情绪带动创业投入，增加了大学生创新创业的成功率。

6.2 建议对策

为了使大学生更好的投身于有关社交电商的创新创业活动，根据我们的研究结果，特从以下几个方面对政府、大学生群体、高校、社会提出几点建议。

6.2.1 对政府的建议

（1）国家有关立法机构应重视和加强相关领域的立法工作，净化网络经营环境，维护良好的网络经营秩序，为大学生电商创业提供公平、有序的网络环境。

（2）充分认识到政府的政策扶持在互联网经济、大学生电商创业中的重大作用，通过财政拨款、提供低息或免息贷款、建立创业基金等方式对大学生电商创业进行扶持。

（3）联合学校或其他企事业单位建立大学生创业园，为其提供相关场地、资金扶持。

6.2.2 对大学生创业者的建议

希望大学生创业者把握机会，抓住商机，培养自己的创新意识和创新能力，始终以顾客为第一位,同时希望大学生创业者多了解有关创业的信息,响应李克强总理"大众创业、万众创新"的号召,为中国经济转型贡献自己的力量。

6.2.3 对学校的建议

(1) 认真落实政府推出的大学生电子商务创业扶持政策。

近年来,各地政府陆续推出了电子商务创业扶持政策,其中有很大一部分是需要高校配合实施的,高校要把这些扶持政策落实到位。

(2) 引导大学生正确认识电子商务创业。

开设创业课程和相关讲座,让学生更加了解当前电子商务创业环境,电子商务创业相比其他类型的创业的优势和劣势,了解电子商务发展前景。

6.2.4 对社会的建议

(1) 家庭氛围:营造具有浓厚的电子商务创业氛围。无论是日常生活还是学习过程中,父母应培养孩子的创业品质。

(2) 社会环境:营造利用社交媒体创业、激励成功、宽容失败的社会文化氛围尤为重要。一是加强宣传和教育,使社会形成对大学生创业认可的共识。二是营造激励利用社交媒体创业、宽容失败的创业氛围。

7 致谢

在此调查研究撰写过程中,要特别感谢李芳、杨舒月、李斌、李世壮、孙长兴这几位同学的帮助。

附录

社交电商兴起对大学生创业影响调查

亲爱的同学:

您好!非常感谢您参与本次调查!本调查旨在了解大学生创业情况。本次调查匿名填写,调查资料不对单个数据进行分析。答案没有对错之分,您只需要根据自己的实际情况和想法回答,我们将对所填写的资料绝对保密。您的参与对我们后期的研究至关重要,完成本次调查大约需要 5~8 分钟时间,在此对您的支持表示感谢!

	请您根据自己的实际情况和切身体会,用下面描述对自己进行评价和判断,并选出符合自己的选项	非常不同意	不同意	不好确定	同意	非常同意
1	我认为自己是一个创业者	1	2	3	4	5
2	我常常思考创业的相关事情	1	2	3	4	5
3	如果我被迫放弃创业,我会感到失落	1	2	3	4	5
4	当别人在想我是谁的时候,认识我的人会首先说到我是创业者	1	2	3	4	5
5	我的同事和员工认为我是创业者	1	2	3	4	5

续表

请您根据自己的实际情况和切身体会，用下面描述对自己进行评价和判断，并选出符合自己的选项		非常不同意	不同意	不好确定	同意	非常同意
6	我给别人的印象是创业者	1	2	3	4	5
7	我很享受创业过程	1	2	3	4	5
8	我喜欢创业	1	2	3	4	5
9	创业让我感到兴奋	1	2	3	4	5
10	创业对我而言是惊心动魄的	1	2	3	4	5
11	面对分享和挑战，我相信我可以应对	1	2	3	4	5
12	我很清楚地知道我想要什么	1	2	3	4	5
13	我很清楚地知道我自己的表现	1	2	3	4	5
14	我的注意力完全集中在与创业相关的活动中	1	2	3	4	5
15	我不在乎别人如何看我	1	2	3	4	5
16	当我投入创业活动时，我完全忘记了时间	1	2	3	4	5
17	为了实现创业目标，我能长时间坚持不懈	1	2	3	4	5
18	即使创业过程中遇到很大的困难，我也会坚持到最后	1	2	3	4	5
19	只要我尽最大的努力，我相信自己能解决创业过程中遇到的大多数难题	1	2	3	4	5
20	我是一个不到最后绝不放弃的人	1	2	3	4	5
21	我相信伟大是熬出来的，坚持就是胜利	1	2	3	4	5
22	我喜欢接受挑战并能承受环境中的不确定性	1	2	3	4	5
23	我的成功很大程度上是因为勇敢和冒险	1	2	3	4	5
24	面对难题我喜欢尝试大胆的新的方案	1	2	3	4	5
25	我是一个雄心勃勃的人	1	2	3	4	5
26	在创业过程中，我感到自己迸发出能量	1	2	3	4	5
27	创业时，我感到自己强大并且充满活力	1	2	3	4	5
28	我对创业富有热情	1	2	3	4	5
29	创业激发了我的灵感	1	2	3	4	5
30	早上一起床，我就想要去工作	1	2	3	4	5
31	当创业遇到困难的时候，我会觉得更有挑战力	1	2	3	4	5
32	我为自己所从事的创业工作感到自豪	1	2	3	4	5
33	我沉浸于我的创业工作当中	1	2	3	4	5
34	微博、微信等社交软件为我提供了产品信息	1	2	3	4	5
35	微博、微信等社交软件为我节省了实地了解产品的时间	1	2	3	4	5
36	微博、微信等社交软件上的信息帮助我作出了购买决策	1	2	3	4	5
37	微博、微信等社交软件为我节省了金钱	1	2	3	4	5

续表

请您根据自己的实际情况和切身体会，用下面描述对自己进行评价和判断，并选出符合自己的选项	非常不同意	不同意	不好确定	同意	非常同意
38	微博、微信等社交软件帮助我解决了产品使用过程中的问题	1	2	3	4	5
39	我是微博、微信等社交软件的活跃粉丝	1	2	3	4	5
40	我觉得微博、微信等社交软件的其他粉丝与我有相似的兴趣和爱好	1	2	3	4	5
41	我觉得自己是正在使用微博、微信等社交软件中的一员	1	2	3	4	5
42	我觉得微博、微信等社交软件能理解我的需求	1	2	3	4	5
43	我觉得微博、微信等社交软件能重视我的购买意见	1	2	3	4	5
44	我觉得微博、微信等社交软件的产品质量很好	1	2	3	4	5
45	我很喜欢微博、微信等社交软件的产品	1	2	3	4	5
46	我觉得微博、微信等社交软件的产品能满足我的需求	1	2	3	4	5

参考文献

[1] 周志平. 社交网络作为隐性广告载体的价值分析及应用对策 [J]. 江苏商论, 2012 (10): 82-84.

[2] 姚琦, 马华维, 阎欢, 陈琦. 心理学视角下社交网络用户个体行为分析 [J]. 心理科学进展, 2014, 22 (10): 1647-1659.

[3] 郑文聪. "网红3.0" 时代的特征及受众心理 [J]. 新媒体研究, 2016, 2 (6): 14-15.

[4] 李原, 吴育琛. 网红经济学 [J]. 中国企业家, 2016 (6): 30-51.

[5] 冯建英. 网络营销基础与实践 [M].3 版. 北京: 清华大学出版社, 2007.

[6] 刘海鹰. 大学生创业意向影响因素研究 [J]. 科技进步与对策, 2010 (18): 154-156.

[7] 杨康. 浅谈移动电子商务对大学生创业的影响 [J]. 佳木斯职业学院报, 2016 (4): 436-437.

[8] 侯淑伟, 马鹏宇. 大学生创业 SWOT 分析 [J]. 卷宗, 2017 (18): 159-160.

作者简介

韩雪亮 (1986—), 河南内黄人, 河南财经政法大学工商管理学院, 讲师, 博士。研究方向: 组织创新与变革。

王豆豆 (1995—), 河南焦作人, 河南财经政法大学。研究方向: 财务管理。

"互联网+"时代大学生创新创业教育新模式

申 浩

(黄河水利职业技术学院,开封,475000)

> **摘要:**"互联网+"时代的到来提供了无处不在的创新机会,使大众创业、万众创新成为新常态。教育作为大众创业、万众创新的智力源泉必须进行相应调整,基于此背景,阐述"互联网+"与双创间的关系,发现并梳理我国创新创业教育面临的问题和挑战,从学生角度探索新的创新创业教育模式与对策。
>
> **关键词:**互联网+;大学生;创新创业;教育;新模式

随着"互联网+"时代的到来,各行各业的不断转型与变革已经成为当今社会发展的必然趋势,创新创业教育模式的创新逐渐成为吸引人们的焦点所在。但是,在这种变革时代的背景下所面临的挑战和难关也是非常多的,如何在"互联网+"时代背景下推行创新创业教育发展、培养复合型人才、加强大学生创新创业能力、给各大高职院校大学生提供更多创新创业的机会,已经成为目前研究的主要课题。

1 "互联网+"时代大学生创新创业教育现状

1.1 对创新创业的认知不足

近些年来,虽然创新创业已经成为教育界屡次提及的内容,然而大部分的教育者仍对创新创业抱有不看好的态度,在诸多创业失败的案例下,认为创新创业是一场博弈,对于初出茅庐的大学生来说,失败的概率更大,因此并不倡导在大学生还未与社会深度接触的情况下进行创业。相应的创业指导也就流于形式化,同时致使一些萌芽创业思维的大学生受到环境的干扰,逐渐打消了创业的想法。甚至在大学生中间,提到创业都会首先想到资金的整合,而非方向的分析,大学生身处于大学的象牙塔中,对于创业毫无思路,鲜少有机会能够到创业成功的企业进行观摩,教育者本身的认知不足,认知狭隘给大学生创业造成了较大的阻碍。

1.2 师资力量薄弱

创新创业虽然需要大学生具备与时俱进的思想,甚至能够想到他人想不到的问题,在常规化事件的基础上,衍生创新性的想法,还需要教育者的指导,为大学生启发灵感,并指引方向，这就对教育者的个人素质提出了更高的要求。而实际上，真正对创业指导有经验或者研究的教育者还十分欠缺，多数的就业指导还停留在毕业后的找工作问题上，对于如何面试、如何处理上下级关系等提及良多，也就顾此失彼地减少了关于创业的描述，甚至只字不提，一些想要创业的大学生只能依据自身的资料搜集与同龄人分析创业有关内容。

1.3 创业指导的思维受限

创新创业涵盖的领域较广，可从各个层面进行问题的梳理，从诸多创业方向中选择适合大学生的一项。然而受到专业素质的限制，一些教育者直截了当地从本专业进行创业指导，限定了创业的范畴，这就极大地缩小了创业的圈子，学生的思维也受到束缚，难以发挥出自身的优势，这样的指导起不到多少实质性的作用，反而会造成创业路上的思维受限。

1.4 启动资金无处筹措

大学生的创新创业需落于实处，在理论与实践两者均具备一定基础的前提下，要保障资金的融合渠道能够依托创新创造的开展。现阶段大学生在创新创业方面的资金需求量大、投入多、利益回收较慢，因此在市场上，鲜少有投资者愿意支持大学生创业，一切的理论思考结构，在无资金推动的情况下，只能暂时搁置，许多有创业想法的学生不得不先选择就业，再筹划创业。

2 "互联网+"时代大学生创新创业教育方案

2.1 培养大学生的创新创业意识

辅导员要在平时的各种日常管理、思想教育活动中，积极宣传创新创业的理念，及时帮助学生了解当前的创业政策、法律法规。辅导员应开展全程化、立体性、分层次的创业教育。针对低年级学生，重点激发他们的创业兴趣和创新意识；针对中高年级学生，鼓励他们选修创业课程，参加各类创新计划大赛；对于毕业生，则要引导有创业意向的同学落实到创业行动中，并与所学专业知识相结合、与职业生涯发展相结合。

2.2 鼓励学生参加各类创新创业活动

辅导员要积极动员、鼓励学生以参加各类创新创业活动为契机提高学生的创新创业能力，如参加学校的创业大赛、省级的"创青春"和国家级的"挑战杯"等各类大赛活动。对于参与、获奖的同学要给与一定的奖励。平时，辅导员要结合所在学院的特色，加强与专业课教师的沟通，鼓励学生参加教师的课题、实验、项目等，使学生在实践中尽快找到研究的方向，将提升创新素质训练融入平时的专业学习中。对于有创业意向的同学，要对他们进行有针对性的专业的指导，鼓励学生参加大学生创业计划大赛、大学生模拟职场竞赛，选拔优秀的创业项目并予以相应的指导。

2.3 搭建网络平台

创业创新教育只有适应互联网时代的快节奏，持续创新并创造性地利用好网络平台，才能充分发挥其引导作用。现代企业拓展市场时，往往依托网络，通过场景应用和故事情节吸引客户。高职院校可以借鉴并恰当运用"场景+故事"的表述方式对传统教学模式予以改造，以世界日新月异的变化为场景，以新常态下各行各业的风云变幻为故事，与学生开展深层次交流，帮助其树立创新创业的意识。

2.4 建立大学生创业网络基地

网络的方便性、直观性越来越被社会认同，该平台受众面广、影响力大，可以最大限度地发挥优质教育资源的作用。在实施创新创业教育与网络平台对接过程中注意资源的有效共享和充分利用，必然能有效提升创新创业教育在学生中的影响力。ebay、淘宝、拍拍、易趣、京东、微店等已经成为青年大学生生活中密不可分的一部分，高职院校在开展创新创业教育过程中完全可以借助上述平台搭建创业基地并鼓励学生参与。

2.5 探索创建更多的实践平台

当代青年追求自我价值的展现，网络的高度开放性和广泛参与性为其提供了展示自我的平台。以博客、播客、闪客、维客、创客等为代表的"客"文化进一步深化了网络文化，其个性化、多元化、多样化更加明显。创新创业实践应当结合网络创新不断被开发出来的各种需求，结合学生自我价值实现的要求，积极诱导学生发挥其创新、创意能力，充分引导、鼓励其参与创新创业实践。

2.6 建立个性化创新创业的人才培养模式

"个性化创新创业人才培养模式，主要是指以个性化教育为基本手段和途径，以高素质创新创业人才培养为根本宗旨的一种崭新的高等教育范型。"当代青年自我意识突出，追求自我价值的体现。在开展创新创业教育过程中，也应当尊重学生的个性，并结合个性化教育，以高素质创新创业人才的培养为价值目标和立项追求，以个性引导为基础开展工作。

2.7 国家资金项目扶植

可针对大学生的创业方向进行适当的资金支持鼓励，国家应对给予大学生更多的创业机会，低起步的为大学生树立信心。例如：在地方设立"大学生创业园"，鼓励大学生自主创业，以创业带动就业，鼓励青年人开创自己的事业，为更多人搭建就业平台，对于一些新兴的就业网站，采取严格监管措施，避免大学生上当受骗，设立专业的部门"清扫"网络的恶劣环境，让大学生在搜集创业资料或者网上购进材料时，减少网络交易风险，提供免费创业租房机会，缩减大学生的启动资金投入等。

2.8 依托易班打造创新创业实践平台

平台可分为理论与实践两部分进行搭建。理论平台下设："信息查询"功能，学校可将创新创业相关课程、讲座、沙龙等信息及时上传至易班,以便有兴趣的同学快速、准确获得相关信息;"励志人物"功能,定时更新社会、校友等创新创业经历,以鼓励期望创新创业的大学生坚定信念、鼓足勇气开创自己的事业天地。实践平台可以设置"实训一览"功能,将创新创业教育实训信息更新于此,以吸引更多的大学生关注参与其中;同时,将实训以纪实的方式记录下来,传至易班网,记录创新创业教育的点点滴滴。"线上报名"功能,将各类线下创新创业大赛汇聚于此,给大学生们更大的施展空间,更多的锻炼机会。从理论到实践,全面实现高职院校大学生的创新创业教育。

2.9 开展跨专业创业(超脱专业限制创业)

跨界商业模式从本质上来讲是一种商业模式的探索与变革,是对于一个企业进行商业模式的创新与重塑,尤其是对于广大的创业大学生来讲具有对传统行业的颠覆性价值。但是,要想完成这种颠覆性,必须要有一些条件与因素的作用。学生具有良好的个人综合素质、宽松的市场环境、有力的政策与措施等。总之,在天时地利人和等综合性因素的作用下,才可能完成这种创新与变革。在进行这种跨界商业模式的探索中,大学生需要对于原来具有低效率的产业进行资源整合、重构生产关系、提升资源运用的效率。比如:减少中间流通环节、降低生产成本、利用互联网进行产业信息资源的收集、分析、发布、扩大市场的影响力和增强本公司产品的信誉。众所周知,美国的苹果公司利用现代的网络科技与商业模式的重塑由软件行业跨界到手机制造行业,短短几年间就在国际市场中占有了广阔的市场空间、获得了巨大的经济效益。而国内的小米公司从风投行业跨界到手机制造业,获得了非常不错的发展。乐视公司从视频行业跨界到电视制造行业,也获得了不错的成绩。

3 结语

高职院校应主动融入经济社会,结合互联网特点,不断开拓创新创业教育新模式,完善创新创业教育体系、培养大学生创新创业意识,促进高职院校创业教育的发展。

参考文献

[1] 万力勇,康翠萍."互联网+"创客教育:构建高职院校创新创业教育新生态[J]. 教育发展研究,2016(7):59-65.

[2] 张静华."互联网+"时代大学生创业:机遇、挑战及应对[J]. 大学(研究版),2016(2):26-32,12.

[3] 王东明,刘姬冰. 大学生创新创业教育存在的问题与对策研究[N]. 河北软件职业技术学院学报,2014(4):4-7.

[4] 巩艳芬. 高职院校大学生创新创业教育培养体系研究[J]. 石油教育,2013(5):32-33.

[5] 严权峰,陆有丽,胡文静,等. 基于校企合作的大学生创新创业基地建设初探[J]. 电子技术,2017(12):73-75.

[6] 张真柱. 探索"平台·模块·窗口"式大学生自主创业运行机制 [J]. 中国高等教育, 2011 (1): 43-45.

[7] 赵海霞. 高职院校"五位一体"创新创业教育体系的建构 [J]. 纳税, 2017 (36).

[8] 俞园园. 将创新创业教育贯穿人才培养的全过程 [J]. 教书育人, 2017 (36): 36-35.

作者简介

申浩 (1981—), 山西太谷人, 黄河水利职业技术学院测绘工程学院分团委书记, 硕士学位, 讲师。研究方向: 大学生创新创业教育、数字测图等。

"互联网+"背景下无水洗车创业案例分析

曾 萍

(信阳职业技术学院,信阳,464000)

> **摘要**:科技发展日新月异,各行各业都需要利用高科技来节约成本、节省时间,洗车行业也是如此。随着水资源紧缺的矛盾日益凸显,而传统洗车行业则是用水大军,推广无水洗车不但节约了水资源,也更加环保。它将清洗、上光、打蜡同步完成,具有不需要水电资源,没有污水排放,不需要专门场地,流动性强,投资小、发展快的特点,为中小创业者提供了新选择。
>
> **关键词**:无水洗车;创业;分析

1 创业的理论分析

"互联网+"战略是全国人大代表、腾讯董事会主席兼CEO马化腾最早向人大提出的建议。马化腾解释说,"互联网+"战略就是利用互联网的平台,把互联网和包括传统行业在内的各行各业结合起来,在新的领域创造一种新的生态,简单地说就是"互联网+××传统行业=互联网××行业"(赵振,2015)。进入21世纪以来,全球从PC互联网进入移动互联网时代,互联网在各个领域发挥巨大作用,"互联网+"大大方便了人们的生活,无水洗车在这种大时代背景下出现顺应了时代发展的需求。

无水洗车最早出现于新加坡,当地政府为了环保和节水的需要,强制推行无水洗车。后来,无水洗车进入我国市场,在北京、上海、深圳等一线城市得到了广泛的推广和应用。从理论上讲,它是利用现代高科技,对汽车一次性完成清洁、打蜡、上光、养护的一种新型汽车保洁保养方式,具有节能、节水、环保的特点,让客户省心、省时、省钱。

2 创业机会的识别

创业除了要找到合适的创业方向之外,还要选准合适的创业机会,无水洗车在21世纪初应运而生,无疑是把握了合适的机会。

目前市场上多是有水洗车,每年要消耗大量的水。有资料显示,近年来,中国私人汽车拥有量保持增长,2016年的私人汽车拥有量达16330.22万辆,同比增长15.8%,并每年以15%的速度递增。轿车的大幅度增长带动了汽车美容行业的迅速崛起。以2016年年底轿车数量16330.22万辆为例,按三天洗一次计算,每天需要清洗的车辆5443.40万辆;

按一个劳动力每天洗20辆计算，就需要2721.2万人干这一活；每辆车消耗水50升计算，每天需消耗8165100吨水。地球上的水约有13.86亿立方千米，而能用来食用的淡水却只有3500立方千米，而中国至今为此约有14亿人口，如果洗车消耗大量的水必然会导致以后连日常用水都无法维持。

传统洗车与水是离不开的，它需要五个步骤：第一冲水，第二喷液，第三海绵擦，第四再冲水，最后擦干，洗一辆车的时间比较久，不仅洗车的效率不高，而且耗水太多，水是一把双刃剑，虽然可以洗车，但是从看不见的地方可以使汽车角落生锈，也会让车漆表面产生太阳纹变得哑光。传统洗车大量用水，如果除污排水系统不好，还会污染环境。"用更少的水，洗更多的车"应该成为洗车行业发展的趋势，尤其是在"互联网+"背景下，无水洗车的发展会更快。

3 创业团队和创业者

创业是一群人干一件事，单单依靠一个人无法成立企业，更不用说成立一个股份制有限公司。团队的重要性超过了商业模式和行业选择，要想把事业做大做强，唯有联合他人，建立一个高效的团队，将团队的智慧和个人技术才能整合到一起，促使项目继续发展。

（1）合理的股权分配。"股权既是一门技术，也是一门艺术"（黄慧喜，2017），中国古语讲："生意好做，伙计难搁。"企业要发展，不能陷入股权僵局，无水洗车创业依托云鹏汽车服务有限公司而生存，创始人闫云翔持有公司40%的股权，创始团队控制公司70%的股权，在双创的热潮下保证了团队对公司的实际控制，并带领公司快速发展，成功避免了一山二虎、五王争霸的局面。

（2）不做团队的"短板"，不断给自己"增高"。在无水洗车团队里，力求发挥每一个人的专长，以空杯的心态去学习、去汲取。要求每一个人都多为别人、为团队考虑，滴水融入大海，个人融入团队。

（3）适时更新。在无水洗车团队里，员工离职后立即补充新人，为团队注入新的血液。

（4）坚持的力量。无论团队里的人员怎么变动，主要负责人即创业者一直坚持不放弃，始终坚持自己的理念，"既然选择了远方，就应风雨兼程。"（圣隆佐，2006）

无水洗车之所以能一步一步地走下来，越做越大是因为团队成员心往一块使，劲往一块拧，无水洗车必将做得更大，创造出更大的财富。

4 创业遇到的困难

（1）资金来源欠佳。无水洗车遇到的最大的困难就是资金短缺，由于创业者是在校学生，他们没有经济来源。虽然洗车不需要太大的门面，但是存放洗车设备等还是需要一定面积的房子，房租占用了很大份额的资金。

（2）管理经营和客源状况欠佳。由于主要创业者闫云翔为在校大学生，社会阅历较浅，缺乏必要管理经验和人脉资源。在经营方面，目标客户呈隐性状态，虽然创业团队可以提供上门服务,但有些客户对无水洗车的概念比较模糊,认可度不高,客户接受能力还有待提高,如何让群众接受并认可无水洗车是我们要做的第一件事。

5 解决办法

(1) 以改变经营策略的形式解决资金短缺问题,尽最大的努力降低运营成本,对市场行情进行调查和分析,市场经济有其一定的规律可循,寻求和调整营销的切入点,制定一系列的营销策略(袁晓红,2017)。例如,给在校师生发放免费体验卡,让其知道无水洗车的概念,在经营达到一定规模后,让利销售洗车卡,这样可以充分提高无水洗车的知名度,扩大经营规模,获得市场占有率。以促销拉动资金回笼,靠营销收益推动企业的长效发展。由于无水洗车的门面选在繁华的商业市区,来往车辆较多,大学生周末时间较多,闫云翔他们利用闲暇时间,给过往车主发放名片和企业简介,推行"新客户免费洗车""到访有礼"等营销活动,扩大了客源,自然也就聚集了资金。

(2) 优化管理和团队合作。聘请具有丰富经营管理经验的人作为主要领导,为企业的经营管理出谋划策。同时,聘请具有丰富的人力资源和客户资源的人作为业务员。人际关系的作用非常重要,人脉资源成为创业信息、资金、经验的"蓄水池",(徐萌菲等,2013)在无水洗车活动中能起到四两拨千斤的作用。在现今社会,社交能力是创业成功者的必备素质,优秀的业务员可以为无水洗车的发展注入源源不断的活力。

(3) 利用"互联网+"的优势扩大宣传。无水洗车充分利用了各种网络媒体,借助宣传给予优惠促销等活动,吸引顾客。利用微信公众号运营,每天推送一些与汽车保养相关的文章,引起大家的关注。在百度糯米、美团等团购客户端发布无水洗车优惠活动,扩大影响力。

6 公司财务分析

闫云翔等创立的公司为股份有限责任公司,注册资本为100万元人民币。固定资产为30万元人民币,资产主要为洗车设备、消耗用品、办公设备及车辆等,通过一次性购入形式取得。流动资产70万元人民币,自有资金50%,商业贷款15%,技术入股6%,风险投资29%。洗车设备适用年限为两年,残值率是50%,按照直线折旧法计算折旧。办公费用第一个月发生额为500元,每月上升2%,员工工资平均每人每月3000元,每月上升10%。业务宣传费第一个月发生额为1000元,每月上升1%。

7 无水洗车的工作原理

无水洗车并不是完全不需要水,可能只需要一杯水而已,用少许水勾兑洗车溶液,将化学清洗和物理清洗相结合的一种洗车方法(晶晶,2006)。

无水洗车的洗车液里含有悬浮剂,喷上后会快速渗透,可有效使污渍与车漆产生间隙,在沙土颗粒和车漆之间形成保护层,在污垢的周围会形成一层棕榈蜡,使污渍与车漆分离，有效地保护了车漆。通过表面活性剂取出污渍，能快速、有效地去除污渍，再用湿毛巾轻轻一擦，污渍就去掉了，不会伤到车漆。

在彻底清洁污垢的同时，也使汽车得到有效保养，提高汽车的抗氧化能力，有效抵挡雨、雪、风、沙等对车体的伤害，还可避免因长期用水洗车对车漆的侵蚀及车漆过早黯淡无光、玻璃防雾、轮胎老化龟裂等现象。它将清洗、上光、打蜡同步完成，具有不需要水电资源，没有污水排放，不需要专门场地，投资小、发展快。

8 无水洗车的优点

（1）节约水资源。无水洗车只需一杯水就可以洗几辆车，节水效果显著。传统的有水洗车，每洗一辆车就需要耗费 50 升以上的水，有的洗车行业没有对水进行处理，无法循环使用，有的地方直接用自来水洗车，浪费了大量的水资源。

（2）环保。无水洗车的洗车液是一种中性清洗剂，属于"三无"产品，无毒无害、无污染、无腐蚀性，绿色环保（郭立琦，2015）。传统的有水洗车的洗车液大多是含碱性的，对环境污染较大。

（3）效率高。相对于传统洗车，无水洗车没有地点限制，客户一个电话，就可以上门服务，不耽误客户工作，整个洗车过程仅需十分钟，耗时短，大大提高了洗车效率。

9 无水洗车创业成功经验

9.1 市场意识

瞄准社会的发展趋向，以市场需求为导向，正确定位创业方向。

在市场经济条件下，市场是一个无形的引导棒，产品符合市场需要才会有销路。在这个"互联网＋"的时代，无水洗车项目利用互联网给我们带来的优势，瞄准社会洗车行业发展的动向，设计出新创意，研制洗车新技术。

9.2 创新精神

创新精神是创业的核心，它需要有良好的个人心理素质作基础。"创业是万米跑而不是百米跑"（方圆圆，2010），不要太在乎一时的快慢得失，要保持合适的节奏。创业不可能一帆风顺，作为创业者要有坚定的决心，遇挫不悲，汲取经验，重蓄动力，东山再起。在无水洗车创业的过程中，主要负责人闫云翔经历了由失败到成功的转变，克服重重困难，无论处于哪种困境，闫云翔都积极、乐观地去应对。在创业过程中，心态很重要，心态决定状态，良好的心态注定可以成功，创业就要追求一种豁达通透的格局。

9.3 商业能力和技术能力

在无水洗车中，一手抓经营，一手抓技术，两者齐头并进。

无水洗车依托汽车这一成熟的行业去发展，随着人们生活水平的提高，我国的汽车保有量持续上升，洗车行业利润丰厚，由于汽车行业成熟度高，利用现成的消费群体，可以省去开拓市场的费用和唤醒消费者的麻烦。洗车是消费者购买汽车之后的衍生需求，而且是一个重复性很高的需求，市场潜力很大。把"互联网+"的便利性、快捷性与无水洗车的技术性结合起来，做到人无我有，人有我优，不断开拓进取，提升技术含量，将洗车和保养一体化，力争让消费者花最少的钱，洗最干净的车。这样，才能保证无水洗车拥有源源不断的客源，让企业永葆生机。

无水洗车作为一种新型节水、节能、环保的汽车养护方式，随着我国汽车行业的迅猛发展以及国人环保意识的提高，必将具有广阔的发展前景。

参考文献

[1] 赵振. "互联网+"跨界经营：创造性破坏视角 [J]. 中国工业经济，2015 (10)：13-15.

[2] 黄慧喜. 无水洗车项目实施分析 [J]. 车界论坛，2017 (6)：2-3.

[3] 圣隆佐. 建设节约型社会 [J]. 无水洗车势在必行，2006 (8)：21-23.

[4] 袁晓红. 无水洗车工艺概述及可行性分析 [J]. 科技创新与应用，2017 (4)：35-38.

[5] 徐萌菲，刘美，高雨薇. 无水洗车项目创业实施分析 [J]. 商业视角，2013 (10)：118-119.

[6] 晶晶. 无水洗车拧紧洗车水龙头 [N]. 中国消费者报，2006-07-07 (B04).

[7] 郭立琦. 科技铺就无水洗车节能路 [N]. 中国能源报，2015-06-22 (003).

[8] 方圆圆. 小本经营"无水洗车店" [J]. 农家科技，2010 (11)：26-28.

作者简介

曾萍（1981— ），河南信阳人，信阳职业技术学院，讲师，硕士研究生。研究方向：大学生就业创业。

思维模式与战略导向的选择：基于创业型企业的多案例分析

陈转青

（河南科技学院，新乡，453003）

摘要：基于创业认知理论，研究了创业型企业决策者思维模式对战略导向选择的影响机理。运用信息双加工理论和创造力理论，区分出创业型企业三种典型的思维模式：创造式思维、启发式思维和算计式思维。以上海百姓网、安阳华强、中原鑫达为例，运用案例研究法释义了所提出的创业型企业决策者思维模式对战略导向选择的理论模型。研究表明：在创业型企业中，思维模式对企业战略导向选择具有重要影响，创业型企业不同的战略导向背后对应着不同的思维模式。

关键词：思维模式；战略导向；创业型企业；多案例

战略导向是企业战略管理的基础和出发点，正确战略导向的选择对创业型企业的长期发展至关重要。纵观战略导向影响因素研究文献，思维模式对战略导向选择的影响研究缺乏。杨俊等（2015）认为以行为为驱动的、关注认知过程而非认知偏见的微观层次研究是创业认知研究发展的重要方向。由此可知，思维模式作为微观的认知层面自然而然进入创业研究者的视域，并成为近年来战略导向研究领域的重要课题。

在本研究实施的焦点小组访谈中，创业型企业谈及度最高的战略导向是：创业导向、市场导向和网络导向。结合焦点小组访谈和文献研究，归纳出创业型企业三种典型的思维模式：创造式思维、启发式思维和算计式思维。思维模式属于决策者的个体特征，本研究运用个体特征的思维模式作为企业战略导向选择的影响因素进行研究，原因在于创业型企业缺乏现代规范制度，决策者个体特征对战略导向的影响较大，创业型企业在发展过程中会逐渐形成和决策者个体特征相匹配的战略导向。

1 理论回顾与框架设计

1.1 理论回顾

1.1.1 信息双加工理论

Shiffrin & Schneider（1977）提出了信息的"双加工"理论，被学者不断完善，广泛运用于心理学。信息双加工理论把人的决策思维分为两个系统：一个是直觉的系统的，不受外部环境信息刺激和社会情境的影响；一个是分析的逻辑的，受到已有的认知结构（经验、知识）等的影响。从信息处理的角度观察，分析思维在处理信息时走的是中心路径，即决策者注重收集问题的相关证据，通过逻辑推理作出判断，进而决策；直觉思维走的是边缘路径，即决策者通过与目标相关的启发式线索作出判断，进而决策。

认知心理学认为个体的决策差异是因为人在信息加工时的思维模式不同。企业决策者思维模式不同，对环境与企业关系的认知不同，从而企业与环境关系的处理方式也不同。换句话说，思维模式具有一定的惯性，当一种思维模式在一定的环境实践中得到应用时，它就有可能被应用到其他的环境中去。在决策过程中，决策者有什么样的思维模式，就影响其对外界信息的加工过程，进而影响其战略决策，而一系列的战略决策会逐渐形成决策者固定的战略决策模式，进而形成不同企业的竞争优势。

1.1.2 创造力理论

Guilford（1950）在美国心理学会会长的就职演说《论创造力》，标志着现代创造学的建立。Guilford 的创造力定义为"有创意的人最特别的那些能力"。

在对创造力研究的各种结构模型中，以 Guilford 的研究最为典型。他认为创造力具有内因和外显两种形态，即创造力的静态结构和动态结构，前者是指个体内在的创造性表现，后者是指个体的外在的创造性表现。在 Guilford 看来，创造力只不过是与人类智力相关的某种能力，并且如同智力一样，也是有多种因素构成的。通过因素分析，Guilford 形成了智力及其成分的一般理论模式。该模式将人类智力分为运演（包括 5 种心理操作方式，即认知、记忆、发散性加工、收敛性加工和评价）、内容（5 种信息内容，即视觉、听觉、符号、语义和行为）和产品（六种产品，即单位、门类、关系、系统、转化和含义）三个心理维度。每一维度中的任何一项同另外两个维度中的两项结合，就可构成一种智力因素，这样就最终产生 150 种智力因素。

1.2 创造式思维、启发式思维和算计式思维

1.2.1 创造式思维

创造式思维是创造力的重要组成部分，它是围绕主题展开想象从多视角思考求解答案的创造思维模式。因此，创造式思维是企业创新的关键。与 20 世纪相比，21 世纪的企业面临着创新和适应的更大压力。许多外部力量比如国际竞争的增加和信息技术的升级换代促使企业必须进行创新。创造式思维本身因具有企业创新所需的创造力而备受企业青睐。Woodman 等（1993）认为企业创造力是企业创新和改变的关键因素。Eisenberger 等（1990）则认为，即使是企业面临的是相对稳定而且可预测的环境中，不需要作出改变，企业的生存也会受益于因创造力而带来的质量、效率、安全的提高或员工满意度等。

1.2.2 启发式思维

Tversky 和 Kahneman（1974）解释人们在不确定的环境下如何作出决策时，提出了启发式思维的概念，即人们根据以往（相同或类似甚至是无关的情况）经验来对当前所遇到的事情进行判断。相比较算计式思维、创造式思维而言，启发式思维是一种直观的、快速的、依据下意识对事情作出判断的思维模式。Simon（1975）也认为由于特殊情况的存在、时间紧迫以及大脑算计能力不足等原因，人们作决策时往往不能做到经济学所假设的完全

"理性人"状态,只能是"有限理性",因此,在作决策时往往会以更简单、更节省脑力的"满意原则"代替"最优原则"。

1.2.3 算计式思维

算计式思维的源头可追溯到 Williamson(1993)对组织机制的描述。Williamson 把信任分为算计的信任、制度信任和个人信任三种类型,三类信任背后都有算计的痕迹。现代汉语词典中"算计"一词,具有"谋划、计划"的意思。在古典经济学理论中,"经济人"的内涵之一:"经济人"是理性的而且是自利的,追求利益最大化是人类经济活动的根本动力。处于经济活动中的经济人一方面具有自利性,另一方面精于算计。因此,"算计式思维"体现了经济理性的意思。

根据信息双加工理论和创造力理论,可以使用两个维度把三种思维模式区别开来。第一个维度是依据信息双加工理论,把思维分为依据理性(中心路径)和依据经验(边缘路径)两种模式;第二个维度是依据创造力理论对思维品质的描述,把思维分为常规性思维和创造性思维两种类型。三种思维模式区分象限图如图1所示。

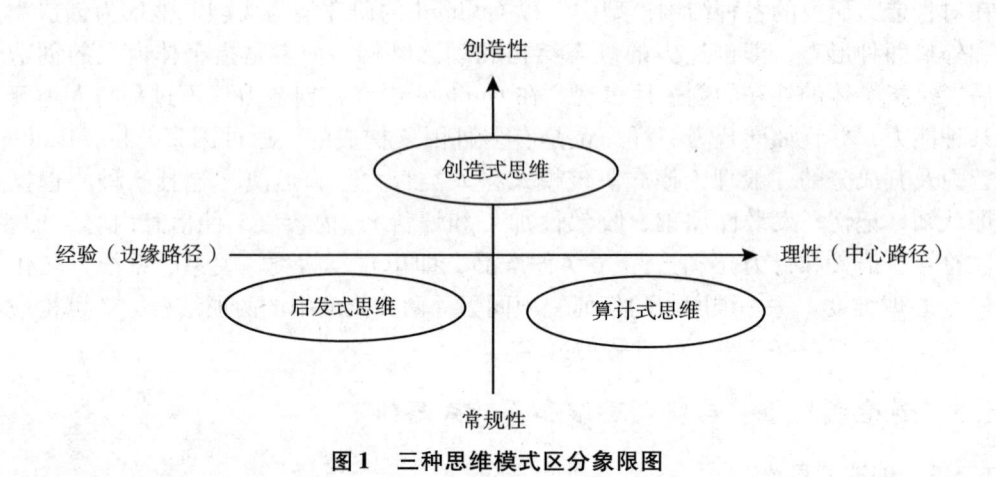

图1 三种思维模式区分象限图

1.3 创业导向、市场导向和网络导向

1.3.1 创业导向

Lumpkin 和 Dess(1996)最早明确提出创业导向的概念,他们把创业导向定义为导致新进入行为所引起的程序、实践和决策活动,认为刻画创业导向关键的维度包括自主行动的倾向、创新和承担风险的意愿、对竞争者积极行动的倾向和对市场机会的超前行动。Covin 和 Slevin(1991)认为创业导向具有三种明显的行为特征:创新性、风险承担、超前行动。基于此,研究者把三种明显的行为特征作为企业创业导向的三个维度。Stone 和 Good(2004)从个人层面对创业导向进行研究,认为个人层面的创业导向维度包括风险承担性、超前性、创新性、自信性、自主性。Elenurm 对个人层面的创业导向进行了更为明确的表述,将其界定为个体寻求新商机并通过不同的流程、实践和决策制定活动来创建和运营新企业的倾向,并且认为个人层面的创业导向可以使用创新性、模仿性和共创性创业三个维度。

1.3.2 市场导向

Kohli 和 Jaworski（2012）从行为角度对市场导向进行界定，认为市场导向反映了企业对与顾客需求有关的市场信息的收集、扩散和反应的促进和支持的导向。Narver 和 Slater（1990）从组织文化角度界定市场导向，认为市场导向是促使企业建立并维持与顾客间长期互利的关系具有效率和效果，最终促进组织长期绩效最大的组织文化。两种市场导向概念的界定形成两大基本研究框架。Kohli 和 Jaworski（1990）提供的侧重于过程驱动模型，包括三个维度：市场情报的产生、市场情报的传播和企业对市场情报的反应。Narver 和 Slater（1990）从竞争优势视角出发，认为市场导向包括顾客导向、竞争者导向和跨部门协调三个维度。两个研究框架共同之处在于都关注消费者的需求、对市场机会反应的决策行为和企业内跨部门的协作。

1.3.3 网络导向

网络导向由 Barnir 和 Smith（2002）首次引入管理学领域，从企业战略联盟视角将网络导向界定为：管理者创建和维系网络关系的态度和倾向。Sorenson 等（2008）在创业领域里讨论了网络导向，从冲突管理理论和组织倾向视角出发讨论了合作对女性管理者的重要作用，认为网络导向是创业者和创业组织构建内、外网络以形成合作、解决问题、促进商业成功的态度与倾向。王小伟（2014）认为新创企业为了获取生存及成长资源所构建和维系网络关系时的态度与倾向即是网络导向。董保宝（2015）从新企业组织层面出发，认为网络导向是"在创建与成长过程中，新企业与外部环境主体建立网络关系的倾向、期望与态度"。

网络导向的分析维度具有个人和组织层面的区别。网络依赖性、网络价值性和网络利用性是网络导向个人层面的分析维度（Fryer & Fagan，2003）。董保宝在前人研究的基础上，对网络导向的维度和测度问题进行了研究，利用新企业的数据，开发出网络导向的网络思考、网络构建、网络关注和网络开放性四个维度。

1.4 研究框架

创业认知学派的基本研究范式为："情境→思维→行为"，致力于探索创业者行为背后的认知成因和机制。基于创业认知学派的研究范式，构建本文的研究框架（见图2）。

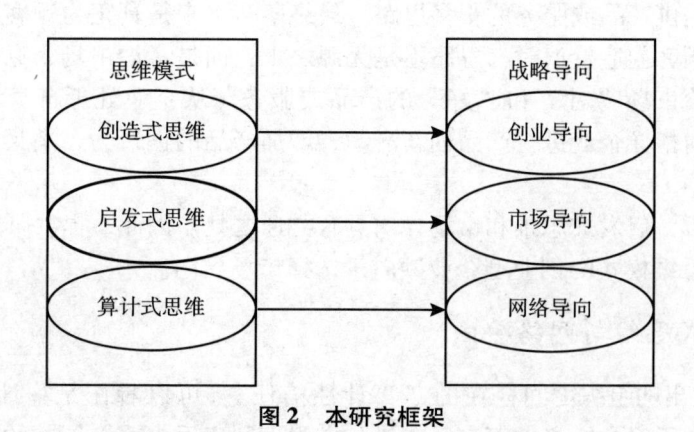

图2 本研究框架

2 研究命题的提出

2.1 创造式思维与创业导向

创造式思维是创造力的重要组成部分，创造力是促进创新的思维品质，因此，创造式思维的可贵之处在于创新。在寻求解决问题的答案时，创造式思维在思路的选择、思考的技巧，甚至在思维的结论上，经常会有不同于常规的新颖想法出现，甚至能"无中生有"，从而引致创新行为的发生。

创新是创业导向的重要维度之一，也是众多创业企业奉行创业导向引领企业成功的动力之一。Knight（1997）认为创业导向中的创新性是指公司追求具有创意的解决之道来应对所面临的挑战，包括发展或强化产品与服务以及使用新技术或新管理技能。在企业的经营活动中，产品新构想、研发活动的活跃、新产品的数量，是企业追求新机会市场表现，也是展现创业导向的特殊工具。

结合以上分析，创造式思维和创业导向具有共通之处。因此，提出研究命题1。

P1 创造式思维模式的创业型企业倾向于选择创业导向。

2.2 启发式思维与市场导向

Bingham & Eisenhardt（2011）认为启发式思维能给企业带来更好地而不是更快地抓住机会的战略行为。启发式思维的特性在于依赖个体的经验，促使个体在复杂多变的环境下迅速抓住事物本质，找到合适的解决方案。杨超越（2008）认为从生态进化的角度来看，启发式思维是一种适应性思维，具有生态合理性。所以，尽管启发式思维受限于个体的经验，也会出现各种各样的偏差，由于其能给予决策者有限的时间内的解决方案而受决策者的青睐。孙彦（2007）等归纳了启发式系统占优于理性分析系统解释机制包括：锚定与调整、认知繁忙、信心以及直觉等。

从本质上说，市场导向是着力于解决顾客"需求"的战略导向，其哲学理念在于思考企业"如何做"才能为顾客创造价值，满足顾客的市场需求。市场导向型企业在满足顾客需求之前，存在提供产品或服务的很多思路，最终落实下来是真正为顾客能接受的市场提供物。企业在给顾客创造价值时，思路不是无源之水，而是考虑市场、竞争对手和产品本身，即企业提供给市场"对"和"好"的产品或服务。从企业处理自身与市场环境的关系考虑，市场导向指导企业进行产品创新活动，增加产品的创造力，满足顾客需求，赢得顾客满意和忠诚。

综合以上分析，启发式思维和市场导向具有共通之处。因此，提出研究命题2。

P2 启发式思维模式的创业型企业倾向于选择市场导向。

2.3 算计式思维与网络导向

Williamson提出的组织之间存在的"算计性信任"，可以看作是算计式思维的发端。在交易过程中，由于机会主义的存在，如果一方为谋利违反先前合同的约定，致使双方产生交易成本。为防止这种事情发生，企业之间制定各种防范机会主义出现的各种合同，这种行为本身就是企业之间各自的算计式思维。算计式思维的本质是企业之间的博弈较量。

在企业彼此之间的竞争与合作中，企业需要谋划占据网络关系中的中心位置，构成结构洞，利用关系或嵌入优势获取生存、发展所需资金、技术等资源，从而形成有利于自身的竞争优势。在构建内、外网络关系时，企业的算计式思维充分体现在彼此关系的决策上。从市场整体观察，企业之间的暂时均衡是彼此之间博弈的结果。

结合以上分析，算计式思维和网络导向具有共通之处。因此，提出研究命题3。

P3 算计式思维模式的创业型企业倾向于选择网络导向。

3 研究方法与设计

3.1 多案例研究法

本研究采取多案例研究方法，以创业型企业决策者为分析单元，探索创业型企业决策者思维模式对企业战略导向选择的影响。Eisenhardt 和 Graebner（2007）认为案例分析强调现象所处的现实情境并能够对其进行丰富描述。Elsbach（黄江明等，2011）认为和大样本研究相比，案例研究的先天优势体现在展示动态过程、关系网络、人际互动等方面，通过揭示其中的关系逻辑和触发情境，能把理论和现象之间的关系展现在读者面前。

3.2 案例研究实施

根据第三方专业调查咨询公司提供的创业型企业目录，随机选取20家进行访谈。根据研究主题，设计访谈提纲。算计式思维是一种理性思维，本研究借鉴 Gilliland 和 Bello（2002）对算计性信任和算计性忠诚的测量量表，用4个问题考量算计式思维；启发式思维是一种直觉思维，本研究借鉴 Elbanna 和 Child（2007）对直觉的测量量表，用4个问题考量启发式思维。创造式思维包括发散思维和聚合思维两个过程，其中发散思维占主导成分。本研究借鉴 Torrance（1962）的创造式思维测量量表，用7个问题考量创造式思维。设计好访谈提纲以后，访谈由两个研究成员进行，对创业型企业决策者进行正式访谈。访谈提纲见表1。

表1 思维模式访谈提纲

序号	提纲
1	您认为贵公司和其他组织建立关系会增加企业的利润和收益吗
2	贵公司喜欢和什么样的组织保持关系，为什么
3	贵公司会投入很多的资源和人力去构建企业的关系网络吗
4	贵公司和目前的合作伙伴保持关系的原因是什么
5	您在作决策时是依赖数据还是个人感觉
6	您依赖过去的经验作出决策的程度大还是小

续表

序号	提纲
7	在信息不足的情况下,您依赖直觉进行判断吗
8	凭感觉作出决策和比较备选方案的优劣作出决策,您更倾向于哪一个
9	如果有些问题根本没有解决方案,您尝试提出哪些解决方案
10	对于比较棘手的问题,您如何重新组织问题,使其更容易操作
11	你如何从不同的角度来思考企业遇到的问题
12	请介绍一例您将其他领域中解决问题的方法应用到当前的工作中去
13	您如何灵活地改变自己的观点以符合事实
14	您是如何想出您认为企业中难以解决问题的方案的
15	您喜欢解决没有正确答案的问题吗

访谈结束后,研究小组成员对访谈进行了归纳、整理,在文献查阅的基础上,归纳出三类不同的思维模式,分别具有不同的关键词表述。三类不同思维模式编码见表2。

表2　　　　　　　　　思维模式编码表

企业个数	思维模式	编码条目	证据事例	关键词
4	创造式思维	10	创新为企业提供了生存与发展的机会,所以我们公司特别重视创新	创新
			在我们这一行,只有比竞争对手更富有创造力,才有机会有明天	创造力
			只有时刻关注行业前沿性的知识,才能成为行业的佼佼者	前沿
6	启发式思维	15	在处理公司出现的问题时,我认为凭感觉处理是一种有效解决问题的方法	感觉
			我们公司根据市场需求的快速变化,经常以先于竞争对手的决策取胜	快速决策
			我经常通过联想过去的经验,进而想出解决目前企业困境的方法	联想
8	算计式思维	20	在现代市场竞争中,企业要想长远发展,只有通过合作才能取得共赢	合作
			市场中所有企业是一种共生状态,我们企业的反应取决于其他企业对我们的态度和做法	共生
			我认为公司和其他组织的商业关系非常重要,有助于公司获取一些缺乏的资源	关系
2		5	模仿是最快的成长方式,而且成本花费不大,所以我们公司喜欢模仿行业老大的做法	模仿
			我认为,企业在发展过程中,抓住商机很关键,有时候决定企业的生死	商机

根据表2的编码表和20个创业企业决策者的访谈记录,发现20个企业决策者的思维模

式分属三个比较典型的不同类型，其中 4 个企业决策者属于启发式思维，6 个企业决策者属于创造式思维，8 个企业决策者属于算计式思维，2 个企业决策者思维模式不易界定。

3.3 研究样本选择

本研究在 20 个创业型企业三种决策者思维类型中，随机选一个企业进行案例研究（见表 3）。

表 3　　　　　　　　　　　　　案例企业的基本信息

企业名称	成立时间/年	规模/人	行业类型	受访者职务
上海百姓网	2005	120	互联网	总经理
安阳华强	2007	500	房地产	总经理
中原鑫达	2012	19	新能源	总经理

3.4 数据收集

现场深度访谈和二手资料（企业网站、新闻资料）、直接观察是本文主要的数据收集方法。在本研究中，对案例企业的负责人进行为期六个月的跟踪观察，从而收集了每个企业的具体经营数据、内部相关文件、外部公开文件、新闻报道和企业创业描述等，由此获取了案例企业相关的档案数据。

3.5 案例简介

3.5.1 上海百姓网

上海百姓网是上海领军的分类信息网，成立于 2005 年。其创办宗旨是方便百姓生活。作为分类广告平台，有关百姓生活需求的二手信息都可在百姓网上查找和免费发布。通过百姓网的平台，各种各样的生活需求被连接了起来，让人们享受到网络带来的便利。截至 2016 年 9 月，百姓网月活跃用户数过亿，月新增信息量超过千万条，覆盖全国 367 个城市。其中，来自移动的流量已超过全站流量的 90%。2016 年 3 月 14 日，百姓网在新三板挂牌，同年半年财报显示实现盈利。

3.5.2 安阳华强新城市发展有限公司

安阳华强新城市发展有限公司，成立于 2007 年 12 月，是由华强集团和安阳市政府签订战略合作协议而成立的公司。运营的华强城项目包括高尚住宅区、中心商务区、酒店等项目，总占地面积千余亩，总开发量约 200 万平方米，总投资金额约为 100 亿元。2013 年 4 月，华强集团又投资 30 亿元，建设了"安阳历史文化科技园"项目。截至 2016 年，安阳华强已完成投资 63 亿元，累计上缴各项税金 3.32 亿元，对地方财政贡献连续五年位列安阳市前六名，高新区第一名，直接解决就业岗位千余个，产业带动区域发展的投资理念已初见成效。

3.5.3 中原鑫达加气有限公司

中原鑫达加气有限公司成立于 2012 年 4 月，注册资金 500 万元。是一家专业从事

CNG（Compressed Natural Gas，压缩天然气）、LNG（Liquefied Natural Gas，液化天然气）汽车加气业务的股份制企业。现有员工19人，资产净值1900万元。公司加气站为CNG母站规模，由"西气东输"管道直接供气，并与河南省中原天然气开发有限公司签订了长期供气合同，气源丰富，气质优良，经营兴旺。

4 案例分析与结果

本研究从比较和分析的角度，在三个案例企业思维模式、企业战略导向表现等方面详细描述的基础上，提炼创业型企业思维模式对战略导向选择的影响关系。

4.1 案例企业对环境的认知及表现的思维模式

上海百姓网决策者分析企业有两种基本生存状态：一种是处在变化无常的环境中，企业如茫茫大海中的小舟，前途未卜；一种是处在相对稳定的环境中，企业如固定赛道上的汽车，方向明确。上海百姓网属于网络创业企业，所处环境千变万化且竞争惨烈，在此生存环境中需要决策者审时度势，以不停的创新引领企业发展。百姓网的决策者在谈论成功企业家的思维模式时，强调经验仅适用于快速变化的行业。百姓网所处的分类信息市场尚处于动态变化之中，需要根据所处环境作出合适的决策，最好能创造出企业所需的市场。

安阳华强新城市发展有限公司属于房地产行业。目前，中国房地产行业处于困局，一方面是大城市地价、房价居高不下；另一方面是三、四线城市，需求有限、效益不好。安阳市大体上属于四线城市之列，也面临着市场需求不振困境，因此，如何开发市场是安阳华强面临的主要问题。安阳华强决策者在谈论解决问题的方法时，认为应该多思多想，运用独特的办法解决企业管理过程中遇到的困难和问题。尤其在面对复杂多变的市场环境时，市场灵感很重要。

中原鑫达加气有限公司，是顺应国家能源发展方向的绿色环保企业。公司决策者宣称："本企业在追求经济效益的同时，更注重追求社会效益。公司的目标是落实国家节能减排的基本国策，公司的愿景是实现低碳生产模式和生活模式。"能源行业创办初期最重要的事情也是比较棘手的事情是取得各种资质证件，因此，做好各种相关部门的工作并获取他们的支持非常重要。在取证的过程中，通过企业员工、股东的多方社会网络的参与，鑫达加气公司决策者和省、市建设部门、质检部门、安监部门、消防部门和行业协会等机关、机构及专家进行有效的沟通，在公司各方面达到相关部门的要求，目前鑫达加气站证照已大部分到位。公司强调领导、员工、合作伙伴之间的双向沟通，积极听取并采纳员工的各种合理的意见和建议。通过职代会、员工调查等模式，为员工提供参与管理的平台，促进部门、职位和员工之间的有效沟通和技能共享并通过各种途径与客户、政府职能部门、金融机构等进行外部沟通，建立良好关系，创造良好发展氛围，树立良好企业形象，为公司持续健康发展提供良好环境。

根据创业认知学派"情境→思维→行为"的研究框架，可以得知，情境不同，思维模式会有差异，但同时人又是复杂的，即使是面临同样的情境，由于个体知识背景、经验等的不同，不同个体的思维模式也是有差异的。本研究中三个案例企业决策者面领着不同的创业环境，基于他们各自对环境的认知，表现出不同的思维模式。根据访谈，案例企业决策者思维模式差别关键词表述见表4。

表4　环境认知与思维模式比较

企业名称	环境认知	关键词	思维模式
上海百姓网	竞争规则变化快、环境激烈	创新、想象力、创造、前沿	创造式思维
安阳华强	市场需求疲软、刺激需求	联想、感觉、快速、独特思维	启发式思维
中原鑫达	能源企业，内外合作、支持	关系、共生、合作、理性	算计式思维

4.2 案例企业对战略导向的选择倾向

为了清晰明白案例企业决策者战略导向的选择倾向性，本研究运用战略导向量表检验。具体做法是：使用创业导向、市场导向和网络导向的混合量表，让案例企业决策者根据同意程度，在1~7分的得分中进行选择，比较不同企业决策者三个战略导向得分均值，以观察其表达和行为的一致性程度。统计描述结果如图3所示。

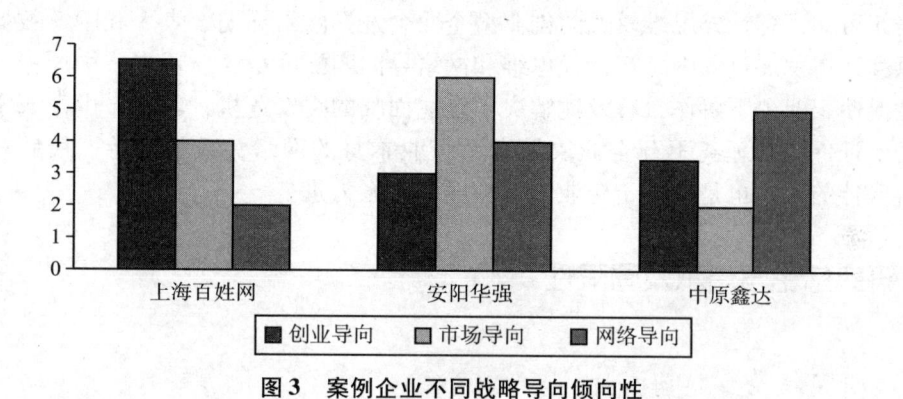

图3　案例企业不同战略导向倾向性

根据表4和图3，归纳出创业型企业决策者思维模式对战略导向的影响关系，见表5。

表5　思维模式与战略导向的选择匹配结果

思维模式＼战略导向	创业导向	市场导向	网络导向
创造式思维	√		
启发式思维		√	
算计式思维			√

4.3 分析结果

4.3.1 创造式思维选择创业导向

由表 5 可知，创造式思维模式的创业型企业会选择创业导向。上海百姓网是典型的网络平台企业，定位于网络二手交易市场，目的是为了上海地区用户方便交易二手商品，提供一个免费发布信息的平台。上海百姓网 CEO 王建硕认为：信息分类行业是一个巨大的市场，目前，中国的信息分类市场还处在不成熟的阶段，如进入成熟阶段，仅上海每年的规模就可达 1 亿美元（郝凤苓，2011）。在网络经济时代，互联网企业的竞争异常惨烈，如果不立足于创造式思维，企业的创业之路堪忧。上海百姓网在决策者创造性思维模式指导下，才会有百姓网的创新、超前行动和承担风险的创业导向行为表现。

4.3.2 启发式思维选择市场导向

由表 5 可知，启发式思维模式的创业型企业会选择市场导向。在本案例分析中，安阳华强的决策者是典型的启发式思维。安阳华强在创业过程中，始终围绕消费者需求，依靠市场导向调整经营结构：以市场供求信息为指南，及时调整产品结构；在产业结构上广泛开展多角化经营。图 3 显示上海百姓网和中原鑫达在启发式思维模式和市场导向之间的匹配度不如安阳华强。

4.3.3 算计式思维选择网络导向

由表 5 可知，算计式思维模式的创业型企业会选择网络导向。表 5 和图 3 数据分析表明，中原鑫达在发展过程中，算计式思维和网络导向匹配度很高。首先，中原鑫达内部网络开放性促使企业上下协作，有效地解决了企业面临的突发危机；其次，由于属于新能源行业，资质证件的办理离不开企业决策者及企业本身的网络关系的支持；最后，创业初期，交易伙伴的寻找也是得益于企业现有的网络关系力量。

5 研究结论与启示及局限性

5.1 研究结论

多案例分析表明：创业型企业思维模式影响战略导向的选择。在创业型企业中存在三种典型的思维模式：启发式思维、创造式思维和算计式思维。三种不同思维模式相对应的战略导向分别是：市场导向、创业导向和网络导向。从思维模式出发研究创业型企业战略导向的选择，为战略导向的划分提供了一个新视野，也为厘清创业型企业和成熟企业战略导向选择的差异点提供了理论依据。现有战略导向研究文献往往基于资源对其进行划分，把战略导向看作是企业的一种资源，立足资源进行选择，这符合成熟企业的特性。而创业型企业和成熟企业具有很大的差异，由于规模小、资源少、企业组织层级少等特点，最重要的是创业型企业的现代企业制度不规范，创业型企业决策者往往对企业的发展起着主导作用，在这种情况下，企业会逐渐形成和其思维模式相一致的战略导向。

创业型企业不同的战略导向背后对应着不同的思维模式。战略管理和营销战略研究领域中，战略导向对企业绩效的影响研究一直是热点问题。从思维层面分析，创业导向是侧重"营造市场"的战略导向,其选择受偏好创新、冒险的创造式思维模式影响;网络导向是侧重"共建市场"的战略导向,其选择受偏好理性、步步经营的算计式思维模式的影响;市场导向是侧重"融合市场"的战略导向,其选择受偏好直觉思维、依据经验作出判断的启发式思维模式的影响。多案例分析表明,三种思维模式分别倾向于选择三种不同的战略导向:启发式思维倾向于选择市场导向、创造式思维倾向于选择创业导向、算计式思维倾向于选择网络导向。

5.2 研究启示

本文得出了一些管理启示。相较于成熟型企业,创业型企业的规模、发展方向、战略、社会关系及企业内部矛盾等方面都存在很大差异。正像发达国家企业战略导向的研究情境不一定适合中国企业一样,成熟企业战略导向的研究情境不一定适合创业型企业。随着经济全球化的加快和经济体制改革的深化,中国的创业战略正在有序展开,经过众多创业型企业的实践摸索,创业活动形成了一定的规模效应。但是从中国新创企业生存现状看,多数创业型企业的绩效并不乐观,成立初始就面临着"死亡之谷"的生存瓶颈①。

随着创业型企业数量的增加,企业之间的竞争更加白热化,不仅包括同一市场内激烈的产品竞争,而且企业各种观念的竞争也日益加剧。因此,超竞争环境下,需要创业型企业通过选择战略来比竞争对手更好地适应市场需求和外部环境的变化,还需要通过创新战略来提升企业的核心竞争力。其实,思维模式本身无优劣、高下之分,有的只是对外界环境认知的差异,从而在企业决策者头脑里形成不同的投射,进而影响其后续的行为。"创新"是创造式思维的核心,这是企业的基本职能之一。从和创造式思维匹配度较高的创业导向来看,具备创新精神也是对创业型企业和其决策者的基本要求。

5.3 研究的局限性

本研究存在一定的局限性。本文试图从思维模式视角分析创业型企业战略导向选择的影响因素,只分析了启发式思维、创造式思维和算计式思维对市场导向、创业导向、网络导向的选择影响,可能还存在其他思维模式对其他战略导向选择的影响,由于研究时间和精力的限制,本文并没有涉及其他思维模式,显然会影响本文研究结论的系统性。另外,本文对思维模式与战略导向之间的关系只是进行了逻辑理论推演,没有进行实证检验。如果收集大样本对理论模型进行实证检验,所得结论会更具有说服力。

参考文献

[1] 杨俊,张玉利,张依冉. 创业认知研究综述与开展中国情景化研究的建议 [J]. 管理世界,2015 (9):158 – 169.

[2] 王小伟. 网络导向与新创企业绩效关系:一个综合模型 [J]. 经济研究导刊,2014 (24):16 – 18.

---

① 王岑. 中国的中小企业的生命周期一般是 3~6 年 [EB/OL]. (2013 – 4 – 21). http://finance.sina.com.cn/hy/20130421/115315223431.shtml.

［3］董保宝. 中国新企业网络导向：维度与检验［J］. 外国经济与管理，2015（5）：3－13.

［4］杨超越. 浅析管理决策中的启发式思维［J］. 现代商业，2008（29）：93－94.

［5］孙彦，李纾，殷晓莉. 决策与推理的双系统——启发式系统和分析系统［J］. 心理科学进展，2007，15（5）：721－845.

［6］黄江明，李亮，王伟. 案例研究：从好的故事到好的理论［J］. 管理世界，2011（2）：118－126.

［7］郝凤苓. 百姓网的长期"贪婪"［J］. 中国民营科技与经济，2011（8）：48－49.

［8］Shiffrin R. M., Schneider W. *Controlled and automatic human information processing：Perceptual learning, automatic attending and a general theory*［J］. *Psychological review*，1977，84（2）：127－190.

［9］Guilford J. P. *Creativity*［M］. New York：McGraw Hill，1950.

［10］Woodman R. W., Sawyer J. E., Griffin R. W. *Toward a theory of organizational creativity*［J］. *Academy of management review*，1993，18（2）：293－321.

［11］Eisenberger R., Fasolo P., Davislamastro V. *Perceived Organizational Support and Employee Diligence, Commitment, and Innovation*［J］. *Journal of Applied Psychology*，1990，75（1）：51－59.

［12］Tversky A., Kahneman D. *Heuristics and biases：Judgement under uncertainty*［J］. *Science*，1974，185（27）：1124－1130.

［13］Simon H. A. *The functional equivalence of problem solving skills*［J］. *Cognitive Psychology*，1975，7（2）：268－288.

［14］Williamson O. E. *Calculativeness, trust, and economic organization*［J］. *The Journal of Law and Economics*，1993，36（1）：453－486.

［15］Lumpkin G. T., Dess G. G. *Clarifying the entrepreneurial orientation construct and linking it to performance*［J］. *Academy of management Review*，1996，21（1）：135－172.

［16］Covin J. G., Slevin D. P. *A conceptual model of entrepreneurship as firm behavior*［J］. *Entrepreneurship theory and practice*，1991，16（1）：7－25.

［17］Stone R. W., Good D. J. *Measuring entrepreneurial orientation in an individualized technology context*［J］. *Journal of Business and Entrepreneurship*，2004，16（2）：1－22.

［18］Elenurm T. *Entrepreneurial orientations of business students and entrepreneurs*［J］. *Baltic Journal of Management*，2012，7（2）：217－231.

［19］Kohli A. K., Jaworski B. J. *Market orientation：the construct, research propositions, and managerial implications*［J］. *Journal of Marketing*，1990，54（2）：1－18.

［20］Narver J. C., Slater S. F. *The Effect of a Market Orientation on Business Profitability*［J］. *Journal of Marketing*，1990，54（4）：20－35.

［21］Barnir A., Smith K. A. *Interfirm alliances in the small business：The role of social networks*［J］. *Journal of small Business management*，2002，40（3）：219－232.

［22］Sorenson R. L., Folker C. A., Brigham K. H. *The collaborative network orientation：*

Achieving business success through collaborative relationships [J]. *Entrepreneurship Theory and Practice*, 2008, 32 (4): 615 – 634.

[23] Fryer D., Fagan R. *Toward a critical community psychological perspective on unemployment and mental health research* [J]. *American Journal of Community Psychology*, 2003, 32 (1 – 2): 89 – 96.

[24] Knight G. A. *Cross – cultural reliability and validity of a scale to measure firm entrepreneurial orientation* [J]. *Journal of business venturing*, 1997, 12 (3): 213 – 225.

[25] Bingham C. B., Eisenhardt K. M. *Rational heuristics: the 'simple rules' that strategists learn from process experience* [J]. *Strategic Management Journal*, 2011, 32 (13): 1437 – 1464.

[26] Eisenhardt K. M., Graebner M. E. *Theory building from cases: Opportunities and challenges* [J]. *Academy of management journal*, 2007, 50 (1): 25 – 32.

[27] Gilliland D. I., Bello D. C. *Two sides to attitudinal commitment: The effect of calculative and loyalty commitment on enforcement mechanisms in distribution channels* [J]. *Journal of the Academy of Marketing Science*, 2002, 30 (1): 24 – 43.

[28] Elbanna S., Child J. *Influences on strategic decision effectiveness: Development and test of an integrative model* [J]. *Strategic Management Journal*, 2007, 28 (4): 431 – 453.

[29] Torrance E. P. *Ten ways of helping young children gifted in creative writing and speech* [J]. *Gifted Child Quarterly*, 1962, 6 (4): 121 – 127.

作者简介

陈转青（1971— ），河南辉县人，市场营销博士，副教授。研究方向：营销战略。

基金项目

2017年度河南省哲学社会科学规划项目：道家战略哲学体系建构研究（批准号：2017BZX006）。新乡市软科学研究计划项目：新乡市民营企业战略导向对绩效的影响机理研究（批准号：RKX2017005）。

以创新推动郑州经济高质量发展的对策分析

郭 岭[1] 韩 雄[2]

(1 郑州市科学技术情报研究所,郑州,450000)
(2 郑州市科技局创新创业处,郑州,450000)

摘要:党的十九大报告中提出,我国经济已由高速增长阶段转向高质量发展阶段。推动高质量发展,构建现代经济体系,离不开创新的有力支撑。近年来郑州市创新驱动战略稳步推进,转型步伐不断加快,但依然存在创新主体不强、平台不多、人才不足、机制不活、环境不优等问题,距离国家自主创新示范区考核指标还存在一定距离。为此,对郑州市的创新基础和面临的挑战展开对策研究具有借鉴意义。

关键词:创新;高质量发展;郑州

2018年6月,河南省省长陈润儿在自创区调研时指出,创新是发展方式转变的根本途径,是经济结构转型的关键要素,是增长动能转换的根本源泉,实现高质量发展,唯一的出路在于创新,唯一的选择在于创新,唯一的希望也在于创新。郑州的实践也证明,创新是构建现代经济体系,实现新旧动能转换,加快郑州市自主创新示范区建设,带动和引领郑州市和中原城市群高质量发展的一个重要着力点和战略支撑。

1 创新工作为推动郑州市经济高质量发展提供战略支撑

通过实施"四个一批"等科技创新重点工程,2017年,郑州市创新能力明显提升,全市荣获国家科学技术奖10项,获河南省科技进步奖188项,占全省的57.7%,其中,获一等奖11项,占全省一等奖的78.6%。全市专利申请量50544件,同比增长35.1%;专利授权量21249件,同比增长18.8%,每万人发明专利拥有量达到11.02件,全市技术合同成交额达到161.98亿元,科技进步对经济增长的贡献率达到62%。

(1)创新引领型平台建设稳步推进。一是积极推进研发平台建设,主动融入国家实验室建设布局。2017年,累计建成研发中心2159家,其中国家级39家,省级618家,市级1502家。二是加快创新创业服务平台建设,建成各类创新创业载体总面积突破910万平方米,在孵企业9200余家,科技服务机构724家,科技创新创业者突破8万人。新认定各类孵化器(众创空间)51家,累计达到202家,其中国家级18家、省级46家。

(2)创新引领型企业快速增长。一是创新龙头企业培育力度进一步加大,2017年通过省认定创新型龙头企业17家,省级创新型龙头企业总数达到24家;市认定创新型龙头企业11家，拟培育市龙头企业100家。二是高新技术企业培育再创新高，我市共有高新技术企业829家，占全省的36%。三是科技型企业群体不断壮大，2017年新培育认定科技型企业675家，总数达到3242家。

（3）创新引领型人才队伍逐步壮大。一是着力打造引才育才的政策优势，制定了"智汇郑州"人才工程"1+N"政策体系，出台30条"含金量"十足的广纳人才普惠新政。二是持续强化人才政策落地生效力度，通过多样化引才模式、搭建人才创新创业平台、完善人才服务体系，建立高层次人才服务绿色通道。三是人才集聚效应不断放大，人才政策成效初步显现。2017年引进诺贝尔奖获得者厄温·内尔郑州大学工作站，引进海内外创新创业人才（团队）134个，2016—2017年累计引进海内外创新创业人才（团队）235个，其中两院院士14名、国家"千人计划""万人计划"专家52名，"长江学者"7人。

（4）创新引领型机构建设加快发展。一是依托本地高校院所建设新型研发机构。依托解放军信息工程大学组建了郑州信大先进技术研究院，依托郑州大学组建了郑州大学产业技术创新研究院，依托郑州机械研究所组建了郑州市高端装备及信息产业技术创新研究院等7家新型研发机构。二是引进外部科技资源建设新型研发机构。引进了中科院过程所郑州分所、大连理工大学重大装备制造郑州研究院、新华三郑州大数据研究院、中电郑州轨道交通信息技术研究院4个新型研发机构，签约共建3个新型研发机构。

（5）加快推进重大创新引领型项目。一是可见光通信项目。解放军信息工程大学成功研制出了每秒50G可见光超高速实时通信试验系统，将国际最高速率提升5倍，实现了我国可见光通信技术由跟跑到领跑的跨越。二是超级电容项目。河南天一航天研发的超级电容被认为是能量储存领域的一项革命性发展，目前已申请专利28项，其中发明专利6项，实用新型专利22项。

2 实施创新驱动的难点与瓶颈

与全国先进地市相比，与高质量发展的要求相比，郑州市科技创新发展中还存在创新主体不强、平台不多、人才不足、机制不活、环境不优等困难和问题。

（1）企业自主创新能力有待提高。郑州市创新型龙头企业整体表现为量少个小。一是研发能力弱，缺少重大产业链关键环节攻关能力，未能形成具有核心竞争力和影响力的创新产业集群；二是规模小，在科技部发布的164家"独角兽"全名单中，郑州市未有一家入选。

（2）创新型人才亟待集聚。郑州市创新型科技领军人才、创新战略人才、科技团队数量不足。科技人力资源储备不足。创新与教育密不可分，郑州市长期以来教育基础较弱，是创新人才的"洼地"，"双一流"建设相对滞后，高水平科研院所较少，高层次人才增长速度缓慢，严重制约了企业创新发展后劲及创新高度。

（3）创新创业平台建设有待提速。与武汉、成都等城市相比，郑州市重点实验室、试验基地等高层次人才创新创业平台少，低成本、便利化、全要素、开放式众创空间等大众创新平台少，对于创新创业型人才承载、吸纳能力比较弱。

（4）创新环境有待优化。一是科技服务不到位。郑州市科技服务业发展落后，科技服务便捷度和可及性不强。创新创业公共服务平台、开放式创新网络平台密度不足1%。二是金融服务滞后。产业链、创新链、资金链融合不畅，天使投资、股权投资基金数量严重不足，科技保、科技贷覆盖面窄，政府引导基金、风险补偿基金对社会资本撬动作用不明显，未能有效分散创新风险。三是激励机制不健全。政府以及社会对创新活动支持激励作用不明显。高校、科研机构关于促进科技成果转化的机制不完善，国有企事业单位在引进高层次人才方面还受到工资总额和绩效工资总量限制，以增加知识价值为导向的国企分配制度改革进展不大。

(5) 创新投入力度有待加大。有效的创新资源投入是提高区域科技创新水平的重要保障。虽然科技投入连年增加，但政府、企业、社会多元化、常态化投入机制还未建立，资金投入总量偏低，规模投资较小的问题依然存在。

3 以创新推动郑州市经济高质量发展的关键路径

破解郑州市创新发展中的难点问题，应围绕郑州市薄弱环节补短板，关键环节强投入。

(1) 持续实施"四个一批"，加快汇聚创新资源。以全球视野谋划和推进创新，汇聚创新型企业、平台、人才和机构资源、整合创新链条，提升创新能力。一是把培育创新引领型企业作为首要任务，坚持一手抓创新龙头企业的发展壮大，一手抓高新技术企业、科技型中小企业的培育成长。二是把建设创新引领型平台作为创新驱动基础工程，推进建设一批高水准的国家创新平台和省、市级创新平台。三是进一步释放人才政策力度，打破现有制约人才发展的枷锁，激活人才机制，改善人才待遇，营造人才引进、培养和使用的良好生态。四是通过省部会商、院地合作、联合共建等多种方式，主动对接高端创新资源，引进和建设高端研发机构。

(2) 强力推动郑州自创区建设，加快提高自主创新能力。一是强化示范区体制机制改革和政策先行先试，加快推进配套政策的制定和实施。二是加快推进"一谷一中心、五区二十园"建设，实现多区联动发展。三是谋划筛选一批对郑州未来发展有前瞻性、支撑性、战略性的重大项目，以关键技术突破促进产业升级。四是强化基础研究和应用基础研究，布局建设支撑高水平创新的重大科技基础设施和交叉学科研究平台，争创综合性国家科学中心。

(3) 促进科技创新与经济发展紧密结合，加快建设现代产业体系。一是大力发展实体经济，推动创新成果转化和产业化，推动互联网、大数据、人工智能和实体经济深度融合。二是实施增强核心竞争力专项行动，推动制造业智能化、绿色化、服务化，加快郑州制造向郑州智造的转变。三是做大做强现代服务业，推进生产性服务业向专业化转变、价值链高端延伸，推动生活性服务业精细化、品质化发展。四是积极发展工业设计、总集成、总承包等生产性服务业。

(4) 推动对外开放和区域合作，加快提高开放型经济水平。一是深度融入"一带一路"，打造一批标志性项目，形成一批标志性成果。二是进一步深化自贸试验区创新改革，发展更高层次开放型经济。三是加强创新能力开放合作，加快培育国际竞争新优势。四是深化与京津冀、长江经济带省市以及成渝城市群、泛珠三角等区域合作，精确对接粤港澳大湾区建设。

（5）深化体制机制改革，加快完善市场经济体制。一是增强市场主体创新动力，统筹推进科技金融创新、人才创新，加快形成更具激励性的制度环境。二是持续深化"放管服"改革，清理废除妨碍统一市场和公平竞争的各种规定和做法，全面实施市场准入负面清单制度。三是深化商事制度改革，进一步完善现代产权制度，加大知识产权保护力度，激发各类市场主体活力。

（6）促进"四个融合"协同，加快创造发展新优势。一是以国家促进科技与金融结合试点城市为契机，创新财政科技投入方式，带动社会资本向科技创新链的各个环节集聚。二是充分利用郑州军工单位较多优势，深挖军工"富矿"，推进"军转民""民参军"，争取更多军民融合成果优先就地转化。三是积极争取国家支持、用好国家资源，为地方创新发展提供平台和支持，充分发挥中央科研单位的头雁作用。四是在重点产业领域，围绕产业链部署创新链，引导好想你枣业、宇通客车等龙头企业与科研院所、高等院校对接融合，支持组建产业技术联盟和公共服务平台，开展联合攻关，加快产业技术、模式、业态的创新，构建具有较强竞争力的产业技术体系，实现"1+1＞2"的放大效应，加速引领产业变革。

参考文献

[1] 刘城. 抢占科技创新制高点 增强广东经济高质量发展源动力的若干建议[J]. 广东经济, 2018（7）: 46-51.

[2] 佟宇竞. 构建广州经济高质量发展体制机制的思路与建议[J]. 探求, 2018（4）: 100-111.

[3] 丁涛, 顾金亮. 科技创新驱动江苏地区经济高质量发展的路径研究[J]. 南通大学学报（社会科学版）, 2018, (4): 41-46.

[4] 周慧. 坚持自主创新, 推动实体经济高质量发展[J]. 中国人大, 2018（7）: 48.

[5] 刘战国等. 坚持创新驱动 推动河南经济高质量发展[N]. 河南日报. 2018-04-04（008）.

[6] 李小妹. 国家中心城市建设视角下郑州科技创新能力提升对策研究[J]. 创新科技, 2018, 18（7）: 8-12.

[7] 郭岭. 加快郑州市"众创空间"发展的建议[J]. 创新科技, 2015（10）: 26-28.

作者简介

郭岭（1969—），男，大专，会计师。研究方向：财政科技政策，经济发展政策领域。
韩雄（1986—），男，本科。研究方向：科技发展，创新创业政策。

基金项目

2018年度河南科技智库调研课题"河南省智能制造产业发展现状及对策研究"（HNKJZK-2018-07）。

企业获取创新资源的六种途径分析

王圆圆

（湖北大学，武汉，430062）

> **摘要**：该文章提出开放式创新是未来企业创新的主要方式，可以通过六种途径实施，并对每种途径介绍了国内外典型企业的经验做法与启示。
>
> **关键词**：开放式创新；创新资源；途径

在竞争、信息与资本日益全球化的今天，企业仅仅依靠内部的资源进行高成本的创新，已经不可能应对来自竞争者、消费者、供应商等群体日益增大的压力。企业必须能够吸收更广阔范围的创新资源，加快创新步伐，更好地抓住稍纵即逝的市场机会。开放式创新正是在这种背景下产生的，其核心理念就在于不再区分创新资源是来自于企业内部还是外部、创新成果是应用于企业内部还是外部，以期以最小的成本和最短的时间实现创新价值，并获得最大化的收益。开放式创新是各种创新资源互动、整合、协同的动态过程，具体可通过六种途径实施。

1 通过高额奖励促进知识和创意的"头脑风暴"

在 20 世纪 80 年代 PC 行业发生变革之前，创建于 1911 年的 IBM 公司（International Business Machines Corporation，国际商业机器公司）发挥着重要的领导者作用，它是世界上拥有最大销售量、最高利润额、最大市场资本量、最高研究预算、最多专利数量的企业，因此被称为"蓝色巨人"。在计算机的许多细分市场里，一直都是 IBM 在制定着行业规则，影响整个行业的发展。在此期间，IBM 巩固自己领导权的方式正是封闭式创新。

1945 年，IBM 在哥伦比亚大学附近建立了第一家研究中心，随后在纽约和苏黎世建立了专门的公司研究实验室。这些实验室招募的都是最好学校里最优秀的物理、数学和计算机科学专业的毕业生。IBM 向他们提供最先进的研究条件，并许诺给予他们极大的研究自由。IBM 甚至把研究部门与开发部门分割开来，以保证科学家们专注于基础研究。1964 年，IBM 推出了革命性的系列产品——系统 360（System 360）系列计算机，总投资金额超过了 40 亿美元。计算机的关键元件、关键子系统、外围设备、操作系统、应用软件以及整个系统的各个部分，甚至键盘、穿孔卡片、电源这些小得不可思议的部件都由 IBM 自己生产。IBM 还通过自己的直销机构向全美国地区销售系统 360 产品，并由自己的相关部门向消费者提供融资安排、维修服务和技术支持。系统 360 产品为 IBM 带来了巨大成功，其销售收入从 1964 年的28.6亿美元上升到1973年的110亿美元，同期净利润由3.64亿美元上升到15.8亿美元。IBM还掌握了大量专利技术，其研究人员五次获得诺贝尔奖、六次获得国家科学奖章。

20世纪80年代以后，随着上述种种破坏创新模式的因素的出现，以往战无不胜的封闭式创新模式已经不能为IBM带来利益。1993年，对于IBM来说是难忘而痛苦的一年，因为此时的IBM不得不面对市场竞争中"四面楚歌"的尴尬境界。在经营业绩上，到1993年年底，尽管IBM的营业收入达到了627亿美元，但是其利润却只有1000万美元。IBM不得不进行创新模式的转变。以下就是IBM进行开放式创新的一些实践及结果（王圆圆，2008）。

IBM认为创新不仅仅是在公司范围内进行，还通过与其他合作伙伴的协作进行创新；同时创新的领域也是广泛的，不仅仅是技术创新、产品创新，还包括服务创新、业务流程的创新、业务模式的创新、管理与文化的创新、政策和社会创新等。在这种观念引导下，2005年IBM向外无限制开放500项软件专利。这是为了在一个开放式的技术平台上，帮助更多的利益相关者进行创新，这些合作伙伴的外部创新，又等于推动了IBM构建的价值链实现创新，共同构建一个积极的商业生态系统。IBM坚信，从长远看，通过帮助其他企业建立技术生态系统，IBM将最终受益。IBM是Linux和Java这两种软件最有力的支持者，投入巨资的目的只是希望它们帮助IBM将其自身的产品连接起来，并将这些产品与其他公司的硬件与软件整合。IBM还发明了独具特色的"创新即兴大讨论"（Innovation Jam），这项活动从2001年开始，集合内部员工、客户、咨询师、员工家属等"外人"进行关于创新的探讨，这是有史以来规模最大的在线头脑风暴（OECD，2008）。

2006年9月的大讨论吸引了来自104个国家的15万名参与者（包括IBM员工、员工家属、合作伙伴以及消费者）。在两场72小时的讨论中，参与者共发表了46000个想法，综合了IBM最先进的研究和技术并结合他们自身的应用来解决现实中的问题和新兴商业机遇。尽管有人怀疑这种头脑风暴的有效性，但就在2006年11月，IBM宣布计划在两年内投资1亿美元支持其中的10项创意，被称为"1亿美元买创意"。

Kaiserswerth（2009）对IBM历年的Innovation Jam（创新头脑风暴）进行了分析（见表1），Bjelland、Wood（2008）总结了作为第一轮讨论基础的6组共25个技术群以及初步形成的4组共30个商业概念（见表2）。

表1　　　　　　　　　　　IBM公司历年的Jam活动

创新活动名称	创新活动目标	发帖	浏览
Innovation Jam 2008	将2008全球CEO访谈调查结论变为现实成果	32000	1500000
Innovation Jam 2006	探索技术成果商业化途径	46000	4200000
World Jam 2004	确定35项技术机会，共投入1亿美元开发推进	32662	2378992
Value Jam 2003	由全体成员确定了公司新的价值观	9227	1016763
On Demand IT Jam 2003	为信息技术按需计划确定一系列内部工作流	—	—
Consultant Jam 2002	加快公司咨询部门与普华永道合并	—	—
Manager Jam 2002	识别出21世纪公司的经理们应该承担的角色	—	—
World Jam 2001	为全球成员提供一个统一平台交流最佳实践	6046	268233

表 2　　　　　　　　　作为第一轮讨论基础的 6 组 25 个技术群

组别	技术群
嵌入式智能	生物认证、地点依赖的服务、生物识别的保护、移动设备安全、家用电器的无线连接、物品的实时跟踪
个人的全球合作	实时语言翻译、社会标签、个人应用工具的创造与共享
实用性超级计算	超级仿真、集成在芯片上的超级计算能力、人人可用的超级计算（短期内人人都可访问超级计算资源的途径）
提取见识	公司关系分析、疾病暴发模拟、实时搜索和翻译、基于上下文的搜索、智能安全监测、商业影响评估（商业模式采用前模拟其价值）
公司间的全球合作	沟通模式分析、技能和工作的自动匹配
智能信息技术系统	基础结构的详细图示、实时 JAVA、商用 IT 技术的"试驾"、IT 资源图示、通用数据标准

IBM 也在积极地进行业务转型，即将自己塑造为一家为企业提供创新手段（如创新组织结构、创新财务支持和实际运作）的企业。根据 ZDNet 整理的 2012 年终全球 IT 企业市值 TOP 25 榜单显示，IBM 公司以 2164 亿美元排名第五位。根据品牌与市场调查公司 CoreBrand 对 1 万名副总裁级别企业高管进行的调查显示，在科技行业最受尊敬品牌中，IBM 排名第一。

2　设置专门的"技术把关人"引导和促进知识转移和创新

在 2000 年以前，因为规模过于庞大，每年需要新创造 40 亿美元的收入，宝洁才能使股东价值高于行业平均水平，而通过内部员工迸发创意提高营业收入，是不可能的。宝洁的 CEO 雷富礼要求，每年公司的创新成果都要保证一半来自于公司外部。在宝洁看来，很多更贴近市场的创新往往来自于小公司或独立工程师，但仅限于概念，因为他们缺少将其转化为现实的能力。而那些大企业可以依靠缜密的组织结构将创意最终转化为产品，对于这些大公司来说，缺少的正是好点子。公司的员工完全可以为公司所用，因此不应拘泥于公司内的人才。宝洁科研人员有 8600 名，而行业中的同类人员超过 150 万人，为了了解并接触这个如此巨大的外部人才库，宝洁设置了技术企业家（Technology Entrepreneurs）这个职位（技术企业家可以被看作公司内部的技术把关人），他们的职责是领导创新筛选工作的全部过程，然后负责联发工作中的"外联"。

这些技术企业家活跃在全球主要六个经济区域：中国、印度、日本、西欧、拉丁美洲和美国本土，努力汲取各自所在区域的创新长项：比如中国最擅长成本创新，印度则擅长为培育本土信息技术人才等。迄今，技术企业家已经为宝洁发现了超过一万个有效产品创新和创建了分布在世界各个角落的创新侦察员队伍，他们的人数多达 70 人，每天的工作就是借助复杂的搜索工具查看上亿网页、全球专利数据库和科学文献，以大海捞针的方式，找到对公司有利的重大技术突破和专家学者，进行"联发"（即联系与开发，Connect + Development，意味着在开发过程中加强跨技术、跨学科、跨地域和跨业务部门之间的联系）。这些侦察员不负众望，如发现巴西适合寻找天然提取物，委内瑞拉适合研究表面活性剂等。

宝洁还启动了"技术型企业家计划"，即在2001年与专门为客户获取外部技术牵线搭桥的 Nine Sigma 公司合作，通过后者，50多万名独立发明家成为宝洁的创新服务提供商。当宝洁提出技术问题，就可以从世界各地得到建议性的解决方案。如果觉得某个方案合适，宝洁就和提出者谈判买下方案的条件。当发明人员有某些重大创新时，也会优先卖给宝洁。例如，世界第一种加干燥剂的织物柔顺剂"帮丝"、SpinBrush 电动牙刷技术等，后者被购买后一年，销售额就超过了2亿美元。宝洁还加入了 InnoCentive. com，该网站是美国礼来制药公司的下属公司，宝洁、波音等公司更是花高价在该网站张贴它们无法在企业内部解决的棘手问题，该网站吸引了全球175个国家的11万名生物学家、化学家、工程师和其他专业人士（该网站已经与中国的25所大学签订了合作协议）。这些专业人士争相帮助宝洁这样的大公司解决遇到的问题。

最后，宝洁还与礼来公司一起创办 YourEncore. com 以及加入 Yet2. com，该网站连接起已经退休的科学家，让他们提供相关的咨询。这样，宝洁利用对方的全球性网络，获得了更多科学家和工程师的智慧。例如，在"品客"（Pringle's）薯片上印制图形的想法就源于公司内部几个年轻人的头脑风暴。但如何保证把图形印到薯片上的时候仍然无损薯片的品质？宝洁通过公司的全球网络和许多机构和个人取得了联系，并把自己对技术的要求放到网上。很快，欧洲的网络就有了回应：一位意大利博洛尼亚的教授刚刚发明了一种可食的墨汁，这项技术正是宝洁所需的。

3 建立知识分享网络来促进知识分享

作为传统企业代表的西门子公司（Siemens），早在1997年就通过构建和利用适合自身发展的知识管理体系，达到了整体提升公司核心竞争力的目的。被美国生产力与质量中心（American Productivity & Quality Center）连续两年票选为最佳实物（Best Practice）代表。包括英特尔、飞利浦及福特汽车等在内的世界级企业，推行知识管理之前，都是以西门子为典范。

西门子建立了一个"分享网"（Share - Net）来实施知识管理（李凤云，2007）。该网络由西门子的大约18000个销售、营销、业务开拓和研究人员组成，活跃于各大洲的80多个国家。透过网络把遍布全球的四十六万多名员工的知识集合起来，让他们共享彼此的知识并进一步发展，从而为客户提供更好的解决方案。共享网络既涵盖了显性知识又涵盖了隐性知识，这些知识来自销售价值的创造过程，这些过程包括培训（Know - How）项目，技术的和功能的解决部分，以及商业环境（例如客户、竞争者、市场、技术和合作伙伴的知识）等。

这个分享网包含了一个聊天室、数据库以及搜寻引擎。员工可以在分享网里，提供任何信息。这些信息可以是一个成功项目的描述，或是 PPT 的制作等，凡是对其他员工有帮助的信息即可。员工透过分享网，可以找到信息的提供者，再通过电子邮件进一步交谈。员工把自己的知识贡献出来的同时，也获得了知识。在这个分享网里，有一个"紧急请求"论坛，在这里可以问任何类型的没有明确的所有者的紧急问题。由于共享网络不受时区的影响并不受各个组织、团体界限的限制，网络的成员通常可以在几个小时内得到答案。

尽管知识分享的好处很明显，但是要改变员工，让他们愿意分享，却是推行分享网最困难的地方。西门子组织了项目团队，专门负责训练员工使用分享网、回答员工的疑问，并且监督分享网系统；不仅高层管理人员全力配合，同时企业也鼓励员工改变。西门子为了鼓励员工多加利用分享网，采取恩威并施的方式。经理人只要通过运用分享网，而产出额外的销售额，就可以获得红利。但是，各国分公司的执行总监及运营总监除非提供分享网信息，或是从分享网汲取资源，因而获利，才能得到红利。对于作出有价值的知识贡献的员工会得到共享网络的"股份"或者奖金绩点，这很像一个"积分激励"系统。知识的贡献者和知识的借鉴、再使用者一样，会由于他们共享其经验而获得奖励。这种股份可以"兑换"成一些能提升个人知识的奖励措施，如参加一个国际大会，课程或者研讨会等。

分享网自1999年推行以来，虽然只在西门子信息与通讯事业部进行试验，但是成效却相当丰富。分享网的成本只有780万美元，可是它却为西门子增加了1.2亿美元的收入。例如，马来西亚电讯公司拟架设试验性宽带网络，但西门子在马来西亚的人员，专业不足以应付当地的情况，透过分享网，他们发现丹麦的一个团队，曾经处理过一模一样的案子，马来西亚团队因而取得了工程承揽权。

4 采取外部技术内部化战略来"博采众长、为我所用"

成立于1968年的英特尔在成立后的20年内几乎完全依靠外部研究，1989年后才开始制定正式的先进研发战略。英特尔的研发模式可以简单概括为一横一纵。横向是从广泛播种到项目最终开花结果。纵向是英特尔借鉴外界技术力量对自身不足的补充。英特尔曾在许多大学（如美国伯克利大学、英国剑桥大学、中国清华大学等）成立"Lablet"研究所以获得原创技术，并每年花费1亿多美元用于资助大学的学术研究，寻求"可能有用"的思想。英特尔还坚持与大学研究机构签订前期合同，按照合同规定，对于英特尔资助的研究项目，英特尔有权获得其研究成果。并且通过提供科研基金，英特尔能够获得监控大学科研进度的权力，于是有机会接触到这些研究项目中有发展前途的早期成果。英特尔也并不像我们想象的那样技术领先，它很少进行基础研究，而是努力成为一名最新技术的"快速跟随者"。例如，安腾64位微处理器的架构技术就源自惠普公司，制造工艺来源于收购的Alpha芯片，制造设备来自于并购的美国数字设备公司。但是，它的处理器的销售额却能够超过其最大竞争对手四倍，多年来一直如此。原因就在于，与任何其他处理器相比，英特尔的技术得到更多企业中更多人员的支持。它主要通过关注企业外部的学术研究活动和对其他新建企业进行风险投资（即设立创投基金）保持自己的技术地位，英特尔自1998年在中国设立创投基金开始，至今已有50多家具有创新技术和市场前景的公司受到资助。每一次投资都必须回答三个关键问题：我们能得到什么？我们要付出什么？怎样衡量该投资项目的战略性成功？英特尔建立的是松散型的研究机构及把内部实验室和外部研究机构建立高效的联系，其中有些"同行者"致力于英特尔芯片的制造流程，而另一些则在开发耗费大量处理能力的新硬件和软件。他们的共同努力，大大增加了对英特尔体系结构的需求。英特尔也积极尝试合作创新，2006年11月宣布成立"英特尔平台应用创新同盟"，与众多软硬件企业进行了合作。英特尔对原有的内部研发优势通过缩减研究与开发之间的鸿沟，英特尔积极鼓励员工进行创新，只有那些善于动脑筋、总结经验和创新精神的员工才能立足和晋升。

内部技术创新活动要围绕着外部可获得性技术资源进行，而不是与之竞争或是忽略不计。英特尔最新确立了四个研发目标，即计算机硬件与软件平台、通信和网络、微架构和电路、硅片技术和制造。英特尔所有研发项目的设立主要都围绕着这四个方面展开。英特尔在企业内部设置了系统架构实验室、微处理器实验室和元件研发中心实验室，赋予不同的角色任务，采用不同的研发策略。这三个研究中心恰好契合英特尔的价值链，分别专注市场应用、核心产品和技术研发。英特尔对挖潜式创新（用于工艺改进）与探索式创新（用于新产品开发）的资源投入比例为1:2。

5 通过R&D国际化战略拓展更多的知识和创新来源

华为技术有限公司成立于1988年，成长于企业创新从封闭走向开放的转型时期，从一家成立之初只有21000元注册资金、十几名员工的通信产品代理商，发展到如今年销售额上百亿美元，拥有40000多名员工，成为世界顶级的通信和网络设备制造商。华为用自己的实践阐释了开放式创新模式对现代企业创新发展极大的推动作用。华为的产品与解决方案已经服务于全球电信运营商50强中的28家，进入了欧洲、日本及美国等高端市场，应用于英国、法国、德国、西班牙、荷兰、美国和日本等发达国家。华为在瑞典斯德哥尔摩、美国达拉斯及硅谷、印度班加罗尔、俄罗斯莫斯科，以及中国的深圳、上海、北京、南京、西安、成都、武汉等地共设立了11个研究机构，通过跨文化团队合作，实施全球异步研发战略。印度所、南京所、中央软件部、上海研究所通过CMM 5级国际认证，表明华为的软件工程管理与质量控制已经达到业界先进水平。华为海外销售收入自1999年以来每年都以110%的复合增长率高速增长，尤其是2003年后，华为销售额的增长主要来自于国际市场。2004年11月，美国《福布斯》杂志推出了美国以外全球最大私营公司100强排行榜，华为以27亿美元的营业收入排名第79位，成为唯一上榜的中国公司。

华为的R&D国际化战略是以技术创新的国际化带动企业生产经营的全面国际化战略。华为希望通过R&D国际化实现三个目的：第一，建立情报信息窗口，跟踪和获取东道国和竞争对手的技术，从当地R&D活动的技术外溢中获利，作为专门技术不同的补充来源；第二，接近知识和创新中心，利用东道国的科技人才和研究环境，降低R&D成本，提高创新效率；第三，应对世界范围内不同顾客的个性化需求以及当地生产条件，对不同市场的差异性作出敏捷反应，实现技术的本地化，以支撑企业在东道国的生产企业，有效配置企业能力。

为了实现既定的战略目标，华为的R&D国际化战略分为四步。

第一步，与国外企业建立技术联盟，在技术合作过程中进行技术学习，提高技术创新能力。华为先后与 TI（Texas Instruments，德州仪器）、摩托罗拉、IBM、Intel（英特尔）、朗讯、Altera（阿尔特拉公司）、Sun（Sun Microsyster Micro Systems，太阳计算机系统有限公司）等世界一流企业成立联合实验室，建立起长期、友好、开放双赢的合作关系，广泛开展技术与市场方面的合作，实现技术开发与合作的国际化。通过第一步，华为在研发的国际化、本土化过程中，通过谋求与客户及合作伙伴的"三赢"，赢得了研发优势的互补。

第二步，为跟踪世界技术发展动态，接近世界卓越技术中心，走出国门，建立海外 R&D 机构。为跟踪和获取光网络技术及其他通信产品研究动态，华为设立了华为美国分公司（硅谷）和美国达拉斯研究所。华为瑞典研究所则负责跟踪欧洲的 GSM（Global System for Mobile Communications，全球移动通信系统）、WCDMA（Wideband Code Division Multiple Access，宽带码分多址）发展动态，进行移动通信技术的研究。1999 年 6 月，在印度班加罗尔成立印度研究所，以学习印度的软件开发过程、质量控制方法，充分利用印度的软件研究环境、资源和人才。

第三步，为国际市场开拓提供支持，建立立足于市场条件进行创新的海外 R&D 机构。以俄罗斯研究所为例，华为为了占领俄罗斯的无线通信市场，依托俄罗斯贝托华为合资公司，设立了俄罗斯研究所，专门负责华为公司技术的当地化研究，以使公司更好地占领当地市场。通过第二步和第三步，华为加快了与国外机构在文化及管理等各方面的融合，能够充分利用全球各地的资源优势。

第四步，多样化、多地点开展全球性技术创新活动。目前，华为已成为中国最大的通信设备制造商，在 40 多个国家建立了市场分支机构或合资企业。华为的技术创新也发展到了多样化、多地点、全球性技术创新的新阶段。技术联盟、海外 R&D 机构、国内不同地域的 R&D 机构共同构成华为的全球性 R&D 网络（见图 1）（陈劲，2013）。

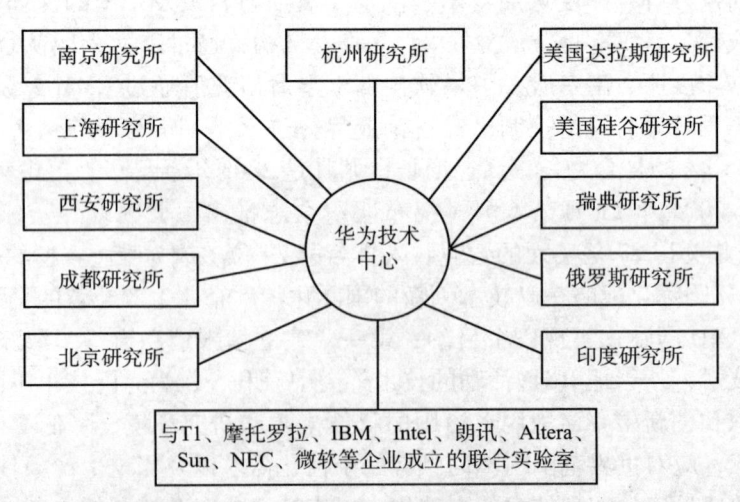

图 1 华为的全球性研发网络

通过上述四步 R&D 国际化战略，目前，华为提出的许多新的解决方案和理念已经成为业内的固有名词，如分布式基站、第四代基站等。截至 2008 年年底，华为已累计申请专利35773件，PCT（Patent Cooperation Treaty，专利合作协定）国际专利申请数量居全球第一位，已经超过日本松下、荷兰飞利浦等国际知名企业。华为还积极参与国际行业标准的制定，目前已经加入了91个国际标准组织，是全球前3位的LTE（Long Term Evolution，长期演进）基础专利拥有者。2009年11月12日，华为基于OTN（Optical Transport Network，光传送网）构建的SAN（Storage Area Network，存储区域网络）传送解决方案，获得了素有科技界创新奥斯卡之称的2009年度"R&D 100 Award"奖项（王培林，2010）。

华为的R&D国际化道路和经验，为我国企业实施R&D国际化战略提供了有益的启示：第一，要以利用海外科技人才、跟踪和获取东道国及竞争对手的技术为主要目的，在充分利用世界知识和技术创新资源的基础上，对核心技术进行自主创新；第二，技术创新能力是企业技术创新国际化的基础，这种能力可以保证对国外知识和技术创新资源的充分利用和吸收；第三，一定要综合使用多种国际化模式，如并购、合资、设立研发中心等（许庆瑞，2017）。

6　让消费者帮助企业进行创新

美的集团是中国目前最具规模的白色家电生产企业和出口企业之一。从1968年成立的一家生产塑料瓶盖的小厂，到1980年进入家电业，再到成为今天的家电行业领袖，它的发展历程是实施创新和不断调整创新模式，以适应环境变化促进组织发展的典型案例。

过去若干年，美的集团习惯于将创新这条"生命线"维系于自己的专业研究机构。美的通过技术引进、吸收、创新相结合，强调开发具有自主知识产权的核心技术，创造了美的一度的辉煌。但是，随着同业的发展以及信息技术的广泛应用，市场上产品同质化的现象越来越严重，产品更新速度也越来越快。据统计，2005年中国风扇制造业向市场提供的800多款新产品中，大多数产品只有一个季度的市场生命周期，产品的更新速度高达39.65%。

在进行市场调研并分析大量调查数据后，美的意识到，没有人能比消费者更了解消费者，由此创造了创意与创新"走群众路线"的开放模式，即向消费者征寻新产品创意，并请消费者参与到产品前期的研发活动中来，让研发人员准确地把握消费者的需求，以适时互动完善新产品。2004年，他们进行了第一次开放式创新模式的尝试——举办"第一届美的风扇产品设计大赛"，涵盖风扇产品外观、用途、功能、材质及内部结构五方面的创意，很快收到了近3000幅作品，为风扇产品注入了新的构思和活力。受此启发，美的随后又与社会各界有兴趣者以及多家专业设计机构、学校和门户网站联手，征求健康及新能源产品的创意。后来发现，根据这些创意开发出的产品，往往概念更新，更受市场欢迎，有时甚至可发展为系列产品，如健康型风扇产品。在"全民创新"的基础上，美的推出了20多款带有特殊保健功能的风扇新品，得到了众多消费者尤其是高端人群的青睐。在美的全年内销近1000万台产品中，这些新产品占到了30%。

美的"让消费者帮助企业创新"的案例给我们以下启发：企业创新的根本目的是通过满足消费者需求、给消费者创造更多价值，同时达到企业利益最大化的目的。因此，直接让消费者主导创新，取代传统的企业主导创新并设法将产品推向消费者，将能够事半功倍。

参考文献

[1] 王圆圆. 封闭式创新与开放式创新：原则比较与案例分析 [J]. 当代经济管理, 2008 (11)：39-42.

[2] 李凤云. 网络经济与企业管理 [M]. 沈阳：辽宁教育出版社, 2007.

[3] 陈劲. 全球化背景下的开放式创新：理论构建和实证研究 [M]. 北京：科学出版社, 2013.

[4] 王培林. 对华为知识创新过程的理性分析 [J]. 科技进步与对策, 2010, 27 (17)：120-122.

[5] 许庆瑞. 企业自主创新能力演化规律与提升机制 [M]. 北京：科学出版社, 2017.

[6] OECD. *Open Innovation in Global Networks* [J]. Science & Information Technology, 2008 (14)：28-63.

[7] Kaiserswerth, M. *IBM jams: spurring innovation from within* [J]. *MIT Sloan Management Review*, 2009 (3)：42-50.

[8] Bjelland, O. M. & Wood, R. C. *An inside view of IBM's "innovation jam"* [J]. *MIT Sloan Management Review*, 2008 (1)：32-40.

作者简介

王圆圆（1982— ），河南辉县人，湖北大学商学院工商管理系副教授、系副主任、博士研究生。《管理学家》栏目主编、专栏作者，《荆楚学术》副主编，《管理学报》等重要学术期刊审稿人。研究方向：管理创新与创新管理、管理思想史。

基金项目

湖北省教育厅人文社科研究项目"跨国公司分布式创新网络中的知识黏滞问题研究"（17Q025）。

科技创新创业教育与专业教育深度融合模式与机制研究

裴亚峰

（河南科技大学，洛阳，471000）

> **摘要**：创业教育的灵魂是科技的不断创新，专业教育是推进科技创新的基础和动力源泉，随着科学技术的不断发展和人才培养理念的创新发展，高等学校深入推进实施高等教育改革的重要举措就是不断加强创业教育和专业教育的深度融合发展，通过创业教育和专业教育的有效融合可提高人才培养的质量、促进社会经济的可持续发展、推动科学技术水平不断提升，意义重大。文章通过阐述科技创新创业教育与专业教育的内涵和关系，找出两者深度融合的模式与机制，提出有效运行的对策。
>
> **关键词**：创新创业；专业教育；融合模式；运行机制

2014年"大众创业、万众创新"的口号提出以来，我国先后实施了一系列国家层面上的制度变革和政策创新，出台了一系列的关于体制机制改革、财税和就业政策实施等方面的政策文件，引导和推动"大众创业、万众创新"活动在各个领域落地生根。作为社会人才培养的最重要的部门，我国高等学校的创新创业教育也在蓬勃发展，越来越多的高校和教师把创新创业人才的培养纳入人才培养目标体系中，找到专业教育和创业教育的融合点，不断修改适合当前发展的人才培养方案，使广大学生在学好专业基础课程的同时，创新创业能力能够得到提升。传统的专业教育更多的是按照学科的不同，传授相关学科的理论知识和实践技能，培养可以在学科领域拥有专业相关知识，从事相关专业活动的人才，而创新创业教育则更倾向于创新创业意识和创新创业精神的培养，通过理论知识学习、实战演练等方式，不断提高学生适应社会、感知社会变化的创新创业能力（万松峰，2017）。创业教育和专业教育都有其重要性，如何做好两者之间的深度融合以及持久有效发展是当前教育界急需解决的问题。

1 专业教育与创新创业教育的基本内涵及相互关系

1.1 专业教育与创业教育的基本内涵

专业教育是大学生走进社会区别于非大学生的一个重要体现，是学科发展和职业分化的必然产物，主要是为学生提供从事某一特定的行业必须要拥有的专业技能，进而实现更好的就业。专业教育的内容具有很强的针对性和专业性,通过专业知识系统的学习和实践技能的操作,可以使学生掌握本学科领域的专业知识和技能,了解本学科领域的发展方向,为毕业后走向就业岗位和进行深层次的学科研究做好充分的准备。所以说,专业教育是培养某一学科领域或行业的专业化人才。

创新创业教育更多的是思维和素质能力的培养,是一种通识教育模式,主要培养学生的创新创业意识,创业精神和能力,让学生真正敢创业、能创业、会创业、创成业。创新创业教育是一种新型的教育模式,发展历程没有专业教育久远,目前,很多高校都是在开展专业教育的基础上,通过一系列创新创业教育活动、创新创业赛事活动的实施,使学生能够获得更多的创业知识,找准自身发展定位,激发内在创新创业的活力和想法,敢于不断挑战自我,真正成为一名具有坚韧不拔意志和强大管理能力复合型创业人才。

1.2 专业教育与创业教育的关系

(1) 专业教育与创新创业教育有着明显的区别。两者在培养人才方面的侧重点不一样,专业教育更注重专业能力的培养,需要学生掌握本专业的发展方向、专业理论知识、实践技能操作等相关知识,而创新创业教育更注重个人综合能力的提升,创新创业意识的培养和创业能力的提升方面,对学生的实践指导意义更大,考察的是大学生的就业创业能力,帮助大学生在最短的时间内走入社会,完成创业梦想。

(2) 专业教育与创业教育有着紧密的联系。创业教育和专业教育有着明显的差别,但是两者的培养目标都是一致的,都是为了大学生的全面发展,专业教育过程中学习到的专业知识,了解到的专业领域发展知识,能够为学生萌生创新意识、实现创业发展奠定扎实的理论和实践基础,因此说创业教育的启蒙和发展都要建立在专业教育的基础上。同样,学生在创新创业教育中得到的一些新理念、新思想能够进一步的提高专业自信,推动专业教育的发展,也为专业教育和社会的接轨和适应,提供了良好的探索途径,起到很好的促进作用。在某种程度上来说,创业教育和专业教育是相融通的,90后、00后大学生的思维更加活跃,思路更宽阔,对新知识的渴望更加明显,所以随着经济水平的不断提升,各行业科技含量的不断加大,在根本上要求我们目前现有的专业教育必须进行深度改革,在专业教育中加入与社会多元化发展相适应的能力和内容,使专业教育在推动大学生就业和创业,适应经济、社会、文化深层次发展方面,取得质的飞跃(程瑛,2016)。

2 专业教育与创新创业教育融合的意义及必要性

高校要培养创新型高技能应用人才,需重视科技应用实践能力、自主创新创业能力和职业素养的培养。因此,现在很多高校,在做创新创业教育时候,通常会分析不同学科和专业的特点,找到最好的社会需求点,根据学生的个性化发展要求,以专业教育为基础,融入更多贴近社会发展的创新创业教育理念。这种形式也得到学生们的一致认同,依托专业发展的创新创业教育的市场竞争力和前景以及依托的市场人力资源都要比非专业领域的强很多,也是专业教育和创业教育融合发展的意义所在。

2.1 推动创新创业教育有效开展

创新创业教育和专业教育的融合主要培养学生的创新实践和动手能力、遇到问题的分析和解决能力、坚韧和强大的心理品质，使学生真正成为一名可以感知社会发展最前沿、适应社会发展、找到发展目标的复合型社会人才。两者相互融合也能够提高学生的综合素质发展，创新能力和创业能力的培养不是一蹴而就的，需要学生们投入大量的时间和精力，了解行业发展最前沿、了解更多的商业模式，在学习和培养的过程中，知识、能力和素质都能够得到长久的发展，是大学生走进社会开展创业实践的最佳推手。

2.2 有效提升人才培养质量

高校的发展最重要的就是人才培养的质量，社会对学校人才培养的认可和反应最重要和简洁的途径是毕业生的社会认可度，毕业生在社会上有着良好的社会反响，那么学校人才培养是成功的，是与社会接轨的，没有偏离人才培养的目标。因此，在专业教育中融入创新创业意识的培养、创业能力的培养，可以有效地提高学生的专业自信，激发专业学习的兴趣和能力，更好地利用时间学习专业知识，提高了专业学习的效率，找到专业学习的努力方向，目标性更强，也给专业教育注入了持续的动力和发展力。因此说，创新创业和专业教育的融合势必提升人才培养质量。

2.3 有效提升学生的职场发展力

以就业为导向的专业教育对提升大学生的技术技能水平和就业率起到积极的推动作用，但离毕业生和企业期望还很远。就业教育仅作为是毕业前的就业技巧培训，忽视培养可持续的职场发展力。无论是在就职岗位上的工作方式方法创新还是个人自主创业发展，都是需要一定的就业能力和创新意识作为基础，那么专业教育和创新创业教育的融合，就是为学生提早接触创新、创业搭建了一个很好的平台，学生可以通过参见创新创业的竞赛，把学到的专业知识和创新进行紧密的结合，融入商业实战模式，进行自我展示，实现自我的不断成熟、创业思路的不断完善，为学生走进社会的职业发展和个人创业发展奠定扎实的基础。创新创业和专业教育的融合把专业、创新、就业和创业有机联系起来，形成良性循环、相互促进，有效提升学生的职场发展力（李爱民等，2017）。

3 专业教育与创新创业教育融合模式探索

创新创业教育与专业教育的融合发展在国外，特别是美国，开始的比较早，融合发展模式以美国麻省理工学院的磁石模式、康奈尔大学的辐射模式和混合模式为代表性，而在国内处于发展阶段。从当前我国两者融合发展的实践来看，高校要结合办学特色，充分挖掘现有的优势资源，调动广大教师的创新创业积极性，加强科转项目的培养，强化校企合作，借助校外平台和校友资源，因地制宜地选择融合发展的模式，找到创新创业教育和专业教育融合发展的切入点，探索坚持核心框架、狠抓课内和课外培养的"1+2"大学生创新创业教育与专业教育融合的新模式（刘玉威、毛江一，2017）。

3.1 坚持核心框架：人才培养模式的路径

创新创业教育的最终目标是提高人才的整体素质和能力。因此，高校要在人才培养模式的路径上下功夫，将实践活动作为创新创业教育的重要部分。在实践过程中，要尽可能以学生所学专业作为依托，挖掘学生在专业知识方面的主动性。同时，依据相近专业按照年级分流，将创新创业教育重点根据年级专业特点进行区分，增加其针对性：一年级学生入校就开展专业教育，培养正确的专业观念，引导学生加入学生创业社团，培养创业精神概念；二、三级学生结合已经获得的专业基础，逐渐参与起步阶段的创新创业的实践项目；对于高年级学生，构筑创新创业平台是重点，努力创造企业孵化器，为学生提供高质量外部条件，以接近实战的形式锻炼其创新创业技能。

3.2 狠抓课内培养支点：渗透结合教育模式

（1）构建"专业+创业"教育的课程体系。首先，高校必须要明确专业教育和课程改革的方向和目标，在专业教育中不断寻找足以支撑强化创业教育基本内容。构建"学科+创新创业"的教育课程，不是创业课程和其他专业课程的简单相加，必须突出专业特点、专业优势，适应应用型人才培养需求，需要专业培训、创业课程开发。分年级将双创的理念、精神和实践活动纳入人才培养大纲体系，通过设置专门创新学分，来提高学生参与的主动性和积极性。

（2）加强"基础+特色"相结合的教材建设。创新创业类教材的不规范、不统一是各高校双创教育开展不能顺利推进的重要原因之一，也是高校创新创业教育与专业教育融合的迫切需要。一方面，结合我国国情和社会现状编写和遴选基础教材；另一方面，高校还可以结合高校实际和学科情况编写校本教材，将成功案例、精彩讲义纳入课本。同时，积极利用互联网信息资源，开发网络公开课、校园双创论坛。这要求在相关的教学材料，特别是在大学的创新创业课程材料，要结合社会、学校和学生的发展实际编写，为课程设置提供教材支持。

（3）强化"创新+创业+专业"教育的师资队伍建设。专业教师不懂得创新创业，创新创业导师不懂学科知识，两种教育，两拨人马，是我们现在创新创业教育和专业教育深度融合发展面临的又一严峻问题，这就要求，高校要努力培养一批两方面知识兼顾又有丰富的实践经历的专业老师。一是高校可以通过选派综合素质高的年轻骨干教育教师进行相关学习，走出去、引进来；二是充分利用好校企平台，做好校企合作，选派优秀的教师到企业进行参观、学习和深度的交流；三是聘用创业导师加入教师团队，除了做好学生的创业教育外，加强专职教师的创新创业理念培养。

3.3 强化课外时间支点：构建课外实践体系

（1）创新创业教育的落脚点和最终检验方式还是实践环节，因此高校在做好学校、企业、政府的课外实践体系外，还要加强大学生科技园、创新创业孵化基地等创业实践平台，实现学生专业学习与实践、双创学习与实践的深度融合，将创新创业教育作为一门独立的学科，定期举办各类创新创业讲座和实践活动，让学生接触更多优秀企业家的创业经历和先进理念,走进企业、走进社会,不断提升实践技能和动手能力。同时,还要依托专业知识背景,举办与专业相关的创新创业竞赛、学术交流。

（2）各大高校应积极主动推进实践教学改革和建设,创建一个"+"的实践平台。一是建立创新创业类工作室、指导中心和孵化器三方互助、联动的实践教育平台。二是学校通过建立校园线上线下的创新创业大赛、职业生涯规划竞赛、建立创新创业兴趣小组等形式,辅助培养学生的创新精神和创业素质。三是在指导教师的帮助下,组织由不同专业的学生进行创新创业实践模拟,使学生体验企业的创建、管理和经营全过程。四是通过"生产、学习、研究""学校、地方、企业"创新多方联动的方式打造专业创新创业实践基地（刘艳等,2014;赵光峰,2016）。

4 创新创业教育与专业教育融合机制有效运行的对策

（1）搭建大学生创新创业实践的三个平台。一是组建以专业为单位的大学生创新创业社团。同专业学生有着相同的专业知识和技能基础,相对于不同专业学生而言共同语言多、容易交流创新创业实践经验。二是搭建专业技术创新竞赛平台。充分号召学生参与创新竞赛,从大一刚入校时候开始号召,虽然大一新生没有太多的专业积累,但是创新创业意识可以提早进行培养;大二号召学生进入教师的科研团队,进行科研训练;大三大四参加大型的科技创新比赛,分阶段地激发学生学习的积极性。三是建立实训基地。通过设立微工厂、微环境的方式,建立实训车间,为学生模拟全方位的工厂视野,提供全真的专业训练和创业环境,让同学们在实践操作中,去思、去悟,从而找到创新的灵感。

（2）完善创新创业教育与专业教育融合的激励制度。专业教师开展创新创业教育意味着专业教师要在做好本职教学和科研方面均出更多的精力和时间投入到创新创业教育和创新创业实践活动的指导中,如果没有完善的激励制度,让很多专业教师找不到发展方向,也不利于两种教育的深度融合发展。因此,作为高校,应该制定和完善以奖励、优先职称评定、学分奖励为主的考核制度,来激发专业教师和学生的积极性。

（3）营造校企合作创新环境。为学生们创新创业意识培养营造良好的专业应用场景。通过校企合作建立校内实验平台、建立校外专业实习基地,为学生们提供仿真模拟企业情境;也可以组建校企师资混编团队,由企业选派到学校的技术专家、创新能手联合学校选派的有创新意识和创新能力的专业教师组成师资团队,使他们在对学生进行教育和指导的过程中,相互切磋、协同研究、共同成长。

参考文献

[1] 万松峰. 高职机电专业教育与创新创业教育的融合 [J]. 天津职业大学学报, 2017, 26 (5): 34-38.

[2] 程瑛. 论专业教育与创业教育相融合的创新教育路径 [J]. 浙江工商职业技术学院学报, 2017 (4).

[3] 钱骏. 高校创新创业教育与专业教育的互动融合模式研究 [J]. 教育探索, 2016 (11): 84-87.

[4] 李爱民, 夏鑫. 高校创新创业教育与专业教育优化融合模式探析 [J]. 中国成人教育, 2017 (1): 49-51.

[5] 刘玉威, 毛江一. 创新创业教育与专业教育融合发展分析 [J]. 北京教育: 高教版, 2017 (2): 64-67.

[6] 刘艳, 闫国栋, 孟威, 等. 创新创业教育与专业教育的深度融合 [J]. 中国大学教学, 2014 (11): 35-37.

[7] 赵光锋. 专业教育中嵌入创新创业教育: 原则、模式与机制 [J]. 继续教育研究, 2016 (2): 16-18.

作者简介

裴亚峰 (1985—), 洛阳伊川人, 河南科技大学食品与生物工程学院, 助教, 学院团委副书记, 硕士研究生。研究方向: 大学生思想政治教育和日常管理。

论通过创业实训体系实现"专创深度融合"的模式与机制研究

岳 亮

(河南精华网络科技有限公司,郑州市,450000)

> **摘要:** 当前专创结合是高校开展创业教育方面的难题,教授创业课程的老师缺乏专业背景,专门从事专业课教学的老师又缺乏创业经验,如何破解相关的问题,让学生在校期间可以接受成体系化的创业教育,并结合自身专业学习相关行业领域内的创业法则,进而将自身创业想法和商业计划代入进行真实的项目推演,是多数高校创业教育者都希望解决的问题,从创业教育教学的基本认知规律入手,探索高校创业教育过程中专创结合的路径。
>
> **关键词:** 专创结合;创业实训;项目推演;商业模式构建;精益创业方法

1 高校创业教育亟待解决的问题

在"大众创业、万众创新"提出之前,创业教育在高校中并没有被重视,高校创新创业教育基础薄弱,在高校纷纷开展创业教育的当下,一些既有的问题逐渐表现出来,具体表现为以下几点。

1.1 如何兼顾创业理论的规律性与创业实践的差异性

创业是一项实践性极强的活动,每个项目的创业过程都是不一样的,且没有人可以保证创业一定能够成功,那么创业成功到底是偶然的,还是可以用科学方法把握的?推导到教学上就是创业是否可教、可学的问题?现在理论界普遍认为,虽然创业是一项个性化的活动,但从创业管理的视角来看,若要实现成功创业,还是有一些可遵循的规律。正是由这些普遍性的规律,构成了创业实训这门课的理论基础和核心方法论。

1.2 如何支撑没有创过业的老师与需要学创业的学生

创业实训是一门实践性很强的课程,一般来说由一个有成功创业经验的教学团队教授这门课程是比较合适的,但是现实情况是多数高校创业教育的主体工作都是由一批专职教师完成。如果讲授创业课程的老师自身也没有创过业,她/他是否可以讲好创业课?如果整个教学活动需要完成"传道、授业、解惑"三项职能的话,那么,校外的企业家导师与校内的教师分别应当承担什么样的职能？

1.3 如何融合理论学习与项目推演

学习创业理论是一个系统化的过程，其特点为"长周期、低频度"，即学习需要一个较长的时间周期，但理解和掌握之后频繁"回头看"的意义并不大。而沙盘推演则是一个"短周期、高频度"的工作，相对短周期的过程，并在整个课程（及创业过程）中需要不断的"推演"和"复盘"，以切实优化项目经营策略，融合二者，需要教学模式的革新与教学手段的升级。

1.4 如何对接专业化的创业教育与行业化的创业实践

高校里的专业与社会上的行业是有天然的对接关系，同理，引入对应行业的典型创业案例，并由这家企业的创始人现身说法，进行深度自我剖析，可为高校中的同学们带来较好的启发。但是如何将企业案例常态化的引入高校，如何将单个的教学案例与体系化的创业教育相结合，则需要在课程内容设计方面进行较深的考量。

1.5 如何衔接创业教育教学与创孵载体运营

创新创业人才培养的目的就是要培养潜在的企业家。这在国家对高校"创新带动创业、创业带动就业"的工作方针中就已经明确表述。但创业教育与创业孵化载体运营是两种不同的思维方式：创业教育是以人才培养为导向的，而创孵载体运营是以企业孵化为导向的。如何通过实训导入和推演创业项目，进而服务于创业项目孵化及各类创业大赛，为创业大赛打磨参赛项目，为创业孵化载体遴选入孵企业，是课程落地执行层面必须要解决的问题。

2 创新创业人才培养方案与课程体系

结合前述的政策需求与高校实际问题，要搞好创新创业人才培养，则必须对原有的人才培养方案与课程体系进行重新规划和设计。

2.1 创业实训人才培养的逻辑结构

由于国家政策所要求创业教育必须覆盖全体学生，但是"不是所有学生都适合从事创业活动"又是一个普遍共识。所以，创业教育体系总体上一定是一个上宽下窄的"漏斗形"结构（见图1）。在这个结构中，创业教育的核心由"创业基础课程"与"创业实训课程"两部分构成。所有学生都将根据教学计划，首先完成创业基础课程的学习，在这个阶段，启发学生的创业灵感、提升创业意愿；在完成创业基础学习之后，对于有创业想法和创业项目、有意愿和学习能力的同学，则需要选修创业实训课程，并根据在实训课程中的项目推演和打磨，遴选具备条件的学生进入创业孵化体系从事真实的创业实践。

图1 高校创业教育漏斗模型

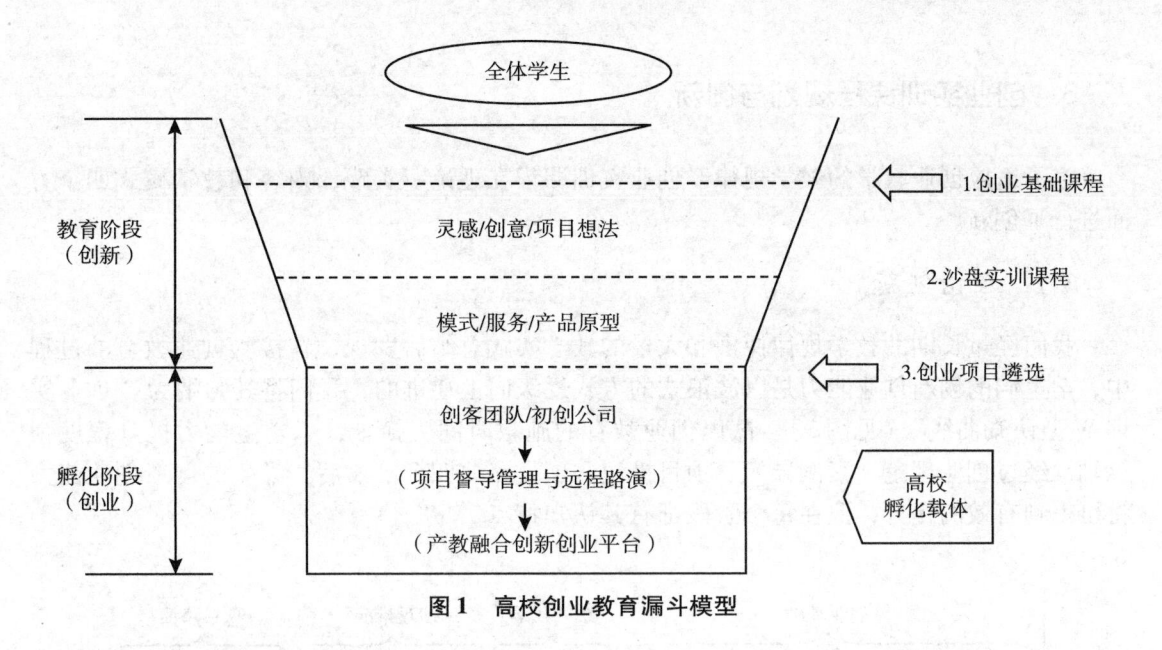

2.2 创业实训课程体系架构

为响应国家政策要求，并结合创业教育的一般规律，创业实训课程体系设计为（见图2）：课程体系源头对接创业基础课，需要面向全体学生开展；课程内容深度方面要层级递进，根据学习意愿及学习成效对学生进行逐层筛选；最终对接创业孵化载体运营，衔接创业教育与创业项目孵化，通过"一站式、全要素"的过程设计，帮助学生提升创业意识，锻炼创业能力，最终实现成功创业。

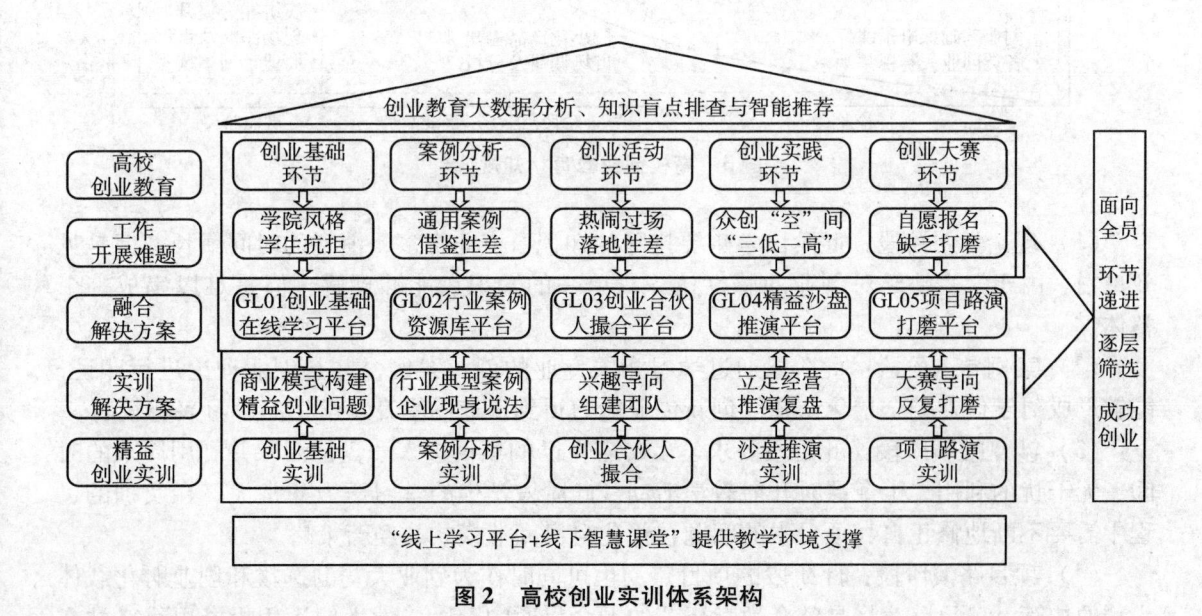

图2 高校创业实训体系架构

3 创业实训课程规划与创新

为了适应创业教学的教学规律，创业实训课程在理论、实践、内容和教学模式四个方面进行了创新。

3.1 理论创新

我们经过长期的教学规律探索和大量的教学实践总结后发现，在接受创业教育的过程中，学生们的创新创业能力是以波浪式的方式逐级向上递进的，我们将其归纳为"创业实训W型认知曲线"（见图3）。试以创业教育的施教时间为横轴，以学生能力提升程度为纵轴，经过创业理论、案例导入、项目推演和项目路演四个阶段后，学生的创新创业能力将可得到有效的提升，但在每个阶段都有其认知特点。

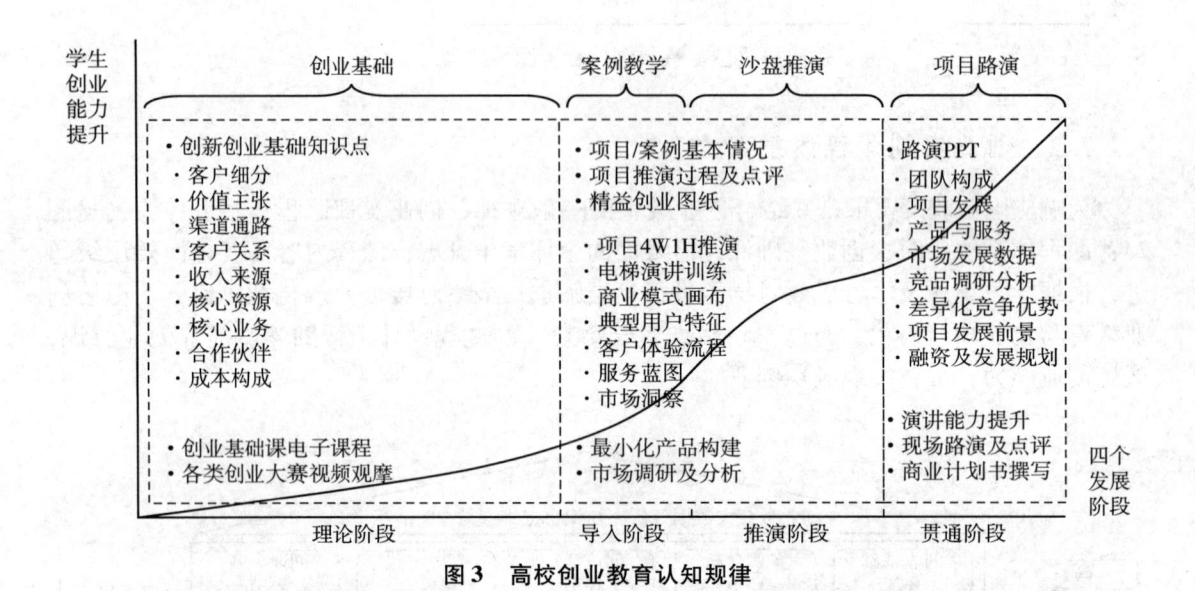

图3 高校创业教育认知规律

（1）理论学习阶段：此阶段学生要排除的知识盲点非常多，消耗的时间最长，但是见效最慢。由于学生缺乏对创业的感性认识，单一的知识点能够理解，但是难以串成一个整体。

（2）案例导入阶段：此阶段通过学习相关专业的创业案例，并与创业理论进行印证，能够形成对于创业的全景化认知，创新创业能力得到快速的攀升，学生的学习兴趣较高。

（3）沙盘推演阶段：此阶段要求学生带着自己的项目进入沙盘推演，并利用周末的时间、无干扰的利用二十余课时开展教学活动。此阶段学生的学习压力非常大，在实训的过程中需要不断地修正自身项目中的问题，优化自身商业模式与经营策略。

（4）项目路演阶段：此阶段的项目路演也可同时作为创业大赛的选拔和创业孵化载体入孵的初筛。项目路演将是整合教学环节的融会贯通的阶段。学生们运用投资思维，站在"三维"的视角看到此前在"二维"世界中推演的商业模式和创业方法，其对创新、创业的理解将得到迅速的攀升。

3.2 实践创新

前述创业教育的认知规律告诉我们，各个教育阶段的学习特点不同，对应的课程设计和教学方法也都不尽相同。哪些环节适合自学，哪些环节适合讨论？哪些内容应该做微课，哪些内容应该做推演？教师什么时候做知识灌输，什么时候应当做课下辅导？如何将教学内容与教学方法有机的结合，形成一个教学闭环，是创业教育者们普遍关心的问题。如图4所示为一般地高校创业教育教学模式。

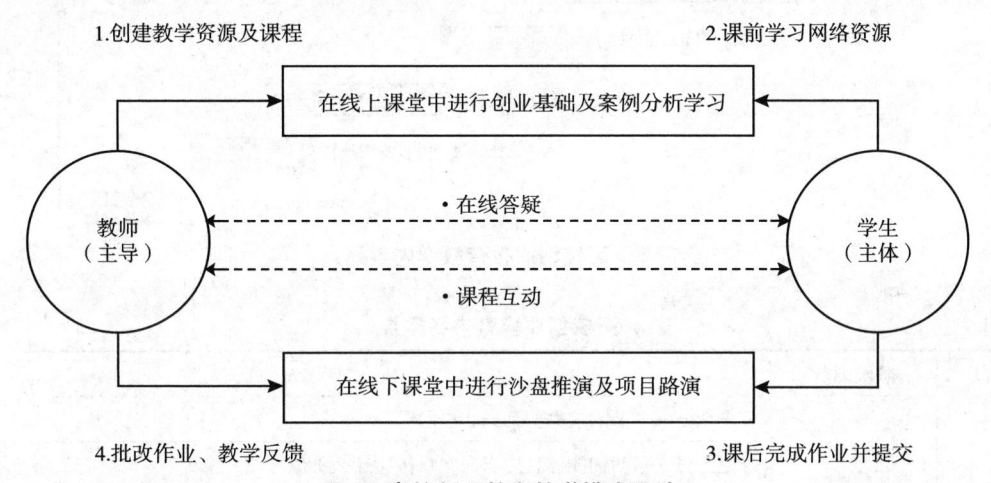

图4 高校创业教育教学模式设计

（1）线上教学阶段：线上教学内容较多，但大多数都是重复性的知识讲授。故此阶段适合拉长教学周期，将创业基础和案例分析以微课为载体进行讲解，并结合网络学习平台实现在线学习、互动答疑、作业练习和成效评估。案例分析中应用了沙盘推演的工具，可在深度解析本行业创业案例的同时，增加对于推演工具应用的了解，打掉了后续沙盘推演环节中的学习障碍。

（2）线下教学阶段：在线下进行沙盘推演和项目路演的过程中，学生会不断地发现自身项目中隐含的各种问题，需要停下来对项目进行修正和复盘。前期未能深度理解的知识点会在这个阶段集中的暴露，混杂对于创业知识的理解和创业项目的创新，其学习压力将会非常大。故此阶段应该采用线下实体课堂互动教学的方式，充分引入"小组讨论"和"主题分享"的教学机制，创业指导老师也应当进入各团队参与讨论，并做阶段性点评。在项目路演阶段，学生在老师的指导下，跨越创业者与投资人的视野撰写商业计划书，学习路演技巧并观摩优秀路演视频。

3.3 内容创新

在教学内容方面，根据创业教育不同阶段的教学重点（见图5）设计教学内容，见表1。

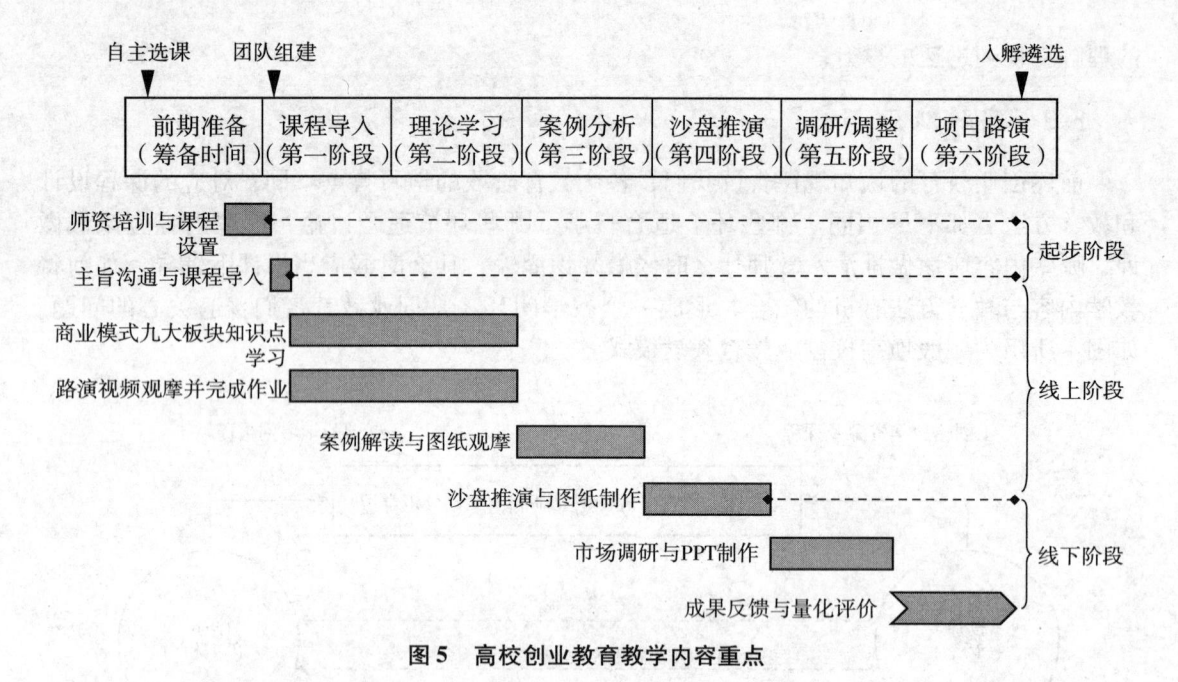

图 5　高校创业教育教学内容重点

表 1　高校创业教育内容概要

阶段	阶段细分	核心内容
创业基础课	商业模式构建	客户细分——要响应哪些细分客户的哪些核心需求
		价值主张——我们能够且应当向客户传递什么价值
		渠道通路——各业务阶段中通过什么渠道接触客户
		客户关系——我们应当与客户建立什么样的合作关系
		收入来源——客户愿意以什么方式、为什么价值买单
		核心资源——为了确保商业模式可行需要具备的资源
		核心业务——运转商业模式需开展什么关键业务动作
		合作伙伴——哪些是最重要的产业链上下游合作伙伴
		成本构成——本商业模式中固定与可变成本各是什么
	精益创业方法	MVP（最小化产品）构建与 BML（构建·测量·学习）循环
	案例分析课	各行业典型创业案例分析（创始人自述+沙盘工具推演）
沙盘推演课	识别创业机会	思维导图 4W1H 模型图纸
	构建商业模式	商业模式画布图纸
	典型用户画像	典型用户特征描述图纸
	关注客户体验	消费者体验流程图纸
	构建服务蓝图	服务蓝图图纸
	精益创业反馈	市场洞察图纸
	拓展资本视野	电梯演讲训练图纸

续表

阶段	阶段细分	核心内容
创业实践环节	商业计划书撰写	如何组建绩优、互补、协同的创业团队
		如何深挖用户痛点带动投资人形成共鸣
		如何在产品、服务介绍中体现价值导向
		如何结合可靠数据来源描绘市场现状与发展前景
		如何通过竞品调研分析阐述行业现状与竞争格局
		如何基于行业分析及产业特点谈差异化竞争优势
		如何表述真实可信并具备吸引力的项目发展前景
		如何以投资行为驱动的逻辑来阐述融资发展规划
	项目路演技巧	商务演讲能力提升
		价值呈现能力提升
		答辩应对能力提升

3.4 模式创新

鉴于创业实训课程的特殊性，为了兼顾理论学习的长周期和实践学习的小班化教学要求，使课程能够在学校顺利落地，课程采用"网络学习平台+线下课堂学习"的混合式教学模式开展（见图6），在课程中广泛采用"小组讨论+主题分享"的形式，通过启发式、互动式、参与式、讨论式等教学手段，将活力课堂的理念应用到创业实训过程当中。

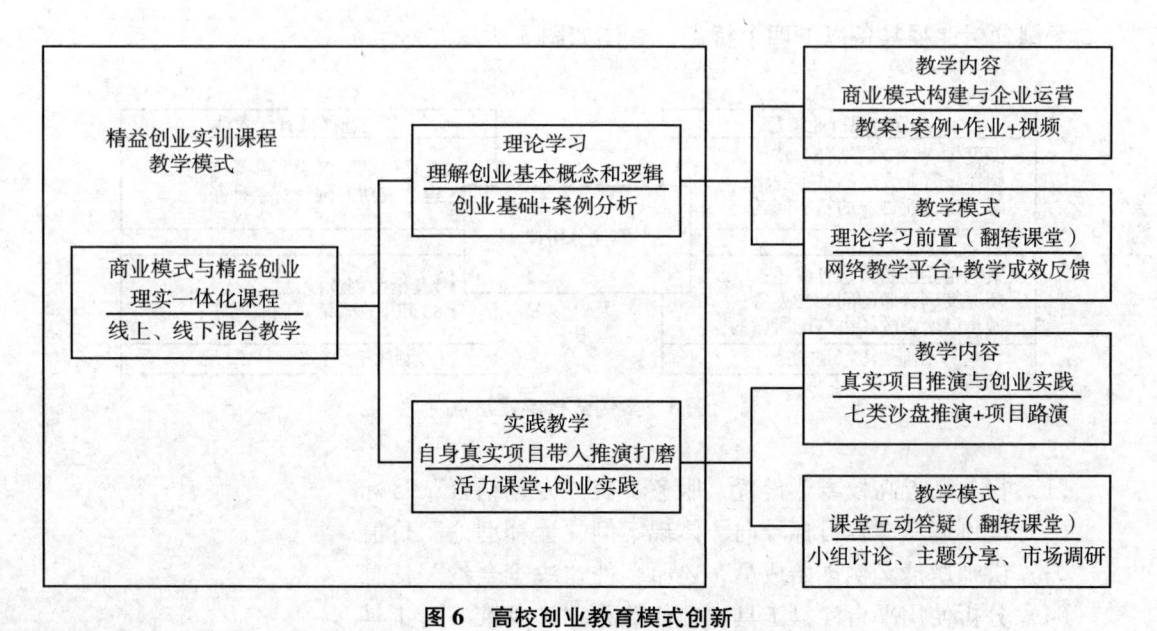

图6 高校创业教育模式创新

4 创业实训教学内容

创业实训课程主要可以由四大部分构成，分别是创业基础、案例分析、沙盘推演和项目路演。

4.1 创业基础课程

创业基础课程核心由三部分构成（见图7），主要有以下教学内容和教学目标。

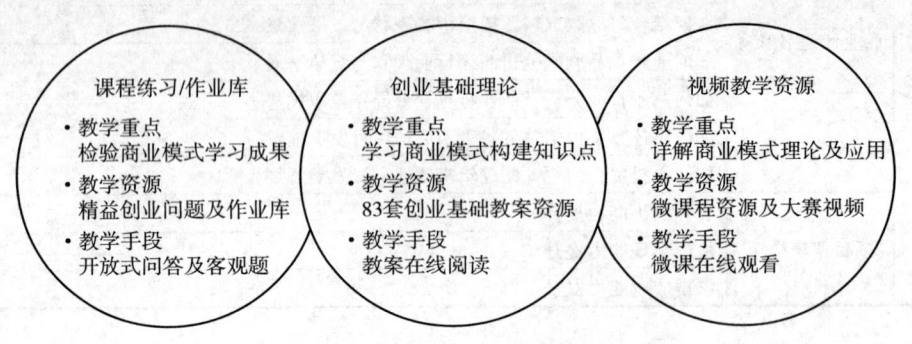

课程练习/作业库
- 教学重点
  检验商业模式学习成果
- 教学资源
  精益创业问题及作业库
- 教学手段
  开放式问答及客观题

创业基础理论
- 教学重点
  学习商业模式构建知识点
- 教学资源
  83套创业基础教案资源
- 教学手段
  教案在线阅读

视频教学资源
- 教学重点
  详解商业模式理论及应用
- 教学资源
  微课程资源及大赛视频
- 教学手段
  微课在线观看

图7 创业基础课程重点

（1）由一系列教案组成的创业理论教程，用以扫除知识盲点。
（2）由一系列微课组成的视频教学资源，用以解析创业理论。
（3）由一系列作业组成的创业课程测验，用以检验学习成效。

4.2 案例分析课程

案例分析课程具备以下四个特点，具体如图8所示。

充分体现行业特色
- 深度体现"专创结合"特色；
- 阐述该行业发展的基本逻辑；
- 解答该行业创业的基本问题；

案例选择具有代表性
- 遴选失败案例说明某类问题；
- 遴选成功案例针对某种经验；

创业当事人讲述
- 案例企业创始人亲自讲述；
- 还原案例背后的问题与思考；
- 做自己所讲的，讲自己所做的；

利用平台推演工具复盘
- 7套精益创业沙盘推演工具；
- 83道开放式精益创业问题；

案例分析课

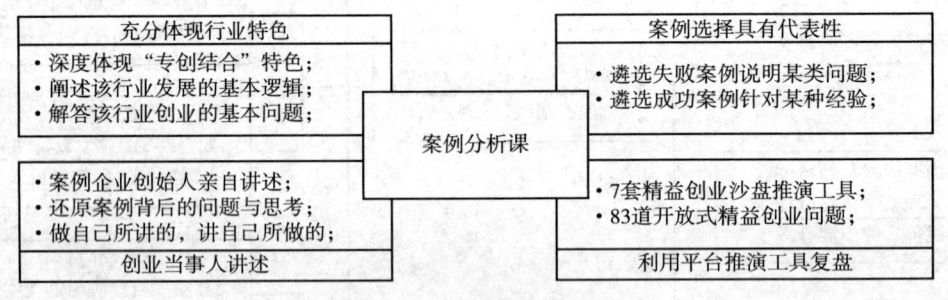

图8 案例分析课程重点

（1）行业贴近高校专业设置，服务学校"专创结合"目标。
（2）案例遵循课程目标导向，体现案例"诠释理论"价值。
（3）讲师邀请案例创始成员，还原事件"决策全景"信息。
（4）分析使用平台沙盘工具，提前熟悉"沙盘推演"工具。

4.3 沙盘推演课程

沙盘推演课程需要结合学生实际项目进行推演，一般课程周期为三天，对阶段性的目标和时间有以下分配，具体课程重点内容如图9所示。

```
┌─1─ 团队磨合 ─┐   ┌─2─ 模式构建 ─┐   ┌─3─ 迭代优化 ─┐
```

团队磨合	模式构建	迭代优化
• 组建推演团队 • 明确成员身份 • 发现商业机会 • 项目头脑风暴 • 进行电梯演讲	• 构建商业模式 • 关键用户画像 • 形成最小化产品 • 设计客户服务流程 • 设计消费者体验	• 精益创业实践 • BML循环实践 • 找出关键洞察 • 商业模式推演复盘

产出 → 产出 →

• 4W1H图纸 • 电梯演讲图纸	• 商业模式画布图纸 • 典型用户特征图纸 • MVP-最小化产品 • 客户服务蓝图图纸 • 消费者体验流程图纸	• 商业模式画布迭代 • 关键市场洞察图纸

图 9　沙盘推演课程重点

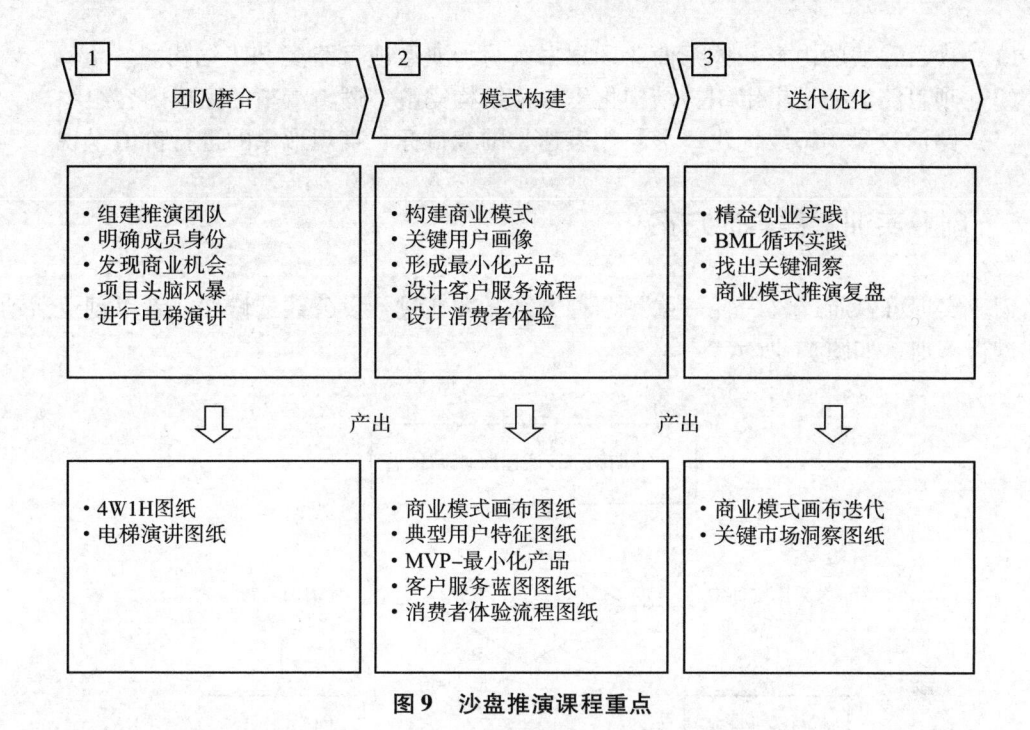

（1）推演首日：团队磨合 – 开放式探讨商业机会并定义项目。
（2）推演次日：项目构建 – 商业模式构建与最小化产品设计。
（3）推演尾日：迭代优化 – 精益创业实践与践行 BML 循环。

4.4　项目路演课程

项目路演课程是对前面课程教学成效的总结和提升，课程站在融资和参赛的角度对项目进行审视和梳理，站在投资人视角下设计项目路演，核心要完成以下三大职能，具体内容如图 10 所示。

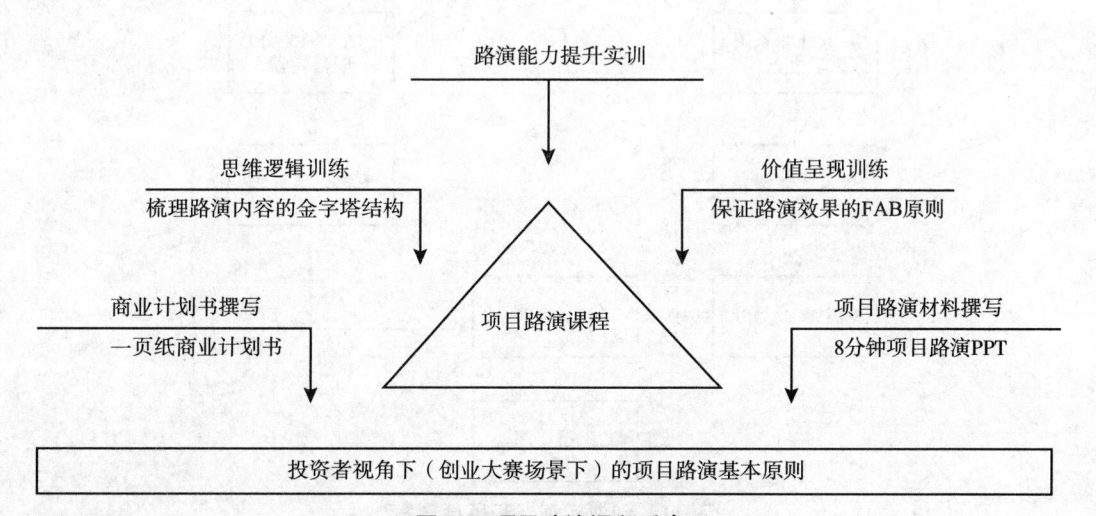

路演能力提升实训

思维逻辑训练　　　　　　　　　　　价值呈现训练
梳理路演内容的金字塔结构　　　　　保证路演效果的FAB原则

商业计划书撰写　　　项目路演课程　　　项目路演材料撰写
一页纸商业计划书　　　　　　　　　　8分钟项目路演PPT

投资者视角下（创业大赛场景下）的项目路演基本原则

图 10　项目路演课程重点

(1) 项目路演的内容载体：商业计划书撰写与典型项目路演 PPT 结构。
(2) 项目路演的逻辑组织：结构化思考，结构完整、逻辑清晰的完成内容组织。
(3) 路演效果的持续优化：形象化表达，围绕目标、直观形象的进行价值呈现。

5　创业实训课程落地方案

创业实训可以通过"一轻一重"两种方案，即通过开设公共选修课或者以创业活动的方式进行落地，如图 11 所示。

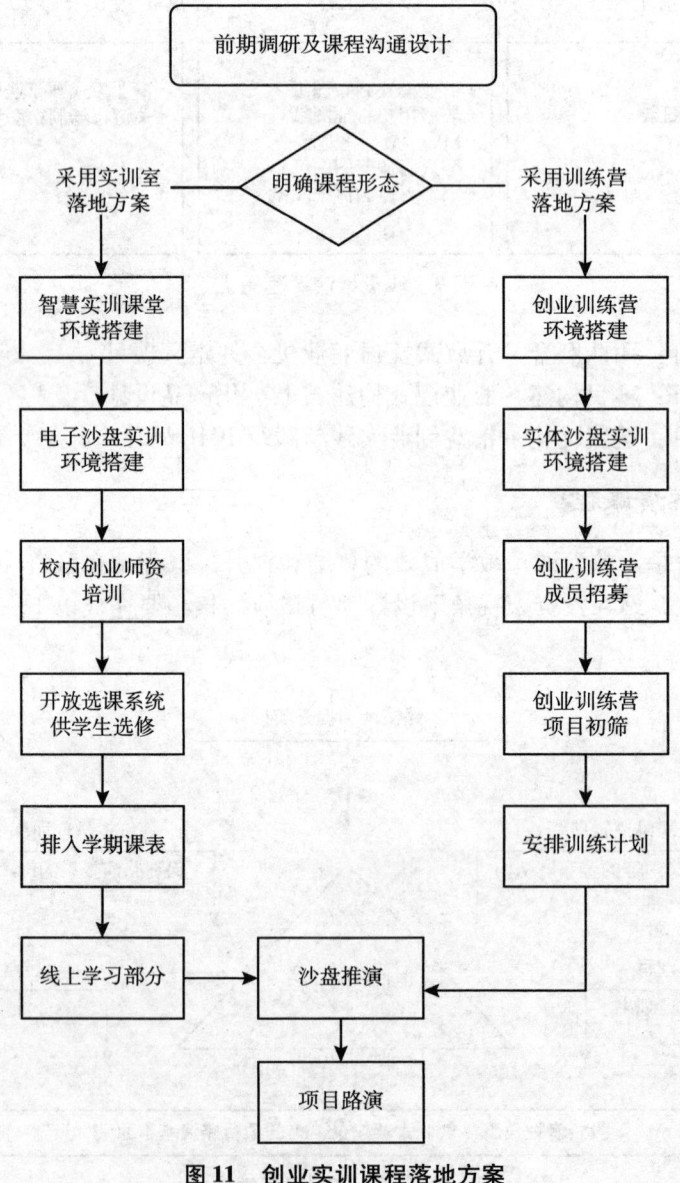

图 11　创业实训课程落地方案

5.1 以选修课形式落地

如果学校创业教育氛围浓厚，可由教务部门牵头，通过开设创业实训选修课形式，将创业实训课程编入公共选修课程，并在校内建设创业实训室（包含实训所需的软、硬件设施，课程内容等）作为授课环境，通过师资培训、示范课等方式为学校培养创业师资，使学校具备自行开设精益创业实训课程教学的能力。

5.2 以创业活动形式落地

如果学校尚不具备开设选修课的条件，可以联合高校创业孵化载体，针对在孵创业项目，以开设精益创业训练营的形式开展。训练营活动开始前需要对参与推演的项目进行初筛，排除掉不够成熟、不适合做沙盘推演的项目。训练营讲师由平台派遣，并在授课中略去创业基础课与案例分析课等内容，直接开展沙盘推演及项目路演活动。

6 结语

创业教育当前没有标准的模式，高校创业教育专家们也都在纷纷探索不同的办法和路子：有的则是强调创业基础课程的学习；有的将SYB创业培训体系引入高校作为创业教育的有效补充；有的更进一步，将创业教育融入专业教育的过程当中，都是对丰富创业教育体系的积极探索和有益尝试。本文所论述的通过创业实训体系连接创业教育与创业实践，也是其中的一种比较行之有效且容易标准化的模式之一。它不仅仅需要课程内容的迭代升级，同样也需要通过构建精益创业实训室的方式引入一系列沙盘推演工具及平台化的支撑，借此帮助学生厘清创业思路、打磨创业技能。从完善创业教育体系出发、体系化的培养创业人才，进而产出一系列师生创新创业的成果。

参考文献

[1] 林强等. 创业理论及其架构分析 [J]. 经济研究, 2001 (9)：85-94, 96.

[2] 张振华. 创业团队胜任力结构与创业绩效关系的机理研究 [J]. 商业文化, 2012 (9)：31-32.

[3] 杨武岐等. 创业机会理论回顾与研究框架分析 [J]. 商业时代, 2010 (7)：101-102.

[4] 王延荣. 创业机制及其架构分析 [J]. 理论月刊, 2004 (4)：54-57.

[5] 王延荣. 创业学：学科定位及其架构分析 [J]. 华北水利水电学院学报（社科版），2004 (9)：6-9.

[6] 张秀娥，赵敏慧. 创新与创业理论研究回顾与展望 [J]. 创新与创业管理, 2016 (12).

[7] 陈其广. 创新是经济发展的重要推动力——论熊彼特创新理论的合理性 [J]. 中国社会科学院研究生院学报, 1987 (8)：43-49.

作者简介

岳亮（1982— ），河南安阳人，河南精华网络科技有限公司总经理，软件设计师职称，学士学位。研究方向：高校双创与产教融合模式与实践。

致　　谢

　　本书的顺利出版汇集了诸多专家学者的辛勤劳动成果。感谢教育部长江学者特聘教授、清华大学技术创新研究中心主任、经济管理学院陈劲教授欣然为本书作序。感谢吉林大学创新创业教育学院副院长、创业研究中心常务副主任葛宝山教授，清华大学经济管理学院杨德林教授等专家为本书撰稿。感谢河南省高校创新创业协会各位副会长、秘书长、各位会员的倾力支持和对创新创业教育研究成果的无私奉献。感谢经济科学出版社领导和申先菊等编辑的辛勤付出。感谢赵效锋、李储学、岳佳坤、张佳菲、李丹等同志为统稿做出的大量工作。